AtV

MAX GALLO hat sich dem Kaiser der Franzosen ganz ohne Vorurteil genähert: »Ich habe mir nicht gesagt, Napoleon ist ein Genie oder ein Menschenfresser. Ich habe mich in Texte vertieft, habe seine Briefe an Joséphine gelesen und die an Marie-Louise; ich habe gelesen, was er mit sechzehn Jahren geschrieben hat, und habe so den Menschen entdeckt.« Napoleon ist ein Mythos, der in den bald zweihundert Jahren seit seinem Tod Tausende von Autoren inspiriert hat. Keinem ist eine so mitreißende und zugleich historisch getreue Darstellung gelungen wie Max Gallo.

Wer könnte den Kaiser noch aufhalten nach dem Sieg von Austerlitz im Dezember 1805? Mit nie versiegendem Elan macht er sich daran, die Karte Europas neu zu zeichnen, aber auch, die unterworfenen Staaten in ihrem Innern neu zu ordnen. Er läßt Straßen bauen, schafft ein einheitliches Schulsystem und verfügt den Code civil, in dem das Prinzip der Gleichheit fest verankert ist. Er glaubt sich bestimmt, Europa unter seiner Herrschaft zu vereinen. Doch die alten Mächte wollen seinen Frieden nicht, und so führt er nach kurzen Perioden der Ruhe immer neue Kriege, erkauft immer neue Siege mit Hunderttausenden von Toten. Was er braucht, um sein System zu festigen, sind Allianzen und – einen Sohn. Mit eisernem Willen und glühender Leidenschaft versucht er, dies der Welt gegen allen Widerstand und oft wider alle Vernunft abzutrotzen. Es gelingt ihm ein loses Bündnis mit Zar Alexander I., und er erringt den Sieg über Österreich. Außerdem erobert er das Herz der schönen Polin Maria Walewska und heiratet endlich Marie-Louise, die Habsburgerin und Großnichte von Marie-Antoinette. Sein Sohn, welch ein Triumph, stammt in direkter Linie vom österreichischen Kaiser ab! Dann aber verläßt ihn der Erfolg: erst das dramatische Scheitern des Rußlandfeldzuges, dann das Exil auf der Insel Elba – der Marsch auf Paris –, schließlich Waterloo, das Ende.

Und der Anfang eines bis heute lebendigen Mythos.

Max Gallo

NAPOLEON

Roman

DRITTES BUCH

Kaiser der Könige

VIERTES BUCH

Der Unsterbliche von Sankt Helena

Aus dem Französischen
von Manfred Flügge

Aufbau Taschenbuch Verlag

Titel der Originalausgabe

Napoléon

3 L'empereur des rois
4 L'immortel de Sainte-Hélène

Mit 20 Szenenfotos aus dem gleichnamigen Film
von Yves Simoneau

Gallo, Napoleon (2 Bände)
ISBN 3-7466-1888-6

2. Auflage 2002

Der gleichnamige Film wurde produziert von GMT und KirchMedia für
France 2, RAI, ZDF, ORF, Telecinco und A&E in Zusammenarbeit mit
Kekchi Films Productions, Spice-Factory, MA Films und ASP
Umschlaggestaltung Preuße & Hülpüsch Grafik Design
unter Verwendung von Filmbildern dieser Produktion
Druck Clausen & Bosse, Leck
Printed in Germany

www.aufbau-taschenbuch.de

Drittes Buch
Kaiser der Könige

Für Marielle

Mein Gebieter kennt keinerlei Gefühlsregung, und dieser Gebieter ist die Natur der Dinge.

Napoleon zu Joséphine, am 3. Dezember 1806

Wie alle historischen Gestalten, die keine Komödianten waren, empfand er einen inneren Drang, das Durcheinander zu ordnen.

André Malraux (über de Gaulle)

Erster Teil

»Alles verlief so, wie ich es berechnet hatte.«

Januar 1806 – 25. November 1806

1

Er ist der Gebieter. Seit an jenem 2. Dezember 1805 die Sonne von Austerlitz über den leicht zugefrorenen Seen aufging, in denen die russischen Soldaten als nutzlose Verbündete der Österreicher versinken sollten, sagt sich Napoleon immer wieder, daß er der Gebieter ist. An diesem Samstag, dem 28. Dezember 1805, hat er soeben Schloß Schönbrunn in Wien verlassen und fährt nach München. In der Kutsche, die ihn in die Abtei Melk bringen soll, in der er übernachten will, hat er einen Pelzmantel über seine Beine gelegt, schläft aber nicht. Er ist der Gebieter.

Von Zeit zu Zeit sieht er aus dem Wagenfenster die Umrisse der ihn eskortierenden Reiter. Und der Wortlaut der Proklamation, die er am Tag des Sieges erlassen hat, kommt ihm wieder ins Gedächtnis und tönt bei jeder Radumdrehung mit. »Soldaten, ich bin mit Euch zufrieden. Am Tag von Austerlitz habt Ihr alles bestätigt, was ich von Eurer Kühnheit erwartet habe. Ihr habt Eure Adler mit unsterblichem Ruhm bedeckt. Mein Volk wird Euch freudig empfangen. Es wird genügen, wenn Ihr sagt: Ich war bei der Schlacht von Austerlitz dabei. Man wird Euch antworten: Das ist ein tapferer Kerl!«

Er ist der Gebieter. Jetzt scheint ihm alles möglich. Er hat tatsächlich, wie in der Proklamation gesagt, eine Armee von 100000 Mann zersprengt und davongejagt, die unter dem Befehl der Kaiser von Rußland und Österreich stand. Und der König von Preußen ist der Abreibung nur entgangen, weil ihn der Sieg von Austerlitz überzeugt hat, sich lieber kampflos zu unterwerfen. Napoleon ist der Gebieter.

In Schloß Schönbrunn hatte er Talleyrand empfangen. Der Außenminister brachte ihm die Unterlagen für den Friedensvertrag von Preßburg, der Österreichs Niederlage besiegelte und es aus Deutschland vertrieb.

»Sire«, sagte Talleyrand mit seiner spitzen Stimme, »Ihnen gehört alles, was Sie erobert haben, aber Sie sind sehr großzügig.«

Beim Studium der Vertragsklauseln hatte Napoleon festgestellt, daß Talleyrand von sich aus die finanziellen Forderungen an Wien herabgesetzt hatte. Er hatte den Vertrag zu Boden geworfen und gerufen: »Sie haben in Preßburg einen Vertrag ausgehandelt, der mir sehr mißfällt.«

Er ist der Gebieter, das hätte Talleyrand verstehen müssen. Aber wie so oft hatte sich der Minister hinter seiner Höflichkeit, seiner Verschlagenheit, seinen Schmeicheleien und seinen Argumenten verschanzt. Napoleon hatte ihm zugehört und dabei ins Kaminfeuer geschaut, das in Schönbrunn die Holztäfelungen und die riesigen Wandteppiche erleuchtete.

»Eure Majestät kann nun die österreichische Monarchie zerstören oder sie wieder aufrichten«, hatte Talleyrand gesagt, »aber wenn Sie sie einmal zerbrochen haben, liegt es nicht mehr in der Macht Ihrer Majestät alle Bruchstücke aufzusammeln und daraus eine neue Masse zu bilden. Die Existenz dieser Masse ist aber unbedingt nötig, von ihr hängt das künftige Schicksal der zivilisierten Nationen ab. Sie ist ein notwendiges und hinreichendes Bollwerk gegen die Barbaren.«

Napoleon hatte ihm nicht geantwortet. Er ist der Gebieter.

Später in der Kutsche denkt er, daß er seit Jahren kein solches Gefühl von Souveränität empfunden hat, von Beherrschung seines Schicksals, von Macht über Menschen und das Leben der Staaten. Austerlitz war seine wahre Kaiserkrönung, so wie er fünf Jahre zuvor, am 14. Juni 1800, nach dem Sieg bei Marengo, der Überzeugung war, daß erst diese Schlacht seine Macht als Erster Konsul wirklich sicherte und ohne diesen Sieg in der italienischen Ebene alles in Frage gestellt gewesen wäre. Und was wäre seine Kaiserkrone wert gewesen, wenn Österreicher und Russen bei Austerlitz seine Große Armee besiegt hätten? Seine Krone wäre zu Boden gefallen.

Aber er hat gesiegt. Er ist der Gebieter. Und genau wie einst Karl der Große kann er Europa nach seinen Vorstellungen umgestalten, wenn er will. Er gibt sich seinen Träumen hin, während ihn die Kutsche nach München bringt.

Am 31. Dezember kommt er in der bayerischen Hauptstadt an. Es ist kalt, und es regnet. Die Kutsche fährt an der strengen Fassade des königlichen Palastes vorbei, die nur von einer Madonnenstatue geschmückt wird. Soldaten der Leibwache öffnen die Bronzetüren, und um 13 Uhr 45 rollt der Wagen in den Palast ein. Er rollt sehr langsam, durchquert vier Höfe, umrundet den Brunnen und bleibt vor der Freitreppe stehen, die Zugang zu den Gemächern bietet.

Offiziere stürzen herbei. Die Damen aus dem Gefolge der Kaiserin stehen oben auf der Treppe. Napoleon steigt aus und schaut sich um. Er denkt an den letzten Brief, den er an Joséphine am 20. Dezember aus Schloß Schönbrunn geschrieben hat. Alles war noch unentschieden, Österreich prüfte noch die Klauseln des Vertrages. In seiner zackigen Handschrift hatte er einige Zeilen an Joséphine geschrieben: »Ich weiß noch nicht, was ich mache; ich hänge ganz vom Gang der Ereignisse ab. Bleibe in München und amüsiere Dich. Adieu, liebste Freundin, tausend schöne Grüße.«

Die Ereignisse haben entschieden, der Vertrag ist unterschrieben, er ist der Gebieter. Er geht die Treppe hinauf. Man verneigt sich vor ihm. In den Blicken liest er eine Mischung aus Bewunderung und Unterwürfigkeit, aber auch zum ersten Mal vielleicht eine Art Schrecken, als ob sein glänzender Sieg über die Koalition von Wien und Sankt Petersburg enthüllt hätte, daß er zu einer heiligen Spezies gehört, jener, der nichts widersteht.

Rasch durchquert er den Vorraum und das Empfangszimmer, geht die Galerie mit italienischen und flämischen Gemälden entlang und betritt dann das Schlafzimmer. Dort steht Joséphine, an das vergoldete Bett gelehnt.

Seit mehreren Wochen hat er sie nicht mehr gesehen. Sie hat ihm nicht einmal geschrieben. Er hatte ihr Vorwürfe gemacht. Ob die schönen Feste in Baden-Baden, Stuttgart oder München sie die armen Soldaten vergessen ließen, die in Schlamm, Regen und Blut leben müßten, hatte er sie brieflich gefragt.

Aber nun ist sie da, verführerisch und leicht gealtert, lächelt mit zusammengepreßten Lippen, damit man ihre schwarzen und löchrigen Zähne nicht sieht. Sie deutet einen ironischen Knicks an und beugt sich doch. Er ist der Gebieter.

Und das sollen alle wissen und respektieren. Er entscheidet, die anderen gehorchen. Er fühlt sich stark, als könne er Taten vollbringen, die aus ihm einen neuen Karl den Großen machen. Dazu muß er um sich und die Seinen die Staaten vereinen. Ja, wenn er einen Sohn hätte ... Aber er hat keinen Sohn.

Während am 6. Januar in der Münchner Oper die Sänger *La Clemenza di Tito* aufführen, läßt er sich nicht von Mozarts Musik verführen. Er schaut heimlich Joséphine an. Sie hat ihm den erhofften Thronfolger nicht schenken können, den Sohn, der zur Begründung dieser kaiserlichen Dynastie nötig ist, ohne den sein Werk nach seinem Abgang zerfallen würde. Warum muß sich wiederum eine neue Herausforderung vor ihm erheben, wo er doch gerade einen Gipfel erklommen hat?

Er beugt sich zu Joséphine hinüber und flüstert ihr zu, er habe beschlossen, so schnell wie möglich die Hochzeit von Joséphines Sohn Eugène mit Augusta feiern zu lassen, der Tochter des bayerischen Königs. Das wäre der erste Knoten in dem Netz, das er nach dem Vorbild Karls des Großen über Europa spannen will. Er würde Eugène adoptieren, ihn zugleich aber von der Thronfolge in Frankreich ausschließen. Später wolle er dann den einen oder anderen seiner Brüder auf Throne in Europa setzen. In Neapel könnte es Joseph sein. Denn es müsse dort Schluß sein mit den Bourbonen, diesem König und der Königin von Neapel, die mit den Engländern paktieren. Immerhin sei Marie-Caroline, die Königin von Neapel, eine Schwester von Marie-Antoinette. Habe sie nicht dem französischen Botschafter erklärt, sie wünsche, daß das Königreich Neapel die Lunte sein möge, die den Brand und Untergang des französischen Kaiserreichs auslöse? Marie-Caroline von Neapel würde schon noch merken, daß man sich die Finger verbrennt, wenn man mit dem Feuer spielt.

Napoleon steht auf. Er bleibt nicht bis zum Ende der Vorstellung, er kehrt zurück in den königlichen Palast. Er muß schnell handeln. Immer fehlt es an Zeit.

Er schreibt an Eugène de Beauharnais und befiehlt ih
gehend nach München zu begeben. Den König von Ba
er zur Zustimmung. Er sorgt für eine großzügige A
ner Tochter. Augusta von Bayern soll am Tag nach ihrer Hoch
50000 Gulden erhalten. Für ihre persönlichen Ausgaben werden ihr 100000 Francs im Jahr versprochen; sollte ihr Mann sterben, erhielte sie ein Landgut im Wert von 500000 Francs.

Als sich Eugène, Vizekönig von Italien, wie gewünscht bei Napoleon einstellt, trägt er den gezwirbelten Schnurrbart eines Gardeoberst. Napoleon zupft ihn am Ohr und gibt ihm einen leichten Klaps auf die Schulter, seine übliche Art, Zuwendung auszudrücken. Um Augusta zu gefallen, sagt der Kaiser, müsse er aber den viel zu langen Schnurrbart stutzen. Auch das sei ein Befehl. Er ist der Gebieter.

An Cambacérès schreibt er, daß sich seine Rückkehr nach Paris um ein paar Tage verzögert, weil er der Hochzeit von Eugène und Augusta beiwohnen möchte. »Diese Tage werden meinem Herzen lang erscheinen, aber nachdem ich mich pausenlos den Pflichten eines Soldaten hingegeben habe, empfinde ich es als angenehme Abwechslung, mich um alle Einzelheiten und um meine Pflichten als Familienvater zu kümmern.«

Am 13. Januar 1806 wohnt Napoleon um 13 Uhr in der großen Galerie des Königspalastes der offiziellen Unterzeichnung des Ehevertrags bei. Und am 14. um sieben Uhr abends präsidiert er in der königlichen Kapelle der kirchlichen Trauung, der ein Tedeum und ein Bankett folgen. Die Kaiserin Joséphine geht freudestrahlend am Arm des Königs von Bayern. Sie ist noch schön. Napoleon geleitet Augusta. »Ich liebe Sie wie ein Vater«, sagt er zu ihr, »und ich hoffe, daß Sie für mich die Zärtlichkeit einer Tochter empfinden.«

Das Paar soll bald nach Italien aufbrechen. »Schonen Sie sich auf Ihrer Reise und in dem für Sie ungewohnten Klima, indem Sie genügend Ruhepausen einlegen«, flüstert ihr Napoleon zu. »Denken Sie daran, daß ich nicht wünsche, daß Sie krank werden.«

Nach dem Bankett zieht sich Napoleon in sein Arbeitskabinett zurück. Dort herrscht die Stille der Nacht nach dem Lärm und z der Festlichkeiten, dem Rascheln der Kleider und Uniforen, dem Charme der schönen Frauen, der Anmut von Augusta und der Freude von Eugène de Beauharnais. Er liebt diesen Stiefsohn, der sein Adoptivsohn geworden ist. Durch diese Hochzeit hat er ein erstes Band mit einer der Herrscherfamilien Europas geknüpft. Max Joseph, der König von Bayern und Augustas Vater, ist ein Wittelsbacher, dessen Vorfahren aus den verschiedensten Dynastien stammen.

Er ist der Gebieter. Diese Hochzeit ist für Napoleon nur ein erster Schachzug. Er denkt daran, Holland, die Schweiz und Italien zu einem Gesamtgebilde zusammenzufügen. Er spricht von »seinen Bundesstaaten« oder einem »wirklichen französischen Kaiserreich«. Er beschließt, daß der *Code Civil* auch im Königreich Italien gelten soll. Ist er nicht in Mailand zum König von Italien gekrönt worden? Und ist Eugène nicht Vizekönig von Italien?

Am 19. Januar 1806 schlägt er seinem älteren Bruder Joseph die Krone des Königreichs Neapel vor. Die französischen Truppen erhalten den Befehl, das Land zu besetzen. Unter dem Schutz der englischen Flotte fliehen die regierenden Bourbonen nach Sizilien. Als feindlicher Herrscher verbleibt in Italien allein Papst Pius VII. Der Heilige Vater protestiert, schreibt an Napoleon, um sich darüber zu beschweren, daß französische Truppen das päpstliche Territorium von Ancona besetzt haben. Aber Regieren erfordert, daß man unerbittlich ist. Ohne Mitleid. Ohne Zagen. Er ist der Gebieter.

Zu General Junot sagt Napoleon, der ihn zum Generalgouverneur der Staaten von Parma und Piacenza ernannt hat: »Mit Phrasen kann man Italien nicht ruhig halten.« Und er fordert ihn auf, vor keinen repressiven Maßnahmen zurückzuschrecken, genau wie zur Zeit des Italien-Feldzuges.

Aber wird Joseph, der arglistige, zaudernde Joseph, die nötige Festigkeit besitzen? Napoleon bestellt Miot de Melitto zu sich, der zusammen mit dem neuen König von Neapel aufbrechen soll, und sagt zu ihm mit schneidender Stimme: »Sagen Sie meinem Bruder Joseph, daß ich ihn zum König von Neapel mache, daß ihm aber das geringste Zögern und die geringste Unsicherheit zum Verhängnis werden können. Nur keine Halbheiten, keine Schwäche. Ich will, daß mein Blut in Neapel genausolange regiert wie in Frankreich. Das Königreich von Neapel ist notwendig für mich.«

Napoleon erinnert sich daran, wie zögerlich sich sein Bruder bei der Kaiserkrönung verhielt und daß er die Würde eines Vizekönigs von Italien ablehnte, daß er mit Eifersucht auf den Ruhm seines jüngeren Bruders reagierte.

»Alle persönlichen Empfindungen müssen nun hinter der Staatsräson zurücktreten«, sagt Napoleon zu Miot de Melitto. Als Verwandte kann ich nur die anerkennen, die sich in den Dienst meiner Politik stellen. Ich zeuge Kinder mit meinen Fingern und meiner Schreibfeder. Ich kann keine obskuren Verwandten mehr haben. Wer sich nicht mit mir erhebt, gehört nicht mehr zu meiner Familie. Ich schaffe eine Familie von Königen oder vielmehr Vizekönigen.«

Einige Tage später erhält Napoleon einen Brief von Joseph, dem König von Neapel. »Ein für allemal«, schreibt Joseph, »kann ich Eurer Majestät versichern, daß ich alle Ihre Unternehmungen gutheißen werde. Tun Sie, wie Ihnen beliebt, und verfügen Sie über mich, wie Sie es für sich und den Staat als richtig erachten.«

Napoleon ist wirklich der Gebieter.

2

Er hat München am 17. Januar 1806 bei Einbruch der Dunkelheit verlassen. Im Wagen liest er die Depeschen im flackernden Licht der Öllampen. Wenn an den Umspannstellen die Pferde gewechselt werden, steigt er nicht einmal aus. Er knabbert an einer kalten Hähnchenkeule, trinkt Chambertin aus einem silbernen Becher und schlummert dann ein wenig.

Er denkt daran, daß er einen großen Teil seines Lebens unterwegs zugebracht hat, zu Pferd oder in einer dieser Reisekutschen, deren Schaukeln ihn nicht stört. Er liebt im Gegenteil dieses

Gefühl von Bewegung und diese langen Etappen, die manchmal bis zu 40 Stunden dauern, die ihn auch körperlich seine Herrschaft über Länder und Menschen spüren lassen. Überall, wo er herrscht, muß man ihn zu sehen bekommen.

Als er am Samstag, dem 18. Januar, um 16 Uhr in Stuttgart ankommt, wird er vom König von Württemberg in dessen Schloß empfangen. In allen Salons und Galerien trifft er auf Männer und Frauen, die sich verneigen und ihm neugierige und devote Blicke zuwerfen. Das genügt.

Napoleon ordnet an: Am morgigen Sonntag wird er einer Theateraufführung beiwohnen; am Montag wird er um acht Uhr im Stuttgarter Umland zur Jagd reiten, und er wünscht, daß der König ihn dabei begleitet. Dann zieht er sich in das vorbereitete Arbeitszimmer zurück. Die Kuriere aus Paris sind schon eingetroffen.

Paris ist das Zentrum. Dort wird alles entschieden. Die Siege, die er erringt, dienen auch dazu, daß man ihn dort für unbesiegbar hält. Denn die Stimmung in Paris ist sehr unbeständig und nie auf Dauer gewonnen.

Napoleon öffnet zuerst die Depeschen des Polizeiministers. »Sire«, schreibt Fouché, »Austerlitz hat die alte Aristokratie erschüttert. Im Viertel Saint-Germain konspiriert niemand mehr.« Die Adligen des Ancien Régime warten ungeduldig auf die Rückkehr des Kaisers, um sogleich als Bittsteller in die Tuilerien zu eilen. Sie begehren Titel, Ämter, Ehrungen, Dotierungen.

Napoleon faltet Fouchés Brief wieder zusammen. So sind die Menschen eben. Wer kann schon der Anziehungskraft widerstehen, die von der siegreichen Macht ausgeht?

Am Montag morgen reitet er weit vor dem König von Württemberg und der restlichen Jagdgesellschaft, den Gardejägern oder eingeladenen Adligen, durch die Wälder am Ufer des Neckar. Rauhreif und Dunkelheit umgeben ihn, und manchmal bäumt sich sein Pferd auf. Aber Napoleon hat die Zügel fest in der Hand und preßt die Flanken seines Hengstes. Er beherrscht sein Reittier, wie er die Geschichte beherrscht.

Am Mittag bricht er nach Karlsruhe auf, durchquert dann Ettlingen, Rastatt und Lichtenau und erreicht endlich den Rhein. Napoleon läßt die Berline anhalten. Jenseits des Flusses sieht er schon die Lichter von Straßburg.

Er schaut auf den Fluß, der in der Nacht wie ein helles Band erscheint. Von der Quelle bis zur Mündung muß der Rhein die Grenze des Kaiserreichs sein, und die Staaten auf dem rechten Ufer müssen eine mit dem Reich verbündete Konföderation bilden und es so schützen. An ihren Spitzen wird er Herrscher einsetzen, deren Protektor er sein wird und die ihm Mittel und Truppen stellen sollen. So wird er eine neue Deutschlandkarte zeichnen und Europas Gesicht verändern, das von der Revolution Begonnene befestigen und an die Tradition von Karl dem Großen anknüpfen.

Und alle in Wien, Berlin, Sankt Petersburg, London und Rom müssen es anerkennen. »Ich bin Karl der Große, das Schwert der Kirche, der Kaiser von allen«, hat er an Pius VII. geschrieben. Und wenn der Papst nicht zustimmen sollte, würde er ihn auf den Status reduzieren, den er zur Zeit von Karl dem Großen besaß. Die anderen Herrschen müssen sich fügen.

Napoleon steigt wieder in die Kutsche. Am 2. Januar 1806 rollt er um 18 Uhr in das erleuchtete Straßburg ein. Die salutierenden Soldaten und die Menge schreien: »Es lebe der Kaiser!«

Er steigt aus dem Wagen. Er betritt das Palais Rohan, in dem er sich Ende September 1805 aufgehalten hat. Einen Augenblick bleibt er in der weiten Galerie stehen, in der große Spiegel sein Bild einfangen. Er denkt zurück. Er hatte Straßburg am Dienstag, dem 1. Oktober 1805, verlassen, nachdem er dem Vorbeimarsch der kaiserlichen Garde zugeschaut hatte, die in strömendem Regen den Rhein auf der Brücke von Kehl überquerte und nach Deutschland einmarschierte. Seither sind etwas mehr als drei Monate vergangen. Er hat die dritte Koalition zerschlagen, die aus den beiden stärksten Kontinentalmächten bestand. Erneut wird ihm bewußt, daß er nicht nur Kaiser der Franzosen ist. Nun ist er auch der Kaiser der Könige.

Er geht einige Stufen nach oben, dreht sich zu seinen Adjutanten und den Generälen um, die sich in der Galerie drängen. Am Freitag wolle er eine Truppenparade abnehmen, sagt er. Er werde Straßburg am Samstag verlassen, um am Sonntag, dem 22. Januar, in Paris einzutreffen. Er möchte bald sein Arbeitszimmer in den Tuilerien wiederfinden und die von den Ministern in Kästen einsortierten Papiere, deren Schlüssel er immer bei sich hat.

»Ich bin von Kopf bis Fuß auf Arbeit eingestellt«, sagt er zu Méneval, der ihm im Schlafgemach des Palastes einige Depeschen aus Paris überbringt. Mit einer Geste fordert Napoleon seinen Sekretär auf, sie vorzulesen, und während Méneval die Siegel erbricht, nimmt er am Kamin Platz.

Er hört einen Bericht des Finanzministers Barbé-Marbois über finanzielle Probleme. Napoleon wird ungehalten und nimmt einen schmalen Papierstreifen aus seiner Tasche, auf dem er das »Vermögen Frankreichs« notiert, wie er es nennt, öffentliche und private Schätze. »Was soll denn das?« ruft er aus.

Man muß den Sold der kaiserlichen Garde für zwei Wochen auszahlen. Und auch die in Deutschland stationierte Große Armee muß das nötige Geld erhalten. Das ist das Allerdringlichste. Was haben denn nur die vereinigten Lieferanten getan, Ouvrard, Desprez und Vanlerberghe, die die Armee versorgen sollten, die nötigen Fonds erhalten, aber ihre Pflichten nicht erfüllt haben? »Was macht nur dieser Barbé-Marbois? Die Schurkerei hat ihre Grenzen, aber die Dummheit wohl nicht!«

Napoleon wird ungeduldig. Gleich am Montag wolle er in Paris eine Sitzung des Staatsrates leiten und diese Finanzprobleme lösen, sagt er zu Méneval. Und mit Nachdruck fügt er hinzu: »Diese Herren Desprez, Vanlerberghe und Ouvrard müssen mir ihren gesamten Besitz übertragen, sonst lasse ich sie in Vincennes einsperren.«

Er schickt Méneval wieder fort, der aber, bevor er den Raum verläßt, den Brief vorliest, den der Erzbischof von Besançon an den Kaiser geschrieben hat: »Sie sind der vollkommenste Held, der bis heute aus Gottes Händen hervorgegangen ist.«

Napoleon hält Méneval noch zurück. »Sind meine Befehle ausgeführt worden?« fragt er. In Schönbrunn hatte er angeordnet, daß die vom Feind erbeuteten Fahnen nach Paris geschickt und dort dem Volk gezeigt werden sollten, bevor man sie unter der Kuppel von Notre-Dame aufhängt.

Méneval geht die Depeschen durch. Das Volk habe die Fahnen mit großen Freudenkundgebungen begrüßt, sagt er und stützt sich dabei auf Berichte von Polizeiinformanten. Der Erzbischof von Paris habe erklärt, diese Fahnen bezeugten, daß der Himmel Frankreich schütze, daß unser Kaiser fabelhafte Erfolge errungen und seine Siege Gott gewidmet habe.

Rustan und Constant sind während dieser Lektüre ins Zimmer gekommen. Sie melden, daß das Bad des Kaisers fertig sei, dann helfen sie ihm beim Auskleiden. Napoleon schilt sie aus und zupft sie am Ohr. Er ist glücklich. Paris erwartet ihn.

An diesem Sonntag, dem 22. Januar 1806, hält die Berline des Kaisers um 22 Uhr im Hof der Tuilerien. Die Garde salutiert, und Oberhofmarschall Duroc kommt ihm entgegen. Schon während er die Treppe hinaufgeht, erteilt Napoleon erste Befehle. Er möchte Erzkanzler Cambacérès sehen, den Staatsrat einberufen, den Finanzminister empfangen und mit dem Staatssekretär Mollien sprechen.

Später, als er in seinem Arbeitskabinett mit Constant allein ist, läßt er einen Namen fallen, Éléonore Denuelle de La Plaigne. Er schaut auf die Uhr. »Um Mitternacht«, sagt er. Und nun solle er ihm das Bad einlaufen lassen.

Er erinnert sich an den Körper dieser Neunzehnjährigen, sehr groß, schwarzes Haar, das die Schultern bedeckt und bis zu den Hüften reicht, dunkle Haut. Sie ist lebhaft und fügsam. Er weiß sehr gut, daß Caroline Murat sie ihm vorgestellt hat, damit er sie auszeichne. Er kennt die Eifersucht seiner Schwester auf Joséphine zu gut und ihre Geschicklichkeit, wenn es darum geht, »die Alte« zu verletzen, wie sie sie nennt, ihren großen Ehrgeiz, den Bruder zur Scheidung zu bewegen. So kann er nicht glauben, seine Begegnung mit Éléonore unter der Obhut von Caroline sei reiner Zufall gewesen.

Aber was gehen ihn die Absichten von Caroline Murat an! Éléonore hat die Frische der Jugend. Und genau das wünscht er sich an diesem Abend seiner Rückkehr nach Paris. Indem er diesen jugendlichen Körper umfängt, kann er seinen Sieg und seine eigene Kraft feiern. Schließlich ist er noch keine 37 Jahre alt.

Er hört die Schritte von Éléonore Denuelle im »schwarzen Korridor«. Sie ist pünktlich wie immer. Sie betritt den Salon. Sie verbeugt sich und flüstert: »Sire …«

Er nimmt sie beim Arm, zwickt sie und zieht sie mit. In der Liebe wie im Krieg liebt er keine langen Belagerungen, sondern den siegreichen Sturmangriff. Éléonore gibt sich hin. Napoleon richtet sich wieder auf, lacht, streichelt ihre Wangen und kehrt dann in sein Arbeitskabinett zurück.

Auf dem Tisch vor dem Fenster liegt nur eine einzige Depesche, die man wohl gebracht hat, während er mit Éléonore im Nebenzimmer war. Es ist ein Brief von Fouché. Laut einem Reisenden, der soeben aus London eingetroffen ist, schreibt der Polizeiminister, sei William Pitt, der große Gegner und Feind jeder Friedensregelung, am 23. Januar in seiner Villa in Putney gestorben, gebrochen durch Napoleons Sieg bei Austerlitz. Er habe mit einer letzten Geste die an der Wand angebrachte Europakarte entfernen lassen und dabei gemurmelt: »Rollen Sie diese Karte zusammen, in den nächsten zehn Jahren brauchen wir sie nicht mehr. In welchem Zustand lasse ich mein Vaterland zurück!« Fox habe ihn an der Spitze der Regierung ersetzt.

Napoleon wandert in seinem Kabinett auf und ab. Es ist, als ob das Schicksal ihm ein Zeichen gäbe, die Hindernisse auf seinem Wege beiseite räumte und so die Möglichkeit eröffnete, endlich Frieden zu schließen.

Napoleon begibt sich in den kleinen Raum, der ihm als Kartenzimmer dient. Auf dem Tisch ist eine große Europakarte ausgebreitet. Mit weit gespreizten Armen stützt er sich auf sie. Er will Frieden mit England, aber man muß ihn ihm aufzwingen, indem man den Kontinent kontrolliert, die Häfen für seine Waren schließt und fordert, daß alle Staaten den Import englischer Waren untersagen.

Er geht um den Tisch herum. Im Süden bildet Italien den rechten Flügel des Kaiserreichs. Joseph ist König von Neapel. Élisa wird er zur Großherzogin machen und ihr die Gebiete von Massa und Carrara und später vielleicht die Toskana übertragen. Pauline Bonaparte, die schon eine Prinzessin Borghese ist, bekommt von ihm das Herzogtum Guastalla, diese befestigte Stadt am Ufer des Po. Außerdem wird er sich zwei Dutzend Herzogtümer vorbehalten, die er seinen bedeutendsten Mitarbeitern als Lehen überträgt; Talleyrand wird Fürst von Benevent; Fouché Herzog von Otranto; Bernadotte wird Fürst von Pontecorvo, weil er der Mann von Désirée Clary ist und man deshalb seine Zurückhaltung vergessen kann, die manchmal an Verrat grenzt.

Napoleon richtet sich wieder auf. Mit seinem Finger fährt er über die Karte nach Norden. Berthier wird Fürst von Neuchâtel und Murat Großherzog von Kleve und Berg. Der König von Bayern ist schon ein Verbündeter durch die Hochzeit seiner Tochter Augusta mit Eugène. Es genügt also, einen Rheinbund zu gründen, der alle anderen deutschen Fürsten zusammenfaßt. Und weiter im Norden geht Holland, der linke Flügel des Kaiserreichs, an Louis, diesen unbequemen und eifersüchtigen Bruder, der dort vielleicht eine Gelegenheit findet, sich dankbar zu zeigen. Seine Frau Hortense de Beauharnais wird dadurch Königin von Holland.

Napoleon verläßt den Kartenraum. Es wird vielleicht Wochen, wenn nicht Monate dauern, bis das, was er sich ausgedacht hat, Wirklichkeit wird. Er ist aber sicher, daß alles so kommen wird, weil es so sein muß und im Interesse der Völker liegt. Diese Struktur ist ein Modell von Rationalität und wird das vollenden, was der Nationalkonvent begonnen hat. Es genügt, den *Code Civil* mit der Monarchie zu verbinden, die dynastischen Formen zu bewahren, während man die Gesellschaft umwälzt, damit ein neues Europa entstehen kann. Und genau das tut er: Er ist ein Gründer, der erste einer neuen Gattung. Der vierte seit Karl dem Großen.

In den folgenden Tagen findet er mit einer Art Hochgefühl den gewohnten Rhythmus wieder. Arbeit ab 7 Uhr, dann Jagd, manchmal im Bois de Boulogne oder auch im Wald von Marly und rings um das Schloß von Saint-Cloud und Malmaison. Er leitet Sitzungen des Staatsrates, gibt zahlreiche Empfänge und Audienzen für Diplomaten und lernt dabei den neuen österreichischen Botschafter kennen, einen Mann von 35 Jahren, einen angeheirateten Verwandten des Kanzlers Kaunitz: Metternich.

Der Mann kommt ihm intelligent vor, feinsinnig, offen, einem Bündnis mit Frankreich nicht abgeneigt, das in der Tradition von Kaunitz läge. Bei einer Audienz nimmt ihn Napoleon beiseite und befragt ihn. Metternich, der einen Teil seiner Studien in Straßburg absolviert hat, spricht perfekt Französisch. Er habe die Revolutionsereignisse in der elsässischen Hauptstadt miterlebt, sagt er, und er sei noch immer schockiert darüber.

»Ich will die Gegenwart und die Vergangenheit, überlieferte Anschauungen und die Institutionen unseres Jahrhunderts vereinen«, sagt Napoleon. Dazu bedürfe es des Friedens, fährt Napoleon fort. Und er sei möglich, er wünsche ihn, denn er habe so viel zu verwirklichen.

Er besichtigt den Louvre, in dem er umfangreiche Baumaßnahmen in Auftrag gegeben hat. Er bestätigt seinen Entschluß, auf dem Vendôme-Platz eine Säule nach dem Vorbild der Trajanssäule in Rom errichten zu lassen, ferner einen Triumphbogen auf dem Carrousel-Platz, beides Monumente zu Ehren der Großen Armee, außerdem einen zweiten Triumphbogen, dessen Bau er auf dem höchsten Punkt der Champs-Élysées anordnet und dessen Grundstein er am 15. August legt, dem Tag, an dem im ganzen Reich der Heilige Napoleon gefeiert wird.

Wenn er solche Baubeschlüsse faßt oder die Anlage von Brunnen in verschiedenen Stadtteilen von Paris anordnet, eine Brücke über die Seine in Auftrag gibt oder die Befestigung mehrerer Abschnitte des Flußufers, die Veröffentlichung des kaiserlichen Katechismus befiehlt oder die Vertreter der jüdischen Nation zu sich bestellt, damit sie ihre religiösen Bräuche den Erfordernissen des modernen Lebens anpassen und zum Beispiel die Polygamie abschaffen, dann empfindet er eine Art geistige und körperliche Freude.

Er fühlt sich agiler und viel lebhafter als alle, die ihm unterstehen. Auch wenn er genau sieht, daß er in den letzten Monaten reichlich zugenommen hat, seine Wangen fülliger geworden sind, seine Stirn durch Haarausfall viel höher geworden ist, er auch nicht mehr das scharfe Profil seines kantigen Gesichtes hat, sondern rundlichere Züge, so fühlt er doch, daß seine Energie wieder aufgeladen wurde durch seine Erfolge, seine Pläne, seine Beschlüsse und auch durch die Akklamationen.

Als er sich am 29. Januar 1806, kaum zwei Tage nach seiner Rückkehr nach Paris, zum ersten Mal wieder in die Comédie-Française begab, hat sich der ganze Saal erhoben, obwohl Talma schon auf der Bühne stand und deklamierte. Der Schauspieler hat sich verneigt, während der Saal applaudierte und rief: »Es lebe der Kaiser!« Und jedesmal, wenn Napoleon sich in der Oper oder bei einer Truppenparade zeigt, gibt es dieselben Akklamationen.

Und auch in den Berichten der Polizeispitzel steht, daß jeder den Kaiser lobt und seine Verdienste rühmt. Das Vertrauen ist zurückgekehrt. Die Bank von Frankreich hat ihre Zahlungen am offenen Schalter wieder aufgenommen, und die Finanzkrise vom Dezember 1805 ist überwunden. Man weiß, daß Napoleon von seinem Feldzug in Deutschland 50 Millionen in Gold, Silber oder Kreditbriefen nach Paris mitgebracht hat. Wenige Tage haben Napoleon genügt, um wieder Ordnung in das Finanzwesen zu bringen.

Er hat den Schatzkanzler Barbé-Marbois empfangen. Der Mann war verlegen und bot seinen Kopf an. Napoleon zuckte mit den Schultern. »Was sollte ich schon mit einem Kopf wie dem Ihren anfangen?« Und Napoleon fuhr fort: »Ich schätze Ihren Charakter, aber Sie lassen sich von Leuten täuschen, vor denen ich Sie gewarnt hatte. Deshalb muß ich Ihnen zu meinem Bedauern das Schatzamt entziehen.«

Nach einer Sitzung des Staatsrates behält Napoleon den Berater Mollien zurück. Er mustert ihn eingehend und sagt dann: »Sie werden noch heute als Schatzkanzler vereidigt.«

Mollien, der vor der Revolution einer der Verantwortlichen des Steuerwesens war, scheint zu zögern. »Haben Sie etwa keine Lust, Minister zu sein?« herrscht ihn der Kaiser in einem Tonfall an, in dem sich Unzufriedenheit und Überraschung mischen. Mollien leistet seinen Amtseid noch am selben Tag.

Auch das gehört zum Regieren: analysieren, entscheiden, die Männer auswählen und ihnen seinen Willen aufzwingen, ihre Zurückhaltung überrollen und sie lenken, damit sie effiziente, fügsame Instrumente der Politik werden, für die man sich entschieden hat. Aber dazu sind unermüdliche Arbeit vonnöten und ständige Aufmerksamkeit, eine stets angespannte Willenskraft.

Zu Berthier, der sich über die mögliche Reaktion Preußens Sorgen macht und eingreifen möchte, sagt er: »Halten Sie sich strikt an meine Befehle, erfüllen Sie Ihre Anweisungen genau, jedermann soll auf der Hut und an seinem Posten bleiben, ich allein weiß, was ich zu tun habe.« *Ich allein.*

Diese Gewißheit, daß er als einziger klar sieht und denkt, beherrscht ihn völlig. Hat er denn nicht zu jedem entscheidenden Zeitpunkt seines Lebens recht gehabt? Und diese Überzeugung macht ihm jede Opposition, ja selbst Skepsis unerträglich. Man muß sich ihm beugen.

So greift er selbst zur Feder, um im Kaiserlichen Katechismus einige Sätze umzuformulieren. »Den Kaiser zu ehren und ihm zu dienen heißt Gott selbst dienen«, hat er drucken lassen. Dem Kaiser nicht zu gehorchen ist eine Todsünde. Man schuldet ihm »Liebe, Gehorsam, Treue, Militärdienst und die Abgaben, die zur Erhaltung und Verteidigung des Kaiserreichs und seines Thrones notwendig sind«.

Als sie diesen Text lesen, wundern sich einige Mitglieder des Staatsrates. Bei Fouché, diesem alten Jakobiner, sieht er ironisches Funkeln in den Augen. Napoleon schließt den Katechismus mit einer trockenen Geste. Er ist niemand, der seine Gedanken verbirgt. Er steht auf und sagt mit seiner Kommandostimme, bevor er den Ratssaal verläßt: »Ich sehe in der Religion nicht das Mysterium der Menschwerdung, sondern das Mysterium der Sozialordnung. Sie bindet eine Idee von Gleichheit an den Himmel, die verhindert, daß der Wohlhabende vom Armen massakriert wird.« Er schaut umher, um Widerspruch festzustellen, aber alle halten den Blick gesenkt. »Die Religion«, fährt er fort, »ist eine Art Medizin oder Impfung, die unser Bedürfnis nach dem Wunderbaren befriedigt und uns zugleich vor Scharlatanen und Hexenmeistern aller Art schützt. Priester sind nützlicher als Leute wie Cagliostro, Kant und alle Schwärmer aus Deutschland.«

Er geht ein paar Schritte beiseite und scheint wie für sich selbst zu sprechen, als denke er laut nach. »Bis jetzt gab es nur zwei Mächte in der Welt, die geistliche und die militärische. Aber die Sozialordnung wird durch die Schaffung eines Lehrkörpers gefestigt und mehr noch durch die Einrichtung einer juristischen Körperschaft. Der *Code Civil* hat schon viel Gutes bewirkt. Nun weiß jeder, nach welchen Regeln er sich verhalten soll. Je nach Besitz und Geschäften findet jeder sein Arrangement.« *Aber der oberste Richter bin ich allein.*

Er muß die gesamte Gesellschaft neu organisieren. Manchmal kommt es ihm so vor, als sei er der Weltgeist, der einzige, der es versteht, das Leben der Völker und Staaten zu ordnen. Immer wieder geht ihm das durch den Kopf, wenn er, zwischen den Staatsratssitzungen, den Audienzen oder den stundenlangen Diktaten in seinem Arbeitskabinett, zur Jagd reitet in der lebhaften Frühlingsluft des Jahres 1806.

An einem Tag Ende März, als er von einem langen Ritt im Wald von Versailles zurückkam, eilte er sogleich in sein Arbeitskabinett, rief Méneval zu sich und diktierte in einem Zug das Statut der kaiserlichen Familie, die den Eckstein jenes großen Kaiserreichs bildet, das er zu bauen begonnen hat. Louis ist König von Holland, Joseph König von Neapel, seine Schwestern sind Großherzoginnen in Italien und Murat ist Großherzog von Kleve und Berg, und die anderen, Berthier, Bernadotte, Talleyrand und Fouché, sind mit Lehen bedacht worden. Er selbst bildet die Spitze der Pyramide.

Napoleons Wille ist das einzig gültige Gesetz für alle seine Verwandten. Ohne seine Zustimmung dürfen weder Eheverträge geschlossen noch Adoptionen ausgesprochen werden. Unter ihm stehen Könige, Erbfürsten, danach kommen die verbündeten Fürsten und die Lehensträger.

Das ist eine hierarchische Ordnung, die seine Räson befriedigt und ihm alle Macht zuerkennt. Der Kaiser kann sogar von seinen Verwandten verlangen, verdächtige Personen aus ihrer Nähe zu verbannen. Er ist der absolute Herrscher.

Mit Vergnügen denkt er an Augusta von Bayern, die nun schwanger ist. Sie schreibt ihm oft. »Ihre Frau ist liebenswürdiger als Sie«, schreibt er an Eugène. Und manchmal, wenn er im Salon von Joséphine deren Nichte Stéphanie de Beauharnais sieht, findet er das Vergnügen wieder, das er im Umgang mit Augusta empfunden hat. Je älter er wird, desto mehr liebt er junge Frauen, und Stéphanie ist im Jahre 1806 erst siebzehn Jahre alt. Sie ist eine fröhliche, schelmische Jugendliche mit einem ebenmäßigen Gesicht, das von blondem Haar gekrönt wird. Napoleon spricht und scherzt gerne mit ihr und spürt dann in den Blicken von Joséphine und von Caroline Murat Besorgnis und Eifersucht.

Als er eines Abends den Salon der Kaiserin betritt, sieht er Stéphanie in Tränen. Caroline habe verlangt, erfährt er, daß Stéphanie stehen bleibe, gemäß der kaiserlichen Etikette, die es verbiete, daß man sich in Gegenwart der Prinzessinnen und Schwestern des Kaisers hinsetze.

Napoleon faßt Stéphanie bei der Taille, läßt sie auf seinen Knien sitzen und flüstert ihr den ganzen Abend über etwas ins Ohr, unter den eifersüchtigen Blicken von Caroline Murat.

Am nächsten Tag, und weil er derjenige ist, der alles darf und kann, beschließt er, die Jugendliche zu adoptieren, die nunmehr, wie er dem Großzeremonienmeister Graf Ségur diktiert, »über alle Vorrechte ihres Ranges in allen Versammlungen, Festen und Banketten verfügt. Sie wird an Unserer Seite sitzen oder, für den Fall, daß Wir abwesend sind, zur Rechten der Kaiserin.«

Einige Tage später wählt er Stéphanies künftigen Ehemann aus, Erbprinz Karl von Baden, den früheren Verlobten von Augusta, der aber zugunsten von Eugène de Beauharnais übergangen wurde. Und auch Stéphanie muß sich fügen. Paris wird zu ihrer Hochzeit erleuchtet. Glanzvolle Feiern finden statt. Napoleon stattet seine Adoptivtochter mit einer Rente von 1 500 000 Francs und einer Mitgift von 500 000 Francs aus. Doch als er erfährt, daß sie ihren Mann nicht in ihr Schlafgemach läßt, befiehlt er ihr, Paris zu verlassen und nach Karlsruhe zu fahren.

Aber um Napoleon herum sind alle habgierig und denken mehr an ihr eigenes Wohl als an das des Kaiserreichs. Selbst die Mutter des Kaisers, die doch wahrlich mit Gold überhäuft wurde, fordert eine Apanage aus öffentlichen Mitteln, was ja nur bedeutet, daß Laetitia Bonaparte den Tod ihres Sohnes Napoleon in Erwägung zieht und ihre Vorkehrungen trifft. Als Napoleon davon hört, zuckt er mit den Schultern, genehmigt aber mit einer bitteren Grimasse die Forderungen seiner Mutter. Genau wie die anderen ist auch sie unfähig, über ihre unmittelbaren persönlichen Interessen hinauszublicken.

Und auch Louis, der nun König von Holland ist, überhäuft den Kaiser mit Hilfsgesuchen. Ist er denn kein König? Hat er keinen eigenen Staat? »Ich habe kein Geld«, antwortet Napoleon. »Frankreich um Hilfe zu bitten ist wahrlich ein simples Rezept. Es ist aber keine Zeit zum Klagen, man muß Energie beweisen.«

Was Joseph und Louis und all die Prinzen und Marschälle wollen, ist der Frieden. Napoleon weiß es. Und er will ihn ja auch. An einem Tag im Februar 1806 erteilt er Talleyrand eine Audienz. Der Außenminister strahlt. Er hat gerade eine Depesche aus London erhalten. Fox, der Nachfolger von William Pitt, hat ihm mitgeteilt, daß er über ein geplantes Attentat gegen den »Anführer der Franzosen« informiert wurde und daß er dessen Urheber verhaften ließ. Ist das nicht ein Zeichen für die friedlichen Absichten von Fox? Vielleicht kehrt man zu dem Klima zurück, das im Jahre 1802 den Frieden von Amiens möglich gemacht hat, diesen großen Augenblick der Hoffnung.

»Danken Sie Fox in meinem Namen«, sagt Napoleon. »Der Krieg zwischen unseren beiden Nationen ist für die Menschheit ein unnützer Kampf.« Er denkt es wirklich, aber für den Frieden wären gegenseitige Zugeständnisse nötig, und jeder mißtraut dem anderen.

Als Napoleon im Mai erfährt, daß die Engländer alle Häfen von der Elbe bis Brest blockieren, wird er ungehalten. Wie soll man auf diese Maßnahmen anders reagieren als durch eine Demonstration der Einheit des Kontinents, was bedeutet, daß man die Vorherrschaft des Kaisers anerkennt und sich ihr unterwirft, daß man die Umgestaltung der Staaten billigt, die vom Königreich von Neapel bis nach Holland aus Napoleon den Kaiser der Könige macht. Er ist der Herrscher, der seinen Willen durchsetzt, und so fordert er, daß alle Häfen für die Engländer geschlossen werden.

Die Verkettung der Ereignisse setzt sich erneut in Gang. Die englischen Diplomaten Lord Yarmouth und Lord Lauderdale kommen zu Verhandlungen nach Paris, weigern sich aber, Sizilien abzutreten und auf die Blockade zu verzichten. Und am 13. September 1806 stirbt Fox. Bedeutet dies das Ende der Friedenspartei? fragt sich Napoleon. Der europäische Kontinent ist seine Waffe. Aber jeder Schritt, den er unternimmt, um ihn unter seiner Herrschaft zu vereinen, erzeugt Beunruhigung und politische Reaktionen.

Im August und September 1806, während er sich in Saint-Cloud und später in Rambouillet aufhält, wartet Napoleon noch ungeduldiger als sonst auf die Depeschen aus Berlin und Sankt Petersburg. Er weiß, daß Preußen beunruhigt ist, seit er den Rheinbund gegründet hat. Und Rußland hat sich geweigert, den Friedensvertrag zu unterschreiben. Eine vierte Koalition zeichnet sich ab, die Preußen, Rußland und natürlich England umfaßt.

Aber Napoleon will vorsichtig sein. Er wünscht Frieden und nicht Krieg. Die Soldaten der Großen Armee sind noch immer in Deutschland stationiert und träumen von der Rückkehr nach Frankreich.

»Ich möchte gute Beziehungen mit Preußen«, sagt Napoleon zu Talleyrand. Der Minister möge dem französischen Botschafter in Berlin, Laforest, entsprechende Instruktionen erteilen. Aber der schickt alarmierende Depeschen.

Napoleon liest sie halblaut. Berlin rüstet auf. Die preußischen Truppen bewegen sich nach Hessen und Sachsen, um dort Napoleon zuvorzukommen und die Armeen der betreffenden Staaten in ihre Reihen zu zwingen. Ist es möglich, daß Friedrich Wilhelm und seine Gattin, die schöne Königin Luise, auf diese Weise einen Krieg riskieren? Hoffen die Preußen, dort Erfolg zu haben, wo die russischen und österreichischen Armeen gescheitert sind?

Am 10. September 1806 sagt Napoleon zu Berthier: »Die preußischen Truppenbewegungen bleiben außergewöhnlich. Sie möchten eine Lektion erhalten. Morgen lasse ich meine Pferde auf den Weg bringen und in wenigen Tagen meine Garde.«

3

An diesem Donnerstag, dem 11. September 1806, bleibt Napoleon lange vor dem offenen Fenster seines Schlafzimmers im Schloß Saint-Cloud stehen. Es ist noch keine sieben Uhr. Er ist früher als üblich aufgestanden. Er hat Oberstallmeister Caulaincourt zu sich bestellt, der im Vorzimmer wartet. Er will ihm befehlen, alle Ferngläser und Kleidertruhen vorzubereiten, dazu ein Zelt mit einem Eisenbett, Teppiche, viele dicke Teppiche für das Biwak, und die kleine offene Kriegskutsche; außerdem soll er 60 Pferde auf den Weg nach Deutschland bringen.

Napoleon hat schon festgelegt, daß er sein Hauptquartier in Würzburg und später in Bamberg errichten wird. Dort soll sich die Große Armee versammeln, um zu verhindern, daß die russischen zu den preußischen Truppen stoßen. Von dort aus kann man nach Norden vorrücken, die Truppen von Friedrich Wilhelm umgehen und in Berlin einziehen.

Napoleon stützt sich auf das Fensterbrett. Seit Anfang August wohnt er im Schloß von Saint-Cloud. Er mag den Wald, der ringsum liegt. Wenn er plötzlich Lust hat, etwas zu tun und frische Luft zu atmen, reitet er zur Jagd aus. An diesem Morgen liegt dichter Nebel über dem Wald. Die Luft ist feucht und frisch. Er denkt an den kommenden Winter, den er in unbekannten Zimmern verbringen muß, die man eilig hergerichtet hat, oder in Zelten. Caulaincourt darf die dicken Teppiche nicht vergessen, die Regenmäntel und den Chambertin-Wein, den Troß mit dem Geschirr und den Mundvorräten, der sich auf jeder Station einfinden muß, um so in wenigen Stunden eine vertraute Umgebung herzustellen.

Der Kaiser schaut auf den Wald. Er hat zu viele Armeen auf Feldzügen geleitet, um Illusionen zu haben. Er wird unter seinen Soldaten marschieren und den Regen ertragen, reiten, auf dem Mantel schlafen und sich dem Wind aussetzen müssen. Er wundert sich selbst über diese Gedanken. Er dreht sich um, geht ein paar Schritte durchs Zimmer und sieht sich im Spiegel, der eine ganze Wandseite einnimmt.

Hat er sich so sehr verändert? Ist mit der Magerkeit die Jugend verschwunden, und kommt mit der Leibesfülle auch Ermüdung? Ist er vielleicht genauso wie seine Marschälle und Brüder und wünscht den Frieden, um die Paläste, den Luxus und die jungen Frauen zu genießen?

Er dreht sich um und ruft Caulaincourt herbei. Er schätzt diesen Marquis aus altem Adel, den er zum Divisionsgeneral ernannt und zum Stallmeister gemacht hat. Caulaincourt zeigt Eigeninitiative und wagt es manchmal sogar, auf seiner Meinung zu beharren, eine nützliche Unabhängigkeit des Urteils, die es Napoleon erlaubt, seine eigenen Gedanken klarer zu entwickeln.

Napoleon erteilt seine Befehle. Es muß so aussehen, als würden die Pferde nach Compiègne geschickt, als handele es sich um einen Jagdausflug in den Wald. »Preußen hat den Kopf verloren«, sagt er leise.

Er geht ein paar Schritte. Vielleicht ist der Krieg ja noch zu vermeiden. Er hat schon Aufklärungsoffiziere nach Deutschland geschickt, die auf den Straßen zwischen Bamberg und Berlin unterwegs sind. Er will jeden einzelnen Weg, den Zustand der Befestigungsanlagen, die Bewegung der preußischen Truppen kennen. Aber nichts soll nach Vorbereitung eines Krieges aussehen oder darauf hinweisen, daß der Kaiser Paris verläßt, schärft er Caulaincourt ein.

»Man muß die größte Vorsicht walten lassen«, beharrt er. »Ich habe keine Pläne für Berlin.«

Stimmt das wirklich? Das hängt davon ab. Er will Frieden schließen, aber wie soll das möglich sein, wenn Preußen und Rußland, von England angetrieben, ihn nicht wollen? Und von allen drei Nationen ist Preußen die einzige, die er rasch zu Boden werfen und damit die Koalition sprengen kann. Und so hat er schon seine Befehle gegeben. Jeden Tag inspiziert er seine Truppen auf dem Plateau oberhalb des Waldes von Meudon. Er hat 15 000 Soldaten paradieren lassen, die meisten davon junge Rekruten. An diesem Morgen aber, sagt er, als er zusammen mit Caulaincourt hinausgeht, wolle er die kaiserliche Garde und die Truppen aus den Garnisonen von Paris und Versailles inspizieren.

Er reitet die Phalanx der angetretenen Truppen ab. Im Morgennebel bilden sie ein riesiges Karree, das von den Streifen der blinkenden Bajonette und Säbel durchzogen wird, hier und da markiert von bunten oder weißen Litzen und Borten der Uniformen.

Im Reiten hört er die Hochrufe der Soldaten. Aber etwas zögert in ihm, als ob der Elan und die Begeisterung von einst sich nur noch schwer einstellen wollen, weil sie von Ermüdung und einem Gefühl von Wiederholung gebremst werden. Alles fängt noch einmal von vorn an. Der Vormarsch der Armeen. Die Schlachtfelder, auf denen die Verwundeten schreien. Und auch der Sieg. Denn er wird siegen. Sein Plan ist schon in seinem Kopf ausgearbeitet.

Sobald er die preußischen Armeen bezwungen hat, wird er Berlin erreichen. Diese Hauptstadt kennt er nicht. Er denkt an Friedrich den Großen, diesen Staatsgründer und Feldherrn. Er stellt sich vor, daß er in dessen Schloß Sanssouci einzieht und sein Grab besichtigt. Dort haben im Oktober 1805 Zar Alexander, der preußische König Friedrich Wilhelm III. und seine Frau, die Königin Luise, einen Eid auf ihr Bündnis abgelegt. *Gegen mich.*

Königin Luise ist die starke Seele dieser Koalition. Zu allen sagt sie: »Napoleon ist ein Monster, das aus dem Schlamm gekrochen ist.« Der französische Botschafter hat es berichtet.

Napoleon läßt sein Pferd anhalten und schaut auf seine Truppen. »Ich habe fast 150 000 Soldaten«, sagt er mit kräftiger Stimme, »damit kann ich Wien, Berlin und Sankt Petersburg unterwerfen.« Also Krieg.

Er kehrt nach Saint-Cloud zurück. »Wenn ich noch einmal zuschlagen muß«, sagt er, »dann wird Europa von meiner Abreise aus Paris erst durch die vollständige Niederlage meiner Feinde erfahren. Es ist wünschenswert, daß die Zeitungen in Paris schreiben, ich sei völlig mit Vergnügungen, Jagdpartien und Verhandlungen beschäftigt.« Wenn es nur so wäre …

Er überrascht sich selbst bei dem Gedanken an dieses friedliche Leben in der Ruhe und dem Pomp der Schlösser. Er würde Europa organisieren. Er würde bauen lassen. Er würde von einer seiner Hauptstädte zur anderen fahren. Er hätte so viel zu tun.

Am 12. September diktiert er einen Brief an Friedrich Wilhelm III. »Ich betrachte diesen Krieg als einen Bürgerkrieg. Wenn ich gezwungen wäre, zu meiner Verteidigung zu den Waffen zu greifen, so würde ich sie nur mit Bedauern gegen Eure Majestät einsetzen.«

Aber die preußischen Armeen sind schon auf dem Vormarsch. Am 18. September besetzen sie Dresden. Die Würfel sind gefallen. Jetzt hat er keine Zeit mehr, sich noch Fragen zu stellen. Jetzt muß er General Clarke mehr als zwei Stunden lang Befehle diktieren, die die Marschrichtungen der Armeen betreffen. Er muß der kaiserlichen Garde den Befehl erteilen, sich nach Deutschland in Marsch zu setzen.

Und nachdem die letzten Pläne gemacht sind, ist es Zeit, daß sich die Armeen wirklich in Bewegung setzen. Er weiß, daß nun alles von unvorhersehbaren Umständen abhängt, daß auch die präzisesten Pläne über den Haufen geworfen werden können und daß auf dem Feld allein die Genauigkeit des Blicks und die Schnelligkeit der Entschlüsse zählen. Und deshalb muß er unter seinen Soldaten sein, deshalb muß er in die vordersten Reihen eilen und das Geschützfeuer des Feindes aushalten, denn nur so kann er die gegnerischen Maßnahmen aus der Nähe beurteilen.

Und deshalb wird er Paris und das Schloß von Saint-Cloud verlassen müssen. Bei diesem Gedanken befällt ihn erneut große Müdigkeit, die er aber verdrängt, als er in die Karten sieht und ein Ablenkungsmanöver im Norden organisiert, da er die Absicht hat, im Süden vorzurücken. Und so fordert er seinen Bruder Louis, den König von Holland, brieflich auf, als erster gegen den Feind vorzugehen. Dies wird vielleicht der letzte Krieg, denkt er.

Als er durch die Gänge des Schlosses geht, kommt ihm Joséphine entgegen. Sie besteht darauf, ihn zu begleiten, wenn er sich zur Armee begebe, falls Krieg ausbreche, wie sie befürchte. Sie würde sich in Mainz einrichten und dort auf ihn warten. Er gibt sein Einverständnis. Zum ersten Mal fällt ihm der Aufbruch schwer.

Er bestellt Cambacérès zu sich. Er wird damit beauftragt, während der Abwesenheit des Kaisers jeden Mittwoch die Kabinettssitzung zu leiten. Aber – Napoleon hebt den Finger – die Minister sollen direkt mit dem Kaiser kommunizieren, wo er sich auch immer aufhalte. Er wolle Frankreich weiterhin so regieren, als wäre er in Paris.

Wie lange wird er abwesend sein? Er reitet allein durch den Wald von Saint-Cloud. Er braucht diese Einsamkeit, damit sich in seinem Kopf alle Rädchen jener Militärmaschine in Gang setzen, die den Feind überrollen wird. Nach seiner Rückkehr diktiert er ein Dutzend Briefe, die den Vormarsch der einzelnen Korps der Großen Armee genauer umreißen.

Dann empfängt er einen Adjutanten von General Augereau, der aus Berlin zurückkehrt. Napoleon geht um Leutnant Marbot herum und befragt ihn detailliert. Marbot ist in den Salons von Berlin empfangen worden.

»Was halten Sie von jener Königin Luise, die mich so sehr beschimpft? Ist sie schön? Es heißt, sie wolle dem Krieg beiwohnen. Sie ist blond, nicht wahr?« fragt Napoleon.

Zuerst lächelt er, als der Leutnant erzählt, daß die Königin Luise in Berlin an der Spitze eines Dragonerregiments defiliert habe und daß sie, wie General von Blücher sagt, mit ihren Dragonern in Paris einziehen werde.

»Ist sie denn eine schöne Frau?« fragt Napoleon noch einmal.

Marbot bestätigt es. Nur eines verunziere sie, sagt er. Sie trage immer ein sehr breites Halstuch, um damit einen ziemlich starken Kropf zu bedecken, sage man, der durch falsche Behandlung der Ärzte sich geöffnet habe und Eiter absondere, vor allem, wenn die Königin tanze, was ihr Hauptvergnügen sei.

Napoleon senkt den Kopf. Das ist also jene Frau, die Königin Luise, von der es heißt, sie habe Zar Alexander so sehr fasziniert.

»Und die Preußen?« fragt Napoleon. »Was ist jener Herzog von Braunschweig wert, der die Armee befehligte, die im Jahr 1792 Paris bestrafen wollte und in Valmy geschlagen wurde?«

Marbot zögert und berichtet dann einfach, daß die Gendarmen der Adelsgarde durch die Straßen von Berlin gelaufen sind und geschrien haben, daß es für diese Franzosenhunde keiner Säbel mehr bedürfe, sondern daß Prügelstöcke völlig genügten. Sie hätten ihre Säbel auf den Stufen der französischen Botschaft gewetzt.

Napoleon greift zu seinem Schwertknauf. »Unverschämte Aufschneider!« ruft er aus. »Da der Herzog von Braunschweig genau wie vor 14 Jahren die preußische Armee befehligt, wird er entdecken, daß die französischen Armeen in gutem Zustand sind.«

Napoleon wünscht Leutnant Marbot einen glorreichen Krieg. Er erinnert sich an seine Zeit als junger Offizier. Er fühlt sich als Soldat der Revolution.

Am Donnerstag, dem 25. September 1806, steigt er um 16 Uhr 30 in seine Kutsche und verläßt Saint-Cloud. Joséphine sitzt in einem der Wagen, die hinter der Berline des Kaisers herfahren. Es wird dunkel. In Châlons ißt man zu Abend, dann fährt man die Nacht über durch bis Metz, wo man am nächsten Tag gegen 14 Uhr eintrifft. Die folgenden Stationen heißen Saint-Avold, Saarbrücken, Kaiserslautern und am frühen Sonntagmorgen, dem 28., als es gerade hell wird, endlich Mainz.

Napoleon ist müde. Er liest die Depeschen. Die Große Armee hat sich schon rings um Bamberg versammelt. Er verifiziert die Position jedes einzelnen Armeekorps und die Anzahl der Soldaten. Ihm stehen etwa 160 000 Mann zur Verfügung, aber ist das schon Krieg? Alles ist bereit zum Losschlagen. Die Preußen haben sich unter dem Kommando des Herzogs von Braunschweig und des Prinzen von Hohenlohe bei Jena versammelt. Aber noch sind keine Kämpfe ausgebrochen.

»Noch hat niemand den Krieg erklärt«, sagt Napoleon am 29. September zu Berthier. »Jede feindselige Aktion hat zu unterbleiben.«

Aber man darf sich auch nicht überraschen lassen. Er befiehlt den Kauf von Tausenden von Pferden und läßt die Straßen nach Leipzig und Dresden erkunden. Sorgfältig studiert er die Berichte seiner Kundschafter in Thüringen und Sachsen. Der Krieg ist schon präsent. Die Absichten der Preußen sind eindeutig. Braunschweig zieht durch das Maintal auf den Rhein zu. Napoleon diktiert Befehle für Berthier und für Fouché.

Nachdem er am 1. Oktober seine letzten Instruktionen erteilt hat, will er gegen Abend nach Würzburg aufbrechen. Die Armee soll sich auf diese Stadt sowie auf Bamberg zubewegen.

Er sieht Joséphine und Talleyrand, der nun auch in Mainz eingetroffen ist, auf sich zukommen. Mit langsamen Schritten nähert er sich ihnen und sagt, er werde die Stadt verlassen und die Nacht über fahren, Frankfurt durchqueren, um nach Würzburg zu gelangen.

Joséphine ist in Tränen aufgelöst und plötzlich spürt Napoleon, daß seine Beine nachgeben, als ob sein Körper schmelzen würde. Er klammert sich an Joséphine und Talleyrand. Er kann seine Tränen nicht unterdrücken. Die aufgestaute Anspannung, die großen Mühen während der vielen Stunden der Vorbereitung des Krieges erdrücken ihn plötzlich.

Man trägt ihn in sein Zimmer. Er wird von Krämpfen und Zuckungen geschüttelt. Er übergibt sich. Sein Gesicht ist aschfahl. So bleibt er mehrere Minuten lang ausgestreckt liegen, von Schweiß bedeckt und von Zuckungen geschüttelt, mit zusammengebissenen Kiefern. Erst ganz allmählich wird er wieder ruhig, schaut sich um, steht auf, ohne ein Wort zu sagen, und schiebt alle Umstehenden beiseite. Mit leichtem Schritt geht er zu seiner Kutsche, als ob gar nichts vorgefallen wäre. Wie geplant, bricht er nach Würzburg auf. Es ist 22 Uhr.

Was war nur mit ihm los? Darüber denkt er nach, während seine Berline durch die Nacht in Richtung Frankfurt rollt, wo er an diesem Donnerstag, dem 2. Oktober, gegen ein Uhr früh eintreffen soll. Er hat beschlossen, rasch mit dem Fürstbischof zu dinieren und dann bis Würzburg weiterzufahren.

Er streckt seine Beine aus. Er haßt es, wenn sein Körper ihn so im Stich läßt. Was bedeutet dieses Zeichen? Muß er seinen Arzt Corvisart aufsuchen? Aber nun fühlt er sich gut. Und diese Energie, die aufs neue in ihm strahlt, beruhigt ihn und verbessert seine Laune. Er singt vor sich hin.

Beim Abendessen in Frankfurt ist er die ganze Zeit über fröhlich, und als er um 22 Uhr in Würzburg eintrifft, fühlt er sich wohlauf. Er scherzt mit seinen Adjutanten und betritt mit raschen Schritten den Palast des Großherzogs, der zugleich die alte Residenz der Bischöfe dieser Stadt ist.

Vor der großen Treppe bleibt er stehen. Er schaut die große Zahl deutscher Fürsten an, die sich um ihn drängen. Er erkennt den König von Württemberg, geht auf ihn zu und nimmt ihn ganz vertraut beim Arm.

Er hat gelernt, in einer Menge genauso allein und frei zu sein wie im Wald. Die Blicke der anderen haben ihm nichts an. Und wenn er ihre Blicke kreuzt, schauen sie zu Boden. Er herrscht. Er steht über dem Gewimmel der Menschen, auf dem Gipfel, in der einzigartigen Atmosphäre derjenigen, die über das Schicksal der Völker verfügen und ihren Namen in die Geschichte einschreiben.

Zum König von Württemberg sagt er, daß er als Oberhaupt der kaiserlichen Familie beschlossen habe, seinen Bruder Jérôme mit der Tochter des Königs zu verheiraten, Katharina von Württemberg. Zu diesem Zweck habe er durch Senatsbeschluß Jérôme, der sich endlich von seiner amerikanischen Frau getrennt und Napoleons Willen gebeugt habe, zu einem französischen Prinzen gemacht, der einen Platz in der kaiserlichen Erbfolge beanspruchen könne. Der König von Württemberg verneigt sich und berichtet dann von preußischen Pressionen. Er habe einen Brief des Herzogs von Braunschweig erhalten, der damit drohe, den preußischen Adler über Stuttgart zu hissen, falls Württemberg nicht den Rheinbund verließe.

»Ich bin Ihr Protektor«, sagt Napoleon ruhig. »Alle unsere Armeen sind in Marsch gesetzt. Mir geht es sehr gut, und ich bin überzeugt, dies alles regeln zu können.« Die Erwartung dieses Königs und all der anwesenden Fürsten zwingen ihn zu siegen.

Man läßt ihn die Deckengemälde von Tiepolo bewundern sowie andere Gemälde desselben Malers, die neben italienischen Stillleben die Galerien schmücken.

In einem Salon nimmt er Erzherzog Ferdinand, den Bruder des Kaisers von Österreich Franz II., beiseite und befragt ihn. Er fühlt sich jetzt im Zentrum des Netzes der europäischen Dynastien, und als der Erzherzog die Vorteile eines Bündnisses mit Österreich hervorhebt, stimmt er ihm zu. Er nimmt damit lediglich die Tradition der französischen Monarchie wieder auf, die eine Zeitlang unterbrochen wurde.

Als er sich in sein Schlafgemach zurückzieht, bestellt er seinen Sekretär zu sich. In seinem Kopf drängen sich die Gedanken und Zukunftsvisionen, als ob er den Krieg, der offiziell noch gar nicht erklärt ist, schon siegreich beendet hätte. Er hat immer schon die Tendenz gehabt, über die Gegenwart und die unmittelbare Zukunft hinauszuschauen, um in großen Zügen die künftigen Entwicklungslinien abzustecken.

Er diktiert einen Brief an den französischen Botschafter in Wien, La Rochefoucauld. »Meine Stellungen und meine militärische Stärke lassen mich niemanden fürchten, aber all diese Anstrengungen belasten meine Völker.« Er brauche also einen Verbündeten. Preußen verdiene keinerlei Vertrauen. Blieben also Rußland und Österreich. »Frankreich hat sich einst gut entwickeln können, dank des Vorteils einer Allianz mit Österreich. Und auch diese Macht benötigt übrigens Frieden, ein Gefühl, das ich durchaus teile.«

Danach liest er die Berichte seiner Marschälle und geht beruhigt zu Bett. In seinem Kopf ist alles klar.

Er verläßt Würzburg am Montag, dem 6. Oktober, um drei Uhr früh. In dem Maße, in dem die Nacht und der Morgennebel weichen, entdeckt er die Wälder und Hügel, die seine Truppen schon durchmessen haben. Er erkennt die Landschaften wieder, die er sich beim Kartenstudium eingeprägt hatte. In diesem Relief, diesem Mosaik aus Hochebenen, Bergen und Tälern, wird er jenseits von Bamberg eine Schlacht liefern.

Er rollt in die Stadt hinein und am Ufer der Regnitz entlang und erreicht die Neue Residenz, die die Stadt beherrscht. In diesem Gebäude hat Caulaincourt das Hauptquartier eingerichtet. Die Stadt quillt über von Soldaten.

Napoleon geht die Depeschen durch und flucht. Die Kuriere treffen nicht schnell genug ein. »In einem Krieg wie diesem«, ruft er aus, »kann man nur durch ständige Kommunikation gute Resultate erreichen. Wo stehen die Truppen von Braunschweig? Sie ahnen nicht, was wir vorhaben. Weh ihnen, wenn sie zögern und auch nur einen Tag verlieren!«

In der Tat zählt jetzt jede Minute. Er empfängt General Berthier, der ihm ein Ultimatum überbringt, das schon am 26. September nach Paris geschickt wurde und in dem Friedrich Wilhelm verlangt, daß die Große Armee sich noch vor dem 8. Oktober hinter den Rhein zurückzieht.

Napoleon zerknüllt das Blatt, wirft es zu Boden und wandert mit großen Schritten umher. Er spricht mit heiserer Stimme. Wofür hält sich dieser preußische König? Glaubt er, er habe es noch mit dem Frankreich von 1792 zu tun? »Glaubt er vielleicht, er steht auf dem Boden der Champagne? Will er sein Manifest wiederholen? Ich habe wahrlich Mitleid mit Preußen. Ich bedaure Friedrich Wilhelm. Er ist das Opfer einer Königin, die sich als Amazone kleidet, die Uniform der Dragoner trägt und 25 Briefe am Tage schreibt, um überall Feuer zu entfachen. Dieser König weiß nicht, welchen Unfug man ihn schreiben läßt. Das ist doch einfach lächerlich. Er weiß es wirklich nicht!«

Napoleon bleibt vor Berthier stehen. »Berthier, man gibt uns für den 8. Oktober ein Rendezvous der Ehre. Ein Franzose versäumt so etwas nie. Und da man uns wissen läßt, daß es da eine schöne Königin gibt, die Zeugin des Kampfes sein möchte, wollen wir höflich sein und ohne Ruhepause nach Sachsen marschieren.«

Der Krieg beginnt mit kleinen Vorgeplänkeln. Und Napoleon will und muß bei den Vorposten sein. Alles in ihm ist Bewegung.

Er verläßt Bamberg. In seinem Blick liest man völlige Zuversicht. Er will das Defilee von Saalburg selbst mit ansehen, will mit eigenen Augen die Truppen des preußischen Generals Tauentzien sehen, will selbst die Soldaten inspizieren, die auf den Höhen vor Schleiz biwakieren, wo das erste Gefecht stattfand.

Wo er vorbeikommt, stehen die Männer auf und rufen: »Es lebe der Kaiser!« Er hält an, beglückwünscht sie und ruft: »Das Verhalten der Preußen ist unwürdig. Sie haben ein sächsisches Bataillon zwischen zwei preußischen Bataillonen plaziert, um seiner sicher zu sein. Eine solche Zwangsmaßnahme gegen die Unabhängigkeit eines schwächeren Staates kann ganz Europa nur empören.«

Aber die Zeit für Proteste ist vorbei. Nun müssen die Waffen sprechen. Aus der Ferne hört er eine Kanonade. Das sind die Truppen von Marschall Lannes, die in Saalfeld die Vorhut der Armee des Prinzen von Hohenlohe angreifen, die von Prinz Louis von Preußen befehligt wird, einem der eifrigsten Befürworter des Krieges gegen Frankreich.

Napoleon will möglichst weit nach vorne rücken. Er befiehlt Caulaincourt, das Hauptquartier nach Auna zu verlegen. Dort treffen die Berichte von Lannes und dann auch von Murat ein. Er liest sie ungeduldig im Stehen.

Lannes berichtet, wie der Quartiermeister Guindey mit einem Degenstoß Prinz Louis von Preußen getötet hat, der sich weigerte, in Gefangenschaft zu gehen, und dem Franzosen einen Säbelhieb versetzte.

»Das ist eine Strafe des Himmels«, ruft Napoleon, »denn er ist der wahre Urheber des Krieges.« Dann diktiert er seine Anweisungen. »Die Kunst besteht heute darin, den Feind in Einzelgefechten zu schlagen, während er noch seine Kräfte zusammenzieht. Man soll alles munter angreifen, was marschiert. Unsere Kavallerie soll die Ebene von Leipzig überschwemmen.«

Es ist vier Uhr früh an diesem 12. Oktober 1806. Er geht im Dunkeln hinaus. Er empfindet ein Gefühl von Macht und Freude. »Ich habe in allem recht behalten«, murmelt er. Alles, was er vor zwei Monaten in Paris berechnet hatte, verwirklicht sich nun »Schritt um Schritt, Ereignis um Ereignis«. Er beschließt, sich weiter nach Gera zu begeben, um noch näher am entscheidenden Schlachtfeld zu sein.

Er ruft General Clarke herbei, seinen Kabinettssekretär, zupft ihn am Ohr und geht ein paar Schritte. »Ich versperre ihnen den Weg nach Dresden und nach Berlin«, sagt er. »Die Preußen haben dabei fast keine Chance. Ihre Generäle sind große Dummköpfe. Man versteht nicht, wie der Herzog von Braunschweig, den man für so begabt hält, auf so lächerliche Weise die Operationen seiner Armee leitet.«

Er gibt Clarke einen freundschaftlichen Klaps auf den Rücken. »In einem Monat, Clarke, werden Sie Gouverneur von Berlin sein, und es wird von Ihnen einmal heißen, daß Sie im Laufe desselben Jahres und zwischen zwei verschiedenen Kriegen Gouverneur von Wien und von Berlin waren!« Er entfernt sich und sagt: »Ich will mich nun zu Pferd nach Jena begeben.«

Zu Beginn des Nachmittags trifft er in der Stadt ein. Viele Häuser stehen in Flammen. Die Straßen sind voller Soldaten. Die Infanteriegarde umringt den Kaiser, der unter den Linden des großherzoglichen Schlosses anhält. Er ruft die Adjutanten herbei und zeigt auf die Anhöhe, welche die Stadt beherrscht und unüberwindlich scheint. Es ist der Landgrafenberg, dessen von Weinreben bedeckte Hänge nur einige schmale Wege aufweisen. Die Offiziere erklären ihm, daß man mit dem Pferd nicht hinaufgelangen und die Artillerie nicht den Gipfel erreichen könne.

Napoleon hört zu. Ein Offizier von Marschall Augereau, dessen Truppen Jena besetzt halten, berichtet, daß die preußischen Armeen in der Nacht Weimar in zwei Kolonnen verlassen haben; die eine gehe unter Befehl von Braunschweig nach Naumburg, nördlich von Jena; die andere, die direkt nach Jena marschiere, stehe unter dem Befehl des Prinzen von Hohenlohe. Diese Truppen glauben also, daß sie sich nördlich des Landgrafenbergs im Schutz dieses unüberwindlichen Berges befinden.

Napoleon wird ungeduldig und begibt sich zum Schloß über der Stadt. Er durchquert die Säle, die Augen immer auf den Landgrafenberg gerichtet. Vom Schloß aus erscheint der steile Hang beinahe senkrecht, und die Rauchschwaden der Brände sowie der Abendnebel verhüllen ihn allmählich.

Napoleon hört laute Stimmen und dreht sich um. Offiziere begleiten einen erregt sprechenden Priester. Er verflucht die Preußen, die für den Brand der Stadt und den Krieg verantwortlich seien. Er sagt, er kenne einen Pfad durch den Weinberg, der zum Gipfel des Landgrafenbergs führe. Napoleon beglückwünscht den Priester. Er hat das Gefühl, daß das Schicksal ihm ein Zeichen sendet.

Er nimmt Marschall Lannes und seinen Stab mit auf den Weinberg. Der Pfad ist steil und eng, ein Abhang im Winkel eines Hausdaches, wie ein Grenadier sagt, der die Offiziere begleitet. Oben angekommen, entdeckt Napoleon eine steinige Hochfläche, die

die Ebene von Weimar beherrscht und von der aus man die preußischen Lagerfeuer sieht.

Napoleon geht ein paar Schritte. Hier oben, auf diesem Plateau, wird er seine Truppen konzentrieren. Alles, einschließlich der Kanonen, muß auf den Gipfel des Landgrafenbergs.

Noch während Napoleon mit großen Schritten wieder hinabsteigt, erteilt er seine Befehle. Die Bataillone sollen reihum je eine Stunde an der Verbreiterung des Pfades arbeiten. Jeder Soldat solle Pioniermaterial erhalten. Dann werden sie sich nach oben begeben und den Platz andern überlassen, und das so lange, bis die Armeekorps von Lannes, Soult, Augereau sowie die Infanteriegarde von Marschall Lefebvre auf dem Plateau Position bezogen haben.

Mehrmals bleibt er stehen und zeigt, an welchen Stellen gegraben werden müsse. Auch die Artillerie mit ihren Munitionskisten muß hier durchkommen. Er schaut die Offiziere seiner Begleitung an. Sie senken den Blick. Sie stimmen zu. Er steigt allein hinab und läßt seinen Generalstab schon die Dispositionen zur Durchführung seiner Befehle treffen.

Er wird nicht im Schloß bleiben. Sein Biwak soll auf dem Landgrafenberg errichtet werden, damit er unter seinen Soldaten schlafen kann. Eine Weile schaut er noch in seine Karten und begibt sich dann zu seinem Biwak.

Seine Marschälle erwarten ihn. Er hat sie zu einem Diner eingeladen. In einem Erdloch brennt ein kleines Feuer. Der Befehl lautet, für jede Kompanie von 200 Mann nur drei Feuer anzuzünden. Und Napoleon hält sich auch daran. Aber der Tisch ist in der Hütte gedeckt, deren Dach Grenadiere aus Matten gebaut haben. Darin stehen das Eisenbett, die Koffer, die Öllampen sowie auf einem anderen Tisch einige Bücher und Karten.

Rustan schenkt zu den Kartoffeln mit Butter und dem kalten Fleisch Wein aus Jena ein. Dann schlafen die Marschälle einer nach dem andern ein, von Müdigkeit erdrückt, während der Kaiser in ihrer Mitte nur zu schlummern scheint.

Er wacht auf. Alle schlafen noch. Er geht hinaus. Von einigen Funken abgesehen, ist es vollständig dunkel. Die Soldaten haben ihre

Feuer gelöscht. Der Feind ist nahe. Auf dem Plateau ist so wenig Platz, daß man bei jedem Schritt jemanden berührt.

Napoleon geht langsam voran, bleibt im Dunkeln nahe am Biwak der Grenadiere stehen. Er liebt es, sich unerkannt unter seine Soldaten zu mischen. Er liebt es, allein, unbekannt und doch der Kaiser zu sein. Er hört die Scherze und die Erzählungen. Er liebt es auch, wenn man ihn plötzlich erkennt und verlegen ist und ihn mit Ehrfurcht begrüßt. Dann geht er wieder fort.

Caulaincourt stößt zu ihm und drängt ihn, in sein Biwak zurückzukehren. Es sei zu gefährlich, so allein dem Feuer ausgesetzt zu bleiben. Aber Napoleon kehrt nicht zurück, denn er muß alles ganz genau ansehen. Er weiß, daß man im Krieg nichts delegieren kann. »Allein der Feldherr erkennt die Bedeutung bestimmter Dinge. Und er allein kann durch seinen Willen und seine höhere Einsicht alle entstehenden Schwierigkeiten überwinden.«

Er geht weiter im Dunkeln. »Wo sind die Kanonen?« fragt er. Die Soldaten drängen sich auf dem Plateau, aber er sieht nicht eine Artilleriekiste. Er eilt davon. Oft entscheiden unvorhergesehene Umstände über den Ausgang einer Schlacht.

Er erkennt, daß am Fuße des Landgrafenbergs die gesamte Artillerie von Marschall Lannes in einem zu engen Bachbett feststeckt. Die Achsschenkel der Radnaben sind zwischen den Felswänden eingeklemmt. Etwa 200 Wagen stecken dort fest.

Wut überkommt Napoleon. Wo ist der General, der dieses Korps kommandiert? Man kann ihn nicht finden. Napoleon läßt sich eine Handlaterne geben und geht nach unten, beleuchtet die Felswände und befiehlt dann mit ruhiger und klarer Stimme, Werkzeug zu verteilen und den Felsen zu bearbeiten. Und während die Artilleristen auf die Felswände einzuschlagen beginnen, hält er die Laterne, geht vom einen zum andern und verläßt die kleine Schlucht erst, als sich der vorderste Wagen in Gang setzt, gefolgt von einem Geschütz, das von zwölf Pferden gezogen wird.

Als er in seinen Biwak zurückkehrt, ist er beruhigt. Er kreuzt Grenadiere, die aus Jena kommen und denen man erlaubt hat, Lebensmittel zu besorgen. Sie haben Wein im Überfluß gefunden. Er hört, wie sie »auf das Wohl des preußischen Königs« anstoßen.

Aber sie tun es nicht sehr laut. Der Feind ist nahe und ahnt nichts von der Masse an Soldaten auf diesem als unzugänglich geltenden Plateau.

Zum letzten Mal schaut Napoleon in die Karten, gibt allen Anweisungen. Er selbst wird bei Tagesanbruch das Signal zum Angriff geben. Um Mitternacht ist er wieder in seinem Zelt. Er ist heiter. Er schließt die Augen und schläft ein.

Um drei Uhr morgens ist er schon auf. Der Boden ist von Rauhreif bedeckt. Dichter Nebel liegt über den Hügeln, den Tälern und dem Plateau. Um sechs Uhr morgens ist es immer noch nicht hell.

Er ist seiner selbst viel sicherer als in Austerlitz. Er reitet die Linien ab und ruft den Soldaten, die »Vorwärts, losmarschieren!« schreien, einige Worte zu. Dann galoppiert er davon. Überall ist er unter dem Feuer der preußischen Kanonen, die um sechs Uhr mit dem Beschuß begonnen haben. Aber der Prinz von Hohenlohe kann sich nicht vorstellen, daß die Franzosen so nah an seinen Linien auf dem Landgrafenberg stehen, und die Kugeln seiner Kanoniere schlagen weit hinter ihnen ein. Sie pfeifen über Napoleons Kopf hinweg, wie bald auch die Gewehrkugeln, als gegen neun Uhr überall angegriffen wird.

Um sein Leben, das so oft schon bedroht war, fürchtet er nicht. Er sieht, wie rings um ihn Soldaten fallen. Die preußischen Soldaten marschieren in dichten Reihen voran, wie Automaten, die plötzlich umkippen und auseinanderfallen.

Verwundete schreien: »Es lebe der Kaiser!« Er schaut sie kaum an. Seit er zum ersten Mal Soldaten neben sich fallen sah, weiß er, daß »jemand, der nicht trockenen Auges ein Schlachtfeld ansehen kann, die Menschen sehr nutzlos opfert«. Seine Augen sind trocken.

Er beobachtet diese mehreren hunderttausend Soldaten, diese 700 Kanonen, die überall Tod bringen. Er genießt das, was er »ein seltenes Schauspiel in der Geschichte« nennt. Er sieht die Marschkolonnen, vor denen Plänkler agieren, die mit klingendem Spiel vormarschieren, wie bei einer Parade.

Um zwei Uhr nachmittags ist die Schlacht entschieden. Die

preußische Armee ist ein einziger Strom von Flüchtlingen in Richtung Weimar.

Napoleon bleibt zu Pferde auf dem Plateau bis gegen drei Uhr. Er hört die Berichte der Adjutanten an. Kugeln schlagen mitten in den Generalstab ein. »Es ist sinnlos, sich am Ende einer siegreichen Schlacht töten zu lassen«, sagt Napoleon zu Ségur, der gerade eine Botschaft von Marschall Lannes überbringt. »Ich will lieber hinabsteigen.«

Er kehrt nach Jena zurück. Die Stadt ist von Bränden erleuchtet, die von preußischen Geschossen ausgelöst wurden. Er kommt an der Kirche vorbei. Er hört die Schreie der Verwundeten, die man in dem Gebäude zusammengepfercht hat. Sie sind aber so zahlreich, daß viele noch auf dem Vorplatz und in den Straßen liegen und bluten. Sein Auge ist trocken.

Er schläft kurz in einer Herberge, in der Caulaincourt in der Ecke eines großen Saales ein Bett hat aufstellen lassen, aber dann wecken ihn die Adjutanten. Ségur berichtet, daß man beinahe die preußische Königin gefangengenommen hätte.

Napoleon steht auf. »Sie ist der Grund für diesen Krieg«, sagt er.

Dann teilt ihm ein anderer Adjutant mit, daß Davout bei Auerstedt einen vollständigen Sieg über die Preußen unter dem Kommando von König Friedrich Wilhelm und des Herzogs von Braunschweig errungen hat, wobei letzterer schwer verwundet wurde.

Napoleon will Einzelheiten vom Schlachtverlauf wissen. Seine Miene wird finster. Er ahnt, daß Bernadotte nicht nur Davout nicht geholfen hat, wie es seine Pflicht gewesen wäre, sondern gar nicht am Kampf teilgenommen hat. »Das soll sich dieser Gascogner nicht noch einmal erlauben!« ruft Napoleon aus.

Er geht im Saal umher. Er müßte Bernadotte erschießen lassen, aber er ist nun einmal der Gatte von Désirée Clary und der Schwager von Joseph. Wie kleinlich die Menschen doch sind. Bernadotte wollte den Sieg von Davout nicht fördern, der verdient hat, zum Herzog von Auerstedt ernannt zu werden. *An diese beiden Männer werde ich mich erinnern!*

Es ist drei Uhr morgens am 15. Oktober. Napoleon setzt sich

und schreibt auf dem Rand einer Kiste im Lichtschein einer Funzel an Joséphine.

»Meine Liebe, ich habe gegen die Preußen schöne Manöver ausgeführt. Gestern habe ich einen großen Sieg errungen. Sie hatten 150000 Mann, ich habe 20000 Gefangene gemacht, 100 Kanonen und viele Fahnen erbeutet. Ich hatte es mit dem König und der Königin von Preußen zu tun und hätte beinahe die Königin gefaßt. Seit zwei Tagen lebe ich im Biwak. Mir geht es blendend. Adieu, meine Liebe, gehabe Dich wohl und liebe mich. Napoleon.«

Er geht auf die Straße hinaus und steigt in eine offene Kutsche. Man soll ihn nach Weimar fahren. Die Straße ist von Soldaten verstopft. Die Felder zu beiden Seiten sind von Toten und Verwundeten übersät.

Er beugt sich hinaus, läßt den Wagen anhalten, steigt aus und geht auf eine Gruppe Verwundeter zu. Sie sind blutverschmiert. Einige versuchen sich aufzurichten und mit erstickter Stimme zu rufen: »Es lebe der Kaiser!« Er fragt nach ihren Namen und Einheiten. Er wird ihnen die Ehrenlegion verleihen.

Er entfernt sich und steigt wieder in die Kutsche. »Der Sieg ist gar nichts«, sagt er leise, »man muß den Sieg ausnutzen.«

In Weimar richtet er sich für einige Stunden im Schloß ein. Er ist glücklich. Man kündigt das Eintreffen eines Gesandten des preußischen Königs an, eines Adjutanten, der um einen Waffenstillstand ersuchen wird.

Napoleon hört ihn an und antwortet: »Jede Unterbrechung der Kampfhandlungen, die den russischen Truppen genügend Zeit ließe, hier einzutreffen, verstieße zu sehr gegen meine Interessen, als daß ich ihr zustimmen könnte, wie groß auch immer mein Wunsch ist, den Menschen Unheil und Opfer zu ersparen. Ich fürchte die russische Armee übrigens nicht, sie ist nur noch eine Wolke. Ich habe sie auf dem Feldzug im vorigen Jahr gesehen. Aber Eure Majestät hätte es mehr zu bedauern als ich.«

Die Russen! Mehr denn je fühlt er sich unbesiegbar, seiner ganz sicher und vertraut völlig auf seine Eingebung. Marschall Lannes schreibt ihm, daß die Soldaten, als sie die Proklamationen hörten, in denen die Siege von Jena und Auerstedt gefeiert wurden, gerufen hätten: »Es lebe der Kaiser des Abendlandes!« Und Lannes fährt fort: »Man kann Eurer Majestät gar nicht sagen, wie sehr diese Tapferen Sie bewundern. Niemand war je dermaßen in seine Mätresse verliebt, wie sie es in Eure Person sind.«

Er läßt sich von Lannes berichten. Er liebt seine Soldaten wegen der Liebe, die sie ihm entgegenbringen. Er äußert es in einer Proklamation, die er verfaßt.

Nun kommt Davout herbei und wiederholt, daß sein Blut dem Kaiser gehöre. »Ich werde es mit Vergnügen bei allen Gelegenheiten vergießen, und meine Belohnung wird darin bestehen, Ihre Wertschätzung und Ihr Wohlwollen zu verdienen.«

Er nimmt diese Worte hin wie Trophäen. Und bewundert und liebt man ihn denn nicht zu Recht? Hat er nicht diesen Sieg ersonnen?

Um fünf Uhr abends am 16. Oktober schreibt er aus Weimar erneut an Joséphine. »Talleyrand wird Dir schon das Bulletin gezeigt haben, meine Liebste, und Du weißt schon von meinen Erfolgen. Alles verlief so, wie ich es berechnet hatte, und nie ist eine Armee vollständiger geschlagen und so restlos vernichtet worden.« Er hatte es vorhergesehen, und er allein hat dieses Talent und dieses Genie.

Er richtet sich in Halle ein und begibt sich von dort nach Wittenberg, wo er Lucchesini, den Unterhändler des preußischen Königs, empfängt. »Ich habe den Eindruck, daß der König durchaus zu einer Einigung bereit ist«, sagt er zu Berthier. »Aber das hindert mich nicht daran, nach Berlin zu gehen, wo ich in vier oder fünf Tagen einzutreffen gedenke. Sie haben den Krieg gewollt, nun sollen sie zahlen! Das ist das Gesetz des Siegers.«

Von den deutschen Staaten verlangt er Zahlungen von 150 Millionen Francs, dazu die Schließung der Universität Halle. »Wenn sich morgen noch Studenten in der Stadt befinden, werden sie verhaftet, um die ungute Einstellung zu vertreiben, den man dieser Jugend eingeflößt hat.«

Er fragt General Savary, ob er sich noch an die Schlacht von Roßbach erinnere, bei der Friedrich II. im Jahr 1757 auf so eklatante Weise die französische Armee von Soubise vernichtet hat?

»Kaum eine halbe Meile von hier müßten Sie noch die Säule finden, die die Preußen in Erinnerung an jenes Ereignis errichtet haben.«

Nachdem Savary das Denkmal mitten in einem Weizenfeld gefunden hat, verweilt Napoleon lange davor und liest die Inschrift zum Ruhm von Friedrich II. *Und nun stehe ich hier!* 49 Jahre sind seither vergangen, und er löscht die französische Niederlage und den Sieg von Friedrich dem Großen aus.

Er gibt Berthier seine Instruktionen. »In allem die Form wahren, förmliches Verhalten, anständiges Vorgehen, aber in Wahrheit sich aller Dinge bemächtigen, vor allem der Kriegsmittel.« Das ist das Gesetz des Siegers ...

Er verläßt Wittenberg, aber unterwegs zwingt ihn ein dichter Hagelschauer, sich in ein Jagdhaus zu flüchten. Die Räume sind sehr dunkel. Donner grollt. Es ist kalt. Das Feuer zieht schlecht und füllt die Zimmer mit Rauch. Plötzlich hört er Stimmen. Eine Frau tritt auf Napoleon zu, umgeben von Offizieren. Sie ist Ägypterin, die Witwe eines französischen Offiziers der Ägypten-Armee. Sie verneigt sich. Der Kaiser hört sie an und gewährt ihr und ihrem Kind eine Pension. Dann tritt er allein ans Fenster.

Kaum acht Jahre liegen zwischen dem Feldzug in Ägypten und dem hier in Preußen. Und doch ist es so, als gehörte die Zeit, in der er am Fuße der Pyramiden biwakierte, einem anderen Leben an! So viel ist seither geschehen. Und nun macht diese junge Frau die Vergangenheit wieder lebendig.

Plötzlich hat er das Gefühl, seinem eigenen Leben fremd gegenüberzustehen, als ob er es von außen sich abspielen sähe, als ob er Handelnder und Zuschauer zugleich wäre.

Lange bleibt er so stehen und wartet das Ende des Gewitters ab. Er dreht sich um. Er sieht die Ägypterin, die ihn betrachtet. Nichts ist unmöglich. Das Allerungewöhnlichste kann geschehen. Er ist hier. Morgen wird er in Potsdam sein, auf Schloß Sanssouci, der königlichen Residenz von Friedrich dem Großen, jenem Herrscher, dessen Genie er als junger Leutnant bewunderte und dessen Ruhm ihn faszinierte.

Am 24. Oktober 1806 fährt er in den Hof von Schloß Sanssouci ein. Er geht mit langsamen Schritten, die Arme auf dem Rücken verschränkt. Dann läßt er sich in die Gemächer von Friedrich II. führen.

Hier also war es. Er öffnet einige Bücher, fast alles französische. Er schaut auf die Notizen an den Seitenrändern. Der König hat also genau wie er in die Bücher hineingekritzelt.

Napoleon geht durch alle Räume, betritt dann die Terrasse und schaut auf die sandige Ebene, auf der der preußische Feldherr seine Truppen Revue passieren ließ. Dann kehrt Napoleon in die Gemächer zurück und nimmt das Schwert, den Gürtel und das Große Band des Königs. Er weist auf die Fahnen der Königlichen Garde, Trophäen der Schlacht von Roßbach.

»Ich werde sie dem Gouverneur der Invaliden geben, der sie als Zeugnis der Siege der Großen Armee und der Rache für die Schmach von Roßbach behalten wird.«

Vielleicht hat er noch nie eine größere Befriedigung empfunden. Vielleicht hat er sich niemals stärker als in diesem Augenblick als Kaiser der Könige gefühlt, als Eroberer.

Er beschließt, in demselben Zimmer zu schlafen, in dem im November 1805 Zar Alexander genächtigt hat. Aus dem Fenster sieht er die Soldaten der kaiserlichen Garde, die unter den Bäumen des Parks biwakieren. Der Himmel ist sehr klar. Er schaut ihn lange an und erinnert sich an die sternklaren Nächte in Ägypten, an die Pyramiden. Eine Art Rausch befällt ihn.

Er ruft Caulaincourt. Morgen werde er eine Parade der kaiserlichen Garde abnehmen, sagt er. Und bevor er einschläft, denkt er daran, »daß die größte Gefahr im Augenblick des Sieges liegt«, wenn man sich berauschen läßt, wenn man vergißt, daß neue Feinde aufstehen, wenn der eine am Boden liegt. Es bleiben Rußland, England, Österreich. Gleich morgen wird er sich um die Verstärkung der Armee kümmern, ein Dekret zur Aushebung des Jahrgangs 1807 verfassen, Absolventen der Eliteschulen Polytechnique und Saint-Cyr auf die diversen Einheiten verteilen lassen, Eugène und Joseph bitten, Regimenter aus Italien und aus Neapel zu schicken. Der Krieg verschlingt Männer.

Als er am nächsten Tag die Parade seiner Garde abnimmt, sagt er, daß dieser Krieg der letzte sein muß, aber als er seine Proklamation an die Truppe diktiert, schließt er mit den Worten: »Soldaten, die Russen rühmen sich, daß sie gegen uns vorrücken. Wir werden ihnen entgegenmarschieren und ihnen die Hälfte des Weges ersparen. Sie werden Austerlitz mitten in Preußen erleben. Unsere Straßen und unsere Grenzen sind voll von Rekruten, die darauf brennen, auf unseren Spuren zu marschieren.« Er muß so reden, denn die Russen rücken in der Tat vor, und man wird sich noch einmal schlagen müssen.

Am Morgen des 26. Oktober, einem Sonntag, begibt er sich in die kleine Kirche in Potsdam, in der sich das Grab von Friedrich II. befindet. Er bleibt vor dem mit einer Kupferplatte bedeckten Sarkophag stehen. Duroc, Berthier, Ségur und mehrere Offiziere stehen hinter ihm. Aber er vergißt alle Anwesenden. Er kommuniziert mit Menschen wie Friedrich II., die die lange Kette der Eroberer bilden, jenen, die Plutarch, den er eifrig gelesen hat, die »berühmten Männer« nennt. Und er gehört dazu. Ihr Sieger in diesem Jahrhundert. Lange verharrt er reglos vor dem Grab.

Während die Truppen von Davout am 26. Oktober 1806 in Berlin einziehen und die von Murat auf Stettin zumarschieren, begibt sich Napoleon, nachdem er aus den Händen des Prinzen Hatzfeld die Stadtschlüssel von Berlin erhalten hat, zum Schloß Charlottenburg nahe der preußischen Hauptstadt.

Es regnet. Alle Wege sind aufgeweicht. Er verirrt sich, verliert seine Eskorte, findet sich plötzlich allein auf freiem Feld wieder, unter strömendem Regen.

Vor der Einfahrt zum Schloß sieht er Ségur, der vergeblich das Tor zu öffnen versucht. »Warum haben Sie denn keine Soldaten auf meiner Fahrstrecke postiert?« herrscht er ihn an. »Und warum haben Sie keinerlei Garde?«

Endlich gibt das Tor nach. Das Schloß ist leer. Napoleon entdeckt die Gemächer der Königin Luise und in einer Frisierkommode die Briefe der Monarchin. Er blättert sie durch und lacht. Er hat das Gefühl, diese Frau endlich erobert zu haben.

4

Er hat kaum geschlafen. An diesem Montag, dem 27. Oktober 1806, sieht er, daß sich die Gardejäger allmählich im Hof des Schlosses Charlottenburg versammeln. Sie werden ihm als Eskorte für seinen heutigen Einzug nach Berlin dienen. Er will eine Militärparade, die großen Eindruck macht, einen wirklichen Triumphzug. Er hat verlangt, daß die preußischen Adligen, die ihre Säbel auf den Stufen vor der französischen Botschaft gewetzt hatten, Berlin als Gefangene zwischen zwei französischen Kolonnen durchqueren sollen, zur Strafe für ihre Prahlereien.

Gestern Abend hat er zu Daru, dem Generalinspekteur der Großen Armee, gesagt, daß man alles Geld konfiszieren solle, das man in Berlin finde, um es in die Soldkasse der Armee zu geben. Dann ist er mit Daru in das Gemach von Königin Luise gegangen und hat ihm ihre zurückgelassenen Papiere gezeigt. Es waren keine Liebesbriefe, wie er zunächst gedacht hatte, sondern Schriftstücke, die die Entschlossenheit der Königin zeigten, den Krieg zu entfesseln. »Gegen mich, Daru, gegen uns.«

Napoleon nennt sie in ihren Briefen *Noppel*, und ihr Papagei spricht das als *Moppel* aus, was an den Hundenamen *Mops* erinnert. Das hat sie geschrieben. Er hat in ihren Papieren sogar einen Bericht von Dumouriez gefunden – ja, vom Sieger über den Herzog von Braunschweig in Valmy! – über die Taktik, mit der man die französischen Truppen schlagen könne. »Weh den Fürsten, die Frauen Einfluß auf die Politik nehmen lassen!« hat Napoleon ausgerufen.

An diesem Montag wird schönes Wetter herrschen. Er sieht, wie sich die Regimenter aufstellen. Diese Männer hoffen darauf, daß es vorbei ist mit den Märschen, den Biwaks, den Kämpfen. Sie sind dem Tod entgangen. Sie träumen vom Frieden. Sie wissen nicht, daß man den Frieden erobern muß. Die Preußen warten auf die vorrückenden Russen, von denen schon berichtet wird, sie hätten die Weichsel überschritten und seien in Warschau eingerückt.

Soll man den Polen helfen, die ihre Unabhängigkeit wollen?

Aber was heißt schon *wollen*? Zu Dombrowski, jenem Polen, der erreichen möchte, daß Frankreich sein Land wiedererstehen läßt, hat Napoleon gesagt: »Ich werde sehen, ob die Polen es verdienen, eine Nation zu sein. Wenn Polen 40 000 gute und zuverlässige Soldaten stellt, auf die man genauso zählen kann wie auf 40 000 Soldaten der regulären Truppe«, dann könne man davon reden, daß die Polen wirklich ihre Unabhängigkeit wollen. Sonst ...

Den Polen helfen heißt die Büchse der Pandora öffnen: endlose Kriege mit den Russen und gewiß auch mit den Österreichern. Und hinter ihnen steht England als böser Geist der Koalitionen, als Bankier der Mächte, den man besiegen muß, wenn man eines Tages Frieden erlangen will.

Man kündigt die Ankunft von General Zastrow an, der im Namen von Friedrich Wilhelm um eine Audienz bittet. Der preußische König ersucht um einen Waffenstillstand und um die Eröffnung von Verhandlungen.

»Stehen die Russen schon auf preußischem Territorium?« fragt Napoleon.

General Zastrow verneigt sich und antwortet: »Es ist möglich, daß die Spitzen ihrer Kolonnen in diesem Augenblick die Grenze überschreiten. Um sie zur Umkehr zu bewegen, erwartet der König lediglich ein beruhigendes Wort.«

Napoleon kehrt ihm den Rücken zu. »Nun, wenn die Russen kommen, dann marschiere ich gegen sie und werde sie schlagen.« Er geht ein paar Schritte und tritt dann wieder auf Zastrow zu: »Aber die Verhandlungen mögen weitergehen. Oberhofmarschall Duroc ist damit beauftragt worden.«

Aber zunächst der Einzug in Berlin. Diese Preußen müssen sehen, wie mächtig die Große Armee ist.

Um 15 Uhr reitet Napoleon vor seinen Truppen über die Straße Unter den Linden. Er reitet allein mitten im Defilee und trägt die grüne Uniform eines Obersts der Gardejäger, dazu seinen eckigen Hut, der mit der »Ein-Sou-Kokarde« verziert ist, wie die Grenadiere sie nennen. Als einzigen Orden trägt er das Band der Ehrenlegion. Hinter ihm hält sich sein Mameluck Rustan und in einigem Abstand sein Generalstab, die Offiziere des kaiserlichen

Hofes, Duroc, Caulaincourt, Clarke, die Adjutanten Lemarois, Mouton, Savary, Rapp, hinter ihnen die Marschälle Berthier, Davout, Augereau. Lefebvre und die Gardeinfanteristen marschieren vor dem Kaiser her, und nach den Offizieren kommen die Gardejäger.

Napoleon sieht alles, was er gewollt hat: Fanfaren, Mamelucken, 20000 Männer und die riesigen Grenadiere mit ihren Fellmützen. Und er sieht die Menschenmenge, die sich zu beiden Seiten der Straße Unter den Linden drängt. Er ist der siegreiche Kaiser.

Er nimmt die Parade des 3. Armeekorps ab, befehligt von Marschall Davout, dem Herzog von Auerstedt. 500mal verleiht er das Kreuz der Ehrenlegion und spricht ausführlich mit den Soldaten. Viele Offiziere werden in höhere Ränge befördert. »Die Tapferen, die gefallen sind, sind ehrenvoll gefallen«, sagt er. »Wir müssen uns wünschen, in so glorreichen Umständen zu sterben.«

Die Truppen jubeln ihm zu, und Davout ruft aus: »Sire, wir sind Ihre 10. Legion! Das 3. Armeekorps wird für Sie immer und überall das sein, was jene Legion für Cäsar war!«

Er hört es. Er fühlt sich als der Cäsar seines Jahrhunderts.

Er begibt sich ins Rathaus und spricht vehement zu den dort versammelten preußischen Honoratioren. Er behauptet, im Schlafgemach von Königin Luise das Porträt von Zar Alexander gesehen zu haben.

»Sire, das kann nicht sein«, hört man eine Stimme rufen.

Offiziere stürzen herbei, aber Napoleon hält sie zurück und verzeiht Pastor Ehrmann, der es gewagt hat, ihn zu unterbrechen. Er anerkennt die Aufrichtigkeit und den Freimut dieses Mannes, aber als er in das königliche Schloß zurückkehrt, in dem er logieren wird, wird er ungehalten, als ihm General Savary einen Brief des Prinzen Hatzfeld aushändigt, der ihm die Stadtschlüssel von Berlin überreicht hatte. Savarys Agenten haben diesen Brief an den Prinzen von Hohenlohe abgefangen. Er enthält eine genaue Auflistung der französischen Truppen, die in Berlin stationiert sind, Korps für Korps, und gibt sogar die genaue Anzahl der Munitionskisten an.

Napoleon diktiert sogleich mit wuterstickter Stimme den Befehl, Prinz Hatzfeld vor ein Militärtribunal zu stellen und als Verräter und Spion zu erschießen. In den Blicken von Berthier und Ségur liest er Bestürzung. Haben sie denn nicht verstanden, daß man nur mit Strenge regieren kann? Wurde denn nicht am 26. August 1806 in Nürnberg ein Verleger erschossen, der ein antifranzösisches Pamphlet verbreitet hat?

Kurz darauf, als er gerade von einer Parade zurückkommt, bricht eine schwangere Frau vor der Tür seines Kabinetts zusammen. Die Prinzessin Hatzfeld wollte um Gnade für ihren Mann bitten.

Napoleon schaut die junge Frau an, überreicht ihr den Brief und bittet sie, ihn vorzulesen. Sie stottert und weint. Kaiser sein bedeutet auch, über das Gnadenrecht zu verfügen und die Emotion auszukosten, jemandem das Leben zu schenken, den man für den Tod bestimmt hatte.

Napoleon schaut die weinende Prinzessin an, die vor dem Kamin sitzt. »Nun gut«, sagt er, »da Sie den Beweis für das Verbrechen Ihres Mannes in Ihren Händen halten, vernichten Sie ihn, und entwaffnen Sie dadurch die strengen Kriegsgesetze.«

Sie wirft den Brief ins Feuer. Wenig später kommt Prinz Hatzfeld wieder frei.

Napoleon zieht sich zurück und schreibt an Joséphine. Es ist zwei Uhr früh an diesem 1. November 1806.

»Gerade trifft Talleyrand ein, meine Liebe, und teilt mir mit, daß Du die ganze Zeit weinst. Was möchtest Du denn? Du hast Deine Tochter und Deine Enkel, bekommst gute Nachrichten, das sollte doch genügen, um glücklich und zufrieden zu sein. Das Wetter hier ist wunderbar, und während des ganzen Feldzugs ist noch kein Tropfen Regen gefallen. Mir geht es gut, und alles steht zum besten. Adieu, meine Liebe, tausend liebe Dinge an alle. Napoleon.«

Und tatsächlich geht es ihm gut. Jeden Tag hält er eine Parade vor dem Königsschloß ab. Er läßt die Kavallerie vorbeireiten. Er läßt die Garde in der Ebene von Charlottenburg exerzieren. Den Rest des Tages arbeitet er in dem Kabinett, das er sich im Schloß hat einrichten lassen. Dorthin hat man seine Bibliothek und seine Karten gebracht. Er folgt den Bewegungen der Truppen, die den letzten preußischen Verbänden nachsetzen. Küstrin, Magdeburg,

Stettin und die Hansestadt Lübeck, in die sich Blücher geflüchtet hat, fallen nacheinander.

»Alles wurde gefangengenommen oder getötet oder irrt zwischen Elbe und Oder umher«, sagt Napoleon.

Lübeck wurde geplündert. »Die Stadt soll diejenigen beschuldigen, die den Krieg in ihre Mauern getragen haben«, kommentiert er. »Alles verläuft so gut, wie man es sich nur vorstellen kann.«

Und doch lehnt Friedrich Wilhelm die von Duroc übermittelten Friedensbedingungen ab und hofft immer noch auf das Eintreffen der Russen. Mehr als 100000 befinden sich auf dem Vormarsch, unter dem Kommando von Bennigsen und Buxhöwden.

Es herrscht also immer noch Krieg, und der Winter naht. Er braucht Soldaten. »Man soll mir Rekruten schicken«, sagt er zu Berthier, »auch wenn sie nur eine Woche Ausbildung erfahren haben. Hauptsache, sie sind bewaffnet und haben Kniehosen, Gamaschen, Uniformmützen und einen Umhang.«

Er weiß, daß man wieder kämpfen und den Russen eine endgültige Lektion erteilen muß, wie sie die Preußen gerade erhalten haben. Von Murat hat er einen triumphierenden Brief nach der Einnahme von Magdeburg am 7. November erhalten. »Sire«, hat der Großherzog von Berg geschrieben, »der Kampf endete aus Mangel an Kämpfern.« Aber es stehen ja immer neue auf. Werden die Russen die letzten sein? Dazu müßte der eigentliche Urheber aller Koalitionen besiegt werden: England.

Den ganzen November 1806, den er im Berliner Schloß verbringt, denkt Napoleon darüber nach. Er liest eine Denkschrift von Talleyrand, in der jener nachweist, daß England das Völkerrecht verletzt, indem es eine Blockade der europäischen Häfen verhängt hat, und daß man ihm etwas entgegensetzen müsse, wozu die Gelegenheit besonders günstig sei, weil der Kaiser nach der Niederlage Preußens die europäischen Küsten von Danzig bis nach Spanien sowie die Adria kontrolliere.

Napoleon läßt seinen Sekretär kommen und beginnt ein Dekret zu diktieren, mit dem ab dem 21. November 1806 eine *Kontinentalsperre* verhängt wird. »Jeder Handel und jede Korrespondenz mit den britischen Inseln sind verboten«, diktiert er. Die Inseln befinden sich im Zustand der Blockade, da sich London »wie in den frühen Zeiten der Barbarei« verhalte. Engländer, die sich in Frankreich oder in verbündeten Staaten aufhalten, werden als Kriegsgefangene betrachtet, ihre Güter werden eingezogen. Alle englischen Waren werden konfisziert. England muß unter seinen Waren ersticken. Es soll um Frieden betteln müssen, um seine Produkte loszuwerden, weil dort sonst Arbeitslosigkeit und Aufruhr herrschen.

Napoleon liest das Dekret noch einmal durch. Er weiß, daß die Sperre nur dann Erfolg hat, wenn sie wirklich den ganzen Kontinent erfaßt. Alle in Europa müssen sich diesem Prinzip beugen. Aber hat er denn nicht die Mittel, allen diese Politik aufzuzwingen, die, davon ist er überzeugt, im Interesse Europas liegt? Eine Herausforderung? Aber hat er denn nicht schon so viele erfolgreich bestanden?

Er entspannt sich. Er zerstreut sich. Er schreibt an Joséphine, die darüber schockiert war, wie er im Bulletin der Große Armee von Königin Luise gesprochen hat. »Du scheinst mir böse zu sein, weil ich den Frauen Schlechtes nachsage. Es stimmt, daß ich intrigante Frauen über alles hasse. Ich liebe die gutmütigen, naiven und sanften Frauen, denn nur diese ähneln Dir.«

Er legt die Feder nieder. Denkt er das wirklich? Joséphine, in der Vergangenheit … Aber er will lieber nicht an ihre Untreue und ihre Doppelzüngigkeit denken. Nun ist sie meistens traurig, unruhig, eifersüchtig.

Er ruft Caulaincourt zu sich, den Oberstallmeister. Er wolle Berlin verlassen und näher zu den Truppen, sagt er. Man solle die Pferde an den Umspannstellen vorbereiten.

Am 25. November 1806 verläßt Napoleon Berlin. Es ist drei Uhr morgens. Er fährt zur Großen Armee, die auf Warschau marschiert, den Truppen des russischen Zaren entgegen.

Zweiter Teil

»Wenn das Herz spricht, kann der Ruhm nicht mehr trügen.«

26. November 1806 – 27. Juli 1807

5

Es regnet. Es schneit. Es friert. Seit Napoleon Berlin verlassen hat, gehen Schauer nieder, und die Felder sind mit Schlamm bedeckt. Die Kutsche kommt nur langsam voran, weil die Räder in der schwarzen Masse steckenbleiben.

Die marschierenden Soldaten, an denen die Berline vorbeirollt, heben nicht einmal den Kopf. Napoleon sieht, wie einige Grenadiere mit umgehängtem Gewehr sich an die Waden greifen, um ihre Füße aus dem Schlamm herauszuziehen, der sie festhält, er sieht auch barfüßige Soldaten, deren Beine tief in diesem eisigen und glitschigen Morast stecken. Die Schnürstiefel sind einfach im Matsch haftengeblieben.

In der Kutsche schreibt er an Daru, den Generalinspekteur der Großen Armee: »Schuhe! Schuhe! Kümmern Sie sich vor allem darum! Und wenn es keine Schuhe gibt, soll man Leder besorgen, denn unsere Soldaten sind geschickt genug, ihre alten Schuhe damit zu flicken.«

Er friert. Seit er sich von Berlin entfernt hat und der Wagen durch Ebenen rollt, die vom Himmel nicht zu unterscheiden sind, hat er diese unangenehme Empfindung, sich nicht mehr aufwärmen zu können. Nur drei Stunden lang ist es hell.

Seine Adjutanten konnten ihm nicht sagen, wo sich die russische Armee von General Bennigsen befindet. Er ist der Überzeugung, daß sie zurückweicht und den Kampf verweigert. Sie hat Warschau aufgegeben, und Murat konnte am 28. November in die polnische Hauptstadt einziehen, empfangen von einer begeisterten Menschenmenge.

Napoleon erreicht Küstrin. Er logiert in einem Saal dieser kleinen Festung am Zusammenfluß von Oder und Warthe. Trotz des starken Feuers, das im Kamin brennt und das Constant ständig unterhält, zittert er vor Kälte. Er läßt sich ein Glas Chambertin bringen. Er nimmt Schnupftabak. Er steckt seine rechte Hand unter seine Weste und versucht, sie so aufzuwärmen. Dann legt er sich für ein paar Stunden schlafen. Er schläft schlecht. Als er wieder aufwacht, greift er sofort zu einer Feder, als wolle er Geist und Finger lockern.

»Es ist zwei Uhr morgens«, schreibt er an Joséphine, »ich bin gerade aufgestanden, wie es im Krieg üblich ist.«

Er möchte so schnell wie möglich Posen erreichen, eine Stadt an der Warthe, in der er seinen Truppen am nächsten sein und dann entscheiden kann, ob er sich auf Danzig und Königsberg zubewegt, indem er die Weichsel abwärts fährt und sich anschließend vielleicht weiter nach Norden begibt, zur Memel hin, dem Grenzfluß zu Rußland, oder ob er die Weichsel aufwärts nach Warschau zieht, wo sich schon Murat befindet, der zu Marschall Davout gestoßen ist. Alles hängt von den Positionen der russischen Armeen ab.

Er redet auf seine Adjutanten und die Marschälle ein. Wo stehen die Truppen von Bennigsen? Es scheint ihm, daß in diesem Land ohne Grenzen die russischen Armeen unfaßbar sind. Haben sie sich wirklich zurückgezogen, oder konzentrieren sie sich im Norden von Warschau längs des Narew, eines Nebenflusses der Weichsel? Die Ungewißheit ärgert Napoleon.

Zu Murat, der erneut von der Begeisterung der Polen spricht und ihrem Willen, ihr zwischen Preußen, Österreich und Rußland geteiltes Land wiederauferstehen zu sehen, sagt er nur trocken: »Die Polen sollen den festen Willen zur Unabhängigkeit beweisen, sie sollen sich verpflichten, den König zu unterstützen, den man für sie auswählen wird, und dann sehe ich, was ich tun kann.«

Murat solle sich aber nicht täuschen. Die Wiederherstellung eines unabhängigen Polen ist eine ernste Angelegenheit mit zu weitreichenden Konsequenzen, als daß Napoleon sich auf eine bloße Massenstimmung hin dazu entschließen kann. Wie soll er Frieden mit Rußland schließen, mit Österreich erhalten und mit Preußen herstellen, wenn Polen wiederersteht?

»Geben Sie deutlich zu verstehen, Murat, daß ich nicht für jemand aus meiner Familie etwas erbettele. Mir fehlt es nicht an Thronen, die ich den Meinen geben könnte.«

Er will aber auch nicht jener begeisterten Zustimmung nachgeben, die er empfindet, als er am Donnerstag, dem 27. November, in strömendem Regen in Posen einzieht und die Triumphbögen entdeckt, die die Polen in den Straßen der Stadt errichtet haben. Der eisige Wind schüttelt die an den Fassaden angebrachten Laternen. Hier und da hat man Inschriften aufgehängt, die den »Sieger von Marengo« oder den »Sieger von Austerlitz« grüßen.

Die Menge wartet trotz des Regens vor dem Kloster und dem Kolleg der Jesuiten, großen Gebäuden, die, an die Pfarrkirche angelehnt, im Herzen der Stadt errichtet wurden und nun sein Logis sein sollen. Er empfängt die Huldigung der Notabeln aus der Stadt und der Adligen aus dem Umland.

Er hört sie an. Ihre Begeisterung und ihr Wille könnten ein Trumpf in seinem Spiel werden. Ihre Entschlossenheit und ihr Patriotismus rühren ihn. Er nimmt eine Prise und geht durch den schlecht beleuchteten und kalten Saal mit dem hohen Deckengewölbe.

»Man kann eine Nation nicht so einfach zerstören«, sagt er schließlich und verschränkt die Arme. »Frankreich hat die polnischen Teilungen niemals anerkannt. Ich möchte die Meinung der ganzen Nation kennenlernen. Seid einig ...« Die Audienz ist beendet. Aber bevor er geht, ruft er ihnen noch zu: »Dies ist der einzige Augenblick, in dem ihr wieder eine Nation werden könnt.«

Auch in den folgenden Tagen hört der Regen nicht auf. Er empfängt einige Adjutanten und Generäle, die von den Schwierigkeiten der Truppen beim Vormarsch berichten. Die Soldaten haben Hunger. Einige begehen Selbstmord, weil sie völlig erschöpft sind. Sie wissen nicht, wo sie sich in diesem schlammigen Land unterstellen können. Die Bauernhäuser schützen kaum vor Regen und Kälte. Die Pferde bleiben stecken. Und man weiß nicht, wie man sich ernähren soll. Man ist schon vor dem Kampf besiegt. Und überhaupt weiß niemand, wo sich die russische Armee befindet.

Plötzlich läßt Napoleon seinem Zorn freie Bahn. »Sie wären

wohl sehr froh, wenn Sie in die Seine pissen könnten!« herrscht er Berthier an.

Die Offiziere schauen zu Boden. Napoleon geht mit wütendem Gesicht vor ihnen auf und ab. Verstehen sie denn nicht, daß man nach den Preußen auch die Russen schlagen muß, wenn man Frieden haben will?

Er zieht sich völlig zurück. Es ist schon der 2. Dezember 1806, der Jahrestag der Schlacht von Austerlitz. Diese Schlacht und die Sonne, die durch den Nebel bricht, sind schon in den Tiefen der Zeit versunken. Man muß an diesen Ruhmestag erinnern, eine glorreiche Erinnerung als Beweis dessen, wozu er in der Lage ist.

Er verläßt sein Kabinett und erteilt seine Befehle. Er will, daß man in der Kathedrale ein Tedeum zur Erinnerung an Austerlitz feiert. Er will, daß man den Soldaten eine Proklamation vorliest und sie ihnen aushändigt.

Er diktiert: »Soldaten! Heute vor einem Jahr zur selben Stunde wart Ihr auf dem denkwürdigen Schlachtfeld von Austerlitz. Die russischen Bataillone liefen in heilloser Flucht entsetzt davon. Die Oder, die Warthe und die leeren Flächen Polens sowie das schlechte Wetter dieser Jahreszeit haben Euch eine Zeitlang aufhalten können. Ihr habt allem getrotzt und alles überwunden. Alles ist vor Euch geflohen. Der französische Adler schwebt über der Weichsel.«

Die Wörter berauschen ihn. Er spricht vom allgemeinen Frieden, für den man noch kämpfen müsse. Aber zunächst müsse man siegen.

Er fühlt sich wieder besser und begibt sich auf das Schloß, in dem die Adligen der Region Posen zu seinen Ehren einen Ball geben. Frauen drängen sich um ihn. Manche nähern sich ihm herausfordernd und verführerisch. Er fixiert sie, versucht sie einzuschätzen, nimmt eine von ihnen beiseite. Sie lacht. Sie wird diese Nacht zu ihm kommen. Eine leichte Eroberung, die keine Spuren hinterläßt.

So viele Gedanken bedrängen ihn. Die Russen, der Regen und der Schlamm, die Verletzten, die man nicht mehr behandeln kann und die im Morast dahinsiechen. Und gewiß beschäftigen ihn auch die Frauen, da er an Joséphine schreiben muß. Und was liegt schon daran, daß er lügen muß. Gibt es denn eine andere Wahrheit als den Anschein?

Er denkt auch jederzeit intensiv an das, was in Frankreich geschieht. Jeden Tag wartet er ungeduldig auf das Eintreffen der Depeschen aus Paris. Es sind die jungen Beigeordneten des Staatsrates, die auf diese Weise 400 Meilen im Galopp zurücklegen, die zwischen der Hauptstadt und Posen liegen. Sie brauchen acht Tage für die Route und verweilen nur wenige Minuten an den Raststätten.

Begierig liest Napoleon die Zeitungen und die Berichte der Minister. Er unterschreibt Dekrete, die er oft in einem Zug diktiert hat. So beschließt er am 2. Dezember in Posen, in Paris auf dem Emplacement de la Madeleine ein Bauwerk zu Ehren der Große Armee errichten zu lassen, in dessen Innenraum auf Marmortafeln die Namen der Kämpfer von Ulm, Austerlitz und Jena in goldenen Lettern verzeichnen werden.

Er will es. Aber in den großen finsteren Räumen des Klosters in Posen hat er manches Mal die Gewißheit, daß sein Wille einem Schicksal unterworfen ist, das er nicht in der Hand hat. Das quält ihn. Was vermag er wirklich?

Man bringt ihm einen Brief von Joséphine, die ihn erneut darum bittet – weil sie ein Auge auf ihn haben will, wie er weiß –, zu ihm kommen zu dürfen. Er legt keinen Wert darauf. Er hat hier Frauen für Zufallsbegegnungen, die ihn zerstreuen. Es gibt hier den Krieg, die Feuchtigkeit und die Kälte, den Schlamm. Es gibt die Ungewißheit über den weiteren Gang der Dinge. Eine Schlacht, aber wo und wann?

»Man muß also noch ein paar Tage abwarten«, schreibt er. Dann setzt er wieder ab. Es ist sechs Uhr abends. Es regnet auf Posen. Die Nacht ist so dunkel wie ein Moor.

Er greift wieder zur Feder. »Je mächtiger man ist, desto weniger darf man einen eigenen Willen haben. Man hängt von Ereignissen und Umständen ab«, schreibt er.

Wird Joséphine verstehen, daß man mit übermenschlicher Kraft wollen und zugleich wissen muß, daß man niemals das Spiel in der Hand hat? Man bettet sich ein, man nutzt Gegebenheiten aus, aber das Schachbrett kann jederzeit umkippen.

»Die Wärme Deines Briefes zeigt mir, daß Ihr hübschen Frauen keinerlei Schranken kennt«, fährt er fort. »Was Ihr wollt, muß geschehen. Ich nenne mich den versklavtesten aller Menschen. Mein Gebieter kennt keinerlei Gefühlsregung, und dieser Gebieter ist die Natur der Dinge. Adieu, meine Liebe. Napoleon.«

Dieser Gedanke beherrscht ihn noch auf dem ganzen Weg nach Warschau. Eisiger Regen fegt über die Straße, deren Verlauf im Schlamm verschwindet. Die Brücken sind zerstört. Flüsse überquert man auf aneinandergebundenen Baumstämmen. Die Nacht scheint niemals zu enden. Man muß aus der Berline steigen und leichtere, aber unbequemere polnische Kutschen benutzen. Die von Duroc kippt um. Der Oberhofmarschall bricht sich ein Schlüsselbein. Man läßt ihn in einem Bauernhaus zurück, setzt die Fahrt im Regen fort und versucht, die Schlammlöcher zu umfahren. Das ist die Natur der Dinge.

Die Armee grummelt, wagt Berthier zu sagen. Die »Grummler« werden kämpfen, was bleibt ihnen denn übrig, antwortet Napoleon.

Einige Meilen vor Warschau kommen auch die leichtesten Kutschen nicht mehr voran oder nur noch so langsam, daß sie bei jeder Radumdrehung feststecken und Napoleon ungeduldig wird. Er steigt aus. Es ist vollständig dunkel, außerdem herrscht dichter Nebel. Es ist nicht mehr so kalt, aber der Boden wird dadurch noch schwammiger. Man versinkt in einem Schlamm, der keinen Untergrund mehr zu haben scheint.

Napoleon nimmt ein Pferd. Das Tier bäumt sich auf. Es ist ein widerspenstiges Relaispferd, das ihn bei jedem Schritt zu Fall bringen kann. Aber gleichviel, er will Warschau erreichen. Aus den Berichten der Generäle schließt er, daß sich die russische Armee nördlich der Hauptstadt an den Ufern des Narew versammelt hat. Napoleon will schnell eine Schlacht, damit es ein Ende hat.

Am Freitag, dem 19., in Warschau angekommen, als dichter

Nebel über Stadt und Land lag, bricht er im Morgengrauen des 23. Dezember schon wieder auf. Er will bei seinen Vorposten sein. Er reitet unter dem Feuer der Russen, klettert auf das Dach eines Hauses, um die Bewegungen des Feindes zu beobachten. Er schläft in Scheunen.

Man sucht die Russen, obwohl es schon gegen 15 Uhr dunkel wird und der Schlamm Kavallerieattacken unmöglich macht. Die Pferde können nicht galoppieren. Die Infanteristen töten sich gegenseitig im Nebel. Dennoch siegen Ney, Lannes und Davout in Soidau gegen das letzte preußische Korps und in Golymin und Pultusk gegen die Russen. Aber wie soll man sie verfolgen?

Napoleon hat sich im bischöflichen Schloß von Pultusk eingerichtet. Er ist mit der Garde umhergeirrt und hat das Schlachtfeld erst nach Ende der Kämpfe erreicht. In einem kleinen dunklen Zimmer hat er sich nah an den Kamin gesetzt. Er diktiert einen kurzen Brief an Cambacérès: »Ich glaube, daß der Feldzug beendet ist. Zwischen dem Feind und uns liegen Sümpfe und leere Flächen. Ich werde mein Winterquartier einrichten.«

Er steht auf und nimmt eine Prise. Er ist unzufrieden. Die russische Armee ist nicht vernichtet worden. Regen, Schlamm und Nebel haben ihr geholfen, aber auch die Untätigkeit der Truppen von Bernadotte, der genau wie in Auerstedt nur zugeschaut hat.

An diesem 31. Dezember 1806 sitzt er im größten Saal des Bischofspalais von Pultusk am Kamin und hört zwei Sängerinnen zu, die vom Opernkomponisten Paer begleitet werden. Er schließt die Augen. Das Vergnügen ist um so größer, als er so viele Tage unter dem Kartätschenfeuer marschiert ist, »bis zum Bauch im Wasser«. Endlich kann er den Schrecken vergessen.

Er beruhigt Joséphine an diesem 31. Dezember: »Von der Schönheit der Polinnen machst Du Dir eine übertriebene Vorstellung. Adieu, meine Liebe, gehabe Dich wohl.«

Die Nachrichten aus Frankreich sind eingetroffen. Er überfliegt die Depeschen. Plötzlich zuckt er zusammen. Kommentarlos berichtet Fouché von einer Information, die ans Allgemeine Polizeiministerium gelangt sei und Napoleon vielleicht interessiere. Am

13. Dezember 1806 habe Louise Catherine Éléonore Denuelle de La Plaigne, geboren am 13. September 1787, geschieden am 29. April 1806 von Jean-Honoré François Revel, Vorleserin der Prinzessin Caroline, im Haus 29 der Rue de la Victoire einen Jungen zur Welt gebracht. Das Kind habe den Vornamen Charles erhalten und werde Graf Léon genannt. Der Vater wurde als abwesend gemeldet.

Napoleon spürt es heiß seinen Körper überlaufen. *Mein Sohn.* Er versucht diese unmittelbare Gewißheit zunächst zu verdrängen. *Mein Sohn.* Kann er Éléonores sicher sein, dieser geschickten und koketten Intrigantin, die Caroline in seine Arme geschoben hat? Aber in jenem Augenblick im Frühling 1806 wäre sie nie das Risiko eingegangen, ihn zu betrügen, als er in Paris war, sie beinahe jede Nacht in den Tuilerien traf und sie in der Stadtvilla wohnte, die er für sie gekauft hatte.

Es kann nur sein Sohn sein. Er wußte genau, daß er einen Sohn zeugen konnte. Er ahnte wohl, daß Joséphine ihn belog. Sie konnte überhaupt nur lügen, die alte Frau, diese arme Frau, als sie ihm einzureden versuchte, daß er keinen Sohn zeugen könne.

Ein Sohn. Das, was seiner kaiserlichen Konstruktion von Anfang an fehlte. Er malt sich eine Hochzeit mit einer Königstochter aus. Er träumt. Dann denkt er wieder an Joséphine. An die Scheidung.

Er tritt ans Fenster. Das Schloß von Pultusk liegt in dichtem Nebel. Scheidung, Heirat, Geburt. Die Natur der Dinge.

6

Von Zeit zu Zeit sagt Napoleon einen Satz zu Duroc. Aber schon nach wenigen Worten hält er wieder inne, als ob er von der trüben, flachen Landschaft abgelenkt würde, die sie an diesem 1. Januar 1807 durchqueren, seit sie Pultusk verlassen haben. Er beugt sich herab, um den niedrigen Himmel zu betrachten, der neue Schneefälle ankündigt. Er bemüht sich noch einmal: »Bennigsen, die russischen Truppen ...«

Duroc hört ihm mit angespanntem Gesicht zu, bereit, sich jedes Wort einzuprägen. Aber plötzlich schweigt Napoleon wieder. Warum soll er noch fortfahren? Er empfindet eine Art Abscheu. Vor diesem Land.

Bevor er das Bischofspalais verließ, hat er am Morgen seine Anweisungen für den Adjutanten geschrieben, den er zum preußischen König schicken will, der sich immer noch weigert, Frieden zu schließen. Dieser Offizier müsse Friedrich Wilhelm versichern, »daß der Kaiser keinerlei Interesse an Polen habe, seit er das Land kenne«. Aber woran hat er denn an diesem Morgen überhaupt Interesse?

Man muß sich noch mit Bennigsen schlagen, die Marschälle Ney und Bernadotte mit Depeschen bedrängen, daß sie sich bei ihrem Nachsetzen nicht zu weit vorwagen. Wenn sie Bennigsen erst erledigt haben, beabsichtigt Napoleon, weiter nach Norden vorzurücken, die Russen einzukreisen und sie endgültig zu vernichten.

Aber diese Aussichten beflügeln ihn überhaupt nicht. Wenn er diese russischen Armeen zerschlagen haben wird, werden andere auftauchen. Wie lange soll das gehen? Deshalb kann er nicht mit Duroc reden.

Wenn er ihm nur die einzige Meldung anvertrauen könnte, die ihn seit gestern Abend beschäftigt: ein Sohn. Wenn er ihm sagen könnte, daß Joséphine und Doktor Corvisart ihm all die Jahre eingeredet haben, daß er zeugungsunfähig sei. Und daß sie ihn tatsächlich an sich selbst zweifeln ließen.

Joséphine hatte ihm sogar vorgeschlagen, daß er, wenn er einen Sohn wolle, heimlich ein Kind adoptieren könne, als dessen leibliche Mutter sie sich dann ausgeben würde. Wenn sie nun erfährt, daß Éléonore Denuelle einen Sohn zur Welt gebracht hat, und sie erfährt es sicher, wird sie wieder an diesen Plan denken und alles mögliche tun, um eine Scheidung zu vermeiden.

Er ist aber entschlossen, jede Manipulation zu vermeiden. Er kann einen Sohn zeugen. Dessen ist er nun gewiß. Und er wird alle Konsequenzen daraus ziehen. Wer hat ihn jemals daran hindern können, seine Macht bis zum äußersten auszuschöpfen? Und seine Ziele zu erreichen?

Die Kutsche fährt langsamer. Man nähert sich dem Ort Bronie. Duroc erklärt, daß der Oberstallmeister am Stadttor einen Pferdewechsel vorgesehen hat. Der Halt dauere nur einige Minuten, habe Caulaincourt gesagt. Der Kaiser müsse während des Umspannens nicht einmal die Kutsche verlassen. Es sei der einzige Halt vor Warschau, wo man am frühen Abend eintreffen werde.

Napoleon beugt sich hinaus und sieht in der Ferne die Stadtmauern von Bronie, und dann, als man allmählich näher kommt, erkennt er eine winkende Menschenmenge, die ihm zujubelt. Er empfindet keinerlei Freude. Er denkt an diesen Sohn, den er nicht anerkennen kann, und an jenen, der eines Tages geboren und in aller Augen sein Erbe sein wird. Und er denkt an den Schmerz, den er Joséphine zufügen wird, die er so sehr geliebt hat und die nur noch diese eifersüchtige alte Frau ist, deren Briefe voller Seufzer und Tränen sind.

Der Wagen hält an. Während man die Pferde wechselt, drängt die Menge herbei. Duroc steigt aus und bahnt sich einen Weg zum Posthaus. Einige Minuten später sieht ihn Napoleon wieder herauskommen und eine junge Frau bei der Hand halten, deren blonde Locken unter einer schwarzen Pelzmütze hervorquellen. Sie wirkt sehr klein. Duroc führt sie zum Wagen.

Die junge Frau verschwindet, wie von der Menge geschluckt, aber plötzlich sieht Napoleon sie vor der Wagentür. Ihr Gesicht ist ebenmäßig, ihre Haut ist von der Kälte leicht gerötet, ihre Augen sind lebhaft und naiv zugleich.

Sie schaut Napoleon fest an, und sogleich fühlt er sich von Heiterkeit und Energie erfüllt. Er hört Duroc sagen, ohne daß er ihn sieht: »Sire, sehen Sie diese Frau, die Ihretwegen allen Gefahren der Menge getrotzt hat.«

Napoleon neigt den Kopf und steckt den Oberkörper zum Fenster hinaus. Er möchte dieses frische, junge Gesicht am liebsten berühren. Sie ist kaum 20. *Sie ist anders als alle anderen!*

Er möchte ihr etwas sagen, aber sie richtet sich auf. Er sieht ihren feinen Körper, der in einen Mantel gehüllt ist. Sie spricht Französisch mit gurrender Stimme.

»Seien Sie willkommen, Sire«, sagt sie, »tausendmal willkommen in unserem Land, das auf Sie wartet, um sich wieder zu erheben.«

Sie spricht noch einige Minuten, aber er hört ihr nicht mehr zu. Er sieht ihre Augen und ihre bebende Brust. Ein Eindruck von Sanftheit und Unschuld geht von ihr aus. Er ist sicher, daß sie anders ist als alle Frauen, die er gekannt hat, seit jener ersten Frau aus den Galerien des Palais-Royal bis zu jener gerissenen Éléonore Denuelle, die doch einen Sohn von ihm hat. *Ein Sohn von einer Frau wie dieser Polin!*

Er überreicht ihr einen der Blumensträuße, die man bei der Abreise aus Pultusk zu seiner Kutsche gebracht hat. Er möchte sie gern wiedersehen, sagt er. Der Wagen setzt sich wieder in Bewegung. Er dreht sich um und sieht sie noch einen Augenblick, ehe sie von der Menge verdeckt wird.

»Wer ist sie?« fragt er Duroc. Er tadelt den Oberhofmarschall dafür, daß er sie nicht gefragt hat. Er will alles über sie wissen. Er will, daß man sie zum Abendessen einlädt, das er morgen abend in Warschau geben will. Er will, daß sie bei allen Diners und auf allen Bällen dabei ist. Er will diese Frau.

Er spricht nicht mehr. Er lauscht auf das, was in ihm hervorbricht und nicht einfach das Begehren ist, der Wunsch zu besitzen, wie er ihn so oft empfunden hat, sondern ein Gefühl, in dem sich der Drang, diese Frau zu beherrschen und in seinen Armen zu halten, mit einer Art Begeisterung und Entzücken vermischt. Und das hat er schon lange nicht mehr empfunden, vielleicht nicht mehr seit den ersten Tagen, als er so leidenschaftlich in Joséphine verliebt war.

Aber nun ist er ein anderer Mensch. Er hat so viel Erfahrung und ist noch keine 38 Jahre alt. An dieser jungen Frau, deren Namen er nicht kennt, von der er noch nicht weiß, ob er sie wiedersehen wird, aber er will es, reizt ihn nur ihr Charme, ihre Jugend, ihre Unbekümmertheit.

Und sie war niemals die Mätresse von Barras. Daran hat er gedacht, und er empfand sein Begehren als etwas Neues, etwas anderes, das ihn befreit von jener Vergangenheit, von jener alten Frau, an der er hängt, die aber die Zeit des Anfangs verkörpert und an so viele Wunden erinnert.

Sobald er im Zamek ankommt, dem königlichen Schloß, in dem er die Galerien und die mit Gemälden von Lebrun und Pillement geschmückten Säle durcheilt, läßt er Duroc wissen, daß er während seines Aufenthalts in Warschau den gesamten polnischen Adel empfangen will. Er möchte ein richtiges Hofleben organisieren, Konzert zweimal die Woche, Empfänge, Diners, jeden Tag Militärparaden vor dem Palast auf dem Sächsischen Platz. Vor einem Gemälde von Boucher bleibt er stehen und sagt: »Ich will alles über sie wissen.«

Er wartet. Jedesmal, wenn er Schritte hört, unterbricht er sein Diktat oder Kartenstudium. Endlich kommt Duroc. Ihr Name ist Maria Walewska. Ihr Mann Anastas Colonna Walewski ist ein reicher Adliger, der mit der Familie Colonna in Rom verwandt ist. »Alt, sehr alt«, sagt Duroc.

Die Familie von Maria, eine geborene Laczinska, hat diese Heirat mit dem begüterten und verwitweten Schloßherrn gewollt. Aber er ist alt, sehr alt.

Napoleon zeigt etwas Verachtung und Ungeduld. Man solle sie einladen, sagt er. Dann beugt er sich wieder über die Karten, als ob er sich nur um das Vorrücken der Truppen nach Norden sorge. Er pflanzt Nadeln auf die Städte, die der Ostsee am nächsten liegen, Preußisch-Eylau, Friedland, Königsberg und Tilsit. Dort, zwischen diesen Städten und den Flüssen Weichsel, Passarge, Memel, wird sich ein Teil des Feldzugs abspielen.

Endlich ist sie in das Palais Blacha gekommen, in dem sich zu Ehren von Napoleon der gesamte polnische Adel versammelt hat. Er sieht sie in ihrem langen weißen Kleid, und er ahnt an den Blicken, die auf ihnen beiden ruhen, daß alle schon Bescheid wissen. Aber was kümmert es ihn!

Als er vor ihr steht, flüstert er: »Weiß auf Weiß, das paßt aber nicht, Madame.«

Er spürt, daß sie verängstigt und abweisend ist. Sie hat sich geweigert, zum Ball zu kommen. Er hätte sie gern tanzen sehen. Sie sagt kein Wort. Und er erträgt es nicht, daß sie sich ihm so entzieht.

Noch bevor der Abend zu Ende geht, schreibt er mit seinem wütenden Federstrich, der die Buchstaben breit und schwarz werden läßt: »Ich hatte nur Augen für Sie, habe nur Sie bewundert, begehre nur Sie. Eine rasche Antwort zur Besänftigung des Feuers von N.«

Er wartet. Welche Frau hat ihm jemals widerstanden? Sie haben ihn oft schmachten lassen, um ihren Wert zu steigern. Ist sie vielleicht eine von diesen »Kreaturen«? Der Verdacht streift ihn, aber er schämt sich beinahe, so etwas zu denken. Dann bestellt er Duroc ein und drängt ihn. Es gibt nichts Dringlicheres.

Er versucht, nicht mehr an diese Maria Walewska zu denken, auf die er manchmal zornig ist. Er stürzt sich auf seine täglichen Aufgaben, warnt Marschall Ney, der zu weit nach Norden zieht und den russischen Truppen seine Flanke zu bieten droht. Sie gilt es einzukreisen.

Oft hält er inne, geht ein paar Schritte und nimmt wie gewöhnlich eine Prise. Er muß immer wieder an diese Frau denken, als ob sie das überraschende und aufregende Element wäre, dessen er bedurfte. Alles andere ist ihm sehr vertraut, auch der Krieg, den er führt, auch die Monarchen, mit denen er sich auseinandersetzt.

Joséphine allerdings … Sie ist immer noch in Mainz. Sie schreibt fast jeden Tag. Sie beklagt sich. Sie will zu ihm kommen. Ahnt sie, was er empfindet? Wußte sie, daß Éléonore Denuelle schwanger war, und wollte bei ihm sein, wenn er es erführe? Er traut es ihr zu.

»Ich habe Deinen Brief erhalten, meine Liebe«, schreibt er ihr am 3. Januar 1807. »Dein Schmerz berührt mich, aber man muß sich den Ereignissen fügen. Zwischen Mainz und Warschau sind zu viele Länder zu durchqueren. Man muß also abwarten, daß die Ereignisse mir erlauben, mich nach Berlin zu begeben, bevor ich Dir schreiben kann, daß Du kommen sollst. Ich habe hier aber viele Dinge zu regeln. Ich wäre sehr dafür, daß Du nach Paris zurückkehrst, wo Du gebraucht wirst. Mir geht es gut. Das Wetter ist schlecht. Ich liebe Dich von Herzen. Napoleon.«

Ist es eine Lüge, wenn man nur einen Aspekt der Dinge sagt?

Er spürt, daß ihn zahllose Erinnerungen mit Joséphine verbinden, aber diese Komplizenschaft ist eine alte Gewohnheit geworden. Joséphine hat einen festen Platz in seinem Herzen. Aber sie füllt ihn nicht ganz aus, Körper und Seele. Und manchmal stört sie ihn sogar. Sie stellt ein Hindernis dar. Er ist immer mehr von dieser anderen Frau besessen, der fast unzugänglichen Maria.

»Haben ich Ihnen mißfallen, Madame?« schreibt er ihr am 4. Januar. »Ich glaubte doch das Gegenteil hoffen zu dürfen. Habe ich mich getäuscht? Ihr Eifer hat nachgelassen, seit meiner gestiegen ist. Sie rauben mir die Ruhe! Geben Sie doch einem armen Herzen, das völlig bereit ist, Sie zu bewundern, ein wenig Freude und Glück. Ist es so schwierig, eine Antwort zu schicken? Sie schulden mir schon zwei. N.«

Diese Ungeduld verwandelt sich in Zorn beim Warten auf Antworten, die nicht eintreffen. Er schilt Constant, der ihm morgens bei seiner Toilette und beim Anziehen zu helfen versucht. Er geht von einer Zimmerecke zur andern, setzt sich hin, kann die geringste Berührung von Constant nicht ertragen und steht wieder auf.

Er erinnert sich daran, daß sich an jenem Abend im Palais Blacha zwei seiner Adjutanten sehr um Maria Walewska bemüht haben. Er läßt Berthier kommen und befiehlt, daß diese beiden Offiziere auf Stellen fernab von Warschau versetzt werden, Bertrand nach Breslau, das die von Jérôme Bonaparte befehligten Truppen vor kurzem eingenommen haben, und Louis de Périgord an die Front zu einer jener Einheiten, die die Russen am Ufer des Flusses Passarge verfolgen. Er kann den Gedanken nicht ertragen, daß Maria Walewska ihm einen anderen Mann vorziehen könnte oder daß sie sich ihm verweigert.

Als er sie endlich eintreten sieht bei einem Diner, das er im Schloß gibt, geht er zu ihr und sagt mit brüsker Stimme: »Wenn man so sanfte Augen hat, läßt man sich erweichen und gefällt sich nicht darin, zu quälen, sonst ist man die kokatteste und die grausamste aller Frauen.«

Aber warum antwortet sie nicht? Er kann dieses Schweigen nicht ertragen. Er muß etwas tun, zumindest schreiben. Sein ganzer Wille ist angespannt, als ob es um sein Leben ginge. Seine ganze Energie in jede Herausforderung zu stecken, das nennt er leben. Er spielt nicht. Niemals. Er ist ganz und gar in dem, was er tut, in dem, was er schreibt.

»Es gibt Augenblicke, in denen zu große Erhöhung belastend wird, und genau das fühle ich. Wie soll ich das Bedürfnis eines Herzen befriedigen, das sich Ihnen zu Füßen legen will und das zurückgehalten wird durch das Gewicht hochsinniger Betrachtungen, die das elementarste Begehren lähmen?« Plötzlich fühlt er sich entwaffnet. »Oh, wenn Sie nur wollten! Sie allein könnten das Hindernis beseitigen, das uns trennt. Mein Freund Duroc wird es Ihnen leichtmachen. Oh, kommen Sie, kommen Sie! Alle Ihre Wünsche sollen erfüllt werden.« Er zögert. Man hat ihm gesagt, sie sei eine Patriotin. Sie muß sich daran erinnern, wer er ist, was er kann. Er schreibt: »Ihr Vaterland wird mir noch teurer sein, wenn Sie Mitleid mit meinem armen Herzen haben. N.«

Er weiß, daß alles, was in Warschau zählt, sie zu ihm drängt. Die Mittel sind egal. Sie muß einfach kommen. Er will sie.

Als er endlich Mitte Januar mit ihr in seinem Gemach im Schloß allein ist, umarmt er sie feurig und wird zunächst zornig, weil sie sich verweigert und fliehen will. Als ob sie nicht geahnt hätte, was sie erwartet. Was spielt sie denn für ein Spiel? Welchen Preis soll er entrichten?

Sie weint, sie redet. Auch er spricht. Er erzählt. Er verführt. Er hat die Aufrichtigkeit eines jungen Mannes. Diese für einige Stunden wiedergefundene Unschuld, die Freiheit, diese offenherzigen Bekenntnisse rühren ihn. Stunden vergehen. Sie geht fort, ohne daß er versucht hätte, sie zu zwingen.

»Maria, sanfte Maria, mein erster Gedanke gilt Dir, mein größter Wunsch ist, Dich wiederzusehen«, schreibt er gleich am Morgen. Wörter quellen klar und frisch hervor, die er schon seit Jahren nicht mehr benutzt hat, seit dem Italien-Feldzug, als er an Joséphine schrieb und sie beschwor.

»Du wirst wiederkommen, nicht wahr? Du hast es mir versprochen. Sonst würde der Adler zu Dir fliegen! Ich sehe Dich beim Diner, der Freund hat es mir gesagt. Nimm bitte diesen Blumenstrauß an. Möge er ein magisches Band zwischen uns sein und eine geheime Beziehung zwischen uns schaffen inmitten der Menge, die uns umgibt. Von den Blicken der Menge umgeben, können wir uns so verständigen. Wenn meine Hand auf mein Herz drückt, wirst Du Deinen Strauß drücken. Liebe mich, freundliche Maria, und lasse Deine Hand stets am Bouquet! N.«

Sie ist sein, da sie wiederkommt. Er kann sich nicht länger mit dieser platonischen Sentimentalität begnügen. Sie nimmt den Schmuck nicht an, den er ihr bringen läßt? Damit kommt sie nicht durch. Nun muß sie nachgeben. Hat er nicht bewiesen, daß er sie schätzt? Daß sie für ihn nicht eine jener Frauen ist, die man nimmt und wieder fortschickt?

Er wird wütend, wirft seine Uhr zu Boden und zertritt sie. Er ist ein Mann, den man nicht so leicht abweisen kann.

Endlich gibt sie nach.

Aber das genügt ihm noch nicht. Er will, daß dieser junge Körper, den er genommen hat, sich ihm auch hingibt. »Liebe mich, Maria, liebe mich.«

Er behält sie bei sich. Sie ist die Seine. Ihre Sanftheit und Zärtlichkeit, ihre Fügsamkeit machen ihn überglücklich. Er kann sich nicht satt sehen an ihr. Sie ist so rein, so jung. In ihr sieht er ein Bild von sich selbst, das er verloren hatte.

Wenn sie nicht da ist, geht er zu ihr. »Ich lade mich für sechs Uhr ein, sanfte Maria. Laß uns in Deinem Boudoir etwas servieren, aber mache keine Umstände.« Sie wird da sein, und das genügt.

Für ihn ist alles wieder in Ordnung. Er hat sein Ziel erreicht. Nun kann er wieder in aller Ruhe und in besonderer Klarsicht seinen Schlachtplan aufstellen. Dieser Januar 1807, während Ney und Bernadotte im Norden erste Kämpfe mit den Russen führen, wird nur eine Zeit des Abwartens gewesen sein. Und dafür war es auch nötig, daß ihn eine neue Leidenschaft erfüllte.

Aber nun kehrt er mit freierem Geist zu den Karten zurück. Er fühlt sich verjüngt durch diese Liebe zu der so selbstlosen Maria. Er wird Warschau verlassen und die Truppen von Bennigsen in einer Schleife einkreisen, deren Mitte die Orte Preußisch-Eylau und Friedland bilden. Er möchte Willemberg erreichen, das weiter im Süden liegt.

Einen Monat lang hat er jeden Tag Joséphine antworten müssen, die wohl etwas ahnte und vielleicht auch informiert worden war. Sie hat alle möglichen Argumente ins Feld geführt, damit er sie nach Warschau kommen ließe. Er hat aber nicht nachgegeben.

»Warum denn Tränen und Kummer? Hast Du denn keinen Lebensmut mehr?« hat er sie gefragt und sie aufgefordert, »Charakter und Seelenstärke zu zeigen«. Und er schrieb: »Man sagt mir, daß Du jeden Tag weinst. Wie häßlich das ist! Sei meiner würdig. Eine Kaiserin muß Courage haben.« Er steht ihr jetzt so fern.

Schließlich ist sie nach Paris zurückgekehrt, aber sie weint immer noch. Er kann diesen demonstrativen Schmerz nicht ausstehen. Und in der Berline, die ihn von Warschau nach Willemberg bringt, schreibt er ihr noch einmal ausführlich, was er von ihr erwartet.

Aber beim Wiederlesen gefällt ihm der eigene Brief nicht mehr. Die Gedanken eilen dahin, und der Schwung rechtfertigt den Inhalt. Aber man kann das Gedachte, Getane, Geschriebene nicht mehr ungeschehen machen. Er spürt genau, daß ihr dieser Brief mißfallen wird. Die Zeit hat zwischen ihnen eine tiefe Furche gegraben. Das ist die Natur der Dinge.

7

Von der Spitze des Hügels kann Napoleon die Schlucht überschauen. Hinter einer schmalen Brücke kann er in einem Wäldchen, das einen Teil der Stadt Hoff verdeckt, die Uniformen der russischen Grenadiere erkennen. Man müßte Geschütze haben, um diese Soldaten zu vertreiben, die sich unter schneebedeckten Ästen drängen. Dort halten sich bestimmt mehrere Bataillone auf.

Beginnt endlich die wirkliche Schlacht? Seit einer Woche entzieht sich Bennigsen, weicht nach Preußisch-Eylau und Königsberg zurück. »Ein Gefecht steht unmittelbar bevor«, sagt Napoleon. Aber sicher ist er noch nicht. Er hat schon eine Schlacht bei Allenstein geliefert. Davout hat die Russen bei Bergfried besiegt. Doch es waren immer nur begrenzte Kämpfe.

Er beugt sich auf den Hals seines Pferdes nieder. Er will die Russen stellen und einkesseln, um sie zu vernichten. Aber es sieht beinahe so aus, als sei Bennigsen über alle Manöver informiert. Er weicht immer am entscheidenden Punkt zurück. Vielleicht hat er Kuriere abgefangen, die von Ney oder Bernadotte geschickt wurden, die auf dem linken Flügel am Fluß Passarge aufwärts ziehen, während Davout den rechten Flügel hält.

»Greifen Sie an, ohne weiter zu zögern«, sagt Napoleon zu Murat. Die leichte Kavallerie aus Husaren und Jägern stürmt voran, nach ihnen die Dragoner von General Klein.

Man muß ungerührt zuschauen, wie Pferde und Soldaten unter dem Kartätschenfeuer von der Brücke kippen und im Schnee aufschlagen oder über das Eis rutschen. Verflucht sei dieses Land.

Seit er vor acht Tagen Warschau verlassen hat, lebt Napoleon mitten unter seinen Soldaten. Er sieht. Er hört die Klagen. Sie verlangen Brot. Und sogar Frieden! Die Bäuche sind leer, und die Augen brennen vor Kälte.

An seinen Bruder Joseph, der es sich in seinem Königreich Neapel wohl sein läßt, schreibt Napoleon: »Offiziere des Generalstabs, Oberste und Leutnants haben sich seit zwei Monaten nicht mehr umgezogen, einige sogar seit vier Monaten. Ich selbst habe zwei Wochen lang meine Stiefel nicht ausgezogen. Inmitten dieser großen Strapazen waren alle mehr oder weniger krank. Ich habe mich nie kräftiger gefühlt und habe stark zugenommen.«

Er steigt vom Pferd. Die Überlebenden der Attacken sammeln sich wieder. Jenseits der Brücke häufen sich die Leichen von Soldaten und Pferden.

Hoff ist ein strategischer Punkt. Von dort beherrscht man die Straße nach Preußisch-Eylau und Königsberg. Und deshalb widersteht Bennigsen und bläst zum Gegenangriff. Wenn Hoff fällt, kann er nicht mehr fliehen und muß die Schlacht annehmen. Endlich.

Napoleon erteilt einem Adjutanten einen Befehl. Die Kürassiere von General d'Hautpoul sollen angreifen.

Er sieht sie vorbeiziehen, riesig, eng in ihre gepanzerten Westen geschnürt, ihr Helm ist mit einer Quaste und einem schwarzen Schweif verziert. Ihre massigen Pferde mit enormen Brustpartien rennen den Hügel hinab. Unter ihrem Ansturm erzittert die Brücke und bebt die Erde. Die russischen Kartätschen dezimieren sie, aber sie lassen nicht locker und durchstoßen die Linien.

Die russischen Bataillone zerstreuen sich im Wald. Hoff fällt. Die Straße nach Preußisch-Eylau ist offen. In Eylau wird es zur Schlacht kommen.

D'Hautpoul, der zu Napoleon kommt, um Meldung zu machen, überragt den Kaiser durch seine enorme Körpergröße. Napoleon umarmt ihn vor den Truppen.

»Um mich dieser Ehre würdig zu erweisen«, sagt d'Hautpoul, »muß ich für Eure Majestät fallen.« Dann dreht er sich zu seinen Panzerreitern um und ruft: »Soldaten, der Kaiser ist mit euch zufrieden. Er hat mich für euch alle umarmt. Und ich, Soldaten, ich, d'Hautpoul, bin so zufrieden mit meinen furchtbaren Kürassieren, daß ich euch allen den Arsch küsse.«

Hochrufe ertönen aus der mit Leichen gefüllten Schlucht. Das ist das Gesetz des Lebens. Bis heute.

Es ist Nacht. Die Kälte ist schneidend. Napoleon geht am Lagerfeuer seiner Garde auf und ab, die Arme auf dem Rücken verschränkt. Er hat soeben das eroberte Hoff durchquert. Auf den Straßen türmen sich die Leichen, die Häuser sind voller Verletzter. Leise sagt er: »Der Krieg ist ein Anachronismus. Eines Tages werden die Siege ohne Kanonen und ohne Bajonette errungen.«

Er schlummert für ein paar Minuten, neben dem Feuer sitzend, dann befiehlt er, nach Preußisch-Eylau zu marschieren.

Ein klarer Tag bricht an. Es herrscht strenge Kälte, aber die Sonne scheint. Er reitet über das Plateau von Ziegelhof, schaut sich um und befiehlt, sein Biwak zu errichten. Die Garde soll ringsum kampieren.

Er nimmt eine Prise und spricht ganz ruhig. »Man schlägt mir vor, noch heute Abend Eylau einzunehmen«, sagt er zu Marschall Augereau. »Abgesehen davon, daß ich keine nächtlichen Gefechte liebe, möchte ich mein Zentrum nicht zu weit vorschieben, ehe nicht Davout kommt, der meinen rechten Flügel bildet, sowie Ney auf meinem linken Flügel.« Er schaut die Mitglieder seines Generalstabs an. »Ich werde sie also bis morgen vormittag auf diesem Plateau erwarten, das, mit Geschützen bestückt, unserer Infanterie eine ausgezeichnete Position sichert.«

Er denkt an Jena, an die Höhe auf dem Landgrafenberg. »Sobald Ney und Davout aufmarschiert sind, werden wir gemeinsam den Feind angreifen.«

Plötzlich hört man unten in Preußisch-Eylau Gefechtslärm, der immer heftiger wird. Überall in der Stadt brechen Feuer aus. Ein Offizier kommt und berichtet, daß die Furiere des Kaisers mit Kisten und Gepäck in Eylau eingezogen wären und sich im Posthaus an der Umspannstelle eingerichtet hätten, da sie glaubten, die Stadt sei schon eingenommen. Sie hätten schon begonnen, das Quartier für den Kaiser einzurichten und zu kochen, als plötzlich die Russen angegriffen hätten. Die Truppen von Marschall Soult seien hinzugekommen, um sie zu schützen, und die Russen hätten einen Gegenangriff gestartet. Jetzt werde überall gekämpft.

»Wir müssen also ins Feuer«, sagt Napoleon.

Ein Anführer muß seine Truppen durch seine Anwesenheit ermutigen. Er steigt aufs Pferd, verläßt das Biwak und richtet sich im Posthaus von Preußisch-Eylau ein. Die Garde umgibt ihn. Russische Geschosse schlagen ein. Es ist die Nacht des 7. Februar 1807.

Das Wetter schlägt um. Der Himmel ist bewölkt. Am Sonntag, dem 8. Februar, greifen die Russen erneut an. Man kämpft auf dem Friedhof von Preußisch-Eylau. Plötzlich fällt Schnee in dichten Böen, die vom Nordwind getrieben werden und den Franzosen ins Gesicht schlagen.

Napoleon rührt sich nicht. Er sieht die Soldaten zu Hunderten fallen. Tote Pferde türmen sich über Verwundeten und Toten. Geschützkarren und Kavallerieangriffe zerquetschen die Lebenden und die Toten. Die Kanonen schießen wie entfesselt, die Erde bebt.

Er muß Soldaten in diesen Hexenkessel schicken. Vor sich sieht er die Truppen von Augereau im Schnee verschwinden. Sie sehen nichts mehr. Plötzlich klart es auf. Napoleon steigt auf eine Kiste und überblickt das ganze Schlachtfeld. Tote, so weit das Auge reicht. Der Schnee ist vom Blut rot gefärbt.

Zu Füßen von Napoleon setzt man den verwundeten und verzweifelten Augereau ab. Die russischen Kartätschen haben von seinen Regimentern nur wenige Soldaten übriggelassen. Aber man muß entschlossen bleiben, darf sich nicht von der Verzweiflung anstecken lassen.

Napoleon ruft Murat. »Willst du uns von den Leuten da auffressen lassen?« schreit er. Murat gibt die Sporen. Die Schwadronen reiten los. Schon wieder bebt die Erde. Mehr als 80 Schwadronen, Jäger und gepanzerte Dragoner, reiten nun die Gegenattacke. Der russische Angriff wird gestoppt.

Aber wo sind die Infanteristen von Ney? Man muß durchhalten, warten und sich weigern, die Garde einzusetzen. Napoleon steht immer noch auf dem Friedhof, dessen Gräber von Kanonenkugeln aufgerissen wurden, so daß sich die Skelette mit den Leichen der Soldaten vermischen. Er hört die Schreie von Tausenden russischer Grenadiere, die zum Angriff vorstürmen.

Sich nicht rühren. Mit verächtlichem Blick das Pferd ablehnen, das Caulaincourt bringt, damit der Kaiser sich entfernen könne. Mit ruhiger Stimme befiehlt er, daß General Dorsenne ein Bataillon der Garde 50 Schritt vor ihm postiert, und wartet den russischen Angriff ab.

Dorsenne schreit: »Grenadiere, die Waffe unter den Arm! Die Alte Garde kämpft nur mit dem Bajonett!«

Napoleon bleibt mit verschränkten Armen stehen und wartet, daß der russische Angriff abgewehrt wird. Ein Adjutant, dem es gelungen ist, die Feuerlinie zu durchbrechen, meldet ihm, daß eine preußische Kolonne unter Lestocq auf dem Schlachtfeld eingetroffen ist und schon Marschall Davout an der Flanke angreift. Von diesem neuen Schlag sich nichts anmerken lassen. Sich an Jomini wenden, diesen Schweizer, der ein genialer Stratege ist, im Stab von Ney dient und den Napoleon an sich gebunden hat. Man muß die Lage ruhig analysieren, alles in Gedanken durchspielen, sogar den Rückzug.

»Der Tag war sehr hart«, sagt Napoleon. »Ich wollte den Kampf erst später am Tag eröffnen, da ich noch nicht alle Korps beisammen hatte, was enorme Verluste verursacht hat. Ney kommt noch immer nicht. Bernadotte hinkt zwei Märsche hinterher. Nur sie haben noch intakte Truppen und Munitionsvorräte.«

Napoleon blickt sich um. Die Toten bilden schauerliche Hügel, die allmählich vom Schnee überdeckt werden. Er spricht leiser. »Wenn sich der Feind nicht bei Einbruch der Nacht zurückzieht, dann brechen wir um zehn Uhr abends auf. Grouchy wird mit zwei Dragonerdivisionen die Nachhut bilden, und Sie bleiben bei ihm. Sie schicken Patrouillen aus und melden mir unverzüglich, was der Feind tut. Absolutes Stillschweigen über diese Mission.«

Napoleon macht ein paar Schritte, wendet sich dann wieder an Jomini. »Kommen Sie heute abend um acht Uhr zu mir für Ihre letzten Instruktionen.«

Er wartet noch ab. Die Nacht bricht herein. Wenn die Schüsse für einige Minuten nachlassen, hört er die Schreie der Verwundeten und sieht die Schatten der Marodeure, die unter Lebensgefahr die Kadaver durchwühlen und entkleiden.

Die Müdigkeit beginnt ihn zu erdrücken. Plötzlich hört man links in der Ferne intensives Gewehrfeuer. »Ney!« schreit jemand. »Marschall Ney!«

Er empfindet keinerlei Freude, aber die Müdigkeit läßt nach. Etwa 15000 Soldaten, schätzt er, werden die Russen von der Flanke her angreifen und sie gewiß zum Rückzug drängen.

In diesem Augenblick, in dem sich der Sieg abzuzeichnen beginnt, darf er in seiner Aufmerksamkeit auf keinen Fall nachlassen. Welcher Sieg? So viele Gefallene. Traurigkeit überkommt ihn. Er denkt an Maria Waleska, an Joséphine. Er würde gerne schreiben, der Grausamkeit für einen Augenblick entfliehen, aber er richtet sich wieder auf und gibt seine Befehle.

Man muß an morgen denken. Wird Bennigsen sich zurückziehen oder im Gegenteil sich festsetzen? Man muß an die Verwundeten denken und verlangen, daß man ihnen hilft und sie alle einsammelt. »Alle!« wiederholt er. Man muß die Versorgung mit Brot und Schnaps sicherstellen. Er weiß aber, daß nichts von alldem so organisiert ist, wie es sein müßte. Um acht Uhr abends befiehlt er, die Biwakfeuer anzuzünden.

Er verläßt den Friedhof. Überall liegen Tote. Zwei Kilometer von Eylau entfernt macht er auf einem Bauernhof halt. Er legt sich angekleidet auf einer Matratze neben einem Herd nieder. Bevor er die Augen schließt, sieht er, wie sich seine Adjutanten um ihn herum zum Schlafen niederlegen.

Als man ihn am Montag, dem 9. Februar, um neun Uhr weckt, hat er den Eindruck, nicht geschlafen zu haben. Vor ihm steht ein Oberst der Jäger, Saint-Chamans, ein Adjutant von Soult.

»Was gibt es Neues?« fragt Napoleon. Seine Stimme ist heiser. Er weiß es. Er ist müde. Saint-Chamans antwortet, daß die Russen ihren Rückzug begonnen hätten.

Napoleon steht auf. Er atmet tief durch. Er verläßt den Bauernhof. Er hat gesiegt.

Der Himmel hängt sehr tief. Es ist düster. Auf der Straße schleppen sich Verletzte dahin und stützen sich gegenseitig, manche benutzen ihr Gewehr als Krücke. Sie halten die Köpfe gesenkt.

Er schaut sie lange an. Mit den Truppen, über die er verfügt, mit diesen geschundenen Soldaten kann er dem Feind nicht nachsetzen. Dieser Sieg ist genauso düster wie das ganze Land hier.

Er kehrt in den Bauernhof zurück. Er muß nun schreiben und ein wenig Zärtlichkeit in dieser Welt des Todes zulassen. Er weiß, daß Maria Walewska von Warschau nach Wien gereist ist. Wie gern hätte er sie jetzt hier als eine Lebensspenderin.

»Meine sanfte Geliebte, Du wirst schon mehr erfahren haben, als ich Dir heute über die Ereignisse sagen kann, wenn Du diesen Brief erhältst. Die Schlacht hat zwei Tage gedauert, und wir haben das Gelände beherrscht. Mein Herz ist bei Dir; wenn es nach ihm ginge, wärst Du Bürgerin eines freien Landes. Leidest Du genau wie ich an unserer Trennung? Ich darf es wohl glauben; ich wünsche so sehr, daß Du nach Warschau oder auf Dein Schloß zurückkehrst, Du bist viel zu weit weg von mir. Liebe mich, süße Maria, und glaube an Deinen N.«

Er faltet und versiegelt den Brief und nimmt dann ein anderes Blatt. Er muß auch an Joséphine schreiben. »Meine Liebe, gestern gab es eine große Schlacht. Der Sieg war mein, aber ich habe viele Leute verloren. Die noch viel größeren Verluste des Feindes können mich nicht trösten. Diese Zeilen schreibe ich Dir eigenhändig, trotz meiner großen Müdigkeit, um Dir zu sagen, daß es mir gutgeht und daß ich Dich liebe. Ganz der Deine. Napoleon.«

Nun muß er noch mit den Grummlern sprechen, den Soldaten, die sich rings um ein Biwakfeuer zu wärmen versuchen und deren zusammengekauerte Gestalten er auf dem Schnee sieht. Noch nie hat er ein derartiges Gefühl gehabt, fast muß man es Verzweiflung nennen, beim Gedanken an diese Tausende verstümmelter, zermalmter, verschütteter Soldaten.

Er gibt Befehle. Er will zum Friedhof von Preußisch-Eylau zurückkehren, auf dem er gestern aufrecht unter dem Kartätschenfeuer gestanden hat. Er kann dieses Schlachtfeld nicht verlassen, auf dem 20 Generäle verwundet oder getötet wurden, darunter die besten. Er denkt an d'Hautpoul, der gefallen ist, wie er es gewünscht hatte. Und wie viele Soldaten mit ihm? Vielleicht 20000 Tote und Verletzte, und bei den Russen vielleicht das Zweifache oder Dreifache?

Er reitet langsam über den dichten Schnee, umgeben von seinem Generalstab. Tannenwälder schließen den Horizont rings um das Schlachtfeld, an ihren Spitzen bleiben dunkle Wolken hängen. Überall liegen nackte Leichen zwischen Pferdekadavern, Verletzte siechen auf schmutziggelbem oder blutrotem Schnee dahin. Er wendet den Kopf nicht ab. Er versucht zu vermeiden, daß die Hufe seines Pferdes auf menschliche Überreste treten. Er hört die langgezogenen Rufe, spitz wie Vogelschreie. Verwundete schleppen sich zu ihm hin, strecken ihre Arme aus, bitten um Hilfe.

Sie schreien: »Es lebe der Kaiser!« Doch er hört auch andere Schreie: »Es lebe der Frieden!« – »Brot und Frieden!« – »Es lebe der Frieden und Frankreich!« Aber Frankreich scheint so weit.

Er erreicht die kleine Anhöhe, auf der die Soldaten des 14. Linienregiments, jene von Augereau, aufgerieben wurden, geblendet vom Schnee. Ihre Leichen liegen in Reihen aufgeschichtet.

»Sie sind aufgereiht wie Schafe«, sagt Marschall Bessières.

Napoleon dreht sich brüsk um. Seine Augen sind gerötet. »Löwen, wie Löwen«, sagt er mit zusammengebissenen Zähnen.

Als er sieht, daß die Soldaten des 43. Linienregiments Trauerflore an ihre Adler geheftet haben, richtet er sich in seinen Steigbügeln auf: »Niemals will ich meine Fahnen in Trauer sehen!« schreit er. »Unsere Freunde und tapferen Gefährten sind auf dem Feld der Ehre gefallen, ihr Schicksal ist beneidenswert. Kümmern wir uns darum, sie zu rächen, und nicht, sie zu beweinen. Tränen schicken sich nur für Weiber.«

Er kehrt in sein Quartier zurück, setzt sich vor den Herd und stützt sich auf die Kiste, die als Tisch dient. Er hört Caulaincourt nach dem Abreisedatum aus Eylau fragen und danach, wo man die nächste Residenz des Kaisers vorbereiten solle.

Er weiß es nicht. Er will nicht antworten. Er will diese Erde, die so viel Blut getrunken hat, noch nicht verlassen.

Er will in Preußisch-Eylau bleiben. Vorerst. Um sicherzugehen, daß sich die Russen wirklich zurückziehen, auch wenn er ihnen nicht nachsetzen kann, auch wenn er beschlossen hat, die Große Armee an die Passarge zurückzuziehen.

Das Wetter schlägt um. Zwei Tage nach der Schlacht beginnt die Schneeschmelze, und er riecht den Verwesungsgeruch, der sich verbreitet. Die Verletzten sterben an Wundbrand.

Er will die Armeeärzte sehen und den für die Versorgung mit medizinischem Material zuständigen Inspekteur. Er befragt sie. Was geschieht mit den Verwundeten? Er hört zu. Er empört sich. Wiederholt hat er versucht, diesen Dienst zu verbessern. Vergeblich. Allein die Garde verfügt über Ambulanzen und Ärzte. Den anderen Korps fehlt es an Sanitätern und Material.

»Welche Organisation, welche Barbarei!« sagt Napoleon. Er erteilt Befehle, zieht sich zurück und schreibt Briefe.

Am 17. Februar gibt er endlich den Befehl zum Rückzug an die Passarge. Er macht nur kurze Etappen in dieser Landschaft, die zwischen Winterschlaf und Frühlingserwachen zu zögern scheint. »Sonderbares Wetter«, sagt er zu Caulaincourt. Innerhalb von 24

Stunden friert es und taut es wieder. Aber allmählich setzen sich Feuchtigkeit und Schlamm durch. Der Schnee schmilzt, Flüsse treten über die Ufer und überschwemmen die Wege, auf denen noch ausgehungerte und verdurstende Verwundete umherirren. Das Quartier wird in Osterode aufgeschlagen.

Er schaut sich in dem Spiegel an, den Constant ihm hinhält. Sein Gesicht ist rundlich geworden. Er betastet seinen Bauch. Während dieser Woche in Eylau wurde er manchmal von heftigen Magenschmerzen befallen. Jetzt haben sie aber wieder aufgehört.

»Mir geht es sehr gut«, und »meine Gesundheit ist prächtig«, sagt er immer wieder in den Briefen an Joséphine, die er in diesem kleinen Zimmer mit dem schlecht ziehenden Kamin schreibt, das er im alten Ordensschloß von Osterode bewohnt. Das Gebäude ist sehr feucht. Die umliegenden Tannenwälder erzeugen trotz des Frühlings den ganzen Tag über eine Atmosphäre von Traurigkeit.

Gerne hätte er Maria Walewska hier. Er hat sie gebeten, aus Wien zurückzukehren. Sie ist schon unterwegs. Sie soll zu ihm kommen, aber nicht nach Osterode, eher vielleicht nach Schloß Finckenstein, das Caulaincourt inspiziert hat und das einige Meilen weiter westlich liegt. Aber um Komfort geht es im Augenblick nicht.

Er will alles vergessen, was ringsum ist, die düstere Natur, die auch mit steigenden Temperaturen nicht freundlicher wird. Manchmal lichtet sich der Nebel den ganzen Tag über nicht. Er will auch seinen Körper vergessen, dessen Schwere ihn allmählich behindert.

Nicht vergessen aber kann er, daß man überall in Europa, sogar in Paris, behauptet, Preußisch-Eylau sei eine Niederlage gewesen und General Bennigsen habe gesiegt.

Napoleon regt sich auf und verfaßt einen Schlachtbericht, den er in Berlin und in Paris publizieren läßt. Er korrigiert darin die Angaben über Verluste. »1 500 Tote und 4 000 Verletzte«, sagt er. Als General Bertrand, der den Bericht mit diesen Zahlenangaben notiert, den Kopf hebt, schaut Napoleon ihn an und sagt mit verächtlicher Stimme: »So wird die Geschichte darüber sprechen.«

Er entfernt sich und läßt Bertrand diesen »Bericht eines

Augenzeugen über die Schlacht bei Preußisch-Eylau« durchlesen. Wie soll man anders der Lüge eines Bennigsen, der sich als Sieger ausgibt, entgegentreten? Auch die öffentliche Meinung ist ein Schlachtfeld.

Aber er weiß natürlich genau, wie die Realität aussieht. Er hat die russische Armee bei Eylau zwar geschlagen, aber nicht vernichtet. Im Frühling wird man den Kampf wiederaufnehmen müssen, bis man dem preußischen König und diesem Zaren und auch England den von ihnen abgelehnten Frieden aufgezwungen hat. Und diesen nächsten Feldzug, der entscheidend sein wird und sein muß, gilt es vorzubereiten.

Dafür bedarf es zunächst neuer Soldaten. Zu Berthier sagt er, daß man die Tausende von Nachzüglern, Marodeuren und Versprengten, die über die Felder irren, wieder sammeln soll. »Man muß ihnen vorhalten, daß sie schändlich und feige handeln.« Außerdem braucht man Nachschub. »Unsere Position wird bestens sein, wenn unsere Versorgung gesichert ist. Die Russen zu schlagen, wenn ich Brot habe, ist ein Kinderspiel.«

Vielleicht hat man geglaubt, daß er nach der Schlacht von Eylau geschwächt, unsicher und kompromißbereit wäre. Um seinen Körper wieder unter Kontrolle zu bekommen, galoppiert er über die Felder rings um Osterode. Vielleicht war er ja wirklich mitgenommen von diesem glanzlosen und blutigen Sieg. Aber was wäre der Sinn so vieler Opfer, wenn er jetzt zurückweichen würde? Er muß im Gegenteil die Zügel fester anziehen.

Er kehrt ins Ordensschloß zurück. Die Depeschen aus Paris sind gerade eingetroffen. Er beginnt mit den Spitzelberichten der Polizei. In den Salons wird Kritik geübt, man verlangt nach Frieden, sogar in Gegenwart der Kaiserin. Wütend schreibt er an Joséphine: »Ich erfahre, meine Liebe, daß die bösartigen Äußerungen, die schon in Deinem Salon in Mainz zu hören waren, wieder laut werden. Bringe sie bitte zum Schweigen. Ich würde es Dir sehr übelnehmen, wenn dies nicht gelänge. Du läßt dich betrüben durch Äußerungen von Leuten, die Dich eigentlich trösten sollten. Ich empfehle Dir etwas mehr Charakterstärke, damit Du alle Leute zurechtweisen kannst. Nur so, meine Liebe, kann man meine Zustimmung verdienen. Größe hat ihren Preis; eine Kaiserin kann ihre Umgebung nicht so frei wählen wie eine Privatperson. Tausend freundliche Grüße. Ich bin gesund. Meine Geschäfte gehen gut. Napoleon.«

Freundlich. Mit diesem Wort verletzt er sie. Und er weiß es. Aber wie soll er es vermeiden, wenn sie nicht verstehen will und in ihren Briefen immer wieder davon spricht, daß sie sterben wolle?

In das einzige Zimmer, das er im Ordensschloß bewohnt, weil es nur hier einen Kamin gibt, sieht er Oberst von Kleist eintreten, einen Unterhändler des Königs von Preußen. Er hört den Offizier an. Er mustert ihn. Dieser Mann will für Preußen und für Rußland nur Zeit gewinnen.

Napoleon sitzt von Kleist gegenüber. Auch er wolle den Frieden, sagt er, sogar mit England. »Ich würde vor mir selbst erschrecken, wenn ich die Ursache zu so viel Blutvergießen wäre.« Von Kleist kann einen Ausdruck der Freude nicht verbergen. *Er glaubt wohl auch, daß ich zum Nachgeben bereit bin.*

Napoleon steht auf und dreht von Kleist den Rücken zu. Wenn die Mächte den Frieden nicht wollten, sagt er, dann sei er entschlossen, noch zehn Jahre lang Krieg zu führen. »Ich bin erst 37 Jahre alt. Ich habe viel Zeit im Waffendienst und in der Politik zugebracht.«

Das ist mein Schicksal.

8

Napoleon geht, die Hände hinter dem Rücken verschränkt, durch die Räume dieses weitläufigen Gebäudes, das von einem großen Park umgeben ist, der in die Tannenwälder übergeht. Hinter den Bäumen ahnt er den kleinen Ort Finckenstein, den er durchquert hat, als er vom Schloß Osterode über die Straße nach Marienwerder hierherkam.

Er spürt, daß ihm dieses Anwesen zusagt. Es gibt nur wenige Möbel, der Dekor besteht vor allem aus Schlachtengemälden und einigen Wandteppichen, alles sehr düster, nach preußischem

Geschmack. Es gefällt ihm, daß dies Schloß von Graf Finckenstein erbaut wurde, dem Erzieher von Friedrich II., und heute Graf Dohna gehört, dem Oberhofmarschall am preußischen Königshaus. Hier wolle er sein Hauptquartier bis zur Wiederaufnahme der Feindseligkeiten einrichten, sagt er zu Duroc. Der Oberhofmarschall solle für eine strikte Einhaltung der Etikette sorgen.

Napoleon geht an eines der Fenster des Eckzimmers, das er als sein Arbeitskabinett gewählt hat. Um sich herum will er nur einen reduzierten Generalstab, wohl aber die gesamte Infanterie der Garde. Sie soll sich im Schloßpark einrichten. Man soll Baracken bauen. Er will Ordnung haben. Er möchte diese Ruhephase vor der unvermeidlichen Schlacht nutzen, da die Truppen von Bennigsen noch nicht geschlagen sind, um die Große Armee wieder zu Kräften kommen zu lassen. Jeden Tag eine Parade im Park vor dem Haus, sagt er. Manöver im benachbarten Gelände. Man muß Proviant herbeischaffen, in Deutschland Pferde zu Tausenden kaufen und die Kavallerieregimenter wiederherstellen. Er wird sie inspizieren. Er will alles sehen.

Er läßt den Armeearzt Percy zu sich kommen. Zu Duroc und seinen Adjutanten sagt er, er dulde es nicht mehr, daß sich die Verwundeten auf den Straßen herumschleppen müßten. In den Stunden nach der Schlacht von Eylau hat er seine Kutsche für ihren Abtransport zur Verfügung gestellt. Man muß dem Sanitätsdienst mehr Mittel zur Verfügung stellen.

Sein Kopf sprudelt vor Ideen. Er möchte schnell wieder an die Arbeit gehen. Maria Walewska muß herkommen und hier mit ihm leben. Nach diesen finsteren Monaten, dem Winter voller Kälte und Blut, muß er die nötige Ruhe wiederfinden, um alles für die Zukunft zu organisieren, um die Schlacht vorzubereiten, die Russen und Preußen zwingen soll, Frieden zu schließen. Und was kann England anderes tun, wenn sie besiegt sind, als sich beugen, erstickt von der Kontinentalsperre?

Zum ersten Mal seit der Schlacht von Eylau ist er wieder fröhlich. Er geht in den Garten hinunter, spaziert dort lange in Gesellschaft von Murat, der vor kurzem in Finckenstein eingetroffen ist und nun wie gewöhnlich in seiner extravaganten Uniform umherstolziert, die Mütze genau wie die Weste aus Pelz und mit einem Federbusch. Napoleon hört ihm wohlwollend zu. Murat war heroisch und wird es wieder sein. Er solle seine Regimenter gut drillen und sich vorbereiten.

Das Wetter ist angenehm Anfang April 1807. Man hört Vögel singen, trotz der heftigen Klopfgeräusche der Pioniere, die damit begonnen haben, am Waldrand eine kleine Barackenstadt zu errichten, in der einige Regimenter einquartiert werden sollen, zwei der Grenadiere, zwei der Jäger, eins der Füsiliere.

Napoleon jagt im Wald. Er atmet tief durch. Aus Finckenstein möchte er das Zentrum, den Kopf und das Herz des Kaiserreichs machen. Er kehrt ins Schloß zurück. Zu beiden Seiten des großen Tors aus kunstvoll bearbeitetem Holz stehen Grenadiere Wache. Zu Duroc sagt er, er solle so schnell wie möglich erkunden lassen, wo sich Maria Walewska befinde, damit ... Er braucht den Satz gar zu beenden. Duroc verneigt sich und bricht auf.

Am Morgen steht er bei Tagesanbruch auf. Im Nebel erkennt er die ersten Feuer, die die Grenadiere im Park anzünden. Er will schnell an die Arbeit gehen. Er schimpft mit Constant und Rustan, die bei seiner Toilette zu langsam sind. Die Geschäfte warten auf ihn, die Depeschen aus Paris, Dekrete und Erlasse, die er zu diktieren hat, die Befehle, die er Marschall Lefebvre zukommen lassen muß, der die Belagerung von Danzig kommandiert, wo die preußischen Truppen von Marschall Kalkreuth sich nicht ergeben wollen.

Das ist am vordringlichsten. Dieser Ort muß fallen, damit die Flanke frei ist, um sich gegen Bennigsen zu wenden, falls er den Fehler begehen sollte, vorzurücken.

Denn das sieht der Plan vor. Napoleon schaut noch einmal auf die Landkarte. Marschall Ney steht wie ein Köder vor den französischen Linien. Er wird zurückweichen, um Bennigsen vorzulocken, den man dann von den Flügeln her angreift und vernichtet, wie man schon in Austerlitz die russischen Truppen vernichtet hat. Man braucht einen ebenso eklatanten Sieg, damit Zar Alexander I. endlich begreift, daß er verhandeln muß. Und dann kann man vielleicht eine Allianz mit ihm schließen, die Europa in zwei Einflußzonen teilt und England zum Nachgeben bewegt.

Napoleon hebt die Stimme. Er diktiert einen Brief an Talleyrand. Er hat soeben erfahren, daß in London ein neues Kabinett unter dem Herzog von Portland gebildet wurde, der lauter Anhänger von Pitt um sich versammelt hat, Canning, Castlereagh, Hawkesbury, allesamt Befürworter eines uneingeschränkten Krieges. Wie könnte man mit diesen Leuten verhandeln? Man muß sie besiegen, also die Russen schlagen, dann den Kontinent beherrschen und so die Engländer zur Vernunft bringen.

Aber wer versteht schon, was hier auf dem Spiel steht? In Paris wird gemurrt, man träumt vom Frieden, und solche Serenaden hört man sogar in den Salons der Kaiserin. »Lächerlicher Klüngel!« schimpft Napoleon.

Er schreibt an Polizeiminister Fouché. Ist es nicht seine Aufgabe, dergleichen zu verhindern? »Man muß die öffentliche Meinung entschlossener lenken«, schreibt Napoleon. »Es geht nicht darum, ständig vom Frieden zu reden. Das ist der sicherste Weg, ihn nicht zu bekommen.«

Napoleon zerknüllt die Zeitungen und wirft sie ins Feuer. Diese Literaten schreiben doch nur Unfug, verbreiten in ihren Artikeln sogar militärische Informationen, die dem Feind nützen. Das ist alles sehr dumm.

Aber wer außer ihm analysiert denn die Lage so klar? Selbst der geschickte Talleyrand, der hinterlistige Fürst von Benevent, macht sich Illusionen über die Haltung der einen und der andern, etwa wenn Österreich seine Vermittlung anbietet.

Napoleon bestellt Talleyrand nach Finckenstein, nimmt ihn mit in den Park, läßt ihn den Paraden beiwohnen, die jeden Mittag stattfinden. Er ist gesprächig und entspannt. »Man muß bei den Verhandlungen auf der Hut sein«, sagt er, »langsam voranschreiten und die andern sich äußern lassen.«

Er mustert Talleyrand ausgiebig. Er ahnt die Gedanken hinter diesem gepuderten und lächelnden Gesicht, das keinerlei Regung erkennen läßt. Statt sich in Polen, in Warschau oder in Finckenstein aufzuhalten, würde Talleyrand viel lieber den Wohlstand in seiner Villa in der Rue d'Anjou genießen!

Seit Maria Walewska eines Nachts Anfang April in Finckenstein angekommen ist, in Begleitung ihres Bruders Theodor Laczinski, eines Hauptmanns der polnischen Lanzenreiter, der in der Große Armee dient, spürt Napoleon in seiner Umgebung eine gewisse Abneigung. Man spricht von seiner »polnischen Gattin«, die ihn dazu treibt, den Krieg zu verlängern, weil sie möchte, daß ihr Land wiederersteht. Wie abwegig! Als ob er ein Mann wäre, der sich seine Ziele von einer Frau diktieren ließe!

Er lebt mit ihr in Frieden und Zärtlichkeit. Sie verläßt ihr Zimmer nicht, wohnt keinen Paraden bei, hält meistens ihre Vorhänge geschlossen. Aber Tag und Nacht ist sie für ihn da, schenkt ihm Jugend und Energie, sitzt still neben ihm, während er schreibt oder Notizen macht.

Manchmal liest er ihr einige Sätze aus einer Instruktion vor, die er redigiert, aber dabei geht es immer nur um Angelegenheiten, die ihr sehr fern liegen, eine Verordnung zur geistigen und moralischen Erziehung der Mädchen im Internat der Ehrenlegion, die Schaffung einer historischen Sektion im Collège de France, oder es geht um den Text eines Dekrets, mit dem die Aufgaben der vier großen Pariser Theater festgelegt werden: Comédie-Française, Odéon, Oper, Komische Oper.

Er schaut sie an. Er wolle, sagt er, daß sie nach Paris komme. Sie werde seine Stadt und Frankreich entdecken. Er ist der Kaiser. Er hat die Macht, alles zu beschließen. Sie schaut ihn lange an, senkt dann ihren Kopf. Sie ist ergeben und zärtlich. Eine Frau, die ihm Ruhe schenkt.

Alle anderen Frauen, selbst seine Mutter, seine Schwestern und natürlich Joséphine, muß er zurechtweisen, er muß ihnen schmeicheln und sich manchmal über sie lustig machen. Sie klammern sich an ihn, oder sie setzen ihm zu, und dann muß er grob werden. »Madame«, schreibt er an seine Mutter, solange Sie in Paris sind, gehört es sich, daß Sie jeden Sonntag im Familienkreis bei der Kaiserin dinieren. Meine Familie ist eine politische Familie. Und wenn ich nicht anwesend bin, ist die Kaiserin das Oberhaupt.« Er muß Joséphine gegen seine Mutter verteidigen, ihr selbst aber in Erinnerung rufen, daß sie sich als Kaiserin Zurückhaltung auferlegen muß.

Er muß über alles entscheiden. Er muß für Marschall Lefebvre entscheiden, der vor Danzig keine Fortschritte erzielt. Lefebvre ist tapfer, aber ungestüm, und so muß man ihm Generäle der Pioniere zur Seite geben, Lariboisière und Chasseloup-Laubat, die es verstehen, Breschen in Festungsmauern zu schlagen.

Napoleon erinnert sich an die Belagerung von Akko, an die erfolglosen Angriffe und das nutzlose Gemetzel. In seinen Augen ist der Friedhof von Preußisch-Eylau noch sehr nah. »Sparen Sie den Mut Ihrer Grenadiere für den Augenblick auf, in dem die Wissenschaft sagt, daß man sie nützlich einsetzen kann«, schreibt Napoleon. Einstweilen müssen Sie Geduld haben. Ein paar verlorene Tage sind nicht Tausende Soldaten wert, deren Leben man schonen könnte.«

Das Leben?

Wie viele Leben werden übrigbleiben nach einer mehrtägigen Schlacht in diesem Frühjahr 1807, in dem die entscheidende Auseinandersetzung stattfinden wird, da Russen und Preußen am 26. April in Bartenstein ihr Bündnis bekräftigt haben und nun also die Waffen entscheiden müssen?

Danzig ist zum Glück endlich gefallen und zugleich die Festung Weichselmünde mit ihren Vorratslagern, Weinreserven und mehreren tausend englischen Gewehren.

Als Napoleon vom Fall der Stadt erfährt, läßt er sogleich die sechs Pferde seiner Berline anspannen. Er will nach Danzig, um Marschall Lefebvre zu beglückwünschen. Er trifft ihn unterwegs in der Abtei Oliva. Es sind die glücklichen Augenblicke des Lebens, wenn man gratulieren und auszeichnen kann.

»Guten Tag, Herr Herzog«, sagt der Kaiser, »setzen Sie sich doch neben mich. Mögen Sie Danziger Schokolade?«

Napoleon lacht, weil Lefebvre ihn nicht gleich versteht, sondern erst nach einer Weile begreift, daß er zum Herzog von Danzig erhoben wurde, er, der Nichtadlige, ehemaliger Unteroffizier der französischen Garde, er, dessen Frau Wäscherin in der Rue Poissonnière war. Und an Stelle der Schokolade erhält er eine Rente von mehreren hunderttausend Francs.

Nach der mittäglichen Parade geht Napoleon im Park spazieren. Das Leben. Er möchte einen Sohn haben. Sein ganzes Wesen verlangt danach, aber auch der politische Wille.

Er geht wieder hinein. Lange schaut er Maria Walewska an. Eine Frau wie sie könnte die Mutter seines Sohnes sein, aber dann müßte sie auf kaiserlichem Niveau stehen. Das will er, das muß er nun suchen. Wenn der Krieg so ausgeht, wie er denkt, dann könnte er vielleicht eine Heirat mit einer russischen Prinzessin arrangieren. Warum denn nicht? Er träumt.

Aber dann, am 14. Mai, teilt ihm ein unerwarteter Brief mit, daß Napoleon-Charles, der Sohn von Hortense, an Krupp gestorben ist. Der Schlag trifft ihn. So viele Tote um ihn herum. Und nun auch dieses Kind. Dieser Tod ist so ungerecht. Was ist denn ein Leben?

An Hortense schreibt er, »daß das Leben so viele Klippen aufweist und die Quelle von so vielen Übeln sein kann, daß der Tod nicht als deren schlimmstes angesehen werden darf«. Aber der Schmerz ist unabweislich da.

Elend der Menschen. Er galoppiert durch den Wald. Er sagt sich immer wieder: »Der arme kleine Napoleon.« Was kann er tun? Er sagt: »Das war sein Schicksal«, lehnt sich aber dagegen auf.

»Seit 20 Jahren hat sich eine Krankheit namens Krupp ausgebreitet, die im Norden von Europa viele Kinder dahingerafft hat«, schreibt er an den Innenminister. »Wir wünschen, daß Sie einen Preis von 12 000 Francs aussetzen als Belohnung für den Arzt, der die beste Abhandlung über die Bekämpfung dieser Krankheit schreibt.«

Er ändert nichts an seinem Tagesablauf. Jeden Tag hält er am Mittag eine Parade ab. Er verwaltet das Kaiserreich. Er diktiert. Er befiehlt. Er studiert die Karten.

Als er am 5. Juni erfährt, daß die Truppen von Bennigsen die von Marschall Ney angegriffen haben, zittert er. Endlich! Er befragt die Adjutanten, die Ney ihm geschickt hat. »Ist es eine ernsthafte Attacke oder nur ein Geplänkel?«

Aber er spürt doch, daß der Köder gewirkt hat. Bennigsen rückt vor. Und Napoleon befiehlt Ney den Rückzug. Bennigsen muß in die Falle gehen. Man wird ihn an den Flügeln angreifen. Und dieses Mal entkommt er nicht.

Am Samstag, dem 6. Juni 1807, steigt Napoleon um 20 Uhr in eine Kalesche. Er fährt von Finckenstein nach Saalfeld. Er schreitet an seiner Garde vorbei. Murat hält die Zügel wie ein Kutscher.

9

In Saalfeld läßt Napoleon die Karten in dem niedrigen Haus ausbreiten, in dem er übernachten soll. Man bringt Lampen herbei. Er kniet sich hin. Die Adjutanten und Marschälle um ihn herum beobachten ihn schweigend. Er richtet sich wieder auf.

»Ich versuche noch immer herauszufinden, was der Feind vorhat«, sagt er. »Heute versammle ich in Mohrungen meine Reserven von Infanterie und Kavallerie. Dann will ich versuchen, den Feind zu finden und in eine allgemeine Schlacht zu verwickeln, um es zu Ende zu bringen.«

Er zieht sich zurück in sein Schlafgemach, eine Art Hängeboden. Er hört den Galopp der Pferde der Ordonnanzoffiziere, die Nachrichten von den marschierenden Armeen bringen. Er schließt die Augen. Er wird siegen. Er muß es. Für die Toten vom Friedhof in Eylau. Weil er seine Unternehmungen immer zu Ende bringt. Und weil nur ein Sieg Frieden schaffen kann.

Er ist seiner selbst völlig sicher, Kopf und Körper sind ganz auf das Ziel ausgerichtet. Siegen. Nur dies eine beunruhigt oder ängstigt ihn sogar: daß sich Bennigsen entzieht. Wird er weit genug in die Falle hineingehen und nicht mehr rechtzeitig hinauskommen? Nur noch diese Fragen zählen. Alles, was nicht mit der kommenden Schlacht zu tun hat, ist vergessen.

Er steht früh auf. Der Tag verspricht sehr hell zu sein. Auch das Wetter kündigt den Sieg an. Die Straße nach Guttstadt, später dann nach Heilsberg und Preußisch-Eylau, führt durch Gersten-, Hafer- und Weizenfelder. Die Bauernhäuser liegen zwischen Gärten, durch die Scharen fetter Gänse laufen. Wo ist nur der Schlamm vom Winter geblieben? Wo ist die Trostlosigkeit der düsteren Felder?

Die dunklen Zeiten sind vorbei. Es ist warm. Die Luft ist von Wiesendüften erfüllt. Die Räder der Munitionswagen rumpeln über trockene Chausseen und wirbeln nur kurz weißen Staub auf.

Napoleon galoppiert vor seiner Eskorte. Oft entfernt er sich so rasch, daß der Oberstallmeister und die Gardejäger ihm kaum folgen können. Auf einem kleinen Hügel, von dem aus man die Gegend überblicken kann, richtet er sich in den Steigbügeln auf. Der Generalstab umringt ihn nun. Er verlangt nach Karten, die er dann im Gras ausbreiten läßt. Er steigt vom Pferd und legt sich fast hin, um jede Krümmung des Geländes genau zu studieren. Mit dem Finger folgt er dem Lauf der Alle, jenes Flusses, von dem ein Bogen auf seinem linken Ufer an die kleine Ortschaft Friedland grenzt.

Ordonnanzen bestätigen, daß die Truppen von Bennigsen drei Schiffbrücken über die Alle geschlagen haben. Auf den drei Brücken sowie einer Holzbrücke überqueren sie den Fluß vom rechten auf das linke Ufer.

Napoleon geht mit verschränkten Armen über den Hügel. Ist es der richtige Augenblick? Man darf nicht zu früh angreifen. Man muß Bennigsen weiter vorrücken lassen, ihn dazu bringen, daß alle seine Soldaten auf das linke Flußufer ziehen, und ihn glauben machen, daß er nur unbedeutende Truppen vor sich hat, weil das Gros der Großen Armee nach Norden auf Königsberg zu zieht. Bennigsen stellt sich gewiß vor, daß er einen Flankenangriff durchführen und Ney überrennen kann sowie Lannes, der in Friedland einmarschiert ist. Und wenn er erst vollständig auf dem linken Ufer sein wird, muß man die Brücken zerstören, die Reuse zuziehen und ihm nur die Wahl lassen zwischen Kapitulation, Ertrinken und Rückzug.

Mit der Spitze seiner Peitsche tippt Napoleon auf die Karte und sagt: »Friedland.«

Am Mittwoch, dem 10. Juni, wird bei Heilsberg gekämpft. Napoleon erregt sich, fordert, daß man ihm alle Einzelheiten des Gefechts mitteilt. Murat hat angegriffen, seine Reiter wurden von Kartätschen niedergestreckt, sein Pferd wurde unter ihm getötet, er verlor sogar einen Stiefel dabei, griff aber erneut an. Zu früh, zu früh!

Napoleon galoppiert zum Schlachtfeld. Die Russen haben sich zurückgezogen, obwohl sie beinahe gesiegt hätten. Napoleon geht unter den Verwundeten umher. Rings um die Krankenfahrzeuge sieht er einen Haufen von abgetrennten Armen und Beinen, vermischt mit Leichen.

Er gibt Befehle, wie man den Verwundeten helfen soll. Dann steigt er wieder aufs Pferd. Schlafen kann er nur noch wenige Minuten hier und da. Aber er spürt keinerlei Müdigkeit. Fällt etwa ein Pfeil zu Boden, wenn er mit der ganzen Kraft und Kunst des Schützen auf das Ziel abgefeuert wurde? Und er ist dieser Pfeil.

Am Sonntag, dem 14. Juni, versteht Napoleon, daß die Würfel gefallen sind. Bennigsens Truppen stehen massiert auf dem linken Ufer. Die Soldaten von Lannes und von Ney sind wohlgeordnet zurückgewichen und haben dabei die Russen angelockt, die nun Friedland besetzen. Napoleon weiß jetzt, daß Bennigsen rettungslos in der Falle sitzt.

Er springt auf sein Pferd und beginnt seinen Ritt zum Ort der ersten Kämpfe, findet sich mitten unter den Soldaten von Oudinot wieder. »Wo fließt denn die Alle?« fragt er Oudinot.

Der General streckt den Arm aus und zeigt auf den etwa 50 Meter breiten Fluß mit den steilen Ufern. »Dort, hinter dem Feind«, sagt er.

»Ich würde gern ihre Ärsche ins Wasser tauchen«, sagt Napoleon.

Geschosse schlagen rings um Napoleon ein, die Verwundeten mehren sich. Er bleibt mit verschränkten Armen im Feuer stehen. Oudinot kommt herbei und meldet, daß die Grenadiere damit gedroht hätten, nicht weiterzukämpfen, wenn der Kaiser sich dermaßen exponiert.

Napoleon steigt wieder aufs Pferd und läßt sein Biwak in Posthenen errichten, einem kleinen Dorf gegenüber der Position der russischen Truppen von Bagration. Er läßt die Artillerie einsetzen und geht auf einem Hügel auf und ab, wobei er mit seiner Peitsche in das hohe Gras schlägt.

Es ist der 14. Juni. Das ist ein Zeichen. Er wendet sich zu Berthier. »Der Tag von Marengo, Tag des Sieges«, sagt er. »Friedland wird soviel wert sein wie Austerlitz, Jena und Marengo, dessen Jahrestag ich heute feiere.«

Er geht sehr rasch. Das ist ein Zeichen des Schicksals. Er fühlt sich von einer freudigen Kraft erfüllt, die nichts brechen kann. Er steigt aufs Pferd, reitet an den Kolonnen der Soldaten vorbei. Sie rufen: »Es lebe der Kaiser!«, und er antwortet: »Heute ist ein Glückstag, der Jahrestag von Marengo!«

Es ist schon später am Tag. Es ist heiß. Den Befehl zum Generalangriff hat er noch immer nicht gegeben. Noch sind nicht alle Truppen auf dem Schlachtfeld angekommen. Er schaut durch das Fernrohr. Die Mitglieder des Generalstabs rings um ihn melden, daß die russischen Truppen immer noch auf das linke Ufer strömen und so zahlreich sind, daß man mit dem Angriff wahrscheinlich bis morgen warten muß, wenn die Große Armee vollständig sein wird.

Napoleon senkt das Fernrohr. Er weiß genau, daß der entscheidende Augenblick gekommen ist. »Nein«, sagt er, »man überrascht den Feind kein zweites Mal bei einem so großen Fehler.«

Nun ist alles einfach. Seine Gedanken werden zu Befehlen und Taten. Er geht zu Ney und faßt ihn beim Arm. »Dort ist das Ziel«, sagt er und zeigt auf die russischen Truppen und dahinter auf die Stadt Friedland. »Marschieren Sie los, ohne sich umzuschauen. Dringen Sie in diese dichte Masse ein, was es Sie auch immer kosten möge. Stoßen Sie nach Friedland vor, nehmen Sie die Brücken ein, und kümmern Sie sich nicht darum, was rechts oder links oder hinter Ihnen geschehen mag. Die Armee und ich sind da, um über Sie zu wachen.«

Ney stürmt los. Napoleon blickt ihm nach. »Dieser Mann ist ein Löwe«, sagt er leise.

Um 17 Uhr 30, als die Sonne noch sehr hoch steht an diesem Sonntag, dem 14. Juni 1807, gibt Napoleon den Befehl zum Angriff. Auf sein Signal hin eröffnen 20 Kanonen von Postehnen aus das Feuer, und die gesamte Artillerie beginnt zu schießen. Im Geschützlärm hört Napoleon die Schreie: »Es lebe der Kaiser! Vorwärts! Nach Friedland!« Seine Gedanken sind zu dieser Schlacht geworden.

Er zeigt General Sénarmont die zu zerstörenden Brücken. So wird die Falle endgültig zuschnappen. Mit dem Fernrohr sieht er, wie die Russen flüchten, den Fluß zu überqueren versuchen, darin ertrinken.

Und als um 22 Uhr 30 das Schießen endet, sieht er im Schein der brennenden Häuser von Friedland die Toten und Verwundeten sowie die Reste der russischen Geschütze. Die Schmerzensschreie werden überdeckt von den Rufen »Es lebe der Kaiser!«, wenn die Soldaten Napoleon vorbeireiten sehen.

Es ist schon die Morgenröte des 15. Juni. Napoleon geht durch die Reihen. Die Soldaten liegen schlafend da und wirken wie Tote. Er will nicht, daß man sie weckt, um vor ihm zu salutieren. Er geht weiter und kommt zu den Haufen russischer Kadaver, die von der Artillerie zerrissen wurden und nun übereinanderliegen, wobei ihre Leichen die Linien bezeichnen, die sie zu halten versucht haben. Zerfetzte Pferde zeigen die Positionen der Artillerie an.

Von seiner Eskorte umgeben, reitet er langsam über die Straße, die in Richtung Wehlau am linken Ufer der Alle entlangführt. Es regnet. Im Dorf Peterswalde macht er halt, richtet sich in einer Scheune ein und schreibt an Joséphine: »Meine Liebe, nur ein kurzes Wort, denn ich bin sehr müde. Seit Tagen lebe ich im Biwak. Meine Kinder haben den Jahrestag der Schlacht von Marengo würdig gefeiert. Die Schlacht von Friedland wird von meinem Volk genauso gerühmt und gefeiert werden.«

Hier könnte er den Brief enden lassen. Aber er muß Joséphine noch einiges erklären, damit sie es ringsum verbreite. »Die gesamte russische Armee ist vernichtend geschlagen worden«, fährt er fort. »80 erbeutete Kanonen; 30 000 Gefallene oder Gefangene; 35 getötete, verwundete oder gefangene russische Generäle; die russische Garde vernichtet; eine würdige Schwester von Marengo, Austerlitz und Jena. Den Rest kannst Du im Bulletin der Große Armee nachlesen. Meine Verluste waren nicht so erheblich. Ich haben den Feind erfolgreich ausmanövriert. Sei beruhigt und glücklich. Adieu, meine Liebe; ich reite weiter. Napoleon.«

Er streckt die Beine aus und schließt die Augen für ein paar Minuten. Er hat gesiegt. Aber was kann die Stärke auf Dauer erreichen, fragt er sich. Stärke allein kann gar nichts regeln. »Es gibt nur zwei Mächte in der Welt, den Säbel und den Geist. Auf die Dauer wird der Säbel immer vom Geist besiegt.«

Er hat nun den Säbel geschwungen. Er hat den Feind niedergestreckt. Nun muß der Geist Platz bekommen, um alles zu regeln. Er muß mit Zar Alexander sprechen. Er muß mit ihm Frieden schließen.

Er bleibt noch eine Weile so sitzen. Er ist entspannt. Dann schreibt er noch einmal. »Für mich«, schreibt er an Maria Walewska, »bist Du eine ständig neue Empfindung, eine immer neue Entdeckung. Denn ich studiere Dich mit Objektivität. So kenne ich Dein Leben bis zu diesem Tag. Aus ihm stammt bei Dir diese sonderbare Mischung aus Unabhängigkeit, Ergebenheit, Besonnenheit und Leichtfertigkeit, die Dich so sehr von allen anderen Frauen unterscheidet.« Er ist glücklich.

Am Dienstag, dem 16. Juni, reitet er am Pregel entlang nach Tilsit. Er läßt eine Schiffsbrücke errichten und sucht dann für sich selbst eine Furt, reitet ins Flußbett hinein an der Spitze der Schwadronen und hebt die Beine über den Wasserspiegel.

Manchmal verfällt er in Galopp. Er liebt dieses Gefühl von Unabhängigkeit, diesen Beweis seiner Fähigkeit, sich frei über alle Etikette und Vorsicht hinwegzusetzen. Er überrascht seine Eskorte und reitet auf diese Weise minutenlang allein vornweg, bis er auf einer Anhöhe haltmacht und in die graue Landschaft schaut, auf die nun Regen niedergeht. Seine Offiziere und Oberstallmeister Caulaincourt reiten keuchend und beunruhigt heran. Er lacht.

Man meldet ihm die Einnahme von Königsberg, das von Murat und Soult besetzt worden ist. Alles verläuft so, wie er es vorhergesehen hat.

»Königsberg, eine Stadt von 80000 Einwohnern, ist nun in meiner Gewalt«, schreibt er an Joséphine. »Dort habe ich viele Kanonen, große Vorräte und mehr als 60000 Gewehre aus England vorgefunden. Adieu, meine Liebe. Mir geht es bestens, auch wenn ich vom Regen und der Kälte im Biwak etwas verschnupft bin. Ganz der Deine. Napoleon.«

Am Freitag, dem 19. Juni, zieht er in Tilsit ein und durchquert die Stadt. Die Straßen sind gerade und breit. Die Pferde kommen auf den großen Pflastersteinen ins Rutschen. Er begibt sich ans Ufer der Memel. Eine Brücke brennt noch. Auf dem rechten Ufer reiten Kosaken vorbei. Der Fluß ist sehr breit.

Er denkt an die Flüsse in Italien, an die Brücken von Lodi und Arcole, die er unter Kartätschenfeuer überquert hat. Hier steht er am Ufer der blauen Wasser, die schnell dahinfließen und den Beginn jenes anderen großen Kaiserreichs bezeichnen, Rußlands.

Als er nach Tilsit zurückkehrt, erfährt er, daß Prinz Lobanow soeben eingetroffen ist und Bennigsens Bitte um einen Waffenstillstand überbringt. Aber Napoleon will mehr als das, er ist der Stärkere. Er will keinen Waffenstillstand erzwingen, sondern den Frieden. Im übrigen verlangen ihn alle: Talleyrand, Caulaincourt und selbst die Marschälle. Und die Grummler wollen ihn ohnehin. Seit mehr als einem Jahr haben sie Frankreich nicht wiedergesehen. Aber glauben sie denn, daß er ihn nicht will?

Er schickt Marschall Duroc zu Bennigsen. Er bittet Prinz Lobanow bei sich zu Tisch. Er schaut den russischen Unterhändler lange an, dann hebt er feierlich sein Glas. Er trinke auf die Gesundheit von Zar Alexander, sagt er. Er nimmt Lobanow beim Arm, führt ihn zu einer Landkarte und folgt mit dem Finger dem Verlauf der Weichsel.

»Das ist die Grenze zwischen zwei Kaiserreichen«, sagt er. »Auf der einen Seite soll Ihr Souverän herrschen, auf der anderen ich.«

Am Sonntag, dem 21. Juni, wird ein Waffenstillstand geschlossen.

»Mir geht es glänzend, und ich wünsche, Dich glücklich zu wissen«, schreibt er an Joséphine. Er ist munter. Vielleicht ist das ja endlich der Frieden, die Verständigung mit Rußland, die England zwingen wird, zum ersten Mal seit 1792 Frankreich so zu akzeptieren, wie es geworden ist.

Am Montag, dem 22. Juni, befiehlt er, Kanonensalven ertönen zu lassen, um das Inkrafttreten des Waffenstillstandes zu verkünden. Es regnet ohne Unterlaß, aber er sieht, wie sich die Soldaten im Regen umarmen. In bester Stimmung diktiert er die Proklamation an die Große Armee, mit der dieser Feldzug zu Ende geht.

»Soldaten, am 5. Juni wurden wir in unseren Quartieren von der russischen Armee angegriffen. Der Feind hat zu spät gemerkt, daß unsere Ruhepause die eines Löwen war. Nun tut es ihm leid, daß er uns gestört hat. Von den Ufern der Weichsel sind wir an die der Memel gelangt, schnell wie ein Adler. In Austerlitz habt Ihr den Jahrestag meiner Krönung gefeiert; in diesem Jahr habt Ihr würdig den Jahrestag von Marengo begangen.«

Er muß aber auch von Frieden sprechen. »Franzosen, Ihr wart Eurer und meiner würdig. Ihr werdet mit Lorbeeren überhäuft nach Frankreich heimkehren, sobald wir den glorreichen Frieden erwirkt haben, der in sich die Garantie seiner Dauer trägt. Es muß damit ein Ende haben, und unsere Heimat muß vor dem üblen Einfluß Englands geschützt leben. Meine Wohltaten werden Euch meine Dankbarkeit und das ganze Ausmaß meiner Liebe zu Euch beweisen.«

Er muß den Kampf um den Frieden gewinnen.

Als er wieder mit Lobanow zusammenkommt, hebt er erneut sein Glas, in dem Champagner prickelt, zu Ehren von Zar Alexander. Dann fragt er nach der Gesundheit der Zarin Elisabeth. Als er bemerkt, daß Lobanow vor lauter Rührung Tränen in die Augen steigen, sagt er zu Duroc: »Sehen Sie nur, Duroc, wie sehr die Russen ihre Monarchen lieben!«

10

An diesem 25. Juni 1807 galoppiert Napoleon am Ufer der Memel entlang. Die Sonne steht im Zenit. Es ist bald 13 Uhr. Plötzlich erblickt Napoleon hinter einem Wäldchen mitten im Fluß das Floß, das die Pioniere in der Nacht und am Morgen gebaut und dann vertäut haben, damit zu beiden Ufern der Memel ein gleicher Abstand besteht.

Er sieht es nun ganz deutlich mit den beiden weißen Zelten, die auf sein Geheiß reichlich mit Blumengirlanden geschmückt und außerdem mit zwei Eingängen und einer Art Salon ausgestattet sind. Auf dem größeren Zelt, in dem er mit Zar Alexander zusammentreffen wird, erkennt er das riesige »N«, das man auf die Zeltbahn gemalt hat. Ein »A« von derselben Größe muß von der anderen Uferseite aus zu sehen sein.

Er betrachtet die russischen Truppen, die auf jener Flußseite versammelt sind, dann wendet er den Kopf zu den Soldaten der Großen Armee, die sich am linken Ufer aufgereiht haben. Sie schreien so laut: »Es lebe der Kaiser!«, sie brüllen so fröhlich, daß sich die Wörter überschlagen und man nichts mehr versteht. Die Stimmen erzeugen nur noch eine einzige schrille Explosion, die über die Ufer hinwegfegt, freudig, leicht und unwiderstehlich.

Er fühlt sich aufgeräumt. Er schaut nach hinten. Für diese Begegnung hat er fünf Offiziere ausgesucht, die ihn auf das Floß begleiten sollen: die Marschälle Murat, Berthier, Bessières und Duroc, sowie Oberstallmeister Caulaincourt. Aber er will dem Zaren allein gegenübertreten, diesem Erben eines jahrhundertealten Reiches, das über Europa hinausragt und den Orient und Asien berührt. Er hat das seine mit eigenen Händen errichtet, er, der Gründer, der seinesgleichen nur unter den Eroberern der Antike hat, die den Ursprung einer Dynastie bildeten und Völker versammelten, er, einem Romanow gegenüber!

Noch nie hat er sich so leicht, so fröhlich, so mächtig gefühlt. Er antwortet den Hochrufen, indem er den Hut lüftet, und die Schreie werden noch stärker. Wer kann nun noch das von ihm errichtete Gebilde ernsthaft gefährden?

Dieser Romanow, der auf seinem Gebiet die französischen Emigranten empfangen hat, darunter Ludwig, den Bruder von Ludwig XVI., der sich als der XVIII. dieses Namens bezeichnet, dieser Erbkaiser hat mit Kaiser Napoleon kommuniziert und ihm folgende Einschätzung übermitteln lassen: »Ein Bündnis zwischen Frankreich und Rußland war mein steter Wunsch, und ich bin der Überzeugung, daß es allein das Glück und die Ruhe des Kontinents sichern kann. Ein ganz neues System muß das bisherige ablösen, und ich schmeichle mir, daß wir uns leicht mit Kaiser Napoleon einigen können, vorausgesetzt, wir verhandeln ohne Vermittler. Ein dauerhafter Frieden zwischen uns kann innerhalb von zwei Tagen abgeschlossen werden.«

Napoleon hält an und geht dann auf das große Boot zu, das ihn zum Floß bringen soll. Frischer Wind kommt auf und treibt in den blauen Himmel weiße Streifen, die wie ein Schleier das Sonnenlicht mildern. Die weißen Zeltbahnen auf dem Floß werden leicht angehoben und blähen sich wie Segel.

Niemals wird er diesen Augenblick vergessen. Niemals werden die Menschen dieses Treffen der beiden Kaiser vergessen: jener aus dem Gestern und dieser aus dem gegenwärtigen Jahrhundert, er, Napoleon I., Kaiser der Franzosen, der mit seinen Armeen so viele Flüsse überqueren mußte, um bis hierher zu gelangen. Er empfindet ein Hochgefühl, wie er es selbst bei der Krönung nicht erlebt hat.

Dieser Himmel, dieser Fluß Memel, dieses Floß, diese Armeen, die sich gegenüberstehen, dieser Kaiser, der sich auf dem rechten Ufer zum Übersetzen bereitmacht, um ihm zu begegnen, all das ist *seine* Kathedrale, *sein* Werk. Die Frucht von 38 Jahren seines Lebens. Er ist stolz und glücklich über sein Schicksal.

Er springt in das große Boot, gefolgt von den Marschällen und dem Oberstallmeister. Er steht am Bug. Die Ruderer in ihren weißen Blusen tauchen ihre Ruderblätter in das Wasser der Memel.

Er kommt als erster am Floß an und geht allein mit raschem Schritt, um den Zaren zu begrüßen, dessen Boot sich nähert. Napoleon streckt ihm die Hand entgegen und versucht, mit einem

Blick diesen Mann einzuschätzen, der zwölf Jahre jünger ist als er und mitschuldig an der Ermordung seines Vaters Paul I.

Alexander ist groß und hat leicht rötliche Haut. Seine braunen Haare sind gepudert und stehen in langen Koteletten unter dem Hut hervor, der mit langen schwarzen und weißen Federn geschmückt ist. Er trägt die grüne Uniform mit rotem Besatz des Preobrashenski-Regiments, das eine Art kaiserliche Garde ist. An seiner rechten Schulter glänzt eine goldene Fangschnur. Er trägt sein Schwert an der Seite und hat kurze Stiefel an, die sich von der weißen Kniehose abheben. Das blaßblaue Band des Andreas-Ordens zieht sich diagonal über seine Brust. Napoleon trägt das rote Band der Ehrenlegion.

Dieser Zar hat helle Augen und ein rundliches, gefälliges Gesicht. Napoleon umarmt ihn. Nebeneinander gehen beide zum großen Zelt.

»Ich hasse die Engländer genauso wie Sie«, eröffnet Alexander. Seine Stimme klingt melodisch, sein Französisch ist fehlerlos. »Ich werde Ihnen in allem zur Seite stehen, was Sie gegen sie unternehmen«, fährt er fort, als sie gerade das Zelt betreten.

Napoleon hebt die Zeltbahn hoch. »In diesem Fall können wir uns leicht einig werden«, sagt er, »und der Frieden ist so gut wie beschlossen.«

Napoleon spricht. Er wird von einem angenehmen Rausch mitgerissen. Noch nie war sein Geist so lebhaft. Er will diesen Kaiser, der jünger ist als er, überzeugen, verführen, mitreißen. Er hat seine Truppen geschlagen, aber er will ihn nicht demütigen, sondern als Bündnispartner gewinnen und mit ihm das zweigeteilte Europa bauen. Das Europa des Zaren reicht bis zur Weichsel, seines von dort bis zum Westen. Eine andere Möglichkeit gibt es gar nicht.

Und Preußen? Zu Alexander sagt er: »Ein schlimmer König. Eine schlimme Nation. Eine Macht, die alle Welt getäuscht hat und die nicht zu existieren verdient. Alles, was sie behält, verdankt sie Ihnen.«

Österreich? Napoleon will von dem sprechen, was er gelesen hat, bevor er seine Residenz in Tilsit verließ, um sich zur Memel zu begeben und dort Alexander zu treffen. Andréossy, der französische Botschafter in Wien, berichtet in seinen Depeschen, wie die Österreicher auf die Niederlage der Großen Armee gehofft haben, wie sie sich schon vorbereitet haben zu intervenieren, um sie im Falle einer Niederlage vollständig zu vernichten, und wie sehr der Sieg von Friedland den Wiener Hof bestürzt hat.

Bliebe die Türkei, aber eine Palastrevolution hat gerade Sultan Selim III. gestürzt, Napoleons Verbündeten. Zu Alexander sagt Napoleon: »Das ist ein Wink des Schicksals, um mir zu bedeuten, daß das türkische Reich nicht mehr existieren kann! Teilen wir seine Reste untereinander auf!«

Dann spricht er vom Orient und mustert Alexander. Der Mann wirkt aufrichtig. Er ist noch jung. Napoleon fühlt sich ihm überlegen. Er will seine Allianz, aber niemals wird er ihm Konstantinopel abtreten, »das Herz der Welt«.

Die Zeit vergeht schnell, mehr als anderthalb Stunden. Sie vereinbaren, sich morgen, am 26. Juni, erneut auf dem Floß zu treffen. Der preußische König Friedrich Wilhelm solle anwesend sein, sagt Alexander.

Napoleon reagiert unwillig. »Ich habe oft zu zweit geschlafen, aber niemals zu dritt«, sagt er.

Dann faßt er sich wieder und bietet für die nächsten Unterredungen die Stadt Tilsit an. Die Hälfte der Stadt werde er den Russen abtreten, damit Alexander dort residieren könne. »Wir werden reden«, sagt er. Dann fügt er hinzu: »Ich werde Ihr Sekretär sein, und Sie der meine.«

Napoleon nimmt Alexander beim Arm und führt ihn zu seinem Boot. Von beiden Ufern her hört man die Hochrufe der Soldaten, die die Szene beobachten.

In der folgenden Nacht wird Napoleons Schlaf in dem großen Haus, in dem er in Tilsit residiert, von langen Wachzeiten unterbrochen. Als er draußen Soldaten singen hört, verfliegt der Schlaf völlig. Warum soll er sich so in Vergessen und Stille vergraben, wo doch die Tage, die er erlebt, die reichsten seines Lebens sind?

Er weckt Rustan und läßt seinen Sekretär rufen. Er diktiert einen Brief an Fouché: »Achten Sie darauf, daß man weder direkt noch indirekt Dummheiten über Rußland sagt. Alles deutet darauf hin, daß sich unser System mit jener Macht auf stabile Weise verbünden wird.«

Mit brüsker Geste schickt er den Sekretär wieder fort. Er geht im Zimmer umher, die Hände auf dem Rücken, wie gewöhnlich. Kann er Alexander trauen, diesem Romanow, der noch vor kurzem mit den Preußen einen Vertrag über einen gnadenlosen Krieg gegen Frankreich geschlossen hat? Ist der Zar einer jener doppelzüngigen Männer, wie es Erben in Dynastien häufig sind?

Als er am nächsten Tag, dem 26. Juni, um 12 Uhr 30 Alexander auf dem Floß empfängt, kommt ihm der Mensch schon vertraut vor. Napoleon findet Gefallen an dieser Person, auf der so ein altes Erbe lastet, und wider Willen fühlt er sich geschmeichelt von der Sympathie, die der Zar ihm entgegenzubringen scheint.

Er weiß aber sehr wohl, daß man in Sankt Petersburg nur vom »korsischen Menschenfresser« und vom »Usurpator« sprach, daß man in den Salons die Emigranten empfing und den Tod des Herzogs von Enghien beweint hat, sogar Trauer für diesen Bourbonen trug und diesen »Jakobiner Buonaparte« mit Flüchen bedachte.

Aber nun nimmt er den russischen Kaiser beim Arm und vereinbart mit ihm die Parole, um sich von einem Sektor Tilsits in den andern zu begeben. Morgen wird sie lauten »Alexander, Rußland, Größe« und übermorgen – diesen Vorschlag machte Alexander – »Napoleon, Frankreich, Bravour«. Jeden Tag wird ihr Umgang vertrauter: Truppenparaden, lange Gespräche, Ausritte in den Wald.

Zu Duroc sagt Napoleon: »Er ist eine Romanfigur. Er hat ganz die Art der liebenswerten Männer von Paris.« Aber er fühlt sich ihm überlegen. Er ist ein Reichsgründer, kein Erbe.

Wenn sie gemeinsam durch Wälder und Wiesen rings um Tilsit reiten, gibt Napoleon kräftig die Sporen, enteilt dem Zaren und wartet dann auf ihn. Er ist glücklich. Seit der zweiten Begegnung auf dem Floß ist Friedrich Wilhelm III., der preußische König, häufig dabei. Er ist kein guter Reiter. Er hat den traurigen Gesichtsausdruck der Besiegten. Napoleon mokiert sich über seine Aufmachung und zeigt seine Verachtung.

»Wie schaffen Sie es denn, so viele Knöpfe zu schließen?« fragt er.

Er muß ihn empfangen, aber wie jemanden, der überflüssig ist und den man nur akzeptiert, weil der geschätzte Gast ihn am Tisch sitzen sehen möchte. Er schließt Friedrich Wilhelm aber von allen freundschaftlichen Begegnungen mit Alexander aus, die er abends nach dem Diner arrangiert.

»Europa, der Orient«, sagt Napoleon. Er zeigt auf der Karte, wie sich die beiden Reiche verständigen könnten. Wird sich Alexander überzeugen lassen, daß die beiden Reiche den größten Teil der Welt beherrschen können? Napoleon spricht immer wieder davon. Diese Gespräche, diese Diners, manchmal auch in Anwesenheit von Friedrich Wilhelm, gefallen ihm sehr. Dann fühlt er sich wirklich als Kaiser der Könige.

»Ich glaube, daß ich Dir gesagt habe«, schreibt er an Joséphine, »daß der russische Kaiser mit viel Liebenswürdigkeit großen Anteil an Deiner Gesundheit nimmt. Genau wie der preußische König diniert er jeden Tag bei mir.«

Er ist stolz. Er zeigt seine Grenadiere, läßt seine kaiserliche Garde defilieren und seine Kürassiere mit den »eisernen Westen«. Von Zeit zu Zeit wirft er einen Blick auf Alexander, dessen bewundernden und beunruhigten Ausdruck er bemerkt. Diese Divisionen sind wie ein beweglicher Wall, der bedrohlich vorrückt.

Alexander muß wohl oder übel die Allianz annehmen, den Rheinbund anerkennen sowie die Königstitel von Louis in Holland und von Joseph in Neapel, muß zugestehen, daß Jérôme König von Westfalen wird und daß Napoleon alles in allem der Kaiser des Abendlands ist. Im übrigen werde Preußen alles zahlen. Rußland gibt nur die Ionischen Inseln und Cattaro auf. Napoleon läßt ihm freie Hand in Finnland und Schweden. Und Rußland verpflichtet sich, England den Krieg zu erklären, wenn es seine Vermittlung ablehnt.

Was Preußen betrifft, so macht Napoleon nur eine wegwerfende Handbewegung. Es muß bestraft werden und die Hälfte seines Landes und seiner Einwohner abtreten.

Er hört Alexander für Preußen plädieren und die rührende

Verzweiflung der Königin Luise erwähnen. Napoleon zeigt nur auf die Grenadiere beider kaiserlicher Garden, die sich auf den Feldern bei Tilsit für ein riesiges Bankett versammelt haben. Sie schlemmen. Was zählt da Preußen?

»Aber diese Königin Luise?« wirft Alexander ein. Sie sei in Tilsit eingetroffen und wolle Napoleon sehen, fährt er fort.

Nun ist sie also auch gekommen und will mich für ihr Königreich anflehen!

Sie, die immer vom Krieg träumte, die die preußischen Offiziere anstachelte, ihre Säbel auf den Stufen der französischen Botschaft in Berlin zu wetzen, sie, deren Schönheit man rühmt und die am Grab von Friedrich II. in Begleitung ihres Gatten, dieses Schwachkopfs Friedrich Wilhelm III., und von Alexander einen Bündniseid gegen Frankreich abgelegt hat. Und nun verläßt der Zar sie beide.

Napoleon begibt sich zu ihr in das Haus des Müllers von Tilsit, in das Friedrich Wilhelm III. abgeschoben wurde. Ja, sie ist schön, in einem Kleid aus weißem, goldbesticktem Krepp. Ihr Gesicht ist genauso weiß wie ihr Kleid, wirkt aber mit einem Perlendiadem durchaus königlich.

Napoleon schaut sie voller Ironie an. Sie spricht vom Unglück Preußens, fordert die Rückgabe von Magdeburg an Preußen, obwohl die Stadt nun zu Westfalen kommen soll.

»Ist das Krepp oder Gaze aus Italien?« fragt Napoleon und beglückwünscht sie zu ihrer Toilette.

»Sollten wir in einem so ernsten Augenblick von Kleidern reden?« empört sie sich.

Napoleon bewundert ihr Verhandlungsgeschick und ihre Entschlossenheit. Er lädt sie zum Diner ein und sagt zu Caulaincourt im Vertrauen: »Ganz wie Mademoiselle Duchesnois, wenn sie Tragödie spielt.«

Nachgeben will er aber auf keinen Fall.

»Die schöne Königin von Preußen soll heute abend mit mir dinieren«, schreibt er an Joséphine. Eine Weile schreibt er nicht weiter. Das also ist diese Königin, deren Charme und Willenskraft ganz Europa rühmt. *Zu mir kommt sie so demütig!*

»Die preußische Königin ist wirklich charmant«, fährt er fort. »Sie gibt sich mir gegenüber sehr kokett; aber Du brauchst nicht eifersüchtig zu sein; ich bin wie ein Wachstuch, an dem das alles abtropft. Die Galanterie würde mich in dem Fall teuer zu stehen kommen.«

Er kann aber sehr wohl die Königin Luise glauben lassen, daß sie ihn verführen und beeinflussen könne.

Zum Diner kommt sie in rotgoldenem Kostüm und einem Turban. Sie sitzt zwischen Alexander und Napoleon. Erinnert sie sich daran, daß sie ihn »das Ungeheuer« und »den Sohn der Revolution« genannt hat, daß sie sich vor dem gesamten Adel von Berlin über ihn lustig gemacht hat? Erinnert sie sich dran, daß sie ihn »häßlich wie ein Gnom« genannt hat? Und daß sie ihrem Papagei beigebracht hat, auf ihn zu schimpfen? Er weiß es noch gut.

»Wie?« sagt Napoleon, »die preußische Königin trägt einen Turban? Will sie damit dem Kaiser von Rußland den Hof machen, der Krieg gegen die Türken führt?«

Sie starrt ihn an. Er mag ihren Blick und ihre Stimme gar nicht.

»Ich glaube, das soll eher Rustan den Hof machen«, antwortet sie und schaut Napoleons Mameluck an.

Er spürt, daß sie verletzt ist. Er hat ihr Magdeburg verweigert, das zum König von Westfalen kommt, Jérôme. Sie hat versucht, ihn zu verführen. Er hat sie sagen hören: »Ist es denn möglich, daß ich das Glück habe, den Mann des Jahrhunderts und der Geschichte von so nahem zu sehen, und er mir nicht die Freiheit und die Befriedigung gönnt, ihm zu versichern, daß er mich für immer gewonnen hat?«

Was bildete sie sich ein? Daß er Koketterie, Gefühle und Staatsdinge verwechseln könnte? Er ist kein zweiter Friedrich Wilhelm.

»Madame«, antwortete er ihr. »Man muß mich beklagen. Das liegt an meinem schlechten Stern.«

Er kehrt heim in Begleitung von Murat, den er ihr den Hof machen sah. Die Königin liest »die Geschichte der Vergangenheit«, um sich zu zerstreuen, berichtet er. Und als Murat ihr geantwortet habe, »daß die Gegenwart doch auch denkwürdige Taten« biete, habe sie geflüstert: »Es fällt mir schon schwer genug, darin zu leben.«

Napoleon schweigt. Diese Frau hatte ihre Würde bewahrt, die Gespräche beherrscht und war immer wieder zum Thema zurückgekehrt, das sie hartnäckig verfolgte: Magdeburg. Die schöne Königin von Preußen, der er gleichwohl keine Konzessionen machen wird.

Am liebsten würde er erzählen, wie sie ihre Hand zurückzog, als er ihr eine Rose schenken wollte, und sagte: »Nur wenn es Magdeburg dazugibt.« Oder wie er sie bat, sich doch hinzusetzen, da nichts eine tragische Szene besser unterbreche, »denn sobald man sitzt, wird es eine Komödie«.

Es sind die letzten Stunden, die er in Gesellschaft des Zaren verbringt. Die Verträge sind unterzeichnet, Preußen ist aufgeteilt und gedemütigt. Rußland hat nichts abtreten müssen. Die beiden Nationen verpflichten sich, gegen England vorzugehen.

Er begleitet Alexander zu dem Boot, das ihn auf das rechte Ufer der Memel bringen wird. Die Zeit des Abschieds ist gekommen. Er möchte den Augenblick in die Länge ziehen. Er weiß zu gut, daß der Zar, wenn er erst weit weg von ihm ist, wie andere Menschen auch, seinem Einfluß entgleitet. Und daß er mit dem Störfeuer der englischen Agenten in Sankt Petersburg rechnen muß.

Er will sich rückversichern und sagt zu Alexander: »Alles deutet darauf hin, daß England, wenn es nicht vor November Frieden schließt, es gewiß tun wird, sobald es sieht, welche Dispositionen Eure Majestät bis dahin getroffen hat, und wenn es sieht, welche Krise ihm droht, weil ihm der ganze Kontinent verschlossen ist.«

Aber kann er auf Alexander rechnen?

Er nimmt gemeinsam mit ihm die Parade der Leibwache des Zaren ab.

»Gestattet mir Eure Majestät, dem Tapfersten von ihnen die Ehrenlegion zu verleihen, jenem, der sich in diesem Feldzug am besten bewährt hat?«

Ein Grenadier wird ausgesucht. Napoleon heftet ihm die Ehrenlegion an die Brust. »Grenadier Lazarew, du wirst immer daran denken, daß dies der Tag war, an dem dein Herr und ich Freunde geworden sind.«

Er umarmt Alexander. Wessen kann man sicher sein?

In seiner Umgebung werden schon kritische Stimmen laut. Man könne Alexander nicht trauen, heißt es.

Er zögert, bestellt dann General Savary zu sich. Er mustert ihn. Der Mann ist ein Getreuer unter den Getreuen. Er hat es bei der Verhaftung und Hinrichtung des Herzogs von Enghien bewiesen.

»Ich vertraue dem russischen Kaiser«, sagt er zu ihm. »Wir haben uns gegenseitig Zeichen der größten Freundschaft erwiesen, nachdem wir hier 20 Tage miteinander verbracht haben, und es gibt nichts zwischen beiden Nationen, das einer vollständigen Annäherung im Wege stünde.«

Er geht zu Savary und zupft ihn am Ohr. »Gehen Sie, und wirken Sie dort.«

Savary wird Napoleons Botschafter in Sankt Petersburg. Und die Salons müssen ihn wohl oder übel akzeptieren, ihn, den General, den man für verantwortlich am Tod des Herzogs von Enghien hält.

»Ich habe soeben Frieden geschlossen«, fährt Napoleon fort. »Man sagt mir, daß ich unrecht habe und betrogen werde. Aber es reicht nun einmal mit dem Krieg. Die Welt braucht jetzt Ruhe.«

Er geht im Zimmer umher. »Vermeiden Sie das Thema Krieg bei Ihren Gesprächen in Sankt Petersburg, verstoßen Sie gegen keine Sitte, mokieren Sie sich über nichts, jedes Volk hat seine Gewohnheiten, und die Franzosen haben nur allzusehr die Neigung, alles an den ihren zu messen und sich für beispielhaft zu halten, das ist kein gutes Vorgehen.«

Er begleitet Savary bis zur Tür. »Der Schlüssel zum allgemeinen Frieden liegt in Petersburg«, sagt er. »Dort entscheidet sich das Schicksal der Welt.«

Napoleon verläßt Tilsit am 9. Juli um 22 Uhr. Nun hat er es eilig, Paris, das Herz des Kaiserreichs wiederzusehen. Seit zehn Monaten ist er schon abwesend.

Er fährt durch Königsberg und durch Posen. Er hält hier einen

Tag und dort ein paar Stunden. Die Zurückhaltung der einen und der Widerspruch der anderen lassen ihn gereizt reagieren.

»Lassen Sie die Einwohner von Berlin wissen«, sagt er zu General Clarke bei seinem Halt in Königsberg, »daß sie, wenn sie nicht die zehn Millionen an Reparationen zahlen, für alle Zeiten eine französische Garnison in der Stadt haben werden.« Wissen sie denn nicht, daß er der Sieger ist, der Kaiser der Könige?

Und auch die Portugiesen scheinen es nicht zu wissen. Sie sollen ihre Häfen für die Engländer vor dem 1. September schließen, schreibt er an Talleyrand auf der Fahrt nach Dresden. »Sonst erkläre ich Portugal den Krieg und konfisziere alle englischen Waren.«

Er kann und will keinen stupiden Widerstand mehr dulden. Preußen und das große Rußland haben sich gebeugt oder seine Allianz gesucht, glaubt man etwa, er werde sich von den Portugiesen oder den Spaniern alles gefallen lassen? Oder etwa auch vom Papst, der sich anschickt, wie ihn eine Depesche von Eugène de Beauharnais wissen läßt, ihn zu kritisieren. »Hält er mich für Ludwig den Gutmütigen? Am Hofe von Rom werde ich immer Karl der Große sein!«

In Dresden kommt er am Freitag, dem 17. Juli, an. Die Stadt ist schön und festlich illuminiert. Der König von Sachsen verneigt sich und lädt ihn ergebenst zu den Festen ein, die man zu seinen Ehren vorbereitet hat. Hübsche und schön angezogene Frauen machen freundlich den Hofknicks.

Er verweilt dort ein paar Tage. Er empfängt die polnischen Delegierten und stellt ihnen den König von Sachsen vor. Das ist der Souverän des Herzogtums Warschau, das er aus den polnischen Provinzen gründen will, die er Preußen abgerungen hat. Die französischen Truppen bleiben aber im Herzogtum, dessen wahrer Herr der Kaiser bleibt. Das ist nicht das Polen, das die Patrioten erhofft haben, wie er zugibt, aber es ist vielleicht der Keim davon. Und vielleicht ist das schon zuviel für Alexander, auch wenn der Zar das Herzogtum Warschau im Prinzip akzeptiert hat.

Er denkt an Maria Walewska. Und er schreibt an Joséphine.

Auf der restlichen Strecke will er nur noch zum Pferdewechseln halten. Er fährt durch Leipzig, Weimar und Frankfurt. In Bar-le-Duc sieht er einen Mann auf sich zukommen, der aus einer anderen Welt zu stammen scheint, und dieser Mann, der ihn Sire und seinen Namen nennt, »de Longeaux«, war einer seiner Mitschüler auf der Militärschule in Brienne.

Napoleon erinnert sich. 25 Jahre ist das her. Er hört de Longeaux eine Weile zu, gewährt ihm eine Pension und bricht gleich weiter auf nach Epernay. Am Montag, dem 27. Juli 1807, trifft er in Saint-Cloud ein.

Dritter Teil

»Die Schicksale müssen sich erfüllen.«

28. Juli 1807 – Dezember 1807

11

»Ich will es«, sagt Napoleon und schaut seine Schwester Caroline erbost an. Steif und trotzig steht sie da. Sie leugnet nicht. Er hat geschrien. Sie schwieg. Wieso sollte sie auch ihre Liaison mit General Junot, dem Militärbefehlshaber der Hauptstadt, abstreiten, da sie sich ja mit ihm ganz offen in der Oper, in den Tuilerien, auf den Straßen und in den Salons von Paris gezeigt hat? Und währenddessen griff ihr Gatte Murat mit seiner Kavallerie in Heilsberg und in Friedland an. Und nun will sich Murat mit Junot duellieren! Lächerlich. Dieses Duell wird nicht stattfinden.

Napoleon geht ein paar Schritte. Seine Hand krampft sich um seinen Schwertknauf. Unter seinen Fingern spürt er die Kanten des Regenten, jenes großen Diamanten, mit dem er die kaiserliche Klinge verzieren ließ. Von Carolines Liaison mit Junot erfuhr er gleich am Tag seiner Rückkehr nach Paris. Sie muß unverzüglich beendet werden.

»Ich will es«, sagt er noch einmal.

Seit seiner ersten Audienz gestern, am Dienstag, dem 28. Juli, um acht Uhr, im Schloß von Saint-Cloud, hat er fast jeden Augenblick diese drei Worte wiederholt. Er will es, und es kommt nicht mehr in Frage, daß man seine Anordnungen diskutiert.

Er ist entschlossen, das Tribunat abzuschaffen. Wozu dient diese Versammlung von Schwätzern, die Gesetzentwürfe erörtern? Er hat beschlossen, seine Minister auszuwechseln. Er hat genug von Talleyrand. Er hat ihn in Tilsit genau beobachtet. Er benahm sich nicht wie ein Außenminister im Dienst seines Kaisers, sondern wie ein Fürst, der selbst hofhält, seinen Abstand wahrt und ironisch auf alles herabschaut. Noch schwerwiegender aber ist, daß dieser Minister seit jeher käuflich ist.

»Dieser Mann ist begabt«, sagt Napoleon zu Cambacérès, als er ihm den Wechsel mitteilt. »Aber man kann mit ihm nur etwas erreichen, wenn man ihn dafür bezahlt. Die Könige von Bayern und Württemberg haben sich so oft bei mir über seine Habgier beschwert, daß ich ihm sein Ministeramt entziehe. Er wird Vizegroßwahlherr und erhält 495 000 Francs im Jahr. Champagny tritt an seine Stelle. Berthier wird Vize-Konnetabel, und Clarke wird Kriegsminister.« *Ich will es!*

Man muß die Minister kontrollieren. Sie sind nur Ausführende. Durch dieses Exempel muß allen klargemacht werden, daß man sich zu unterwerfen hat. In den zehn Monaten der kaiserlichen Abwesenheit sind schlechte Gewohnheiten eingerissen. Man hat sogar hier und da gehofft, der Kaiser würde sterben. Dessen ist er gewiß.

Napoleon sieht Caroline an. Er durchschaut diese ehrgeizige Frau. Es genügt ihr nicht, Großherzogin von Kleve zu sein. Wenn sie sich des Herzens dieses armen Junot bemächtigt hat, dann gewiß, weil sie hoffte, im Falle von Napoleons Ableben auf diesen leidenschaftlichen Liebhaber zählen zu können, um Murat an die Spitze des Kaiserreichs zu hieven.

Er ist nun allein im großen Saal des Schlosses Saint-Cloud, in dem an diesem Mittwoch, dem 29. Juli 1807, erdrückende Hitze herrscht. Es ist ein strahlender Sommer. Langsam geht Napoleon in dem Schloß auf und ab, das er sehr liebt und in dem er seine Gewohnheiten wieder aufnimmt, den Duft des benachbarten Waldes wieder spürt.

Er schaut sich in den Spiegeln an, mit denen die Galerien verziert sind. Auf diesem zehnmonatigen Feldzug fern von Frankreich hat er stark zugenommen. Sein Gesicht ist rund geworden. Er hat noch mehr Haare verloren. Er ähnelt jetzt einem römischen Kaiser.

Er nimmt eine Prise. Zu seinen Ehren spielt man in Paris das Stück *Trajans Rückkehr*, wie er weiß. Dort beklatscht man ihn. Die Straßen sind erleuchtet. Er wollte durch die Viertel der Hauptstadt fahren. Am Palais-Royal ist er aus der Kutsche gestiegen und dort entlanggegangen, wo er einst dem Duft der Frauen nachspürte. Man erkannte ihn und schrie: »Es lebe der Kaiser!« Plötzlich wird er nachdenklich.

Trotz des Gejammers von Joséphine wollte er nicht ins eheliche Bett zurückkehren. Schon seit Jahren war das gemeinsame Schlafzimmer verwaist. Schon in der zweiten Nacht hat er sich zu Éléonore Denuelle begeben. Sie ist immer noch begehrenswert und kokett, hat aber eine Art auftrumpfender Unverschämtheit, die ihm mißfällt.

Sie hat den Gazevorhang über der Wiege beiseite geschoben, und er hat das Kind gesehen, Graf Léon, einen etwa sechs Monate alten, schlafenden Säugling. Heftige Gefühle erfaßten Napoleon plötzlich. Dieser Sohn war zweifellos der seine. Er sah es, er spürte es. Er berührte seinen rundlichen Kopf.

Graf Léon wird aber nicht sein Erbe sein. Doch wenn er keinen Sohn und Erben hat, wozu dienen dann all die Steine, die er für seinen Kaiserpalast auftürmt? Selbst seine Schwester Caroline antizipiert seinen Tod.

Und diese erleuchteten Straßen, diese Akklamationen und Verbeugungen, und selbst die Börsenkurse, die nach oben schnellen und Höhen erreichen wie noch nie seit Beginn seiner Herrschaft, was wird aus alldem, sobald man den Tod des Kaisers verkündet? Er fühlt sich einsam in dieser Flut von Ehrungen, die von allen Seiten über ihn hereinbrechen. Die Laternen, die am 15. August Paris erleuchten, um den Tag des Heiligen Napoleon und zugleich seinen 38. Geburtstag zu begehen, können ihn nicht berauschen und die Komplimente seiner Höflinge auch nicht.

In der Sommernacht geht er aus, nur von Duroc begleitet. Er will sich unter das Volk der Spaziergänger mischen, die sich an diesem Feiertag in den Gärten der Tuilerien drängen. Niemand bemerkt ihn, aber man bejubelt seinen Namen. Er sieht dieses uneigennützige Volk, das seine Siege feiert. Dieses Volk beruhigt ihn. Welten trennen dieses Volk von Leuten wie Fouché oder Talleyrand. Er liebt dieses Land und dieses Volk. Seine Gefühle werden so stark, daß er sie in einem Brief an Maria Walewska ausdrücken muß.

Er weiß genau, daß die Politik keine Pause kennt und daß, wenn er Maria Walewska eines Tages wiedersehen will, er dies nur kann, wenn er seiner Funktion als Kaiser einige Augenblicke stiehlt. Er glaubt sogar, daß sie und er niemals mehr solche friedlichen und vertraulichen Augenblicke wie auf Schloß Finckenstein erleben werden.

Hier in Paris folgen die Audienzen dicht aufeinander, häufen sich die Depeschen, muß er die Bauarbeiten besichtigen, die am Louvre oder an der Austerlitz-Brücke begonnen wurden. Er muß Paraden abnehmen und an den König von Württemberg schreiben und ihm bestätigen, daß die Hochzeit seiner Tochter Katharina mit Jérôme Bonaparte, dem König von Westfalen, am 22. August stattfindet.

Er muß ständig auf der Hut sein. Er erfährt, daß die Österreicher neue Rekruten einziehen. Er bestellt den neuen Außenminister Champagny zu sich. »Ich wünsche, daß Sie an Herrn Metternich einen vertraulichen und zurückhaltenden, aber dennoch deutlichen Brief schreiben. Darin fragen Sie, welcher Taumel denn die Wiener Gemüter erfaßt hat. Man ruft die ganze Bevölkerung zu den Waffen, die Fürsten durcheilen das Land wie Kreuzritter. Wie kann man verhindern, daß sich das zu einer Krise auswächst?«

Als Champagny wieder gegangen ist, bleibt er nachdenklich zurück. Er hat das Gefühl, daß man ihn zwingt, von einem Ende Europas zum andern zu eilen, um die Tore des Krieges zu schließen. Und wenn das eine geschlossen ist, öffnet sich ein neues, und die Fenster fliegen auf.

Österreich bewaffnet sich schon. England zieht eine Flotte vor Kopenhagen zusammen, um die dänischen Schiffe zu zwingen, nach England zu fahren. Preußen weigert sich, die verlangten Zahlungen zu leisten. Und Portugal schließt seine Häfen nicht für englische Waren. Wie soll man England ersticken, wenn die Kontinentalsperre nicht allgemein und lückenlos ist?

Er läßt General Junot kommen. Er geht vor diesem treuen Gefährten, den er schon seit den ersten Kämpfen bei der Belagerung von Toulon kennt, auf und ab. Napoleon spricht zu ihm von der

Armee von 20000 Mann, deren Aufstellung in Bayonne er beschlossen hat, um für den Fall, daß Portugal sich weigert, das Prinzip der Kontinentalsperre einzuhalten, Spanien zu durchqueren, Lissabon zu besetzen und den Portugiesen die Einfuhr englischer Waren zu verbieten.

Junot, sagt Napoleon abschließend, solle zum Oberbefehlshaber dieser Armee werden. Er bleibt vor Junot stehen, der nur stottert: »Sie verbannen mich! Was hätten Sie erst getan, wenn ich ein Verbrechen begangen hätte?«

Napoleon tritt an ihn heran, gibt ihm einen freundschaftlichen Klaps und sagt zu Junot, der in düsteren Zeiten sein Adjutant, sein Freund und sein Helfer war: »Du hast kein Verbrechen begangen, aber einen Fehler.«

Junot muß für einige Zeit aus Paris entfernt werden, damit man seine Affäre mit Caroline Murat vergißt.

Junot senkt den Kopf.

»Du wirst uneingeschränkte Vollmachten haben«, sagt Napoleon, als er ihn zur Tür begleitet. »Dort unten liegt dein Marschallstab.«

Denn die Truppen, dessen ist Napoleon gewiß, müssen in Lissabon den kaiserlichen Befehl durchsetzen. Die Könige werden erst vernünftig, wenn sie besiegt sind.

Und wie soll er ohne Reaktion bleiben, wenn England nicht nachgibt? In der drückenden Hitze des August 1807, während die Feierlichkeiten zur kirchlichen Trauung von Katharina von Württemberg und Jérôme, König von Westfalen, zu Ende gehen, erfährt Napoleon, daß englische Truppen an der dänischen Küste gelandet sind und Geschütze in Stellung bringen, um Kopenhagen zu beschießen.

Der Wind des Krieges weht immer noch, von jener Ecke Europas bis zur portugiesischen Küste. Dem muß man entgegentreten und zugleich auf die Allianz mit dem »mächtigen Kaiser des Nordens« zählen, mit dem Zaren, ihm schmeicheln und zeigen, daß man nun zu seiner Familie gehört.

»Diese Heirat von Katharina und Jérôme«, schreibt Napoleon

an Zar Alexander I., »ist mir um so angenehmer, als sie zwischen Eurer Majestät und meinem Bruder verwandtschaftliche Bindungen herstellt, denen wir den größten Wert beimessen. Ich benutze mit Freuden diese Gelegenheit, um Eurer Majestät meine Zufriedenheit über die freundschaftlichen und vertrauensvollen Bande auszudrücken, die zwischen uns entstanden sind. Ich versichere, daß ich nichts unterlassen werde, was sie festigen und stärken kann.«

Aber was sind Freundschaft und Vertrauen in der Politik wert? Und wie lange halten sie?

12

Napoleon geht langsam durch die Galerien von Schloß Fontainebleau. Er mag diese späten Oktobernachmittage gar nicht. Er spürt, daß er schon schläfrig wird. Nach der harten Arbeit am Tage und der Jagd – manchmal galoppiert er mehrere Stunden lang durch die Wälder rings um das Schloß –, empfindet er diese Abende als Qual. Er langweilt sich.

Vor dem Eingang zum großen Salon, in dem die Kaiserin ihren kleinen Kreis um sich versammelt, sieht er all die Frauen, die ihn anschauen. Welche von ihnen würde nein sagen, wenn er sie für die Nacht auserwählte? Nicht eine würde widerstehen, hat er gestern abend zu Joséphine gesagt, um sie zu provozieren und zu ärgern und ein wenig Würze in ein nutzloses, trübes Gespräch zu bringen, das ihn rasch langweilte.

»Sie haben sich auch immer nur an Frauen gewandt, die nicht widerspenstig sind«, sagte Hortense, die neben ihrer Mutter saß.

Das Gespräch hatte ihn amüsiert. Aber bald war wieder das Bleigewicht der Langeweile niedergegangen. Selbst im Hoftheater, das er einrichten ließ, damit Schauspieler der Comédie-Française dort zweimal die Woche eine Vorstellung geben können, schläft er leicht ein. Stücke wie *Le Cid* oder *Cinna* kennt er schon auswendig. Wenn man ein Stück von Marmontel mit Musik von Grétry gibt, muß er gähnen. Man darf nicht erlebt haben, was er erlebt hat – wie

Kanonenkugeln neben ihm einschlagen oder wie die schöne Königin Luise sich vor Demütigung, Zorn und Trotz auf die Lippen beißt –, um Vergnügen an solchen Schauspielen zu finden, die ihn nicht mehr zerstreuen können.

Da ist ihm sein Arbeitskabinett lieber, diese Erregung der Depeschen, die Notwendigkeit, eine Antwort zu erfinden, einen Plan zu erdenken, eine Politik zu planen oder zu ersinnen. Ja, die Phantasie, die hält einen wach!

Auf der Jagd an diesem Nachmittag, als er weit vor seinen Gästen und den sich in Kaleschen drängenden Frauen daherritt, fand er sich plötzlich ganz allein auf einer Lichtung wieder und wußte nicht mehr, wo er war. In einem Wald in Polen oder in Deutschland? Im Wald von Fontainebleau? Mehrere Minuten lang blieb er dort stehen, von seinen Erinnerungen und dann von seiner Phantasie mitgerissen.

Wie soll er darauf reagieren, daß die Engländer fünf Tage lang Kopenhagen beschossen und so die Kapitulation von Dänemark erreicht haben, um sich anschließend wie Piraten der dänischen Flotte zu bemächtigen? *Verfluchtes England! Man muß ihm den Hals umdrehen!*

An diesem Morgen hat er ein Dekret diktiert, mit dem die Kontinentalsperre verschärft wird. Sie muß von Holland bis Portugal wirksam werden, von der Ostsee bis zur Adria. Er mußte an Louis schreiben, damit er endlich die holländischen Häfen für englische Waren schließen läßt. »Man ist kein König, wenn man sich in seinem Land keinen Gehorsam verschaffen kann!« hat er ihn wissen lassen.

Mit Portugal betrachte er sich als im Krieg befindlich, hat er Champagny erklärt, der zwar nicht so geschickt ist wie Talleyrand, aber gewiß auch nicht so bestechlich. Also wieder Krieg?

Sein Pferd scharrt auf der Lichtung mit den Hufen. Einen Augenblick lang empfindet Napoleon Verzweiflung, wenn er sich andere Wälder in anderen Gegenden vorstellt, in Portugal oder vielleicht auch in Spanien, wo so viele Soldaten ihr Leben verlieren könnten. Aber kann er es zulassen, daß die Engländer ihren

Willen durchsetzen? Holland und Portugal müssen ihre Häfen schließen. Die Adria muß ein französischer Teich werden. Und Rußland muß in diesem Konflikt zwischen dem Kontinent und der See ein Verbündeter bleiben.

Während sich die Meute nähert und den Wald mit ihrem Gebell erfüllt, sagt er sich: »Ich bin entschlossen, England gegenüber keine Schonung mehr walten zu lassen. Die Macht hat das Meer beherrscht. Jetzt ist der Zeitpunkt gekommen, daß ich der Herr des Kontinents werde. Verbündet mit Rußland, habe ich niemanden zu fürchten. Die Würfel sind endgültig gefallen.«

Ein Hirsch läuft vorbei, von den Hunden verfolgt, die aber bald mit hängender Zunge und ohne Beute auf die Lichtung zurückkommen. Napoleon wird wütend. *Was ist diese Meute denn wert? Und was machen die Treiber?*

Allein reitet er auf den Jagdpavillon zu, den er bequem hat einrichten lassen. Dort erwartet ihn Madame de Barral. Eine Frau muß ihn nun einige Minuten zerstreuen.

Da steht sie mit ihrer kräftigen Figur. Er lacht, und sie wundert sich. Aber kann er ihr sagen, daß er bei ihrem Anblick denkt, es fehlt nur noch die Eisenweste, damit sie wie ein Kürassier aussieht, aber einem Angriff könnte sie niemals standhalten?

Sie gehört zu den Frauen, die an diesem Abend vor der Tür zum Salon der Kaiserin stehen, gleich neben Pauline, deren Gesellschaftsdame sie ist. Den komplizenhaften Blick von Pauline ignoriert er. Seine Schwestern Pauline und Caroline, aber auch Talleyrand und Fouché haben für ihn Frauen im Überfluß. Selbst Joséphine ist behilflich, solange es nur um flüchtige Abenteuer geht. Angst hat sie nur vor einem: der Verstoßung, der Scheidung. Und das ist ihre ganze Furcht, seit sein Sohn Léon geboren wurde und der Sohn von Hortense gestorben ist. Sie weiß, daß er an die Zukunft des Reiches und seiner Dynastie denkt. Und deshalb stößt sie die eine oder andere Frau ins kaiserliche Bett, die niemals ihre Nachfolgerin auf dem Thron werden könnte.

So hat sie gebilligt, daß sich Carlotta Gazzani, die zu ihrem Gefolge gehört, in einem der Gemächer des Schlosses einrichtet. Von dieser schönen Genueserin hat sie nichts Gravierendes zu befürchten. Joséphine hatte es mit der Treue niemals sehr ernst genommen. Und sie weiß zu gut, wie schnell Langeweile bei der Begegnung zweier Körper aufkommt, die nichts als Lust suchen. Sie weiß auch, daß Napoleon weder Langeweile noch ein Gefühl der Leere ertragen kann.

Er geht ein wenig im Salon der Kaiserin umher. Er sieht Talleyrand in seinem glanzvollen Kostüm eines Vizegroßwahlherrn. Das Gesicht des Fürsten von Benevent wirkt noch bleicher im Kontrast mit seinen Kleidern aus rotem Velours mit Goldverzierungen, goldbestickten Ärmeln vom Handgelenk bis zur Schulter. Ein Spitzentuch verdeckt den Hals.

Napoleon nimmt ihn beim Arm und führt ihn in eine Ecke des Salons. »Es ist doch sonderbar«, sagt er, »ich habe in Fontainebleau so viele Menschen versammelt.« Er wendet sich um und zeigt auf diese Familie aus Königen, die er geschaffen hat. Dort sind der König von Westfalen, Jérôme, deutsche Fürsten, die Königinnen von Holland und von Neapel, Marschälle und Minister. »Ich wollte, daß man sich vergnügt«, fährt er fort, »ich habe alle Vergnügungen geregelt.«

Gemeinsam mit Oberhofmarschall Duroc hat er die Etikette und sogar die Mode der Damen für die Jagd und die Diners festgelegt. »Sie wissen, daß ich sehr viel von der Toilette verstehe.«

Er hat den Zeitplan der Abende geregelt, Diners oder kleine Zirkel bei diesem oder bei jenem. Er verteilt selbst die 35 Gemächer des Schlosses unter den Fürsten und den Stabsoffizieren, sowie die 46 Ehrengemächer. Der Rest der 600 Zimmer steht den Sekretären und Domestiken zur Verfügung. Er hat den Spielplan der Theater und den Zeitplan für die Jagd festgelegt.

Napoleon beugt sich zu Talleyrand. »All diese Vergnügungen, und …« – er zeigt auf die Menschen um ihn herum – »… nichts als lange Gesichter und traurig-müde Mienen.«

Talleyrand senkt leicht verlegen den Kopf. »Das Vergnügen stellt sich nicht auf Kommando ein, Sire.« Er schaut wieder auf und muß lächeln, als er weiterspricht. »Genau wie in der Armee, Sire, scheinen Sie jedem von uns zu sagen: Meine Damen und Herren, vorwärts marsch!«

Napoleon lacht, macht eine Runde durch den Salon und verläßt dann den Raum.

Am nächsten Tag bestellt er Talleyrand zu sich. Er sieht ihn in sein Kabinett kommen, das von der verhangenen Sonne dieses Oktobervormittags durchflutet ist. Über dem Wald von Fontainebleau und über den Teichen im Park hat sich der Nebel noch nicht gelichtet. Talleyrand ist so reglos und distanziert wie immer, ja beinahe ironisch. Er ist kein Außenminister mehr, aber immer noch ein guter Ratgeber.

Napoleon wandert umher und nimmt mehrere Prisen Schnupftabak. »Frieden können wir nur erreichen, indem wir England vom Kontinent isolieren und alle Häfen für seine Waren dichtmachen«, beginnt er.

Talleyrand stimmt mit einem kaum merklichen Nicken zu.

»Portugal bietet seit 16 Jahren den Skandal einer Macht, die sich an England verkauft hat«, fährt Napoleon fort. Seine Stimme wird nun heftig, und er sagt mit Leidenschaft: »Der Hafen von Lissabon war für sie eine unschätzbare Goldmine, dort fanden sie jederzeit alle nur erdenkliche Unterstützung. Es ist an der Zeit, ihnen die Häfen von Porto und Lissabon zu verschließen.«

Talleyrand rührt sich nicht mehr. *Wie geschickt!*

Napoleon tritt näher und sagt: »Ich habe Junot befohlen, die Pyrenäen zu überschreiten und Spanien zu durchqueren. Meine Armee muß bald schon in Lissabon sein. All das habe ich auch dem spanischen König geschrieben.«

»Karl IV. ist ein Bourbone«, sagt Talleyrand leise, »sein Sohn Ferdinand, Prinz von Asturien, ist der Urenkel von Ludwig XIV. Aber die Königin Maria Luisa hat einen Geliebten, Manuel de Godoy, ein wahrer Friedensfürst, wie es heißt. In Wahrheit regiert er, und das mit der Duldung des Königs.« Talleyrand lächelt. »Karl IV. ist ein Bourbone«, wiederholt er. »Man behauptet, er habe denselben Charakter wie Ludwig XVI.«

Bourbonen! Daran hat Napoleon auch schon öfter gedacht. Aber Talleyrand hat es sehr geschickt betont, als jemand, der zu wählen und anzuregen weiß, ohne etwas ausdrücklich zu sagen.

Nachdem er das Kabinett verlassen hat, ruft Napoleon mehrfach aus: »Bourbonen!« Er erinnert sich an König Ludwig XVI., diesen Angsthasen, der es am 10. Juni und am 10. August 1792 nicht gewagt hat zu kämpfen. *Die Bourbonen sind eine erschöpfte Dynastie!*

Napoleon greift zu dem Schreiben, das er von Ferdinand, Prinz von Asturien, erhalten hat, dem spanischen Thronerben, der ihn um die Heirat mit einer Bonaparte-Prinzessin ersucht, er, der Urenkel von Ludwig XIV., und der sich dabei wie eine Heulsuse über Godoy beschwert, den Geliebten seiner Mutter, der Königin, die ihn beiseite schieben wolle. *Ein Bourbone!*

Es kam aber auch ein Brief von dessen Vater Karl IV. Napoleon liest ihn und hält ihn dabei so, als fürchte er, sich die Finger zu beschmutzen. »Mein ältester Sohn und mutmaßlicher Thronerbe«, schreibt Karl IV., »hatte das abscheuliche Projekt meiner Absetzung geschmiedet. Er war dabei sogar so weit gegangen, sich am Leben seiner Mutter zu vergreifen. Ein so furchtbarer Anschlag muß mit der ganzen Härte der Gesetze bestraft werden. Ich möchte Eure Majestät umgehend darüber in Kenntnis setzen und Sie um Rat und Beistand bitten.«

Napoleon wirft den Brief weg. *Bourbonen!* Der Sohn beschuldigt den Geliebten der Mutter, der Vater schützt diesen Geliebten und beschuldigt den Sohn, die Mutter ermorden zu wollen, und läßt ihn verhaften. Die Bourbonen, eine erlöschende Dynastie.

Er betritt die große Galerie des Schlosses Fontainebleau, in der er die Botschafter der verschiedenen Mächte empfängt. Er bleibt vor Metternich stehen und richtet einige gleichgültige Worte an den österreichischen Diplomaten. Auch in einem Salon muß man als Stratege agieren.

Dann geht er auf den portugiesischen Botschafter zu und redet in einer überraschenden Attacke heftig auf ihn ein: »Wenn Portugal nicht meiner Aufforderung nachkommt, wird die Dynastie der Braganza in zwei Monaten nicht mehr in Europa regieren.«

Seine folgenden Worte fallen in den Raum wie eine Artilleriesalve, die gegen alle gerichtet ist: »Ich werde nicht dulden, daß es in Europa auch nur einen Vertreter englischer Interessen gibt. Ich habe 300 000 Russen zur Verfügung, und mit so einem mächtigen Verbündeten vermag ich alles.«

Er geht vor den Botschaftern einher wie ein General, der gefangene Offiziere des Feindes inspiziert. »Die Engländer erklären, daß sie auf dem Meer keine neutralen Staaten mehr respektieren«, fährt er fort. »Ich werde keine mehr auf dem Kontinent anerkennen.«

Er entfernt sich, sagt aber noch, bevor er die Galerie verläßt: »Ich kann mehr als 800 000 Mann aufstellen.«

Nun kann er jagen gehen. Und träumen.

13

Napoleon bedeutet Fouché, er möge Platz nehmen, aber der Polizeiminister bleibt lieber stehen. Napoleon mustert ihn. Fouché hat ein Portefeuille in der Hand. Sein Gesicht ist noch verschlossener als sonst. Die Backenknochen treten stark hervor, die Lippen sind so dünn, daß man sie kaum sieht. Ein Gesicht wie aus Stein, denkt Napoleon.

Was will Fouché? Er ist niemand, der aus unwichtigen Gründen um eine Audienz ersucht, der von Paris nach Fontainebleau kommt, nur um seinen Hof zu machen.

»Herr Herzog von Otranto«, beginnt Napoleon. Fouché verneigt sich. Vielleicht will er ja von der Expedition nach Portugal sprechen oder von den spanischen Angelegenheiten, die sich verwirren. Ein neuer Brief von König Karl IV. ist eingetroffen. Ferdinand, Prinz von Asturien, hat sein Unrecht eingesehen und bereut. »Wie unwürdig!« ruft Napoleon aus.

Er hat beschlossen, eine weitere Armee von 25 000 Mann nach Spanien zu schicken unter dem Befehl von General Dupont, die die Truppen von Junot unterstützen soll. Sie marschieren auf der Straße nach Lissabon und überqueren unter Regenschauern und bei kaltem Wind die Bergmassive der Iberischen Halbinsel. Was hält der Herzog von Otranto von diesen Bourbonen, er, der für den Tod des Königs votiert hat?

Fouché schweigt und steht immer noch da. Seine Augenlider hängen so schwer, daß man seine Augen nicht erkennen kann.

Dieses Schweigen ist irritierend. Napoleon wendet seine Augen von Fouché ab. »Talleyrand behauptet, daß einige 10000 Mann genügen, um mit den Bourbonen in Spanien Schluß zu machen«, sagt er.

»Täuschen Sie sich nicht über die Einstellung der Völker auf der Halbinsel, Sire.«

Napoleon schaut Fouché an. Sein Gesicht zeigt noch immer keinerlei Regung. Die Augen sind halb geschlossen.

»Seien Sie vorsichtig«, fährt Fouché fort. »Die Spanier sind nicht so phlegmatisch wie die Deutschen. Sie legen Wert auf ihre Sitten, ihre Regierung, ihre Gewohnheiten. Noch einmal, vermeiden Sie es, ein abhängiges Königreich zu einer neuen Vendée zu machen.«

»Verehrter Herzog«, sagt Napoleon und beginnt, im Salon umherzuwandern. »Was sagen Sie da? Alle fortschrittlichen Kräfte in Spanien verachten die Regierung. Und die Kanaille, die Sie erwähnen, die noch unter dem Einfluß von Mönchen und Priestern steht, wird mit ein paar Kanonenschüssen auseinandergetrieben. Sie haben doch gesehen, wie es dem hochgerüsteten Preußen erging.«

Er bleibt vor Fouché stehen. »Das Erbe von Friedrich dem Großen ist vor unseren Armeen wie morsches Holz zusammengebrochen. Wenn ich es will, werden Sie Spanien in meine Hand fallen sehen, ohne daß es das recht merkt, und anschließend wird es sich dazu beglückwünschen.«

Fouché bleibt starr. Napoleon geht zum Fenster. Die rotbraunen Blätter im herbstlichen Wald zittern im Wind. Napoleon kommt langsam zu Fouché zurück. Noch hat er nichts entschieden. Er hat lediglich seinen Kammerherrn de Tournon nach Madrid geschickt, um Karl IV. eine Antwort zu überbringen und den Zustand des Landes, seiner Armee und der von ihr gehaltenen Stellungen zu erkunden, aber auch den Stand der öffentlichen Meinung. Ist der Herzog von Otranto damit zufrieden?

Fouché hebt langsam den Arm und zeigt das Portefeuille, das er in der Hand hält. Er wolle Seiner Majestät eine Denkschrift vorlesen, sagt er. Das sei der Grund seines Besuchs.

»Vorlesen?« Napoleon setzt sich und macht eine auffordernde Geste. Fouché beginnt, mit seiner metallisch klingen Stimme zu lesen.

Napoleon hört Fouché zu, der, ohne die Augen zu heben, sagt, daß es für das Wohl des Kaiserreichs notwendig sei, die Ehe des Kaiser aufzulösen und sogleich ein neues Band einzugehen, das passender und sanfter wäre und einen Erben für den Thron sichern könnte, auf den die Vorsehung den Kaiser habe steigen lassen. Fouché hat endlich geendet und schließt das Portefeuille wieder.

Was soll er antworten? Ihm fehlen die Worte. Fouché hat immer einen scharfen Verstand. Er hat Durchblick und sieht die Dinge kommen.

Für sich hat Napoleons längst die Scheidung beschlossen. Wie Fouché gesagt hat, ist sie eine politische Notwendigkeit. Aber wie soll er mit Joséphine brechen, ohne ihr weh zu tun oder sie zu demütigen? Wie soll er sich von ihr trennen, die ihn alle Stufen seines Schicksals nehmen sah? Muß er nicht befürchten, daß sein Bruch mit ihr auch den Niedergang seines guten Sterns bedeutet? Es sei denn, sie stimmte der Scheidung zu, weil sie in dieser schweren Situation so sehr beschützt würde, daß sie von sich aus einwilligt, ja vielleicht sogar den ersten Schritt macht. *Ihr Verständnis möge das Schicksal entwaffnen und mich vor ihrer Rache schützen!*

Napoleon verabschiedet Fouché.

Unablässig denkt er an diese Scheidung. Wenn er Joséphine anschaut, die meistens traurig und besonders seit dem Tod ihres Enkels wie niedergedrückt ist. Seine Schwestern Caroline und Pauline, aber auch seine Mutter warten wie Raubtiere bloß auf den Augenblick, in dem er sie endlich verstößt. Im übrigen meidet man Joséphine, man zieht nun den Salon vor, den Caroline Murat im Élysée-Palast hält, wo Fouché und Talleyrand intrigieren, die beide die Scheidung wollen. Er hätte aber nicht gedacht, daß Fouché so dreist sein könnte.

Fouché ist es wahrscheinlich auch, der in Paris die Gerüchte in Umlauf bringt, von denen die Polizeispitzel berichten. In allen Salons heißt es, die Scheidung sei schon beschlossen. Napoleon zögert und schaut Joséphine an, wenn sie abends Diners oder kleine Empfänge gibt. In der Verzweiflung, die sie nicht verbergen kann, ist sie rührend. Manchmal wirft sie ihm Blicke zu wie eine Ertrinkende. Dann wendet er den Kopf ab, verläßt den Salon und schließt sich ein.

Aber was kann er denn tun? Graf Léon adoptieren? Er hat das kräftige und muntere Kind von Éléonore Denuelle wiedergesehen. Er hat es in den Arm genommen. Er war bewegt und doch zugleich irritiert von Éléonores anmaßendem Geschwätz. Das Kind ist ihm sehr recht, aber nicht diese Mutter. Das kann er nicht. Er ist der Kaiser. Er braucht eine Mutter und einen Sohn auf der Höhe seiner Dynastie. Hat er also seine Brüder besser verheiratet, als er selbst es ist?

Der Gedanke ärgert ihn. Er reitet auf die Jagd, damit die Hatz im Wald diese Obsession verscheucht.

Als er ins Schloß zurückkehrt, wartet Joséphine auf ihn, in sich zusammengesunken, die Augen voller Tränen. Fouché hat mit ihr gesprochen, als sie von der Messe zurückkam und an einem Fenster stand. Er hat sie, wenn auch nach tausend Umwegen, gebeten, das erhabenste und zugleich unvermeidliche Opfer zu bringen, wie er sich ausdrückte. Nun will sie wissen, ob er im Auftrag des Kaiser mit ihr gesprochen habe und ob Napoleon beabsichtige, sie zu verstoßen.

Er schaut sie lange an. Er denkt an alles, was sie für ihn bedeutet hat. Er nimmt sie in den Arm und sagt, Fouché habe aus eigenem Antrieb gehandelt.

Dann solle er ihn entlassen, sagt sie und schmiegt sich an ihn.

Er tritt etwas beiseite und sagt, ohne sie anzusehen, Fouché habe aus politischen Gründen so gehandelt. Versteht sie auch, daß er, wenn er das sagt, aber Fouché nicht entläßt, seine Hintergedanken bloßlegt? Aber er kann und will sich noch nicht von ihr trennen.

Er geht wieder zu ihr und beruhigt sie. Er werde den richtigen Zeitpunkt wählen. Er wolle allein entscheiden.

Am Donnerstag, dem 5. November 1807, als er nach dieser Nacht mit Joséphine sein Arbeitszimmer betritt, schreibt er einen Brief, und zwar so hastig, daß er viele Tintenflecken auf dem Blatt macht.

»Monsieur Fouché, seit zwei Wochen höre ich von Ihren Dummheiten. Sie sollten damit aufhören und sich weder direkt noch indirekt in eine Sache einmischen, die Sie in keiner Weise etwas angeht. Das ist mein Wille, Napoleon.«

In seinem Kopf hat er diese Schublade Scheidung geschlossen. Für den Augenblick. Er wundert sich selbst, daß er so viel Zeit damit zugebracht hat. Er nimmt es Fouché aber nicht übel. Vielleicht bereitet das ja doch die Zukunft vor.

Als er an diesem Freitag, dem 6. November 1807, aufsteht, fühlt er sich irgendwie erleichtert. Die wichtigen Angelegenheiten, die er regeln muß, warten nicht. Er läßt den Innenminister Crétet kommen. Wie steht es mit den großen Bauarbeiten? Was hat man getan, um das Bettelwesen zu bekämpfen?

»Der Ruhm meiner Regierungszeit soll darin bestehen, daß sich die Verhältnisse in meinem Reich vollständig verändern«, sagt er. Dann geht er die einzelnen Vorhaben durch. Wir sollten 60 bis 100 Häuser zur Abschaffung des Bettlerwesens einrichten, sagt er. An die Arbeit, und mit aller Kraft! »Bringen Sie das auf den Weg, und schlafen Sie nicht über der gewöhnlichen Büroarbeit ein.«

Ob der Minister ihn auch versteht? Er sagt noch: »Man darf nicht auf dieser Erde leben, ohne dort Spuren zu hinterlassen, die unser Ansehen der Nachwelt empfehlen.«

Dann ruft er seinen Diener Constant. Heute wolle er den ganzen Tag über das Große Andreas-Kreuz anlegen, das ihm der Zar verliehen habe, sagt er. Die Menschen achten auf solche nebensächlichen Details. Später empfängt er den neuen russischen Botschafter, den Grafen Tolstoi.

In der großen Galerie von Schloß Fontainebleau geht er Graf Tolstoi entgegen. Man muß lächeln und verführen. Dieses Bündnis mit Rußland ist notwendig. Aber dieser Mensch mit dem blassen Teint gefällt ihm gar nicht. Graf Tolstoi spricht sehr einsilbig.

Er dankt nicht einmal für die Residenz, die man ihm zur Verfügung gestellt hat, eine möblierte Stadtvilla in der Rue Cerutti, die er für Murat gekauft hatte. Fragen weicht er aus.

Was für einen Botschafter hat der Zar ihm da geschickt? Wenn er etwas sagt, dann nur, um die Räumung Preußens von französischen Truppen zu fordern.

»Die Preußen werden Ihnen noch manchen Streich spielen«, sagt Napoleon und fährt dann fort: »Preußen räumen? Warum nicht?«

Er nimmt Tolstoi beim Arm und spürt, wie der Graf sich versteift. »Man kann eine Armee allerdings nicht einfach so verschieben, wie man eine Prise Tabak nimmt«, sagt Napoleon noch.

Der Botschafter lächelt nicht, scheint noch nicht einmal das Andreas-Kreuz bemerkt zu haben. Napoleon geht beiseite. Diesen Mann scheint jede kleine Aufmerksamkeit zu beunruhigen. Weiß er überhaupt, was in Tilsit zwischen Napoleon und Alexander vorgegangen ist? Aber Napoleon braucht diese russische Allianz. Die Realität diktiert wie immer ihr Gesetz. Er muß also Tolstoi den ganzen Tag zuvorkommend behandeln und ihm gegenüber die Zeichen seiner Hochachtung vermehren.

Am nächsten Tag bestellt er Oberstallmeister Caulaincourt zu sich. »In Sankt Petersburg brauche ich einen Mann, der adlig geboren ist, dessen Umgangsformen, Auftreten und Aufmerksamkeit für die Damen bei Hofe gefallen. Savary würde gern in Sankt Petersburg bleiben, aber er paßt dort nicht hin. Alexander war Ihnen gegenüber immer wohlwollend.«

Er tritt nahe an Caulaincourt heran. Er weiß, daß der Oberstallmeister nicht Botschafter in Rußland werden will.

»Sie sind ein Dickkopf, Caulaincourt.« Er zupft ihn am Ohr. »Der Schlüssel zum Frieden liegt in Sankt Petersburg. Sie müssen dorthin.«

Er zupft Caulaincourt noch einmal am Ohr und sagt: »Die schöne Madame de Canisy hält Sie in Paris zurück. Ihre Angelegenheiten, da Sie ja heiraten wollen, werden sich aus der Ferne besser regeln lassen.«

So ist es. Diskutiert wird nicht. Man gehorcht. Man hört auf ihn.

Napoleon beginnt umherzuwandern, die Hände auf dem Rücken verschränkt. »Dieser Herr Tolstoi teilt alle Ideen des Adelsviertels Saint-Germain und alle Vorbehalte des alten Petersburger Hofes aus der Zeit vor Tilsit. Er sieht nur Frankreichs Ambitionen und bedauert im Grunde, daß Rußland sein politisches System geändert hat, vor allem seine Einstellung gegenüber England.«

Napoleon zuckt mit den Schultern. »Er ist vielleicht ein sehr galanter Mann, aber seine Dummheit läßt mich seinem Vorgänger Markow nachtrauern. Mit dem konnte man reden, der verstand etwas von Politik. Dieser hier ist über alles nur erschrocken.«

Aber welches Gewicht haben schon die Vorurteile und Abneigungen des Grafen Tolstoi? »Die Völker wollen liberale Ideen«, schreibt Napoleon an seinen Bruder Jérôme, den er zum König von Westfalen gemacht hat. »Sie wollen Gleichheit«, fährt er fort. »In all den Jahren meiner politischen Laufbahn habe ich mich davon überzeugen können, daß die Vorherrschaft der Privilegien gegen die allgemeine Auffassung verstößt.«

Er unterbricht seinen Brief und verläßt das Arbeitskabinett. Dieser letzte Satz macht ihn nachdenklich. Ist er dessen so sicher? Sucht er nicht, seit er an die Macht gekommen ist, die Aussöhnung mit den Privilegierten des alten Adels? Will er denn nicht eine Dynastie schaffen, die mit den alten Herrscherfamilien verbündet ist?

Er kehrt ins Kabinett zurück und schiebt den für Jérôme bestimmten Brief beiseite. Er fühlt sich unsicher und zerrissen. Und das erträgt er nicht.

Plötzlich sagt er, er wolle Fontainebleau verlassen und sich nach Italien begeben. Schon seit zwei Jahren, seit dem Frühling 1805, hat er dieses Königreich nicht besucht, dessen Eiserne Krone er trägt. Es ist höchste Zeit.

Kaum antwortet er Joséphine, die mit ihm kommen möchte. Er reist auch, um ihr aus dem Weg zu gehen, um dieses Gesicht nicht mehr zu sehen, dessen Traurigkeit ihn anklagt.

In gereiztem Ton sagt er zu Duroc: »Diese Frau weint jedesmal, wenn sie schlechte Verdauung hat, weil sie glaubt, sie sei vergiftet worden von jenen, die meine Heirat mit einer anderen Frau wollen. Das ist abscheulich.«

Vielleicht kann er ja in Italien eine Entscheidung treffen? Plötzlich denkt er an Charlotte, die Schwester von Augusta von Bayern. Er hat die Hochzeit von Augusta und Eugène de Beauharnais veranlaßt. Und wenn er Charlotte heiratete?

Mit Fiebereifer diktiert er einen Einladungsbrief an den König und die Königin von Bayern. Sie sollen sich mit ihrer Tochter in Verona einfinden. *Schauen wir sie uns an!*

Am 15. November aber, am Tag vor seiner Abfahrt nach Mailand, wird er wieder von Zweifeln befallen. Er nimmt sich den Brief an Jérôme wieder vor. »Seien Sie ein konstitutioneller König«, schreibt er.

Er selbst ist es nicht. Er hat beschlossen, alte und neue Formen zu vereinen, liberale Ideen in die Hülle überlieferter Formen zu kleiden, deren Bedeutung er ermessen hat. Und deshalb hat er diese Bande mit den alten Herrscherfamilien geschlossen. Deshalb will er den König und die Königin von Bayern in Verona treffen. Aber Jérôme solle sich nicht täuschen: »Die Mehrheit Ihres Rates soll aus Nichtadligen bestehen.« Lächelnd fügt er hinzu: »Ohne daß jemand diese Bevorzugung bemerkt, soll in allen Ämtern der Dritte Stand die Mehrheit bilden.«

Denn wenn er auch sicher ist, daß sich die Vergangenheit niemals durchsetzt, so muß man doch auf der Hut sein. Selbst als Kaiser der Könige.

14

Napoleon singt leise. Die Kutsche hat kaum den Hof von Fontainebleau verlassen an diesem Montag, dem 16. November 1807, und schon ist er guter Laune. Durch seinen Kopf gehen die Verse eines Liedes, das die Soldaten oft gesungen haben, wenn er vor der Schlacht ihre Reihen inspizierte. Er lacht und zupft den Sekretär am Ohr, der neben ihm in der Berline sitzt. Er fühlt sich verjüngt und wie befreit von der Last der tränenreichen Gegenwart Joséphines.

Sie hat ihm keinen Sohn schenken können. Sie hat ihre Kinder zur Welt gebracht, bevor sie ihm begegnete. Ist das sein Fehler? Ist es nicht legitim, daß er einen Sohn als Nachfolger möchte? Es ist ein Erfordernis seiner Dynastie, seiner Politik.

Er wird diese Frage lösen, weil sie in seinem Kopf schon gelöst ist. Wird es eine deutsche Prinzessin sein, Charlotte von Bayern, oder eine russische Großherzogin? Er hat das Gefühl, einer neuen Jugend entgegenzufahren.

Er beugt sich hinaus. Er mag diese Strecke durch Zentralfrankreich, die nach Lyon, Chambéry und Mailand führt. Es ist die Route nach Italien, dem Land, in dem sich sein Schicksal entschieden hat, in Lodi, Arcole oder Marengo. Dort hat er erstmals bewiesen, was in ihm steckt. Dort, in Campoformio, hat er begonnen, die politische Landkarte Europas neu zu entwerfen. Er reist seiner glorreichen Jugend entgegen, aber er ist der Kaiser der Könige geworden, und er wird alle Monarchen um sich versammeln, die er gekrönt hat und die seine Vasallen sind. Er ist glücklich, endlich allein zu sein wie ein junger Kaiser von 38 Jahren, dem alles offensteht und alles erlaubt ist.

Als er am Sonntag, dem 22. November, in den Mailänder Dom einzieht, jubelt man ihm zu. Er wohnt einem Tedeum bei. Am Abend in der Skala will der Beifall gar nicht mehr abebben.

Er schaut die Frauen an, bringt die Männer dazu, ihren Blick zu senken. Er versammelt Minister, erteilt dem Vizekönig Eugène de Beauharnais Anordnungen. Er begibt sich ans Krankenbett von Augusta von Bayern, der Gattin, die er ihm gegeben hat. Sie hat eine Fehlgeburt erlitten.

Langsam geht er durch die Straßen von Mailand. Er liebt diese Akklamationen und auch die Ehrbezeugungen bei seinen Audienzen. Er fühlt sich glücklicher als in Paris. Hier ist er von den Zwängen befreit, die ihn in Frankreich manchmal behindern. Hier ist er Kaiser und König. Dort erinnern sich Talleyrand, Fouché, Joséphine und seine Schwestern daran, daß er einmal nichts als Bonaparte war und daß sie zu seinem Aufstieg beigetragen haben. Und Joséphine gehört zu dieser Vergangenheit. Er aber will die Zukunft erleben.

Es regnet auf die Po-Ebene, aber das hat keine Bedeutung. Er kennt die Hügel wieder, die Pappeln entlang der Flußläufe und die Städte Brescia, Peschiera und endlich Verona.

Die Menge drängt sich entlang der Strecke und auch in den Straßen der Städte, vor dem Theater von Verona, wohin er sich in Begleitung von Élisa begibt, der Prinzessin von Lucca, von Joseph, König von Neapel, sowie des Königs und der Königin von Bayern. Ein Blick auf ihre Tochter genügt. Charlotte ist häßlich. Warum hat er nicht Augusta geheiratet!

In dem Gemach auf dem Schloß Stra in der Nähe von Padua, in dem er die Nacht des 28. November verbringt, erhält er die Depeschen aus Paris. In den Zeitungen spricht man noch verklausuliert von der Verstoßung Joséphines. Das macht ihn wütend. Er schreibt einen Eilbrief an seinen Staatssekretär Maret. »Aus Ihren Bulletins ersehe ich voller Unmut, daß man immer noch von Dingen spricht, die der Kaiserin kränken müssen und die in jeder Hinsicht ungehörig sind.«

Man soll diese Frau nicht quälen, die er geliebt hat und die er zu einer von ihm festgesetzten Stunde verlassen wird. Er schläft nur sehr unruhig. Mit schneidender Stimme gibt er seine Befehle. Die Akklamationen im kleinen Hafen Fusine ärgern ihn nur, und er steigt mit gesenktem Kopf, die Arme hinter dem Rücken verschränkt, an Bord der Fregatte, die ihn nach Venedig bringen soll.

Das Wetter ist schön. Eine Brise schiebt das Schiff voran, das eskortiert von der Adria-Flotte dahinsegelt. Und plötzlich sieht er den Canale Grande, die Basilika San Giorgio, die Zollstation und eine Vielzahl kleiner Boote und blumengeschmückter Gondeln, die der Fregatte entgegenkommen. Schreie und Fanfaren begrüßen ihn, als er bei der Piazetta anlandet. Es ist 17 Uhr an diesem Sonntag, dem 29. November 1807.

Seine Freude ist stärker als jedes andere Gefühl. Er richtet sich im Palazzo Balbi am Canale Grande ein. Er ist der Herrscher einer der ältesten Republiken der Welt, der Nachfolger des Dogen. Er begibt sich ins Theater La Fenice, begleitet von den Generälen, die mit ihm den Italienfeldzug geführt haben. Könige und Königinnen umgeben ihn.

Er will alles sehen, die Kanäle, die Lagunen, die Paläste und die Bibliothek. Er befiehlt, daß man in Zukunft Begräbnisse auf einer Insel außerhalb der Stadt vollzieht und nicht mehr in den Kirchen, wo sie eine Ansteckungsgefahr darstellen. Er schreitet über die Piazza San Marco. Er mag dieses theatralische Ambiente. Es soll illuminiert werden.

Am Fenster des Palazzo Balbi stehend, erwartet er, daß eine Frau zu ihm kommt, eine langhaarige venezianische Gräfin, die ihm im Theater La Fenice aufgefallen war. Er besitzt sie, wie er die Welt besitzt. Er hat das Gefühl, daß ihm nichts widerstehen kann.

Bevor er Venedig wieder verläßt, unterschreibt er am Morgen die Dekrete, die er in Mailand zur Verschärfung der Kontinentalsperre gefaßt hat. Da England von Schiffen aus neutralen Ländern verlangt, daß sie in englischen Häfen festmachen, bevor sie nach Europa weiterfahren, beschließt er, daß alle, die sich dieser Anordnung fügen, fortan als englische Schiffe gelten und ihre Ladungen beschlagnahmt werden. Wenn man herrschen will, muß man sein Gesetz auferlegen.

An Junot, dessen Truppen Lissabon besetzt haben, schreibt er: »Sie benehmen sich wie jemand, der keine Erfahrung mit Eroberungen hat. Sie geben sich wohlfeilen Illusionen hin. Das ganze Volk, mit dem Sie es zu tun haben, ist Ihr Feind. Und das portugiesische Volk ist tapfer.« Man muß die Menschen seinem Willen unterwerfen.

Diesen Satz sagt er sich noch einmal, als er in der Festung von Mantua, wo er am Sonntag, dem 13. Dezember, angekommen ist, an einem großen runden Tisch sitzt. Vor sich läßt er eine große Spanienkarte ausbreiten. Er studiert die Bergmassive und plaziert sorgfältig farbige Stecknadeln, die die Route bezeichnen, die seine Truppen nehmen werden, falls er beschließt, Spanien zum Nachgeben zu bewegen, es seinem Willen zu unterwerfen und die unfähigen und weichlichen Bourbonen zu ersetzen.

Er hört, wie sich eine Tür schließt. Er zwingt sich, nicht den Kopf zu heben, obwohl er weiß, daß sein Bruder Lucien, der rebellische Lucien, den Raum betreten hat. Er kommt von Rom, wo er immer noch mit dieser Madame Alexandrine Jouberthon lebt, von der er sich nicht trennen will. Man muß die Menschen seinem Willen unterwerfen.

Lucien muß sich scheiden lassen und in die kaiserliche Familie eintreten, wie es Jérôme auch getan hat, weil es im Interesse der Dynastie liegt, weil seine Tochter Charlotte mit Ferdinand, Prinz von Asturien, verheiratet werden kann.

Endlich steht Napoleon auf. Starke Gefühle überkommen ihn. Seit Jahren hat er Lucien nicht wiedergesehen, diesen Bruder, der ihn am 18. Brumaire vielleicht vor den Dolchen gerettet hat, sich ihm seither aber widersetzt. Er umarmt ihn, drückt ihn an sich.

»Da sind Sie also! Gut sehen Sie aus. Sie waren sehr mager, aber jetzt finde ich Sie beinahe schön.«

Napoleon nimmt eine Prise Schnupftabak und sagt dann: »Ich fühle mich auch sehr gut, aber ich werde zu dick, und ich fürchte noch mehr zuzunehmen.«

Er hört Lucien kaum zu, der von seiner Frau, seiner Ehre, seinem Glauben und seinen Pflichten spricht. »Und die Politik, Monsieur?« ruft er aus. »Die Politik zählt für Sie wohl gar nicht? Sie sprechen immer von *Ihrer* Frau. Ich habe sie aber niemals anerkannt und werde sie nicht anerkennen. Eine Frau, die gegen meinen Willen in unsere Familie gekommen ist, eine Frau, mit der Sie mich betrogen haben. Ich weiß sehr wohl, daß Sie am 18. Brumaire sehr nützlich waren ...«

Er hält ein. »Was ich will, ist eine einfache und klare Scheidung.« Lange schaut er Lucien an, der aber seinem Blick nicht ausweicht.

»Mir und meinen Kindern, Sire«, sagt Lucien leise, »erscheint alles, was mit einer Trennung von meiner Frau zu tun hat, ob Scheidung oder Annullierung der Ehe, entehrend, und ich versichere Ihnen, daß ich nichts Derartiges tun werde.«

»Lucien, hören Sie mir gut zu, und wägen Sie meine Worte wohl. Vor allem sollten wir uns nicht aufregen.«

Er tritt wieder näher zu Lucien. »Wenn Sie nicht hinter mir stehen, dann muß ich Ihnen klar sagen, daß Europa zu klein für uns beide ist.«

Krachend stürzt ein Holzscheit im Kamin in sich zusammen.

Napoleon nimmt noch eine Prise. Dieser widerspenstige Bruder ärgert und fasziniert ihn.

»Ich will keine Tragödien, verstehen Sie mich?« sagt er. Er muß sich zusammenreißen und von Joséphine erzählen, »jener Frau, die jedesmal weint, wenn ihre Verdauung schlecht ist«. Das hat er schon zu Duroc gesagt, aber auch Lucien muß erfahren, daß der Kaiser zur Scheidung entschlossen ist.

»Ich bin nicht impotent, wie ihr alle immer behauptet habt«, fährt Napoleon fort. »Ich bin verliebt. Aber ich ordne alles meiner Politik unter, und die verlangt, daß ich eine Prinzessin heirate, obwohl ich lieber meine Mätresse krönen würde. Dieselbe Lösung erhoffe ich mir für Ihre Frau.«

»Sire, ich würde wie Eure Majestät denken, wenn meine Frau nur meine Mätresse wäre.«

»Nun also, ich sehe wohl, daß Sie unverbesserlich sind!« Er legt Lucien eine Hand auf die Schulter. »Sie sollten diese drei Tage bei mir bleiben. Ich lasse ein Bett für Sie nahe bei meinem Gemach aufstellen.«

Lucien schüttelt den Kopf und sagt, daß eines seiner Kinder krank sei.

»Nun gut, dann gehen Sie, wenn Sie das wollen, aber bleiben Sie mir treu.«

Am Donnerstag, dem 24. Dezember 1807, verläßt Napoleon Mailand und bricht nach Paris auf. Es ist sechs Uhr morgens.

VIERTER TEIL

»Wenn mein großes politisches Gespann einmal in Fahrt gekommen ist, dann braucht es freie Bahn. Weh dem, der unter seine Räder kommt.«

1. Januar 1808 – 14. Oktober 1808

15

Endlich ist er in Paris. Die Reise kam ihm endlos vor. Regen, Hagel, Sturm, Schlaglöcher. Hinter Turin hat er auf jede Rast verzichtet und befohlen, daß die Kutsche nur zum raschen Pferdewechsel haltmacht. Er weiß, daß Maria in Paris ist, mit ihrem Bruder aus Warschau gekommen. Sie wartet auf ihn. Duroc hat sie in einer Stadtvilla untergebracht, im Haus 48 in der Rue de la Victoire.

Napoleon springt aus der Kutsche und geht mit raschen Schritten über den Hof der Tuilerien. Trotz der kalten Nacht dieses 1. Januar 1808 drängen sich Minister und Würdenträger zur Begrüßung auf der Vortreppe. Der Palast ist beleuchtet. Er beachtet sie gar nicht, geht gleich auf Talleyrand zu und nimmt ihn mit in den Salon neben dem Arbeitskabinett.

Maria ist da, aber er muß Entscheidungen treffen. Die Politik ist die einzige Macht, der er sich ganz unterwirft. Bevor er nicht seine Gedanken geordnet hat, kann er nicht zu Maria gehen.

Während dieser einwöchigen Reise zwischen Mailand und Paris hat er viel geschrieben, diktiert und nachgedacht. Er hat befohlen, daß neue Truppen nach Spanien abgehen. Er muß bereit sein, die Gelegenheit zu ergreifen, wenn sie sich bietet, dieses Königreich seinem Reich unterzuordnen. »Ein Land von Priestern und Mönchen, das eine Revolution nötig hat«, sagt er, als er sich Talleyrand zuwendet. Und da alles mit allem zusammenhänge, habe er befohlen, Rom zu besetzen, weil Pius VII. sich weigert, die Beziehungen des Kirchenstaats mit England zu unterbinden.

Maria ist da, aber er muß mit Talleyrand konferieren. Mit einem

Wort stoppt er die Höflichkeitsfloskeln und Komplimente des Fürsten von Benevent. Keine Umschweife – wie schätzt Talleyrand die Lage in Spanien ein?

»Wenn es Krieg gäbe«, sagt Napoleon, »wäre alles verloren. Politik und Verhandlungen müssen über Spaniens Schicksal entscheiden.«

Talleyrand nickt zustimmend und sagt leise: »Seit den Zeiten von Ludwig XIV. hat die spanische Krone immer der Familie gehört, die auch in Frankreich regiert. Es ist also ein schönes Erbe des großen Königs.« Dann wird er lauter. »Und dieses Erbe muß der Kaiser ganz und gar übernehmen. Er kann und darf keinen Teil davon aufgeben.«

Napoleon schaut Talleyrand lange an. So entschieden äußert er seine Ansichten nur selten.

»Und die Türkei, und Indien?« sagt Napoleon. »Frankreich und Rußland zusammen …« Dieser orientalische Traum beherrscht ihn schon so lange! Vielleicht ist der Augenblick gekommen, ihn mit Alexanders Hilfe zu verwirklichen?

Talleyrand wirkt nachdenklich. Man muß ihn zum Reden bringen.

»Wenn Rußland Konstantinopel und die Dardanellen erhält«, sagt er schließlich, »dann kann man mit ihm, so meine ich, in aller Ruhe über alles reden.«

Dann geht Talleyrand länger auf die Positionen der einzelnen Mächte ein. England ist zum Krieg entschlossen. Österreich kann ein Verbündeter sein. Preußen erwacht schon. Rußland will Finnland erobern und die Donauprovinzen, und mit Frankreichs Hilfe will es das Meer und Konstantinopel erreichen. Das ist sein großes und ewiges Streben.

Napoleon hört ihm zu. Er brauchte dieses lange Gespräch mit Talleyrand, um sich gleich nach seiner Rückkehr nach Paris in die unerbittliche Ordnung der Welt zu stürzen. Erst jetzt merkt er, daß die Unterredung fünf Stunden gedauert hat. Mit einer Kopfbewegung verabschiedet er Talleyrand. Nun liegt die Entscheidung bei ihm.

Es ist schon tief in der Nacht. Er bittet Constant, daß man Maria Walewska holen und über die geheime Treppe in sein Gemach führen möge. Die Kaiserin wird es nicht wagen zu kommen, ohne sich angemeldet zu haben. Sie verbirgt sich. Sie fürchtet die Scheidung so sehr, daß sie sich lieber unsichtbar macht, als ob es genügte, diskret zu sein, um die Verstoßung zu vermeiden, ihren Alptraum.

Mit fiebriger Ungeduld wartet er auf Maria. Seit Monaten schon hat er diesen »Engel« nicht mehr gesehen. Die anderen Frauen, die für einige Nächte zu ihm kamen, zählen nicht. Constant öffnet die Tür und verschwindet dann diskret.

Endlich ist sein »Engel« da, schüchtern, gerührt, zögernd. Ihr Gesicht, das er in seine Hände nimmt, ist eiskalt. Er findet sie so wieder, wie er sie zurückgelassen hat, jung und edelmütig. Er liebt sie. Sie ist sein äußerster Luxus und seine Gnade. »Meine polnische Gattin.« Sie liebt ihn für das, was er ist, und nicht für das, was er gibt oder verspricht.

Schon am nächsten Morgen läßt er den Oberhofmarschall kommen. Duroc solle von nun an über Maria Walewska wachen. Er solle jeden Morgen nach ihren Wünschen fragen und Doktor Corvisart bitten, regelmäßig nach ihrer Gesundheit zu sehen.

Er lächelt flüchtig und setzt sich dann an den Arbeitstisch. Das ist geregelt, und nun die Depeschen. Aber sobald er die erste Depesche öffnet, sieht er noch einmal Duroc an und lächelt lange, wie man einem Komplizen zulächelt.

Er fühlt sich wohl, als ob er gerade seinem Leben ein weiteres glückliches Kapitel hinzugefügt hätte. Und er dankt dem Schicksal, daß es so großzügig zu ihm ist. Marias Anwesenheit in Paris ist der Beweis dafür, daß alles möglich ist, wenn man nur zu ergreifen versteht, was einem das Schicksal anbietet, und wenn man alles tut, um es zu behalten. Man muß sich entsprechend einrichten, Hindernisse vorhersehen und umgehen. Das Schicksal bietet Möglichkeiten, aber alles ist auch eine Sache des Willens und der Strategie, in der Liebe wie im Krieg.

In diesem Januar 1808 spürt er eine fröhliche Entschlossenheit, als ob er ganz nahe an dem Gipfel wäre, den er erklimmen will, nachdem er es in seinem Leben verstanden hat, über so viele Zwischenstationen jeden Tag ein Stück nach oben zu klettern.

Morgens aber erlebt er manchmal, wenn ihn Constant und Rustan ankleiden, einen Augenblick der Verwirrung. Dann sieht er, wie aufgequollen er ist, mit seinem mächtig vorstehenden Bauch und diesem massig gewordenen Gesicht. Verdrossen wirft er dann die Kniehose fort, die ihn zwickt. Er schiebt Constant beiseite, der ihm eine andere hinhält und einen anderen Gehrock. Zitternd und finster streift er sie über.

Sollte ihm sein Körper entgleiten? Manchmal hat er heftige Magenschmerzen, und dann kommt die Erinnerung an seinen Vater wieder hoch. Er erinnert sich an den Autopsiebericht, den er gelesen hat, und das Geschwür, das die Ärzte bei Charles Bonaparte festgestellt hatten.

Einen Augenblick bleibt er zusammengesunken sitzen, dann richtet er sich auf. Man solle sein Pferd satteln. Trotz der Kälte will er jagen, um diesen Körper zu bezwingen, um sich selbst zu beweisen, daß ihn Kraft und Energie noch nicht verlassen haben.

Er treibt sein Pferd an. Er mag es, wenn der Wind ihm ins Gesicht peitscht und alle Beunruhigung vertreibt. Er reitet die Waldwege entlang. Er jagt rings um alle seine Residenzen, die Tuilerien, Saint-Cloud, Malmaison, Fontainebleau, Vincennes, Raincy, aber auch in den Wäldern von Versailles oder Saint-Germain.

Manchmal nimmt er Graf Tolstoi mit. Es macht ihm Spaß, ihm davonzureiten und später an einer Lichtung auf den erschöpften und verschwitzten Botschafter zu warten. Dann fragt er ganz unschuldig: »Wie, schon müde, Herr Graf?« Dieser Herr Tolstoi ist ein braver Mann, voller Mißtrauen und Vorurteile gegenüber Frankreich. Aber ihn muß er überzeugen.

Nach der Jagd lädt er ihn in die Tuilerien ein. Er schaut diesen kühlen Mann an, von dem die Spitzel berichten, daß er häufig die Salons im Viertel Saint-Germain besucht, ja, daß er sogar in Madame Récamier verliebt sei, die unerträgliche Frau und Freundin von Madame de Staël. Aber er muß diesen Mann ertragen.

Napoleon bittet Tolstoi, Platz zu nehmen, und geht vor ihm auf und ab.

»Stellen Sie sich eine Armee von 500 000 Mann vor«, beginnt er, »Franzosen, Russen, vielleicht auch Österreicher, die sich über Konstantinopel nach Asien hineinbegibt. Noch bevor sie den Euphrat erreicht hätte, würde sie England zum Zittern bringen und ihrem Willen unterwerfen. Nichts könnte sie daran hindern, bis Indien vorzustoßen.«

Er bleibt vor Tolstoi stehen und möchte ihn am liebsten an den Schultern packen und durchschütteln. Er kann dessen skeptischen Blick nicht ertragen.

»Nur weil Alexander der Große und Tamerlan dabei gescheitert sind, muß es dieses Mal nicht auch schiefgehen.« Er stampft mit dem Fuß auf. »Man muß es eben besser machen.«

Aber versteht dieser Mann überhaupt, was er sagt? Napoleon nimmt seinen Hut mit beiden Händen und wirft ihn auf den Boden. Dann geht er wieder auf und ab, bleibt oft vor dem Botschafter stehen, und spricht mir verärgerter, nachdrücklicher Stimme: »Hören Sie, Herr Tolstoi, es ist nicht mehr der Kaiser der Franzosen, der zu Ihnen spricht, sondern ein Divisionsgeneral, der zu einem anderen Divisionsgeneral spricht.«

Er hält inne, beugt sich zu Tolstoi hinunter und sagt: »Ich wäre der niedrigste Mensch, wenn ich nicht meine Verpflichtungen von Tilsit skrupulös einhielte, wenn ich nicht Preußen und das Herzogtum Warschau räumte, sobald Sie Ihre Truppen aus Moldawien und der Walachei zurückgezogen haben.«

Er richtet sich auf. »Wie können Sie daran zweifeln? Ich bin weder verrückt noch kindisch und weiß genau, wozu ich mich verpflichte. Und wozu ich mich verpflichte, das halte ich auch ein.«

Einige Augenblicke später sieht Napoleon, wie Tolstoi sich entfernt, begleitet vom Oberhofmarschall. Mit einem Fußtritt befördert er seinen Hut quer durch den Salon. *Selbst wenn Tolstoi meine Ausführungen verdreht wiedergibt, wird er von meiner Wut sprechen und von diesem Hut, den ich zu Boden geworfen habe!*

Im Umgang mit Menschen kommt immer ein Augenblick, in dem man seine Worte mit Gesten oder Körperbewegungen unterstreichen muß, manchmal auch mit gespielter Wut. Man muß sie erstaunen und erschrecken, damit sie nachgeben oder sich einfach nur erinnern. Man muß sie auch zu verführen verstehen, wie es die Frauen tun.

Er ruft Méneval. Er bemerkt, daß sein Sekretär einen Blick nach dem Hut wirft und sogleich den Kopf einzieht, als ob ein Sturm drohe. Für alle, die ihn umgeben oder ihm dienen, für alle Bürger seines Reiches, ob Bauern oder Könige, muß er diese unvorhersehbare Drohung sein, diese unerwartete Güte, dieses Geheimnis, dieser Mann, der über allen steht, den sie verehren und fürchten. Jener, der über alles Vermutete hinaus belohnt und der mit eiserner Hand bestraft.

So regiert man. Und das gilt für alle. Und das erfordert eine permanente Willensanstrengung. Es wäre so einfach, »gut« zu sein, denen nachzugeben, die man befehligt. Auf das Ziel zu verzichten und sich in der Tatenlosigkeit zu gefallen.

Er gibt Méneval ein Zeichen, daß er an Alexander I. schreiben will, um das zu bestätigen, was er zu Tolstoi gesagt hat, und dem Zaren gegenüber von diesem Marsch zum Euphrat und nach Indien zu sprechen, der England über den Orient bedrohen soll.

Eine Depesche, die Méneval ihm auf den Arbeitstisch legt, meldet, daß die französischen Truppen in Rom einmarschiert sind. Pius VII. wird nachgeben. Es ist vorbei mit den grenzenlosen Unverschämtheiten des römischen Hofes.

In den nächsten Tagen häufen sich die Meldungen. Nach einem Aufstand in Aranjuez wurde Godoy, der Geliebte der Königin, ins Gefängnis geworfen, Karl IV. hat abgedankt, und sein Sohn, Prinz Ferdinand von Asturien, wurde unter allgemeinem Jubel als Ferdinand VII. zum König von Spanien erklärt. Inmitten einer begeisterten Menschenmenge ist er in Madrid eingezogen. Und die Truppen von Murat sind ihm dorthin gefolgt. Nun stehen sich beide Seiten direkt gegenüber. Napoleon will keinen Haß, aber er kann sich vorstellen, was folgen wird.

Er läßt sich in das Haus Nummer 48 in der Rue de la Victoire bringen, zu Maria Walewska. Er erzählt ihr einiges. Er möchte, daß sie an Festen teilnimmt. Und er ist glücklich, als sie es ablehnt und lieber still im verborgenen bleiben möchte. Sie stellt ihm keine Fragen, als ob sie nicht an dem interessiert sei, was der Kaiser tue. Lebhaft wird sie nur und redet nur auf ihn ein, wenn es um ihr Land geht, jenes Polen, dessen Wiedergeburt sie möchte.

Er verschließt sich. Er kann ihr nicht klar antworten, und das verletzt sie. Könnte sie verstehen, daß er die russische Allianz braucht und sie nicht aufs Spiel setzen kann, indem er die Ansprüche der Polen befriedigt?

Er sagt lediglich: »Im Laufe des Sommers werden sich die großen Dinge vielleicht regeln.«

Er steht wieder auf. Der Zauber ist dahin. Aufs neue hat ihn die Politik gepackt, diese Leidenschaft der Welt. Er kehrt in die Tuilerien zurück.

Es ist der Morgen des 27. März 1808. Der Palast ist noch leer und eisig kalt. Seine Schritte hallen in den Galerien wider, während Diener herbeilaufen und auch der soeben aufgestandene Méneval sich einstellt.

Napoleon diktiert sogleich einen Brief an Louis, den König von Holland, um ihm mitzuteilen, daß Murat in Madrid eingezogen ist und daß Karl IV. zugunsten seines Sohnes Ferdinand abgedankt hat. Napoleon geht lebhaft auf und ab und spricht mit lauter Stimme.

»Lieber Bruder, das holländische Klima bekommt Ihnen nicht. Im übrigen kann sich Holland nicht aus seinen Ruinen erheben. Selbst wenn es in diesem bunten Durcheinander Frieden geben sollte, so könnte er doch nicht bewahrt werden. In dieser Lage habe ich an Sie gedacht für den spanischen Thron; Sie könnten der Herrscher einer generösen Nation sein. Es ist natürlich vorerst noch ein Plan. Antworten Sie mir klar, ob Sie zustimmen würden, wenn ich Sie zum König von Spanien ernenne. Kann ich auf Sie zählen? Antworten Sie mir nur mit diesen zwei Sätzen: Ich habe Ihren Brief dann und dann erhalten, und ich antworte mit ja. Und dann rechne ich damit, daß Sie meinen Willen ausführen; oder antworten Sie mit Nein, wenn Sie meinen Vorschlag ablehnen. Lassen Sie niemanden davon wissen, und sprechen Sie mit niemandem über den

Gegenstand dieses Briefes, denn eine Sache muß bereits getan sein, ehe man eingestehen kann, daß man daran gedacht hat.«

Endlich hat er entschieden! Er fühlt sich erleichtert. Er will dem Gang der Ereignisse folgen. Sie bestimmen sein Verhalten.

Er wird Paris verlassen und in Richtung Spanien aufbrechen, sich nach Bayonne begeben, denn wie es wirklich um die Dinge steht, weiß er erst, wenn er sie sieht, berührt, umfaßt. Die Welt ist wie eine Frau. Man kennt sie nur, man versteht sie nur, wenn man sie besitzt.

Zu Méneval sagt er in belustigtem Ton: »Wir sind im fünften Akt der Tragödie; bald werden wir den Ausgang erleben.«

16

Er ist ungeduldig und wütend. Er steht an diesem Sonntag, dem 3. April 1808, im Hof des Bischofspalastes von Orleans und schimpft. Es ist 4 Uhr 30. Er wartet, daß man die frischen Pferde vor die Berline gespannt hat. Er geht von einer Wand zur andern und ignoriert Champagny, der mitten im Hof steht. Er stolpert über die Pflastersteine, die ein leichter Regen rutschig gemacht hat. Nichts geht, wie er will.

Seit er gestern mittag das Schloß Saint-Cloud verlassen hat, scheint das Schicksal seine Fahrt nach Bordeaux, Bayonne und Spanien behindern zu wollen. Die Wagen seines Gefolges waren nicht fertig. Sie sollten beim ersten Halt in Orleans zur Berline des Kaisers stoßen, mit der Reisebibliothek, dem Geschirr, den Essens- und Weinvorräten, den Kleidertruhen, den Furieren und den Domestiken. Aber bei der Ankunft in Orleans um 21 Uhr gab es keine Spur von den Wagen. Und wo sind sie heute morgen, als man mit dem Umspannen schon fertig ist?

Er steigt in den Wagen und gibt das Zeichen zur Abfahrt. Champagny muß laufen, um schnell seinen Platz auf dem Sitz Napoleon gegenüber einzunehmen.

Vor dem Kaiser liegen Briefe und Depeschen. Er nimmt sie und hält sie Champagny vors Gesicht. Der Außenminister muß wissen, daß sein Herr Bruder und König von Holland den spanischen Thron ablehnt. Und worauf beruft er sich, der gar nichts war und erst durch ihn auf den Thron kam? Louis schreibt, er sei kein Provinzgouverneur. Für Könige könne eine Ablösung nur vom Himmel kommen. Alle seien gleichrangig.

Napoleon wirft den Brief fort. Das wird aus jemandem, dem man Macht verleiht. Er wird verblendet. *Hält er sich etwa für meinesgleichen?*

Napoleon lehnt sich zurück. Wo, außer unter den Helden der Antike, fände sich jemand von seiner Größe? Wo fände sich auch nur ein Mensch, der seine Absichten wirklich begreifen könnte? Er schaut auf die friedliche Landschaft der Touraine, über der die Sonne aufgeht. An den Baumspitzen längs der Bäche hängen Nebelreste. Die Felder sind noch leer.

Er fühlt sich allein in der Welt, ohne Gesprächspartner. Vielleicht ist Zar Alexander I. der einzige Mensch, mit dem er einen wirklichen Dialog führen kann. Aber die anderen? Die Geschickten wie Talleyrand oder Fouché sind nicht vertrauenswürdig. Talleyrand ist käuflich, und Fouché verfolgt seine eigenen Ziele. Er streut immer noch Gerüchte über eine Scheidung.

Auf wen kann er zählen? Seine Brüder? Louis hält sich für seinesgleichen und lehnt Spanien ab. Jérôme legt zu großen Wert auf seinen Thron in Westfalen, um eine Versetzung nach Spanien zu akzeptieren. Und was sollte er mit seiner protestantischen Frau bei den Papisten? Lucien ist ein unverbesserlicher Rebell. Beim Einmarsch der französischen Truppen in Rom hat er für den Papst Partei ergriffen! Er hält sich jetzt für einen römischen Prinzen.

Bliebe Joseph, dem er vorschlagen könnte, das Königreich Neapel gegen jenes von Spanien zu tauschen, dafür könnte er Neapel an Murat und Caroline geben. Zwar ist dieser Held nicht sehr klug, aber er weiß immerhin, was er wert ist. Er hat selbst geschrieben: »Zweifeln Sie niemals an meinem Herzen, es ist besser als mein Kopf.«

Napoleon richtet sich auf. Es ist schon ganz hell. Man rollt nach Poitiers hinein. Als man an der Umspannstelle hält, steigt er aus.

Dort steht eine Kutsche mit einer Eskorte. Drei reich gekleidete Männer kommen herbei und grüßen ihn. Er schaut weg. Was soll diese Falle?

Es seien drei spanische Granden, erklärt Champagny. Der Herzog Medinacelí, der Herzog von Frías und der Graf von Fernán Nuñez kommen, um dem Kaiser zu melden, daß der Prinz von Asturien als Ferdinand VII. nunmehr König von Spanien sei.

Napoleon entfernt sich. Der Prinz von Asturien spanischer König! Dafür ist es zu spät. Napoleon hat schon entschieden. Ein Bonaparte wird König von Spanien sein. Napoleon wird die spanischen Granden nicht empfangen.

Er fährt weiter. Er läßt ihnen ausrichten, daß Ferdinand zu ihm nach Bayonne kommen solle. Er steigt in die Kutsche, ohne auch nur einen Blick auf die drei Männer zu werfen, die sich verneigen.

»Das Interesse meines Hauses und meines Reiches verlangt, daß die Bourbonen nicht mehr in Spanien regieren«, sagt er zu Champagny. »Mönchsländer sind leicht zu erobern. Wenn es mich 80 000 Soldaten kosten würde, würde ich es nicht machen, aber es kostet nicht einmal 12 000, es ist ein Kinderspiel.«

Die Sonne steht nun ganz oben, und man fährt durch Angoulême. »Ich möchte ja niemandem weh tun. Aber wenn mein großes politisches Gespann einmal in Fahrt gekommen ist, dann braucht es freie Bahn. Weh dem, der unter seine Räder kommt.«

In Barbezieux läßt er Champagny und seinen Sekretär an einem Tisch in dem großen, gewölbten Raum der Herberge La Boule-Rouge Platz nehmen. Er hat rasch gespeist, gebratenen Kapaun und ein Glas Wein aus der Touraine. Mit ausgestreckten Beinen, die Hand unter die Weste geschoben, diktiert und spricht er. Hier fühlt er sich wie in einem Biwak auf einem Feldzug. Und ist es nicht das, was er wirklich liebt?

Die letzte Nacht in Paris hat er bei Maria Walewska verbracht, bevor er sich dann ins Schloß Saint-Cloud begab. Friedliche Nacht, wie auf einer Reede. Aber wer neue Kontinente entdecken will, muß den Anker lichten und hinaus ins Weite. So hat er Maria mit gemischten Gefühlen aus Bedauern und Begeisterung verlassen.

Und nach drei Monaten in den kaiserlichen Palästen und Schlössern findet er endlich den Reisewind wieder, die Überraschungen der Quartiere, die man unterwegs entdeckt, die neuen Landschaften und Gesichter, alles, was sein Leben seit je ausmacht, Bewegung, Wechsel, Improvisation. Er wird niemals ein sitzender Souverän sein. Aber das bedeutet nicht, wie man es im Salon von Madame Récamier und zuweilen auch in dem der Kaiserin flüstert, oder wie es Talleyrand insinuiert, daß er den Krieg liebt.

Er beugt sich zu Champagny hinüber und sagt: »Ich will den Frieden, und zwar mit allen Mitteln, die mit der Würde und der Macht Frankreichs vereinbar sind. Ich will ihn um den Preis aller Opfer, die die nationale Ehre zuläßt.«

Am Abend des 4. April, einem Montag, erreicht er Bordeaux. Die Stadt ist leer. Vor der Präfektur stürzt der kommandierende Offizier herbei und meldet, daß man den Kaiser am Morgen erwartet habe und die Truppen schon in ihre Quartiere zurückgekehrt seien. Napoleon schaut den Offizier und den Präfekten kaum an und läßt sich auf sein Zimmer bringen. Ohne den Kopf zu wenden, sagt er: »Morgen Parade von Garde und Kavallerie auf dem Exerzierfeld, danach Besuch des Hafens.«

Er hat die Gewißheit, daß er, wenn er alles selbst so schnell ausführen könnte, wie er es denkt und will, schon die gesamte Welt umgestaltet hätte. Aber da sind ja noch die anderen Monarchen, die Präfekten, die Soldaten, die Feinde. Und um sie effizient zu machen oder außer Gefecht zu setzen, muß er sie persönlich aufsuchen und vorwärts schieben oder sich unterwerfen.

Er ist das Herz seines Reichs, das Prinzip, das alles Eroberte und Geschaffene zusammenhält. Deshalb will er einen Sohn, den er in seiner Nähe haben kann, damit sich die Frage der Nachfolge, wenn es soweit ist, von selbst regelt. Und ein Sohn bedeutet Scheidung, bedeutet Verstoßung von Joséphine.

Er sieht sie im Hof der Präfektur aus der Kutsche steigen, als er gerade die Soldaten des 108. Linienregiments manövrieren läßt. Das ist seine Arbeit als Kaiser, der kampferprobte und treue Truppen braucht. Er muß dort an ihrer Spitze sein, auch beim Exerzieren. Und er liebt die Bewegung der ausgerichteten Soldaten, die mechanische Perfektion ihrer Gesten und Schritte. Er liebt es, mit angespanntem Körper im Sattel zu sitzen und Befehle zu rufen. Das ist seit je sein Leben.

Joséphine ist stehengeblieben. Sie ist ganz in Weiß gekleidet. Es rührt ihn, ihre immer noch schlanke und jugendliche Gestalt in diese Stoffe gehüllt zu sehen, als ob die Gefühle der Vergangenheit noch einmal lebendig würden. Er geht ihr entgegen und begrüßt sie feierlich. Sie verneigt sich und lächelt. Sie sind zwei alte Komplizen.

Die Sonne ist mild. Ein leichter Seewind weht über die Gironde. Am Dienstag, dem 12. April, fährt Napoleon mit Joséphine flußabwärts, vom Chapeau-Rouge-Kai bis zu den Getreidespeichern.

Er hat Joséphine bei der Hand genommen. Der Frühling lädt zu Zärtlichkeit ein. Alles wäre so einfach, wenn es nicht die Erfordernisse der Politik gäbe und die Macht des Schicksals.

Er schaut Joséphine an. Wenn der Augenblick der Trennung kommt, und er wird kommen, wird er sie schützen müssen. Aber da es noch nicht soweit ist, muß er sie gut behandeln und ihr jeden Tag Vergnügen bereiten in sorgenfreier Atmosphäre.

Sie spielt mit. Sie flüstert ihm Vertraulichkeiten zu. Und sie erinnert an schöne Stunden. Dann muß er sie verlassen, um sich nach Bayonne zu begeben, aber sobald er dort angekommen ist, schreibt er ihr. Er erhöht ihre persönlichen Einkünfte ab 1. April um 20000 Francs pro Monat.

In Bayonne läuten die Glocken, als er die Stadt verläßt und sich auf Schloß Marracq begibt. Er reitet durch den weitläufigen Park, sieht an der hinteren Umgrenzungsmauer einen kleinen Turm, der als Taubenschlag dient. Einige hundert Meter tiefer fließt die Nive. Er beschließt, dort Quartier zu nehmen. Das Gebäude ist sehr weitläufig. Die Mitglieder des Hofstaates können auf Schlössern in der Nähe wohnen. Er möchte, daß sie in ein paar Tagen dorthin nachkommen. Er hat seinen Staat gern um sich. Und der Park ist groß genug, um dort Truppen exerzieren zu lassen. Hier will er die spanischen Bourbonen empfangen.

Am Mittwoch, dem 20. April, trifft Ferdinand, Prinz von

Asturien, ein, der sich für den König von Spanien hält. Napoleon mustert ihn wortlos. Er geht ihm auf der Treppe entgegen, lädt ihn zum Essen ein und versucht, ihn zum Reden zu bringen. Der Prinz von Asturien hat runde Augen und ein rundes Gesicht. Sein Körper vermittelt einen Eindruck von Schlaffheit.

»Der König von Preußen ist im Vergleich zum Prinzen von Asturien ein Held!« ruft Napoleon aus. »Er hat noch kein Wort an mich gerichtet; er ist völlig gleichgültig, denkt nur an Äußerlichkeiten, ißt viermal am Tag und versteht von nichts etwas.«

Wenig später treffen König Karl IV., die Königin Maria Luisa und ihr Geliebter Manuel Godoy ein. Das soll eine Dynastie aus dem Hause der Bourbonen sein? Napoleon empfindet für diese Leute eine Mischung aus Mitleid und Widerwillen. Diese Leute verdienen es nicht, zu regieren. Es ist nur gerecht, sie vom Thron zu vertreiben. Es liegt im Interesse meiner Dynastie, Europas und Spaniens. Und Ferdinand VII., der König sein will, ist ein Feind.

Er schaut ihnen zu, wie sie sich streiten. Der Vater wirft dem Sohn vor, ihm die Krone gestohlen zu haben, der Sohn antwortet mit Unverschämtheiten, die Mutter bekommt einen Tobsuchtsanfall, beschimpft den Sohn und verteidigt ihren Geliebten, der stumm und erschöpft dasitzt.

Am 2. Mai diktiert Napoleon einen Brief an Murat. Er muß auch Bescheid wissen. »König Karl und die Königin schicke ich nach Compiègne. Den König von Neapel setze ich als Herrscher in Madrid ein. Ihnen gebe ich das Königreich Neapel oder auch Portugal. Antworten Sie mir umgehend, wie Sie das sehen, denn es muß alles an einem Tag erledigt sein.«

Als Joséphine im Schloß eintrifft, ist sie fröhlich und glücklich. Hortense hat am 20. April einen Sohn zur Welt gebracht, dem sie die Vornamen Charles Louis Napoleon* gegeben hat.

Napoleon führt sie beiseite. Er findet sie noch schöner. Sie gehen zur Nive hinunter. Es ist sehr heiß. Er schubst sie ins Wasser, sie bespritzen sich gegenseitig, nehmen dann ein Boot und fahren bis zum Schloß Lauga, in dem sich Caroline Murat eingerichtet hat.

* Der spätere Kaiser Napoleon III., der vielleicht nicht der Sohn von Louis ist, sondern vom holländischen Admiral Verhuel.

Sie muß sich damit abfinden, nicht mehr von Spanien zu träumen, sondern von Neapel, einem schönen Königreich. Er lacht. An Joseph hat er geschrieben, Spanien sei nicht wie das Königreich Neapel. »In Madrid leben Sie wie in Frankreich. Neapel liegt am Ende der Welt. Ich möchte also, daß Sie gleich nach Erhalt dieses Briefes Ihre Regentschaft an jemand anderen übergeben und sich sofort auf den Weg nach Bayonne machen, über Turin, den Mont-Cenis und Lyon.«

Joseph ist der älteste in der Familie. Er hat ein Anrecht auf den spanischen Thron, den andere Brüder abgelehnt haben. Er wird annehmen. Ihm bleibt keine Wahl. *Wenn das die Bourbonen wüßten!*

Er sieht, wie sie Joséphine entgegengehen. Sie ist voller Anmut. Er nimmt sie bei der Hand und führt sie zu Tisch. Sie soll dem Diner präsidieren.

Im Schloß von Marracq hat sich ein kleiner Hof etabliert, den Oberhofmarschall Duroc organisiert. Unter den Frauen, die zum Gefolge von Joséphine gehören und die sich vor ihm verneigen, bemerkt Napoleon eine junge Frau, deren Name ihm sofort wieder einfällt, Mademoiselle Guillebeau, die ihm bei einem der Maskenbälle aufgefallen war, die Caroline oder Hortense in Paris gegeben hatten. Er schaut sie lange an. Sie senkt ihren Blick nicht. Ihre ganze Haltung drückt aus, daß sie ihn akzeptiert.

Napoleon fühlt sich beschwingt. Plötzlich wirft er Joséphine einen Blick zu. Sie hat es gesehen. Sie lächelt zustimmend. Davor hat sie keine Angst. Sie wünscht diese Seitensprünge sogar. Das sind reine Körpergeschichten. Die Politik und das Herz sind anderswo. Bei der Scheidung und bei Maria Walewska. Aber Maria ist in Paris. Und man muß immer mitnehmen, was einem das Schicksal anbietet. Heute nacht wird er Mademoiselle Guillebeau unter dem Dach des Schlosses einen Besuch abstatten.

Er nimmt gegenüber von Joséphine und Karl IV. Platz. Zu seiner Rechten die Königin Maria Luisa. Dieses Paar findet er erbärmlich. Am Ende des Tisches sitzt Ferdinand, dessen Gesicht mit den schlaffen Zügen Gier ausdrückt.

Napoleon denkt darüber nach, wie er sie dazu zwingen kann, auf etwas zu verzichten, was sie zu besitzen glauben – die spanische Krone. Er zögert. Er denkt an Mademoiselle Guillebeau und an die kommende Nacht. Er brauchte auch ein Ereignis, ein Zeichen, das es ihm erlaubt, mit wenigen Sätzen die Illusionen dieser verächtlichen Familie zu zerstreuen.

Aber am 5. Mai 1808 hat er noch immer nichts gesagt. An diesem Donnerstag geht er durch den Park von Schloß Marracq. Es ist mitten am Nachmittag und sehr mild. Er kann es nicht vermeiden, Königin Maria Luisa den Arm zu geben, dieser dicken, kleinen, häßlichen, vulgären Frau, die beim Atmen schnauft und sich mit ihrer schrillen Stimme über ihren Sohn Ferdinand beschwert, diesen Verräter. Sie beklagt sich auch über die Leiden, die die Aufständischen »ihrem« Friedensprinzen Godoy zugefügt haben. Sie vertraue sich ganz dem Kaiser an, sagt sie und drückt seinen Arm. Karl IV. stimmt seiner Frau zu. Er geht auf der anderen Seite neben Napoleon. Sie wirken beide wie Untertanen, die um etwas betteln.

Napoleon dreht sich um und sieht Joséphine neben Duroc und Ferdinand. Plötzlich empfindet er große Dankbarkeit für sie. Sie hat ihn immer klug unterstützt. Und auch hier hört sie den spanischen Herrschern zu, wenn es sein muß. Sie hat die natürliche Anmut einer Königin.

Plötzlich sieht er einen Offizier vom Schloß her auf sich zukommen, begleitet von einem Adjutanten. Der Offizier, dessen Uniform von Staub bedeckt ist, trägt ein dickes Lederportefeuille. Er muß von Murat geschickt worden sein. Napoleon kommt herbei in Begleitung von Maria Luisa und Karl IV.

»Was gibt es Neues in Madrid?« fragt er, als er Hauptmann Marbot erkennt, einen Adjutanten von Murat. Er wundert sich, daß der Offizier kein Wort sagt und nur mit starrem Blick die Depeschen überreicht.

»Was ist denn los?« fragt Napoleon erneut. Der Offizier sagt noch immer nichts.

Napoleon nimmt die Depeschen und geht mit dem Offizier beiseite, und je weiter sie sich von den Bourbonen entfernen, desto mehr erzählt Hauptmann Marbot. Während er an der Parkmauer unter Bäumen entlanggeht, hört Napoleon zu und liest die Depeschen von Murat.

Am 1. Mai hat sich in Madrid eine Menschenmenge an der Puerta del Sol zusammengerottet. Sie konnte nur mit Mühe vertrieben werden. Als am Montag, dem 2. Mai, bekannt wurde, daß Don Francisco, der jüngste Sohn von Karl IV., die Hauptstadt verlassen hat, ist ein Aufstand ausgebrochen. Vereinzelte französische Soldaten in Madrid wurden umgebracht. Mehrere tausend Aufständische haben die Schwadronen der Dragoner oder der Garde angegriffen, die aus den Vorstädten ins Stadtinnere vorgerückt waren. An der Puerta del Sol haben sich spanische Soldaten den Aufständischen angeschlossen und die Franzosen mit Kartätschen beschossen. Die Kämpfe haben bis zum 3. Mai angedauert.

Napoleon unterbricht den Hauptmann Marbot. Nicht die Details einer Schlacht zählen, sagt er, sondern ihr Ausgang.

Er liest den letzten Brief von Murat. Die Mamelucken haben gemeinsam mit der Garde angegriffen. »Mehrere tausend Spanier sind getötet worden«, sagt Marbot. »Das Volk ist verzweifelt. Es akzeptiert nicht, daß man die Königsfamilie nach Frankreich gebracht hat. Die Aufständischen haben entsetzlichen Mut bewiesen, selbst Frauen und Kinder haben die Franzosen angegriffen. Sie hassen uns, auch nach unserem Sieg …«

Napoleon unterbricht ihn. »Ach was«, sagt er und kehrt in die Mitte des Parks zurück, wo die spanischen Herrscher warten. »Sie werden sich schon wieder beruhigen und mich preisen, wenn sie erst sehen, daß ihr Land aus Schande und Unordnung herausfindet, in die sie die schwächste und verdorbenste Regierung, die es jemals gab, gestürzt hatte.«

Er gibt Marbot einen Klaps auf die Schulter und zieht ihn am Ohrläppchen. Das ist das Ereignis, auf das er gewartet hat, um die Bourbonen aus Spanien zu verjagen.

Mit lauter Stimme ruft er Ferdinand herbei und berichtet ihm von dem Aufstand in Madrid, dem vergossenen Blut, den umgebrachten Franzosen, von der notwendigen Härte der von Murat angeordneten Repression und der schließlich am 2. und 3. Mai niedergeschlagenen Rebellion.

Er sieht, wie sich Karl IV. auf seinen Sohn stürzt und brüllt: »Du Elender!« Er beschuldigt ihn, für die Rebellion verantwortlich zu sein. Sein verbrecherisches Aufbegehren, die Usurpation der Krone seines Vaters haben dieses Massaker bewirkt. Auch die Königin Maria Luisa stürzt sich auf Ferdinand und schlägt ihn. »Dieses Blut soll über dich kommen!« brüllt sie.

Napoleon wendet sich ab. Joséphine, Duroc, die Damen und Offiziere ihres Gefolges lassen den König und die Königin ihren Sohn weiter beschimpfen, der blaß dasteht und schweigt.

Nun genügt es, die spanische Krone aufzuheben, die sie zu Boden rollen ließen.

Er bestellt Ferdinand zu sich und spricht zu ihm, ohne ihn anzusehen, wie man es mit jemandem tut, den man verachtet.

»Wenn Sie nicht bis Mitternacht Ihren Vater als legitimen König anerkannt und es in Madrid bekanntgemacht haben, werde ich Sie als Rebellen behandeln.«

Danach genügt es dann, die Abdankung von Karl IV. zu erwirken. Duroc hat den Vertrag schon vorbereitet. Man zahlt die Bourbonen aus, wie Diener, die man entläßt.

Napoleon liest den Vertragstext nicht selbst durch. Er geht durch den Salon des Schlosses Marracq, dessen Balken vom Rauch schwarz geworden sind. »Schloß und Wald von Compiègne werden Karl IV. auf Lebenszeit zuerkannt, das Schloß Chambord auf unbegrenzte Zeit«, liest Duroc vor. »Der französische Staat gewährleistet Karl IV. eine jährliche Zivilliste von 7 500 000 Francs.«

Einstweilen werden der König und die Königin in Fontainebleau residieren, und Ferdinand wird von Talleyrand in dessen Schloß Valençay untergebracht.

Napoleon geht allein durch den Park. Er geht auf der Allee, die zur Nive hinunterführt. Es wird dunkel. Er wartet, bis das Schloß schläft, um in das kleine Zimmer von Mademoiselle Guillebeau zu gehen, das sie im Dachgeschoß bewohnt, wo es so heißt ist, daß man das Fenster offen lassen muß.

Er liebt den Duft der Felder und das Rauschen des Windes. In den Tuilerien fühlt er sich eingeschlossen. Er erstickt. Er braucht Horizont und Wind.

Langsam geht er zum Schloß hinauf. Er hat also die Bourbonen aus Spanien vertrieben, wie er sie schon aus Neapel vertrieben hat. Diese Dynastie ist tot. Sie hat ihre Rechte nicht zu verteidigen gewußt. Wenn es einem Menschen, einer Dynastie oder einem Volk an Energie fehlt, dann ist es nur recht, daß sie untergehen.

Und die Spanier? Werden sie es hinnehmen oder sich erheben, um ihre Monarchen zu verteidigen? Man muß sie überzeugen.

Er geht schneller. Als er das Schloß betritt, ruft er nach Méneval. Mademoiselle Guillebeau muß noch warten.

In seinem Arbeitskabinett, in das die Geräusche aus den Gefilden ringsum und der ferne Gesang des Flusses dringen, diktiert er eine Proklamation.

»Spanier, nach langer Agonie war Eure Nation vom Untergang bedroht. Ich werden dem abhelfen. Eure Monarchen haben alle Rechte an der spanischen Krone an mich abgetreten. Eure Monarchie ist sehr alt, meine Aufgabe ist es, sie zu verjüngen. Ich werde alle Eure Institutionen verbessern, und ich lasse Euch, wenn Ihr mir dabei helft, die Wohltaten einer Reform genießen, ohne daß es zu Unruhen und Unordnung kommt.

Ich werde Eure glorreiche Krone auf ein anderes Haupt als das meine setzen, und garantiere Euch eine Verfassung, die die heilige und wohltuende Autorität des Souveräns mit den Freiheiten und Privilegien des Volkes vereint. Ich möchte, daß noch Eure fernen Nachfahren die Erinnerung an mich bewahren und sagen: Er war der Erneuerer unseres Vaterlandes.«

Er denkt an Joseph, der schon unterwegs sein muß. Wird er die nötige harte Hand haben, um die Zügel dieses Landes zu führen? Um von seinem Volk akzeptiert zu werden?

»Der größte Teil der Arbeit ist getan«, sagt er. Dann bedeutet er Méneval, daß er noch einen Brief an Talleyrand schreiben will. »Ich will nicht, daß der Prinz von Asturien irgend etwas Störendes unternimmt. Ich habe also beschlossen, ihn bei Ihnen auf dem Land unterzubringen. Sorgen Sie dafür, daß er sich amüsiert und überwacht wird.«

Dann tritt er ans Fenster. Der Park schimmert im milchig weißen Mondlicht.

Er kommt zu Méneval zurück und sagt mit fröhlicher Stimme: »Wenn der Prinz von Asturien sich mit einer schönen Frau verbinden könnte, dann hätte ich gar nichts dagegen, vor allem, wenn man ihrer sicher sein könnte.«

Mit leichtem Schritt durchquert er den Raum und betritt die Treppe, die zu Mademoiselle Guillebeau führt.

Früh am Morgen spaziert er durch den Park von Schloß Marracq. Leichter Nebel trübt das Blau des Himmels ein wenig. Aber unter diesem durchsichtigen Vorhang kündigt sich strahlend schönes Wetter an.

Mit Joséphine fährt er im Boot den Fluß Adour abwärts. Er geht an Bord einer Fregatte, die gerade in den Hafen von Bayonne eingelaufen ist. Er fährt bis Saint-Jean-de-Luz. Das Schiff malt weiße Streifen auf die dunkle Wasseroberfläche. Er geht mit Joséphine auf den Sandstrand.

Gegen Ende dieses Monats Mai und in den ersten Tagen des Juni 1808 kündigt sich ein ruhiger Sommer an, der nur an manchen Nachmittagen von Gewitterhitze gestört wird.

Ende Mai erfährt er, daß Murat an Gelbsucht erkrankt ist, und andere Briefe aus derselben Postsendung melden, daß französische Truppen hier und dort angegriffen werden. »Es sind Banditen. Sie greifen uns an, wenn wir uns in kleinen Gruppen bewegen.«

Napoleon wird zornig. Er hatte doch Befehle gegeben. Man solle nur in Kolonnen vorrücken, sagt er, die Einwohner entwaffnen und gegen die Städte Artillerie einsetzen, um ein Exempel zu statuieren. Er verlangt, daß man ihn durch Depeschen auf dem laufenden hält.

Aber als er ins Schloß Marracq zurückkehrt, während draußen ein Gewitter tobt, das schon ausgebrochen war, kurz nachdem er Bayonne verlassen hatte, da erfährt er aus der ersten Depesche, die er öffnet, daß in Valencia 338 Soldaten massakriert worden sind. Anführer dieser Aufständischen, die die Franzosen der Garnison umgebracht haben, war ein Mönch namens Calvo. Er liest nicht weiter.

Vielleicht beginnt ja wirklich ein Aufstand von Fanatikern, angeführt von Mönchen und Priestern. Wer weiß, ob nicht der Papst und die römischen Kardinäle hinter dieser Bewegung stehen, die sich ausbreitet? Jede Depesche meldet den Aufstand einer Stadt – Zaragoza, Barcelona, Malaga, Cadiz, Badajoz, Granada. In Oviedo wurden die Einwohner vom Domherren zur Revolte aufgerufen, der Napoleon als »Antichrist« bezeichnet hat, wie glaubhafte Informanten versichern. Die französischen Soldaten werden »Ausgeburten der Hölle« genannt oder auch »die Truppen von Voltaire«.

Dieser Brand darf sich nicht ausbreiten. Napoleon schreibt an den Kriegsminister Clarke. Man soll Reserveeinheiten nach Spanien schicken, ohne die öffentliche Meinung mit Kriegsgerüchten zu beunruhigen. Außerdem muß Joseph sehr bald in Madrid ans Werk gehen.

Er geht seinem Bruder am Ortseingang von Bayonne entgegen. Joseph ist beunruhigt und berichtet, daß der Papst alle spanischen Bischöfe aufgefordert hat, diesen König nicht anzuerkennen, »der freimaurerisch, ketzerisch und protestantisch ist wie alle Bonapartes und die ganze französische Nation«. Joseph, der sehr ängstlich ist, kann schon durch bloße Gerüchte in Schrecken versetzt werden.

Napoleon nimmt ihn beim Arm und führt ihn in den Speisesaal des Schlosses Marracq, wo zu seinen Ehren ein Diner stattfindet. Er beruhigt ihn. Die spanischen Delegierten, als Junta versammelt, haben ihn als Souverän anerkannt.

»Seien Sie unbesorgt, es wird Ihnen an nichts fehlen. Seien Sie fröhlich, und vor allem, lassen Sie es sich gutgehen.«

Joseph zögert. Er hat seine eigenen Informationen über Spanien eingeholt. »Niemand hat Eurer Majestät die ganze Wahrheit gesagt«, murmelt er. Er senkt den Kopf, als wage er nicht zu sagen, was er denkt und ahnt. »In Wahrheit hat sich kein einziger Spanier für mich ausgesprochen, außer den wenigen, die der Junta beigewohnt haben.«

Redet so ein Souverän? Glaubt Joseph etwa, er könne ohne Anstrengung König werden? Glaubt er etwa, daß er nicht kämpfen muß?

Aber er muß Joseph beruhigen. »Seien Sie fröhlich, lassen Sie sich nicht davon berühren. Zweifeln Sie nicht einen Augenblick, daß sich die Dinge besser und schneller fügen, als Sie meinen.«

Im Park des Schlosses Marracq inspiziert Napoleon seine Truppen. Er zögert. Die Versuchung ist sehr groß, sich an die Spitze seiner Kavallerieschwadronen zu stellen, die Garde in Marsch zu setzen und in Madrid einzuziehen, das Joseph, kaum dort angekommen, schon wieder verlassen will, weil ihn der Gedanke ängstigt, daß man ihn dort gefangensetzt. Er bittet um Hilfe. Er fürchtet, man könne ihn töten. Diese Angst, die aus allen Briefen spricht, ist eines Königs und eines Mannes, der sein Bruder ist, unwürdig. Und Napoleon läßt ihn das wissen.

Napoleon schaut auf die Truppen, die im Schloßpark defilieren. Wenn er nach Spanien zöge, würde er alles schnell regeln, das weiß er sicher. Aber er muß an alle Figuren auf dem Schachbrett denken. Polizeiberichte melden, daß man in Paris Komplotte schmiedet. Nichts Ernsthaftes, nur ein paar Republikaner, die gegen das Kaiserreich palavern, aber wieviel Vertrauen kann man in Polizeiminister Fouché haben?

Napoleon hat das Gefühl, daß er überall sein muß. Er müßte in Madrid sein, aber auch in Paris. Und in Deutschland, weil Österreich aufrüstet. Mit welchem Ziel? Sollte Wien den Krieg eröffnen wollen, weil es ihn in Spanien beschäftigt glaubt? Das läge in der Natur der Dinge!

An Berthier schreibt er: »Wenn Österreich aufrüstet, müssen wir es auch tun. Deshalb befehle ich die Verstärkung der Großen Armee. Um den Krieg zu vermeiden, müssen wir Österreich zeigen, daß wir den Handschuh aufheben und bereit sind.«

Schon wieder Krieg!

Am 20. Juli verläßt Napoleon das Schloß Marracq. Es herrscht drückende Hitze. Die Straße nach Auch, Toulouse, Montauban und Agen scheint zu glühen. Man fährt bei Nacht, um der Sonne zu entgehen, die schon am Morgen die Gefilde in Brand setzt.

Napoleon hat beschlossen, nach Paris zu fahren. Er will zunächst die Breschen im Norden schließen, um die spanische Frage später zu regeln, wenn der Aufstand bis dahin nicht niedergeschlagen ist. Er rechnet damit. Er hofft es.

Auf jeder Etappe wartet er ungeduldig auf das Eintreffen der Kuriere. Am 2. August bemerkt er in Bordeaux, daß der Adjutant, der ihm eine Depesche überreicht, sehr bewegt ist. Er überfliegt sie mit einem Blick. General Dupont hat in Baylen vor den Truppen und den spanischen Insurgenten von General Castanos kapituliert. 20000 Soldaten haben ihre Waffen und Fahnen abgegeben, gegen das Versprechen, daß man sie in die Heimat zurück läßt.

Napoleon wirft die Depesche auf den Boden und schreit: »Idiot! Dummkopf! Feigling! Dupont hat Spanien verloren, um seine Siebensachen zu retten!«

Er versetzt dem Papier einen Fußtritt. »Das ist ein Flecken auf seiner Uniform!« schreit er.

Er läßt sich Karten bringen und die Depeschen, die Dupont nacheinander geschickt hatte. Er schreibt an Kriegsminister Clarke: »Ich schicke Ihnen Dokumente, die nur für Sie bestimmt sind. Lesen Sie sie, mit einer Karte in der Hand, und Sie werden sehen, daß es, seit die Welt besteht, nichts so Dummes, so Unsägliches, so Feiges gegeben hat.«

Er ist außer sich. Er ist allein. Die Feigheit, die Verblendung, die Borniertheit seiner Gehilfen sind seine ärgsten Feinde. Aber er muß sich der Lage stellen.

In Rochefort schließt er sich am Freitag, dem 5. August, mit seinen Generälen ein sowie einigen Ministern, die aus Paris gekommen sind. Man soll die Hälfte der in Deutschland stationierten Truppen nach Spanien verlagern. Marschall Ney soll ihr Kommando übernehmen.

Dann zieht er sich zurück. Zum ersten Mal, seit er befiehlt und regiert und in ganz Europa kämpft, haben Einheiten seiner Armee kapituliert. Zum ersten Mal.

Er beißt die Zähne zusammen. Er unterdrückt den Schmerz, der seinen Magen befällt. Er weiß genau, daß seine Feinde ringsum auf der Lauer sind. Dieser Verlust von 20000 Mann wird in ganz Europa Widerhall finden.

Er ruft einen Befehl. Ein Kurier muß sofort nach Sankt Petersburg aufbrechen und alle Etappen überspringen, damit er dort eintrifft, bevor Alexander I. die Nachricht von der Kapitulation bei Baylen erhält.

Man darf niemals den Verdacht aufkommen lassen, daß man geschwächt ist, man muß der Reaktion des anderen zuvorkommen, ihm zu verstehen geben, daß man bereit ist, Preußen zu räumen, wie er es wünscht, ihm ein Treffen vorschlagen. Zeigen, daß man nichts fürchtet. Daß man entschlossener ist denn je.

Er reist nach Paris über die Städte des Westens, La Rochelle, Niort, Fontenay. Am Montag, dem 8. August, fährt er in Napoleon-Vendée ein. Er erinnert sich. Er hatte die Gründung dieser Stadt am 25. Mai 1804 beschlossen, zu einer Zeit, als noch der Revolutionskalender galt, der Monat Prairial hieß und man das Jahr XII zählte. Den Namen La-Roche-sur-Yon hatte er auslöschen wollen, um zu zeigen, daß er die Vendée befriedet hatte.

Er durchfährt die Straßen des Ortes. Das soll seine Stadt sein? Häuser aus Lehm und Stroh? Wut übermannt ihn. Er zieht sein Schwert und stößt es mit einer brutalen Geste bis zum Heft in eine Lehmmauer. Heißt das, für die Zukunft bauen?

Sein Gemüt umwölkt sich. Vielleicht ist ja alles so brüchig? Sein Ruhm, seine Dynastie, sein Reich? Aber ist das ein Grund zum Verzichten?

Er ruft den zuständigen Ingenieur herbei, setzt ihn ab und erteilt neue Befehle. Allein die Tat rettet das Leben. Seit der Kindheit hat er gelernt, daß man nichts erreicht, wenn man den Kopf sinken läßt. Wenn alle dieselbe Erfahrung hätten wie er, würde er sich nicht so allein fühlen, wäre er nicht gezwungen, sie in jedem Augenblick zum Widerstand und zum Kampf anzustacheln.

In der Berline, die nach Saint-Cloud rollt, schreibt er an Joseph. In Spanien kann er vorerst auf keine andere Karte setzen. Er muß es mit Joseph versuchen. Aber um die Partie zu gewinnen, muß er selbst ins Spiel eingreifen, an der Spitze der Großen Armee in Madrid einziehen. Es ist nötig. Er muß es.

Als er am Sonntag, dem 14. August 1808, um 15 Uhr 30 in Saint-Cloud ankommt, weiß er, daß er hier nur einen kurzen Halt machen kann. Er geht mit großen Schritten durch den Innenhof.

Zu Duroc sagt er, daß es am Abend in den Tuilerien ein großes Fest zu seinen Ehren geben wird. Morgen ist der Tag des Heiligen Napoleon. Morgen wird er 39 Jahre alt.

»Gehen wir tanzen«, sagt er.

17

Sobald er an diesem Sonntag, dem 14. August 1808, kurz nach 20 Uhr den großen Salon der Tuilerien betritt und inmitten der Würdenträger, die vor ihm zurückweichen und sich verneigen, voranschreitet, spürt Napoleon, daß er von allen scharf beobachtet wird.

Talleyrand ist da, den der österreichische Botschafter Metternich laut Polizeiberichten »den Bleichen« nennt. Der Fürst von Benevent tritt näher. Er ist so stark gepudert, daß sein Parfüm einem fast den Atem abschneidet. Wie immer lächelt er spöttisch. Er weiß Bescheid. Sie wissen alle, daß General Dupont kapituliert hat und daß General Junot in Cintra es bald auch tun wird, bedrängt von den englischen Truppen von Wellesley, daß die Spanier in Madrid eingezogen sind und daß Joseph, der König von Spanien, auf der Flucht ist, daß kein einziger französischer Soldat mehr südlich des Ebro steht. *Alle wollen auf meinem Gesicht die Narben dieser Niederlage sehen!*

Sie stellen sich Fragen. Sollte der Kaiser zweifeln, ist seine Macht geschwächt, wankt er schon? Sie belauern ihn. Sie sind bereit, ihn fallenzulassen, ihn zu verraten, wenn er einknickt.

Man wird auch verbreitet haben, daß sich Joséphine im Park von Schloß Marracq, an den Ufern von Adour und Nive, auf den Stränden von Bayonne oder Saint-Jean-de-Luz heiter, beruhigt und glücklich zeigte. Hat er auf die Scheidung verzichtet, fragen sie sich.

Fouché schaut ihn penetrant an. Er will wissen, ob das Scheidungsprojekt, für das er sich stark macht, aufgegeben ist, denn dann müßte er sich wieder mit Joséphine arrangieren und seinen Vorschlag vergessen machen.

Seine Spitzel überwachen schon das Haus Nummer 48 in der Rue de la Victoire und werden ihm melden, daß der Kaiser in dieser Nacht Maria Walewska besucht hat und erst im Morgengrauen nach Saint-Cloud zurückgekehrt ist. Sie spähen ihn aus. Er muß ihnen zeigen, daß er genauso sicher und entschlossen ist wie am Tag nach einem Triumph.

Napoleon bleibt mitten im Salon stehen. Man umringt ihn. Er lächelt. Er macht einige Scherze und sagt dann mit lauter Stimme: »Die ganze Welt will den Frieden, aber England widersetzt sich, und England ist der Feind der Welt. Die Engländer haben beträchtliche Truppenkontingente nach Spanien geschickt. Ich habe das 1. und das 2. Armeekorps einberufen sowie drei Divisionen der Großen Armee, um dieses Land endgültig zu unterwerfen.«

Er nimmt Marschall Davout beim Arm, geht ein paar Schritte mit ihm und spricht dabei so laut, daß ihn die nachfolgenden Würdenträger hören können. »Dupont hat unsere Waffen entehrt. Er war ebenso unklug wie feige. Wenn Sie eines Tages die Einzelheiten erfahren, werden Ihnen die Haare zu Berge stehen.«

Am Montag, dem 15. August, empfängt er am Nachmittag in Saint-Cloud das diplomatische Korps. Auch die Botschafter lauern auf das geringste Zeichen. Hier ist es zwingend notwendig, sicher und stark zu erscheinen.

Napoleon nähert sich Metternich und wandert lange mit ihm umher, abseits der anderen Diplomaten. Mit einer Kopfbewegung schickt er Talleyrand davon, der hinzutreten will.

»Der Bleiche«, sagt Napoleon leise und lächelt Metternich zu. »Wenn ich eine Sache tun will, dann benutze ich niemals den Fürsten von Benevent. Ich wende mich nur an ihn, wenn ich etwas nicht tun will, sondern es nur vorgebe.«

Er lacht, aber plötzlich wird sein Gesicht verschlossen, und er sagt mit verhaltener Stimme: »Österreich will also Krieg mit uns – oder will es uns nur einschüchtern?«

Metternich wirkt überrascht und bestreitet alle kriegerischen Absichten Wiens.

»Wozu dienen denn Ihre massiven Vorbereitungen, wenn das so ist? Ihre Miliz stellt Ihnen 400000 gut trainierte Soldaten zur Verfügung. Ihre Festungen sind ausgerüstet. Und – das ist für mich ein sicheres Indiz, daß ein Krieg vorbereitet wird – Sie haben Pferde kaufen lassen und verfügen nun über 14000 Artilleriepferde.«

Er versucht sich zu beherrschen, um die Stimme nicht allzu laut werden zu lassen und zu zeigen, daß er stark genug ist, durch die österreichischen Maßnahmen nicht eingeschüchtert zu sein.

»Wollten Sie mir Angst machen?« fährt er fort. »Das wird Ihnen nicht gelingen. Glauben Sie, daß die Umstände günstig sind? Sie irren sich.«

Er wandert mit ruhigen Schritten weiter, während ihn die anderen Botschafter beobachten.

»Meine Politik liegt offen zutage, weil sie loyal ist«, sagt er dann. »Ich werde von meinen Truppen in Deutschland 100000 Mann abziehen und nach Spanien schicken und kann Ihnen dann immer noch Paroli bieten. Wenn Sie aufrüsten, tue ich es auch. Wenn es sein muß, lasse ich 200000 Soldaten ausheben. Und keine Macht des Kontinents wird auf Ihrer Seite stehen.«

Er begleitet Metternich zu den Botschaftern zurück. »Sie sehen, daß ich ganz ruhig bin«, sagt er, hält ihn aber noch am Arm zurück. »Die Bourbonen sind meine Feinde. Sie und ich können nicht nebeneinander auf europäischen Thronen sitzen. Darum geht es bei der spanischen Angelegenheit. Es geht nicht um meinen Ehrgeiz.«

Er grüßt die anderen Botschafter und zieht sich dann zurück.

Es sind Tage des Abwartens wie vor einem Angriff. Er ist aber nicht ungeduldig. Er wägt jeden Schritt und jedes Wort ab. Zunächst muß er den Frieden im Norden sichern, in Deutschland. Metternich hat er nicht überzeugt. Wien bleibt Gewehr bei Fuß. Er muß um jeden Preis die Allianz mit Alexander erhalten, ihn also persönlich sprechen.

Für Ende September 1808 wird ein Treffen in Erfurt vereinbart. Das verschafft einige Monate Frieden, genug Zeit, um Spanien zu besiegen, um danach, wenn es nötig sein sollte, nach Deutschland zurückzukehren und Österreich endgültig zu zerschlagen, wie man zuvor Preußen überrollt hat. Es ist eine Schachpartie.

Er wandert in seinem Arbeitszimmer umher. Er geht im Wald von Saint-Germain auf die Jagd oder auch im Hochwald von Grosbois bei Marschall Berthier. Er läßt die Truppen in Versailles paradieren oder in der Sablons-Ebene. Dabei hat er jederzeit das Schachbrett im Kopf.

Er betritt den Raum mit den Landkarten. Auf der Spanienkarte zeigen Stecknadeln den Vormarsch der drei spanischen Kolonnen an, die sich auf den Ebro zubewegen. Man muß sie vorrücken lassen.

Er schließt die Augen. Der Plan zum Gegenangriff zeichnet sich ab. Aber er braucht Soldaten. Man wird den Jahrgang 1810 vorzeitig ausheben. Die in den Jahrgängen 1806 bis 1809 Zurückgestellten werden nun auch eingezogen. Man grummelt? Die Jagd auf heiratsfähige Frauen ist eröffnet, weil verheiratete Männer vom Wehrdienst ausgenommen werden? Er braucht Männer. Die kaiserliche Gendarmerie soll die Fahnenflüchtigen jagen. Und wenn die Einheiten aus Deutschland, die nach Spanien sollen, die französische Grenze überschreiten, soll jeder Soldat drei Francs erhalten.

»Lassen Sie in Paris Lieder schreiben«, sagt Napoleon zu Innenminister Maret. »Schicken Sie sie dann in alle Städte, durch welche die Soldaten ziehen. In diesen Liedern soll die Rede sein vom Ruhm, den die Armee erworben hat, und von dem Ruhm, den sie noch erwerben wird.«

Am Mittwoch, dem 21. September, begibt er sich nach Paris. Er steigt am Boulevard des Capucines aus der Kutsche und besichtigt die dortigen Bauarbeiten. Danach nimmt er in der Sablons-Ebene eine Parade holländischer Soldaten ab. Er kann sich nicht satt sehen am Vorbeimarsch seiner Regimenter.

Und dann kommt schon die Nacht. Er geht wieder zu Maria. Bereits morgen werde er nach Erfurt unterwegs sein, sagt er. Danach wolle er nach Spanien aufbrechen. Maria Walewska bleibt stumm, aber er spürt ihre Unruhe. Sie versteht nicht, warum er immer an der Spitze seiner Armeen sein muß. Muß er wirklich immerzu kämpfen?

Ganz leise, wie zu sich selbst, sagt er: »Um einen Krieg planen zu können, muß man schon oft Krieg geführt haben.« Dann steht er auf und sagt etwas lauter: »Im Krieg sind die Menschen nichts, aber ein Mann ist alles.«

Und er ist dieser Mann.

18

Als Napoleon an diesem Donnerstag, dem 22. September 1808, um fünf Uhr morgens in die Berline steigt, ist es noch dunkel. Als er zurückblickt, glaubt er in den Gängen die Gestalt von Joséphine zu erblicken und hinter ihr die Damen ihres Gefolges. Er gibt dem Oberst, der die Eskorte aus Gardejägern befehligt, sogleich das Zeichen zur Abfahrt. Die Kutsche setzt sich in Bewegung und nimmt die Straße nach Châlons.

Er fühlt sich endlich frei. Schon seit Tagen hat Joséphine auf ihn eingeredet, daß sie mitwolle nach Erfurt. Er hat es abgelehnt. Sie hat insistiert. Sie wolle den Aufführungen beiwohnen, die Schauspieler der Comédie-Française jeden Abend geben, sowie den Festlichkeiten und Diners. Habe sie denn nicht das Recht, unter den Königen und vor dem Kaiser von Rußland aufzutreten? Sei sie denn nicht Kaiserin?

Er hat nicht geantwortet. Er ist glücklich, daß er nicht nachgegeben hat. Er ist allein wie ein junger Mann, für den man eine Braut sucht. Er läßt sich vom Rumpeln der Kutsche wiegen. Er muß den versammelten Souveränen und zuerst Alexander I. zu verstehen geben, daß er eine neue Gattin sucht, die seiner würdig ist, um die Zukunft seiner Dynastie zu sichern. Diese beabsichtigte Heirat kann ein Trumpf in seinem politischen Spiel sein, ein Mittel, die Allianz noch enger zu gestalten. Warum denn keine russische Großherzogin? Alexander I. hat doch zwei unverheiratete jüngere Schwestern.

Er hebt den Kopf. Der Tag bricht an über den grauen Hochebenen in Lothringen. Der Wagen kommt oft nur langsam voran. Ungeduldig beugt er sich hinaus. Die Straße ist verstopft von Gepäckwagen und Kutschen, von Reitpferden und Karossen, von Reitern in kaiserlichen Livreen.

In einer der Kutschen glaubt er Mademoiselle Bourgoing zu erkennen, mit ihrem spitzen Kinn, ihren Locken und ihrem schelmischen Blick. Er erinnert sich an die Verschlagenheit dieser hübschen Schauspielerin, die sich ihm hingab, obwohl sie die Mätresse von Chaptal war. Der arme Chaptal hat über dieser Affäre sein Ministeramt verloren!

Er bittet Méneval, der ihm gegenüber in einer Ecke der Berline sitzt, ihm die Liste der nach Erfurt eingeladenen Schauspieler zu nennen. »32«, sagt er leise, nachdem Méneval seine Aufzählung beendet hat.

Unwillkürlich berechnet er die Reisekosten auf 1000 Écus pro Kopf, dazu kommen Gratifikationen von mehreren tausend Francs für die obersten Würdenträger, beträchtliche Ausgaben!

»Ich werde Deutschland mit meiner Großzügigkeit erstaunen«, sagt er. Die Straße ist inzwischen wieder frei, draußen ist es schön, kalt und trocken. Die Dörfer heben sich vom blauen Horizont ab.

»Am ersten Tag werden wir *Cinna* spielen lassen«, sagt er noch, »das tut den Männern mit melancholischen Gedanken gut, von denen Deutschland voll ist.«

Er schließt die Augen. Die Partie wird hart werden. Er muß zugleich der Arrangeur und der Sieger sein. Er hat die Könige von Sachsen, Württemberg und Bayern eingeladen, die Fürsten, Großherzöge und Herzöge aus Deutschland und Polen, dazu Diplomaten und die Marschälle Oudinot, Davout, Lannes, Berthier, Mortier, Suchet, Lauriston, Savary und Soult. Natürlich auch Champagny. Talleyrand wird als Oberkammerherr dabeisein.

Er hat es eilig, in Erfurt anzukommen, wo sich Talleyrand schon eingerichtet hat. Er fragt sich, ob er recht daran getan hat, den Fürsten von Benevent mit der Abfassung eines Entwurfs für einen Vertrag mit Alexander I. zu beauftragen, um die Allianz von Tilsit zu erneuern und eine russische Intervention vorzusehen, falls Österreich Frankreich angreifen sollte.

Um 20 Uhr erreichen sie Châlons. Napoleon zieht sich mit Méneval zurück, um die von Talleyrand vorbereiteten Texte zu prüfen. Der Fürst von Benevent scheint die Österreich betreffenden Passage im Vertragstext ausgelassen zu haben. Aber die war doch das Wichtigste! Er hat ein seltsames Vorgefühl.

Der käufliche und bleiche Talleyrand wird vielleicht sein eigenes Spiel spielen, Wien schonen, um seine eigene Zukunft vorzubereiten. Denn auch er zieht wohl Napoleons Sturz, seinen Tod ohne Erben in Erwägung. Er braucht einen Sohn.

Napoleon diktiert eine Depesche an Marschall Oudinot, der in Erfurt die prestigevollsten Schwadronen zusammenziehen soll, zur Vorbereitung der Paraden vor Zar Alexander. »Ich möchte, daß Alexander vor den Verhandlungen durch das Schauspiel meiner Macht geblendet wird. So etwas macht jede Verhandlung einfacher.«

Er fährt über Metz, Kaiserslautern, Mainz, Frankfurt. Er schläft nur wenige Stunden und bricht immer wieder um 4 Uhr früh auf. Nur für Truppenparaden macht er halt. Man muß ihn sehen. Hinter Frankfurt verläßt er seine Berline am ganzen Montag, dem 26. September, nicht mehr und fährt auch die folgende Nacht durch.

Um neun Uhr morgens rollt er endlich in Begleitung von General Berthier nach Erfurt hinein, einer französischen Enklave innerhalb der Rheinbund-Staaten. Die Kutsche fährt an der Gera entlang, von den Schwadronen der Garde begleitet. Um den Gouvernementspalast, wo einst der Statthalter des Erzbischofs residierte, drängt sich eine Menschenmenge. Er sieht die auf dem benachbarten Hirschgartenplatz angetretenen Truppen.

Kaum grüßt er die Marschälle, schon ruft er Befehle und diktiert einen Brief an Cambacérès. Er hat keine Zeit zu verlieren. Er muß alle Teilnehmer dieser Versammlung beeinflussen. Er begibt sich zum König von Sachsen. Aber vor allem muß er Alexander zu seinen Ansichten bekehren.

Um 14 Uhr ist er schon im Sattel. Um ihn herum scharren die Pferde der Marschälle mit den Hufen. Die Gardeschwadron hält sich etwas weiter hinten, während sich der Zug in Richtung

Weimar in Gang setzt, dem Zaren entgegen. Die ersten Augenblicke werden so entscheidend sein wie der erste Schußwechsel in einer Schlacht.

In Münchenholzen hält er an und sieht den Wagen von Alexander I. näher kommen. Alexander steigt aus. Napoleon setzt den Fuß auf den Boden. Er umarmt den Zaren. Dann reiten sie nebeneinander nach Erfurt hinein. Die Generalstäbe vermischen sich. In der klaren Luft wirbeln die Hufe feinen weißen Staub auf.

An allen Kirchen läuten die Glocken. Kanonen feuern Salven ab. Soldaten in ihren bunten Uniformen salutieren.

»Der Zar scheint durchaus geneigt, meine Wünsche zu erfüllen«, sagt Napoleon zu Talleyrand, als er allein mit ihm in seinem Palast ist. Er geht auf und ab, während Constant und Rustan ihm die Paradeuniform bringen.

Als der Zar später zu ihm kommt, begrüßt ihn Napoleon mit offenen Armen und stellt Talleyrand vor. »Wir sind alte Bekannte«, sagt der Zar, »und ich bin erfreut, ihn zu sehen. Ich hatte gehofft, er würde auch hier sein.«

Napoleon schaut Talleyrand an, dann Caulaincourt, den Botschafter in Sankt Petersburg, der mit dem Zaren nach Erfurt gekommen ist. Zwischen beiden Männern herrscht ein sonderbares Einverständnis. Sind sie Komplizen? Ihre übertriebene Zuvorkommenheit dem Zaren gegenüber ärgert ihn. Er will seinen aufkeimenden Verdacht verdrängen. Er wird Alexander I. überzeugen können.

Am nächsten Tag erwartet er in seiner Residenz Baron Vincent, der einen Brief des österreichischen Kaisers Franz I. überbringen soll. Im Salon herrscht eine stickige Atmosphäre. Die Marschälle drängen sich um einen Tisch. Der Zar ist von seinen Offizieren umgeben. Napoleon hört, wie er mit Erzherzog Karl auf deutsch spricht.

Talleyrand steht ausdruckslos auf der anderen Tischseite. Im Halbdunkel entdeckt Napoleon Caulaincourt. Dieses Duo gefällt ihm wirklich nicht.

Bei den Gesprächen, die er am Morgen mit Alexander geführt

hat, bekam er den Eindruck, daß der Zar auswich und sich weigerte, auf die Frage eines Bündnisses gegen Österreich für den Fall eines Angriffs einzugehen. Er hat bei Alexander eine unerwartete Entschlossenheit sowie Zurückhaltung und Kälte hinter der manierierten Höflichkeit und den Freundschaftsbekundungen bemerkt. Dies war nur die erste Begegnung, aber der Widerstand des Zaren war überraschend.

Er scheint sich nicht einwickeln lassen zu wollen, als kenne er mein Vorgehen und mein Ziel!

Napoleon schiebt seine linke Hand unter die Weste, die rechte hält er Baron Vincent hin, der ihm das Schreiben des österreichischen Kaisers überreicht. Er werde den Brief lesen und den Baron am Donnerstag in Privataudienz empfangen, sagt er.

Er zieht sich zurück. Die Depeschen, die aus Wien eintreffen, bestätigen, daß Österreich weiterhin aufrüstet und daß es sich weigert, Murat als König von Neapel und Joseph als König von Spanien anzuerkennen. Aber was will es denn? Wenn Alexander sich weigert, auf Wien Druck auszuüben, bedeutet das Krieg. Er muß aber so spät wie möglich ausbrechen, nämlich erst nach Regelung der spanischen Angelegenheit.

Er empfängt Baron Vincent. Er will den Gesandten des österreichischen Kaisers seinen Zorn und seine Entschlossenheit spüren lassen.

»Muß sich denn Österreich immer in meinen Weg stellen und meine Pläne behindern?« sagt er. »Ich wollte mit Ihnen in gutem Einvernehmen leben.«

Er geht im Salon des Regierungspalastes auf und ab. Er schaut Baron Vincent nicht an.

»Was beabsichtigen Sie? Der Vertrag von Preßburg hat Ihr Schicksal unwiderruflich entschieden. Suchen Sie etwa den Krieg?«

Er tritt nahe an den Österreicher heran und fixiert ihn. »Ich muß mich darauf vorbereiten, und es wird furchtbar für Sie sein. Ich wünsche keinen Krieg, fürchte ihn aber auch nicht. Meine Mittel sind ungeheuer. Kaiser Alexander ist und bleibt mein Verbündeter.«

Aber ist das so gewiß?

Sie treffen sich jeden Tag. Vormittags verhandeln sie, dann gehen sie zusammen auf die Jagd. Sie besichtigen gemeinsam das Schlachtfeld von Jena, auf dem eine Treibjagd stattfindet. Das zusammengetriebene Wild wird erlegt, Wildschweine, Rehe und Hirsche werden blutend vor den Monarchen aufgehäuft. Napoleon geht beiseite, zieht sich in das Zelt zurück, in dem er die Herrscher empfängt.

Es gefällt ihm nicht, daß sich dieses Gemetzel auf einem Gelände abspielt, wo Soldaten gegeneinander gekämpft haben. Eine grausame und überflüssige Schlächterei. Erst als er von der Schlacht erzählt, weicht seine schlechte Laune allmählich. Alexander hört aufmerksam und bewundernd zu. *Habe ich ihn vielleicht gewonnen?*

Bei den Theateraufführungen gibt sich der Zar begeistert, und als Talma in einer Szene von Voltaires *Ödipus* deklamiert: »Die Freundschaft eines großen Mannes ist eine Gabe der Götter«, beugt sich Alexander vor, ergreift die Hand von Napoleon und schüttelt sie mit großem Nachdruck.

Am nächsten Tag führt Napoleon ein sehr lebhaftes Gespräch mit Alexander. Von Zeit zu Zeit bleibt er vor dem Zaren stehen, der ihn charmant anlächelt und ihm zuzustimmen scheint, dann aber plötzlich auf Mademoiselle Bourgoing zu sprechen kommt, diese so bemerkenswert talentierte Schauspielerin, diese Frau, die ihn anzieht.

»Ist sie zugänglich?« fragt Alexander I.

Napoleon lächelt. Er fühlt sich als der Ältere und Erfahrenere. »Mir wäre es lieber, wenn Sie der Versuchung widerstehen könnten«, sagt er und gibt zu verstehen, daß er aus Erfahrung spricht, ganz wie er es gegenüber einem Regimentskameraden getan hätte. Die Männer, ob Leutnants oder Könige, sind alle aus demselben Stoff. Mademoiselle Bourgoing sei auch sehr geschwätzig, fügt er hinzu.

»In fünf Tagen wüßte man in Paris, wie Eure Majestät von Kopf bis Fuß beschaffen ist«, sagt er.

Alexander lacht und verneigt sich. Nach einem komplizenhaften Blick verläßt er das Zimmer.

Napoleon beruhigt sich. Er muß sich weiterhin darum bemühen, jene Vertrautheit im Umgang mit Alexander herzustellen, die in Tilsit geherrscht hat. So wird er ihn auch überzeugen können und ihm zu verstehen geben, daß ihr Bündnis um eine Garantie gegenüber Österreich erweitert werden muß.

Als er am Abend aus dem Theater zurückkommt, kann er nicht einschlafen. Mitten in der Nacht empfindet er heftige Schmerzen in der Brust und bekommt zugleich keine Luft mehr. Schweißgebadet wacht er auf. Er sieht Schatten im Raum. Er denkt an die Ermordung von Zar Paul I., die Menschen aus der Umgebung von Alexander I. ausgeführt haben, nach Befehlen dieses vatermörderischen Sohnes. Er rollt sich zusammen. Dann erkennt er Constant und Rustan. Sie reiben ihn trocken. Er steht auf und beginnt einen Brief an Joséphine.

Auf einem Ball, den Alexander in Weimar gibt, sieht Napoleon den Zaren elegant tanzen. Er geht im Saal umher, die Hände auf dem Rücken verschränkt. Die Monarchen verbeugen sich vor ihm. Er erkennt Goethe, jenen kleinen Mann, der eines Morgens in Erfurt seinem Lever beigewohnt hat. Er geht zu ihm.

»Ich bin erfreut, Sie zu sehen, Herr Goethe.«

Er schaut sich um. Mit Ausnahme vielleicht von Alexander gibt es in diesem Ballsaal so viele Automaten und Marionetten, so viel Dummheit, die sich unter Uniformen und Pracht verbirgt.

»Sie sind ein Mensch, Herr Goethe. Ich weiß, daß Sie der größte Tragödiendichter Deutschlands sind.«

Dicht bei Goethe steht Wieland. »Herr Wieland, bei uns nennt man Sie den Voltaire Deutschlands.«

Napoleon dreht sich um. Alexander tanzt immer noch.

»Aber warum schreiben Sie in diesem zweideutigen Genre, das die Geschichte in den Roman und den Roman in die Geschichte verpflanzt? Bei einem so bedeutenden Mann wie Ihnen sollten die Genres deutlich gegeneinander abgegrenzt sein. Jede Vermischung führt leicht zur Verwirrung.«

»Die Gedanken der Menschen sind manchmal mehr wert als ihre Taten«, sagt Wieland, »und die guten Romane sind mehr wert als das ganze Menschengeschlecht.«

Napoleon schüttelt den Kopf. »Wissen Sie, wohin das führt, wenn man die Tugenden immer nur in Fiktionen zeigt? Man glaubt dann leicht, daß es Tugend nur als Chimäre gibt. Die Historie ist oft genug von den Historikern selbst verleumdet worden.«

Er hält inne. »Tacitus zum Beispiel«, fährt er fort. »Kennen Sie einen größeren und ungerechteren Verleumder der Menschheit? Bei Tacitus habe ich nie etwas lernen können. Noch für die kleinste Tat findet er ein verbrecherisches Motiv. Habe ich nicht recht, Herr Wieland?«

Dann zeigt er auf den Ballsaal. »Aber ich störe Sie. Wir sind ja nicht hier, um über Tacitus zu reden. Schauen Sie nur, wie gut Zar Alexander tanzt.«

Er hört, daß Wieland sagt: »Eure Majestät spricht wie ein *homme de lettres*. Ich weiß, daß Sie diesen Titel nicht verschmähen.«

Napoleon erinnert sich. Einst hat auch er davon geträumt, ein Schriftsteller zu werden wie Jean-Jacques. Aber das geschah so weit weg von diesem Ort hier, damals in seinem Zimmer in Valence.

Wieland und Goethe sprechen nun von den Leidenschaften der Menschen, die eines Tages von der Vernunft beherrscht würden. Napoleon trifft schon Anstalten, sich wieder zu entfernen, sagt aber zuvor noch: »Das sagen auch alle unsere Philosophen. Aber ich suche diese Kraft der Vernunft und kann sie nirgends finden.«

Plötzlich fühlt er sich müde und allein inmitten der geschmückten Menge. Ihn befällt die Gewißheit, daß er sich über Alexander täuscht, daß er sich etwas vormacht, wenn er glaubt, ihn zu seinen Ansichten bekehren zu können.

Am Morgen hat er beschlossen, sich Klarheit über die Haltung des Zaren zu verschaffen. Er antwortet Alexander nicht, der beim Betreten des Salons, in dem ihre täglichen Unterredungen stattfinden, voller Begeisterung vom Ball in Weimar spricht, von der Anmut und der Vornehmheit von Prinzessin Stéphanie de Beauharnais, der Gattin von Erbprinz Karl von Baden, des Bruders der Zarin. »Stéphanie de Beauharnais ist meine Schwiegertochter«, sagt Alexander.

Napoleon hört ihm eine Weile zu, geht dann aber mit trockener Stimme auf das Problem Österreich ein und dessen Kriegsdrohung gegen Frankreich. Allein eine diplomatische Intervention von Alexander I. könne den Frieden retten. Ob der Zar dazu bereit sei.

Alexander scheint nicht gehört zu haben. Es muß aber Klarheit erzielt werden. Napoleon nimmt seinen Hut, wirft ihn zu Boden, trampelt darauf herum und schreit, daß er eine eindeutige Antwort möchte.

Alexander steht auf und geht zur Tür. »Sie sind brutal, und ich bin hartnäckig«, sagt er. »Zorn bewirkt bei mir gar nichts. Reden wir, überlegen wir, oder ich gehe.«

Napoleon nimmt ihn lachend beim Arm und führt ihn in die Mitte des Salons zurück, setzt sich neben ihn und beginnt eine Unterhaltung. »Stéphanie de Beauharnais ist eine Frau mit Esprit«, sagt er.

Nun weiß er Bescheid. Alexander wird niemals ein Abkommen unterschreiben, das ein Bündnis mit Frankreich gegen Österreich bedeuten würde. Jetzt sind die Positionen beider Seiten endlich geklärt. Er hat mehrere Tage mit nutzlosen Vorstößen verloren, aber er hat sich auch nicht täuschen lassen.

Hat sich Talleyrand an Wien verkauft, wie er ahnt, und Alexander zu seinem Widerstand ermutigt? Wird er diesen Verrat jemals beweisen können?

Aber so sind die Dinge und die Menschen nun einmal. Man muß ihnen ins Auge sehen, seine Ziele ändern und dafür sorgen, daß der Krieg, den Wien vom Zaun brechen will, so spät wie möglich beginnt.

Er muß also wieder einmal Krieg führen hier in Deutschland. Er betrachtet die Landschaften mit einer Mischung aus Bitterkeit und Melancholie. Er hat den Frieden nicht durchsetzen können. Er fühlt sich nicht mehr interessiert an dem, was er hier sieht. In Gedanken ist er schon woanders, in Spanien, wohin er eilen muß, sobald er Erfurt verlassen hat. Danach muß er den Armeen von Österreich entgegentreten.

Er nimmt Platz zu einem der Diners, an denen er keine Freude mehr hat. Zu seiner Rechten sitzen der Zar, die Könige von Westfalen und Württemberg. Zu seiner Linken die Herzogin von Weimar, die Könige von Bayern und von Sachsen. Er spricht von den Ursprüngen der deutschen Reichsverfassung, und man staunt über seine Kenntnisse. Er schaut die versammelten Monarchen an.

Dann spricht er von seinen Jahren in der Garnison und der Zeit, die er damals hatte, um zu lesen und zu studieren und Notizhefte zu füllen.

»Als ich Leutnant der Artillerie war ...«, beginnt er und schaut dabei die Monarchen nacheinander an. Dann verbessert er sich und sagt: »Als ich die Ehre hatte, Leutnant der Artillerie zu sein.«

Er bedauert diese Reaktion seines Stolzes nicht. Das ist er gewesen. Und nun ist er Kaiser. Alexander gegenüber muß er seine Taktik ändern. Auf dem Schlachtfeld geht es auch oft so. Wenn man den Feind nicht frontal überrennen kann, greift man ihn von den Flügeln an. Soll sich nur niemand vorstellen, daß er zurückweicht. Er wird im Gegenteil nicht auf eine der Festungen verzichten, über die er in Deutschland entlang der Oder verfügt und die von Nutzen sein werden in jenem Krieg, den Alexander nicht verhindern wollte und den Wien wünscht.

Am Mittwoch, dem 12. Oktober, unterschreibt er eine Konvention, die eine bloße und sehr vorsichtige Erneuerung des Bündnisses von Tilsit ist. Zu Berthier sagt Napoleon: »Ich habe sie mit geschlossenen Augen unterschrieben, um nicht in die Zukunft zu blicken.« Aber er kennt die Zukunft.

Er hat Alexander vorgeschlagen, einen Brief an den englischen König Georg III. zu richten. Er hat ihn selbst formuliert: »Der Frieden liegt im Interesse der Völker des Kontinents und zugleich in jenem der Völker Großbritanniens. Man muß den langen und blutigen Krieg beenden, zum Besten Europas.« Aber das will England nicht hören.

Am Freitag, dem 14. Oktober 1808, reitet er neben Alexander auf der Straße nach Weimar. Um ihn herum reiten die Mitglieder der Generalstäbe. Die Truppen salutieren. In der Ferne läuten die Kirchenglocken von Erfurt. Kanonen donnern.

Er hält sein Pferd genau an derselben Stelle an, wo er 18 Tage zuvor Alexander I. empfangen hat. Seither sind alle Illusionen und Hoffnungen verflogen.

Der Wagen des Zaren wartet mitsamt seiner Eskorte. Napoleon umarmt Alexander. Einige Sekunden lang faßt er ihn bei den Schultern, dann sieht er zu, wie er in die Kutsche steigt. Er fühlt sich sehr schwer, richtet sich langsam auf seinem Pferd auf und nimmt dann wieder die Straße nach Erfurt hinein.

Dort ist es jetzt still. Weder Glocken noch Kanonen. Nur das trockene Stampfen der Pferdehufe auf dem von leichtem Dauerregen feuchten Boden.

Napoleon reitet allein im Schritt vor seinem Generalstab. Er hält den Kopf gesenkt. Er läßt sich von seinem Pferd führen. Er schließt die Augen, um das nicht zu sehen, was er sich ausmalt.

Fünfter Teil

»Unmöglich? Dieses Wort kenne ich nicht.«

14. Oktober 1808 – 23. Januar 1809

19

Am Abend des 14. Oktober 1808, einem Freitag, reist Napoleon aus Erfurt ab. Es regnet, und es ist kalt. Er hat sich unter eine der Öllampen gesetzt, die man in der Berline angezündet hat. Er liest die Depeschen, die aus Paris und aus Spanien eingetroffen sind. Ihm genügen einige Sätze von General Clarke oder die Hilfsgesuche von Joseph, der Verstärkung verlangt und unsinnige Operationen vorschlägt, um sich vorzustellen, wie die Lage seiner Soldaten inmitten eines aufständischen Volkes sein muß. Sie werden ermordet. Sie plündern. Sie massakrieren. Sie haben Angst. Die Engländer unter John Moore sind nun einige zehntausend. Sie kamen über Portugal, um in Spanien zu kämpfen.

Er schiebt die Depeschen beiseite. Er diktiert einen Brief an General Junot, der sich den Engländern in Cintra ergeben hat und, den Klauseln der Kapitulationsurkunde gemäß, nach Frankreich zurückgeschickt wurde.

»Der Kriegsminister hat mir alle Ihre Memoranden unterbreitet. Sie haben nichts Ehrenrühriges getan. Sie retten meine Truppen, meine Adler und meine Kanonen. Ich hatte aber gehofft, Sie würden mehr erreichen. Ich werde Ihr Verhalten öffentlich billigen. Was ich Ihnen vertraulich schreibe, ist nur für Sie bestimmt.« Napoleon schweigt einige Minuten, dann diktiert er weiter: »Noch vor Ende des Jahres werde ich selbst Sie in Lissabon ablösen.«

Er ist sehr angespannt. Er will nicht, daß man Rast macht, außer zum Umspannen. Man durchquert Frankfurt und erreicht Mainz.

Eine Partie ist zu Ende gegangen. Eine andere beginnt. Wie er es gedacht hat, muß er selbst an die Spitze der Truppen, muß er in Madrid und Lissabon einziehen. Er muß diese Revolte niederschlagen und die Engländer von der Halbinsel vertreiben.

Seine besten Soldaten stehen am Nordufer des Ebro. Er hat befohlen, daß sie auf die Spanier warten sollen, um im geeigneten Moment ihr Zentrum anzugreifen, sich dann zurückzuziehen und sie einzukreisen. Aber Joseph, der nicht in der Lage ist, eine militärische Aktion zu leiten, hat andere Befehle gegeben, und Ney und Lefebvre, von ihrem Elan mitgerissen, haben sie auf den Flügeln angegriffen und einen Erfolg errungen. Aber sie haben nicht verstanden, daß nur ein Sieg zählt, der den Feind vollständig vernichtet.

Er diktiert einen Brief an Joseph: »Im Krieg braucht man klare und vernünftige Gedanken. Was Sie vorschlagen, ist nicht machbar.« Er solle seine Ankunft abwarten.

Er will, daß man schneller fährt. Er muß diese spanische Partie gewinnen, um dann zurückzukommen und Österreich zu besiegen. Ja, wenn er in Erfurt gekonnt hätte …

Er spürt kein Bedauern. Er hat das Mögliche getan, aber Alexander war nicht zu fassen. Er nimmt einen neueren Polizeibericht zur Hand.

In Erfurt hat sich der Zar jeden Abend nach dem Theater zur Prinzessin von Thurn und Taxis begeben, wo er mit Talleyrand zusammentraf. Jeden Abend haben sie sich dort mehrere Stunden lang gesprochen, oft abseits der anderen Gäste der Prinzessin. Baron Vincent, der Gesandte des österreichischen Kaisers, hat häufig an diesen Unterredungen teilgenommen.

Talleyrand hat mich verraten, denkt er. Seine Politik hat immer darin bestanden, Wien zu schützen. Aber ist er darüber hinausgegangen? Hat er sich nicht damit begnügt, Alexander zu überzeugen, sich ihm nicht anzuschließen, um Österreich zu bedrohen, sondern ihn sogar zum Widerstand angehalten? Wieviel hat der bleiche Fürst dafür aus Wien bekommen? Und was will er? Seine Zukunft sichern, falls Napoleon stirbt oder geschlagen wird? Oder eine europäische Koalition schaffen, die ihn unterwirft? Soll er ihn bestrafen? Oder illusionslos weiterhin verwenden?

Er überlegt eine Weile und diktiert dann einen Befehl an den Fürsten von Benevent. Man muß eben auch seine Feinde benutzen.

»Mindestens viermal in der Woche geben Sie in Ihrem Haus ein Diner für 36 Gäste, überwiegend Abgeordnete, Staatsräte, Minister, damit sie sich regelmäßig treffen und damit Sie alle kennen und ihre Intentionen erfahren.« Der bleiche Fürst soll wie ein Knecht dienen.

Er empfindet tiefen Ekel. Im Grunde achtet er nur Männer, die sich in einer Schlacht dem Feuer aussetzen. Alle anderen sind schleimig und beschmutzen einen, wenn man ihnen zu nahe kommt.

Am Dienstag, dem 18. Oktober 1808, hält er kurz vor Mitternacht am Schloß von Saint-Cloud. Joséphine sieht er erst am nächsten Mittag. Sie hat den ängstlichen Blick, den er nicht leiden kann. Sie stellt keine Fragen, aber ihre Augen setzen ihm zu. Sie weiß genau, daß er nur auf eine Gelegenheit wartet, um sich von ihr zu trennen, um eine jener Verbindungen einzugehen, die er allen Mitgliedern seiner Familie aufgezwungen hat. Und warum nicht auch er?

Aber sie wagt nicht, ihn direkt danach zu fragen. Sie beklagt sich nur, als er ihr mitteilt, daß er nur wenige Tage in Paris bleiben wird. Er will der Eröffnungszeremonie der Gesetzgebenden Versammlung beiwohnen und will sich auch mit ihr, der Kaiserin, in den Straßen der Hauptstadt zeigen sowie die Arbeiten am Louvre und am Seine-Ufer besichtigen. Danach wird er zur Spanien-Armee stoßen.

Sie hängt sich an ihn. Muß er also wieder in den Krieg? Hört das denn niemals auf?

Er weist sie zurecht. Er schiebt sie beiseite. Glaubt sie denn, er würde nicht viel lieber ein weiches Bett genießen, statt durch den Schlamm der Biwaks zu stapfen? Er schlägt die Tür zu und schließt sich in seinem Arbeitskabinett ein. Er trifft Cambacérès, Fouché und die Minister. Sie wagen nicht, wie Joséphine zu reden, aber er spürt ihre Vorbehalte.

Ja, schon wieder Krieg! Aber was kann er dafür? England hat auf das Friedensangebot mit unannehmbaren Forderungen geantwortet. Warum sollte es die Kämpfe einstellen, da seine Truppen gerade Erfolge erringen und Österreich aufrüstet? Er hat keine

Gewalt über die Ereignisse. Er gehorcht ihnen. Das ist seine Pflicht gegenüber Frankreich. Sein Schicksal.

In der Nacht des 28. Oktober, einem Freitag, läßt er seine Kutsche in der Rue de la Victoire halten. Er überrascht Maria Walewska im Schlaf. Bei der Liebe und dann beim Abschied erlebt er starke Gefühle. Das ist sein Leben.

Dann bricht er nach Rambouillet auf, und von dort geht es weiter über Tour und Angoulême nach Bayonne.

Schnell. Er sagt nur dieses eine Wort. In Saint-André-de-Cubzac läßt er die Kutsche anhalten. Die sandigen Wege in den Landes mindern die Fahrgeschwindigkeit, und das erträgt er nicht. Er wird den Rest der Strecke zu Pferd bewältigen. Er steigt in den Sattel und galoppiert los. Als er am Donnerstag, dem 3. Oktober, in Begleitung von Duroc in Bayonne ankommt, ist er todmüde. Es ist zwei Uhr morgens. Er taumelt vor Müdigkeit, aber er brüllt schon Befehle. Er will die Depots der Armee inspizieren. Es gibt zuwenig Uniformen, dabei herrscht in Spanien eisige Kälte, und es regnet die ganze Zeit.

»Ich habe gar nichts, ich bin entblößt!« schreit er. »Meiner Armee fehlt es an allem. Die Lieferanten sind Diebe. Nie hat man mich schändlicher bestohlen und verraten.«

Er ist zu müde zum Weiterfahren. Er geht ins Schloß Marracq. Er kann aber nicht schlafen und diktiert einen Brief an General Dejean, den für die Kriegsverwaltung zuständigen Minister. Dann, als wolle er ein Selbstgespräch führen, nimmt er die Feder und schreibt an Joséphine.

Nach kaum einer Stunde Schlaf schreckt er wieder hoch. Er will die für die Depots Verantwortlichen sehen. Er herrscht sie an, verlangt, daß man Versorgungskonvois zusammenstellt, die der Armee folgen. Er läßt eine polnische Schwadron von leichter Kavallerie paradieren und begibt sich dann nach Tolosa, einer kleinen Stadt einige Kilometer südlich von San Sebastian. Er ist in Spanien. Die Partie hat begonnen.

Der große Raum des Klosters, in dem er sich eingerichtet hat, ist eisig. Es regnet in Strömen. General Bigarré kommt herbei, verneigt sich feierlich und macht ihm im Namen von Joseph, dem König von Spanien, seine Aufwartung. Napoleon beachtet ihn nicht. Er hat verstanden, daß sich Joseph für Karl V. hält! »Er ist nicht mehr ganz richtig im Kopf«, knurrt er, »er ist wirklich ein König geworden!«

Dann hört er ein Murmeln. Eine Abordnung von Mönchen kommt herbei. Er sieht die runden Köpfe an und hört, wie sie mit honigsüßen Stimmen ihren guten Willen und ihren Respekt bekunden.

»Meine Herren Mönche«, ruft er ihnen zu, »sollten Sie sich in unsere militärischen Angelegenheiten einmischen wollen, dann lasse ich Ihnen die Ohren abschneiden, das verspreche ich Ihnen.«

Er betritt die Zelle, die man für seine Nachtruhe vorbereitet hat. Bekleidet wirft er sich auf das schmale Bett. Es ist kalt. Es herrscht Krieg.

20

Am 5. November 1808 erreicht er Vitoria. In den Straßen der kleinen Stadt begegnet er Einheiten der Gardeinfanteristen und der berittenen Garde, die nach Burgos aufbrechen, dessen Eroberung er befohlen hat. Wenn die Stadt fällt, gibt es eine Lücke in der spanischen Front, und man kann auf Madrid marschieren.

Die Soldaten erkennen ihn und jubeln ihm zu. Er hält an und grüßt sie mit dem Hut in der Hand, was neue Schreie auslöst: »Es lebe der Kaiser!« Sie, die einfachen Soldaten, von denen er verlangt, ihr Leben zu opfern, sind noch begeistert. Lange schaut er ihrem Defilee zu. Er braucht die Vertrauensbeweise dieser Grenadiere.

Er begibt sich zum Bischofspalast, wo ihn Joseph mit seinem Hofstaat erwartet. Er umarmt ihn nicht, sondern führt ihn gleich beiseite.

»Der Krieg ist ein Beruf«, erklärt er ihm. »Und Sie verstehen nichts davon. Ihre Befehle waren unausführbar.«

Dann sagt er mit so lauter Stimme, daß ihn auch Marschall Ney hören kann, der sich geweigert hat, Joseph zu gehorchen: »Der General, der solche Operationen unternehmen würde, wäre ein Verbrecher.«

Joseph schaut ihn an. Sein Gesicht ist purpurrot. Aber er sagt nichts.

Joseph war nie sehr mutig, denkt Napoleon. Er hängt an seiner Krone. Er wird und muß sich fügen. Es ist mein älterer Bruder, aber ich bin der Kaiser. Ich habe ihn zu dem gemacht, was er ist.

Napoleon ruft seine Befehle. Joseph solle seinem Generalstab in einigem Abstand folgen und sich nicht mehr um militärische Belange kümmern. Er werde Spanien erhalten, sobald es unterworfen sei.

Nachts geht er ein paar Schritte durch Vitoria. Die Soldaten haben ihre Biwaks auf dem großen Platz errichtet. Der Himmel ist so klar, daß man die Sterne zählen könnte. Dieses herrliche Wetter ist vorteilhaft. Es ist so schön und mild wie in den schönsten Mainächten in Frankreich. Er kehrt um und schreibt ein paar Zeilen an Joséphine.

Von Constant und Rustan verlangt er, daß sie ihn wecken, sobald die Adjutanten mit den Depeschen der Marschälle eintreffen. Er muß dort sein, wo man kämpft. Er beschließt, zu Marschall Soult zu stoßen, der die Spanier überrannt und Burgos eingenommen hat. Er reitet so schnell durch die Nacht, daß er in Cubo, auf der Straße nach Burgos, nur in Begleitung eines Adjutanten, Rustans und einiger Jäger ankommt. Der Rest der Eskorte und des Generalstabs hat nicht folgen können.

Er hält an, diktiert einem Offizier einen Brief an Joseph und springt dann gleich wieder in den Sattel. Er hat keine Zeit, um auf die Eskorte zu warten.

Als er in der Stadt eintrifft, ist es noch dunkel. Betrunkene Soldaten torkeln durch die von Resten der Plünderungen übersäten Straßen. Auf dem Platz vor dem Palast des Erzbischofs werden in großen Feuern Kirchenmöbel verbrannt. Es herrscht ein bestialischer Gestank. Leichen liegen inmitten von Unrat und ausgeweideten Pferden. Schreie von Frauen übertönen die Gesänge der Soldaten.

Er geht an den Soldaten vorbei, die ihn nicht erkennen, so sehr sind sie mitgerissen von der Furie des Trinkens, Vergewaltigens und Plünderns. Das Zimmer im Bischofspalast, in dem er schlafen soll, ist verdreckt, die Möbel sind zerschlagen. Man hat darin drei bewaffnete Spanier entdeckt.

Er setzt sich auf das beschmutzte Bett des Erzbischofs. Er ist todmüde. Er hat Hunger. Er ist wieder zum Offizier auf einem Feldzug geworden. Als ob er nie den Luxus der Schlösser gekannt hätte. Rustan bringt ihm ein Stück gebratenes Fleisch, dazu Brot und Wein. Er hat es von den Grenadieren erhalten, die auf dem Platz biwakieren. Er sitzt breitbeinig da und ißt in diesem schmutzigen, stinkenden und schlecht beleuchteten Zimmer. Dann legt er sich mit Stiefeln und den von Staub und Schlamm verdreckten Kleidern auf das Bett.

Am nächsten Morgen schaut er noch eine Weile die Rauchsäulen an, die weiterhin über Burgos aufsteigen. Häuser brennen bis auf den Grund nieder. Er bestellt seine Adjutanten zu sich. Er will die Positionen der verschiedenen Armeen wissen, der von Soult, Ney, Victor und Lannes. Die Offiziere müssen wieder Disziplin in die Truppen bringen, damit die Plünderungen aufhören. Er will die Stadt und die Depots inspizieren, die von Lebensmitteln überquellen.

Auf dem Platz hört er die ersten Schreie: »Es lebe der Kaiser!«

»An alldem ist der Wein mehr Schuld als alles andere«, sagt er. Man könne keine Armee führen, wenn die Soldaten trinken und plündern. Jeden Tag wolle er eine Parade abhalten.

Er geht in den Bischofspalast zurück, den die Gardegrenadiere schon zu säubern begonnen haben. In den folgenden Stunden treffen die ersten Kuriere ein und melden die Siege von Soult in Reinosa, von Victor in Espinosa, von Lannes in Tudela. Die Spanier unter Castañedos sind auf der Flucht genau wie die Engländer von Moore. Er beugt sich über die Karten. Nun kann man auf Madrid marschieren.

Bevor er Burgos verläßt, besucht er die Verwundeten, die sich in einem Kloster drängen. Er sieht die verstümmelten Männer, die an Wundbrand leiden und auf verschimmeltem Stroh liegen. Sie stehen auf, salutieren dem Kaiser und erzählen, was sie erlebt haben oder was sie gehört haben.

Hauptmann Marbot, der Adjutant von Lannes, ist beim Überbringen der Depeschen an den Kaiser verwundet worden. Unterwegs habe Marbot einen jungen Offizier des 10. Jagdregiments gesehen. »Er trug noch seine Uniform und war an Händen und Füßen an ein Scheunentor genagelt. Der Unglückliche hing mit dem Kopf nach unten über einem Feuer, das man vor ihm angezündet hatte. Er litt aber nicht mehr, sondern war schon tot, doch aus seinen Wunden lief noch immer das Blut.«

Napoleon sagt nichts. Er erinnert sich an die blutbeschmierten Depeschen des verwundeten Marbot, die man ihm übergeben hatte. Man muß diesen Krieg zu Ende bringen, diesem blutigen Morast entkommen.

Er geht durch die Reihen der Verwundeten und läßt jedem Offizier acht Goldstücke und jedem Soldaten drei aushändigen. Dann verläßt er das Kloster und nimmt die Straße nach Aranda.

Er lenkt sein Pferd auf den steinigen Weg. Die Adjutanten und die Eskorte können ihm kaum folgen. Er scheint keine Müdigkeit zu spüren. Er will in Madrid einziehen.

Von Aranda aus sieht er am Horizont die Sierra de Guadarrama. Generaladjutant Bacler d'Albe, der Chef der Stabsgeographen, hat in Burgos auf der Karte unter diese Felsbarriere einen dunklen Strich gezogen. Dahinter liegt Madrid. Über das Gebirge führt nur eine schmale Passage, der Somosierra-Paß.

Gemeinsam mit Bacler d'Albe beugt sich Napoleon über die Karte. Sie stehen so dicht beieinander, daß sich ihre Köpfe fast berühren. Napoleon schaut auf.

Er vertraut diesem Menschen, den er seit Jahren kennt und den er auf Feldzügen immer nahe bei seinem Zelt haben will. Bacler d'Albe hat auf der Karte den Weg zum Paß mit farbigen Stecknadeln markiert. Der Paß ist höher als 1400 Meter. Die schmale

Straße liegt in einem engen Tal. Und die Plänkler, die zu ersten Erkundungen aufgebrochen sind, berichten, daß sie von Spaniern versperrt wird, die an jeder Serpentine Geschütze aufgestellt haben. Auf dem Gipfel stehe eine letzte Sperre, gehalten von einer Batterie mit 16 Kanonen und Tausenden von Spaniern unter Befehl von Benito San Juan.

»Es ist der einzige Weg«, sagt Napoleon leise.

Man muß also den Somosierra-Paß überqueren, um nach Madrid vorstoßen zu können. Er will sich die Lage selbst anschauen.

Am Mittwoch, dem 30. November, reitet er durch die Straßen des Dorfes Ceroso de Arriba, am Fuß der Bergkette. Die Soldaten jubeln ihm zu. Er befiehlt Oberst Piré, dem Kommandeur der Jägergarde, eine Rekognoszierung vorzunehmen. Inzwischen reitet er an einer polnischen Schwadron der leichten Kavallerie vorbei, insgesamt 250 Reiter, die ihre Pferde kaum zügeln können. Dann sieht er Piré zurückkommen, den Kopf an den Hals des Pferdes gepreßt.

Er ist ganz außer Atem und sagt, die Passage sei unmöglich.

»*Unmöglich*? Dieses Wort kenne ich nicht.«

Napoleon gibt Kozietluski, dem Kommandeur der polnischen Reiter, ein Zeichen. Seine Soldaten stürmen zum Angriff auf den Paß. Sie bilden einen begeisterten Pulk mit ihren königsblau und scharlachrot schillernden Uniformen, ihren auf und ab wogenden schwarzen Schapkas.

Napoleon hört die Detonationen der spanischen Gewehre, dann Schreie, die schließlich vom Kanonendonner übertönt werden. Sie müssen durchkommen. Madrid liegt hinter diesem Paß.

Aber sie strömen in Unordnung zurück. Sie haben angegriffen, ohne eine Lücke in ihren Reihen zu lassen. Mut allein genügt nie.

Napoleon sieht General Montbrun aus den Reihen seines Stabs hervortreten. Montbrun schlägt vor, das Kommando der Polen für einen neuen Angriff zu übernehmen. Der General ist groß, sein vernarbtes Gesicht wird von einem dichten schwarzen Bart bedeckt. Der Ordonnanzoffizier Ségur kommt hinzu. Auch er möchte bei dem Angriff dabeisein.

Napoleon senkt den Kopf. Man muß diesen Paß nehmen. Er sieht, wie Montbrun seine Instruktionen gibt, damit die Reiter größeren Abstand voneinander halten.

Dann sieht er sie im Galopp auf den steilen Anstieg zureiten. Sie verschwinden hinter den Felsen. Man hört eine Gewehrsalve und danach Geschützlärm. Von den Felswänden zu beiden Seiten hallen die Schreie wider: »Es lebe der Kaiser!«

Bald hört man Explosionen vom Gipfel des Somosierra-Passes, der von schwarzem Rauch verhüllt wird. Sie haben ihn erreicht. Sie sind durchgekommen.

Napoleon stürzt voran, gefolgt von seinem Generalstab. Dahinter nahen die Infanteristen der Division Ruffin im Laufschritt. Als er auf der Paßhöhe ankommt, sieht er inmitten der spanischen Leichen Ségur und den polnischen Leutnant Niegolowski liegen, die genau wie Montbrun verwundet wurden.

Napoleon springt vom Pferd. Er sieht die etwa 40 Überlebenden an, von denen die meisten blutverschmiert sind. Er beugt sich hinunter, nimmt sein Kreuz der Ehrenlegion ab und heftet es dem polnischen Leutnant an die Brust.

Dann steigt er wieder aufs Pferd und überquert den Paß. Vor ihm liegt eine weite Ebene. Hinter dem Horizont stellt er sich Madrid vor.

Er galoppiert bis zum Dorf Buitrago. Dort wird er übernachten. Eine Handvoll Männer genügt, um das Schicksal einer Schlacht zu wenden.

Am nächsten Tag nimmt er die Parade der Überlebenden ab. Er zieht seinen Hut. Er richtet sich im Steigbügel auf. Er ruft mit lauter Stimme: »Ihr seid meiner Alten Garde würdig. Ihr seid meine tapferste Kavallerie!«

In den tiefen Stimmen, die ihm mit »Es lebe der Kaiser!« antworten, erkennt das polnische Timbre wieder, den Klang der Stimme von Maria Walewska.

Er treibt sein Pferd an. An diesem Abend will er in den Vororten von Madrid übernachten. Es ist Donnerstag, der 1. Dezember 1808. Vor vier Jahren war der Vorabend der Kaiserkrönung. In einigen Stunden wird er eine weitere Hauptstadt erobern, Madrid, die Stadt von Karl V. und Philipp II.

Bevor er sein Zelt betritt, das man in San Agostino errichtet hat, hebt er die Augen. Der Himmel ist hell. Lange schaut er die Sterne an. Er ist seiner Krone würdig, er ist seinem Schicksal treu.

Als er aufsteht, wird es gerade erst hell am Horizont. Er reitet die Frontlinie ab. Dort hinten, noch vom Dunkel verhüllt, liegt Madrid. Allmählich sieht er die Dächer der Stadt und ihre Paläste auftauchen. Er befiehlt den Angriff für fünf Uhr und zieht sich dann in das Schloß Chamartín zurück, etwa anderthalb Meilen vor der Hauptstadt. Aber er kann nicht so weit von der Kampfzone entfernt bleiben. Er will doch lieber nahe der Angriffslinie biwakieren.

Die Truppen stürmen zum Angriff im milchigen Mondlicht. Die Spanier verteidigen den Retiro-Palast, das Observatorium, die Porzellanmanufaktur, die große Kaserne und das Gebäude von Medina Celí, werden aber geschlagen. Napoleon sieht den Kämpfen von einer Anhöhe aus zu, über die die Kugeln der spanischen Artillerie fegen. Er will die Stadt fallen sehen. Die Stadttore werden eingenommen. Er erteilt den Befehl zur Einstellung der Kämpfe.

Den Spaniern läßt er die dritte Aufforderung zur Kapitulation zukommen. »Es wird ein Generalangriff erfolgen. Mir wäre es aber lieber, wenn sich Madrid zur einer vernünftigen und menschlichen Lösung entschließen könnte.«

Er erwartet die spanische Delegation unter Führung von General Thomas de Morla, der den Adjutanten erklärt, er brauche den ganzen Tag des 4. Dezember, um das Volk von der Notwendigkeit zu überzeugen, den Kampf aufzugeben.

Napoleon will selbst mit den Spaniern sprechen. Er steht mit verschränkten Armen im Vorraum seines Zeltes. Er mustert die drei Unterhändler. Er hört einige Minuten lang zu, wie sie von der Entschlossenheit des Volkes sprechen, dann unterbricht er sie mit einer Geste.

»Den Namen des Volkes führen Sie zu unrecht an«, sagt er. »Wenn Sie es nicht beruhigen können, dann nur, weil Sie es selbst aufgestachelt und durch Lügen in die Irre geführt haben.«

Er tritt einen Schritt vor. »Versammeln Sie alle Priester, Äbte, Ortsvorsteher, Grundbesitzer. Wenn sich die Stadt bis morgen früh um sechs nicht ergeben hat, wird sie aufhören zu bestehen.«

Er tritt nahe an General Morla heran. »Sie haben französische Gefangene ermordet, die Ihnen in die Hände gefallen waren. Noch vor wenigen Tagen haben sie zwei Domestiken der russischen Botschaft durch die Straßen schleifen und totschlagen lassen, die von Geburt Franzosen waren.«

Wenige Stunden zuvor hatte er erfahren, unter welchen Bedingungen die Gefangenen aus der Armee von General Dupont auf der Insel Cabrera festgehalten werden.

»Die Ungeschicklichkeit und die Feigheit eines Generals«, ruft er aus, »hat Truppen in Ihre Gewalt gebracht, die auf dem Schlachtfeld kapituliert hatten. Der Kapitulationsvertrag ist nicht eingehalten worden. Wie können Sie eine förmliche Kapitulation verlangen, Herr Morla, wo Sie das Abkommen von Baylen nicht eingehalten haben?«

Er dreht den Unterhändlern den Rücken zu. »Kehren Sie nach Madrid zurück«, sagt er und schiebt den Vorhang beiseite, der das Zelt in zwei Hälften unterteilt. »Ich gebe Ihnen bis sechs Uhr morgen früh. Kommen Sie zurück, wenn Sie mir vom Volk nur noch zu sagen haben, daß es unterworfen wurde. Sonst lasse ich Sie und Ihre Truppen erschießen.«

Er läßt den Vorhang fallen.

Am Sonntag, dem 4. Dezember 1808, wird er kurz vor sechs Uhr morgens geweckt. Das Zimmer im Schloß Chamartín ist eisig. Der Kohlenherd, der mitten im Raum steht, hat keinen Abzug.

Marschall Berthier wird gemeldet. Er läßt ihn eintreten. Er ahnt, daß Madrid kapituliert hat. Wer kann der Macht und der Entschlossenheit widerstehen?

Nun heißt es, Spanien zu verändern. Noch wird die Nacht von keiner Morgenröte erhellt, doch er diktiert schon den Text eines Dekrets.

»Madrid hat sich ergeben, und wir haben es am Mittag in Besitz genommen. Mit Veröffentlichung des vorliegenden Dekrets werden in Spanien die Feudalrechte abgeschafft. Das Inquisitionstribunal, das gegen die Souveränität und Autorität der Behörden verstößt, wird abgeschafft. Ab dem 1. Januar nächsten Jahres werden die Zollbarrieren zwischen den einzelnen Provinzen abgeschafft, alle Zollstationen an die Landesgrenze verlegt.«

Er hält Berthier zurück. Man müsse auch überall den *Code Civil* in Kraft setzen.

»Der *Code Civil* ist das Gesetzbuch des Jahrhunderts«, sagt er. »Die Toleranz wird darin nicht nur gepredigt, sondern organisiert. Die Toleranz ist das höchste Gut der Menschen.«

Erst jetzt scheint er die Anwesenheit von Berthier zu bemerken. Er will, daß die Truppen in Paradeuniformen durch Madrid defilieren.

»Endlich habe ich es, dieses ersehnte Spanien.«

Er besichtigt Madrid, aber er empfindet keinerlei Anziehung für diese Stadt, die ihm kalt und feindlich vorkommt, obwohl die Ordnung wiederhergestellt wurde. Er bleibt lieber auf Schloß Chamartín. Dort empfängt er die Marschälle und alle Spanier, die sich ihm anschließen. Er spricht von ihren Freiheiten und von den Dekreten, die er erlassen hat. Er spürt ihre Zurückhaltung, als ob sie nicht verstünden, daß er Spanien für die neuen Ideen öffnen will.

»Sie sind von hinterhältigen Männern in die Irre geführt worden«, sagt er zu ihnen, »man hat Sie in einen sinnlosen Kampf getrieben.« Und er nennt die Maßnahmen, die er erlassen hat. »Ich habe alle Fesseln beseitigt, die auf dem Volk lasteten. Eine liberale Verfassung ersetzt die absolute Monarchie durch eine gemilderte und konstitutionelle.«

Ihr hartnäckiges Schweigen ärgert ihn. »Es hängt von Ihnen ab, ob diese Verfassung zu Ihrem Grundgesetz wird. Wenn meine Bemühungen fruchtlos sind, dann bleibt mir nichts übrig, als Spanien wie eine eroberte Provinz zu behandeln und meinen Bruder auf einen anderen Thron zu setzen.«

Er hält seine Hände über die offene Feuerstelle. »Dann werde ich mir selbst die spanische Krone aufsetzen. Ich werde ihr Respekt zu verschaffen wissen.«

Er geht auf sie zu und sagt: »Gott hat mir die Kraft und den Willen verliehen, alle Hindernisse zu überwinden.«

Nachdenklich entfernt er sich. Und wenn Gott ihn eines Tages im Stich ließe?

Er dreht sich wieder den Spaniern zu. Ihm würde auch dann noch die Kraft und der Willen bleiben. Das weiß er sicher.

21

Er wirft Josephs Brief auf den mit Karten bedeckten Tisch des Raumes, der ihm im Schloß Chamartín als Arbeitskabinett dient. Der dicht neben dem Tisch aufgestellte Kohlenherd ist glühend rot. Napoleon nimmt den Brief noch einmal auf. Alles darin ärgert ihn, von der ersten Zeile an.

»Sire«, schreibt Joseph, »meine Stirn ist von Schande bedeckt, weil man mich nicht vor der Verkündung der Dekrete vom 4. Dezember konsultiert hat. Ehre und Redlichkeit sind mir allemal lieber als eine so teuer erkaufte Macht.«

Napoleon zerknüllt den Brief in seiner Faust. Was hat Joseph denn erkauft? Er hat doch kein Blut vergossen!

Napoleon macht ein paar Schritte und kehrt dann an den Tisch zurück. Er legt seine flache Hand auf die dort ausgebreitete Spanienkarte. Nur wer kämpft, kann entscheiden und respektiert werden.

Er beugt sich über die Karte. Man muß zunächst die Engländer vertreiben, sie in die Zange nehmen. Moore wird versuchen, seine Truppen in einem Hafen von Galicien oder in Lissabon wieder einzuschiffen. Man muß sie vorher vernichten. Und dafür muß Napoleon die Armee wieder selbst in die Hand nehmen. Er läßt Berthier kommen. »Alle Plünderer sollen erschossen werden«, ruft er ihm gleich zu. »Das Plündern zerstört alles, auch eine operierende Armee.«

Dann nimmt er Berthier mit zur Karte. »Lannes belagert Zaragoza«, zeigt er ihm. »Gouvion-Saint-Cyr hat gerade die Spanier unter General Reding in Molinas del Rey geschlagen. Wir sind die Herren von Katalonien, Asturien, von Alt- und Neu-Kastilien. Aber man muß Moore und seine Engländer schlagen, sich also an deren Verfolgung machen und ihnen keine Atempause lassen.«

Dann geht er zum Fenster. Der Himmel ist hellblau. Er will die ganze Armee zwischen Madrid und Schloß Chamartín defilieren lassen, dann wird man sich mit Ney, Soult, Duroc und Bessières in Marsch setzen.

Er schaut nach Norden zur Sierra de Guadarrama. Man wird sie noch einmal zu überqueren haben, aber nicht am Paß von Somosierra, sondern auf einem südlicheren und nicht so hohen Übergang.

Am Morgen des 22. Dezember liest er die letzten Depeschen, die ihm Adjutanten von Soult überbringen. Er wundert sich. »Das Manöver der Engländer ist außergewöhnlich«, sagt er. »Wahrscheinlich haben sie ihre Transportschiffe nach El Ferrol kommen lassen, weil sie glauben, daß sie in Lissabon nicht sicher wären.«

Er geht zum Fenster. »Die gesamte Garde ist schon aufgebrochen«, sagt er. »Am 24., spätestens aber am 25. werden wir in Valladolid sein.«

Aber dafür muß man mit äußerster Anstrengung marschieren. Er geht auf die Vortreppe. Es ist 14 Uhr.

Er gibt seinem Pferd die Sporen, aber nach einem Ritt von wenigen Minuten richtet er sich schon wieder auf. Das Wetter schlägt um. Ein eisiger Wind kommt in Böen von vorn. Die Gipfel der Sierra de Guadarrama verschwinden hinter grauschwarzen Wolken.

Am Fuß der Sierra sieht er Soldaten, die in einem Gewirr aus Pferden und Artilleriekarren umherstapfen. Sie stecken in einer Schneewehe fest. Der heftige Sturm nimmt ihnen die Sicht. Er ist gezwungen, in der dichten Menge abzusteigen, die sich gleich um ihn drängt, obwohl die Garde alle wegzuschieben versucht. Man werde doch nicht wegen eines Schneesturms anhalten, sagt er leise. Man gehe einfach weiter.

Mit gesenktem Kopf hört er die Erklärungen eines Offiziers an.

Über die Paßstraße fege ein heftiger Wind, der schon mehrere Männer in den Abgrund gestürzt habe. Die Pferde kämen auf dem Eis nicht voran. Kanonen seien ins Tal gestürzt. Schnee und Glätte machten jeden weiteren Vormarsch unmöglich. Man könne nicht hinüber.

Wir müssen aber hinüber!

Mit fester Stimme ruft er seine Befehle. Die Männer aus jeder Kompanie sollen einander unterhaken, um geschlossen dem Wind standzuhalten. Die Reiter sollen absteigen und auf dieselbe Weise vorrücken.

Man muß sich immer selbst einsetzen.

Er faßt Duroc und Lannes beim Arm. Auch der Generalstab solle kompakte Gruppen bilden. »Vorwärts!« schreit er.

Anderthalb Meilen müssen bis zum Gipfel zurückgelegt werden. Gebeugt zieht er mit. Man schiebt. Er schiebt auch. Er ist ein Soldat wie jeder andere, aber er weiß, was er will. Warum er marschiert.

Auf halber Strecke muß man im Schnee anhalten. In Reitstiefeln kann man nicht weiterkommen. Er setzt sich rittlings auf eine Kanone. Er wird durchkommen. Die Generäle und Marschälle machen es ihm nach.

»Verfluchter Beruf!« ruft er aus. Sein Gesicht ist vereist, die Augen sind vom Schnee geblendet. Aus der Menge der Infanteristen hört er wütende Schreie. »Schießt diesem Aas doch eine Gewehrkugel in den Kopf!«

Vor dieser Nacht hat er noch nie solche Wutschreie gegen sich gehört. Er dreht sich nicht einmal um. Was liegt daran, daß man ihn bedroht? Soll man ihn doch töten, wenn man es will! Wenn das Schicksal es will! Er hat keine Angst vor diesen Männern, die vor Müdigkeit und Kälte verrückt werden. Er ist mitten unter ihnen. Sie werden nicht wagen, auf ihren Kaiser zu schießen. Doch spürt er eine gewisse Beunruhigung.

Der Wind wird noch stärker. Allmählich erkennt er die Gebäude des Klosters, das sich auf dem Paß erhebt. Die Soldaten brauchen Wein und Holz. Er organisiert die Verteilung, bleibt im Sturm stehen und gibt Befehle, damit sich die Armee ausruht. Einige

Minuten später beginnt er den Abstieg. Man muß um jeden Preis die Engländer erreichen.

In Espinar, am Fuße des Gebirges, macht er halt. Er betritt das Postgebäude. Einen Augenblick gibt er der Müdigkeit nach, dann richtet er sich wieder auf und schaut sich um. Die Offiziere seines Generalstabs sitzen auf dem Boden. Man sieht ihnen an, daß sie völlig erschöpft sind.

Er ruft Méneval. Man soll Bacler d'Albe holen und die Karten ausrollen. Beim Warten diktiert er ein paar Zeilen an Joseph.

Jetzt fällt eisiger Regen, und sobald es milder wird, verwandeln sintflutartige Güsse die Wege in einen Morast. Endlich sieht er die Ufer des Duero. Er reitet dem Strom der Infanteristen entgegen. Er beobachtet diese Männer, die gebeugt unter den Schauern marschieren. Er spürt, wie der Regen durch seinen Gehrock läuft und von der weich gewordenen Hutkante. Nicht ein Soldat hebt den Kopf zu ihm auf, keine Akklamation. Er könnte nachgeben und befehlen, anzuhalten und das Ende des Regens abzuwarten. Er befiehlt, daß man das Tempo erhöht. Er sieht, daß sich die Infanteristen ausziehen müssen, um durch die eisigen Bäche zu kommen.

Man kommt durch Tordesillas und Medina. Wo sind die Engländer? Er eilt voran. Er hört nicht auf seine Adjutanten, die ihm wiederholt sagen, daß die Truppen nicht folgen können. Im Regen galoppiert er über die Felder.

Manchmal dreht er sich um und sieht unter den Regengüssen die Schwadron der Gardejäger, die ihm in einigen Dutzend Metern Abstand folgt. Er muß der Beste sein, denn er ist der Kaiser.

In Valderas wartet er mit verschränkten Armen im Regen auf die Ankunft von Marschall Ney. Erst nach einer Stunde sieht er den beschämten Ney eintreffen. »Der Kaiser war unsere Avantgarde«, sagt der Marschall.

Napoleon schaut ihn an. »Es kommt nur darauf an zu wissen, ob der Feind seinen Rückzug über die Straße von Benavente oder über die Straße von Astorga nimmt.«

Im Regen erteilt er seine Anordnungen. Die Gardejäger unter Befehl von Lefebvre-Desnouettes sollen vorstürmen, um die Positionen der englischen Truppen zu erkunden.

Er wartet. Das Wetter ist genauso schlecht wie in Polen. Er denkt an den Friedhof von Preußisch-Eylau. Er spürt Unruhe in sich aufsteigen, wie eine böse Vorahnung.

Er beschließt, in Richtung Benavente vorzurücken, weil er die Untätigkeit nicht länger ertragen kann. Ein ganz mit Schlamm bedeckter Adjutant kommt herbei und reitet neben ihm. Lefebvre-Desnouettes sei gefangengenommen worden, ruft er. Die Gardejäger haben sich zurückziehen müssen, nachdem sie von der englischen Kavallerie überrascht worden seien.

Napoleon gibt seinem Pferd die Sporen. Er kommt als erster in Benavente an. In einem völlig verräucherten Haus wirft er sich auf ein Bett. Er ist ganz von Schlamm und Unrat bedeckt. Plötzlich fällt ihm wieder ein, daß heute Samstag, der 31. Dezember 1808, ist.

Schon! Im kommenden Jahr wird er 40 Jahre alt. Und diese Engländer sind ungreifbar. Und die Armee wankt vor Müdigkeit. Und von Österreich weiß er gar nichts mehr, denn schon seit mehreren Tagen hat er keine Depeschen aus Paris erhalten. Er steht wieder auf und diktiert einige Zeilen an Joseph.

Kaum hat er den Brief beendet, treffen schon die Depeschen ein. Marschall Bessières bestätigt, daß ihm die Engländer entwischt sind und nun nach Galicien marschieren, um sich wohl in La Coruña einzuschiffen. Man muß ihnen also nachsetzen, in Richtung Astorga.

Noch nie war der Regen so eisig. Er krümmt sich auf seinem Pferd, während er so schnell galoppiert, wie er kann. Er sieht erschöpfte Soldaten in den Schlamm sinken. Er hört vereinzelte Schüsse. Er erinnert sich an die Soldaten, die in der drückenden Hitze der ägyptischen Wüste Selbstmord begingen.

Nichts sehen, nichts hören. Er will Astorga erreichen. Und mit den Engländern Schluß machen. Schnell. Lannes galoppiert an seiner Seite. Im Dunkeln erkennt er hinter sich nur seine Stabsoffiziere und die von Lannes sowie in etwas größerer Entfernung einige hundert Gardejäger.

In Paris feiert man bestimmt den letzten Tag des Jahres. Er denkt an Maria Walewska, die gewiß schon nach Polen zurückgekehrt ist, wie sie angekündigt hatte. Es ist so schwer, seinem Schicksal treu zu bleiben, es in den Händen festzuhalten, es nicht entgleiten zu lassen. Es wäre so angenehm, in einem geheizten Zimmer neben ihr einzuschlafen.

Er denkt an die Paläste, in denen er gewohnt hat. Er stellt sich vor, daß Würdenträger wie Talleyrand und Fouché nun Bälle geben und Gäste in ihren von Hunderten von Leuchtern illuminierten Sälen empfangen. Er hat all das möglich gemacht. Aber er steckt hier in Schlamm und Regen.

Ein Offizier reitet zu ihm heran. Er schreit im Sturm, daß ein Kurier aus Paris angekommen sei und Seine Majestät suche. Napoleon zieht am Zügel und springt vom Pferd.

Er will auf ihn warten. Man ist keine zwei Meilen vor Astorga. Die Jäger der Eskorte zünden am Rand der Straße ein großes Feuer an. Er stellt sich nah an die Flammen, um sich aufzuwärmen. Der Regen hat aufgehört, aber es ist kälter geworden. Er zittert. Er hört nicht, wie der Kurier eintrifft und Berthier ein Portefeuille voller Depeschen übergibt. Man bringt eine Laterne. Napoleon gibt Berthier ein Zeichen, und er beginnt mit dem Öffnen der Depeschen.

Ein Brief von Maria. Er beginnt wieder umherzugehen. Ein Grenadier folgt ihm mit der Laterne am ausgestreckten Arm.

Maria beschwert sich, daß er die Versprechen vergesse, die er den Polen gemacht habe. Aber sie ist nur das Echo jener Leute, die glauben, daß er mit einem Wort die Dinge ändern könne, die nur an sich denken und nicht verstehen, daß er alle Gegebenheiten im Reich berücksichtigen muß und für alle und alles verantwortlich ist. Er zerknüllt den Brief und steckt ihn in die Tasche seines Gehrocks.

Dann greift er nach anderen Depeschen und bleibt am Feuer stehen. Er erkennt die Handschrift von Eugène de Beauharnais und die eines seiner Informanten, Lavalette, einer seiner Adjutanten aus der Zeit des Italien-Feldzuges, ein Mann, dem er völlig vertraut und den er an die Spitze der Postverwaltung gestellt hat. Lavalette ist mit einer Nichte von Joséphine verheiratet. Er ist ein Getreuer, genau wie Eugène de Beauharnais.

Napoleon liest die Briefe der beiden immer wieder. In Paris, erklärt Lavalette, machen Fouché und Talleyrand nunmehr gemeinsame Sache. Man hat sie oft in ihren jeweiligen Häusern bei längeren Zwiegesprächen überrascht. Sie zeigen ihre Eintracht auch öffentlich. Es heißt sogar, es sei schon eine Regierung gebildet worden für den Fall, daß der Kaiser unterliegt. Eugène hat einen an Murat gerichteten Brief abgefangen. Man hat den König von Neapel aufgefordert, in ganz Italien Pferdewechsel vorzubereiten, um so schnell wie möglich nach Paris zu kommen und die Nachfolge des Kaisers anzutreten, sollte dieser ausfallen. Murat, von Caroline angestachelt, hat den Vorschlag natürlich angenommen. Zu diesem Komplott gehören alle, die den Krieg beendet wissen wollen. Talleyrand steht in ständiger Verbindung mit dem österreichischen Botschafter Metternich. Er wirkt auf Wien ein, eine Annäherung mit Sankt Petersburg zu suchen, um Napoleon zum Nachgeben zu bewegen. Caulaincourt, der Botschafter bei Alexander I., ist ein Gefolgsmann von Talleyrand.

Eugène schreibt überdies, daß Österreich weiter aufrüstet und Pferde und Vorräte in ganz Europa kauft. Seine Armee zählt inzwischen mehrere hunderttausend Mann. Die Spione lassen verlauten, daß Wien überzeugt ist, Napoleon versinke in einem spanischen Volkskrieg. Die nach Sevilla geflüchtete spanische Junta hat die Erhebung des ganzen Volkes verkündet und jeden Spanier aufgefordert, Franzosen zu töten. In Wien hält man den Augenblick also für günstig, in Deutschland den Krieg zu entfesseln. Fouché und Talleyrand wissen das, und der Fürst von Benevent hofft es gewiß. Murat hat genügend militärisches Prestige, um dem Kaiser nachzufolgen.

Napoleon knüllt die Depeschen zusammen und stopft sie in die Taschen seines Gehrocks. Er hatte es ja geahnt. Er geht langsam um das Feuer. Die Soldaten treten beiseite. Er hätte aber nicht gedacht, daß das Komplott schon so weit gediehen ist. Fouché! Talleyrand! Murat! Er erinnert sich an Erfurt, an die Information, die er erhalten hatte, daß Talleyrand lange Abende beim Zaren verbringe.

Er steigt wieder in den Sattel. Er läßt das Pferd im Schritt weitergehen. Es ist, als ob der Elan, der ihn nach Astorga trieb, plötzlich zerbrochen ist. Die wichtigste Front verläuft nicht mehr hier in Spanien. Er muß die Richtung ändern, wie in einer Schlacht, wenn eine feindliche Armee an unerwarteter Stelle auftaucht.

Er muß zurück nach Paris und die Verschwörer in die Schranken weisen und auch Wien schlagen, wenn es wagen sollte, Krieg auszulösen, wofür alles spricht. Er muß nur noch den Moment seiner Rückkehr aus Spanien bestimmen.

Er hebt den Kopf. Vor ihm liegt die Stadt Astorga, dunkel und verlassen. Hier muß er haltmachen. Nicht er, das weiß er nun, wird den Kampf gegen die Engländer von Moore führen. Der wichtigste Kampf, den er führen muß, findet in Paris statt und gegen Österreich.

Er kann aber Spanien erst verlassen, wenn die Engländer daraus vertrieben sind und wenn er die Armee wieder in die Hand genommen hat, um Joseph ein befriedetes Reich zu überlassen und die Mittel, es zu halten. Wenn er gegen Österreich vorgeht, darf Spanien nicht wieder zu einer offenen Wunder werden.

In dem Haus, das er betritt, ist es so kalt, daß er trotz des von den Furieren entzündeten Feuers friert.

An allen Tagen an diesem Januaranfang 1809 fällt eisiger Regen auf Astorga. Er geht von einem Haus zu andern. Die Grenadiere haben sich darin verschanzt. Er setzt sich neben den Kamin. Er befragt sie. Er weiß, daß sich drei Soldaten seiner Garde unterwegs getötet haben, verzweifelt vor Müdigkeit und weil sie nicht haltmachen konnten, aus Angst, von den Spaniern gefoltert zu werden. Und wie viele andere haben sich zum Sterben in den Schlamm gelegt. Er hat sie gesehen.

Mit einigen Worten und Gesten tröstet er die erschöpften Männer. Die Soldaten folgen ihm, schreien aber nicht: »Es lebe der Kaiser!« Er ist nur einer der ihren, weil er ihre Leiden geteilt hat. Für immer.

Am nächsten Tag beschließt er, von Astorga nach Valladolid aufzubrechen. Bis zu dieser Stadt brauchen die Kuriere aus Paris fünf Tage. Und nunmehr zählt, was sich in Paris abspielt, da die Truppen von Marschall Soult inzwischen Moore in La Coruña erreicht haben. Die englische Niederlage ist nur noch eine Frage von Tagen.

Er zieht sich in das Arbeitszimmer zurück, das man in der ersten Etage des Palastes von Karl V. am großen Platz von Valladolid eingerichtet hat. Er geht vom Kamin zum Fenster. Seine Muskeln sind so angespannt, daß sie schmerzen. Er beißt die Zähne zusammen. Sein Magen brennt. Er schimpft mit Constant, Rustan und den Adjutanten. Gibt es Meldungen von Soult? Hat er Moore endlich in den Ozean geworfen?

Mit einer kaum bezähmbaren Wut schreibt er zwei Briefe.

»Meine liebe Maria, Du räsonierst zuviel, und das ist sehr häßlich. Außerdem hörst Du auf Leute, die eher Polonaise tanzen als sich in die Angelegenheiten des Landes einmischen sollten. Ich danke Dir für die Glückwünsche für Somosierra. Du kannst sehr stolz auf Deine Landsleute sein, sie haben eine glorreiche Seite im Buch der Geschichte geschrieben. Ich habe sie im ganzen wie im einzelnen reichlich belohnt. Bald werde ich wieder in Paris sein. Wenn ich lange genug dort bleibe, kannst Du vielleicht wieder zurückkommen. Meine Gedanken sind immer bei Dir. N.«

Aber diese Gedanken verfliegen schnell. Er muß auch an Joséphine schreiben, die wie gewöhnlich auf alle Schwätzer hört.

»Ich sehe, meine Liebe, daß Du sehr traurig bist und voll böser Ahnungen. Paris ist verrückt, denn hier geht alles sehr gut. Ich werde in Paris sein, sobald ich es für nützlich halte. Ich rate Dir, sei vor den Gespenstern auf der Hut. Eines Nachts um zwei Uhr morgens … Aber adieu, meine Liebe, mir geht es gut, und ich bin ganz der Deine. Napoleon.«

Er wird Spanien verlassen. Soult hat die Engländer geschlagen. John Moore wurde getötet. Er wurde ersetzt von General Wellesley*, der die Kapitulationsbedingungen von Junot eingehalten hatte. Gleichviel, in Spanien gibt es keine Rotröcke mehr. An Joseph schreibt er: »Man muß überall verlauten lassen, daß ich in 20 bis 25 Tagen wieder da bin.«

Er läßt die Relais für den gesamten Rückweg vorbereiten. Von

* Im Juli 1809 wird Wellesley zum Herzog von Wellington ernannt.

Valladolid bis Burgos wird er reiten. Mit einer Handbewegung gebietet er seinen Adjutanten Schweigen, die von der Gefahr eines Angriffs durch *Guerilleros* sprechen, vom schlechten Zustand der Straßen und der Distanz von 120 Kilometern zwischen beiden Städten. Er wolle nur Gespanne für eine Berline zwischen Burgos und Bayonne, sagt er, und dann für die Strecke von Bordeaux nach Poitiers sowie in Vendôme. Er wird das Letzte aus den Pferden herausholen.

Am Dienstag, dem 17. Januar 1809, springt er um sieben Uhr morgens in den Sattel. Er reitet los, vor ihm Savary, hinter ihm Duroc, Rustan und fünf wegkundige Reiter der Garde. Schneller!

Er überholt eine Kalesche. Er erkennt den Wagen von General Tiébault. Er schlägt mit der Peitsche auf das Hinterteil des Pferdes von Savary, damit er noch schneller reite. Seinem eigenen Pferd versetzt er kräftige Sporenhiebe. Schneller.

Er drückt sich eng an den Hals des Pferdes. Er durchmißt den Raum. Den Regen spürt er nicht. Er liebt diesen Reisewind, der so schneidend ist wie das Schicksal.

Sechster Teil

»Es ist genug Blut vergossen worden!«

23. Januar 1809 – 13. Juli 1809

22

Aber hier schlafen ja alle! Er stößt die Offiziere weg, die herbeistürzen. Er schiebt die Lakaien beiseite, die ihm die Wagentüren viel zu langsam öffnen. Er schreit, daß er sofort Cambacérès sehen will. Er durchquert die Salons, eilt durch die Galerien, betritt das Schlafzimmer von Joséphine, obwohl ihm die Dienerinnen und Gesellschaftsdamen sagen, daß sie noch schlafe.

Er sei zurück, ruft er ihr zu und beugt sich über sie, während sie ein verdutztes Gesicht macht. Es gehe ihm gut. Ihr doch auch, nicht wahr? In ihrem letzten Brief habe sie über Zahnschmerzen geklagt!

Sie rührt sich nicht, ist verblüfft, verdeckt ihr Gesicht mit den Händen. Ältere Frauen mögen es nicht, am Morgen überrascht zu werden. Er liebt die Wahrheit. Er will die Wahrheit. Er verläßt ihr Schlafzimmer.

Er ist erst vor wenigen Minuten im Hof der Tuilerien aus der Kutsche gestiegen an diesem Montag, dem 23. Januar 1809, und schon bekommt er keine Luft mehr. In diesen Räumen riecht es stickig nach aufdringlichem Parfüm und dem Schlaf alter Leute! Sechs Tage lang war er von Valladolid her auf den Straßen, nahm er all seine Energie und seine Wut zusammen, seine wichtigsten Antriebskräfte, und dieser schlafende Palast ist wie ein stehendes Gewässer. Diese Leute trödeln vor sich hin. Wissen sie, woher er kommt? Können sie sich vorstellen, was in Spanien geschieht? Was er erlebt hat? Was seine Soldaten erleben, die Besten seiner ganzen Armee, die er dort gelassen hat?

Rustan hat schon das Bad vorbereitet. Verfluchtes Bad! Er hat das Gefühl, schon zuviel Zeit verloren zu haben, ohne zu handeln. Er will Cambacérès befragen und seine Polizeispitzel, um herauszubekommen, was Fouché, Talleyrand und alle anderen angezettelt haben, die glaubten, daß er in Spanien umkäme oder so geschwächt würde, daß man ihn durch Murat ersetzen könnte. Murat! Und seine eigene Schwester Caroline!

Aber er lebt, er ist da. Und sie werden Rechenschaft ablegen müssen. Was haben sie gesagt? Was haben sie in den drei Monaten seiner Abwesenheit getan? Er will alles wissen, er will die Wahrheit.

Einige Stunden später weiß er alles. Bei Madame de Rémusat hat Talleyrand gesagt: »Der Unglückliche wird alles aufs Spiel setzen.«

Er hört seine Informanten, die mit zitternder Stimme sprechen. Sie haben Angst vor Fouchés Spitzeln. Sie versichern, daß man den Polizeiminister im Haus des Fürsten von Benevent in der Rue de Varenne gesehen hat. Die beiden Männer seien Arm in Arm durch alle Salons gegangen, mitten unter den Gästen. Talleyrand habe mit lauter Stimme über Spanien gesprochen. »Es ist eine schlechtes Kalkül und eine Unternehmung gegen den Wunsch einer Nation«, habe er gesagt. »Das bedeutet, seine Position zu verkehren und sich zum Feind der Völker zu machen; dieser Fehler läßt sich nicht mehr gutmachen.«

Napoleon erinnert sich an Talleyrands Ratschlag, die Bourbonen aus Spanien zu vertreiben. Er denkt an den Verrat, den verdeckten Kampf, den Talleyrand gegen ihn führt. Er muß ihn überraschend bestrafen.

Er zeigt sich in den Straßen von Paris. Er besichtigt die Bauarbeiten am Louvre und in der Rue de Rivoli. Er begibt sich in Joséphines Begleitung zur Oper. Aber er kocht vor Empörung. Er kann nicht mehr so lange sitzen bleiben. Er steht auf, geht allein in die Tuilerien zurück, läßt sich Bericht über den Zustand der Armeen erstatten. Er zählt nach, er teilt ein, er stellt auf. Die Truppen der einstigen Großen Armee, er selbst spricht lieber von der Kaiserlichen Armee, muß er in Spanien lassen. Er muß also in wenigen Wochen eine neue Armee für Deutschland aufstellen, mit Wehrpflichtigen und mit Ausländern, Badensern, Württembergern, Westfalen, Polen, Italienern und sogar einigen tausend Spaniern. Er wird über 350000 Mann verfügen, davon 250000 Franzosen, darunter wiederum 100000 Veteranen, die er dem Kommando von Davout unterstellt. Eugène hat in Italien 100000 Mann zur Verfügung. Auf österreichischer Seite können die Erzherzöge Karl und Johann auf 300000 Soldaten zählen.

Er schließt die Aufstellungen und sagt: »Ich verdoppele die Stärke meiner Truppen, wenn ich selbst kommandiere. Was ich anordne, wird getan, weil ich Autorität habe. Es ist vielleicht ein Übel, daß ich persönlich kommandiere, aber es gehört zu mir. Man kann darüber diskutieren, ob Könige und Fürsten ihre Armeen befehligen sollen. Aber ich kommandiere, weil das zu meinem Schicksal gehört, zu meinem besonderen Los.«

So in der Nacht zu arbeiten beruhigt ihn. Maria ist ja nicht mehr in Paris. Er verabschiedet Méneval und ruft Constant.

In einem Polizeibericht wird für den 11. November 1808 die Geburt eines Mädchens namens Émilie Pellapra verzeichnet, Tochter von Françoise Marie Leroy, Gattin des Leiters der Steuerbehörde in Caen, Pellapra.

Er erinnert sich, dieser Frau in Lyon begegnet zu sein, es war wohl im Jahr 1805. Er hat sie auch hier in seinen Privatgemächern in den Tuilerien empfangen, zum letzten Mal im März 1808, bevor er nach Bayonne aufbrach. Das war vor weniger als einem Jahr, Zeit genug, ein Kind auszutragen. Er will diese Frau heute nacht sehen.

Er wartet auf sie und überrascht sie in dem Augenblick, als Constant die Tür hinter ihr schließt. Sie lächelt ihn an und öffnet ihr Haar. Sie habe sich vom Kindbett erholt, sagt sie. An der Art, wie sie es sagt, erkennt er, daß er der Vater jener Émilie ist. Zum ersten Mal seit seiner Rückkehr nach Paris empfindet er lebhafte Freude. Er fühlt sich stark und unbesiegbar. Talleyrand hatte ihn für geschwächt gehalten und schon seine Nachfolge vorbereitet. *Auf die Herren, die sich gegen mich verbündet haben, warten mancherlei Überraschungen!*

Er sieht Fouché eintreten und grüßen.

»Herr Herzog von Otranto, Sie haben zu denjenigen gehört, die Ludwig XVI. auf das Schafott geschickt haben!«

Fouché neigt ein wenig den Kopf.

»Ja, Sire, und das war der erste Dienst, den ich Ihrer Majestät erweisen konnte.«

»Tugend und Laster hängen von den Umständen ab«, sagt Napoleon. »Ich kenne die Menschen, ich weiß, wie schwer es ist, sie gerecht zu beurteilen. Sie kennen sich selbst ja nicht. Mich wird man nur verlassen, wenn mich das Glück verläßt.«

Er tritt ans Fenster. »Spanien ist besiegt«, sagt er. »Wenn Österreich den Krieg will, wird es zerschlagen.«

Und wenn ich will, kann ich ein Kind zeugen, ich weiß es!

Er sieht Fouché wieder an und geht auf ihn zu.

»Sie erfüllen Ihre Polizeiaufgaben in Paris nicht«, sagt er plötzlich mit sehr harter Stimme. »Und Sie lassen den Verleumdern genügend Raum, alle Arten von Gerüchten zu verbreiten. In Ihrem Ministerium sollen Sie sich um die Polizei kümmern und nicht um die Außenpolitik!«

Er hat Fouché geschont, weil es taktisch klüger ist, Verbündete zu trennen. Er muß vor allem den bleichen Talleyrand treffen.

Am Samstag, dem 28. Januar, läßt er Erzkanzler Cambacérès, Erzschatzmeister Lebrun und Marineminister Decrès in sein Arbeitszimmer eintreten, dazu Polizeiminister Fouché. Talleyrand kommt als letzter, hinkend, und bleibt gegen eine Konsole gelehnt stehen. Napoleon hat die Anwesenheit dieser Zeugen gewollt. Er muß Talleyrand öffentlich niedermachen, damit Paris weiß, wie er Verräter züchtigt.

Er beginnt mit einer Stimme zu sprechen, die scharf klingen soll. Er läßt seinen Zorn anschwellen. »Wen ich zu einem Würdenträger oder Minister gemacht habe, der ist in seinen Worten und Taten nicht mehr frei. Er kann nur noch Organ meines Willens sein.«

Er geht sehr langsam, bleibt vor jedem der Männer stehen. »Für ihn beginnt der Verrat schon, wenn er zweifelt«, fährt er fort. »Wenn er vom Zweifel zur Ablehnung übergeht, ist der Verrat begangen.«

Er entfernt sich etwas. Nun muß er Talleyrand den entscheidenden Hieb versetzen. Er ist genauso ruhig wie auf dem Schlachtfeld, wenn er den Feuerbefehl gibt. Er dreht sich um und geht mit erhobenem Arm und geballter Faust auf Talleyrand zu.

»Sie sind ein Dieb!« schreit er. »Ein Feigling, ein gewissenloser Mensch! Sie glauben nicht an Gott! Sie haben Ihr Leben lang gegen Ihre Pflichten verstoßen, Sie haben immer nur gelogen und verraten! Ihnen ist nichts heilig! Sie würden Ihren eigenen Vater ans Messer liefern!«

Er umkreist Talleyrand. Dieses Gesicht wird niemals die Fassung verlieren!

»Ich habe Sie mit Gütern überhäuft, aber Sie sind zu allen Schandtaten gegen mich fähig. Seit zehn Monaten besitzen Sie die Unverschämtheit, weil Sie vermuten, daß meine Spanienpolitik mißlingt, zu jedermann zu sagen, daß Sie schon immer gegen meine Pläne für dieses Königreich waren, dabei haben Sie doch den ersten Anstoß dazu gegeben, haben mich auf diesen Weg gedrängt.«

Er geht ganz nah an Talleyrand heran. »Und dieser arme Herzog von Enghien, wer hat mir denn zuerst gesagt, wo er sich aufhält? Wer hat mich zur Härte gegen ihn angehalten? Was haben Sie denn vor? Was wollen Sie eigentlich? Worauf hoffen Sie? Wagen Sie es auszusprechen!«

Dann entfernt er sich, geht aber gleich wieder mit der Faust auf Talleyrand los. »Sie hätten verdient, daß ich Sie wie ein Glas zerschmettere. Ich habe die Macht dazu, aber ich verachte Sie zu sehr, um mir diese Mühe zu machen. Warum habe ich Sie nicht am Gitter des Carrousel aufknüpfen lassen? Aber noch ist es dafür ja nicht zu spät. Sie … Sie sind ein Haufen Scheiße in einem Seidenstrumpf!«

Talleyrand rührt sich nicht. Was muß man sagen, damit dieser Mensch seine Maske fallen läßt?

»Sie haben mir verschwiegen, daß der Herzog von San Carlos der Geliebte Ihrer Frau war!« ruft er.

Er hat ihn verletzt. Er sieht, daß seine Wangen zittern.

Talleyrand sagt leise: »Ich dachte nicht, daß diese Information die Ehre Ihrer Majestät oder auch meine berührt.«

Aber Napoleon ist davon überzeugt, daß Beschimpfung und Verachtung an diesem Mann abprallen. Er vergißt erlittene Affronts.

Am nächsten Tag, am Sonntag, dem 29. Januar, ist er schon wieder da, im Thronsaal, als ob nichts vorgefallen wäre. Napoleon geht vorbei, mit der Tabakdose in der Hand, und schnupft mehrmals. Er spricht mit den Personen, die neben Talleyrand stehen, und scheint ihn nicht zu bemerken. Talleyrand bleibt ungerührt.

Nach seiner Rückkehr ins Arbeitskabinett diktiert Napoleon eine Notiz, die am nächsten Tag im *Moniteur* erscheinen soll. Talleyrand ist nicht mehr Oberkammerherr. Er wird ersetzt durch Monsieur de Montesquiou.

Das ist nur eine leichte Strafe. Was kann er anderes tun? Talleyrand repräsentiert in seiner Umgebung die Vertreter des Ancien Régime und gilt als Mann, in den Alexander I. Vertrauen hat, als Freund von Caulaincourt. Und die Allianz mit dem Zaren bindet Napoleon die Hände.

Er reitet auf die Jagd in den Wäldern von Versailles oder Boulogne. Es regnet sehr viel, und es ist sehr kalt an diesem Februarende 1809. Wenn er in die Tuilerien zurückkommt, setzt er sich manchmal an dasselbe Tischchen wie Charles Louis Napoleon, der Sohn von Hortense und Louis. Er streichelt das Kind. Er ist bewegt. Der Wunsch, einen eigenen Sohn zu haben, ist so stark, daß er sich abwendet. Rührung überkommt ihn.

Am Montag, dem 27. Februar, steht er gerade vom Kindertisch auf, als ein Adjutant von Lannes einen Umschlag überbringt. Baron Lejeune hat die Distanz im gestreckten Galopp zurückgelegt, um die Nachricht vom Fall von Zaragoza am 21. Februar zu überbringen. Jedes Haus mußte einzelnen erobert werden, berichtet er. Frauen und Kinder haben wie Soldaten gekämpft.

Napoleon öffnet die Depeschen. Ein rundes Bleistück mit Zacken wie am Zahnrad einer Uhr fällt zu Boden. Auf beide Seiten wurde ein Kreuz eingraviert. Diese Kugel hat ein Spanier abgeschossen. Sie hat Hauptmann Marbot schwer verletzt. Napoleon wiegt das Stück in der Hand. Man soll es Marbots Mutter überbringen.

Dann liest er den Brief von Lannes. »Was für ein Krieg!« schreibt der Marschall. »Wir sind gezwungen, so viele brave Leute zu töten. Solch ein Sieg tut weh.«

Napoleon senkt den Kopf. Er mag Lannes, er ist einer der Besten, einer seiner ältesten Kampfgefährten seit den Schlachtfeldern in Italien und Ägypten. Aber was hilft es? Man muß siegen!

Auch er hat schon dasselbe empfunden wie Lannes in Zaragoza. Aber wenn der Sieg so bitter ist, wie ist dann erst die Niederlage?

Langsam geht er zu seinem Arbeitszimmer. Der Krieg kommt. Er spürt ihn näherrücken. Auf seinem Tisch findet er eine Mitteilung von Champagny. Der Außenminister berichtet, daß Metternich gegen die Bewegungen der Kaiserlichen Armee protestiert hat. Wien betrachte sie als Provokation.

Napoleon bestellt sogleich Metternich zu sich. »Was soll das bedeuten?« fragt er den Botschafter mit gedämpfter Stimme. »Hat Sie die Tarantel gestochen? Wollen Sie die Welt in Flammen setzen?«

Metternich antwortet nur ausweichend. Napoleon mustert ihn. Zu Champagny sagt er: »Metternich hat das Zeug zu einem Staatsmann, er lügt schon sehr gut.«

Er grüßt ihn kaum. Der Krieg ist da, ob er will oder nicht. Nun heißt es siegen.

23

Es ist nur noch eine Frage von Tagen. Er bestellt Berthier sehr oft zu sich. Er will Lageberichte über jedes Armeekorps von Davout, Masséna und Lannes. Er hat Lefebvre an die Spitze der bayerischen Truppen gesetzt. Er wird wütend, als der König von Bayern das Kommando über seine Soldaten für seinen Kronprinz fordert. Die Antwort, die er diktiert, ist wie eine zugeschlagene Tür: »Ich habe das Kommando dem Herzog von Danzig erteilt, der ein erfahrener Soldat ist. Wenn der Kronprinz sechs oder sieben Feldzüge in allen Dienstgraden mitgemacht hat, dann kann er das Kommando führen.«

Er fühlt sich nervös und gereizt. Er hat den Eindruck, daß man ihm überall ausweicht, als ob ihm die Zügel aus den Händen glitten, als ob das Pferd störrisch und widerspenstig würde. Er möchte alle in seinem Umfeld am liebsten jederzeit schütteln. Er kann ihre ängstlichen Blicke nicht ausstehen. Er flieht vor den Seufzern von Joséphine. Jedesmal, wenn sie beim Essen oder in einer Theaterloge nebeneinander sitzen, bittet sie ihn, mitkommen zu dürfen, wenn er zum Feldzug aufbricht.

Er antwortet ihr nicht. Es wäre ihm lieber, wenn der drohende Krieg wieder abziehen würde, wie ein Gewitter, das sich nicht entlädt. Aber er weiß seit Monaten, seit Erfurt, daß er ausbrechen wird, da Alexander I. es abgelehnt hat, die Worte zu sagen und die Sätze zu unterschreiben, die Österreich von einer Konfrontation mit Frankreich abgehalten hätten.

Verrat!

Mit Wut im Bauch reitet er im Wald von Rambouillet auf die Jagd. Verrat des Zaren, aber war das nicht zu erwarten? Alexander spielt seine eigene Partie, da die spanische Wunde noch offen und Frankreich geschwächt ist. Verrat von Talleyrand und den royalistischen Zirkeln in Saint-Germain.

Er gibt zwei heftige Sporenhiebe. Sein Pferd macht einen Sprung. Der aufgescheuchte Hirsch rennt im Zickzack ins feuchte Unterholz. Die Meute ist ihm auf den Fersen. Es ist ein mächtiges Wild, aber sein Lauf wird langsamer. Es rennt geradewegs auf einen kleinen See zu. Napoleon reitet um den See herum und steigt ab. Man reicht ihm ein Gewehr. Das Tier kommt aus dem Wasser, mit breiter, heller Brust.

Ich muß des Todesschuß setzen.

Er schließt die Augen. Der Hirsch liegt am Ufer, das Wasser färbt sich rot. Die Meute heult.

Er wendet sich ab und reitet im Trab durch die schon dunklen Alleen zurück. In einem der Salons des Schlosses entdeckt er Andréossy, den französischen Botschafter in Österreich, der aus Wien herbeigeeilt ist. Man sieht ihm die Ermüdung an, Gesicht und Kleidung haben durch die Reise gelitten.

Napoleon wirft Peitsche und Hut weg und läßt sogleich die Türen des Salons schließen. Mit einer Geste fordert er Andréossy zum Reden auf. Er braucht nur wenige Worte zu hören, schon hat er verstanden.

Erzherzog Karl hat seine Truppen zusammengezogen. Eine Bürgermiliz hat in Wien die reguläre Armee ersetzt. Der Erzherzog bereitet ein Manifest vor, um die Völker Deutschlands zum Aufstand gegen den Kaiser aufzurufen. Englische Unterhändler sind in Wien, um ein Bündnis zwischen England und Österreich vorzubereiten. London wird die für den Krieg nötigen Kredite gewähren.

Napoleon kommentiert das nicht. Der Krieg kommt immer schneller auf ihn zu, wie eine gewaltige Masse. In Tirol rufen die Österreicher die Bevölkerung auf, sich gegen Bayern zu erheben. Die Bauern werden vom Kapuzinermönch Haspinger aufgehetzt. Man nennt auch den Namen eines Anführers im Volkskrieg, Andreas Hofer. Wien liefert die Waffen.

Napoleon schickt Andréossy wieder fort. Wie viele Tage dauert es noch, bevor er Frankreich verlassen und die Biwaks, die Regengüsse, den Schlamm wiederfinden wird? Tote Soldaten sieht? Die Verwundeten schreien hört?

Er kehrt in die Tuilerien zurück, weil er es muß. Aber die Atmosphäre des Palastes behagt ihm nicht mehr. Die Galerien, die Salons und die Hofzirkel sind schweigsam, als ob man Wache bei einem Sterbenden hielte. *Man trägt mich schon zu Grabe!*

Er liest einen Bericht von Joseph Fiévée, einem der bezahlten Beobachter, wie er sie in allen Milieus unterhält. Er war einst Royalist, spioniert, analysiert, lauscht aber schon seit Jahren für den Kaiser. Der Mann ist ziemlich intelligent und hat seine Ohren überall.

»Frankreich ist krank vor Beunruhigung«, schreibt er. In allen adligen Salons werde der Satz eines ungenannten Würdenträgers wiedergegeben. Es handele sich vielleicht um Marineminister Decrès, möglicherweise aber auch um Talleyrand. Er habe gesagt: »Der Kaiser ist verrückt, vollkommen verrückt. Er wird sich zugrunde richten und damit auch uns alle.«

Napoleon wirft den Bericht von Fiévée ins Kaminfeuer. Er kehrt an seinen Tisch zurück und nimmt eine Eingabe auf, deren Handschrift er sogleich erkennt. René de Chateaubriand bittet ein weiteres Mal um Gnade für seinen Cousin Armand de Chateaubriand, den man auf einem Strand am Ärmelkanal festgenommen hat, die Taschen voller Briefe von Emigranten aus London oder

Jersey an die Royalisten in der Bretagne. Armand de Chateaubriand ist nur ein royalistischer Kurier im Dienste Englands und der Bourbonen. Todesurteil. Und Herr René de Chateaubriand versucht, ihn milde zu stimmen, indem er sein jüngstes Buch schickt, *Die Märtyrer*. Was soll er damit anfangen? Weiß Chateaubriand überhaupt, was Krieg ist?

»Der Tod seines Cousins wird Herrn Chateaubriand die Gelegenheit bieten, einige pathetische Seiten zu schreiben, die er in den Salons in Saint-Germain vortragen kann. Die schönen Damen werden weinen, und das wird ihn trösten!« ruft er aus. Die Justiz solle ihre Arbeit tun, und man solle diesen Spion, Emigranten und Verräter auf der Plaine de Grenelle erschießen.

Er spürt, daß die Zeiten wieder schwieriger werden. Wenn er in der kaiserlichen Loge in der Comédie-Française Platz nimmt, gibt es keine Akklamationen mehr. Er erntet nur entsetzte Blicke, als ob ein Fluch auf ihm laste.

Am Donnerstag, dem 23. März, liest er eine Depesche, die durch den optischen Telegraphen übermittelt wurde: »In Braunau hat man einen französischen Offizier festgenommen. Die Österreicher haben ihm die Depeschen, die er bei sich trug, gewaltsam entrissen, obwohl sie mit dem französischen Wappen versiegelt waren.«

Um 16 Uhr bestellt er Graf Montesquiou zu sich, den Oberkammerherrn. Er sagt zu ihm mit gedämpfter Stimme: »Lassen Sie Herrn Metternich wissen, daß der Kaiser und König ihn heute abend nicht empfängt.«

Er hat nur ein paar Worte ausgesprochen, und schon ist der Krieg wieder näher gerückt.

Er befiehlt Berthier, nach Deutschland aufzubrechen und bis zu seiner eigenen Ankunft das Oberkommando über alle Armeen zu übernehmen. Jeden Tag zeigen ihm die Depeschen, die er öffnet, daß der Krieg vor der Tür steht. Am 6. April verkündet Erzherzog Karl, daß »die Verteidigung der Heimat zu neuen Pflichten ruft«. Am 11. greift eine englische Flotte französische Schiffe in der Bucht vor Rochefort an.

Am Mittwoch, dem 12. April, berät sich Napoleon um 19 Uhr

mit seinem Adjutanten Lauriston und mit Cambacérès. Da wird ein Kurier von Marschall Berthier angekündigt. Mit einer Geste fordert ihn Napoleon zum Eintreten auf. Er liest die Depesche. Plötzlich ist seine Brust wie von einem Schraubstock eingeklemmt, seine Kehle zugeschnürt. Seine Augen brennen, als ob er weint. Dann sagt er, ohne den Kopf zu wenden, damit man seine Augen nicht sieht, und die Wörter fallen nur langsam: »Sie haben den Inn überschritten. Das bedeutet Krieg.«

Er wird also noch in dieser Nacht aufbrechen.

Nun ist er ruhig. Beim Essen insistiert die Kaiserin erneut, daß sie mitkommen möchte. Er schaut sie zerstreut an und sagt: »Einverstanden.«

In seinem Kabinett diktiert er Briefe an Joseph und Eugène. Erzherzog Johann soll über Caporetto nach Italien eingedrungen sein. Man muß ihn stoppen und zurückdrängen und dann auf Wien marschieren.

Er trinkt seinen Kaffee in kleinen Schlucken. Um 23 Uhr empfängt er Fouché. Man muß ihm wohl oder übel vertrauen, um das Land unter Kontrolle zu halten und Agenten in ganz Deutschland zu plazieren. Kein Krieg ohne Polizei und Spionage.

Um Mitternacht geht er zu Bett. Die Zeit des unterbrochenen Schlafs ist wieder da. Um zwei Uhr wacht er auf. Aufbrechen, Kämpfen, das ist sein Schicksal. Siegen ist seine Pflicht.

Um 4 Uhr 20 steigt er in die Berline. Die Öllampen brennen, damit er arbeiten kann, die Portefeuilles liegen auf einem Sitz. In einer Wagenecke sitzt Joséphine, die Beine mit einem Pelz bedeckt. Er schaut sie nicht an. Er gibt das Zeichen zur Abfahrt.

Er hört den Galopp seiner Eskorte aus Gardejägern. Das ist der Refrain seines Lebens.

24

Von Zeit zu Zeit, wenn die Kutsche allzusehr geschüttelt wird und Napoleon nicht mehr lesen oder die Karten studieren kann, beobachtet er Joséphine. Sie schläft. Durch das Rumpeln gleitet allmählich der Schleier beiseite, mit dem sie ihr Gesicht verdecken will. Er sieht die »alte Frau«, deren Züge der Schlaf noch faltiger werden läßt. Sie atmet laut, und wenn sie ihre Lippen öffnet, sieht er ihre kleinen, schwarzen, angebrochenen Zähne, die sie stets zu verbergen sucht.

Er darf nicht den Blick abwenden. Er wagt es, die Leichen auf dem Schlachtfeld anzusehen oder, schlimmer noch, die jungen Männer, die vorstürmen und die zu Tausenden der Tod holen wird. Er hat sich immer der Wahrheit gestellt.

Lange schaut er Joséphine an. Wozu würde es dienen zu siegen, die Soldaten in den Tod zu schicken, wenn er ohne Erbe bliebe und der Gatte dieser alten Frau? Damit die Schlachten, die er schlagen wird, einen Sinn haben und um die Zukunft seiner Dynastie zu sichern, muß er sich scheiden lassen und vielleicht durch eine Fürstenhochzeit und den daraus hervorgehenden Sohn die gegenwärtigen Feindseligkeiten der Mächte in Wien und Sankt Petersburg beenden, die ihn noch nicht akzeptiert haben.

Noch einmal wird er Wien erobern. Es muß sein. Er wird den Zaren, sobald Österreich besiegt ist, dazu zwingen, dem Bündnis von Tilsit treu zu sein. Eine der beiden Dynastien muß ihm eine ihrer Prinzessinnen zur Frau geben. Das ist das Ziel.

Kann sich Joséphine das vorstellen? Sie wacht gerade auf, wirft ihm einen sorgenvollen Blick zu und hebt mit einer raschen, ängstlichen Geste ihren Schleier auf. Sie solle in Straßburg auf ihn warten, sagt er. Er werde allein nach Wien gehen.

Die Kutsche fährt langsamer. Er erkennt Bar-le-Duc. Ihm fällt ein, daß General Oudinot aus dieser Stadt stammt, der am Vorabend der Revolution nur Feldwebel war und seither alle Krieg mitgemacht hat. Er sieht ihn noch im Kartätschenfeuer von Friedland oder in Erfurt, wo er die Könige empfing, er, der Sohn eines Braumeisters. Aus diesem Mann hat er einen General und Herzog gemacht. Das ist der Adel des Kaiserreichs, der des Talents und des Mutes.

Er läßt die Kutsche anhalten. Im Dunkeln springt er aus dem Wagen. Er lacht über die Überraschung der Eltern des Herzogs von Reggio und den Schrecken der beiden Mädchen, die man aus ihrem Schlaf gerissen hat. Er küßt sie.

Er liebt es, so überraschend in ein Leben einzubrechen, wie ein Zauberer, der eine unauslöschliche Spur im Gedächtnis hinterläßt und von dem man noch lange erzählen wird. Der Aufbruch erfolgt dann so schnell, daß man sich hinterher fragt, ob man seinen Besuch nicht nur geträumt hat.

Er will der Traum der Menschen sein.

Er steigt wieder in die Berline. Während er sich über die Karten beugt, sagt er leise: »Ich mache meine Pläne mit den Träumen meiner schlafenden Soldaten.«

Am Samstag, dem 15., erreicht er Straßburg. Mit einer brüsken Bewegung schiebt er Joséphine beiseite, die sich an ihn hängt und weint, als er mit Duroc zusammen aufbricht. Schickt sich das für eine Kaiserin?

Im Wagen liest er die Depeschen von Berthier. Die Österreicher sind zahlenmäßig überlegen. Sie sind fast 500000, und er verfügt in Deutschland und Italien nur über 300000 Soldaten. Seine Linien ziehen sich von Regensburg bis Augsburg. Auf die ausländischen Kontingente ist kein Verlaß. Berthier teilt ihm mit, daß man in den Kirchen in Wien gedruckte Gebete gefunden hat, die alle Deutschen in Württemberg und Bayern auffordern, für den Erzherzog Karl zu beten. »Gott hat ihn zu unserer Hilfe gesandt.«

Er wirft die Depeschen von Berthier fort. Bevor man losschlägt, muß man abwarten und verstehen, was der Feind vorhat. Er ruft einen Adjutanten, der sich zur Tür hineinbeugt und die Botschaft anhört, die er dem Marschall übermitteln soll: »Wagen Sie sich auf keinen Fall zu weit vor!« brüllt der Kaiser.

Er wiederholt den Satz und sieht, wie sich der Offizier von seiner Eskorte entfernt.

In Ludwigsburg legt er am Sonntag, dem 16. April, eine kurze Pause ein. Er sieht den König von Württemberg, der ihn in der Morgenkälte erwartet. Er geht wie jemand, der Angst hat. Er begrüßt Napoleon und sagt dann mit ängstlicher Stimme: »Was hat Eure Majestät vor?«

»Wir gehen nach Wien.«

Napoleon nimmt den König beim Arm und beruhigt ihn. Der

König sagt schließlich, daß er Vertrauen habe zu diesem »modernen Jupiter«.

Napoleon steigt wieder in die Kutsche. *Jupiter? Ich hänge von den Menschen ab!*

In dem Augenblick trifft die Antwort von Berthier ein. »Ich erwarte ungeduldig Eure Majestät«, schreibt der Marschall.

Was wären die Menschen ohne mich? Sie würden ihre Stiefel ausziehen!

Am Nachmittag bricht ein Gewitter los. Sintflutartiger Regen geht nieder. Er betritt in Gmünd eine Herberge wie ein beliebiger Reisender. Er ißt in einer Ecke des schlecht beleuchteten Saales. Er mag auch diese anonymen Momente, wenn seine Anwesenheit nichts am alltäglichen Gang der Dinge ändert. In diesen Augenblicken spürt er seine Macht am stärksten, wenn er weiß, daß ein Wort von ihm genügen würde, um wie ein Blitz in die Atmosphäre einzuschlagen, er jedoch im Halbschatten bleibt und wie jedermann bezahlt. Aber sobald er die Schwelle überschreitet, ist er wieder der Kaiser.

In Dillingen hört er den aufgeregten König von Bayern an, der München verlassen hat, weil die österreichischen Truppen heranrücken. »Sire, für uns ist alles verloren, wenn Sie nicht schnell handeln«, flüstert der König mit bettelnder Stimme.

»Seien Sie beruhigt, in ein paar Tagen sind Sie wieder in München.«

Während er nach Donauwörth fährt, wo er schon im Jahr 1805 einen Feldzug geführt hat, denkt er an jene Jahre zurück, die unerträglichsten seines Lebens, als er einen Pascal Paoli oder einen Barras um eine Rolle anbetteln mußte. Seither war er nur noch von sich selbst abhängig. Und vom Schicksal.

In der Herberge in Donauwörth, in der er am Montag, dem 17. April, um sechs Uhr eintrifft, läßt er die Karten auf einem großen Tisch ausbreiten. Depeschen treffen ein. Bacler d'Albe beginnt damit, Nadeln einzupflanzen, um den Vormarsch der Truppen von Erzherzog Karl anzuzeigen.

Alles entscheidet sich in diesem Augenblick. Er läßt ein Pferd satteln und geht die Befestigungen dieser Stadt inspizieren. Auf einer Anhöhe macht er halt. Im Nebel kann er unten die Ufer der Donau erkennen und den breiten schwarzen Blutstrom des Flusses. Irgendwo dort hinten liegt Wien.

Im Galopp kehrt er in die Herberge zurück und stürzt sich gleich auf die Karten. Eine Meldung von Davout bestätigt, daß sich Erzherzog Karl auf Regensburg zubewegt. Ist das möglich? Die Adjutanten bestätigen die Information. Er beugt sich über die Karte, geht dann im Zimmer umher. Er überblickt die gesamte Partie, die sich nun entspinnt. In seinem Kopf ist sie schon durchgespielt.

»Ach, lieber Prinz Karl, ich werde Sie sehr billig kriegen«, ruft er aus.

Er erteilt Befehle, diktiert Meldungen. Er wird Erzherzog Karl von der Südflanke her angreifen. Und nun beginnt wieder dieser »verfluchte Beruf«.

Am Dienstag, dem 18. April, steht er um vier Uhr auf. Zunächst das Kartenstudium im Licht der Laternen. Dann das Diktat der Meldungen. An Davout, an Masséna.

»In einem Wort werden Sie verstehen, worum es geht. Erzherzog Karl ist gestern mit seiner gesamten Armee über Landshut nach Regensburg vorgestoßen. Er kam mit drei Armeekorps, die auf 80000 Mann geschätzt wurden. Noch nie hat eine Lage ein schnelleres und aktiveres Manöver nötig gemacht hat als diese. Aktivität, Aktivität, Geschwindigkeit! Ich empfehle mich Ihnen.«

Und dann aufs Pferd. Er eilt über Straßen und Felder. Er ist in Ingolstadt, im königlichen Schloß, aber er bricht gleich wieder auf und entdeckt die Höhenzüge nördlich der Donau.

Am Mittwoch nachmittag, dem 19., ist er völlig erschöpft, sein Körper wie gerädert. Die Truppen von Davout ziehen durch Ziegelstadel. Ein Bäcker kommt aus seinem Haus und bringt ihm einen Holzstuhl. Er läßt sich darauf niedersinken. Er spürt die Blicke der Soldaten, die dicht an ihm vorbeimarschieren. Er ist genauso müde wie sie alle. Er mag diese Gleichheit der Bedingungen im Krieg. Seine Arbeit besteht darin, an dieser Straße zu sein, auf dem Schlachtfeld, des Nachts die Karten zu studieren und die Menschen zum Sieg zu führen.

Als er Schloß Vohburg erreicht, ist es schon dunkel. Er öffnet ein Fenster. Er glaubt das Rauschen des Stromes zu hören.

Wenn sich die Partie so entwickelt, wie er denkt, wenn die Soldaten seine Pläne umsetzen, dann wird Wien fallen und er hätte erneut, wie schon in Marengo, Austerlitz oder Friedland, eine Herausforderung bestanden. Und alle bleichen Schwätzer in Paris könnten in ihre Löcher zurückkriechen. Aber wie lange wird dieser Kriegsstrudel andauern? Denn er weiß, daß sich auch die Generäle beschweren.

Es ist kurz nach 23 Uhr an diesem Mittwoch, dem 19. April. Morgen wird man eine Schlacht liefern. Er sieht, wie Marschall Lannes in den Hof kommt, der Herzog von Montebello, vielleicht der beste seiner Soldaten. Lannes kommt mit langsamen Schritten in den großen Raum, der von Kerzen aus der benachbarten Kirche erhellt wird.

Ich kenne seine Müdigkeit, denkt Napoleon, ich spüre sie auch. *Aber ich bin der Kaiser.*

»Wie oft bist du verwundet worden?« fragt Napoleon leise.

Lannes schüttelt den Kopf. »Das vergesse ich, wenn die Pflicht ruft.«

Er wurde in Arcole, in Akko, in Abukir und in Pultusk verwundet. Und schon zweimal vor Arcole. Lannes geht mit gesenktem Kopf umher. Er hat den Mut eines Murat oder eines Ney. Aber wenn selbst die Besten zweifeln …

»Befehlen Sie, Sire, ich werde es ausführen«, sagt Lannes schließlich. »Alle Offiziere müssen auf dem Schlachtfeld erscheinen, als ob es eine Hochzeit wäre.«

Ein Kurier von Davout kommt herein. Mit einem einzigen Armeekorps hat Davout die ganze österreichische Armee in Tengen geschlagen. Sie zieht sich nach Thann zurück.

Napoleon zupft Lannes am Ohr. *Wir werden siegen, und ich werde kommandieren.*

Es ist schon Donnerstag, der 20. April 1809. Man muß auch ein paar Stunden schlafen. Er steht im Morgengrauen auf. Nebel bedeckt das ganze Land, und als sich Napoleon auf die Straße nach Regensburg begibt, hat er sich noch nicht gelichtet. Um sich herum sieht er die leichte Kavallerie aus Bayern und Württembergern, die ihm als Eskorte dienen. Ob diese Männer beim ersten Aufeinandertreffen auch treu sein werden? Er fällt in den Galopp und setzt sich an die Spitze der Regimenter. Dann gibt er das Zeichen zum Angriff.

Ein paar Stunden später sind die österreichischen Truppen geschlagen und in zwei Haufen zerteilt. Er setzt sich in den großen Raum des Posthauses am Marktplatz von Rohr. Dort schlummert er von zwei Uhr bis vier Uhr morgens, dann springt er wieder auf. »Wir dürfen nicht eine Minute verlieren!« ruft er.

Er reitet bis zur Isar. Die Österreicher haben sich südlich des Flusses in Landshut versammelt. Noch einmal müssen die Infanteristen eine Brücke unter dem Kugelhagel überqueren. Er folgt ihnen mit den Augen. Sie stürmen voran, erreichen das andere Ufer, bleiben aber an den Stadttoren hängen, strömen zurück. Sie greifen erneut an, werden aber wieder abgeschlagen. Man muß Landshut einnehmen.

Er sieht General Mouton herbeireiten, einen Adjutanten, der eine Meldung von Davout bringt. Jeder Angriff braucht einen Anführer, und Mouton ist tapfer.

»Sie kommen gerade recht«, sagt Napoleon. »Setzen Sie sich an die Spitze dieser Kolonne, und nehmen Sie Landshut ein.«

Mouton steigt vom Pferd, zieht seinen Säbel und rennt zur Brücke.

Napoleon hat sich in der königlichen Residenz von Landshut eingerichtet. Während er diktiert, sieht er durch das Fenster die Truppen vorbeimarschieren. Sie bewegen sich in Richtung Eckmühl.

»Ich bin entschlossen, die Armee von Erzherzog Karl heute oder spätestens morgen auszulöschen«, schreibt er an Davout. Davout soll das Angriffssignal geben, eine Salve von zehn Kanonenschüssen.

Plötzlich überkommt ihn Müdigkeit. Er setzt sich. Er hört nichts mehr. Als er kaum eine Stunde später aufwacht, sieht er zunächst, daß ein heller Morgen heraufzieht. Der Hals tut ihm weh. Rustan bringt eine Tasse Milch mit Honig. Dann reitet er los. Es ist kühl. Er mag die sumpfige Chaussee längs der Isar nicht, auf der seine Truppen kaum vorankommen.

Eckmühl liegt weiter nördlich. Er möchte das Schlachtfeld sehen. Das Gelände ist uneben, von kleinen Hügeln und Wäldern durchzogen, aber jenseits von Eckmühl entdeckt er zur Donau hin eine riesige Ebene, in der sich, direkt am Fluß, Regensburg erhebt, aus dem die Österreicher die kleine französische Garnison vertrieben haben.

Um 13 Uhr 50 hört er die zehn Kanonenschüsse von Davout. Die Schlacht beginnt. Er steht ganz vorne, umgeben von seinen Marschällen.

Als es langsam dunkel wird und die Nacht sich ausbreitet, sieht er Funken fliegen, wenn die schweren Säbel auf Helme und Rüstungen schlagen. Die Schreie der Kämpfenden kann er nicht hören, sie werden vom dumpfen, ununterbrochenen Geschützlärm übertönt.

Er ist überrascht vom Widerstand der österreichischen Kavallerie. Sie kämpft weiter, obwohl die Schlacht verloren ist, und schützt den Rückzug ihrer Infanterie nach Regensburg.

Lannes kommt herbei. Man müsse den Feind verfolgen, schlägt er vor, die ganze Armee einsetzen, um Erzherzog Karl zu erledigen und im selben Schwung Regensburg einzunehmen. Napoleon ist bereit, diesen Befehl zu geben. So oft hat er gesagt, daß alles an der Verfolgung liegt, daß man den Feind vernichten muß, daß er von Lannes seine eigenen Worte zu hören glaubt. Und doch zögert er. Das würde ein nächtliches Gefecht bedeuten, sagt Davout. Die Männer sind erschöpft. Bis Regensburg sind es noch drei Meilen.

Napoleon fühlt sich genauso erdrückt von der Müdigkeit wie die Soldaten. Schon seit Tagen hat er nicht mehr geschlafen. Er zögert immer noch, dann gibt er den Befehl zum Biwakieren. Er sieht die Verwunderung von Lannes und die Erleichterung der anderen Offiziere.

»Wir haben den Sieg errungen«, sagt er.

Er geht ein paar Schritte beiseite. Jetzt hört er die Schreie der Verwundeten und der Sterbenden, die vom ganzen Schlachtfeld aufsteigen.

Zum ersten Mal hat er nicht befohlen, die Flucht des Feindes auszunutzen und ihm nachzusetzen. Er hat es nicht vermocht.

Im Morgengrauen des 23., eines Sonntags, sieht er die Artillerie defilieren, die sich in dichtem Nebel nach Regensburg begibt. Die Stadt muß fallen. Er plaziert eigenhändig die Kanonen, um die alten Häuser an der Stadtmauer zum Einsturz zu bringen und so die Gräben zu füllen. Er nähert sich den Kanonen zu Fuß und spürt plötzlich einen starken Schmerz im rechten Bein. Er verliert das Gleichgewicht und stützt sich auf Lannes. Eine Kugel hat seinen rechten Zeh getroffen.

»Das kann nur ein Tiroler sein, diese Leute sind sehr geschickt«, sagt er.

Er setzt sich auf eine Trommel, und man legt ihm einen Verband an. Ist die Verletzung ein Zeichen? Er sieht, daß sie nicht schwer ist, auch wenn sie sehr weh tut.

Er dreht sich um und sieht Soldaten herbeilaufen. Man schreit: »Der Kaiser ist verwundet!«

»Der Kaiser ist tot!« Er steht auf. Man soll ihn auf sein Pferd heben und zum Appell blasen. Er will die Front der Truppen abreiten. Man muß ihn sehen. Er kann nicht sterben.

Er reitet die Linien entlang, und es ertönt der Schrei, den er seit Monaten nicht mehr gehört hat: »Es lebe der Kaiser!« Vor jedem Regiment macht er halt. Die Korpschefs benennen die tapfersten Grenadiere.

»Ich mache dich zum Ritter des Kaiserreichs mit einer Dotierung von 1200 Francs«, ruft er mit kräftiger Stimme.

»Aber Sire, mir ist das Kreuz lieber.«

Er schaut den Soldaten mit der festen Stimme und dem trotzigen, von Narben durchzogenen Gesicht an.

»Aber du bekommst doch beides, da ich dich zum Ritter mache.«

»Ich möchte aber lieber das Kreuz haben.«

Er muß ihm das Kreuz der Ehrenlegion an die Brust heften und ihn am Ohr zupfen. Diese Männer lassen sich töten für ihn, weil sie wissen, daß er sein Leben genauso exponiert wie sie das ihre und daß er sie zum Sieg führt.

Regensburg ist eingenommen, Regensburg brennt. Die Straße nach Wien steht offen. Er sollte zufrieden sein, aber er empfindet nicht mehr dieselbe Euphorie des Sieges. Er hat die Armee von Erzherzog Karl nicht vernichtet. Sie zieht sich am linken Donauufer nach Wien zurück. Er treibt seine Truppen auf dem rechten Ufer voran. Er diktiert eine Proklamation an die Armee.

»Soldaten, Ihr habt meine Erwartungen gerechtfertigt. Ihr habt Übermacht durch Bravour wettgemacht. Ich habt glorreich bewiesen, welcher Unterschied zwischen den Soldaten von Cäsar und den bewaffneten Horden von Xerxes besteht. Innerhalb weniger Tage haben wir in drei geordneten Schlachten gesiegt, bei Thann, Abensberg und Eckmühl, sowie in den Gefechten von Landshut und Regensburg. In weniger als einem Monat sind wir in Wien.«

Aber wird der Krieg dann enden? Das Schicksal ist immer noch wohlwollend. In vier Kampftagen hat er die österreichischen Truppen niedergemacht. Aber wie viele Opfer?

Sein Fuß und sein Bein schmerzen immer noch. Er kann nur mit Mühe gehen. Doch das ist gar nichts. Im Vergleich zu den Leiden der anderen.

Als er aber ein paar Tage später in den Straßen von Ebersberg Tausende von Toten liegen sieht, weil Masséna, »des Sieges liebstes Kind«, diese Stadt im Sturm einnehmen wollte – nutzlos, denn die Donau war längst überschritten –, überkommt ihn Ekel. Er geht achtlos an Masséna vorbei, der sich zu rechtfertigen versucht. 1000 Tote, 2000 Verletzte, umsonst.

Er lehnt es ab, in einem Haus in der Oberstadt zu logieren, dem einzigen Teil des Ortes, der nicht zerstört wurde. Er läßt sein Zelt in einem Garten errichten, vor einem Haus im Nachbardorf Angstetten. Er geht in dem Teil des Zeltes umher, der ihm als Schlafraum dient. Er hätte Masséna zurückhalten müssen. Aber kann er alles lenken?

Am nächsten Tag galoppiert er in Richtung Wien. In Ems macht er halt und inspiziert das Defilee der Divisionen, die den Österreichern nachsetzen. In Melk entdeckt er auf einer Anhöhe über der Donau ein Benediktinerkloster, von dem aus man das linke Flußufer überblickt. Im Dunkeln erkennt man die Biwakfeuer der Österreicher.

Er betritt das Gebäude und richtet sich in einer Galerie mit Ausblick ein. Wenn er nur länger hierbleiben könnte! Aber die Arbeit ist noch nicht getan.

Er hört die Stimmen der Grenadiere, die ins Kloster geströmt sind und nun von den Mönchen zu trinken erhalten. Die Männer brauchen solche fröhlichen Augenblicke, die er sich nicht gönnt. Er liest die Post aus Paris.

Er überfliegt einen kriecherischen Brief von Talleyrand und hat nur eine Geste der Verachtung. »Seit 13 Tagen ist Eure Majestät abwesend«, schreibt der Fürst von Benevent, »und schon haben Sie der wunderbaren Geschichte Ihrer Feldzüge sechs weitere Siege hinzugefügt.«

Er betritt den Balkon, der an der Galerie entlangläuft. Er will wissen, welche österreichischen Truppen auf der anderen Flußseite kampieren. Die von General Hiller oder die von Erzherzog Karl? Im Schutze der Dunkelheit muß ein Offizier einen Österreicher fangen, den man dann ausfragen kann. Lannes hat seinen Adjutanten Hauptmann Marbot vorgeschlagen.

»Also es ist kein ausdrücklicher Befehl, den ich Ihnen erteile«, sagt Napoleon zu Marbot, »ich drücke nur einen Wunsch aus. Mir ist klar, daß es ein äußerst gefährliches Unternehmen ist. Sie können es ablehnen, ohne mein Mißfallen zu riskieren. Gehen Sie ein paar Minuten in den Nebenraum, denken Sie darüber nach, und sagen Sie uns dann ganz offen Ihre Entscheidung.«

Er weiß, daß Marbot annehmen wird. Diese Männer sind keine Höflinge, sondern Soldaten wie er.

Er zupft Marbot am Ohr, der, ohne zu zögern, zum Fluß hinuntergeht.

Es sind sehr wohl die Truppen von General Hiller. Man kann also weiter gen Wien marschieren. Als er in Sankt Pölten eintrifft, ist es schön. Die Soldaten jubeln ihm zu. Er kann endlich ein paar Stunden schlafen.

Am Mittwoch, dem 10. Mai 1809, geht er wieder einmal durch die Gärten des königlichen Schlosses von Schönbrunn. Sein ganzer Körper entspannt sich. Er findet die goldverzierten Salons wieder. Er träumt einen Moment. Er denkt an seinen ersten Aufenthalt hier zurück, das war am 13. November 1805, am Vorabend von Austerlitz. Muß er wie Sisyphus die Kugel des Krieges immer wieder von neuem zum Gipfel hochschieben und dieselben Orte wiedersehen, Donauwörth, Schönbrunn? Und morgen vielleicht Warschau und Eylau?

Er fühlt sich müde und abgespannt. Man meldet ihm, daß die Österreicher die Gesandten verwundet haben, die Wien zur Kapitulation aufgefordert haben. Er befiehlt, daß man die Stadt so lange beschießt, bis sie aufgibt. Er spürt, daß bei jedem Mal der Aufstieg zum Gipfel beschwerlicher wird.

Wien wehrt sich. In Preußen hat der Husarenmajor von Schill mit einigen hundert Männern französische Soldaten massakriert. In Tirol dauert der Aufstand an. In Spanien und Portugal werden keine Siege errungen, im Gegenteil.

Er steigt aufs Pferd und reitet im Galopp, und plötzlich spürt er, wie sein Reittier zu Boden geht und auf die Seite fällt. Dann wird alles schwarz um ihn …

Er öffnet die Augen. Er wird getragen. Er steht wieder auf und schaut sich um. Er sieht die entsetzten Gesichter von Lannes, der Adjutanten und der Gardejäger. Er ist also ohnmächtig geworden. Als Lannes ihm rät, nicht weiterzureiten, weist er ihn zurecht. Man muß diesen Zwischenfall vergessen. Die Menschen glauben zu sehr an Omen.

Im Hof des Schlosses von Schönbrunn versammelt er alle Zeugen dieser Szene, Marschälle, Offiziere, Soldaten. Sie sollen sich im Kreis um ihn stellen. Er geht an ihnen vorbei.

Das müsse geheim bleiben, sagt er. Nichts sei geschehen. Einige

Minuten lang steht er dann schweigend in ihrer Mitte. Die Männer werden nichts sagen. Er kehrt ins Schloß zurück.

Am Samstag, dem 13. Mai 1809, kapituliert Wien um zwei Uhr morgens. Napoleon steht im Empfangssalon des Schlosses. Er schaut die riesigen Gemälde an, die den Saal schmücken.

»Ich werde hier wohnen«, sagt er leise, »inmitten der Erinnerungsstücke der großen Maria Theresia.«

Dann begibt er sich, ohne weitere Ruhepause, mitsamt seiner Eskorte nach Wien. Er reitet langsam durch die leeren Straßen. Wo ist die wohlwollende Neugier von einst?

Er kehrt zurück und diktiert eine Proklamation: »Soldaten, das vollkommen allein gelassene Volk von Wien wird von Euch rücksichtsvoll behandelt. Ich nehme seine Einwohner unter meinen besonderen Schutz.«

Er möchte den Frieden. Er darf den Sieg nicht zu laut feiern. Überdies ist der Krieg noch nicht beendet. Die Truppen von Erzherzog Karl sind noch nicht zerschlagen.

Er befiehlt, alle Plünderer zu bestrafen. Weder Österreich noch Deutschland sollen zu einem zweiten Spanien werden.

25

Mitte Mai 1809 ist die Luft in den Gärten von Schloß Schönbrunn sehr milde. Napoleon geht die Alleen entlang, nachdem er eine Parade seiner Garde abgenommen hat, bleibt aber bald stehen. Er kann den Frühling und die Ruhe dieses königlichen Ortes nicht genießen. Er muß den Feldzug beenden und damit diesen Krieg. Er geht wieder hinein und konsultiert die Karten sowie die Berichte der Patrouillen, die er von Wien aus donauabwärts geschickt hat.

Er ruft Bacler d'Albe herbei. Gemeinsam pflanzen sie Stecknadeln auf die Karte. Die Donau ist mindestens einen Kilometer breit. Sie hat zahlreiche Inseln, die als Stützpunkte für die Brücken zwischen beiden Ufern dienen können, da man den Strom überqueren muß, um die auf dem linken Ufer massierten Truppen von Erzherzog Karl anzugreifen. »Sie stehen dort«, sagt Bacler d'Albe und zeigt auf die Dörfer Aspern und Eßling und weiter nördlich auf die Hochebene von Deutsch-Wagram.

Napoleon ist beunruhigt. Seit Beginn dieses Krieges, den er nicht gewollt hat, kämpft er gegen den Eindruck an, daß sich die bösen Vorzeichen vermehren. Und wie eine ständige Erinnerung an die Bedrohungen, die über ihm schweben, spürt einen kurzen, heftigen Schmerz im linken Fuß. Er ist verwundet worden. Sein Pferd ist gestürzt, und er ist ohnmächtig geworden. Und noch gestern, als er mit Marschall Lannes am Ufer der Donau entlangging, ist Lannes gestolpert und ins eisige Wasser des Flusses gefallen, das voller Strudel war wie ein Alpenbach nach der Schneeschmelze. Er mußte bis zur Hüfte in die Donau hinein, um dem Herzog von Montebello die Hand zu geben. Keiner von beiden konnte darüber lachen. Sie haben sich lange angeschaut, von derselben Unruhe erfaßt.

Und doch müssen die Truppen vom einen Ufer zum andern, und man muß also unterhalb von Wien Brücken schlagen. Nach den Angaben von Bacler d'Albe ist die Insel Lobau sechs Kilometer lang und vier Kilometer breit. Sie wird der Angelpunkt sein für eine große Brücke, um vom rechten Ufer her den breiteren Donauarm zu überqueren, sowie für eine halb so lange Brücke von 200 Metern, die von der Insel Lobau zum linken Ufer führt.

Ohne zu zögern, befiehlt er, mit der Arbeit zu beginnen. Man wird sich zuerst der Insel bemächtigen, dann wird man Taue, Holz und Eisen herbeischaffen sowie Munitionskisten mit Kanonenkugeln, die als Verankerung dienen. Die Pontoniere von General Bertrand werden die Einzelteile montieren. Er läßt Bertrand kommen. Seine Männer müssen diese Arbeit in der kommenden Nacht schaffen.

Es ist Mittwoch, der 17. Mai. Morgen wird er Schönbrunn verlassen und nach Ebersdorf wechseln, dem Dorf am rechten Ufer, der Insel Lobau gegenüber. Er liest die letzten Depeschen. In Spanien häufen sich die Fehlschläge, auf Niederlagen folgen Siege, die nichts bewirken. In Italien rücken die Truppen von Eugène auf Wien vor. Aber der Papst versucht von Rom aus, die Katholiken gegen den »Antichristen« aufzuwiegeln. Napoleon reagiert mit einem Dekret, in dem er den Kirchenstaat dem französischen Kaiserreich angliedert.

Er kann nicht länger warten. Die Brücke zur Lobau ist noch nicht fertig, aber Napoleon setzt schon in einem Boot über die Donau und richtet sich mit Marschall Lannes im einzigen Haus auf der Lobau ein. Durch das offene Fenster hört er das Gelächter der Adjutanten, die im Gras rings ums Haus liegen. Er geht hinaus. Der Vollmond erhellt die Insel, den Fluß und das linke Ufer, auf dem die Biwakfeuer der Österreicher leuchten. Er hört die jungen Männer, von denen viele morgen sterben werden, mit fröhlichen Stimmen singen.

Am Sonntag, dem 21. Mai, stößt er zu den Truppen von Masséna und Lannes, die inzwischen die große Brücke, die Insel Lobau und die kleine Brücke überquert haben. Sie kämpfen jetzt auf dem linken Ufer in den Dörfern Aspern und Eßling.

Auf einer kleinen Anhöhe läßt er sein Pferd vor den Ruinen einer Ziegelei haltmachen. Er muß die Zügel ganz fest halten, denn die Kugeln pfeifen nur so um ihn. Wie weiße Wellen sieht er die österreichischen Linien Aspern und Eßling im Sturm nehmen, dann wieder zurückströmen, danach folgen andere Wellen, dunklere, und dann ist der Boden von den weißen und blauen Flecken der Uniformen der Toten und Verwundeten bedeckt.

Ein Gemetzel.

Aus Hunderten von österreichischen Kanonen kommen Kugeln geflogen, reißen Lücken in die Reihen, fällen jedesmal mehrere Soldaten. Er wendet sich erst ab, als ein Adjutant meldet, daß Aspern und Eßling zum sechsten Mal eingenommen wurden. Plötzlich verliert er das Gleichgewicht. Am linken Bein spürt er starke Hitze. Er bleibt aber im Sattel. Eine Kugel hat seinen Stiefel völlig zerrissen und die Haut gestreift. Noch ein Vorzeichen.

Er vertreibt seine Unruhe. Ein Adjutant meldet, daß die große Brücke vom Wasser fortgerissen wurde, weil sie den Stößen der in den Fluten treibenden Baumstämme nicht standhalten konnte. Er will gerade den Befehl zum Rückzug geben und zur Aufgabe von Aspern und Eßling, die so viel Blut gekostet haben. Da schreit eine

Stimme, daß die Brücke repariert worden ist und Munitionskonvois und Soldaten wieder auf die Lobau und ans linke Ufer gelangen können.

Plötzlich hört er eine Kugel heranpfeifen. Das Pferd bäumt sich auf und bricht mit zerschmettertem Schenkel zusammen. Er wechselt das Reittier, aber die Grenadiere umringen ihn und schreien: »Die Waffen nieder, wenn der Kaiser hierbleibt! Die Waffen nieder!«

Hätte die Kugel einen Meter höher getroffen, wäre er jetzt eine von den Leichen, die im Gras zwischen umgestürzten Mauerteilen liegen.

Jemand packt das Pferd beim Halfter und schreit: »Ziehen Sie sich zurück, oder ich lasse Sie durch meine Grenadiere wegschaffen!«

Es ist General Walter, der alte Lutheraner, ein Pastorensohn, den er seit Italien kennt, der in Austerlitz verwundet wurde und den er zum Befehlshaber der berittenen Gardegrenadiere ernannt hat. Er hat in Eylau so viele Angriffe geleitet, daß man ihn mehrfach für gefallen hielt. Er zieht jetzt an seinem Pferd. Sie wollen nicht, daß er stirbt.

Er kehrt um und reitet im Schritt über die kleine Brücke. Kolonnen von jungen Rekruten kommen ihm entgegen, heben ihre Gewehre und schreien: »Es lebe der Kaiser!« Langsam sinkt Nebel auf den Fluß nieder, und mit der Nacht kommt die Stille. Er setzt sich vor das kleine Haus auf der Insel und diktiert eine Depesche an Davout. Er soll aus Wien so viele Soldaten wie möglich und auch Lebensmittel schicken.

Als Napoleon an diesem Montag, dem 22. November, aufwacht, herrscht überall dichter Nebel. Er hört das Stampfen der Truppen und das Quietschen der Munitionskarren, die ans linke Ufer gebracht werden. Wenn diese Konvois und Verstärkungen durchkommen, kann die Schlacht gewonnen werden. Wenn aber die Brücken brechen, sitzen Zehntausende in der Falle.

Er zeigt auf eine Fichte. Die Zimmerleute sollen einen Ausguck bauen, von dem aus er das Schlachtfeld beobachten kann. Während sich der Nebel allmählich lichtet und die Kanonen wieder donnern, wird er ungeduldig. Endlich kann er auf den Baum klettern.

Aspern und Eßling halten stand. Er kann die Reiter von Lannes also im Zentrum angreifen und in das Herz der österreichischen Armee vorstoßen lassen. Er springt wieder zu Boden. Er will vor dem Angriff auf dem linken Ufer sein.

Er geht am Ufer entlang bis zu der Position, die von einem Gardebataillon gehalten wird, dessen Geschütze heftiges Feuer auf die Österreicher richten, die erneut angreifen. Plötzlich hört er neben sich die Stimme von General Bertrand.

Der Kommandeur der Pioniere ist ganz bleich im Gesicht. Die große Brücke ist fortgespült worden. Sie zu reparieren dauere zwei Tage. Munition, Verstärkungen, Lebensmittel, nichts kann mehr durch.

Er wendet sich von Bertrand ab und ruft sofort seine Adjutanten. Man solle die Marschälle Lannes und Masséna benachrichtigen, die beiden Korpschefs. Sie sollen sich kämpfend zurückziehen und geordnet die kleine Brücke überqueren. Dann solle man die Insel Lobau befestigen und sich dort verschanzen.

Bevor er nach Lobau zurückkehrt, sieht er die hingestreckten Soldaten. Vielleicht 20000 Tote rings um Eßling und Aspern und gewiß genauso viele Österreicher.

Am Eingang zur kleinen Brücke sieht er Grenadiere, die eine Bahre tragen, die mit Zweigen bedeckt ist. Er erkennt Hauptmann Marbot, den Adjutanten von Lannes, der die Hand eines verletzt darauf liegenden Mannes hält. Lannes.

Er möchte aufschreien. Er stürzt herbei. Lannes, Lannes. Er schiebt Marbot beiseite. Die Beine von Lannes sind nur noch ein blutiger Brei. Man wird sie amputieren.

Er reißt sich los und springt aufs Pferd. Er kann nicht mehr. Er beugt sich auf dessen Hals nieder und läßt sich tragen und schütteln. Dieser salzige Geschmack auf den Lippen, dieses Brennen in den Augen, das sind seine Tränen.

Endlich richtet er sich auf. Er ruft Befehle. Man muß Eßling um jeden Preis halten, damit der Rückzug der auf dem linken Ufer operierenden Truppen gedeckt wird. Er kann nicht untätig bleiben und galoppiert noch einmal zur kleinen Brücke. Er will wissen. Er sieht Lannes, dem man das linke Bein abgenommen hat.

Wieder übermannen ihn seine Gefühle. Er will nicht … Er kniet nieder. Er umarmt ihn. Er riecht sein Blut. Er drückt Lannes an sich. Das Blut befleckt seine Weste. Lannes hält ihn fest, klammert sich an ihn.

»Du wirst durchkommen, mein Freund.«

Napoleon entfernt sich. Erschöpfte Truppen, die aber ihre Linien halten, marschieren über die kleine Brücke und errichten ihre Biwaks auf der Insel Lobau, auf der die ersten österreichischen Kanonenkugeln einschlagen.

Man muß die Insel halten und die kleine Brücke zerstören, nachdem die letzten Einheiten herübergekommen sind. Und sobald die große Brücke repariert ist, auf der Insel nur die Kanonen und die zu ihrer Verteidigung nötigen Soldaten zurücklassen.

Er begibt sich wieder aufs rechte Ufer nach Ebersdorf. Er hat diese Schlacht von Eßling nicht gewonnen, aber auch nicht verloren. Doch sie hat 20000 Soldaten das Leben gekostet. Überall wird man sagen, daß er sich zurückgezogen hat. Er muß also noch einmal siegen. Trotz der Gefallenen. Trotz der Leiden von Lannes.

Der Marschall liegt in der drückenden Hitze der letzten Maitage im Sterben. Sein Körper wird vom Wundbrand zerfressen. Er kämpft noch. Napoleon kniet nieder und spricht mit ihm. Er möchte gern bei ihm bleiben, aber man zieht ihn weg.

Die Italien-Armee ist endlich zur Rhein-Armee gestoßen. Diesen Erfolg muß er würdigen. »Soldaten der Italien-Armee, Ihr habt glorreich das Euch gesetzte Ziel erreicht. Seid willkommen! Ich bin zufrieden mit Euch.«

So oft schon hat er diese Worte ausgesprochen, und so oft mußte man wieder kämpfen. Das ist das Gesetz seines Lebens.

Er nimmt Platz in dem Haus in Ebersdorf, das ihm als Hauptquartier dient. Man hat die Fensterläden geschlossen, weil es so heiß ist. Der Wundbrand hat gewiß schon den ganzen Körper von Lannes erfaßt. Er versucht, nicht daran zu denken.

»Meine Liebe«, schreibt er an Joséphine. »Ich schreibe Dir, um Dir mitzuteilen, daß Eugène mitsamt seiner ganzen Armee zu mir gestoßen ist. Er hat die ihm gestellte Aufgabe vollkommen erfüllt.

Ich schicke Dir meine Proklamation an die Italien-Armee, die Dir das alles erklärt. Mir geht es gut. Ganz der Deine. Napoleon.

P.S. Du kannst diese Proklamation in Straßburg drucken und auf deutsch und auf französisch in ganz Deutschland verbreiten lassen.«

Er bleibt im abgedunkelten Haus in Ebersdorf. Ein Augenblick der Ruhe zwischen zwei Stürmen. Er spricht immer wieder mit Berthier. Man muß sich auf die nächste Schlacht vorbereiten, die Brücken reparieren, die Depots mit Munition und Lebensmitteln auffüllen, die Armeen zusammenziehen und die Verletzten in Wiener Hospitälern behandeln.

Jeden Morgen und jeden Abend begibt er sich ans Krankenlager von Lannes, der im Nachbarhaus untergebracht wurde. Lannes wird sterben.

Am Mittwoch, dem 31. Mai, steht Adjutant Marbot auf der Schwelle des Hauses, breitet die Arme aus und läßt Napoleon nicht passieren.

Lannes sei tot, Verwesungsgeruch erfülle den Raum, und es sei gefährlich, sich hineinzubegeben, sagt Marbot. Napoleon schiebt ihn beiseite. Er kniet nieder und drückt Lannes an sich.

»Welcher Verlust für Frankreich und für mich«, flüstert er. Er kann nicht mehr. Er weint. Er will diesen Leichnam an sich drücken und wärmen.

Man zieht ihn fort. Man zwingt ihn, wieder aufzustehen. Es ist Berthier. Er sagt, General Bertrand und die Offiziere der Pioniere warteten auf seine Befehle.

Napoleon entfernt sich, dreht sich aber noch einmal um. Man solle den Leichnam von Lannes einbalsamieren und nach Frankreich bringen, sagt er. Dann er geht er zu Betrand. »Die Brücken ...«, beginnt er.

26

Napoleon sitzt in seinem Arbeitszimmer und schaut in die Gärten rings um Schloß Schönbrunn. Die Fenster stehen offen. Diese Vormittage Anfang Juni 1809 sind angenehm. Es könnte schon

Frieden sein. Einen Augenblick stellt er sich vor, wie es wäre, hier mit Maria Walewska zu leben. Die Briefe, die sie ihm aus Polen schrieb, liegen auf seinem Tisch. Er erinnert sich an die langen Tage auf Schloß Finckenstein nach der Schlacht von Eylau und vor dem Sieg von Friedland. Damals hatte er geglaubt, er hätte durch die Allianz mit dem Zaren ein System geschaffen, das den Krieg verhindert. Aber nichts ist so gekommen, wie er es gehofft, sondern alles ist so gekommen, wie er es befürchtet hatte. Und die Armee von Erzherzog Karl steht immer noch auf dem linken Donauufer vor Wagram. Sie legt Palisaden und Schanzen an, sie installiert feste Artillerieposten, um jede Überquerung des Flusses zu verhindern. Er muß sie vernichten. Er muß die Donau überqueren.

Auf Hilfe kann er nicht zählen. Der Zar läßt zwar seine Truppen aufmarschieren, aber mehr um die Polen unter Poniatowski in Schach zu halten und sie daran zu hindern, ein polnisches Königreich auszurufen, als um die Österreicher zu bedrohen. Schöner Verbündeter, dieser Alexander I.!

Napoleon steht auf. Er ruft General Savary. Er will wissen, welche Regimenter an diesem Morgen an der Parade teilnehmen und welche Marschälle und Generäle anwesend sein werden. Er muß Kreuze der Ehrenlegion verteilen und einige Grenadiere zu Rittern des Kaiserreichs erheben. Er will den in Eßling drangsalierten Truppen neue Kraft einflößen.

Er muß bei ihnen die Erinnerung an die gefallenen oder verwundeten Kameraden auslöschen. Sie sollen auch vergessen, daß sie sich zurückziehen mußten. Sie müssen bereit sein, sich erneut zu schlagen, sobald die Brücken wiederhergestellt sind und die Verstärkung eingetroffen ist. Aus Frankreich erwartet er 20000 Infanteristen, 10000 Kavalleristen, 6000 Gardegrenadiere und neue Geschütze. Dann verfügt er über 187000 Mann und 488 Kanonen, die er den 125000 Mann von Erzherzog Karl entgegenstellen kann.

Er geht zum Fenster. Aber da ist dieser Strom, der überquert werden muß, da sind die Soldaten der Armee von Erzherzog Johann, Karls Bruder, die in Italien geschlagen worden sind, sich aber in Ungarn neu formiert haben und eine Masse von über 30000 Soldaten ausmachen.

Napoleon wendet sich an Savary. Er wolle jeden Morgen auf die Lobau. Die Insel sei auch dieses Mal der Angelpunkt seiner Schlachtordnung. Von dort aus könne er die Österreicher beobachten, kontrollieren, wie weit die Brücken seien, und entscheiden, wann die Truppen vom rechten Ufer auf die Insel und von dort aufs linke Ufer überwechseln sollen. Es muß gelingen. Alle Könige in Europa warten auf seine Niederlage, um gegen ihn loszuschlagen.

Er schickt Savary wieder fort. Er bleibt allein. Nach dem Tumult der Schlacht, nach den Schicksalsschlägen und den Todesfällen, die jederzeit die Lage verändern, will er, daß hier in Schönbrunn Ordnung herrscht und die Etikette gewahrt wird. Er kann nur effizient arbeiten, wenn seine Gewohnheiten respektiert werden. Dann ist sein Geist frei. Dann kann er sich die kommende Schlacht vorstellen, die Brücken, die Bewegung der Truppen, die das Plateau von Wagram angreifen, nachdem sie das linke Ufer an einer Stelle überquert haben, an der sie Erzherzog Karl nicht erwartet.

Dieser Augenblick verschafft ihm kurze Freude. Er hat die Vision der Bewegung seiner Truppen. Er wird die Artillerie so massiv einsetzen, wie man es noch nie in einer Schlacht getan hat. Er wird Erzherzog Karl täuschen, ihn glauben lassen, der Angriff erfolge auf Eßling, und ihn dann umgehen.

Er kehrt an den Kartentisch zurück. Er zeigt mit dem Finger auf Großenzersdorf. Dort wird sich die Schlacht abspielen. Er geht im Arbeitszimmer umher. Er kann an nichts anderes denken als an dieses baldige Aufeinandertreffen, dessen Ablauf er vorhersehen muß. Nach dem Sieg kommt dann vielleicht der Frieden. Er wünscht ihn.

Er schreibt an Fouché. Der Herzog von Otranto soll alle Befugnisse des Innenministers Crétet mit übernehmen, der krank vor Überarbeitung ist. Zu seinem Sekretär sagt Napoleon: »Ein Mann, den ich zum Minister mache, darf nach vier Jahren nicht mehr pissen können!«

Ansonsten Paraden, Aufmärsche, Inspektionen. Jeden Tag begibt er sich auf die Insel Lobau. Stundenlang geht er umher, die

Hände auf dem Rücken verschränkt. Vor jeder der 100 Kanonen, mit denen er die Insel bestückt hat, bleibt er stehen. Er befragt Oberst Charles d'Escorches de Sainte-Croix. Er schätzt diesen Offizier von kaum 30 Jahren, Sohn eines ehemaligen Botschafters von Ludwig XVI. Er will, daß der Offizier jeden Tag zu seinem Lever nach Schönbrunn kommt, um schon am frühen Morgen zu melden, was in der Nacht auf der Lobau vorgefallen ist.

Napoleon steigt auf eine riesige doppelte Leiter, die Sainte-Croix aufstellen ließ und die höher ist als die Baumwipfel. Von ihren letzten Stufen aus kann man das ganze linke Donauufer überblicken.

Napoleon bleibt lange dort oben. Er sieht die feindlichen Schanzen längs des linken Ufers, aber mehr nach Eßling und Aspern zu. Man wird also die Donau, wie er es geplant hat, bei Enzersdorf überqueren. Dahinter erstrecken sich Felder mit reifem Weizen, den der Wind niederdrückt und den kein Bauer ernten kommt. Die Reiter und die Infanteristen müssen durchs Getreide stürmen.

Napoleon steigt wieder von der Leiter. Er läßt Marschall Masséna kommen. Er will den Feind aus der Nähe sehen.

Genau wie Masséna zieht Napoleon den Umhang eines Feldwebels über. Oberst de Sainte-Croix kleidet sich wie ein gewöhnlicher Schütze. Napoleon geht voran, steigt zum Inselufer hinunter. Die Österreicher sind auf der anderen Flußseite. Unter Soldaten beobachtet man sich gegenseitig in dieser Kampfpause. Der Oberst zieht sich aus. Er ist einfach nur ein Soldat, der schwimmen will. Napoleon und Masséna setzen sich ans Wasser wie zwei Feldwebel auf Spaziergang. Die Wachen auf österreichischer Seite schauen zu und machen Scherze. Eine Art Waffenstillstand herrscht an dieser Badestelle.

Napoleon hat genug gesehen. Er kehrt ins Innere der Insel zurück. Er wird seinen Plan nicht ändern. Es genügt abzuwarten, daß die Brückenteile gebaut sind und angelegt werden können. Vier Brücken zwischen der Insel Lobau und dem linken Ufer, drei Brücken zwischen dem rechten Ufer und der Insel.

Ein weiteres Mal durchstreift er die Insel. Die Truppen sind dort jetzt so zahlreich, daß Gardegrenadiere den Verkehr der Karren und Kanonen regeln müssen, die sich kurz vor dem Übersetzen einfinden. Plötzlich kommt das Pferd von Masséna ins Straucheln und fällt in ein Loch, das von hohem Gras verdeckt war. Napoleon springt ab. Ist das schon wieder ein böses Omen genau wie vor der Schlacht von Eßling?

Er braucht Masséna, diesen Waisenjungen ohne Vermögen, der als Bootsjunge umhergestromert ist, bevor er im Ancien Régime alle Ränge der Armee durchlaufen hat, vom Korporal bis zum Major, und der 1793 schließlich dank seines Talentes und seines Mutes Brigadegeneral wurde.

Masséna hat eine offene Wunde am Oberschenkel. Er kann weder reiten noch gehen. Seine Truppen sind aber ein Eckpfeiler der Schlachtordnung. Sie sollen auf dem linken Flügel den ganzen Ansturm der österreichischen Truppen aushalten, sobald die Armee übergesetzt hat, und zwar so lange, bis Erzherzog Karl umgangen worden ist.

Napoleon schaut Masséna an, beugt sich über dessen Wunde. Sollte er auch diesen Offizier verlieren? Ein auf Geld versessener Krieger und Geizhals, aber »des Sieges liebstes Kind« und zum Herzog von Rivoli erhoben?

Masséna richtet sich auf. Sein Gesicht ist vor Schmerz verzerrt. Er werde seine Truppen von einer Kutsche aus befehligen, sagt er, mit einem Arzt an seiner Seite.

Am Freitag, dem 30. Juni, lädt Napoleon Eugène de Beauharnais sowie die Marschälle Davout und Bernadotte zum Essen auf Schloß Schönbrunn ein. Er mag den treuen und tapferen Eugène. Fast ein Sohn. Er schätzt Davout, Herzog von Auerstedt, der genau wie er selbst einst Adelskadett der Militärschule in Paris war. Er hat 1793 auf Dumouriez schießen lassen, als dieser die Republik verriet. Ein noch ungeschlagener General.

Napoleon spricht, ohne Bernadotte anzusehen. Er mißtraut dem alten Rivalen, dem Gatten von Désirée Clary. Wie weit das alles zurückliegt, und wie hartnäckig die Eifersucht ist.

Bernadotte hat seine Truppen in Austerlitz und in Jena zurückgehalten. Er hat sogar gegen Napoleon konspiriert. Er hat sich am

18. Brumaire verweigert. Er befehligt sächsische Truppen. Kann man auf ihn zählen?

Um 22 Uhr meldet ein Adjutant von Masséna, daß die Truppen mit dem Übersetzen auf das linke Ufer begonnen haben. Sie haben einen Brückenkopf bei Eßling geschaffen, um Kräfte des Feindes zu binden. Die Partie ist eröffnet.

Napoleon erhebt sich, wendet sich an den Oberkammerherrn Montesquiou und fragt: »Wann wird es hell?«

»Um vier Uhr, Sire.«

»Nun, dann werden wir also morgen früh um vier Uhr auf die Lobau fahren.«

Er ist schon um drei Uhr auf. Wie könnte er auch länger schlafen. Um fünf Uhr trifft er an diesem Samstag, dem 1. Juli 1809, auf der Lobau ein. Er sieht die Truppen, die über die Brücken vom rechten Ufer her auf die Insel drängen und dort kaum Platz finden inmitten von Munitionskisten, Pferden und Zehntausenden Soldaten. Man muß sie warten lassen, damit es am Tag des Angriffs einen nicht aufzuhaltenden Strom auf das linke Ufer gibt.

Napoleon schläft nur noch ein bis zwei Stunden, wenn er es gerade kann, mitten am Tag oder nachts. Er betritt sein Zelt, das nahe an der größeren Brücke steht. Er studiert die Karten. Er reitet aus zu einer neuen Inspektion. Er läßt einen Spion verhören, der heimlich auf die Insel gekommen ist und jede Nacht die Donau überquert, um die Österreicher zu informieren. Der Mann weint und bittet. Er schlägt vor, den Fluß erneut zu überqueren, um dem Erzherzog diesmal falsche Informationen zu geben. Er stamme aus Paris, erklärt er, und habe hohe Spielschulden, sei vor den Gläubigern geflüchtet. Er brauchte Geld.

Napoleon wendet sich ab. Man solle ihn erschießen.

Am Dienstag, dem 4., herrscht stickige Hitze. Der Himmel bedeckt sich. In dieser Nacht sollen die Truppen die Donau überqueren und sich dorthin begeben, wo der Erzherzog sie nicht erwartet, nach Enzersdorf.

Um 21 Uhr bricht das Gewitter los. Napoleon verläßt das Zelt. Dichter Regen geht auf Insel und Fluß nieder. Die Bäume biegen sich im Wind. Das Wasser der Donau schlägt in kräftigen Wellen gegen die Brücken.

Mit verschränkten Armen bleibt er im Regen stehen. Er sieht Berthier herbeistürzen. Man müsse den Angriff verschieben, sagt der Marschall.

»Nein«, sagt Napoleon ohne zu zögern. »Nur 24 Stunden Verspätung, und wir haben Erzherzog Johann im Nacken.«

Er befiehlt, das Feuer auf Aspern und Eßling zu eröffnen, damit Erzherzog Karl glaubt, daß der Angriff auf die linke Seite ziele.

Im Regen stehend, hebt er das Gesicht zum Himmel. Der warme Schauer spült seine Müdigkeit fort. Dann geht er zu Masséna, der in seiner Kalesche sitzt. Die vier Schimmel des Gespanns, die bei jedem Donnerschlag wiehern, erscheinen ihm als glückliches Omen.

»Dieses Gewitter gefällt mir«, ruft er Masséna zu. Er spricht so laut, daß ihn die vor der Kutsche reitenden Adjutanten hören können.

»Eine schöne Nacht für uns. Die Österreicher können unsere Vorbereitungen zum Übersetzen bei Enzersdorf nicht sehen, sie werden es erst merken, wenn wir diesen wichtigen Posten eingenommen haben, wenn unsere Brücken plaziert sind und ein Teil unserer Armee auf dem Ufer steht, das sie verteidigen wollen.«

Es ist Mittwoch, der 5. Juli 1809. Es ist noch dunkel. Napoleon ist mit den ersten Truppen, die Enzersdorf angreifen, auf das linke Ufer gewechselt. Sobald das Dorf eingenommen ist, steigt er auf ein Pferd und reitet die Linien ab, die sich auf die Österreicher stürzen.

Der Tag bricht an, strahlend klar nach dem Gewitter. Es ist sehr heiß. Er läßt alle Geschütze feuern. Hier und da entzündet sich der von der Sonne getrocknete Weizen. Durch sein Fernglas sieht er Soldaten vor dem Feuer weglaufen, andere stürzen in die Flammen.

Er reitet vom einen Punkt zum andern. Im Norden, am Rande der Ebene von Wagram, haben Davouts Truppen schon den schmalen Rußbach überschritten, den er in der Sonne schimmern sieht. Nun schwenken sie um und werden den Ort Wagram einkreisen.

Plötzlich kommt ein blutverschmierter Adjutant herbei und meldet, daß die Sachsen von Bernadotte geflohen sind, nachdem sie einen Schußwechsel mit den Soldaten von Macdonald hatten, der die sächsischen Uniformen gewiß mit denen der Österreicher verwechselt hat. Er darf seinen Zorn gegen Bernadotte nicht zeigen, der schon wieder einmal nicht mitspielt. Er darf aber auch nicht vergessen.

Napoleon geht vor seinem Zelt auf und ab, während es dunkel wird und die Kämpfe aufhören. Er hört die Schreie der Verwundeten. Hier und da brennen noch Felder. In der Luft schwebt ein Geruch von verkohltem Fleisch.

Er setzt sich hin, streckt die Beine aus und läßt seinen Kopf auf die Brust fallen. Es ist ein Uhr morgens. Er wird drei Stunden schlafen. Das hat er beschlossen.

Zum gewünschten Zeitpunkt wacht er auf. Ein Körper und ein Kopf sind Mechanismen, die man beherrschen muß. Er reitet über das Schlachtfeld. Dieser Donnerstag, der 6. Juli 1809, wird der entscheidende Tag sein. Es ist schon drückend heiß. Um ihn herum regnet es Geschosse. Eines schlägt direkt vor dem Grauschimmel ein, den er absichtlich gewählt hat, damit man ihn sieht, damit man weiß, er, der Kaiser, setzt sich dem Feuer aus wie jeder beliebige Soldat.

»Sire«, ruft ein Adjutant. »Man schießt auf den Generalstab!«

Wer ist dieses einfältige Gemüt? Napoleon gibt seinem Pferd die Sporen und ruft: »Im Krieg kann alles passieren.«

Erzherzog Karl hat einen Angriff gegen die Truppen von Masséna gestartet, den Angelpunkt des Manövers. Masséna muß standhalten.

Napoleon galoppiert in seine Richtung, sieht an der Frontlinie die von vier Schimmeln gezogene Kalesche. Das ist ein Kerl. Er steigt ab. Die Geschosse zielen auf die Kutsche, verwunden Adjutanten ringsum. Napoleon steigt in die Kutsche. Man müsse um jeden Preis aushalten, ruft er Masséna zu.

Stehend schaut er mit seinem Fernglas die Horizontlinie entlang. Die Truppen von Erzherzog Karl rücken vor. Im Westen sieht er bei klarem Himmel die Häuser von Wien und Tausende weißer

Taschentücher, die die Einwohner der Hauptstadt aus den Fenstern und von den Dächern herab schwenken, um die Truppen des Erzherzogs zu grüßen. Sie werden schon sehen!

Er steigt wieder aufs Pferd. Er gibt den auf der Insel Lobau konzentrierten Artilleriebatterien den Befehl, das Feuer zu eröffnen. Das hatte er vorausgesehen. Die Reihen der Österreicher werden zerrissen.

Er sieht den Adjutanten Marbot. »Eilen Sie zu Masséna, und sagen Sie ihm, er soll alles angreifen, was ihm in die Quere kommt, und die Schlacht ist gewonnen!« brüllt er. Jetzt muß man den entscheidenden Hieb versetzen.

»Nehmen Sie 100 Geschütze«, ruft er General Lauriston zu, »davon 60 aus den Beständen meiner Garde, und zerschmettern Sie die feindlichen Massen!«

Er erreicht Lauriston, als dieser gerade losstürmen will. Er wolle, präzisiert er, daß die Geschütze ihr Feuer erst eröffnen, wenn sie 300 Meter von den Österreichern entfernt seien.

Er sieht die Artilleristen im Geschoßhagel vorrücken, ihre Kanonen Rad an Rad ausrichten und endlich das Feuer eröffnen, als die Österreicher nur noch wenige Meter von ihren Geschützen entfernt zu sein scheinen. Ihre Linien werden auseinandergerissen. Die Leichen türmen sich, der Weizen fängt Feuer, Pulverkisten explodieren. Er sieht Soldaten mit brennenden Patronentaschen in die Luft fliegen.

»Die Schlacht ist gewonnen!« ruft er.

Aber Erzherzog Karl zieht sich mit 80000 Mann in Richtung Znaim zurück.

Napoleon schläft zwei Stunden. Um drei Uhr morgens ist er am Freitag, dem 7. Juli, schon wieder auf den Beinen. Er reitet durch den abgebrannten oder niedergetrampelten Weizen. Im Morgengrauen hört man die Schreie von Verwundeten. Er befiehlt, daß Kavallerieabteilungen die Ebene durchstreifen, gefolgt von Wagen, um den Soldaten zu helfen, die von den Ähren verdeckt werden und in der Hitze dahinsiechen.

Liegt es an den Schreien, am Verwesungsgeruch oder an der

bleiernen Hitze? Plötzlich spürt er große Müdigkeit. Ekel befällt ihn.

Auf Schloß Wolkersdorf, wo er sich einrichtet, versucht er eine erste Einschätzung seiner Verluste. Wie viele Tote und Verwundete? 50000? Und bei den Österreichern bestimmt ebenso viele. Er hat Marschall Bessières am Boden liegen sehen. Er wollte aber nicht näher treten. Während einer Schlacht hat man keine Zeit zum Weinen. Fünf Marschälle wurden getötet, 37 verwundet.

Er hört Savary zu, der von Bernadotte erzählt. Am Abend des 5. Juli hat Bernadotte den Kaiser kritisiert und gesagt, wenn er das Kommando gehabt hätte, dann hätte er »durch ein geschicktes Manöver und beinahe kampflos Erzherzog Karl zum Aufgeben gezwungen«. Außerdem hat Bernadotte einen Tagesbefehl zu Ehren seiner Sachsen veröffentlicht.

»Entfernen Sie ihn umgehend, er soll innerhalb von 24 Stunden die Große Armee verlassen!« schreit Napoleon. Er schwitzt und spürt einen bitteren Geschmack im Mund. Die einen sterben wie Lannes oder wie General Lasalle, der im Alter von 30 Jahren eine Kugel in die Stirn bekommen hat, sie werden verwundet und leiden, wie Bessières, aber Bernadotte schwadroniert daher!

Sein ganzer Körper schmerzt. Er geht in die kühle Nacht hinaus. Der Mond erhellt die Schloßgärten. Er übergibt sich. Er hat einen starken Sonnenbrand im Gesicht. Langsam kehrt er ins Schloß zurück. Im Magen spürt er stechende Schmerzen.

Er ruft Rustan. Er möchte Milch. Er muß sich hinlegen. Dann steht er wieder auf. Der Feldzug ist nicht beendet. Erzherzog Karl hat noch immer organisierte Truppen. Man muß sich nach Znaim begeben und erneut kämpfen. Aber er übergibt sich wieder. Der Körper läßt ihn im Stich. Er schließt die Augen.

Krank? Was ist das für ein Wort? Dieser unerträgliche Zustand? Er arbeitet. Er schläft ein wenig, schreckt hoch und diktiert. Am Sonntag, dem 9. Juli, fühlt er sich schon besser.

Am Montag, dem 10., verläßt er Schloß Wolkersdorf und galoppiert in Richtung Znaim. Er kennt diese Landschaft. In der Ferne sieht er die Hänge des Plateaus von Pratzen. Es war am 2. Dezember 1805, Austerlitz. Am Vorabend feierten Tausende seiner Soldaten, die auf die Schlacht warteten, mit Fackeln den Jahrestag seiner Krönung. Seither ist er immer wieder an der Spitze einer Armee gewesen. Er muß erneut die bekämpfen, die er schon einmal besiegt hat!

Er gibt Befehle für den Angriff auf die Truppen von Erzherzog Karl, die sich dem Kampf stellen, um den Rückzug der größten Masse der Armee zu decken. Siegen.

Er betritt sein Zelt, das man auf einem mit hohem Gras bedeckten Feld errichtet hat. Plötzlich bricht ein heftiges Gewitter los, aber man hört noch den Gefechtslärm, der sich mit dem Donner vermischt.

Es ist 17 Uhr an diesem Dienstag, dem 11. Juli 1809. Ein österreichischer Reiter nähert sich, begleitet von einer französischen Eskorte. Es ist der Prinz von Lichtenstein, der um einen Waffenstillstand ersucht.

Napoleon steht in seinem Zelt, umgeben von den Marschällen. Davout sagt, daß man mit den Habsburgern aufräumen müsse, mit diesen Österreichern, die Geld von England annehmen. Oudinot, Masséna und Macdonald stimmen ihm zu.

Er verläßt das Zelt. Der Regen hat aufgehört. Die Kanonen dröhnen. In einem blauen Himmelsstreifen am Horizont erkennt er wieder die Hochebene von Pratzen.

»Es ist genug Blut vergossen worden«, sagt er.

Mit einer Geste bedeutet er Marschall Berthier, daß er dem Waffenstillstand zustimmen soll.

Er will nach Schönbrunn zurückkehren. Vielleicht erwartet ihn dort schon Maria Walewska. Vielleicht gibt es ja Frieden. Er schreibt ein paar Zeilen an Joséphine.

Joséphine ist zur Kur in Plombières. Diese alte Frau verteidigt sich, will alle Welt täuschen und gegen die Zeit ankämpfen. Alles ist Krieg.

Siebter Teil
»*Wir müssen Frieden schließen.*«
14. Juli 1809 – 26. Oktober 1809

27

An diesem 15. August 1809 wird er 40 Jahre alt. In Begleitung von Duroc geht er über die große Allee der Schloßgärten von Schönbrunn. Es ist kaum halb acht. Die Morgensonne beleuchtet die Dächer von Wien. Napoleon wendet sich um. Hinter den Bäumen, die den natürlichen Abschluß der Gärten bilden, sieht er die weiße Fassade des Hauses, das Maria Walewska bewohnt. Sie hat sich dort Mitte Juli eingerichtet.

Er bleibt stehen. Zur linken Seite erkennt er die römische Ruine wieder, die er 1805 bei seinem ersten Aufenthalt in Schönbrunn bemerkt hatte. Schon vier Jahre ist das her. Er ist 40.

Mit den Fingern fährt er sich über den Hals. Die Haut ist rissig und geschwollen und juckt. Er hat sogar das Gefühl, daß sich von dieser entzündeten Stelle ein diffuser Schmerz über die Schultern und den ganzen Kopf ausbreitet.

Aber soll er den Beschwerden seines Körpers nachgeben? Er lebt weiter. Jede Nacht geht er zu Maria Walewska. Er liebt sie mit Leidenschaft. So auch diese Nacht, bevor er sich dann zum Schloß begibt, wo er die Würdenträger empfängt, die ihm schon ab sieben Uhr ihre Glückwünsche zum 15. August überbringen, seinem 40. Geburtstag.

Diese Nacht neben Maria hat er sich besänftigt gefühlt. Die Schmerzen am Rücken und im Magen haben nachgelassen. Und selbst das Brennen der Haut im Nacken hat er vergessen.

Maria hat nie etwas verlangt. Sie ist diskret. Sie wohnt nie den Schauspielen bei, die im Theater von Schönbrunn gegeben werden. Sie wartet in diesem Haus in Meidling, gleich neben dem Schloß. Sie ist glatt, still und frisch wie das Wasser aus dieser Quelle. Sie ist nicht heuchlerisch, raffiniert und hinterhältig wie die anderen Frauen, die er gekannt hat. Nur wenn es um Polen geht, wird sie lebhaft. Aber sie versteht und akzeptiert, was er ihr sagt.

Er wendet sich im Gehen an Duroc. Polen ist ein Thema, bei dem alle Verhandlungen mit Rußland ins Leere laufen.

»Man tut immer nur, was man kann«, sagt er. »Wenn ich Kaiser von Rußland wäre, würde ich auch jede Vergrößerung des Herzogtums Warschau ablehnen, so wie ich mich und meine zehn Armeen opfern würde, um Belgien zu verteidigen. Derzeit ist die Wiederherstellung Polens für Frankreich unmöglich. Ich will keinen Krieg mit Rußland.«

Er schüttelt den Kopf und spürt dabei wieder die brennende Haut in seinem Nacken. Er hat schon Doktor Yann konsultiert, der seine Wunde in Regensburg versorgt hatte und seit Jahren als persönlicher Chirurg dem Kaiser zugeordnet ist. Aber Yann ist kein Genie. Doktor Frank, der berühmteste Arzt in Wien, hat Napoleons Hals auch untersucht. Er hat ein ernstes Gesicht gemacht wie ein Forscher, der eine unheilbare Krankheit entdeckt.

Napoleon reibt sich den Hals. Soll er diesem österreichischen Arzt glauben? Er sprach von besonders schwerer Hautflechte, von langen Behandlungen mit Medikamenten, Salben und Pflastern.

»Heute nacht ist Doktor Corvisart aus Paris eingetroffen«, sagt Duroc. Der Oberhofmarschall rechtfertigt sich. Er habe sich nach Doktor Franks Diagnose erlaubt, Corvisart nach Schönbrunn zu bestellen.

Napoleon zuckt mit den Schultern. Er denkt an seine Nacht mit Maria zurück. Er glaubt nicht, daß sein Körper schwer befallen ist. Vielleicht liegt alles nur an der Unruhe, der Erschöpfung, den Strapazen des Krieges und der Grausamkeit dessen, was er gesehen hat, all diese Toten, Lannes, Lasalle und mehr als 50000 andere, und an diesem Geruch von verkohltem Fleisch, der über der Ebene von Wagram hing.

»In Paris«, sagt er, »hat die Abreise des Arztes Seiner Majestät, des großen Corvisart, gewiß schon die verrücktesten Vermutungen entstehen lassen. Man spricht bestimmt wieder von meiner Nachfolge. Ich bin 40, Duroc, wenn ich sterbe …«

Er hält inne und nimmt eine Prise. Dann klappt er mit einer

brüsken Geste den Kragen seines Gehrocks weg, der ihn am Hals kratzt. Er will einen Sohn. Er will die Scheidung. Das geht jetzt mit 40 oder nie mehr.

Zurück im Schloß, bestellt er Méneval und liest die Depeschen. Nach einigen Minuten hebt er den Kopf. Heute nacht hat ihm Maria gesagt, daß sie schwanger zu sein glaubt. Er hat beide Hände auf ihren Bauch gelegt. Ein Sohn, hier, ein neuer Beweis für sein Zeugungsvermögen. Er muß sich scheiden lassen. Sobald der Frieden mit Wien geschlossen ist, wird er nach Paris zurückkehren und einen brutalen Schnitt vornehmen, wie man auf einem Schlachtfeld ein Glied amputiert.

Aber wann kann er Schönbrunn verlassen? Die Österreicher verhandeln sehr geschickt und verweigern den Handel, den man ihnen vorschlägt: die Abdankung von Kaiser Franz I., als Verantwortlichem für diesen Krieg, im Tausch gegen die Integrität des Territoriums.

Was wollen sie mit ihrem Zögern erreichen? Warten sie ab, ob die Landung der Engländer auf der Inseln Walcheren Erfolg hat und sie weiter auf Antwerpen und Holland vorrücken? Daß er sich mit Rußland überwirft wegen der polnischen Frage? Oder daß sich die Katholiken in Europa gegen ihn erheben, weil der Papst verhaftet wurde?

Er bestellt Außenminister Champagny zu sich. Dieser Mann hat keine der Qualitäten von Talleyrand, aber er ist ein ergebener Diener.

»Ich bin unzufrieden mit der Verhaftung des Papstes«, sagt Napoleon. »Das war eine große Dummheit.«

Er nimmt eine Prise und wandert umher. Er hatte zwar die Möglichkeit eines Arrestes des Papstes erwogen. Aber – er stampft mit dem Fuß auf – niemals habe er sie befohlen. Er habe nie gewollt, daß man den Papst aus Rom vertreibe und nach Savona verbringe. Er wollte lediglich Rom annektieren.

»Es ist eine große Dummheit«, sagt er noch einmal, »aber nun ist es geschehen, und man kann nicht mehr zurück.«

Er erregt sich. Sein Nacken brennt, und je lauter er spricht, desto stärker werden der Schmerz und der Juckreiz. Es gibt so wenige, die ihn wirklich verstehen, so wenige auch, die ihm wirksam helfen, und noch weniger, die ihn nicht enttäuschen.

Er geht hinaus, um der Parade im Ehrenhof des Schlosses beizuwohnen. Es ist strahlend hell.

Hinter einem Kordon von Gendarmen und Grenadieren sieht er Marschall Berthier herbeikommen. »Sie sind hiermit Fürst von Wagram«, sagt er zu ihm. Dann geht er zu Marschall Masséna. »Sie sind Fürst von Eßling.«

Er liebt diesen Augenblick, in dem er die Männer belohnt, die gut gekämpft und ihm mit Hingabe gedient haben. Zu Macdonald, Marmont und Oudinot sagt er: »Sie sind Marschälle des Kaiserreichs.« Und zu Davout: »Sie sind nun Fürst von Eckmühl.«

Trommelwirbel ertönen. Die Parade beginnt. Von diesem Ehrenhof her kann er das Haus, in dem Maria Walewska logiert, nicht sehen.

Er kehrt ins Schloß zurück und muß lachen, als er Doktor Corvisart sieht, dessen ganzes Gesicht Erstaunen ausdrückt. Er geht auf ihn zu. Er schätzt diesen gutaussehenden Mann, den er in Paris fast täglich sieht und dessen Diagnosen zuverlässig sind. Corvisart hat wohl geglaubt, daß er todkrank darniederliegt.

»Nun, Corvisart, was gibt es Neues? Was sagt man in Paris? Wissen Sie, daß man mich hier für schwerkrank hält? Ich habe einen kleinen Ausschlag und leichte Kopfschmerzen.«

Er dreht sich um, nimmt sein Halstuch ab und zeigt seinen Nacken.

»Doktor Frank behauptet, daß ich eine schwere Hautflechte habe, die eine lange, strenge Behandlung nötig macht. Was meinen Sie?«

Corvisart lacht. »Ach, Sire, man läßt mich von so weit her kommen, um ein Hautpflaster anzulegen! Das kann der erstbeste Arzt genauso gut wie ich! Frank phantasiert. Diese kleinen Beschwerden liegen an einem schlecht behandelten Ausschlag und sind in vier Tagen durch Heilpflaster verschwunden. Es geht Ihnen blendend!«

Hat Corvisart recht? Noch oft stellt er sich diese Frage im Verlauf des Sommers 1809. An manchen Tagen spürt er eine abgrundtiefe Müdigkeit. An anderen Tagen wiederum sprüht er vor Energie.

An diesem 15. August 1809 beschließt er, sich in Begleitung von Marschall Berthier inkognito nach Wien hinein zu begeben, um die festliche Beleuchtung der Stadt zu betrachten und dem Feuerwerk aus Anlaß seines Geburtstages beizuwohnen. Er spürt die Beunruhigung von Berthier, der ängstliche Blicke auf die Menge der Passanten wirft. Wenn jemand den Kaiser erkennt …

»Ich verlasse mich auf meinen Stern«, sagt Napoleon. »Ich bin zu fatalistisch, um mich irgendwie gegen einen Mordanschlag zu schützen.«

Diese Menschen, die ihn anrempeln, ohne ihn zu erkennen, machen ihm Vergnügen. Er fühlt sich heiter und jung. Den Rest der Nacht wird er mit Maria Walewska verbringen.

»Ich bin bei bester Gesundheit«, sagt er zu Berthier, als sie nach Schönbrunn zurückkehren. »Ich weiß nicht, was man alles daherredet. Ich habe mich seit Jahren nicht besser gefühlt. Corvisart brauchte ich gar nicht.«

Er geht zu Maria Walewska. Er entdeckt sie mit Freude, so rosig, mit aufblühendem Körper. *Sie trägt ein Kind von mir! Ihre Jugend, ihre Fruchtbarkeit sind die Quellen meiner Gesundheit.*

Er muß sich scheiden lassen, um endlich eine Frau zu heiraten, die eines Kaisers würdig ist und ihm geben kann, was die sanfte Maria ihm nun schenkt.

28

Der Herbst kündigt sich an. Schon! Ist das möglich? Napoleon hat sich an das Leben in Schönbrunn gewöhnt. Er reitet über das Land, durchquert langsam die Dörfer, in denen gekämpft wurde und in denen die Bauern ihre Häuser wiedererrichten. In der Ebene von Eßling und auf dem Plateau von Wagram ist die Ernte eingebracht. Die Regenfälle der Monate September und Oktober haben tiefe Spuren in die Erde gewaschen, und die Nacht kommt immer früher.

Die in Nikolsburg oder in Krems, in Brünn oder in Goding an der ungarischen Grenze stationierten Soldaten begrüßen den Kaiser mit Hochrufen. Er nimmt ihre Paraden ab und läßt sie Manöver ausführen.

An einem Samstag im September begibt er sich nach Olmütz. Er besteigt einen kräftigen Schimmel, der über Gräben und Hecken springt, und erreicht noch vor seiner Eskorte und dem Generalstab das Schlachtfeld von Austerlitz. Als ihn die Truppen des 3. Korps sehen, schreien sie: »Es lebe der Kaiser!« Er erinnert sich.

Die Prinzen Dietrichstein erwarten ihn auf ihrem Schloß. Man bietet ihm Nüsse an und Weißwein aus Bisamberg. Dann reist er weiter nach Brünn, wo er im Regierungspalast übernachten will. Er hat das Gefühl, überall zu Hause zu sein. Und so könnte es von einem Ende Europas bis zum andern sein. General Clarke meldet ihm, daß die Engländer ihren Abzug von der Insel Walcheren vorbereiten. Der Invasionsversuch ist gescheitert. Kann er nun endlich das Kaiserreich befrieden, von Spanien bis Tirol?

Er kehrt nach Schönbrunn zurück. Er trifft Maria Walewska und begibt sich dann ins Theater, wo fast jeden Abend für ihn getanzt, gesungen oder gespielt wird

Nach den Aufführungen unterrichtet ihn Champagny über den Stand der Verhandlungen mit den Österreichern über einen Friedensvertrag. Er empört sich. Welche Komödie spielt Metternich? Napoleon will die Verhandlungen persönlich übernehmen, hier in Schönbrunn. Man muß zum Abschluß kommen.

Er wird plötzlich nachdenklich und geht in seinem Gemach umher. Vor sechs Monaten hat er Paris verlassen, am 13. April, und nun ist es schon Mitte Oktober. Maria Walewska wird auf ihr Schloß in Walewice zurückkehren, um ihr Kind im Kreis ihrer Familie zur Welt zu bringen. Er muß nach Paris zurück und sich mit Joséphine auseinandersetzen

Bei diesem Gedanken wird er grimmig. Er malt es sich aus. Sie hat so oft verstanden, ihn zu entwaffnen, obwohl sie doch untreu war und er nach seiner Rückkehr aus Ägypten beschlossen hatte, mit ihr zu brechen. Sie ist geschickt, und sie teilt so viele Erinnerungen mit ihm. Wenn er nicht aufpaßt, belagert sie sein Schlafzimmer und wird händeringend und in Tränen bei ihm eindringen. Sie wird ihn beschwören. Aber er will nicht nachgeben.

Er läßt mitten in der Nacht Méneval kommen und diktiert ihm einen Brief an den Architekten, der mit Ausbesserungsarbeiten in Schloß Fontainebleau beauftragt ist, wo er nach seiner Rückkehr zu wohnen gedenkt. Er wolle den Gang zumauern lassen, der seine Gemächer mit denen der Kaiserin verbindet, sagt er. So wird seine Absicht wenigstens deutlich. Sie wird verstehen, alle werden es sehen. Er wird nicht nachgeben, er kann nicht mehr nachgeben.

Am Donnerstag, dem 12. Oktober 1809, überquert er den Ehrenhof von Schloß Schönbrunn, um einer Parade beizuwohnen. In etwa zehn Meter Abstand drängt sich eine Menschenmenge hinter den Gendarmen. Er stellt sich zwischen Marschall Berthier und seinen Adjutanten General Rapp, der sich etwas später entfernt und auf die Schaulustigen zugeht, die von den Gendarmen zurückgehalten werden. Er schätzt die Intelligenz und die Hingabe dieses Elsässers aus Colmar, den seine Deutschkenntnisse auf dem Schlachtfeld besonders wertvoll machen. Er kann Gefangene und Bauern befragen und Verhandlungen führen. Er ist auch tapfer und hat in Eßling Angriffe der Gardefüsiliere geleitet.

Nach der Parade kommt Rapp zu Napoleon und bittet um ein kurzes Gespräch. Warum macht er so ein ernstes Gesicht? Er hält einen Gegenstand in der Hand, der in eine Zeitung eingewickelt ist. Napoleon sieht ein etwa 50 Zentimeter langes Messer mit doppelter Schneide und einer gefährlichen Spitze. Er tritt einen Schritt zurück.

Rapp berichtet, daß ihm ein junger Mann aufgefallen war, der Stiefel, einen olivfarbenen Gehrock und einen schwarzen Hut trug und darum bat, dem Kaiser persönlich eine Petition überreichen zu dürfen. Als Rapp ihn wegschob, spürte er, daß der junge Mann etwas unter seiner Kleidung verbarg.

»Dieses Messer, Sire.«

Der junge Mann namens Friedrich Staps hatte die Absicht, den Kaiser mit dem Messer zu töten. Er wolle nun dem Kaiser selbst darüber Rechenschaft ablegen.

Man muß sich immer seinem Schicksal stellen. Er will Staps sprechen.

Napoleon betritt sein Kabinett, wo ihn Champagny erwartet. »Herr Champagny, haben die österreichischen Bevollmächtigten mit Ihnen über Mordpläne gegen mich gesprochen?«

Champagny ist nicht erstaunt über die Frage.

»Ja, Sire, sie haben mir gesagt, daß man es ihnen mehrfach vorgeschlagen habe und sie es entsetzt abgelehnt hätten.«

»Nun, man hat versucht, mich zu ermorden. Folgen Sie mir.«

Er öffnet die Tür zum Salon. Der junge Mann, der dort neben General Rapp steht, wollte ihn also ermorden. Sein Gesicht ist rundlich, sanft und einfältig. Er will Näheres wissen. Rapp soll seine Fragen übersetzen.

Friedrich Staps antwortet seelenruhig, und diese Ruhe verblüfft ihn. Ist dieser Pastorensohn verrückt, krank oder verwirrt? Kann man mit 17 Jahren jemanden ohne persönlichen Grund töten wollen?

»Warum wollten Sie mich töten?«

»Weil Sie ein Unglück für mein Land sind.«

»Was habe ich Ihnen denn Böses getan?«

»Dasselbe wie allen Deutschen.«

»Sie sind etwas exaltiert. Sie richten Ihre Familie zugrunde. Ich will Sie begnadigen, wenn Sie um Verzeihung für das Verbrechen bitten, das Sie begehen wollten und das Sie selbst entrüsten sollte.«

»Ich will nicht um Verzeihung bitten. Ich empfinde das größte Bedauern, daß meine Tat nicht gelungen ist.«

»Zum Teufel! Ein Verbrechen bedeutet Ihnen wohl gar nichts?«

»Sie zu töten ist kein Verbrechen, sondern eine Pflicht.«

Napoleon schaut Rapp, Savary, Champagny, Berthier und Duroc an, die rings um Friedrich Staps stehen. Sie wirken alle fasziniert.

»Also wirklich. Werden Sie mir dankbar sein, wenn ich Sie begnadige?«

»Ich würde Sie trotzdem töten.«

Napoleon läßt General Rapp kommen. Die Vernehmung von Friedrich Staps solle durch Schulmeister fortgesetzt werden. Dieser geschickte Mann kann ihn vielleicht dazu bringen, die Namen seiner

Auftraggeber und Komplizen zu gestehen. Aber Rapp glaubt weiterhin, daß Staps aus eigenem Antrieb gehandelt hat.

Napoleon schüttelt den Kopf. »Es gibt kein Beispiel dafür, daß ein junger Deutscher dieses Alters, ein gut erzogener Protestant dazu, ein solches Verbrechen begehen könnte.«

Zunächst aber muß man den Anschlag geheimhalten. Mörder finden immer Nachahmer. Er schreibt einen Brief darüber an Fouché.

Danach bleibt er allein. Angst vor dem Tod hat er nicht. Er nähert sich dem Tisch, auf dem das lange spitze Messer liegt, das Staps bei sich hatte.

Meine Stunde ist noch nicht gekommen, denkt er. Seit der ersten Schlacht hatte ich verstanden, daß man vergeblich versucht, sich vor Kugeln zu schützen. Ich habe mich meinem Schicksal überlassen. Kaiser sein bedeutet, ständig auf einem Schlachtfeld zu leben. Ob Krieg oder Frieden, für mich ändert sich nichts.

Aber er muß handeln. Das Schicksal ist ein breiter Fluß, auf dem der Mensch navigieren und dabei die Strömung nutzen und Strudel meiden muß.

Er läßt den Außenminister kommen. »Herr Champagny, wir müssen Frieden schließen. Sie streiten sich mit den österreichischen Bevollmächtigten bei den Reparationen um 50 Millionen. Teilen Sie die streitige Summe. Ich erlaube Ihnen, bei 75 Millionen abzuschließen, wenn Sie nicht mehr erzielen können. Für alles übrige verlasse ich mich auf Sie. Tun Sie Ihr Bestes, und sorgen Sie dafür, daß der Frieden innerhalb von 24 Stunden unterzeichnet wird.«

Er kann nicht schlafen. Ihm geht allerlei durch den Kopf. Er denkt an Friedrich Staps. Wenn dieser junge Fanatiker die Gefühle der Deutschen ausdrückt, dann muß er Deutschland gewinnen, denn es liegt im Herzen seines Imperiums. Mit der Dynastie der Habsburger muß er jenen Familienpakt abschließen, der andere Mörder entwaffnen kann. Im übrigen hat die ältere Schwester des Zaren, seines lieben Verbündeten, am 3. August den Herzog von Oldenburg geheiratet, vielleicht um nicht ihn heiraten zu müssen. Und seine Schwester Anna sei noch zu jung, heißt es.

Er schlummert, liest, diktiert. Maria Walewska ist schon fort. Die Nächte sind lang und kühl.

Um sechs Uhr kommt Champagny. Gibt es Frieden?

»Ist der Vertrag unterzeichnet?«

»Ja, Sire, hier ist er.«

Es ist, als ob der so oft schmerzende Magen sich auf einmal entspannt.

Er hört zu. Österreich verliert jeden Zugang zur Adria und 3500000 seiner Einwohner. Diese Gebiete heißen nun Generalgouvernement von Illyrien und gehören zu Frankreich. Galizien wird aufgeteilt zwischen dem Herzogtum Warschau und Rußland. Tirol kommt zu Bayern.

»Das ist sehr gut, ein sehr guter Vertrag«, sagt er. Er nimmt eine Prise und hustet.

Aber wer respektiert Verträge? Es bedarf einer Heirat zwischen ihm und einer habsburgischen Prinzessin, um beide Dynastien zu binden und den Vertrag unauflöslich zu machen. Es sei denn, der liebe Verbündete in Sankt Petersburg sei bereit, ihm seine jüngere Schwester zu geben. Dann hätte man Österreich in die Zange genommen, und es wäre zum Einhalten des Vertrages gezwungen.

Champagny schweigt einen Augenblick und sagt dann, er habe Reparationen in Höhe von 85 Millionen statt der vom Kaiser genannten 75 Millionen erhalten.

»Aber das ist ja grandios! Wenn Talleyrand an Ihrer Stelle gewesen wäre, hätte er mir wohl die 75 Millionen gegeben und die übrigen 10 Millionen in die eigene Tasche gesteckt!«

Am Sonntag, dem 15. Oktober, sagt er, sobald der Vertrag ratifiziert sei, solle man von der Spitze des Praters zur Feier des Friedensschlusses eine Kanonensalve abschießen.

Den ganzen Sonntag über hört er die vom Wind herübergewehten Gesänge und Akklamationen der Wiener, die den Frieden feiern.

Am Montag, dem 16. Oktober, als er gerade Schloß Schönbrunn verläßt, wendet er sich an General Rapp. »Versuchen Sie zu erfahren, wie er gestorben ist.«

Staps ist wegen Spionage zum Tode verurteilt worden und soll an diesem Montag hingerichtet werden.

Dieser Herbst ist sehr schön auf den deutschen Straßen.

Achter Teil
»Die Politik besitzt kein Herz, sie besitzt nur Verstand.«
27. Oktober 1809 – 20. März 1811

29

Wo ist Joséphine? Napoleon hält nach ihr Ausschau. Er springt aus seiner Berline, verharrt einen Augenblick lang am Fuß der großen Treppe von Schloß Fontainebleau. Oberhofmarschall Duroc, der Schönbrunn ein paar Stunden vor ihm verlassen hat, kommt ihm entgegen. Adjutanten und Offiziere scharen sich um ihn. Wo ist sie? Er hatte sie gebeten, mit den Damen des Hofes anwesend zu sein, doch sie hat wie gewöhnlich irgendeiner Laune nachgegeben. Allerdings ist es an jenem 26. Oktober 1809 eben erst Tag geworden.

Napoleon sieht Erzkanzler Cambacérès und nimmt ihn beiseite. Auf dem Weg zu seinem Arbeitszimmer lobt er ihn für seine Pünktlichkeit und beginnt ihn auszufragen, wie es um die öffentliche Meinung stehe. Warum hat es so lange gedauert, die Landung der Engländer auf der Insel Walcheren zurückzudrängen? Wie aberwitzig, Bernadotte an die Spitze der mit dieser Aufgabe betrauten Nationalgarden zu berufen! Bernadotte sei unfähig, allein auf seine kleinen Intrigen bedacht, krank vor Ehrgeiz und Eifersucht. Gewiß habe ihn Fouché ernannt? Was wisse man in Paris über den jungen Friedrich Staps, jenen Fanatiker, der ihn erdolchen wollte?

Napoleon bleibt in der Mitte seines Arbeitszimmers vor Cambacérès stehen. Er fürchte den Tod nicht, sagt er. Dolchstöße, Kugeln oder Gift, nichts könne ihm etwas anhaben, denn er habe ein Schicksal zu erfüllen.

Er setzt sich. Er beobachtet Cambacérès lange. Dieser besonnene, vorsichtige Mann schweigt die meiste Zeit. Er hat immer zu Joséphine gehalten. Jedesmal wenn die Gerüchte kursierten, hat er sich gegen eine Scheidung ausgesprochen. Er ist Fouchés Widersacher. Er befürchtet eine Reaktion der öffentlichen Meinung, falls der Kaiser eine Habsburgerin oder eine Erbin aus der Dynastie der Romanows ehelicht.

»Wo ist die Kaiserin?« fragt Napoleon wieder. Er erhebt sich und schreitet auf und ab. Er nimmt eine Prise Schnupftabak. Er erwartet vom Erzkanzler nur, daß er sich anhört, was er ihm zu sagen hat.

Er habe beschlossen, sich scheiden zu lassen, und zwar so schnell wie möglich. Cambacérès solle jedoch nichts davon verlauten lassen. Man müsse zunächst mit Joséphine sprechen und ihr durch Eugène de Beauharnais oder durch Hortense die Gründe für diese Entscheidung darlegen. Er ziehe allerdings den italienischen Vizekönig der Königin von Holland vor. Eugène sei wie ein Sohn für ihn. Ihm lägen die Belange der Dynastie am Herzen. Er werde seiner Mutter gute Ratschläge erteilen.

»Ich habe Joséphine wirklich geliebt«, sagt Napoleon. Er wird nachdenklich, entfernt sich von Cambacérès, geht wieder auf ihn zu. »Aber ich achte sie nicht«, fährt er fort. »Sie ist zu verlogen.«

Cambacérès schweigt.

»Sie besitzt ein gewisses Etwas, das durchaus ansprechend ist«, fährt er fort. »Sie ist eine wirkliche Frau.« Er lacht, sagt leise vor sich hin: »Sie hat das hübscheste Hinterteil, das man sich vorstellen kann.«

Cambacérès' puterrotes Gesicht belustigt ihn. Dieser Mann wird nie wissen, was eine Frau ist. Er hat andere Vorlieben.

»Joséphine ist in dem Sinne gut«, setzt Napoleon hinzu, »daß sie jedermann zum Essen einlädt. Aber würde sie auf etwas verzichten, um es herzugeben? Nie und nimmer!«

Er wird plötzlich wütend. »Wo ist sie? In Saint-Cloud? Sie hätte hier sein müssen, um mich zu empfangen!»

Er entläßt Cambacérès, diktiert einen Brief an Eugène und macht sich dann an die Arbeit, an die Lektüre der Depeschen.

Immer noch Spanien. Der dortige Krieg zieht sich in die Länge. Er liest den Brief, den General Kellermann an Berthier gesandt hat, wieder und wieder. Berthier muß nach Spanien aufbrechen, um dort seine Ankunft vorzubereiten. Herkules! Napoleon lächelt. Herkules wird später zuschlagen, sobald er mit Joséphine Schluß gemacht hat.

Die Schritte und die Stimmen in den Galerien des Schlosses und dann im Vorzimmer künden gewiß Joséphines Eintreffen in Fontainebleau an. Endlich!

Er eilt in die Bibliothek und beginnt zu schreiben. Er nimmt ihr übel, daß er solches Unbehagen empfindet, daß es ihm nicht möglich ist, schon an diesem Abend mit ihr zu sprechen.

Sie betritt den Raum. Er will nicht aufblicken. Sie sagt nichts. Seit sieben Monaten haben sie sich nicht gesehen. Warum ist sie nicht gekommen, wie er sie gebeten hatte? Wieder irgendein raffiniertes Vorgehen? Glaubt sie, er sei ungeduldig?

Er richtet sich auf. Sie weint leise.

»Ah, Sie sind's, Madame. Wie gut, denn gerade wollte ich mich nach Saint-Cloud aufmachen.«

Sie stammelt, entschuldigt sich. Aber das will er nicht! Sie soll begreifen, an welchem Punkt ihres Lebens sie stehen. Sie soll es ihm einfach machen. Einwilligen!

Er umarmt sie. Er empfindet nur Verlegenheit.

Er haßt diese Situation. Er kann nicht mit ihr sprechen, dabei müßte er es. Er erträgt nicht, daß sie mit dieser tristen Miene, diesen Augen voller Tränen, diesem Blick eines gehetzten Tieres vor ihm erscheint.

In den darauffolgenden Tagen verläßt er, sooft er kann, das Schloß. Er jagt mit einer Art Besessenheit in den wunderbar herbstlichen Wäldern der Île-de-France. Er veranstaltet Hetzjagden im Wald von Fontainebleau, im Bois de Boulogne oder im Wald von Versailles, in der Umgebung von Melun und Vincennes.

Wenn er bei der Rückkehr ins Schloß von Fontainebleau sieht, wie Joséphine in ihrem Salon ihr Kränzchen abhält, wirft er ihr nur einen kurzen Blick zu. Solange er nicht mit ihr gesprochen, solange sie nicht eingewilligt hat, kann er unmöglich mit ihr zusammenkommen. Warum hilft sie ihm nicht? Warum besitzt sie nicht die Würde, sich jenem Gesetz des Schicksals zu fügen, demzufolge er eines »fruchtbaren«, eines jungen Leibes bedarf, einer Frau aus einer Familie, die seiner jetzigen Stellung würdig ist?

Er bestellt Außenminister Champagny zu sich. Er soll den Botschafter beim Zaren auffordern, letzteren an ihre Begegnung in Erfurt zu erinnern, bei der von Scheidung die Rede gewesen sei und Alexander von der Möglichkeit einer Heirat mit seiner jüngsten Schwester Anna gesprochen habe. »Sagen Sie Caulaincourt, daß der Kaiser sich auf Drängen ganz Frankreichs zur Scheidung bereit erklärt.« Damit man erfahre, wo man stehe und welcher Art die Absichten unseres lieben nördlichen Verbündeten seien!

Inwieweit kann man jedoch Alexander vertrauen? Der österreichische Botschaftsrat in Paris, Ritter Floret, gibt indessen zu verstehen, Metternich und Kaiser Franz I. seien bereit, Erzherzogin Marie-Louise, ein junges achtzehnjähriges Mädchen, Napoleon zu »überlassen«.

Eine Habsburgerin! Er malt es sich aus. Er erinnert sich an die Revolutionstage, die er im Juni und im August 1792 miterlebte, an die Schreie, die noch immer in seinem Kopf nachhallen und die er im Tuileriengarten hörte. »Tod der Österreicherin!«

Er geht in seinem Arbeitszimmer auf und ab. Eine Österreicherin, wie einst Marie-Antoinette! Aber er ist nicht Ludwig XVI.

Falls der Zar einen Rückzieher machen sollte, was er befürchtet, was er ahnt, würde Österreich möglicherweise der notwendige Verbündete werden. Diese Marie-Louise ist achtzehn Jahre alt. Sie ist die Nachfahrin von Karl V. und Ludwig XIV.

Er empfängt in den Tuilerien die Könige von Bayern, Sachsen, Württemberg und Murat, den König von Neapel, sowie Jérôme, König von Westfalen, und Louis, König von Holland. Er nimmt am Triumphbogen des Carrousel die Paraden der neuen Großen Armee ab und hört die Jubelrufe der Menge. »Es lebe der Kaiser! Es lebe der Sieger von Wagram! Es lebe der Friede von Wien!«

Er hält mit den Fingerspitzen Joséphines Hand, denn hin und wieder muß er an ihrer Seite auftreten. Er kann sie nicht ansehen. Sie versucht ihn noch immer zu rühren.

Anstatt neben ihr zu sitzen, fährt er lieber in der Kutsche von Pauline, Prinzessin Borghese, seiner Schwester und Vertrauten, seit je Befürworterin der Scheidung, seiner Verbündeten, die sich entfernt, sobald eine ihrer Hofdamen auftaucht: eine kleine blonde, heitere, unverfrorene Piemonteserin, die den Blick nicht senkt. Heute nacht wird er sich zu Christine, der Piemonteserin, begeben. Morgen will er mit Joséphine sprechen.

Es ist Donnerstag, der 30. November 1809. Er speist allein mit Joséphine. Er spricht nicht. Er kann nicht. Wenn er aufblickt, sieht er nur den großen Hut, hinter dem sie ihre geröteten Augen und ihr gezeichnetes Gesicht zu verbergen sucht.

Ihm bleibt das Essen im Halse stecken. Er bringt mit seinem Messer das Kristallglas zum Klingen. Er steht auf, sagt: »Wie ist das Wetter?« und geht in den benachbarten Salon.

Als ein Page den Kaffee bringt, macht Joséphine Anstalten, dem Kaiser einzuschenken. Er kommt ihr zuvor, gießt sich selbst ein. Mit einer Handbewegung ordnet er an, man möge sie allein lassen und die Tür schließen. Schon schluchzt sie und ringt die Hände.

»Versuchen Sie nicht, mich zu rühren«, sagt er in brüskem Ton und dreht ihr den Rücken zu. »Ich liebe Sie noch immer, doch die Politik besitzt kein Herz, sie besitzt nur Verstand.«

Er blickt sie an. »Möchten Sie es gütlich regeln oder im Streit? Ich bin entschlossen.«

Sie wirkt wie vom Blitz getroffen.

»Ich werde Ihnen 5 Millionen jährlich und die Herrschaft über Rom geben.«

Sie schreit, sie stöhnt: »Das werde ich nicht überleben«, fällt zu Boden, wimmert, scheint das Bewußtsein zu verlieren.

Er öffnet die Tür, läßt den Palastpräfekten Beausset eintreten, einen wohlbeleibten Mann, den sein Schwert behindert.

»Sind Sie kräftig genug, um Joséphine über die Innentreppe in ihre Gemächer zu tragen?« fragt er und greift nach einer Fackel, um die Treppe zu erleuchten. Er weiß nicht, was er davon halten soll.

Auf der Treppe gerät Beausset ins Wanken. Napoleon, der ihm vorausgeht, dreht sich um. Er hört, wie Joséphine Beausset ins Ohr flüstert: »Sie drücken mich zu stark.« Ist sie je ohnmächtig geworden?

Er zieht sich zurück. Ihn befällt nach nur wenigen Schritten ein beklemmendes Gefühl. Er ringt nach Luft. Er geht in seine Gemächer. Er ordnet an, daß man ihre Tochter Hortense sowie Doktor Corvisart zur Kaiserin schickt.

Er setzt sich. Joséphine hat gewiß ihren Schmerz übertrieben, ihre Ohnmacht vorgetäuscht, denn sie ist eine Lügnerin. Doch sie leidet bestimmt, und das macht ihn betroffen. Auch für ihn ist es ein Verlust. Ein ganzer Abschnitt seines Lebens geht zu Ende. Und der Schmerz schnürt ihm die Kehle zu.

30

Sie ist da. Er will es, und es muß auch so sein, daß Joséphine da ist und an diesem Sonntag, dem 3. Dezember 1809, neben ihm das Kirchenschiff von Notre-Dame betritt. Noch ist sie die Kaiserin.

Die Glocken dröhnen unter dem Gewölbe. Die Kanonen donnern. Das Tedeum preist den Sieg von Wagram und den Frieden von Wien.

Joséphine ist da. Wie einst am Tag der Krönung. Sie bemüht sich zu lächeln. Sie bietet allen Blicken die Stirn. Alle wissen Bescheid. Fouché hat die Nachricht in den Salons und in den Weinschenken verbreiten lassen, um die Öffentlichkeit darauf vorzubereiten: Der Kaiser läßt sich scheiden. Der Kaiser will einen Mutterleib heiraten. Der Kaiser will einen Sohn.

Er denkt an den schwankenden Körper von Marschall Lannes auf dem Schlachtfeld von Eßling. Er sieht Joséphine an. Sie ist wie ein Soldat, der dem Feind trotzt.

Sie sitzt neben ihm bei dem Bankett, das in dem großen Siegessaal im Rathaus zu Ehren der Könige gegeben wird. Sie ist in der Loge der gesetzgebenden Körperschaft, als er am Montag, dem 5. Dezember, die Tribüne besteigt.

Ihm wird zugejubelt. Er nimmt Joséphines Hand. Auf den glanzvollen Triumph folgt der Schmerz der Verletzten. Sie kehrt nach Malmaison zurück. Er flüstert ihr zu: »Ich möchte, daß du fröhlich bist. Ich werde dich im Laufe der Woche besuchen.«

Sie ist nicht mehr da, und schon jetzt leidet er unter ihrer Abwesenheit. Seit so langer Zeit gehörte sie zu seinem Leben. Er arbeitet, um sie aus seinen Gedanken zu vertreiben. Er muß es, wo jetzt die Scheidung beschlossen ist und die Zukunft ihm einen Sohn bescheren wird …

Er hält inne. Maria Walewska hat ihm aus ihrem Schloß Walewice geschrieben. Ihre Schwangerschaft schreite voran. Das Kind werde im Frühling, im April oder Mai, zur Welt kommen. Sie spüre es schon, schreibt sie. Sie sei sicher, daß es ein Sohn sein werde. Ein Sohn …

Sollte er schließlich einen legitimen Sohn haben, muß das Reich, das er ihm hinterläßt, in einer Hand liegen.

»Ich will Holland schlucken«, sagt er, »damit es französisch wird. Paris wird das geistige Zentrum des Kaiserreichs sein, die Hauptstadt meines zur Welt kommenden Sohnes. Rom wird die zweite Stadt des Reiches sein, eine französische Stadt, und mein Sohn wird König von Rom sein. Alle Institutionen und Archive der Kirche werden in Paris sein, und der Papst wird seiner weltlichen Macht enthoben.«

Er hat dieses große Reich vor Augen, das sich von Holland bis nach Katalonien erstreckt. »Ich werde in Kürze in Spanien sein«, sagt er zu Berthier. Aber nicht für Joseph wird er streiten, sondern für ihn, für diesen Sohn, der auch nördlich des Ebro regieren soll, so wie er in Rom regieren wird. Und um das Reich herum werden sich wie ein gewaltiges Glacis die Staaten des Rheinbundes legen, die Königreiche von Neapel und Spanien und im Osten das Herzogtum Warschau.

Die Stunden verrinnen. Er geht in seinem Arbeitszimmer auf und ab, entwirft Dekrete zur Angliederung Roms an Frankreich, schreibt an die in Spanien kommandierenden Generäle.

Er braucht diesen Sohn, damit sich endlich all die Anstrengungen, die er unternommen, die Siege, die er errungen hat, zusammenfügen und das Geschick Europas verändern. Dieser Sohn wird nach seinem Willen der Eckstein eines abendländischen Reiches sein.

Nach ihm, denkt er, wird alles davon abhängen, wie dieses Kind, dessen Mutter er noch gar nicht kennt, geartet sein wird. Aber es wird die Krönung seines Lebensromans sein.

Er ist nervös, exaltiert. Diese Träume beherrschen ihn. Er kann diese Nacht nicht allein zu Ende bringen. Constant soll bei der Prinzessin Borghese diese piemontesische blonde, lustige, kleine, dralle Hofdame, Madame Christine de Mathis, abholen.

Er erwacht und tritt heraus aus dem Traum und aus der Nacht. Alles ist gesagt und nichts geregelt. Weder die Scheidung noch die Heirat. Wie eine begonnene Schlacht, bei der nichts zu Ende gebracht ist.

Vielleicht macht sich Joséphine ja sogar noch Hoffnungen? Sie wirft ihm manchmal inständige Blicke zu, in denen er eine Erwartung liest, als hoffe sie auf eine Geste, ein Wort, das ihren Alptraum zerstreut. Und er hält sich zurück, ihr gegenüber zärtliche Bemerkungen zu machen, denn er spürt, daß sie sich an ihn klammert, damit er wieder in ihrer beider Vergangenheit und Erinnerungen zurückfällt.

Er will es nicht. Aber ständig muß er gegen sich selbst ankämpfen, seine Emotionen im Zaum halten, als er den aus Italien eingetroffenen Eugène empfängt. Er liebt den Bruder von Hortense. Er hat ihn einen Mann, einen Soldaten werden sehen, in Ägypten, in Italien, in Deutschland. Er hört ihn sagen: »Es ist besser, alles aufzugeben, wir werden in einer peinlichen Lage sein, und am Ende wird meine Mutter Ihnen womöglich noch im Wege stehen. Nennen Sie uns einen Ort, wo wir fern vom Hof und von den Intrigen unserer Mutter helfen können, ihr Unglück zu ertragen.«

Napoleon senkt den Kopf. Er hat es Hortense schon gesagt, er kann das nicht akzeptieren. Er sieht die Notwendigkeit hierzu nicht ein. *Können sie mir denn diese Aufgabe nicht erleichtern?*

Er geht auf Eugène zu. Er hat damals aus dem fünfzehnjährigen Knaben einen Vizekönig von Italien gemacht.

»Eugène«, sagt er, »wenn ich Ihnen in meinem Leben nützlich

sein, wenn ich Ihnen den Vater ersetzen konnte, so verlassen Sie mich nicht. Ich brauche Sie. Ihre Schwester kann mich nicht verlassen. Das ist sie ihren Kindern schuldig, meinen eigenen Neffen. Ihre Mutter wünscht es nicht.«

Er nimmt Eugène bei den Schultern. Er muß ihn überzeugen. »Mit all Ihren übertriebenen Vorstellungen würden Sie mich ins Unglück stürzen, mehr noch: Sie müssen an die Nachwelt denken. Bleiben Sie, wenn Sie nicht wollen, daß es später heißt: Die Kaiserin wurde fortgeschickt, vielleicht verdiente sie es ja auch.«

Er spürt, daß Eugène unsicher geworden ist. Auch in Gefühlsdingen muß man alles daransetzen, um zu siegen.

»Ist ihre Rolle nicht doch recht annehmbar, da sie weiterhin in meiner Nähe ist«, fährt Napoleon fort. »Sie behält ihren Rang und ihre Würden, was allen zeigt, daß es sich um eine vollkommen politische Trennung handelt, die sie gewollt hat. Dadurch kann sie noch mehr Achtung, Respekt und Liebe bei einer Nation erwerben, der sie sich geopfert hat.«

Er hat gewonnen. Er drückt Eugène an sich. Er möchte, daß Eugène sich zu seiner Mutter begibt und ihr zuredet, damit sie in die Trennung einwilligt.

Am Freitag, dem 8. Dezember, kommen alle drei am Vormittag zusammen. Joséphine spricht ruhig in Gegenwart ihres Sohnes. Napoleon beobachtet sie. Sie hat sogar wieder diesen lebhaften Gesichtsausdruck, diese Mischung aus Sehnsucht und Begierde. Er ist auf der Hut.

»Das Wohl Frankreichs«, sagt sie, »liegt mir zu sehr am Herzen, als daß ich es mir nicht zur Aufgabe machen würde, es zu fördern.«

Er sieht sie Eugènes Hand ergreifen.

Sie wolle, fährt sie mit einer plötzlich schroffen Stimme fort, daß Napoleon Eugène die Krone Italiens übertrage.

Das ist also der Preis, den sie verlangt, denkt Napoleon. Selbst in ihrem Schmerz bleibt sie, was sie ist: eine raffinierte, gierige Frau.

Eugène hat sich erhoben.

»Ihr Sohn«, gibt er Joséphine schreiend zur Antwort, »würde keine Krone wollen, die der Preis für Ihre Trennung ist!«

Napoleon umarmt ihn. Der Sohn ist mehr wert als die Mutter, denkt er. »Ich kenne Eugènes Herz«, sagt er. »Er hat recht, sich auf meine innige Liebe zu verlassen.«

Aber König von Rom wird mein künftiger Sohn sein, das habe ich schon beschlossen!

Sie hat also eingewilligt. Jetzt gilt es – an der anderen Front –, die Braut zu wählen. Er läßt Außenminister Champagny zu sich kommen. Es muß schnellstens in Erfahrung gebracht werden, welche Haltung Alexander wirklich einnimmt. Will er ihm seine Schwester Anna zur Gemahlin geben oder nicht? Oder redet er um den heißen Brei herum? Er braucht eine schnelle Antwort. Und Botschafter Caulaincourt soll, wenn er den Zaren besucht, darauf hinweisen, daß es nicht auf Bedingungen ankomme, auch nicht in puncto Religion. Er wolle Kinder, folglich einen fruchtbaren Leib. Und eine Antwort ohne Umschweife. Wenn nicht, werde man sich anderswo hinwenden, nach Wien.

Er freut sich über das, was jetzt in Bewegung kommt. Endlich hat er den Anstoß gegeben.

Er geht zu dem großen Fest, das Marschall Berthier auf seinem Schloß Grosbois gibt. Er jagt in Gesellschaft *seiner* Könige, der von Neapel, Württemberg und Sachsen. Er ist ihrer aller Kaiser. Einige sind seine leiblichen Brüder: der König von Holland oder der von Westfalen. Er hat all das ermöglicht. Und bald wird er noch mehr bewirken, für seinen Sohn.

Er konsultiert den umsichtigen Cambacérès, einen fähigen Juristen und ergebenen Diener. Morgen, am 15. Dezember, wird ein Senatsbeschluß die Auflösung der Ehe verkünden. Die Kaiserin behält den Titel und Rang der Kaiserinmutter, und ihre Apanage wird auf eine jährliche Rente von zwei Millionen Francs zu Lasten des Staatsschatzes festgesetzt.

Napoleon sieht Cambacérès an. Mit einer Geste bittet er ihn, sich keine Notizen zu machen. Er werde Joséphine natürlich Malmaison überlassen, sagt er. Und er erkenne ihr auch ein anderes Schloß zu, fern von Paris, weil sie nicht im Elysée bleiben könne.

Ihre Anwesenheit könne sowohl für sie als auch für ihn peinlich sein. Warum nicht das Schloß Navarre bei Evreux?

Cambacérès schweigt. Was denkt er? Einerlei.

Weiterhin sollten alle Dispositionen des Kaisers zugunsten der Kaiserin aus den Fonds der Zivilliste getätigt werden und auch für seine Nachfolger obligatorisch sein. *Bin ich nicht großzügig?*

Er erwartet keine Antwort. Er will, daß sich noch heute, am Donnerstag, dem 14. Dezember, um neun Uhr abends, die kaiserliche Familie hier versammelt, um die Entscheidung der beiden Eheleute und die Dispositionen des Senatsbeschlusses zu erfahren.

Er senkt den Kopf. Er ist auf einmal unruhig. Er wird die Grenze zwischen zwei Abschnitten seines Lebens ohne die Möglichkeit einer Rückkehr überschreiten. Er will diesen Übergang, aber er ist nervös.

Den größten Teil des Tages bleibt er allein. Er jagt in den Wäldern von Vincennes, er galoppiert, bis sein Körper wie zerschlagen ist.

Als er zurückkehrt, erblickt er im Thronsaal die Könige und Königinnen, die Marschälle und Würdenträger in vollem Ornat. Die Frauen tragen Kolliers und Diademe, die Herren die breiten Schärpen ihrer Orden.

Er sieht seine Mutter, schwarz und mager, der es, anders als ihren Töchter – *meinen lieben Schwestern* –, nicht gelingt, ihre Freude zu verbergen. Jetzt bekommen sie endlich die Scheidung, die sie seit so langer Zeit wollen, denn sie haben Joséphine, die sie beschuldigten, kritisierten, attackierten und verspotteten, nie akzeptiert.

In seinem Gemach läßt er sich rasch von Constant die Uniform eines Gardeobersts anlegen, dann geht er hinüber in sein Arbeitszimmer, nimmt Platz und läßt die Türen öffnen.

Er sieht Joséphine in ihrer weißen Robe auf sich zuschreiten. Sie trägt keinerlei Schmuck. Sie ist anrührend wie ein Mensch, der sich auf seinen Opfertod vorbereitet. Er schaut sie nicht an und erhebt sich erst in dem Augenblick, als Cambacérès und Regnaud de Saint-Jean-d'Angely, der Sekretär des Kaiserhauses, nach den Mitgliedern der kaiserlichen Familie eintreten.

Napoleon beginnt den Text zu verlesen, den er selbst diktiert hat, und nicht die Rede, die sein Kabinettschef Maret vorbereitet hatte. »Die Politik meiner Monarchie, das Interesse und das Bedürfnis meiner Völker, die mich stets in meinen Handlungen geleitet haben«, sagt er, »verlangen, daß ich den Thron, auf den die Vorsehung mich erhoben hat, Kindern hinterlasse, die meine Liebe zu meinen Völkern erben.«

Er hebt den Kopf und blickt Joséphine an, deren Antlitz noch weißer erscheint als ihr Kleid.

»Ich habe jedoch seit mehreren Jahren keine Hoffnung mehr, in meiner Ehe mit meiner geliebten Gemahlin, der Kaiserin Joséphine, Kinder zu bekommen.«

Lange schöpft er Atem und sagt dann mit gedämpfter Stimme: »Das veranlaßt mich, die zartesten Empfindungen meines Herzens zu opfern und an nichts als an das Wohl des Staates zu denken und somit die Auflösung unserer Ehe zu wollen.«

Endlich hat er die entscheidenden Worte ausgesprochen. Seine Stimme festigt sich wieder. Er durchbohrt alle nacheinander mit seinen Blicken, seine Mutter, seine Schwestern und die Würdenträger.

»40 Jahre alt geworden«, beginnt er von neuem, »kann ich mir Hoffnung machen, noch lange genug zu leben, um die Kinder, die mir zu schenken der Vorsehung gefallen möge, in meinem Geist und in meinem Denken aufzuziehen. Gott allein weiß, wie schwer mir dieser Entschluß gefallen ist, aber kein Opfer übersteigt meinen Mut, sobald sich erweist, daß es zum Wohle Frankreichs erforderlich ist.«

Er wendet sich an Joséphine. Sie solle nicht an seinen Gefühlen zweifeln, sagt er. »Ich kann die Anhänglichkeit und innige Zuneigung meiner geliebten Gemahlin nur rühmen. Sie möge in mir immer ihren besten und liebsten Freund sehen.«

Napoleon blickt nicht auf, während ihm das Protokoll vorgelegt wird. Und mit niedergedrückter Feder zieht er einen breiten Strich unter seinen Namen. Er sieht Joséphines Hand langsam ihren Namen in kleinen, kindlichen Buchstaben unter diesen Strich setzen. Er wendet sich ab. Er hört die Feder kratzen. Als wieder Stille eintritt, geht er zu Joséphine, umarmt sie und geleitet sie zusammen mit Hortense und Eugène zurück in ihre Gemächer.

Es ist also vollbracht. Er nimmt nicht an der Ratsversammlung teil, die den Text des Senatsbeschlusses, über den der Senat abstimmen soll, annehmen wird. Danach genügt es, die kirchliche Trauung durch die geistliche Kommission, die man sowohl zusammenzustellen als auch zu lenken wissen wird, für null und nichtig erklären zu lassen. Seit diesem 14. Dezember 1809 weiß er genau, daß er das, was er will, erreichen kann, selbst wenn einige die Legalität der Prozedur bestreiten werden.

Er hat es also geschafft. Er hat sich von dem getrennt, was ihn noch mit der Vergangenheit, mit dem Beginn seines Aufstiegs verband.

Er setzt sich auf sein Bett. Er hat sich endgültig von seiner Jugend gelöst. Er hat es so gewollt. Aber er empfindet keinerlei Freude. Er hat diese Scheidung gewollt, um seinem Schicksal treu zu sein. Aber ist er auch seiner Herkunft gegenüber treu?

Er legt sich schlafen. Die Tür geht auf. Er sieht Joséphine. Sie nähert sich langsam seinem Bett. Er drückt sie an sich.

»Nur Mut, nur Mut«, murmelt er.

Er behält sie im Arm, während sie weint, dann ruft er nach Constant, der sie zurückgeleitet.

Eine freudlose Nacht.

Als er am nächsten Morgen aufsteht, kommt es ihm vor, als habe er keine Kraft mehr. Er läßt sich ankleiden, wobei er nur langsam die Arme hebt. Sein ganzer Körper tut ihm weh. Im Mund hat er einen gallebitteren Geschmack. Sein Magen schmerzt.

Er ruft Méneval, kann aber nicht diktieren. Er ist erschöpft. Er läßt sich auf ein kleines Sofa fallen. Sein Körper fühlt sich schwer an. Er bewegt sich nicht mehr, stützt den Kopf auf die Hand, die Stirn ist feucht.

Er steht plötzlich auf, als ein Adjutant ihm meldet, daß die Wagen der Kaiserin zur Abreise nach Malmaison bereitstehen. Das ist die letzte Prüfung.

Er geht die kleine dunkle Treppe hinunter. Er sieht sie, verstört. Er nimmt sie in die Arme, küßt sie, dann spürt er, wie sie ihm entgleitet. Sie wird ohnmächtig. Er trägt sie zu einem Sofa.

Sie öffnet die Augen, streckt den Arm nach ihm aus. Aber er

entfernt sich. Was kann er sagen? Was kann er tun? Er hat sich entschieden.

Er ruft seinen Oberkammerherrn. Er möchte nicht in den Tuilerien bleiben. Er wird sich für einige Tage im Trianon einrichten. Er muß leben.

Er steigt in seinen Wagen. Er läßt Prinzessin Borghese ausrichten, sie möge sich mit ihrer Hofdame Christine de Mathis zu ihm begeben. Zu leben ist auch eine Frage des Willens.

31

Erst einen Tag ist er im Trianon, schon leidet er unter dem Alleinsein. Der Dezember und das Jahr 1809 scheinen kein Ende zu nehmen!

Er hört das Gelächter von Pauline Borghese und deren Hofdamen. Er erträgt es nicht, geht hinaus in den Park. Ihm ist, als würde er nie wieder dieselbe Energie verspüren.

Er hat Méneval und die Adjutanten fortgeschickt. Er läßt sein Pferd satteln, durchstreift die Wälder von Versailles, die Ebene von Satory. Er kehrt, bis auf die Haut durchnäßt, zurück, fühlt sich aber besser. Er sieht Christine de Mathis. Er wird mit ihr zu Abend essen. Aber sobald er der plappernden, Süßholz raspelnden jungen Frau gegenübersitzt, befällt ihn gähnende Langeweile. Er erinnert sich an Joséphine, an ihrer beider geheimes Einverständnis von einst. Er steht auf, läßt Christine de Mathis allein zurück.

Vielleicht hat er ja durch seine Trennung von Joséphine den bösen Blick auf sich gezogen? Vielleicht war sie ja die Frau, der es zu verdanken war, daß er vorbehaltlos handelte. Er würde erst dann ruhig sein, wenn sie gelassen und heiter mit der Scheidung umgehen würde.

Er möchte sie wiedersehen. Er hat sie vor nur wenigen Stunden verlassen, und schon braucht er sie wieder. Er muß sich vergewissern, daß sie am Leben ist. Er hat plötzlich Angst, daß sie die Trennung nicht erträgt und stirbt.

Er begibt sich nach Malmaison und sieht sie allein im Park spazierengehen. Sie dreht sich um, kommt auf ihn zu, als wüßte sie nicht mehr ein noch aus. Er stützt sie, führt sie durch die Alleen. Er beruhigt sich. Er bedauert die Scheidung nicht. Joséphine ist seine Vergangenheit. Und die Vergangenheit liegt hinter ihm. Man sollte sie nicht bedauern. Und nicht versuchen, sie wieder zum Leben zu erwecken.

Er umarmt sie. Er kehrt zurück ins Trianon. Und wieder ist er unruhig. Joséphine muß die Prüfung bestehen. Falls sie ihr nicht standhält, wie schmerzlich für ihn, und was für ein politischer Schlag! »Der egoistische Kaiser, der Kaiser, der seine frühere Gemahlin verstößt, die dahinsiecht und stirbt«, würde es heißen.

Er ruft General Savary zu sich. Er soll sich nach Malmaison begeben, Joséphine aufsuchen und ihm über den Zustand der Kaiserin Bericht erstatten.

Savary kehrt mit einem Brief von Joséphine zurück. Die Kaiserin sei niedergeschlagen, hebt er an. Napoleon hört ihm ungeduldig zu, liest den Brief, beginnt zu schreiben.

»Soeben empfange ich Deinen Brief, meine Liebe. Savary erzählt mir, Du würdest noch immer weinen: das ist nicht gut. Ich werde Dich aufsuchen, wenn Du mir sagst, daß Du vernünftig bist und wieder neuen Mut faßt. Morgen habe ich den ganzen Tag lang die Minister bei mir. Adieu, liebe Freundin, ich bin heute traurig; ich wünsche mir, Dich zufrieden zu sehen und zu hören, daß Du wieder zuversichtlich bist. Schlafe gut. Napoleon.«

Am Montag, dem 25. Dezember, lädt er sie zum Abendessen ins Trianon ein, aber sobald er sie sieht, bedauert er die Einladung. Sie trägt jene niedergeschlagene Opfermiene zur Schau, die er nicht ertragen kann. Er sitzt ihr gegenüber, zu seiner Rechten Königin Hortense und Caroline, Königin von Neapel, und bringt kein einziges Wort heraus. Hin und wieder senkt er den Kopf, weil ihm die Tränen in die Augen schießen. Er hat es so gewollt.

Es wird kein weiteres Abendessen mit Joséphine geben. Er verläßt gleich am nächsten Morgen das Trianon und kehrt in die Tuilerien zurück. Er streift durch die Galerien, durchquert den Salon, wo die Kaiserin ihr Kränzchen abzuhalten pflegte.

Ohne Gemahlin ist dieser Palast tot. Er fühlt sich einsam. Er kann nicht umhin, ihr erneut zu schreiben: »Es hat mich sehr betrübt, in die Tuilerien zurückzukehren. Eugène hat mir erzählt, daß Du gestern so traurig gewesen bist: das ist nicht gut, meine Freundin, das genaue Gegenteil von dem, was Du mir versprochen hast. Ich werde allein zu Abend essen. Adieu, liebe Freundin, gehab Dich wohl.«

Es ist der letzte Tag des Jahres 1809, ein Sonntag. Er begibt sich zum Triumphbogen am Carrousel, um der umjubelten Parade der Alten Garde beizuwohnen.

Um 15 Uhr kehrt er in die Tuilerien zurück. Die Zimmer sind an diesem 31. Dezember sonnendurchflutet. Er setzt sich an seinen Arbeitstisch. Er will an Alexander schreiben.

Er diktiert mit stockender Stimme. »Eure Majestät soll darüber befinden, wer stärker im Sinne der Allianz und Freundschaft handelt, Sie oder ich. Wer Argwohn zu hegen beginnt, hat Erfurt und Tilsit bereits vergessen.«

Der Satz klingt hart. Doch er will ihn nicht abändern. Er unterschreibt.

Das beginnende Jahr muß das eines neuen Lebens, einer neuen Frau, seines größten Ruhmes werden. Er wird 41 Jahre alt.

32

Napoleon liest den Brief, den er soeben von Joséphine erhalten hat. Sie hat sich wieder gefangen, was immer sie sagen mag. Die Scheidung bereitet ihr keine Sorgen mehr, wohl aber ihre Finanzen! Joséphine ist wieder so geworden, wie sie immer war. Eine verschwenderische Frau, die wie eine Grille singt, aber auch die kluge Habsucht einer Ameise besitzt. Und die jetzt, wo sie in die Scheidung eingewilligt hat, überschlägt, was ihre Schatulle enthält. Rechnen wir also nach.

»Ich habe heute mit Estève, dem Schatzmeister der Krone,

zusammengesessen und 100000 Francs für 1810 im Hinblick auf außergewöhnliche Ausgaben von Malmaison bewilligt. Du kannst also anpflanzen lassen, was Du willst, und diese Summe ausgeben, wie es Dir beliebt. Ich habe Estève beauftragt, Dir 200000 Francs auszuhändigen, und angeordnet, daß Dir Dein Schmuck auf Heller und Pfennig bezahlt wird, allerdings nachdem er von der Verwaltungsstelle taxiert wurde, denn ich dulde keinerlei Betrugsmanöver der Juweliere. Demnach kostet mich das Ganze 400000 Francs.

Ich habe befohlen, daß man die Million, die Dir die Zivilliste für 1810 schuldet, Deinem Geschäftsführer zur Verfügung hält, damit er Deine Schulden bezahlen kann.

Du wirst im Tresor von Malmaison etwa 600000 Francs vorfinden, die Du für Dein Tafelsilber und Deine Wäsche verwenden kannst. Ich habe befohlen, ein Porzellanservice für Dich anzufertigen. Man wird Deine Wünsche einholen, damit es sehr schön wird. Napoleon.«

Er setzt sich an seinen Arbeitstisch. Die Polizeiberichte, die Fouché ihm zukommen läßt, haben immer den gleichen Refrain, den die singen, die »der Partei derer angehören, die für den Tod des Königs gestimmt haben«. Er kennt sie. Fouché, Cambacérès und hinter ihnen all jene, die aus den Reihen der Revolutionäre hervorgegangen sind, Murat und viele Marschälle.

Sie sind Königsmörder gewesen. Sie haben den Kopf von Ludwig XVI. in den Korb rollen sehen. Sie wollen nicht, daß er eine Österreicherin heiratet, eine Nichte von Marie-Antoinette, die aus ihm den angeheirateten Neffen von Louis Capet macht! *Mein Onkel, Ludwig XVI.!*

Er liest den Polizeibericht. »Während sich der ganze feine Klüngel über politische Fragen und Intrigen aufregt, befaßt sich die Bevölkerung von Paris höchstens mit der Verteuerung der Lebensmittel: Sie hegt allerdings starke Bedenken gegen eine österreichische Prinzessin.«

Am Montag, dem 29. Januar, beschließt Napoleon, in den Tuilerien eine große private Ratssitzung einzuberufen. Er nimmt gegenüber dieser lächerlich herausgeputzten Versammlung auf der

Tribüne Platz. Zu seiner Linken sieht er die Präsidenten des Senats und der Gesetzgebenden Körperschaft, die Minister, seinen Onkel, den Erzbischof von Paris, Kardinal Fesch, die hohen Militärs des Reiches und zu seiner Rechten die Könige und Königinnen. Murat sitzt im ersten Rang neben Eugène. Fouché hat sich einen Platz weit weg vom bleichen Talleyrand gesucht.

»Ich kann«, beginnt Napoleon, »eine Prinzessin aus Rußland, Österreich, Sachsen, aus einem der deutschen Herrscherhäuser oder eine Französin heiraten. Es liegt allein bei mir, die zu benennen, die als erste unter dem Triumphbogen hindurchfährt und in Paris Einzug hält«, fügt er hinzu. Er streckt die Hand aus. Jeder solle sich äußern.

Lebrun wagt als erster zu sprechen. Aber der Erzschatzmeister hat beschlossen, vorsichtig zu sein. Er ist für eine sächsische Prinzessin. Der aufbrausende, heftige Murat sagt, was der Kaiser aus seinem Mund erwartet hat: Eine Österreicherin werde die Erinnerung an Marie-Antoinette wachrufen. Die Nation habe sie verabscheut. Eine Annäherung an das Ancien Régime werde diejenigen entfremden, denen das Reich am Herzen liegt, ohne daß man den Adel des Stadtviertels Saint-Germain gewinnt. Er solle eine russische Prinzessin heiraten, schließt Murat.

Murat hat mit lauter Stimme gesprochen. Eugène gibt der Österreicherin den Vorzug. Und dann folgt der bestechliche, bleiche Talleyrand, der mit seiner ruhigen Stimme Eugène beipflichtet. »Um Frankreich in Europas und seinen eigenen Augen von einem Verbrechen freizusprechen, das es nicht begangen hat und das lediglich einer umstürzlerischen Partei anzurechnen ist«, sagt er, müsse er eine Habsburgerin ehelichen. Und Fontanes, der Großmeister der Universität, geht noch einen Schritt weiter: »Die Verbindung Eurer Majestät mit einer Tochter aus dem Hause Österreich wäre ein versöhnender Akt von seiten Frankreichs.«

Er bemerkt plötzlich, daß Fouché sich, ohne das Wort ergriffen zu haben, davonschleicht. Der vorsichtige und raffinierte Fouché befürwortet, wie all die Königsmörder, die russische Heirat, zieht es aber vor zu schweigen. Und dennoch müßte er wissen, daß nur die Österreicherin übrigbleibt.

Abschließend bestimmt Napoleon, daß Eugène sich zum Fürsten Schwarzenberg begeben und von ihm eine schnelle Antwort bezüglich dieser achtzehnjährigen Erzherzogin Marie-Louise einholen soll. Zum ersten Mal fragt sich Napoleon, ob sie schön ist. Man hat ihm gegenüber nur von ihrem Alter und ihrer Bildung gesprochen. Jetzt will er es wissen.

Die private Ratsversammlung geht zu Ende. Er hört, wie Lancué, der Kriegsminister, mit lauter Stimme ausruft: »Österreich ist keine Großmacht mehr.«

Napoleon erhebt sich. »Daran sieht man, Monsieur, daß Sie in Wagram nicht dabei waren«, sagt er verächtlich.

Eugène kehrt am Dienstag, dem 6. Februar, von der österreichischen Botschaft zurück. Napoleon starrt ihn an. Eugène läßt sich nichts von Schwarzenbergs Antwort anmerken. Napoleon unterbricht seinen langen Bericht über die Unterredung mit dem Botschafter. »Ja oder nein?« fragt er.

»Ja«, sagt Eugène.

Das ist also erledigt. Napoleon gestikuliert. Er bricht in Gelächter aus. Er geht mit großen Schritten in seinem Arbeitszimmer auf und ab. Er ballt die Fäuste und murmelt: »Ich habe sie alle in der Hand. Sie haben mir ihre Erzherzogin ausgeliefert. Sie gehört mir.«

Er läßt Berthier und Champagny kommen. Der Ehevertrag müsse unverzüglich aufgesetzt werden. Alles habe innerhalb weniger Tage zu geschehen. Ein Vertrag sei hier in Paris und ein anderer in Wien zu unterzeichnen, wo die Hochzeit per Ferntrauung stattfinden werde. Berthier solle den Kaiser vertreten. »Ich wünsche, daß sie vor Ende März hier eintrifft, damit die Hochzeit in den ersten Apriltagen gefeiert werden kann.«

Er wendet sich an Champagny. »Sie erscheinen morgen bei meinem Lever. Bringen Sie mir den Vertrag von Ludwig XVI. und den geschichtlichen Überblick dazu.«

Er steht in der Tradition der Könige, von Chlodwig bis zum Wohlfahrtsausschuß. Er ist der Neffe von Ludwig XVI.

»Schreiben Sie noch heute abend an den Fürsten Schwarzenberg, um ihn auf morgen Mittag zu bestellen.«

Er hält Champagny in dem Moment zurück, da er sich entfernen will. Jetzt heißt es, an der österreichischen Hochzeit festzuhalten und sich von Alexander I. zu lösen.

Napoleon schnupft, freut sich unbändig. Ein schlaues Manöver in zwei Zügen, wie eine auf dem Schlachtfeld gestellte Falle. Man wird so tun, als gehe man auf die Argumente des Zaren ein. Seine Schwester Anna sei zu jung, hat er gesagt? Geben wir ihm also recht.

Napoleon diktiert den Brief, den Champagny an Caulaincourt und dieser an Seine Majestät den Kaiser des Nordens schicken soll: »Prinzessin Anna habe noch nicht regelmäßig ihre Periode, und bei den Mädchen könnten zwei oder drei Jahre zwischen den ersten Anzeichen der Heiratsfähigkeit und der Reife vergehen, das würde mehr als drei Jahre ohne Fruchtbarkeit bedeuten.« Das bringe einen zu langen Aufschub mit sich. Und, wie der Zar betont habe, bleibe darüber hinaus die Frage der Religionsangehörigkeit offen.

Dieser erste Brief an Alexander müsse bald auf den Weg gebracht werden, sagt Napoleon und fährt fort: »Morgen abend, sobald Sie gemeinsam mit dem Fürsten Schwarzenberg unterzeichnet haben, werden Sie einen zweiten Brief absenden, um bekanntzugeben, daß ich mich für die Österreicherin entschieden habe.«

Am Morgen betrachtet er sich lange im Spiegel, während Constant und Rustan sich um ihn herum zu schaffen machen. Er bekommt schon einen Schmerbauch. Das Haar ist schütter geworden. Er läßt Corvisart rufen, und sobald er eingetreten ist, befragt er ihn, ohne ihn auch nur anzusehen.

»Wie lange kann ein Mann seine Zeugungskraft bewahren? 60 oder 70 Jahre?«

»Das ist möglich«, antwortet Corvisart vorsichtig.

Dann wird es so sein. Aber wie ist diese Österreicherin? Er verfügt nur über einige Medaillons und eine Zeichnung, die Marie-Louise darstellen. Er will mit ein paar Offizieren sprechen, die sie am Wiener Hof gesehen haben. Ihre Größe? Ihr Teint? Ihre Haarfarbe?

»Ich habe Mühe, ihnen ein paar Worte zu entlocken«, sagt er zu Corvisart. »Ich sehe schon, daß meine Frau häßlich ist, weil all diese jungen Teufel mir gegenüber nicht aussprechen konnten, daß sie hübsch sei. Nun ja, Hauptsache, sie ist liebevoll und schenkt mir kräftige Jungen.«

Mit einem Federstrich hebt er die Namen derer hervor, die er in Betracht zieht, den Hofstaat der zukünftigen Kaiserin zu bilden. Guter und alter Adel ist erforderlich und ein Hofstaat wie der von Marie-Antoinette.

Am 16. Februar 1810 wird in Wien der vorläufige Ehevertrag ratifiziert. Die Ferntrauung findet am 11. März in Wien statt. Marie-Louise macht sich am 13. März auf den Weg. Und die Hochzeit wird am 1. April in Paris gefeiert.

Ich bin der Neffe von Ludwig XVI. geworden, denkt Napoleon, und bleibe dennoch der, der ich bin. Mein Sohn wird von der Vereinigung aller Dynastien abstammen, und ich bin der Kaiser des Abendlandes.

Er zieht sich in sein Arbeitszimmer in Rambouillet zurück. Er wird seinen ersten Brief an Marie-Louise schreiben. Er läßt Méneval seine Federn und das Briefpapier bereitlegen und dann beginnt er, zerreißt allerdings das Blatt nach wenigen Zeilen. Er muß seine Schrift unter Kontrolle bringen, sie leserlich machen.

Er nimmt das kleine Porträt von sich, das er der Erzherzogin überbringen lassen will. Berthier wird es ihr aushändigen.

Er fängt aufs neue an zu schreiben.

«Meine Cousine, die glänzenden Eigenschaften, die Ihre Person auszeichnen, haben in uns den Wunsch erweckt, Ihnen zu dienen und Sie zu ehren, indem wir uns an den Kaiser, Ihren Vater, wenden, um ihn zu bitten, uns das Glück Euer Kaiserlichen Hoheit anzuvertrauen.«

Er hält inne. Er ist in Versuchung aufzugeben. Er zieht Direktheit dieser Katzbuckelei vor. Dennoch fährt er fort: »Können wir hoffen, daß Ihr die Gefühle, die uns zu diesem Schritt veranlassen, gütig aufnehmt? Können wir uns schmeicheln, daß Ihr Entschluß nicht nur von dem Gehorsam gegenüber Ihren Eltern bestimmt ist? Sofern Ihre Kaiserliche Hoheit Sympathie für unsere Sache empfände, würden wir diese mit so viel Sorgfalt pflegen und es uns zur Aufgabe machen, sie in jeder Hinsicht zu vervollkommnen, daß wir davon überzeugt sind, Ihnen eines Tages angenehm zu sein. Das ist das Ziel, das wir erreichen wollen und für das wir Ihre Hoheit bitten, uns geneigt zu sein.

Hiernach bitten wir Gott, liebe Cousine, er möge Sie auch weiterhin unter seinen heiligen und erhabenen Schutz nehmen. Ihr liebevoller Vetter Napoleon.

Zu Rambouillet, den 23. Februar 1810.«

Das wünscht er sich. Sie nicht nur zu bekommen, weil sie sich dem väterlichen Willen unterwirft. Er hat immer nur das geliebt, was er sich nehmen kann, was er erobert.

33

Er trällert an diesem Sonntag morgen, dem 25. Februar 1810, leise vor sich hin. Er zupft Constant, der ihn ankleidet, am Ohrläppchen, doch dann verscheucht er seinen Kammerdiener. Er stellt sich noch einmal vor den Spiegel.

Er ist in seinem 41. Lebensjahr! Ach was! Er beginnt doch gerade erst zu leben! Noch nie hat sich so frei gefühlt, so selbstbewußt, so jung. Endlich hat er jene steile Klippe erklommen, die sein bisheriges Leben war. Die letzten Dezemberwochen waren gewiß die finstersten. Er hatte das Gefühl, daß es ihm nie gelingen würde, seiner Vergangenheit zu entkommen, daß ihn etwas in seinem Innern zurückhielt und daran hinderte, den Gipfel zu erreichen. Jetzt ist er dort angekommen. Er blickt nicht zurück. Er erwartet jene achtzehnjährige Habsburgerin, jene fruchtbare Jungfrau, in der das Blut der alten Dynastien fließt. Sie wird das Bett mit ihm teilen.

Er geht in sein Arbeitszimmer, setzt sich. Am liebsten würde er ihr den ganzen Tag lang schreiben.

»Alle Briefe, die aus Wien eintreffen«, schreibt er mit sorgfältiger Handschrift, »sprechen voller Bewunderung von Ihren schönen Eigenschaften. Ich kann es kaum erwarten, bei Ihrer Majestät zu sein. Wenn es nach mir ginge, würde ich reiten, was das Pferd laufen kann, und wäre zu Ihren Füßen, bevor man weiß, daß ich Paris verlassen habe.«

Er singt. Er träumt. Er könnte wirklich nach Wien galoppieren, den österreichischen Hof überraschen.

»Doch das darf nicht sein«, fährt er fort. »Marschall Berthier, Fürst von Neuchâtel, wird während Ihrer Reise Ihre Wünsche entgegennehmen. Mein ganzes Sinnen ist darauf gerichtet zu erfahren, was Ihnen angenehm sein könnte. Ihnen zu gefallen, Madame, wird das beharrlichste und süßeste Anliegen meines Lebens sein. Napoleon.«

So etwas hat er noch nicht erlebt. Vielleicht das einzige, was ihm noch zu entdecken bleibt. Eine neue Frau, für die er der erste Mann sein wird. Eine Prinzessin, die Tochter eines Kaisers. Eine Jungfrau, die die Mutter seines Sohnes sein wird.

Er verspürt eine solche Energie, daß er sich bisweilen selbst über die Raserei wundert, die ihn dazu treibt, fast täglich zu jagen, sich von einem Palast zum anderen zu begeben, von den Tuilerien nach Saint-Cloud, von Compiègne nach Rambouillet oder Fontainebleau.

Er eilt durch die Räume. Er sieht sich um. Man möge die Bilder abhängen, die an eine österreichische Niederlage erinnern, befiehlt er. Die Gemächer sollen mit indischem Kaschmir bespannt werden. Die Möbel, alle Möbel, werden ausgetauscht. Nichts darf daran erinnern, daß eine andere Frau hier gelebt hat.

Er versucht, sich das Leben mit ihr auszumalen. Er wünscht sich eine ebenso strenge Etikette wie am Hofe Ludwigs XIV. Er wendet sich an seinen Oberkammerherrn, Graf Montesquiou Fezensac. Vier Frauen aus dem hohen Adel werden über die Kaiserin wachen. Es wird kein Gespräch unter vier Augen zwischen einem Mann, wem auch immer, und Ihrer Majestät geben.

Er entfernt sich mürrisch. »Der Ehebruch ist eine Sache des Kanapees«, sagt er. Er weiß, wie es um die Treue bestellt ist. Wenn es keine Männer und keine Kanapees gäbe, würden die Ehefrauen treu bleiben!

Aber man hält eine Festung nur, wenn man deren Bewohner davon überzeugt, daß man der beste Fürst ist. Marie-Louise muß ihm eng verbunden sein. Die Liebe, die sie ihm entgegenbringt, muß so sein, daß sie nur ihn sehen will, daß ihre Gedanken einzig und allein ihm gelten. Ihr Geist soll bereit sein, ihn zu empfangen, soll ihm schon jetzt ergeben sein.

Er schreibt ihr, um auf sie einzuwirken, mehr kann er nicht tun, auch wenn er weiß, daß sie sich nach der Fernheirat und den ihr zu Ehren in Wien veranstalteten Festlichkeiten auf den Weg gemacht hat. Aber der Zug aus 100 Wagen wird erst in zehn Tagen in Paris eintreffen.

Hin und wieder liest er auf den Gesichtern der Adjutanten, seines Sekretärs oder seiner Schwestern Erstaunen. Er könnte sich doch mit der Genugtuung über diese politische Heirat zufriedengeben, denken sie gewiß. Er ist jetzt wie ein Bourbone mit den Habsburgern verbündet. Dieser Ehebund schließt das Netz, das er zwischen den Mitgliedern seiner Familie und den herrschenden Dynastien, der von Württemberg für Jérôme, der von Bayern für Eugène, hatte spinnen wollen. Er ist zum »Bruder«, zum »Vetter« all derer geworden, die in Europa regieren.

Mit einer raschen Handbewegung schiebt er die auf dem Arbeitstisch ausgebreiteten Depeschen beiseite. Jetzt bleibt nur noch Spanien. Aber er beabsichtigt, sich nach der Besiegelung seiner Heirat dorthin zu begeben. Italien ist indessen ruhig, der Papst matt gesetzt, auf seinen eigentlichen Platz verwiesen, den eines Bischofs ohne jede weltliche Macht. Und was die Kirche in Frankreich betrifft, so wird sie gallikanisch sein, wie unter Ludwig XIV.

Er geht ein paar Schritte. Seine Miene hat sich plötzlich verfinstert. Bliebe noch der liebe Verbündete im Norden, Alexander I. Napoleon ergreift Caulaincourts letzte Depesche. Der Botschafter bittet verdrossen um seine Abberufung. Er beruft sich auf die Verstimmung der Russen.

»Die Beschwerden Rußlands sind doch lächerlich!« ruft Napoleon. »Der Zar verkennt mich, wenn er glaubt, es habe zweierlei Verhandlungen gegeben: Das habe ich nicht nötig! Erst als klar wurde, daß der russische Kaiser nicht das Sagen in seiner Familie hat und sich nicht an die Versprechen von Erfurt hielt, ist mit

Österreich verhandelt worden, eine Verhandlung, die binnen vierundzwanzig Stunden abgeschlossen war, weil Österreich seinem Minister sämtliche Befugnisse in dieser Sache übertragen hatte.«

Man hat ihm Marie-Louise, ohne zu zögern, überlassen. Aber ihm genügt nicht der Körper einer jungen Frau. Er will ihren Geist, ihr Herz. Er will wahre Leidenschaft.

Er bestellt Fouché zu sich. Der Herr Königsmörder sieht grimmig aus. In seinen Polizeiberichten wird nach wie vor behauptet, das Volk murre gegen die Österreicherin. Und seine Spitzel lassen Bücher, die die Erinnerung an Marie-Antoinette und die königliche Familie verherrlichen, beschlagnahmen. Und er, der einstige Verfechter der Scheidung, läßt die Zeitungen immer wieder von Joséphine berichten.

»Ich hatte Ihnen aufgetragen, dafür zu sorgen, daß die Zeitungen Kaiserin Joséphine nicht erwähnen, statt dessen tun sie nichts anderes«, sagt Napoleon und greift nach einer auf dem Tisch liegenden Zeitung. »*Le Publiciste* ist heute wieder voll davon.«

Er wendet Fouché den Rücken zu, wie um ihn zu verabschieden. »Achten Sie darauf«, ruft er ihm hinterher, »daß in den morgigen Zeitungen die Nachricht aus *Le Publiciste* nicht wieder aufgegriffen wird.«

Er wartet ungeduldig, daß Fouché sein Arbeitszimmer verläßt. Er liest die aus Straßburg telegraphierten Depeschen noch einmal. Sie melden, daß die 100 Wagen und 54 Pferde von Marie-Louises Gefolge in Sankt Pölten eingetroffen sind. Marie-Louises Wagen werde von acht Schimmeln gezogen. Und Caroline habe neben ihrer Schwägerin Platz genommen. In Wien habe es kurz nach Marie-Louises Abreise einige Unruhe gegeben, als man von der Hinrichtung Andreas Hofers, des Anführers des Tiroler Aufstands, durch die französischen Truppen erfahren habe.

Napoleon zerknüllt die Depesche. Er will Frieden, aber er läßt sich nichts aufzwingen. Auch wenn nichts diese Heirat überschatten, die Beziehungen, die er zu seiner Frau zu knüpfen gedenkt, gefährden darf.

Er kann nicht länger warten. Was macht er noch in den Tuilerien, wo er doch bei Marie-Louise sein sollte, da die Fernheirat besiegelt worden ist? Eigentlich sollte sie bereits das Bett mit ihm teilen.

Am Dienstag, dem 20., beschließt er, Paris zu verlassen und sich ins Schloß von Compiègne zu begeben. Dort hat einst Ludwig XVI. Marie-Antoinette willkommen geheißen.

Er wünscht, daß sich der gesamte Hof in Compiègne versammelt und Hortense und Pauline Borghese an seiner Seite sind. Aber auch in Compiègne findet er keine Ruhe.

Als Murat dort zu ihm stößt, nimmt er ihn auf ausgedehnte Jagdausflüge mit. Er gibt seinem Pferd die Sporen, bis es blutet. Er will alle Rennen gewinnen. Seine Energie ist unerschöpflich. Er steigt ab, zielt, schießt. Ganz plötzlich hat er genug, kehrt zurück ins Schloß, schreibt an Marie-Louise.

«Ich habe eine sehr schöne Jagd erlebt, doch wurde ich ihrer rasch überdrüssig. Alles, was nicht Sie betrifft, interessiert mich nicht länger. Ich spüre, daß mir nichts mehr fehlen wird, wenn Sie erst bei mir sind.»

Er will sie ganz für sich haben. Weder ihr Körper noch ihr Geist noch ihre Träume dürfen sich ihm entziehen.

Kaum hat er an jenem Freitag, dem 23. März, zu schreiben aufgehört, schon beginnt er einen neuen Brief. »Den Kaiser kann allein seine Louise zufrieden und glücklich machen«, schreibt er.

Marie-Louise naht. Am Dienstag, dem 27. März, wird sie in Soissons erwartet.

Wie töricht, immer nur zu warten. Er hat keine Geduld mehr. Er ruft Constant. Er will zu seiner Uniform eines Obersten der Gardejäger den Gehrock anlegen, den er einst in Wagram trug. Durch seinen Sieg an jenem Tag hat er Marie-Louise gewonnen.

Er bestellt Murat zu sich, dessen Gemahlin Caroline Marie-Louise begleitet. Los! Eine Kalesche steht bereit. Man bricht auf.

Er bedrängt die Kutscher. An den Relaisstationen steigt er im strömenden Regen aus, um die Postillione zur Eile anzutreiben. Am Ortseingang von Courcelles bricht ein Rad der Kalesche entzwei. Er läuft durch den Regen bis zum Portalvorbau der Kirche.

Ihm gefallen solche unerwarteten Situationen, dieser Regen und dieser Wind, denen es zu trotzen gilt, ein solches Zusammentreffen, das sich über das Protokoll hinwegsetzt und Murat und die Soldaten der Eskorte überrascht.

Er geht am Rand der Landstraße auf und ab, beobachtet das Eintreffen der Eskorte. Was glaubte man wohl, wer er sei? Ludwig XVI., der brav auf seinem Thron in Compiègne wartet? Er ist Napoleon.

Er sieht die Schimmel von Marie-Louises Kutsche nahen. Er stellt sich mitten auf die Fahrbahn und läuft auf die Kalesche zu, die soeben zum Stehen gekommen ist. Ein Knappe klappt den Tritt herunter. Er stürzt herbei. Er hört Caroline Murat flüstern: »Madame, es ist der Kaiser.«

Das ist sie also, Marie-Louise. Sie ist parfümiert, rosig, so jung. Er nimmt ihre Hände und küßt sie. So blühend. Er lacht. Er mustert sie. Er spürt die schwere Brust, die ausladenden Hüften, den geschmeidigen Körper, zum Anfassen. Sie hat eine gesunde Gesichtsfarbe, aschblondes Haar. Er hatte sie sich nicht so üppig, so kräftig vorgestellt. Er würde sie am liebsten an sich drücken wie eine fleischige Beute. Er erkennt die Gesichtszüge wieder, die ihn auf den Bildnissen, die er von ihr gesehen hatte, so erstaunt hatten, die vollen österreichischen Lippen. Sie ist ein guter, saftiger, fruchtbarer Boden. Dessen ist er sicher. Er hat Lust, mit ihr zu schäkern, zu lachen.

Er ordnet an, die Etappe Soissons zu überspringen. Er macht sich nichts aus dem Bankett, aus den Notabeln, die unter den Vordächern zu sehen sind und die Herrscherin erwarten, um ihr die Ehre zu erweisen. Er lacht. Er wünscht sich so schnell wie möglich ein Bett.

Die Nacht rückt vor. Er drückt sie, liebkost sie. Sie ist eingeschüchtert, dann spürt er, wie sie nachgibt. Sie lacht ebenfalls. Ein Bett, und zwar schnell.

Es ist 10 Uhr abends, als sie in Compiègne eintreffen. Er sieht, wie der gesamte Hofstaat am Fuß der großen Treppe versammelt ist und es kaum erwarten kann, sich um sie zu scharen, sie mit Komplimenten und Reverenzen zu überhäufen. Er macht eine Handbewegung, durchschreitet die Menge, betritt ein kleines Eßzimmer und ißt nur mit Caroline und Marie-Louise zu Abend.

Sie ist schöner, als er sie sich vorgestellt hatte. Teuflisch schön! Aber gesund, rund, rosig, blühend, frisch wie ein gerade entsprungener Quell. Eine achtzehnjährige Habsburgerin, das ist sie! Er will sie noch in dieser Nacht.

»Welche Anweisungen haben Sie von Ihren Eltern erhalten?« fragt er sie.

Er liebt ihren unschuldigen Blick, ihre Naivität.

»Ihnen ganz zu gehören und in allem zu gehorchen«, flüstert sie mit dem ihr eigenen rauhen Akzent.

Ihr so offen bekundeter Gehorsam erregt ihn. Diese Frau muß ihm gehören, und zwar gleich!

Sie sagt mit gesenktem Kopf, die kirchliche Hochzeit sei noch nicht vollzogen. Er ruft Kardinal Fesch, der sie beruhigt und ihr beteuert, alles sei in Ordnung.

Napoleon führt sie ins nahe gelegene Kanzleihaus. Dort hätte er eigentlich schlafen sollen, allein. Und Marie-Louise wenige hundert Meter entfernt? Er ist kein Mann, der so etwas akzeptiert.

Er läßt sie einen Augenblick mit Caroline allein. Sie ist noch Jungfrau. Sie hat keine Ahnung. Man hat ihm erzählt, bis zum heutigen Tag seien selbst männliche Tiere von ihr ferngehalten worden.

Ich bin das erste männliche Wesen!

Er betritt das Zimmer.

Sie gehört mir, wie ich es will!

Er läßt sie bei Tagesanbruch noch schlafen. Am liebsten würde er seinen Sieg, seinen Triumph in die Welt hinausschreien. Er verläßt das Zimmer.

Er nähert sich Savary, seinem Adjutanten, der im Salon nebenan wartet. Er zieht ihn lachend am Ohr. »Mein Lieber«, sagt er, »heiraten Sie eine Deutsche, sie sind die besten Frauen der Welt, zärtlich, gut, naiv und so blühend wie Rosen.«

Er verbringt Mittwoch, den 28., und Donnerstag, den 29. März 1810, mit ihr tagsüber im Schloß von Compiègne. Er läßt sich das Essen auf das Zimmer bringen.

Er spürt die neugierigen Blicke, als er sich mit ihr beim Konzert zeigt, das im großen Saal des Schlosses stattfindet. Er muß sie schließlich dem Hof präsentieren. Aber er kann es kaum erwarten, wieder mit ihr allein zu sein, sie zu überraschen und zum Schreien und zum Lachen zu bringen. Sie das körperliche Spiel der Liebe entdecken zu lassen. Er hat bereits gespürt, wie sie nach einigen Minuten der Verwunderung und des Schmerzes entzückt war von dem, was sie empfand.

So etwas hat er noch nicht erlebt. Er ist der Lehrer, der den Unterricht erteilt. Er hat keine Eile mehr. Er sieht auf Pauline Borgheses Gesicht ein etwas sarkastisches Staunen. Zwei Tage, ohne von Marie-Louises Seite zu weichen! Er beugt sich zu Pauline, deren turbulentes Leben ganz im Zeichen der Lust steht. »Ist es mir denn nicht auch vergönnt, ein paar glückliche Augenblicke zu genießen?«

Bevor er Marie-Louises Gemach betritt, diktiert er eilig ein paar Zeilen an Franz I., Kaiser von Österreich.

»Geneigter Bruder und Schwiegervater, die Tochter Eurer Majestät ist vor zwei Tagen hier eingetroffen. Sie erfüllt meine sämtlichen Erwartungen, und seit zwei Tagen gebe ich ihr und empfange ich von ihr immer wieder Beweise der zarten Gefühle, die wir füreinander hegen. Wir ergänzen uns aufs trefflichste. Ich werde ihr Glück sein und ich verdanke Eurer Majestät das meine. Wir brechen morgen nach Saint-Cloud auf und werden am 2. April in den Tuilerien unsere Hochzeit begehen.«

34

Er hat angeordnet, daß bei seiner Ankunft mit Marie-Louise im Schloß von Saint-Cloud an diesem Freitag, dem 30. März 1810, kurz nach 17 Uhr, Kanonensalven ertönen und Fanfaren erklingen.

Er betrachtet sie. Die gesamte Kavallerie der Garde eskortiert ihren Wagen seit der Porte Maillot. Ihr Gesicht zeigt jenen erstaunten Ausdruck, der eine Mischung ist aus Schrecken und Begeisterung. Er liebt es, sie zu überraschen.

In Stains wurden sie, als sie ins Departement Seine einfuhren, von einer Menschenmenge begrüßt: Höflinge, Hofdamen und Schaulustige. Präfekt Frochot wollte eine Begrüßungsrede halten.

Napoleon unterbrach ihn und ordnete an, gleich weiterzufahren. Sie hat die Augen aufgerissen wir ein Kind, das einem Zaubertrick zusieht. Er möchte für sie allmächtig sein. Der Zauberer, der ihr alle Freuden schenkt, sie in eine unbekannte Welt einführt, zu der er die Schlüssel besitzt.

Er reicht ihr die Hand und hilft ihr aus dem Wagen. Die Kanonen krachen. Die Trommeln erschallen. Sie schreiten langsam an seinen alten Grenadieren vorüber. Dies ist sein schönster Sieg. Er hat die junge Tochter des feindlichen Kaisers, des von ihnen besiegten Anführers, erobert. Marie-Louise ist die Kriegsbeute von Wagram. Alle sollen sie sehen.

Trotzdem hat er es eilig, wieder mit ihr allein zu sein. Die vierte Nacht liegt vor ihnen, und er ist noch immer genauso hingerissen. Sie verwandelt sich durch seine Liebkosungen. Er macht aus ihr eine Frau. Und sie überrascht ihn durch ihre Wißbegierde und ihren naiven Wagemut. Er denkt an nichts anderes mehr. Manchmal erinnert er sich blitzartig daran, daß er früher bei einer begehrten Frau – selbst bei der durchtriebenen Joséphine, die ihm offenbart hat, was eine Frau vermag, wenn ihr ganzer Körper nur noch aus Lippen besteht – nie aufgehört hat zu denken.

»Ich arbeite immer«, hat er gesagt. »Nichts kann mich daran hindern nachzudenken. Ich arbeite beim Essen, im Theater, nachts wache ich auf, um zu arbeiten.« *Selbst beim Lieben arbeite ich.*

Jetzt hat er nichts anderes mehr im Sinn, wenn Marie-Louise neben ihm liegt und ihr üppiger, schmiegsamer Körper wie der einer jungen Stute, die er zähmen will, sich ihm großzügig hingibt. Und jetzt hat er nur noch den Wunsch, ihr Dressurreiter zu sein.

Er kann es kaum erwarten, die Tage der Feierlichkeiten hinter sich zu bringen. Andererseits will er diesen Triumph, damit sie weiß, daß er der Kaiser der Könige ist und daß die Pracht von Paris, seiner Hauptstadt, alles übersteigt, was sie bisher hat sehen oder sich vorstellen können. Und sie soll gesehen werden, sie, die so junge Gemahlin des Kaisers.

Am Sonntag, dem 1. April, geleitet er sie um 14 Uhr zu ihren Sesseln auf einer Estrade unter einem Baldachin am Ende der großen

Galerie im Schloß von Saint-Cloud. Der ganze Hof ist um sie versammelt. Er drückt Marie-Louises Hand, als sie nach ihm antwortet: Ja, sie wolle Napoleons Gemahlin sein.

»Im Namen des Kaisers und des Gesetzes erkläre ich ...«, beginnt Cambacérès. Aber in dem Augenblick werden die auf der Schloßterrasse plazierten Kanonen abgefeuert, und in die Detonationen mischen sich die Freudenschreie der Menge.

Am Abend führt er sie ans Fenster, das sie gern offenläßt. Der Schloßpark ist illuminiert, die Menge noch immer zahlreich. Er verbirgt sie hinter den Vorhängen. Er will nicht, daß man sie beide sieht. In der Nacht gehört sie ihm allein.

Doch am Montag, dem 2. April, wünscht er sie sich mit der Krone und dem Mantel der Kaiserin geschmückt. Er schreitet vorwärts, während seine Schwestern den Saum des Mantels halten, den Joséphine einst trug. Aber heute ist seine eigentliche Krönung. Er wird durch diesen Bund in die Familie der Könige aufgenommen. Und er steht an ihrer Spitze.

Er beobachtet Marie-Louise. Er betrachtet ihre weit aufgerissenen Augen. Ein Spalier aus Soldaten säumt die Strecke von der Porte Maillot bis zu den Tuilerien. Die Reiter der Garde lassen ihre Pferde tanzen. Die Menge ist allgegenwärtig. Auf der Esplanade von Chaillot ist sie in zwei riesigen Amphitheatern versammelt. Der Zug bewegt sich im Rhythmus der Artilleriesalven. Er neigt sich zu Marie-Louise, um sich ihr Staunen angesichts des Triumphbogens auf der Place de l'Étoile, unter dem sie hindurchfahren werden, nicht entgehen zu lassen. Er ließ das kaum begonnene Monument mit Hilfe von Holzgerüsten und Leinwänden vervollkommnen, um die Illusion eines fertigen Gebäudes zu schaffen. Er ist stolz. Dies ist die Hauptstadt, über die er gebietet.

Sie hat die Tuilerien und den Louvre noch nie gesehen. Die Sonne blitzt in den Fensterscheiben, beleuchtet die Galerien, wo sich beinahe zehntausend Menschen drängen. Er erkennt Fürst Kurakin, den russischen Botschafter, der eine gute Figur macht. Und dort steht Metternich und triumphiert. Und all die Frauen, die sich um sie drängen, um die zu sehen, die er an der Hand hält, die Kaiserin, die kaum achtzehnjährige Erzherzogin von Österreich.

Er betritt den in eine Kapelle umgewandelten quadratischen Salon. Plötzlich wird ihm heiß unter seiner schwarzen Samtkappe, in seinem Mantel und seiner Kniehose aus weißem Satin. Er fühlt sich beengt in seiner diamantenbesetzten Kleidung. Er sieht, daß Marie-Louise mit hochrotem Gesicht einer Ohnmacht nahe ist. Kardinal Fesch soll doch endlich anfangen, damit die Zeremonie der kirchlichen Heirat so schnell wie möglich vorüber ist. Er kann es kaum erwarten. Er sieht die leeren Sitze der Bischöfe, die sich aus Treue zum Papst und aus Protest gegen dessen Behandlung geweigert haben, an der Zeremonie teilzunehmen. Er fühlt Wut in sich aufkommen.

Er will, daß Bigot de Préameneu, der Minister für geistliche Angelegenheiten, diese Kardinäle einberuft, sie wegen schwerer Beleidigung anklagt und ihnen jegliches Tragen äußerer Zeichen der Bischofswürde verbietet. Sie sollen »schwarze Kardinäle« werden, schwarz wie Raben.

»In meinem Reich ernenne allein ich die Bischöfe. Nicht der Papst ist Cäsar, sondern ich! Die Päpste haben zu viele Dummheiten begangen, um sich für unfehlbar zu halten. Ich werde keine solchen Ansprüche dulden, das Jahrhundert, in dem wir leben, wird sie nicht dulden! Der Papst ist nicht der große Lama. Die Kirche herrscht nicht unumschränkt. Wenn der Papst der große Lama sein will, gehöre ich seiner Religion nicht länger an.«

Er schreitet mit finsterer Miene durch die Galerie und spürt, wie sein Anblick Erstaunen hervorruft. Die Türen zum Garten werden geöffnet. Endlich frische Luft! Die Garde defiliert. Die Grenadiere schwenken ihre Mützen auf ihren Säbelspitzen und rufen: »Es lebe die Kaiserin! Es lebe der Kaiser!«

Er ballt die Fäuste. »Ich werde, wenn es sein muß, 100 000 Mann nach Rom schicken«, murmelt er.

Er führt Marie-Louise, die ihren Mantel und ihre Krone abgelegt hat, zum Festsaal, wo das Bankett stattfinden soll. Bald wird er wieder mit ihr allein sein. Aber er muß sich zunächst noch auf das Podium setzen, an den Tisch unter dem Baldachin, sich dann auf dem Balkon zeigen, dem Feuerwerk beiwohnen, der jubelnden Menge zuwinken. Er muß sich damit zufriedengeben, sie nur anzusehen, während die obersten Militärgeistlichen von Frankreich und Italien das Bett weihen.

Napoleon kann nicht umhin, sie mit einer heftigen Handbewegung fortzuschicken. Endlich werden die Türen geschlossen! Sie ist erschöpft. Er fühlt sich stark, jung, voller Tatendrang. Er ist ihr Kaiser, ihr Herr und Gebieter. Für ihn existiert nur noch dieses Zimmer, diese junge Frau.

Er will ihre Nähe den ganzen Tag lang genießen. Er erlebt etwas völlig Neues. Die Zeit scheint einen anderen Rhythmus anzunehmen. Er beschließt, die Tuilerien zu verlassen und sich nach Compiègne zu begeben. Dort kann er sich ihr besser widmen. Er schickt die mit Depeschen eintreffenden Adjutanten fort. Er läßt Murat tagelang warten, der vergeblich um eine Audienz bittet. Er überfliegt die Nachrichten aus Spanien. Joseph verzagt allmählich. General Suchet hat Valencia nicht erobern können. Berthier fragt, wann sich der Kaiser wieder an die Spitze seiner Truppen stellen werde, um endlich mit diesem »Krebsgeschwür des spanischen Krieges« Schluß zu machen.

Er will Marie-Louise nicht verlassen. Er bestellt Masséna zu sich und beruft ihn an die Spitze der Armee. Ist er nicht »des Sieges liebstes Kind«? Masséna müßte imstande sein, die 30000 Engländer Wellingtons und die 50000 Portugiesen, die der englische General aufgestellt hat, zu überrumpeln.

Er sieht Masséna aufbrechen. Er beobachtet, wie Marie-Louise im Schloßpark im Kreis ihrer Hofdamen versucht, ein Pferd zu besteigen. Er lacht über ihre Ungeschicklichkeit. Er eilt hinaus. Er fühlt sich leicht und unbeschwert. Hat er je dieses Gefühl gekannt, keine andere Pflicht zu haben, als sich zu amüsieren, Freude zu schenken und zu empfangen? Ist so das Leben?

Er muß auch dieses Leben verschlingen, so wie er jenes verschlungen hat, das vor Marie-Louise lag. Er hebt Marie-Louise in den Sattel. Er hält das Pferd am Zügel, läuft nebenher. Er lacht, wenn sie vor Angst schreit. Er läßt sich ein Pferd bringen, besteigt es ohne Stiefel. Er ist frei. Er ist glücklich. Er erinnert sich nicht daran, sich je so unbeschwert gefühlt zu haben, außer vielleicht als Kind auf den Kais von Ajaccio.

Sie ist noch ein Kind, das nichts weiß, und er hat Lust, sich zu dem von ihr so geliebten Blindekuhspiel mitreißen zu lassen. Bei Tisch läßt er sich Zeit, weil er ihr gern beim Essen zusieht. Er hat keine Lust mehr, sich, nachdem er von den verschiedenen Gerichten hastig einige Bissen verschlungen hat, in sein Arbeitszimmer zu begeben. Er hat Lust, die Beine auszustrecken und die rechte Hand unter seine Weste zu schieben. Er nimmt zu. Er läßt seine Kleidung ändern, um seine Leibesfülle zu verbergen. Er schnupft nicht mehr so viel. Er parfümiert sich mit Kölnisch Wasser. Er wartet auf die Nacht.

Morgens empfängt er Doktor Corvisart, der ihn gründlich abhorcht. Einige Furunkel, unregelmäßige Herzschläge, ein hartnäckiger Husten. Er stößt den Arzt zurück. Er fühlt sich gut. Erschöpfung? Erlauben Sie mal! 41 Jahre alt? Man ist so alt, wie man sich fühlt! Nächte wie ein junger Liebhaber? Warum auch nicht, wenn er dazu imstande ist? *Weiß Corvisart immer noch nicht, daß ich ein außergewöhnlicher Mann bin?*

Das vergessen selbst die, die ihm nahestanden. Jeder beurteilt den anderen nach seinen Maßstäben! Wie Joséphine! Die Briefe, die sie ihm aus ihrem Schloß in Navarre schreibt, sind eine nicht enden wollende Litanei aus Klagen und Vorwürfen. Wofür hält sie ihn?

Aber wer wird ihm schon gerecht? Sein Bruder Louis spielt, weil er ihn zum König von Holland gemacht hat, sein eigenes Spiel, weigert sich abzudanken, damit Holland französisch werden kann, versucht, die Holländer gegen ihn aufzubringen. Er verhandelt mit den Engländern, die Polizeiberichte sind eindeutig. Er hat sich mit Fouché und dem Armeelieferanten Ouvrard verbündet, und alle arbeiten an einem Frieden mit England, ohne ihn zu konsultieren.

Und der Zar, wird er ihm gerecht? Er hat ihn nicht zum Narren halten können. Er stellt seine Armee wieder auf, läßt sie gen Westen vorrücken, bedroht das Herzogtum Warschau, versucht, sich auf Dänemark zu stützen, schickt Gesandte nach Wien und nimmt wieder Verbindung mit London auf, als dächte er an einen Krieg gegen ihn!

Er will er doch nur Frieden! Will, daß Rußland sein Verbündeter bleibt! Ist er denn nicht der Cousin, der Bruder, der Neffe all dieser Herrscher geworden? Hat er denn nicht eine von ihnen geheiratet?

Man soll überall wissen, alle seine Völker sollen erfahren, daß es nunmehr keinen Grund gibt, sich gegen ihn zu erheben. Wenn sie auch ihren früheren Herrschern die Treue halten, sollen sie doch wenigstens nicht vergessen, wessen Gemahl er ist. Und wenn sie an die neuen Werte glauben, sollen sie sich daran erinnern, daß er der Kaiser ist, der den *Code Civil* verfügt hat!

Am Sonntag, dem 27. April 1810, verläßt er um sieben Uhr in Begleitung von Marie-Louise Compiègne. Er lacht, muntert sie auf. Sie ist schläfrig, noch müde von diesem ganz anderen Leben. Er hat es gern, wenn sie ihn mit fragenden Augen ansieht: Wer ist dieser unerschöpfliche Mann? Er möchte sie den nördlichen Ländern seines Reiches zeigen, die einst unter der Herrschaft der Österreicher standen und jetzt an der Seite ihres Kaisers eine habsburgische Erzherzogin sehen werden.

Er gibt den 600 Reitern der Garde das Zeichen zum Aufbruch. Sie eskortieren die vielen Wagen, in denen auf seinen Wunsch hin Eugène, die Minister, König Jérôme und die Königin von Westfalen Platz genommen haben.

Es regnet. Die Straßen sind schlammig, die Empfänge in Antwerpen, Breda, Bergen op Zoom, Middelburg, Gent, Brügge, Ostende, Dünkirchen, Lille, Le Havre, Rouen nehmen kein Ende.

Er beobachtet Marie-Louise. Sie versteht weder denen zuzulächeln, die sie willkommen heißen, noch den Notabeln zu schmeicheln, die auf ein Zeichen der Anerkennung warten, an das sie sich ihr Leben lang erinnern können. Er erinnert sich an Joséphines Talent, alle in ihren Bann zu schlagen, denen sie begegnete. Diese Erinnerung irritiert ihn. Er ereifert sich über Louis, den er in Antwerpen trifft und der ihm mit einer Mischung aus Naivität und Selbstzufriedenheit die Verhandlungen mit den Engländern schildert, die er gemeinsam mit Fouché und Ouvrard eingeleitet hat. Er brüllt. Wer gebe ihnen das Recht dazu?

Zum Glück sind da noch die Nächte, die Spaziergänge am Meer,

Marie-Louises Ausgelassenheit, wenn bei Flut lange Wellen über den Strand laufen. Und da ist die Freude, die Napoleon einige Tage lang erfüllt, als Marie-Louise glaubt schwanger zu sein.

Doch bei ihrer Rückkehr nach Paris am Freitag, dem 1. Juni, sieht er sie, blaß, schmollend, den Kopf schüttelnd, auf sich zukommen. Dieses Mal wird sie kein Kind erwarten!

Er zieht sich zurück, ist enttäuscht. Es ist, als wache er auf und stelle fest, daß er nur geträumt hat.

Er läßt sich die Depeschen bringen, bestellt Cambacérès zu sich. Er liest, hört zu. Er ist wütend. Nur zwei Monate hat er die Zügel ein wenig schleifen lassen, zwei Monate, war das schon zuviel? Er hat den Eindruck, als hätten sämtliche Triebfedern des Reiches ihre Spannkraft verloren.

Caulaincourt jammert in Sankt Petersburg, als sei er nicht mehr Botschafter des französischen Reiches, sondern ein in Alexander verliebter Untertan! Joseph, der ihm den spanischen Thron verdankt, schreibt an seine Frau – und die Polizei fängt seine Briefe ab: »Zwei Königreiche ausprobiert zu haben reicht mir. Ich möchte in Ruhe leben, ein Stück Land in Frankreich erwerben ...«

Und Louis, der mit Fouché schöntut, um ohne seine Einwilligung zu verhandeln! Er wünscht, daß der Ministerrat morgen im Schloß von Saint-Cloud zusammentritt.

Er sieht sie an jenem Samstag, dem 2. April, wie ertappte Schüler Platz nehmen, mit Ausnahme von Fouché, der lediglich noch blasser ist als gewöhnlich. Er hat Charakter, doch wer kann ihm wirklich vertrauen?

»Also, mein lieber Herzog von Otranto«, ruft Napoleon. »Entscheiden Sie jetzt über Krieg und Frieden?«

Napoleon erhebt sich, tritt vor die Minister, ohne Fouché eines Blickes zu würdigen, der mit fester Stimme sein Verhalten rechtfertigt und Ouvrard für alle Verhandlungsinitiativen mit London verantwortlich macht.

»Es ist ein ungeheures Vergehen, sich herauszunehmen, ohne Wissen seines Souveräns mit einem feindlichen Land zu Bedingungen zu verhandeln, die dieser vermutlich nicht billigen würde«, fährt Napoleon fort. »Ein Vergehen, das nicht einmal von der allerschwächsten Regierung geduldet werden darf.«

Fouché versucht zu antworten.

»Sie sollten Ihren Kopf aufs Schafott legen!« schreit Napoleon.

Er will diesen Mann nicht mehr um sich haben. Man wird sagen, daß er Fouché entlassen habe, weil der einst für den Tod von Ludwig XVI. gestimmt habe und er, Napoleon, der Neffe des Königs geworden sei. Dabei will er nur keinen Polizeiminister, der seine eigene Politik betreibt. Er will einen mit Leib und Seele ergebenen Vollstrecker, der durch sein bloßes Auftreten Furcht einflößt.

Er denkt an General Savary, Herzog von Rovigo, den einstigen Adjutanten von Oberst Desaix, der die Elitepolizei, seine persönliche Garde, befehligt. Der Mann, der den Herzog von Enghien verhaftet und dafür gesorgt hat, daß er hingerichtet wurde.

»Der Herzog von Rovigo ist ein schlauer Kopf«, sagt Napoleon zu Cambacérès, »entschlossen und nicht bösartig. Man wird ihn fürchten, und ebendeshalb wird es ihm leichter fallen, so mild wie kein anderer zu sein.«

Er läßt Savary nach Saint-Cloud kommen, starrt den Mann mit dem harten Gesicht an, der in Marengo, Austerlitz und Eylau tapfer gekämpft hat.

Er nimmt ihn beim Arm und führt ihn in den Park. »Um die Polizei gut zu führen«, beginnt er, »muß man leidenschaftslos sein. Hüten Sie sich vor Haß, hören Sie sich alles an, und äußern Sie sich erst, wenn Sie wieder kühlen Kopfes sind. Lassen Sie sich nicht von Ihren Dienststellen leiten. Hören Sie sie an, aber sie sollen Ihnen folgen und sich nach Ihren Direktiven richten.«

Er hält inne, geht ein paar Schritte allein. »Behandeln Sie die Literaten gut, man hat sie gegen mich aufgebracht, indem man ihnen gesagt hat, ich möge sie nicht. Man hat dies in böser Absicht getan. Wenn ich weniger beschäftigt wäre, würde ich sie häufiger sehen. Es sind nützliche Männer, die es immer zu achten gilt, weil sie Frankreich zur Ehre gereichen.«

Ob Savary das versteht? Fouché hat ihn bereits zum Narren gehalten, indem er alle Unterlagen seines Ministeriums verbrannt und seine Korrespondenz mit Napoleon versteckt hat. Fouché muß sich also schnell aus Paris entfernen, eine Reise antreten oder sich auf seinen Senatorenwohnsitz in Aix zurückziehen.

»Ich habe Monsieur Fouché ausgetauscht, weil ich nicht wirklich auf ihn zählen konnte«, fährt Napoleon fort. »Er arbeitete gegen mich und versuchte, sich auf meine Kosten Ansehen zu verschaffen.« Außerdem stehe Fouché für eine umstürzlerische Partei, die der Königsmörder.

»Ich fühle mich mit nur einer Partei verbunden, und zwar der der breiten Masse«, betont Napoleon. »Trachten Sie also nur danach, zu vermitteln. Meine Politik ist die der Zusammenführung. Man hat sich mit mir verbündet, um sich in Sicherheit wiegen zu können. Wenn es Probleme gäbe, würde man sich schon morgen wieder von mir abwenden.«

Er sieht Marie-Louise, die ihn inmitten ihrer Hofdamen auf der Freitreppe zu erwarten scheint. Er verläßt Savary, geht eilig zu ihr. Sie möchte Billard spielen.

35

Er schwenkt den Brief, würde am liebsten einen Schrei ausstoßen. Er geht zu Méneval, klopft ihm mehrmals auf die Schulter, zieht ihn am Ohr. Er wünscht umgehend Oberhofmarschall Duroc zu sehen. Sobald er allein ist, geht er zum Fenster, öffnet es, und die Milde jenes Junimorgens, die Düfte des Waldes von Saint-Cloud rühren ihn auf einmal. Er hört Méneval in Begleitung von Duroc eintreten, kann sich aber nicht vom Fleck rühren. Er bleibt ans Fensterkreuz gelehnt, hält den Brief fest in seiner Hand.

Er hat ihn nur einmal gelesen, kennt ihn aber schon auswendig. Er klingt genauso süß wie Maria Walewskas Stimme, die ihm zuflüstert, ihr Sohn sei am 4. Mai im Schloß von Walewice geboren worden. Er heiße Alexander Florian Joseph Colonna. Er habe dasselbe Gesicht wie sein Vater, seine Stirn, seinen Mund und sein pechschwarzes Haar. Sie stellt keine Forderungen. Sie ist glücklich. Sie wartet. Sie hofft für ihren Sohn Alexander.

Er würde sie am liebsten an sich drücken, seine Freude hinausposaunen, sie allen zeigen, selbst Marie-Louise. Was wäre daran unrecht? Sein Leben besteht aus mehreren Leben, und er kann sie alle leben, indem er alle beschützt, die ihn geliebt haben, die er geliebt hat.

Er wendet sich Duroc zu. Er lacht. Duroc hat ihm Maria Walewska vorgestellt, er wird der Hüter des Geheimnisses sein. Er geht auf den Oberhofmarschall zu. »Ein Sohn«, sagt er mit Nachdruck.

Er möchte, daß Duroc die Übersiedlung von Maria Walewska und Alexander nach Paris vorbereitet. Er wird seinen Sohn höher dotieren als Graf Léon, den ersten seiner Söhne. »Zwei Söhne«, murmelt er und lacht wieder.

Sobald Maria sich in Paris in der Rue de la Victoire niedergelassen hat, wird man sie dem Hof als Angehörige einer jener polnischen Familien vorstellen, die sich Frankreich nach wie vor verbunden fühlen. Doktor Corvisart wird über sie und das Kind wachen.

Er geht in seinem Arbeitszimmer auf und ab. Wie viele Leben in seinem Leben! Er fühlt sich in seiner Freiheit beschnitten, weil er manche davon geheimhalten muß. Warum denn? Er ist wie ein breiter Strom, der durch verschiedene Landschaften fließt, vorbei an sanften oder an steilen Ufern, doch immer derselbe Fluß, von der Quelle bis zur Mündung.

Er verläßt eiligen Schrittes den Raum. Wenn Maria Walewska in Paris weilte, würde er sie regelmäßig besuchen, wie eine Freundin, wie die Mutter seines Sohnes. Warum sollte sich dadurch Marie-Louises Leben ändern? Er wünscht sich, daß seine verschiedenen Leben eine Einheit bilden. Er kann nicht so leben, als wäre sein Schicksal zersplittert. Es ist ein Ganzes.

Er geht hinunter in den Garten des Trianon. In der drückenden sommerlichen Hitze ist diese Residenz am angenehmsten.

Er nimmt teil an den Gesellschaftsspielen, die Marie-Louise so liebt. Sie gerät schnell außer Atem, läßt sich in einen Sessel fallen, der im Schatten der Bäume steht. Sie ist eine junge Frau mit kräftigem Körper, trotzdem fehlt es ihr an Energie. Beim prunkvollen

Empfang im Rathaus, mit Feuerwerk und Bällen, wirkte sie schon bald ermattet. Bei Pauline Borghese in Neuilly schien es ihr nicht zu gefallen, dabei war es ein rauschendes Fest. Pauline hatte ihr zuliebe in ihrem Park eine Ansicht von Schönbrunn als Trompe-l'œil rekonstruieren lassen. Dasselbe Verhalten hatte sie in der Oper oder bei den Paraden der Garde gezeigt.

Vielleicht ist sie noch betroffen von jenem tragischen Fest am 1. Juli in der österreichischen Botschaft, bei Fürst Schwarzenberg? Ein Feuer brach aus, und der mit Tüll, Taft und Girlanden aus Papierblumen geschmückte große Ballsaal aus Holz und gefirnißter Leinwand brannte plötzlich, wobei die Tausenden von Kerzen die Flammen noch schürten und die Gäste sich gegenseitig niedertrampelten, um durch den einzigen Ausgang zu fliehen, den das Feuer nicht versperrte.

Napoleon gelangte mit Marie-Louise gerade noch rechtzeitig nach draußen und begleitete sie auf die Champs-Élysées, um dann in die Botschaft zurückzukehren. Es war ein einziges Schlachtfeld, derselbe Gestank von verkohltem Fleisch wie in Wagram, die Leichen übereinandergestapelt, darunter Fürst Schwarzenbergs Schwägerin.

Napoleon hat die nackten Toten gesehen, denen Leichenfledderer bereits Ringe, Halsketten, Spangen entwendet hatten. Nicht einmal vor Verstümmelungen schreckten sie zurück. Ein entsetzliches Fest.

Jedesmal wenn er daran denkt, erinnert er sich an jene Verwünschungen, jene Vorzeichen, von denen so oft in seiner Kindheit die Rede gewesen war.

Er weist den Gedanken von sich. Er gesellt sich inmitten der Rundtänze, bei denen man sich über Fürst Borghese lustig macht und einander durch die Wäldchen des Trianon jagt, zu Marie-Louise, die hochrot und ganz erhitzt ist.

Es ist Anfang August. Heute wird wie jeden Abend eine Vorstellung gegeben. An diesem Donnerstag, dem 9. August, spielt man *Die gelehrten Frauen*. Er beugt sich zu Marie-Louise. Sie zieht den Zirkus vor. Er reicht ihr den Arm, zeigt ihr das Amphitheater, das in den Gärten des Trianon aufgebaut wird. Morgen werden hier die Brüder Franconi, Meister ihres Genres aus Italien, auftreten.

Sie strahlt. Sie umarmt ihn. Sie flüstert. Sie wiederholt mehrmals: »Vielleicht.«

Er nimmt ihre Hand, drückt sie. Er ist gewiß, und es wird ein Sohn sein. Er führt mehrere Leben.

Er steht auf. Er geht durch die Alleen. Er führt mehrere Leben. Dieses hier beginnt mit dieser jungen Frau, die seine Frucht trägt.

Er kehrt zu ihr zurück. Sie darf nicht mehr reiten. Sie soll nicht mehr tanzen, keine großen ermüdenden Feste besuchen, keine erschöpfenden Reisen machen, sondern ein ruhiges, friedliches Leben bei Hofe führen, hier im Trianon, in Rambouillet, in Fontainebleau oder in Saint-Cloud. Er liebkost sie wie ein Kind. Theatervorführungen, Konzerte, die von ihr so geliebten Spiele, das wünscht er sich für sie.

Sie ergreift seine Hände. Sie möchte, daß er für immer bei ihr bleibt. Er beruhigt sie. Er wird sie nicht verlassen.

Trotzdem empfindet er das Bedürfnis, beim Reiten den Wind zu spüren, den Duft des feuchten Grases zu riechen. In den Wäldern von Meudon, Rambouillet oder Fontainebleau geht er auf Hirschjagd. Mehrmals in der Woche veranstaltet er eine Hetzjagd, an der Spitze einer Kavalkade, die wie eine Dragonerschwadron durch das Unterholz prescht. Er reitet mittags los und kehrt gegen sechs Uhr zurück, nachdem er sechsmal das Pferd gewechselt hat.

Er nimmt ein Bad und gesellt sich dann zur schwangeren Marie-Louise. Er berührt sie. Diese Frau, die ein Kind trägt, deren Bauch sich immer stärker wölbt, ist ein anderes Leben für ihn. Er ist vergnügt.

Er überhäuft sie mit Geschenken und mit Aufmerksamkeiten. Sie trägt die Zukunft in sich. Er möchte sie glücklich machen. Er bittet um ein Treffen mit Metternich, der in Paris weilt. Er achtet diesen intelligenten Mann, der in Wien die Politik macht und, wie er weiß, ein glühender Befürworter seiner Heirat mit Marie-Louise gewesen ist. Er wünscht eine Zusammenkunft unter vier Augen zwischen Metternich und der Kaiserin. Eine riesige Ausnahme, denn schließlich darf sie keinen Mann ohne die Gegenwart eines Dritten sehen.

Er wartet, und als Metternich von seiner Unterredung kommt, geht er auf ihn zu. »Und, haben Sie sich gut unterhalten? Hat die Kaiserin schlecht über mich gesprochen?« fragt er. »Hat sie gelacht oder geweint?«

Dann macht er eine gleichgültige Geste. »Sie müssen mir keine Rechenschaft geben, das sind Geheimnisse, die nur Sie beide betreffen, die keinen Dritten etwas angehen, selbst wenn es ein Ehemann wäre.«

Er führt Metternich in sein Arbeitszimmer. Er nimmt ein Portefeuille vom Tisch und zeigt es Metternich. »Der Ausführung der die österreichische Armee betreffenden geheimen Artikel des Vertrags von Wien messe ich nur noch wenig Bedeutung bei«, sagt er. »Ich wünsche Kaiser Franz I. zu gefallen und ihm erneute Beweise meiner Wertschätzung und Hochachtung darzubringen.«

Der österreichische Kaiser wird der Großvater seines Sohnes sein. Die Annäherung an Österreich könnte der Schlüssel seiner Politik sein. Eine Allianz mit Rußland? »Aus Rußland kommen nur Klagen, kränkende Unterstellungen.«

Alexander I. befürchtet, er könne Polen wiederherstellen. Hätte er Polen wiederherstellen wollen, hätte er es gesagt und seine Truppen nicht aus Deutschland zurückgezogen. Will Rußland ihn auf sein Abtrünnigwerden vorbereiten? Er würde ihm den Krieg erklären, sobald es mit England Frieden schlösse.

Seine Stimme klingt härter. »Ich will Polen nicht wiederherstellen. Ich will mein Schicksal nicht in seinen öden Ebenen beenden. Doch genausowenig will ich mich mit Schande bedecken, indem ich behaupte, Polen werde nie wiederhergestellt werden.«

Er denkt an Maria Walewska, an seinen Sohn Alexander, das Kind von einer patriotischen polnischen Adeligen und ihm, dem Kaiser.

»Nein«, fährt er fort, »ich kann mich nicht verpflichten, mich gegen ein Volk zu bewaffnen, das mir anhaltenden guten Willen und große Ergebenheit bewiesen hat. Zu ihrem eigenen Nutzen und dem Rußlands halte ich sie zu Frieden und Gehorsam an, aber ich werde mich nicht zu ihrem Feind erklären und den Franzosen sagen: Ihr müßt dafür bluten, Polen dem russischen Joch zu unterwerfen.«

Er klopft auf den Tisch. »Um nichts in der Welt werde ich eine unehrenhafte Erklärung unterschreiben. Wenn ich einen Satz wie ›Polen wird nicht wiederhergestellt werden‹ unterzeichnete, würde ich meinen Charakter verbiegen.«

Er entfernt sich vom Tisch. »Ich müßte Gott sein, um zu entscheiden, daß es nie wieder ein Polen geben wird! Ich kann nicht versprechen, was ich nicht halten kann.«

Er kehrt zurück zu Metternich. Er scheint, bevor er spricht, zu zögern. Seit Monaten hat er nicht mehr die Wörter »Krieg« und »Armee« ausgesprochen.

»Man soll in Sankt Petersburg nur ja nicht denken, ich sei nicht imstande, auf dem Kontinent noch einmal Krieg zu führen. Ich habe über 100000 Mann nach Spanien geschickt, in Frankreich und anderswo verfüge ich noch über 400000. In Italien ist die Armee noch vollständig. Bei Ausbruch des Krieges könnte ich an der Memel mit einer noch größeren Armee als der von Friedland erscheinen.«

Er lächelt Metternich an. Er will keinen Krieg. Aber könnte er auf Wien zählen? Er erwartet von Metternich keine Antwort. Er nimmt ihn am Arm, führt ihn hinaus.

»Die Kaiserin wird Ihnen gesagt haben, daß sie mit mir glücklich ist, daß sie keinen Grund zum Klagen hat.«

Er hält Metternich auf der Schwelle zurück. »Ich hoffe, daß Sie das Ihrem Kaiser erzählen. Er wird es Ihnen vorbehaltlos glauben.«

Er bleibt allein zurück, nachdenklich. Wieder ein Krieg am Horizont, mitten in diesem Sommer des Jahres 1810, während er die Geburt eines Sohnes erwartet. Was wird er von ihm erben, er, der Nachfahre Karls V. und Napoleons? Für ihn muß er sein Reich unangreifbar machen. Und wer nicht vorausschaut, wird besiegt.

England und Rußland können sich schon morgen gegen ihn verbünden. Und auf wen kann er zählen? Die Könige, die er gemacht hat, sind nichts. Louis hat endlich dem holländischen Thron entsagt, allerdings ohne sich mit ihm zu verständigen. Er ist feige ins Ausland geflohen und hat Hortense und seine Kinder verlassen.

Er verachtet Lucien, seinen Bruder, der aus Rom flieht, weil *er* verfügt hat, daß es französisch wird, die zweite Stadt des Kaiserreichs, so wie er verfügt hat, daß Amsterdam dessen dritte ist. Und sein Bruder gerät bei dem Versuch, in die Vereinigten Staaten zu gelangen, in die Hände der Engländer!

Was Joseph betrifft, so ist er nicht imstande, einen Krieg zu führen, es sei denn, um seine Marschälle zu verärgern, die nicht von der Stelle kommen und von Wellingtons Truppen geschlagen werden!

Alle sind sie mittelmäßig, und diejenigen, die etwas Talent besitzen, sind ihm feindlich gesinnt. Talleyrand, berichten die Polizeispitzel, habe Alexander I. um ein Darlehen in Höhe von 1,5 Millionen Francs ersucht – der Lohn für die Informationen, die er der russischen Botschaft geliefert hat. Was Bernadotte betrifft, so hat er sich zum schwedischen Kronprinzen wählen lassen.

Er kommt erneut mit Metternich zusammen, der sich besorgt zeigt über diesen Aufstieg eines Marschalls zur Königswürde, über den Argwohn, der in Sankt Petersburg daraus erwachsen wird.

Napoleon breitet vor Metternich seine Korrespondenz mit dem schwedischen König Karl XII. und mit Bernadotte aus. Er habe keinerlei Anteil an Bernadottes Erfolg. Er habe ihn lediglich toleriert.

»Ich wollte ihn möglichst fern von Frankreich sehen. Er ist einer dieser ehemaligen jakobinischen Wendehälse. Doch Sie haben recht, ich hätte Murat keinen Thron geben dürfen, genausowenig meinen Brüdern. Aber man lernt erst mit der Zeit dazu.«

Er verschränkt die Arme. »Ich habe einen Thron bestiegen, den ich neu erschaffen habe, ich habe niemandes Erbe angetreten. Ich habe genommen, was keinem gehörte. Ich hätte es dabei belassen und nur Gouverneure und Vizekönige ernennen sollen. Sie brauchen sich übrigens nur das Verhalten des holländischen Königs anzusehen, um sich davon zu überzeugen, daß Verwandte oftmals alles andere als Freunde sind. Was die Marschälle betrifft ...«

Er schüttelt den Kopf, zuckt mit den Schultern. Es ist an ihm, an ihm allein, die Zukunft vorzubereiten, über das Kaiserreich zu wachen.

Er sieht, wie Marie-Louise im Garten des Trianon inmitten ihrer Hofdamen einem Jongleur applaudiert. Er denkt sogleich an Marie-Antoinette, die Tante der Kaiserin, die dort gelebt hat. Ihm liegen Polizeiberichte vor, denen zufolge so manche feindselige Äußerung gegen die »neue Österreicherin« laut wird. Die Feuersbrunst beim Fest in der österreichischen Botschaft werde als unheilvolles Omen für den Unsegen gedeutet, den die Frauen aus Wien und die Allianz mit den Habsburgern von jeher über Frankreich gebracht hätten. Man empfinde Marie-Louise als steif, kühl, herablassend. Man muß vorsichtig umgehen mit den Vorurteilen des Volkes. Er will aber nicht, daß die Zeitungen jede lächerliche Kleinigkeit berichten.

In Saint-Cloud, im Trianon, in Fontainebleau diktiert er Dekrete, damit der Schmuggel englischer Waren überall geahndet werde. Damit der Import nur mit einer Steuer möglich sei, die 50 Prozent der eingeführten Güter entspricht. So viel Geld soll denen verlorengehen, die die Kontinentalsperre nicht respektieren.

Er sagt zu Eugène, der für die italienischen Interessen eintritt, so wie Louis sich für die holländischen Kaufleute eingesetzt hatte: »Mein Prinzip ist: Frankreich an erster Stelle. Sie dürfen nie vergessen, daß der englische Handel nur deshalb zu Wasser die Vorherrschaft innehat, weil die Engländer die Stärkeren sind. Es ist demnach durchaus vorstellbar, daß Frankreich, weil es zu Lande stärker ist, sich eben dort mit seinem Handel durchsetzt. Sonst ist alles verloren. England befindet sich wirklich in äußerster Bedrängnis, und ich entledige mich so der Waren, auf deren Export ich angewiesen bin, und verschaffe mir auf ihre Kosten Kolonialwaren.«

Dazu müßten jedoch sämtliche Küsten noch strenger überwacht werden. In Frankfurt, Hamburg, Amsterdam und Lübeck gelte es, die geschmuggelte Ware zu beschlagnahmen und zu verbrennen.

»Sie haben«, sagt er zu Davout, der die Truppen in Deutschland befehligt, »zahlreiche Offiziere des Generalstabs unter sich, schicken Sie sie los. Ich beauftrage Sie, den Schmuggel und das

Navigieren englischer Schiffe von Holland bis nach Schwedisch-Pommern konsequent zu unterbinden. Nehmen Sie die Sache in die Hand.«

Aber er weiß, man kann von Davout nichts Unmögliches verlangen. Seit Anfang Oktober 1810 kreuzen 1200 mit Waren beladene englische Schiffe auf der Ostsee. Bernadotte hat die schwedischen Häfen geschlossen. Es bleiben noch die russischen Häfen. Was wird Alexander tun? *Und was muß ich tun, falls er sie hereinläßt?*

Er trifft Hortense, die mit ihm über ihre Mutter spricht. Joséphine befürchte, ins Exil gehen zu müssen, nicht nur fern von Paris, sondern außerhalb von Frankreich. Das will er nicht. Er lebt mehrere Leben, die nebeneinander möglich sein, sich miteinander verquicken müßten. Aber Marie-Louise hat für diesen Wunsch kein Verständnis.

»Ich muß an das Wohlergehen meiner Frau denken«, sagt er zu Hortense. »Die Dinge haben sich nicht in dem Maße verbessert, wie ich es mir erhoffte. Sie ist erschrocken über die Reize Ihrer Mutter und den Einfluß, den sie auf mein Denken hat. Darüber bin ich mir gewiß im klaren.«

Er bleibt stehen. Es ist Herbst. Im Schloßpark von Saint-Cloud rechen die Gärtner hier und dort welke Blätter zusammen. An den Rändern des rotgefärbten Waldes steigen Rauchschwaden auf. Die herabgefallenen Blätter werden verbrannt.

»Vor kurzem«, fährt er fort, »wollte ich mit ihr in Malmaison spazierengehen. Ich weiß nicht, ob sie annahm, daß Ihre Mutter da sein würde, aber sie begann zu weinen, und ich mußte eine andere Richtung einschlagen.«

Es erscheint ihm so selbstverständlich und so einfach, daß seine verschiedenen Leben einander kreuzen. Wann würde der Augenblick kommen, da die Männer und Frauen nicht länger Gefangene ihrer Vorurteile wären?

»Wie dem auch sei«, fährt er fort, »ich werde die Kaiserin Joséphine zu nichts zwingen. Ich werde mich immer daran erinnern, welches Opfer sie mir gebracht hat. Wenn sie sich in Rom niederzulassen wünscht, werde ich sie zur dortigen Statthalterin ernennen. In

Brüssel kann sie nach wie vor einen prachtvollen Hof halten und dem Land Gutes tun. In der Nähe ihres Sohnes und ihrer Enkel würde es ihr besser ergehen, außerdem wäre es schicklicher. Aber …«

Er hebt die Hände. Er weiß sehr wohl, daß sie von all dem nichts wissen will!

»Schreiben Sie ihr, wenn sie lieber in Malmaison leben möchte, so habe ich nichts dagegen.«

36

Napoleon durchschreitet mit dem Oberhofmarschall die leeren, hohen Räume. Duroc öffnet die vergoldeten Flügeltüren. Napoleon folgt ihm eiligen Schrittes und zupft ihn am Ohr. In diesen Räumen der Tuilerien, mit Blick auf den Carrousel-Platz, wird sein Sohn, der König von Rom, leben.

Er läßt die Architekten kommen. Alles muß neu gestrichen werden. Entlang der Wände soll eine drei Fuß hohe gepolsterte Bande angebracht werden, damit das Kind sich beim Fallen nicht verletzt.

Napoleon tritt an ein Fenster. Die kalte Novembersonne erleuchtet die vergoldeten Statuen des Triumphbogens auf dem Carrousel-Platz, der auf sein Geheiß zum Ruhme seiner Armee errichtet wurde.

Er stellt sich den Blick des Kindes vor, wenn es eines Tages das Symbol der Größe und des Sieges entdeckt. Der König von Rom soll, sobald er die Augen aufmacht, wissen, daß er der Sohn und Enkel von Kaisern ist.

Während er in sein Arbeitszimmer zurückkehrt, diktiert Napoleon. Er stellt die Liste für die Ausstattung des Kindes zusammen und die der Würdenträger, die herbeigerufen werden sollen, sobald die Kaiserin die ersten Wehen spürt. Dann legt er den Ablauf der auf die Geburt folgenden Zeremonien fest, 101 Kanonenschüsse, das Defilee der Gardegrenadiere. Er wendet sich Duroc zu, der eine Frage gemurmelt hat, die er mehr ahnt, als daß er sie versteht. 21 Schüsse, wenn es eine Tochter sei, sagt er widerwillig. Aber es werde ein Sohn sein. Die Geburt bezeugen sollen Eugène, Vizekönig von Italien, und der Großherzog von Würzburg.

Er betritt sein Arbeitszimmer. Er wünscht, daß ihm alles untersteht, von Prudhons Skizzen für die Wiege aus vergoldetem Silber bis hin zur Liste der Ärzte, die der Kaiserin beistehen werden. Drei Monate genügen kaum, um sich alles auszumalen, alles vorauszusehen, alle einzuladen.

Es fehle immer an Zeit, sagt er. Im kommenden Jahr, 1811, wird er zweiundvierzig. Er hat das Gefühl, als sei, was er bis dahin getan hat, lediglich die Vorbereitung der Schicksalsphase gewesen, in die er jetzt eintritt. Sein eigentliches Leben als Kaiser beginnt erst. Er verfügt über die Waffengewalt, den Gehorsam der Völker, über Erfahrung und noch immer über jugendliche Kraft. Er kann über Stunden hinweg jagen, gestern noch in der Ebene von Rozoy, heute in Croix de Saint-Hérem. Er hat den Hirsch aufgetrieben. Er ist der schnellste Reiter.

Und im Bett von Marie-Louise oder in dem der so lebhaften Brünetten, der Schwiegertochter von Oberst Lebel, dem Adjutanten des Gouverneurs von Saint-Cloud, die sich ihm angeboten und die er einige Nächte lang besessen hat – schließlich lehnt man das, was das Leben einem zu bieten hat, nicht so einfach ab –, ist er kühner als der einstige Unterleutnant, der er gewesen ist und der sich in seiner Erinnerung linkisch, ja sogar schüchtern, brüsk und ungeduldig angestellt hat. Er steht mitten im Leben.

All diese Könige haben seine Dynastie gezwungenermaßen anerkannt, ihn als ihresgleichen angenommen. Er hat seinen Thron erobert, und eine zwanzigjährige Kaiserin wird ihm einen Sohn schenken. Niemand wird diesen Zenit seines Lebens verdunkeln. Das wird er nicht zulassen.

Er setzt sich, sieht die in ihren verschiedenen Umschlägen auf dem Tisch liegenden Polizeibulletins, Depeschen, Berichte. Am liebsten würde er nicht zu diesen Papieren greifen. Sein Leben ist ohne sie so reich geworden!

Marie-Louise möchte ihn ständig um sich haben. Und er liebt

ihrer beider Zweisamkeit, ihre Naivität, vor allem ihre Haut und diesen Körper, der sich mit der Mutterschaft verändert. All das, was so neu für ihn ist, während hier der graue Alltag, Brutalität und dunkle Machenschaften herrschen, jene Realität, in der er sich von Kindesbeinen an ohne Illusionen bewegt.

Er liest den ersten Polizeibericht: »Die klügsten Köpfe im Handel fürchten sich vor der Zukunft. Die Lage ist derart kritisch, daß jeder Bankier, dem bis vier Uhr nachmittags kein Unglück widerfahren ist, ausruft: Wieder ein Tag geschafft.«

Die Geschäfte gehen schlecht, weil der englische Schleichhandel um sich greift und es unmöglich ist, französische Waren zu exportieren. Europa ist voller Produkte, die aus England und seinen Kolonien stammen. Die undichte Stelle der Blockade befindet sich im Norden.

Er bestellt Champagny zu sich. Was wollen die Russen? Was sagt unser Botschafter? Napoleon verzieht verächtlich sein Gesicht. Caulaincourt sei ja wohl zu Alexanders Höfling geworden. Er sei eher russisch als französisch.

»Ich weiß ...« – er zeigt die Berichte der Spione, die Davout, der Oberbefehlshaber in Deutschland, ihm schickt –, »daß die 1200 Schiffe, von den Engländern mit zwanzig Kriegsschiffen eskortiert und mit schwedischer, portugiesischer, spanischer oder amerikanischer Flagge getarnt, einen Teil ihrer Ware in Rußland ausgeladen haben.«

Er schlägt mit der Faust auf den Tisch. »Krieg und Frieden liegen in Rußlands Händen. Vielleicht ist es sich dessen gar nicht bewußt. Es ist durchaus möglich, daß es ungewollt in einen Krieg hineintreibt«, fährt er fort. »Nationen neigen bisweilen zu solchen Torheiten.«

Alexander I. stellt neue Regimenter auf. Er hat an der Grenze des Herzogtums Warschau 300000 Mann zusammengezogen. Er denkt angeblich sogar daran, das Kommando einer seiner Armeen General Moreau zu überlassen!

Moreau, den er lediglich ins Exil geschickt hatte! Moreau, der sich bereits vor zehn Jahren, von Neid zerfressen, in die Vereinigten Staaten geflüchtet hatte. Und wie kann er Bernadotte trauen, der die russischen Gesandten empfängt, der für seine Zukunft als schwedischer Kronprinz vorsorgt?

Er empfängt einen der französischen Adjutanten Bernadottes, den Major der Kavallerie Genty de Saint-Alphonse, einen seinem Marschall ergebenen Offizier, den man nicht vor den Kopf stoßen sollte.

»Glauben Sie, ich wüßte nicht«, beginnt Napoleon, »daß Marschall Bernadotte jedem, der es hören will, sagt: ›Gott sei Dank bin ich nicht mehr unter seiner Fuchtel‹, und tausenderlei Unverschämtheiten, die ich hier nicht wiederholen möchte?«

Bernadotte beansprucht zum Dank für seine Treue Norwegen, das zu Dänemark gehört. Und wenn er es ihm zugestehen würde, worauf könnte er sich dann verlassen?

Die Geizigen und Eifersüchtigen neigen zu Verrat. Bourrienne, sein ehemaliger Mitschüler in Brienne, sieben Jahre lang sein Sekretär, der bestechliche Bourrienne, den er nach Hamburg abgeschoben hat, hortet Millionen – sechs, sieben, acht? –, indem er Einfuhrgenehmigungen für englische Waren verkauft. Was kümmert ihn das Wohl des Reiches?

Er denkt nach, ganz allein. Er kann niemanden um Rat fragen. Wer weiß besser als er, was für das Reich gut ist? Was für die Zukunft der Dynastie erforderlich ist? Frieden? Man hat soeben festgestellt, daß Graf Tschernyschow, der Gesandte von Alexander I. in Paris, ein selbstzufriedener, heuchlerischer, aber verführerischer Mensch, der in den Salons verkehrt, Spionage treibt. Savarys Polizisten haben in der Asche seines Kamins halbverbrannte Papiere aus dem Stab von Marschall Berthier entdeckt, wo Tschernyschow einen Spion bezahlt, der ihn über den Zustand der französischen Truppen in Deutschland unterrichtet. Und dient es dem Frieden, wenn Alexander I. französische Waren bei der Einfuhr nach Rußland mit hohen Zöllen belegt?

Napoleon diktiert einen Senatsbeschluß, der die norddeutschen und baltischen Hansestädte sowie das Herzogtum Oldenburg, das Alexanders Schwager gehört, dem französischen Reich einverleibt.

Der Papst und einige kirchliche Würdenträger schmieden ein Komplott, darunter jener Abbé Astros, der die gegen Erzbischof

Maury gerichteten Botschaften von Pius VII., in seinem Hut versteckt, überbracht hat! Man soll Astros im Schloß von Vincennes einsperren! Soll den Papst überwachen, der nicht nur »das denkbar schändlichste, sondern auch das heuchlerischste Verhalten an den Tag legt«. Soll die Truppen verstärken, die ihn in Savona bewachen.

Napoleon steht am Fenster seines Arbeitszimmers. Er wendet Cambacérès und Savary den Rücken zu. Letzterer hat ihm die Rede überbracht, die Chateaubriand bei seiner Aufnahme in die Académie Française zu halten gedenkt. Diese Rede wird alte Wunden wieder aufreißen.

»Ich habe mich mit allen möglichen Gruppierungen umgeben«, beginnt Napoleon, »in meinem Umfeld sind sogar Emigranten und Soldaten aus Condés Armee ...«

Er geht zu Cambacérès und zeigt ihm den Text der Rede Chateaubriands. »Ich würde dem Autor sagen, wenn er vor mir stünde: Sie gehören nicht in dieses Land, Monsieur. Ihre Neigungen und Wünsche gehen in eine andere Richtung. Sie verstehen weder meine Absichten noch meine Handlungen.«

Er hebt die Arme und kehrt zum Fenster zurück. »Nun, wenn Sie sich in Frankreich so schlecht fühlen, verlassen Sie Frankreich, verlassen Sie es doch, Monsieur, denn wir werden uns nicht verstehen, und ich habe hier zu bestimmen. Sie schätzen mein Werk nicht und würden ihm schaden, wenn ich Ihnen freie Hand ließe. Gehen Sie, Monsieur, gehen Sie über die Grenze, und lassen Sie Frankreich in Ruhe und unter einer Macht geeinigt, die es so sehr nötig hat.«

Diese Macht liegt in seinen Händen. Er bleibt vor der Landkarte stehen, die er hat aufhängen lassen und die die neuen Grenzen des Reiches wiedergibt: hundertdreißig Departements, von Hamburg bis zur Adria, von Amsterdam bis nach Rom. Er regiert über diese vierundvierzig Millionen Menschen.

All das wird sein Sohn erben und vielleicht noch mehr, denn er wird König von Rom sein und eines Tages die Halbinsel regieren können, wenn das Königreich Italien an ihn zurückfällt, und vielleicht wird er eines Tages auch das Königreich Neapel annektieren können.

Und wer weiß, vielleicht wird er ja sein Reich noch weiter ausdehnen, über die Rheinbund-Staaten, und das Herzogtum Warschau zum Verbündeten haben, das vielleicht eines Tages ein anderer Sohn von ihm regieren wird. Er denkt oft an Alexander Walewski.

Er schleicht mit Duroc in das Haus in der Rue de la Victoire. Er wollte, daß Maria Walewska dem Hofe und sogar Marie-Louise vorgestellt wird. Und ihm gefiel die Vorstellung, daß seine verschiedenen Leben, wenn auch nur für ihn und für einige wenige Eingeweihte, auf diese Weise miteinander verquickt würden. Aber Marie-Louise soll von alldem nichts wissen. Warum sie schockieren, wo sie doch sein Kind in sich trägt? Sie will ihn immer um sich haben. Ihm ist das nur recht.

Das Wetter in diesen ersten Monaten des Jahres 1811 ist kühl und regnerisch. Er verläßt die Tuilerien kaum noch. Er liebt es, ihren Launen nachzugeben, sie mit Geschenken, mit Schmuckstücken zu überraschen. Er spürt, daß sie sich vor der Niederkunft fürchtet. Er beruhigt sie, nimmt sie ungeachtet der Etikette oft in seine Arme.

Abends sieht er sie bei den Theatervorstellungen, die in den kleinen Gemächern stattfinden, erschöpft einnicken. Er ist gerührt. Er beobachtet zum ersten Mal eine Frau, die von ihm schwanger ist.

Am Dienstag, dem 19. März, wartet er gegen 20 Uhr mit dem versammelten Hofstaat im Theatersaal der Tuilerien. Ihm ist heiß. Er tritt zum Großherzog von Würzburg und zu Fürst Eugène, die soeben in Paris eingetroffen sind, um Zeugen bei der Geburt zu sein.

Er wird ungeduldig, aber plötzlich erscheint die Herzogin von Montebello, die Witwe von Marschall Lannes und Marie-Louises Hofdame. Er mag sie nicht. Er hat sie im Gedenken an Lannes berufen und muß tagtäglich feststellen, daß sie in Marie-Louises Umgebung Unfrieden stiftet, daß sie eine gierige, eifersüchtige, feindselige Frau ist. Aber Marie-Louise ist in sie vernarrt. Er hört Madame de Montebello feierlich verkünden, Marie-Louise verspüre die ersten Wehen.

Er fordert die anwesenden Männer auf, ihre Uniformen anzulegen. Diese Geburt soll sich nach der von ihm vorgegebenen Etikette abspielen. Binnen kurzem drängen sich in den Salons mehr als zweihundert Personen.

Er betritt den Raum, in dem die sechs Ärzte das Regiment übernommen haben. Nie zuvor hat er eine solche Zärtlichkeit für eine Frau empfunden, die an dem Leben, das sie in sich trägt, leidet. Er nimmt ihren Arm, stützt sie, geht mit kleinen Schritten neben ihr her. Er fühlt, wie sie sich beruhigt. Er hilft ihr, sich hinzulegen, einzuschlafen.

Er durchschreitet die Salons, wo die Würdenträger schlummern, und läßt das Nachtessen auftragen. Ihm ist heiß. Er nimmt ein Bad. Er möchte handeln. Die ihm auferlegte Machtlosigkeit irritiert ihn. Er diktiert die ganze Nacht lang.

Um acht Uhr morgens, als es bereits hell ist, stürzt Doktor Dubois außer sich und bleich herein.

Napoleon erstarrt. »Und, ist sie tot?« stößt er hervor. »Wenn sie tot ist, soll man sie begraben.«

Er empfindet nichts. Er ist aus Stein, ist an Unvorhergesehenes und den Tod gewöhnt.

Dubois stammelt. Es sehe nicht gut aus. Man habe nach Corvisart geschickt. Ob der Kaiser sich zur Kaiserin begeben könne?

»Warum soll ich mich hinbegeben? Besteht Gefahr?«

Er starrt Dubois an, der offenbar jegliche Beherrschung verloren hat. Dubois murmelt, man müsse die Geburtszange einsetzen, er habe bereits Frauen in ähnlich komplizierter Situation entbunden.

»Und, wie sind Sie verfahren? Ich war schließlich nicht dabei. Gehen Sie genauso vor wie in den anderen Fällen. Nehmen Sie Ihren ganzen Mut zusammen.«

Er klopft Dubois auf die Schulter und schiebt ihn aus seinem Arbeitszimmer. »Stellen Sie sich einfach vor, daß Sie nicht die Kaiserin, sondern eine Bürgerin aus der Rue Saint-Denis entbinden.«

Bevor er das Zimmer der Kaiserin betritt, hält Dubois inne. »Da Eure Majestät es gestatten, werde ich so verfahren«, sagt er. Der Arzt zögert, sagt dann leise, man müsse sich vielleicht für einen von beiden entscheiden.

»Die Mutter, sie hat ein Recht darauf«, antwortet Napoleon.

Also wird er vielleicht den so erhofften Sohn nicht haben. Er greift nach Marie-Louises Hand. Sie schreit und krümmt sich. Er sieht die Doktoren Corvisart, Yvan, Bourdier näher treten. Sie schreit, während Dubois die Zange vorbereitet. Er will nicht ein untätiger Zuschauer bleiben.

Er spürt, wie ihm der Schweiß von der Stirn und in den Nacken rinnt. Er ballt die Fäuste. Er hat einen bitteren Geschmack im Mund. Er würde am liebsten heulen vor Wut.

Er zieht sich ins Ankleidezimmer zurück. Er hört Marie-Louises Schreie. Die Tür öffnet sich. Er sieht Doktor Yvan fragend an. Der Arzt murmelt, die Kaiserin habe entbunden.

Er sieht den Körper des Kindes reglos auf der Decke liegen. Tot.

Er ergreift Marie-Louises Hand, küßt sie. Er sieht nicht mehr hin. So ist es eben. Er wird keinen Sohn haben.

Er verharrt still und liebkost Marie-Louises Gesicht. Seine Augen sind starr. Plötzlich dieses Wimmern. Er richtet sich auf.

Das Kind liegt, in warme Tücher gehüllt, auf Madame de Montesquious Schoß, die es noch immer reibt und ihm ein paar Tropfen Branntwein einflößt. Das Kind schreit erneut.

Napoleon nimmt es, hebt es hoch. Es ist, als gehe an einem siegreichen Morgen die Sonne auf. Er hat einen Sohn. Es ist neun Uhr morgens an diesem Mittwoch, dem 20. März 1811.

Er hört die Kanonenschüsse und dann die Jubelrufe, die vom Carrousel-Platz heraufdringen. Er bringt kein Wort heraus. Er unterzeichnet die Geburtsurkunde von Napoleon François Joseph Charles und tritt ans Fenster. Er sieht das sich formierende Defilee, die winkenden Hände.

Er verbirgt sein Gesicht hinter dem Vorhang. Er weint.

Neunter Teil

»Und so wird es zum Krieg kommen, gegen meinen und gegen seinen Willen.«

21. März 1811 – 21. Juni 1812

37

Er beugt sich über die Wiege. Er kann sich nicht satt sehen an dem Kind. Er berührt es, spricht mit ihm, streichelt es, nimmt es einige Augenblicke auf seinen Arm, bevor Madame de Montesquiou wieder mit ihm fortgeht.

Er hat einen Sohn.

Stolz präsentiert er ihn den Senatoren und den Staatsräten, die nacheinander das Kinderzimmer betreten.

»Ich habe innig das gewünscht, was die Vorsehung mir nun geschenkt hat«, sagt er. »Mein Sohn wird für das Glück und den Ruhm Frankreichs leben. Er wird ein großes Schicksal haben. Mit der Liebe der Franzosen wird ihm alles leicht werden.«

Mein Sohn: Er führt nur noch diese Wörter im Mund. Er hat das Gefühl, daß sich seine Brust weitet, wenn er sie ausspricht. Und doch wundert er sich nach einigen Wochen, daß seine Freude jeden Tag etwas schwächer wird. Er spürt eine Art Müdigkeit herabsinken. Seine Beine sind geschwollen. Er findet keinen Schlaf mehr. Er schläft wieder allein, und er ißt genauso hastig wie früher.

Er sieht Marie-Louise jeden Tag, aber sie bleibt noch im Bett, von der Niederkunft erschöpft, sieht ihren Sohn nur wenige Minuten am Tag, kümmert sich kaum um ihn, überläßt ihn ganz Madame de Montesquiou. Gewohnheit einer Erzherzogin, die seit ihrer Geburt von ihrer Mutter entfernt wurde.

Wenn er von ihr kommt und in seine Gemächer zurückkehrt, geht er langsam durch die Gänge des Schlosses von Saint-Cloud und nimmt dann bei sich ein ausführliches Bad. Er ist schlecht gelaunt. Alles hat sich verändert in seinem Schicksal: Er hat den erhofften Erben, und doch ist nichts anders geworden.

Wenn er das Bad verlassen und Rustan ihn abgetrocknet hat, setzt er sich auf ein Kanapee und bleibt dort lange nachdenklich sitzen. Trotz der Geburt des Königs von Rom spürt er in seiner Umgebung Unruhe und Lustlosigkeit. Man gehorcht ihm, aber nur zögerlich.

Er empört sich über Kriegsminister Clarke, weil die Einheiten, die aus Frankreich, Italien und Westfalen nach Norddeutschland strömen sollten, um der russischen Bedrohung entgegenzutreten, so viel Zeit verloren haben. Denn Alexander schiebt seine Armeen gegen das Herzogtum Warschau vor.

»Ein Befehl muß immer ausgeführt werden«, sagt er zu Clarke. »Wird er es nicht, so liegt ein Verbrechen vor, und der Schuldige muß bestraft werden.«

Ihn ärgern diese Versäumnisse. Er kann nicht schlafen. In den ersten Apriltagen 1811 diktiert er ganze Nächte lang Befehle, denn er will die Zügel wieder straffer anziehen. Er kann nicht zulassen, daß ihm das Kaiserreich entgleitet, wo doch die Geburt seines Sohnes gerade seine Zukunft gesichert hat.

Er muß wieder kämpfen? Er wird es tun. Auch gegen die Marschälle, die unfähig sind, mit den Spaniern fertigzuwerden. Ney weigert sich, Masséna zu gehorchen, Junot ist gezwungen, Portugal zu räumen, Masséna weicht zurück, und Wellington rückt vor. Ist das möglich? Er setzt Masséna ab. Alle Informationen bestätigen, daß russische Truppen an der Grenze zum Herzogtum Warschau zusammengezogen werden.

Am Montag, dem 15. April, während man noch das Osterfest feiert, staucht er seine Minister zusammen. Von Zeit zu Zeit verläßt er den Kabinettssaal, um die Delegationen zu empfangen, die ihm Glückwünsche zur Geburt des Königs von Rom überbringen. Er hört ihre Wünsche und Reden an. Er begleitet die Kaiserin, die ihren ersten Spaziergang auf der Terrasse der Tuilerien macht und von der Menge umjubelt wird. Aber wozu wären diese Akklamationen und dieser Sohn gut, wenn das Reich zusammenbrechen würde. Also heißt es kämpfen.

Er kehrt in sein Arbeitszimmer zurück. Er verbringt dort mehrere Nächte. Er ist überzeugt, daß die russischen Truppen jeden

Tag angreifen können. Er empfängt Champagny. Der Minister wirkt hilflos. Er ist der Lage nicht gewachsen. Er ist gefügig, hat aber dieses Kriegsrisiko nicht kommen sehen.

»Zar Alexander hat sich schon weit vom Geist von Tilsit entfernt«, beginnt Napoleon. »In Rußland reden alle vom Krieg. Wenn Alexander I. diesem Drängen nicht bald entgegentritt, wird er im nächsten Jahr wider Willen mitgerissen werden. Und so wird es zum Krieg kommen, gegen meinen und gegen seinen Willen, gegen die Interessen von Frankreich und die von Rußland.«

Er geht ein paar Schritte. »Ich habe das schon so oft erlebt, daß mir meine Erfahrung sagt, was uns bevorsteht.« Seine Stimme wird lauter, sein ganzer Körper drückt Zorn aus. »Es geht zu wie auf einer Opernbühne. Und England zieht die Strippen.«

Champagny hat diesen Mechanismus nicht verstanden. Man muß ihn abberufen.

»Herr Herzog von Cadore«, sagt er und nähert sich Champagny, »ich war mit Ihren Diensten in verschiedenen Ministerien immer zufrieden; aber die auswärtigen Angelegenheiten befinden sich in einer Situation, in der ich es für nötig halte, Sie anderswo zu verwenden.«

Champagny senkt den Kopf. Maret, Herzog von Bassano, der jeden Tag mit Napoleon arbeitet, wird ihn ersetzen.

Er ist sehr angespannt. Er trifft Marie-Louise in den Gärten des Trianon oder in den Schloßparks von Rambouillet oder Compiègne. Sie rührt ihn, aber seit der Geburt des Königs von Rom ist es, als wäre die Zwischenzeit des unbeschwerten Glücks zu Ende gegangen. Er beugt sich wieder der fordernden Disziplin seiner Arbeit.

Manchmal hält er dabei mitten in der Nacht inne, und ihm wird bewußt, daß er noch nie so viele Stunden für die Verwaltung des Kaiserreichs aufgebracht hat. Und allmählich spürt er, daß die vorübergehend langsamer gewordene Maschine wieder ihren alten Rhythmus erreicht. Er spürt eine Art Exaltiertheit. Die Risiken sind noch größer als bei den vorigen Malen. Er hat einen Sohn. Er hat alle Karten Europas in der Hand, mit drei Ausnahmen: Spanien, das eine offene Wunde bleibt; England, das von einer Wirtschaftskrise heimgesucht wird; und Rußland, das er unterwerfen muß.

Muß er also Krieg führen? »Ich will keinen Krieg«, sagt er zu Maret, »ich darf aber wenigstens fordern, daß Rußland ein zuverlässiger Verbündeter bleibt.«

Er geht seine Armeeregister durch. Er braucht neue Regimenter. Man muß Rekruten ausheben, Kavallerie und Artillerie verbessern. Die Truppen durch Deutschland führen, ohne Verdacht zu erregen.

»Ich habe lieber Feinde als zweifelhafte Freunde«, sagt er. »Das wäre wirklich vorteilhafter.«

Nach mancher durchgearbeiteten Nacht hat er das Gefühl, daß sein Körper zerspringt. Dann braucht er Bewegung. Er jagt in den Wäldern von Saint-Cloud oder Saint-Germain. Er stürzt sich in atemloses Galoppieren, immer an der Spitze der kleinen Truppe aus Generälen oder Adjutanten, die ihn begleiten. Bei dieser Anstrengung vergißt er die drängenden Probleme.

Joseph beschwert sich, gibt sich als krank aus, will Madrid verlassen. Murat handelt in Neapel nach eigenem Gusto und nicht wie ein Souverän, der ihm seinen Thron verdankt und nur seine Befehle auszuführen hat.

Er kehrt heim. Er sieht Marie-Louise im Park sitzen. Sie wirkt müde. Er hat mit Corvisart gesprochen, der dringend von einer zweiten Schwangerschaft abgeraten hat. Ist es möglich, daß eine junge und kräftige Frau von der Geburt so mitgenommen ist? Er setzt sich neben sie und umarmt sie. Madame de Montesquiou nähert sich mit dem »kleinen König«. Er nimmt ihn auf den Arm, spielt einige Augenblicke mit ihm, gibt ihn dann der Gouvernante zurück.

Mit leiser Stimme spricht er zu Marie-Louise. Die Kaiserin müsse verstehen, daß auch sie einige Pflichten habe, daß sie ihn zum Beispiel auf der Reise begleiten muß – und da sie muß, kann sie es auch –, die er in den französischen Westen unternehmen muß, um den Hafen von Cherbourg zu inspizieren und die Flotte, deren Bau er angeordnet hat und die eines Tages in der Lage sein soll, der englischen entgegenzutreten.

Am ersten Tag der Reise fahren sie fast 19 Stunden lang. Die nächsten Etappen dauern je 12 Stunden. Man kommt durch Houdan, Falaise und Caen. Man hält sich in Cherbourg auf. Er will die Schiffe besichtigen. An Bord einer Fregatte läßt er, während Marie-Louise sich gerade ausruht, die Kanonen aus vollen Rohren schießen. Lachend trägt er sie zu einer Luke.

»Soll ich dich ins Meer werfen?« fragt er sie, während die Offiziere erstaunt zuschauen. Sie ist nur eine junge Frau, seine Gattin, die ihrem Mann folgen und den Rhythmus halten muß, den er ihr auferlegt.

Er steht am Meer und betrachtet den Hafen, den er vertiefen ließ, damit sein Geschwader dort Schutz finden kann nach Auseinandersetzungen mit englischen Schiffen. Denn Cherbourg wird die äußerste Spitze des Kontinents gegen den ewigen Feind England sein.

Er begibt sich auf das Schloß von Querqueville und inspiziert es, währen die erschöpfte Marie-Louise ihm nur langsam folgen kann. Hier wird er eines der Hauptquartiere einrichten. Dann bricht er wieder nach Saint-Cloud auf, wo er am Dienstag, dem 4. Juni, um 13 Uhr eintrifft.

Er sieht Marie-Louise sich in ihre Gemächer begeben. Er muß nun eine Kabinettssitzung leiten, und morgen wird er Caulaincourt empfangen, der aus Sankt Petersburg eingetroffen ist. Einen Augenblick bleibt er in der Galerie stehen und folgt Marie-Louises Gestalt mit den Augen. Er fühlt sich voller Energie.

In Caen, wo sie sich von der Reise erholte, blieb ihm Zeit, zu Madame Pellapra zu gehen, einer ehemaligen Mätresse, die sich ihm wieder anbot und ihm von Émilie erzählte, dem Mädchen, dessen Vater er sei. Man soll dem Leben nichts abschlagen. Er ist Gatte und Vater. Liebhaber. Immer ein Eroberer. Kaiser.

An diesem Mittwoch, dem 5. Juni, läßt er um elf Uhr Caulaincourt eintreten, den Herzog von Vicenza. Er zweifelt an diesem Menschen. Alexander I. hat ihn zu sehr verwöhnt. Außerdem steht Caulaincourt Talleyrand nahe. Er ist ein ergebener Stallmeister, ein großer Pferdekenner, aber ein leicht zu beeinflussender Botschafter.

Er mustert ihn streng. Aber dieser Mann steht zu seinen Überzeugungen.

»Die Russen wollen den Krieg mit mir und mich dazu zwingen, Danzig zu evakuieren. Sie glauben, daß sie mich behandeln können wie ihren König von Polen.«

Napoleon stampft mit dem Fuß auf. »Ich bin nicht Ludwig XV., das französische Volk würde diese Demütigung nicht hinnehmen.«

Er hört, wie Caulaincourt Alexander verteidigt.

»Sie lieben Alexander also!«

»Nein, Sire, ich liebe den Frieden.«

»Sie reden immerzu vom Frieden!« ruft Napoleon aus. »Frieden ist nur etwas wert, wenn er von Dauer und ehrenhaft ist. Ich will keinen Krieg. Ich will nicht Polen wiederherstellen. Aber ich will, daß meine Allianz mir nützt, und das tut sie nicht mehr, seit man in Rußland die Neutralen empfängt.«

Napoleon entfernt sich. Caulaincourt gibt die Äußerungen von Alexander wieder. »Unser Klima und unser Winter werden für uns Krieg führen. Wunder geschehen bei Ihnen nur dort, wo der Kaiser ist, und er kann nicht überall sein, kann sich nicht für Jahre aus Paris entfernen.«

»Es ist die Hochzeit mit Österreich, die das Zerwürfnis bedingt hat.«

Caulaincourt schüttelt den Kopf. »Krieg und Frieden sind in Ihren Händen, Sire. Ich beschwöre Sie, Majestät, zu Ihrem eigenen und zu Frankreichs Besten, zwischen den Nachteilen des einen und den unbestreitbaren Vorzügen des anderen zu wählen.«

»Sie sprechen wie ein Russe, mein lieber Herzog von Vicenza.«

Napoleon wendet Caulaincourt den Rücken zu.

Was kann die Entwicklung noch aufhalten? Das fragt sich Napoleon, als er einige Tage später, am Sonntag, dem 9. Juni, die Artilleriesalven hört, die den Aufbruch des kaiserlichen Zuges nach Notre-Dame untermalen.

Er denkt an die Kanonen, die zur gleichen Zeit über die deutschen Straßen rollen, um die Truppen zu verstärken. Er setzt sich neben Marie-Louise in die Kutsche, die auch bei der Krönung gedient hat. Als der Wagen abfährt, sieht er die Kutsche, in der Madame de Montesquiou sitzt, mit dem König von Rom auf ihren Knien. Er sieht die kompakte, schweigende Menge, die sich hinter dem Spalier der Garde drängt. Er ist voller Sorge. Niemand applaudiert, als ob die vielen Menschen vom Glanz des Zuges erdrückt würden, der sich zur Taufzeremonie für den König von Rom begibt. Denkt das Volk etwa auch schon an den kommenden Krieg?

Langsam schreitet Napoleon durch das Kirchenschiff, in dem sich die Würdenträger versammelt haben. Als sein Sohn an ihm vorbeigetragen wird, hält er Madame de Montesquiou zurück, nimmt das Kind, küßt es dreimal und hält es hoch über seinen Kopf.

Nun erklingen die Akklamationen: »Es lebe der Kaiser! Es lebe der König von Rom!« Für einige Augenblicke ist er fröhlich.

Aber in der Kutsche, die ihn nach der Taufe in Notre-Dame zum Rathaus bringt, befällt ihn wieder seine Unruhe. Die Pferde des Gespanns wiehern aufgeregt, scharren mit den Hufen, sind kaum zu bändigen. Plötzlich ein Stoß. Die Zügel sind gerissen. Stallmeister eilen herbei, um sie zu reparieren. Er steigt aus der Karosse. Man wird warten müssen. Ihm mißfällt dieser Zwischenfall, dieses Omen.

38

Die drückende Hitze an diesem Sonntag, dem 23. Juni 1811, macht ihn nervös. Er sitzt unter einem Baldachin in den Gärten von Schloß Saint-Cloud. Er betrachtet Marie-Louise. Von der Stirn der Kaiserin perlen Schweißtropfen. Ihre Locken kleben an den Schläfen. Sie atmet laut wie jemand, der gleich einschläft. Er mustert sie. Sie hat sich von den Strapazen der Geburt nicht erholt. Sie hat Haare verloren, und ihr Körper ist schlaffer geworden. Die Reise nach Cherbourg hat sie erschöpft. Und seit der Rückkehr nach Saint-Cloud folgt ein Fest auf das andere.

Er hört die Schreie der Menge, die im Park versammelt ist, der beleuchtet wird, während die Nacht hereinbricht, die aber keine

Abkühlung bringt. Er wollte, daß man für das massenhaft erschienene Volk Buffets einrichtet. An mehreren Stellen wird Wein ausgeschenkt. Etwas weiter weg, im Bois de Boulogne, halten die Grenadiere der kaiserlichen Garde ihr Bankett. Und nun beginnt für alle das Feuerwerk.

Er nimmt Marie-Louises Hand. Sie ist feucht. Am niedrigen Himmel hört man die ersten Explosionen, farbige Garben erleuchten die Wolken. Plötzlich geht ein Schauer nieder, und kalter Wind weht.

Er rührt sich nicht. Er sieht, wie die Würdenträger, die den Garten nicht zu verlassen wagen, völlig durchnäßt werden. Die Kleider kleben an den Körpern, die bunten Roben verlieren ihre Farbe. »Das bedeutet neue Bestellungen für die Manufakturen«, sagt er zum Bürgermeister von Lyon, der dicht bei ihm unter dem Baldachin sitzt.

Aber das Feuerwerk wird unterbrochen. Immer noch fällt heftiger Regen und vertreibt die Menge aus dem Park. Werden seine größten Feste nun immer unter Gewittern enden?

Er kehrt in sein Arbeitskabinett zurück. Er kniet nieder. Auf dem Teppich hat er am Morgen kleine Holzstücke aus Acajou verteilt, die je nach Länge und Farbe Divisionen, Regimenter und Bataillone darstellen. Er verschiebt sie, denkt sich neue Schlachtordnungen aus.

Gestern nachmittag ist die Gouvernante mit dem »kleinen König« gekommen. Das Kind hat mit den Holzstücken gespielt, und er hat es gewähren lassen. Als er nun allein ist, erlebt er das Lachen und die Schreie des Kindes noch einmal in Gedanken. Als er dem Kind eines der Holzstücke wegnehmen wollte, hat es geschmollt und wollte anschließend nicht das Stück, das er ihm gab. »Es hat einen starken Willen, ist stolz und empfindsam, genau wie ich es wünsche«, hat er zu Madame de Montesquiou gesagt.

Schlafen kann er nicht. Gewitter liegt in der Luft. Es wird ausbrechen, genau wie beim Fest.

Er muß alle Rädchen des Reiches kontrollieren. Schon morgen will er den Minister für geistliche Angelegenheiten sehen, Bigot de Préameneu. Dieses Mitglied von Staatsrat und Académie Française ist ein geschickter Jurist und ein treuer Diener, den er zum Grafen des Kaiserreichs ernannt hat. Ihn hat er damit beauftragt, die Bischöfe des Reiches zu einem nationalen Konzil zu versammeln, um sie an ihre Gehorsamspflicht zu gemahnen und von der weltlichen Autorität des Papstes zu lösen. Denn Pius VII. intrigiert weiter gegen ihn. Er versucht alles, damit sich Volk und Armee von ihm abwenden. Und nun leisten die Bischöfe Widerstand. Er beauftragt Bigot de Préameneu, dem Papst klarzumachen, daß der Kaiser, wenn er sich ihm weiter widersetzt, das Konkordat mit der Kirche aufkündigen wird.

Am Freitag, dem 15. August, betritt er mittags den Thronsaal der Tuilerien. Kanonen ertönen. Langsam schreitet er mitten durch den Hofstaat, dann gibt er dem Oberkammerherrn das Zeichen, die Mitglieder des diplomatischen Korps eintreten zu lassen. Er wartet, bis sich alle Botschafter im Kreis aufgestellt haben. Sogleich geht er auf Fürst Kurakin zu, den russischen Vertreter. Er steht zwischen dem österreichischen Botschafter Schwarzenberg und dem spanischen Botschafter.

Man muß den Feind zu überrumpeln wissen, ihn zwingen, sich zu demaskieren. Er ist ganz ruhig und beherrscht, er will aber die Waffe des Zorns einsetzen.

»Haben Sie Neuigkeiten für uns, Fürst?« fragt er.

Die Hitze ist drückend. Kurakin schwitzt unter seiner Paradeuniform, die mit Gold und Diamanten besetzt ist.

»Sie sind von den Türken besiegt worden«, fährt Napoleon fort. »Und zwar weil es Ihnen an Truppen fehlte. Und sie fehlten Ihnen, weil Sie fünf Divisionen der Donau-Armee nach Polen geschickt haben, um mich zu bedrohen.«

Kurakin scheint zu ersticken, sein Gesicht ist ganz rot.

»Ich bin nicht dumm genug, um zu glauben, daß es Ihnen nur um das Herzogtum Oldenburg geht. Ich beginne vielmehr zu denken, daß Sie sich Polens bemächtigen wollen.«

Kurakin stammelt einige unverständliche Worte, sein Gesicht rötet sich immer stärker.

»Selbst wenn Ihre Truppen auf dem Hügel Montmartre kampieren, werde ich nicht einen Fußbreit des Territoriums von Warschau abtreten, dessen Integrität ich garantiert habe. Wenn Sie mich zum Krieg zwingen, werde ich Polen als ein Mittel gegen Sie einsetzen.«

Er geht etwas beiseite und sagt dann mit besonderem Nachdruck: »Ich erkläre Ihnen, daß ich den Krieg nicht will. Und ich werde ihn auf keinen Fall in diesem Jahr führen, es sei denn, Sie erklären ihn. Es gefällt mir nicht, im Norden Krieg zu führen, aber wenn die Krise nicht bis November beigelegt ist, werde ich weitere 120000 Mann ausheben, und das in den nächsten zwei bis drei Jahren, und wenn ich sehe, daß dieses System ermüdender ist als der Krieg, dann werde ich Krieg führen, und Sie werden alle polnischen Provinzen verlieren.«

Er tritt näher an Kurakin heran und spricht plötzlich mit viel sanfterer Stimme. »Ich habe immer Erfolg im Krieg gehabt und hoffe ihn weiterhin zu haben, falls Sie mich dazu zwingen. Sie wissen, daß ich über Soldaten und Geld verfüge. Ich kann gleichzeitig den Krieg in Spanien und gegen Sie führen. Ich weiß nicht, wann wir uns schlagen werden, aber wir werden uns schlagen.«

Er hört die Freundschafts- und Bündnisbekundungen von Kurakin. Der Fürst ist in die Falle gegangen. Napoleon unterbricht ihn.

»Natürlich bin ich zu einem Arrangement bereit. Verfügen Sie über die nötigen Vollmachten für Verhandlungen? Wenn ja, erlaube ich sofortige Gespräche.«

»Es ist sehr heiß bei Eurer Majestät«, sagt Kurakin und wischt sich die Stirn ab. Er kann nicht antworten. Er hat keine Vollmacht für Verhandlungen.

Napoleon verläßt den Thronsaal. Dieser 15. August 1811 ist sein 42. Geburtstag. Er muß nun der Messe beiwohnen.

Um 22 Uhr kehrt er nach Saint-Cloud zurück. Er nimmt ein Bad, versucht zu schlafen, aber sein Geist arbeitet weiter, die Fakten fügen sich in seinem Kopf zusammen, Pläne zeichnen sich ab. Morgen früh will er Maret sehen. Der Außenminister soll ihm die gesamte Korrespondenz mit Rußland seit der Begegnung mit Alexander in Tilsit bringen. Er will sie studieren. Es ist schon zu spät für einen Ausbruch der Feindseligkeiten noch in diesem Jahr. Sie könnten aber im Juni 1812 beginnen. Er will auch alle auf französisch verfügbaren Bücher über den Feldzug des schwedischen Königs Karl XII. gegen Rußland und Polen. Krieg kann man nicht improvisieren.

Allmählich zeichnet sich die Zukunft ab, und ganz langsam fühlt sich Napoleon von allen Fesseln befreit. Er empfängt Lacuée de Cessac, den Minister für die Kriegsverwaltung. Er vertraut diesem klugen Mann von etwa 60 Jahren, der Abgeordneter der Legislative war und nun Staatsrat und Leiter der École Polytechnique ist.

»Ich brauche Sie für eine Angelegenheit, über die ich mit niemandem gesprochen habe, zu keinem meiner Minister, und mit der sie auch nichts zu tun haben«, beginnt Napoleon. »Ich will eine große Expedition unternehmen. Ich brauche erhebliche Transportmittel. Ich werde zweifellos genügend Soldaten haben, aber das Problem liegt in der Vorbereitung der Transporte.«

Er schaut Lacuée de Cessac lange an. »Ich brauche wirklich gewaltige Mittel, denn mein Ausgangspunkt wird die Memel sein, und ich muß über große Entfernungen und in verschiedenen Richtungen agieren. Dafür brauche ich Sie und Ihr Stillschweigen.«

Er hört, wie Lacuée von Finanzproblemen spricht und nach einigem Zögern auch davon, daß er nicht für einen Krieg gegen Rußland sei. Napoleon stoppt ihn. Er allein wisse, was für das Reich gut sei. Und was die Ausgaben angehe, fügt er lebhaft hinzu: »Kommen Sie bei der ersten Gelegenheit in die Tuilerien. Ich zeige Ihnen dann 400 Millionen in Gold. Kümmern Sie sich also nicht um die Kosten. Alles Nötige wird getan werden. Wir brauchen einen allgemeinen Frieden. Und dafür müssen wir einen letzten Schlag führen.«

Er senkt den Kopf, preßt die Lippen zusammen und sagt dann mit kräftiger Stimme: »Danach werden wir für Jahre Ruhe haben und Wohlstand für uns und unsere Kinder, nach so vielen Jahren der Anstrengung, der Restriktion, aber auch des Ruhms.«

Auf der Schwelle zu seinem Arbeitszimmer sagt er noch: »Wenn wir den Krieg hinter uns haben, und möge Gott geben, daß das bald ist, dann müssen wir tüchtig Hand anlegen, denn bis jetzt haben wir nur Provisorien geschaffen.«

Nun kann er aufbrechen, über die staubigen Straßen des Nordens fahren, Boulogne und Dünkirchen wiedersehen, die Festungsanlagen besichtigen, an Bord des Schiffes *Charlemagne* gehen und dort mehrere Tage verbringen. Er ist allein. Zum ersten Mal reist er ohne Marie-Louise. Sie hat geweint. Sie hat sich an seinen Hals gehängt wie ein kleines Mädchen. Er hat gehört, wie sie zur Herzogin Montebello sagte: »Er verläßt mich.« Sie soll nach Antwerpen nachkommen, von wo aus sie gemeinsam nach Amsterdam reisen. Er will, daß die Holländer, die nun Bürger des Kaiserreichs sind, ihre Herrscher sehen.

Er besichtigt Festungen und jedes einzelne Schiff seiner Flotte. Er will alles sehen. Während er im Osten gegen Alexander vorgeht, dürfen die Engländer nicht, wie sie es schon einmal versucht haben, hier ein Landeunternehmen versuchen. Er tut seine Pflicht als Kaiser und schreibt jeden Abend an Marie-Louise, das ist seine Pflicht als »treuer Gatte«.

In Antwerpen trifft er Marie-Louise wieder, sie ist von der Reise erschöpft. Aber in der Nacht liebt er ihre hingebungsvolle Müdigkeit.

Am Morgen sieht er der Schlafenden einige Minuten zu, dann bricht er auf zur Besichtigung von Werften oder wohnt Truppenparaden in Amsterdam oder Utrecht bei. Im Theater oder bei den täglichen Empfängen schläft sie ein. Ihre Fröhlichkeit und Freude zeigt sie nur, wenn sie beide spazierenfahren und die Eskorte auf Distanz bleibt.

Aber die Zeit der Muße ist vorbei. Er muß seine Arbeit tun. Und die Feierlichkeiten gehören zu seinen Pflichten. Sie muß sie an seiner Seite erledigen, genau wie er. Sie muß den Akklamationen der Menge antworten, die sie in Amsterdam erwartet.

Und dann geht es wieder über die Straßen, denn die Depeschen aus Paris sind angekommen, und man muß ohne Halt durchfahren. Am Montag, dem 11. November, kommen sie um 18 Uhr in Saint-Cloud an. Napoleon geht achtlos an den Würdenträgern, Ministern und anderen Offiziellen vorbei, die unten an der großen Treppe warten. Er beeilt sich. Im großen Gang hat er die

Gouvernante mit seinem Sohn auf dem Arm gesehen. Seit fast zwei Monaten hat er ihn nicht mehr geküßt.

Er nimmt ihn auf den Arm und drückt ihn an sich. Marie-Louise steigt langsam aus der Kutsche.

39

Er steht auf. Es ist mitten in der Nacht. Das Kaminfeuer erhellt das Zimmer. Napoleon weckt Rustan, geht in sein Arbeitszimmer, setzt sich an den Tisch und liest die Aufstellung, die ihm Marschall Berthier jeden Tag übergibt, in der die Entfernungen verzeichnet sind, die die Truppen bei ihrem Vormarsch an die Memel zurückgelegt haben.

Mit dem Finger folgt er den Kolonnen, in denen die verschiedenen Einheiten aufgeführt sind, Kavallerie, Artillerie, Troß. Müdigkeit steigt in ihm auf, doch er kann den Tisch nicht verlassen. Die Beine werden schwer. Der Unterleib schmerzt. Er spürt Stiche in der Magengegend. Aber wie kann er sich mit solchen Lappalien abgeben, solchen Beschwerden?

Er muß alles kontrollieren, alles vorhersehen. Eine Million Scheffel Hafer für die Pferde, vier Millionen Rationen Zwieback für 400 000 Mann. Man braucht Ausrüstungen für den Brückenschlag über die Memel und andere Flüsse.

Er geht zur Bibliothek. Er muß die Berichte über die Feldzüge der verschiedenen Armeen lesen, die nach Rußland einmarschiert sind. Und dann darüber nachdenken. Wie soll er da Schlaf finden?

Mit seiner Müdigkeit und seiner Unruhe bleibt er allein. Er muß den Hof, das Volk und die Botschafter täuschen und die Angst, die er bei sich und um sich herum verspürt, durch Bälle und Feste vertreiben.

An manchen Tagen bekommt er keine Luft mehr. Dann will er, daß man umgehend ein Pferd sattelt. Er galoppiert durch die Wälder von Saint-Germain und Raincy oder im Bois de Boulogne. Er kümmert sich nicht um das zu jagende Wild. Er benötigt diese Anstrengung.

Manchmal läßt er die Kaiserin am Morgen wecken, damit sie ihn begleitet oder ihm in einer Kalesche folgt. Er weiß, daß nur er diese unerschöpfliche Energie hat, das macht seinen Stolz aus, und doch will er auch, daß die Seinen es ihm gleichtun.

Er sieht seinem Sohn beim Spielen zu. Der Junge setzt sich auf ein großes Schaf aus Wolle, das auf Rädern steht, und bringt die Glocken am Hals des Tieres zum Klingeln. Mit Entzücken läßt Napoleon ihn die ersten Wörter wiederholen, »Papa«, »Mama«. Er zählt seine Zähne und studiert seine Gesichtszüge. Er schaut sich in einem Spiegel an und hält das Kind neben sich. Die Ähnlichkeit kommt ihm frappierend vor. Doch zugleich ist dieses Kind empfindsam und zart. War er in dem Alter nicht unternehmungslustiger und lebhafter?

Er wendet sich ab. Er hat so viele Enttäuschungen mit seinen Brüdern und Schwestern erlebt, und er möchte so sehr, daß sein Sohn seinen Erwartungen entspricht, daß er überwältigt ist, wenn er ihn sieht. Er muß dann weggehen, um nicht von Gefühlen übermannt zu werden.

An einem schönen Nachmittag im März 1812 geht er durch die Straßen von Paris. Er sieht die Menge auf den Boulevards, überquert die Austerlitz-Brücke und geht an den Kais des linken Ufers entlang. Die Luft ist leicht, die ersten Knospen sprießen. Aber in sich fühlt er keinen Frühling, als ob das Wintergrau besonders hartnäckig wäre.

Er hat erfahren, daß Joséphine ein Porträt des Königs von Rom bestellt und dieses Bild in ihrem Zimmer aufgestellt hat. Natürlich hat man einen viel zu hohen Preis dafür verlangt, und er muß nun die Schulden bezahlen. Und doch nimmt er es Joséphine nicht übel. Sie hat bei sich in Malmaison Maria Walewska und ihren Sohn Alexander empfangen. Seinen Sohn.

Am Montag, dem 27. April 1812, empfängt er Fürst Kurakin, der ihm eine Botschaft von Zar Alexander überbringt. Nachts liest er eine Abschrift davon. Alexander verlangt den Rückzug der französischen Truppen bis hinter die Elbe. Er besteht auf seiner Freiheit, Handel zu treiben, mit wem er wolle. Das ist ein Ultimatum.

Napoleon empfängt Kurakin im großen Salon von Schloß Saint-Cloud. Ob sich der Botschafter noch an seine Worte vom 15. August 1811 erinnere?

Napoleon tritt an ihn heran. »So also wollen Sie sich mit mir arrangieren?« Er spricht mit lauter, abgehackter Stimme. »Dieses Ersuchen ist eine Beleidigung. Das heißt, mir das Messer an die Kehle zu setzen. Meine Ehre erlaubt dergleichen nicht. Sie sind ein Ehrenmann, wie können Sie mir ein solches Ersuchen unterbreiten. Hat man in Sankt Petersburg den Kopf verloren?«

Kurakin zittert. Plötzlich ändert Napoleon den Ton. Der Bruch darf nicht von ihm ausgehen. Er braucht noch Zeit, um an die Spitze seiner Truppen zu gelangen.

Er lächelt Fürst Kurakin zu. Warum sollte man sich nicht darauf verständigen, das ganze Gebiet zwischen Memel und Passarge zu neutralisieren? Kurakin ist begeistert.

Das läßt mir ein paar Tage, denkt Napoleon. Er muß Paris diskret verlassen, um die Russen zu überraschen und zugleich die Tür für Verhandlungen offenzulassen. Bereit sein zum Krieg und bereit, den Frieden anzunehmen.

Er will am Samstag, dem 9. Mai 1812, in Begleitung der Kaiserin aus Saint-Cloud in Richtung Dresden abfahren. Ihre Anwesenheit sichert ihm die Treue der deutschen Fürsten und des Kaisers von Österreich.

Am 5. Mai 1812 begibt er sich mit Marie-Louise in die Oper. Die Zuschauer jubeln ihm zu. Wann wird er die Pariser wiedersehen?

Zum Präfekten Pasquier, der neben ihm steht, flüstert er: »Es ist die größte und schwierigste Unternehmung, die ich je versucht habe. Aber man muß das Begonnene zu Ende bringen.«

40

Er schweigt. Marie-Louise schlummert neben ihm in der Kutsche. Man hat schon Meaux und Château-Thierry durchquert. Gegen Abend soll man in Châlons ankommen. Am nächsten Morgen um vier soll es weitergehen. Er hört den Galopp der Eskorte. Beim Umspannen steigt er aus. Die ganze Straße wird von den Wagen des Zuges eingenommen. Er bricht zum Krieg auf, und noch nie hat das so sehr der Reise eines Souveräns geähnelt, der seine verbündeten Staaten besucht.

Er beobachtet Marie-Louise. Sie hat das entspannte Gesicht einer müden, aber glücklichen Frau, denn zum ersten Mal seit ihrer Hochzeit wird sie in Dresden ihre Familie wiedersehen. Kann sie sich vorstellen, daß auf ihn am Ende der Reise der Krieg wartet? Er denkt an Joséphine, die sich, als er sie vor einer Woche heimlich besuchte, an ihn gehängt und geweint hat, beunruhigt von düsteren Alpträumen, wie sie sagte. Er hat sie umarmt und beruhigt. Aber sie war bewegt, als er ging.

Er steigt wieder in die Kutsche. Er öffnet eines der Portefeuilles. Er beginnt mit der Lektüre der Ausgabe des *Moniteur* von diesem Samstag, dem 9. Mai 1812. Darin verkündet man, wie er verlangt hat, daß der Kaiser Paris verlassen hat, um die am Ufer der Weichsel versammelte Große Armee zu inspizieren.

Aber plötzlich erfaßt ihn große Wut. Die Zeitung veröffentlicht den ersten Teil einer Studie mit dem Titel *Untersuchungen über den Ort, an dem Varus und seine Legionen untergegangen sind*. Varus, jener römische General, der von dem Germanen Arminius geschlagen wurde, was Augustus zur Aufgabe von Germanien zwang. Böses Omen oder böse Absicht? Auf wen kann er wirklich zählen?

Beim Halt in Mainz geht er zu Caulaincourt und befragt ihn.

»Gewiß will Eure Majestät den Krieg mit Rußland nicht allein wegen Polen führen«, sagt der Oberstallmeister, »sondern um keine Konkurrenten mehr in Europa zu haben, nur noch Vasallen, aber doch auch, um Ihre größte Leidenschaft zu befriedigen.«

»Welche wäre das?«

»Der Krieg, Sire.«

Caulaincourt ist verwegen und dumm. Napoleon zupft ihn am Ohr und gibt ihm einen kleinen Klaps in den Nacken.

»Ich habe immer nur politische Kriege geführt, die im Interesse von Frankreich lagen«, sagt Napoleon. »Frankreich kann kein großer Staat bleiben, wenn England seine Ansprüche aufrechterhält und alle maritimen Rechte usurpiert.«

Er fährt auch nachts. Die Feuer, die man an den Böschungen entzündet hat, um die Straße zu beleuchten, lassen das Gesicht von Marie-Louise aus dem Schatten treten. Als der Wagen langsamer wird und nach Dresden hineinrollt, weckt er sie. Artilleriesalven übertönen das Läuten der Glocken. Kürassiere mit riesigen Helmen und in weißen Uniformen, die Fackeln tragen, bilden ein helles Spalier bis zum Schloß, vor dem ihn der König und die Königin von Sachsen erwarten. Er steigt aus. Er mag diesen majestätischen Empfang.

Beim Tedeum, das am Sonntag, dem 17. Mai 1812, in Anwesenheit der deutschen Fürsten und aller Botschafter stattfindet, findet er die Atmosphäre wieder, die er in Tilsit und Erfurt erlebt hatte, als die Könige und Fürsten seine Höflinge waren.

Aber er muß sie gewinnen. Mit Respekt empfängt er am Montag, dem 18. Mai, den österreichischen Kaiser Franz I. und die Königin Marie Ludovica. Er besucht den preußischen König Friedrich Wilhelm III. Trotz seines Wohlwollens wissen sie alle, daß er der Kaiser der Könige ist.

Napoleon präsidiert einem Diner. Er erzählt. Er lächelt. Er verführt. Er erzählt Erlebnisse aus der Revolutionszeit. Er spürt die große Aufmerksamkeit. Er genießt diese ungewöhnliche Situation. Er, der Leutnant der Revolutionsarmee, sitzt hier zwischen den Königen, als Gatte einer Habsburgerin. Er sagt, daß die damaligen Ereignisse eine andere Wendung genommen hätten, »wenn mein armer Onkel mehr Festigkeit gezeigt hätte«.

Er geht durch die Salons, redet mit allen und nimmt dann Kaiser Franz für ein Zwiegespräch beiseite. Dieser »schwächliche Franz« hat aber nichts zu sagen.

Tagsüber geht er im Dresdner Umland auf Wildschweinjagd. Abends ist er dann wieder allein mit Marie-Louise, die so glücklich ist, wie er sie noch nie gesehen hat. Sie ist unter den Ihren und sie ist bei ihm.

Er liest die Depeschen, die aus Paris kommen und jeden Tag Neuigkeiten von ihrem »kleinen König« bringen.

Am Dienstag, dem 26. Mai 1812, meldet ein Adjutant, daß Graf Narbonne aus Rußland eingetroffen ist. Er hat mit Alexander I. gesprochen, der Sankt Petersburg verlassen und inmitten seiner Truppen in Wilna Quartier genommen hat.

Napoleon empfängt Narbonne und hört ihm zu, während er mit großen Schritten umherwandert. Er schweigt eine Weile und spricht dann plötzlich in großem Zorn.

»Also gibt es keine Möglichkeit mehr, sich zu verständigen! Der Geist, der im russischen Kabinett herrscht, treibt Alexander zum Krieg. Was Sie berichten, bestätigt nur die Äußerungen von Kurakin. Wir haben keine Zeit mehr für fruchtlose Verhandlungen.«

Er schließt sich ein. Er schreibt. Im Hinterland der Truppen und im Reich muß Ruhe herrschen. Er befiehlt, daß man den Papst von Savona nach Fontainebleau bringt. Das Konkordat ist aufgelöst.

Einige Stunden später erfährt er, daß die Russen in Bukarest einen Friedensvertrag mit den Türken geschlossen haben, die sie seit Monaten bekämpften. Das ist ein weiteres Indiz. Er kann nicht auf türkische Angriffe rechnen, die Alexanders Truppen schwächen. Er schreibt sogleich, um Abbé Pradt, den Erzbischof von Mechelen, als seinen Vertreter im Herzogtum Warschau zu ernennen: Die Polen müssen am Krieg gegen Rußland teilnehmen.

Alles ist geregelt. Nun muß er sich zur Großen Armee begeben.

Am Donnerstag, dem 28. Mai, verbringt er den ganzen Tag in Gesellschaft von Marie-Louise. Er ist bewegt von ihrer Traurigkeit und den Worten, die sie ihm zuflüstert. Sie sei unglücklich, sagt sie.

»Ich versuche, mich zu bezwingen, aber ich werde traurig bleiben, bis ich Sie wiedersehe«, sagt sie leise.

Er muß sich von dieser Zärtlichkeit, dieser Süße, diesem Wohlleben der Paläste losreißen. Plötzlich fühlt er sich müde. Er muß diesen Krieg hinter sich bringen, zu Marie-Louise zurückkehren und den »kleinen König« sehen. Was treibt ihn denn immer wieder in diesen Sturm?

Am Freitag, dem 29. Mai 1812, löst er sich um vier Uhr morgens aus den Armen von Marie-Louise. Er verweilt noch ein wenig im Raum der Schloßgarde, umarmt sie erneut und wendet sich dann mit einem Ruck von ihr ab.

Er fährt Tag und Nacht. Als er in Posen eintrifft, hört er die Schreie der Menge, die ihn als den Befreier von Polen feiern.

41

Es ist sieben Uhr abends an diesem Sonntag, dem 31. Mai 1812. Napoleon tritt ans Fenster des Zimmers, in dem er den ganzen Tag damit verbracht hat, die Zahl seiner Soldaten und den Zustand seiner Truppen zu studieren. Die Sonne steht noch hoch. Er hört Schreie. Die begeisterte Menge, die das Haus umgibt, seit er sich hier in Posen eingerichtet hat, ist noch immer da. Menschen aller Schichten kommen herbeigelaufen, Soldaten, Bauern, Notabeln, Frauen. Als er sich am Ende des Vormittags zur Messe begab, hat er Gesichter und Gestalten bemerkt, die Maria Walewska ähnelten. Er war bewegt und glücklich, hier in Polen unter diesem Volk zu sein.

Dann hat er sich mit Méneval in diesem Zimmer eingeschlossen, Depeschen diktiert, Register durchgesehen. Er empfindet ein Gefühl von Stolz und Macht. Solch eine Armee ist noch nie zusammengestellt worden. 678 080 Mann aus vielleicht 20 Nationen, 11 042 Offiziere und 344 871 Unteroffiziere und französische Soldaten, 7998 Offiziere und 284 169 Soldaten aus dem Ausland. *Ausländer!* Er will dieses Wort nicht hören. Das hat er zu Marschall Berthier gesagt. Diese Kontingente kommen aus den Departements des Großen Kaiserreichs oder sind Verbündete.

Er muß über jede Einheit alles wissen, würde am liebsten jeden Soldaten kennen. An diesem Morgen hat er im Umland von Posen das 23. Korps der berittenen Jäger paradieren lassen. Er ist auf den Chef der Schwadron zugegangen. Er hat Marbot erkannt, einen wertvollen Offizier. Er hat ihn mit Fragen bombardiert, ohne ihn aus den Augen zu lassen.

»Wie viele Karabiner haben Sie aus Tulle oder aus Charleville? Wie viele Pferde haben Sie aus der Normandie? Wie viele aus der Bretagne? Wie viele aus Deutschland? Welches ist das Durchschnittsalter all Ihrer Soldaten? Ihrer Offiziere? Ihrer Pferde? Haben Sie Proviant für alle? Für wieviel Tage? Haben Ihre Männer 25 Kilo Mehl in ihren Rucksäcken, Brot für vier Tage und Zwieback für sechs Tage, wie ich es gefordert habe?«

Marbot hat gut geantwortet. Man gewinnt einen Krieg nur, wenn sich große strategische Gedanken mit der Bemühung um Einzelheiten verbinden.

Maret ist eingetroffen. Der Außenminister hat Dresden vor einigen Stunden verlassen. Er überbringt Briefe von der Kaiserin. Napoleon hört ihm zu. Er berichtet von Bernadottes Vorschlägen, der zögert, Schweden an der Seite Frankreichs zu verpflichten, er schont die Russen und läßt in Wahrheit Zeit verstreichen, um sich später auf die Seite des Siegers zu schlagen.

Napoleon wird wütend und versetzt einem Stuhl einen Fußtritt. »Ich will kein Wort mehr von ihm hören und verbiete, daß man ihm irgendeine Antwort von mir zustellt, weder offiziell noch inoffiziell.«

Er geht hinaus, reitet eine Stunde, begleitet von einer kleinen Eskorte. Dann kehrt er zurück und versucht zu schlafen. Aber um drei Uhr morgens gibt er das Signal zum Aufbruch. Sobald es hell wird, beobachtet er die losmarschierenden Truppen. Viele Nachzügler. Die Gendarmerieeinheiten müssen sie einsammeln und ihren Regimentern zuführen.

Vor der Stadt Thorn bleibt seine Kutsche stehen. Er steigt aus. Die Straßen sind verstopft von den Truppen von Jérôme und von Eugène. Er geht mitten unter die Soldaten. Die meisten sprechen Deutsch oder Italienisch und achten nicht auf ihn. Er betritt das Kloster, in dem Caulaincourt sein Hauptquartier vorbereitet hat. Die gewölbten Säle sind voller verbündeter Offiziere, meist Deutscher.

»Diese Herren mögen hinausgehen und mir nicht so dicht folgen. Sie sollen mehrere Tagesmärsche Abstand halten«, sagt er.

Er beginnt mit der Arbeit. Wo will man die Lazarette einrichten? Sind die Pontoniere bis hierher durchgekommen? Er diktiert, er befiehlt. Er läßt die Garde und die Artillerie Revue passieren. Er geht nachts hinaus, um die Unterkünfte zu inspizieren.

Er tut es, weil er frische Nachtluft atmen und die Stimmen der Soldaten hören muß, die Atmosphäre am Vorabend einer Schlacht wiederfinden möchte. Er kehrt ins Hauptquartier zurück. Er kann nicht schlafen. Aber er fühlt sich wohl.

Er ist so ungeduldig, wieder unterwegs zu sein, daß er nicht abwartet, bis die Wagen fertig sind, sondern ein Pferd nimmt und losreitet.

Er erreicht Marienburg und dann Königsberg. Er empfängt den Sekretär der französischen Botschaft in Sankt Petersburg, Prévôt. Der berichtet, daß Alexander I. es abgelehnt hat, dem Botschafter, General Lauriston, eine Audienz zu geben.

»Das genügt«, sagt Napoleon. »Die Russen, die wir immer besiegt haben, nehmen den Tonfall von Siegern an. Sie provozieren uns, und wir haben Grund, uns dafür zu bedanken. Nehmen wir diese Herausforderung zur Gewalt an, und überschreiten wir die Memel.«

Plötzlich ist ihm kalt. Er geht hinaus. Das Land ist von Schnee bedeckt. Eine Juninacht genügt, um eine Frühlingslandschaft in einen winterlichen Anblick zu verwandeln. Aber sobald die Sonne aufgeht, wird der Schnee schmelzen.

Ein Kurier trifft ein und bringt Briefe von Marie-Louise. Er überfliegt sie und antwortet ihr sogleich.

»Du weißt, wie sehr ich Dich liebe. Ich möchte, daß es Dir gutgeht und du fröhlich bist. Sag mir, daß Dein böser Schnupfen vorbei ist. Nimm es niemals hin, daß man in Deiner Gegenwart etwas Böses über Frankreich oder meine Politik sagt. Ich reite sehr oft, und das tut mit gut. Man berichtet mir Erfreuliches vom kleinen König. Er wächst, kann schon gehen und ist gesund. Ich sehe mit Bedauern, daß nicht eingetreten ist, was ich erhofft hatte. Dann muß man eben bis zum Herbst warten.«

Aber wo wird er im Herbst sein?

Viertes Buch

Der Unsterbliche von Sankt Helena

Für France, Monique und Gérard

Joséphine trauert um ihr Enkelkind und fürchtet, von Napoleon verstoßen zu werden.

Murat und seine Männer brennen die Höfe spanischer Aufständischer nieder.

Caulaincourt und Zar Alexander I. 1808 in Erfurt.

Napoleon verdächtigt Talleyrand des Verrats.

Den Wendehälsen Talleyrand und Fouché ist nicht zu trauen.

Selbst Napoleons Schwester Caroline wiegelt ihren Mann, den treuen General Murat, gegen den Kaiser auf.

Caulaincourt, das Ehepaar Murat und im Hintergrund Napoleons Mutter und sein Bruder Joseph.

Die schöne Gräfin Walewska, Geliebte Napoleons, kämpft für ein unabhängiges Polen.

Sie bittet Napoleon um Unterstützung gegen Rußland.

Schlacht bei Aspern-Eßling 1809

Brücke über die Donau

Marschall Lannes, einer der treuesten Gefährten Napoleons, erliegt seinen im Kampf um Eßling erlittenen Verletzungen.

Am 2. April 1810 heiratet Napoleon die Erzherzogin Marie-Louise.

Am 20. März 1811 schenkt sie ihm einen Sohn.

Murat, Napoleon und Caulaincourt vor Moskau

Nach katastrophalen Verlusten in Rußland verspricht Napoleon seiner Familie und seinem Volk Frieden.

Nach acht Monaten der Verbannung kehrt Napleon von Elba zurück und marschiert mit einem Heer Freiwilliger auf Paris.

Und wieder gibt es Krieg.

Waterloo, Napoleons letzte Schlacht

Das Schicksal war stärker als ich. Und doch, welch ein Unglück für Frankreich, für Europa ... Europa wäre über kurz oder lang zu einer einzigen Nation geworden, in der jeder nach Belieben hätte reisen können, ohne das gemeinsame Vaterland zu verlassen.

Napoleon auf Sankt Helena

Napoleons Niederlage hat seine Legende nicht zerstört, weil ihn Sankt Helena zu einem Gefährten des Prometheus gemacht hat.

André Malraux

Erster Teil

»Das Schwert ist gezückt. Man muß sie in ihr Eis zurücktreiben.«

22. Juni 1812 – 14. September 1812

1

Napoleon reitet durch den Kiefernwald. Soldaten, die sich im Schutz der Bäume aufhalten, weichen zurück, schieben die an Baumstämmen und Zweigen angebundenen Pferde beiseite. Manche hasten zu ihren zusammengestellten Gewehren, um vor dem Kaiser zu salutieren.

Mit einer Geste gebietet er Halt und Schweigen. Er springt vom Pferd. Oberstallmeister Caulaincourt, der ihn begleitet, stößt mit Marschall Bessières und dem Großmarschall Duroc zu ihm. Man bringt Napoleon den Offiziersrock eines polnischen Ulanen und eine schwarze Seidenkappe. Er legt eilig die Kleider an, setzt seinen Hut ab und steigt wieder auf sein Pferd. Den Kopf an den Hals des Pferdes gepreßt, galoppiert er auf den Waldrand zu.

Der Hochwald lichtet sich. Der Geruch von Schweiß und Pferdestall, der zwischen den Kiefern hing, weicht nach und nach dem lieblichen Duft von feuchtem Gras. Dort fließt die Memel, einige hundert Meter unterhalb dieser unbewachsenen, zum Fluß hin jäh abfallenden Hügel. Sie überragen das sanft ansteigende russische Ufer, das mit Roggen und Weizen bewachsen ist.

Hier muß man sich bedeckt halten, weil immer wieder Kosakenpatrouillen durch die Ähren galoppieren. Sie sollen nicht erfahren, daß die über 600000 Mann starke Armee, die Armee aus zwanzig Nationen, Napoleons Armee, schon da ist und in den nahen Wäldern auf der Lauer liegt und Polens Landstraßen verstopft, bereit, die Memel zu überqueren. Die Russen sollen glauben, daß lediglich polnischen Ulanen wie gewohnt am Ufer entlangreiten.

Napoleon macht am Rand der Böschung halt. Von dort aus sieht er die Windungen des Flusses. Er eilt im Galopp in Richtung des Dorfes Ponjemen, das der Stadt Kowno gegenüberliegt. Dort umschließt das polnische Ufer in einer Schleife einen Vorsprung des russischen Ufers.

Napoleon reitet hinunter zum sandigen Flußbett. Das dunkle Wasser scheint zu stehen. Zweihundert Meter entfernt ist das andere Ufer, ist Rußland. Ist der Krieg.

Mehrere Minuten verharrt Napoleon am Ufer der Memel. Er erinnert sich an Tilsit, an jenes Floß inmitten der Memel. Dort traf er am 25. Juni 1807 Zar Alexander I. Das ist fast auf den Tag genau fünf Jahre her. Er hatte an das Bündnis mit Rußland geglaubt, an den Frieden in Europa. Eine Illusion.

Er macht eine Bewegung mit der Hand. Die ihn begleitenden Adjutanten, auch sie in polnische Mäntel gehüllt, kommen näher. »Hier«, sagt er, »sollen drei Brücken geschlagen werden, damit die Truppen den Fluß überqueren können.« Man möge General Éblé übermitteln, sie in der kommenden Nacht bauen zu lassen.

Dann blickt er lange gen Osten. Es herrscht noch immer drückende Hitze, lästig wie die Mückenschwärme, die über die Pferde und die Gesichter herfallen, aber auch in die Jackenärmel eindringen. Es donnert. Ein Gewitter zieht auf, langgezogene Blitze durchzucken an diesem Montag, dem 22. Juni 1812, den roten Abendhimmel.

Napoleon galoppiert jetzt durch die hereinbrechende Nacht zum Hauptquartier im Dorf Naugardiskij. Auf den Landstraßen jenseits des Waldes marschieren Regimenter. In der Ferne, im Umkreis der Dörfer, drängen sich Soldaten um die eigens für die Verpflegung der Truppen gebauten Backöfen.

Napoleon zieht die Zügel an. Zu viel Durcheinander. Zu viele vereinzelte Soldaten, kleine Trupps, die marodieren. Er sieht es auf einen Blick. Man soll Standgerichte aus je fünf Offizieren einrichten, um die Plünderer und Nachzügler zu verurteilen, notfalls auch zum Tode. Es bedarf mobiler Kolonnen, um all jene wieder einzusammeln, die sich von ihren Einheiten entfernt haben. Er bespricht das mit Marschall Berthier und mit Davout. In dieser Großen Armee, von der an die 400 000 Mann die Memel passieren werden, sind zu viele Nationalitäten vertreten, nämlich 20 insgesamt, als daß sie ohne strenge Disziplin geschlossen bliebe.

Er beugt sich in dem baufälligen Haus, in dem man ihn einquartiert hat, über die Landkarten. Der Plan ist klar und einfach. Die Truppen von Macdonald marschieren im Norden auf Riga zu. »Ich stehe mit Eugène im Zentrum, rücke in Richtung Wilna vor. Mein Bruder Jérôme steht mit Davout im Süden. Sie sollen die Truppen von General Bagration und die von Tormassow angreifen, die den Süden beherrschen. Sobald sie mit meiner Hilfe aufgerieben sind, wenden wir uns wieder den Truppen von General Barclay de Tolly zu, die sich in Richtung der nördlichen russischen Aufstellung bewegen.«

Mit einer Handbewegung zieht er auf der Karte eine Linie, die die russischen Streitkräfte zweiteilt. Man muß sie voneinander trennen, die Truppen von Bagration und die von Barclay, und sie nacheinander schlagen.

Dann wird seine Stimme plötzlich von dem losbrechenden Gewitter übertönt. Er setzt sich hin, die Ellbogen auf der Karte, so daß er beinahe auf ihr liegt. Und als sich das Unwetter beruhigt hat, verkündet er, er wolle sich noch einmal ans Ufer der Memel begeben, ohne Eskorte, begleitet nur von einem Adjutanten, von Caulaincourt und General Haxo. Er möchte das Ufer der Memel noch einmal in Begleitung dieses Polytechnikers in Augenschein nehmen, der die Ingenieureinheiten im Armeekorps von Marschall Davout befehligt. Bei einer kriegerischen Operation kommt es auf jedes Detail an.

Er begibt sich noch einmal hinunter zum Flußufer. Nach dem Gewitter ist die Erde schlammig, aber die Luft noch immer schwül, die Atmosphäre feucht. In einem der Dörfer, die er durchquert, bemerkt Napoleon im Pfarrhaus einer Kirche, in deren Umkreis Kavallerieeinheiten biwakieren, Licht. Er betritt den kleinen Raum. Der Pfarrer kniet und betet. Er stammelt ein paar französische Worte.

»Für wen beten Sie? Für mich oder für die Russen?«

Der Pfarrer bekreuzigt sich. Er bete für Seine Majestät, antwortet er.

»Sie haben recht, als Pole und als Katholik.«

Napoleon tätschelt den Nacken des Priesters und veranlaßt Caulaincourt, ihm hundert Goldmünzen zu geben.

Er kehrt zurück in die Dunkelheit und reitet nachdenklich die Uferböschung entlang. Jedes Ereignis, jede Begegnung können ein Hinweis, ein Zeichen, ein Omen sein. Er ist ein Mann der Vernunft und der Aufklärung. Er hat sich für Mathematik begeistert. Aber sie vermag nicht alle Phänomene des Universums zu deuten, sie erklärt nicht, warum das Schicksal manche Menschen auserwählt und ihnen die Energie verleiht, ihre Träume zu verwirklichen.

Er hält die Zügel locker und läßt sich vom Galopp des Pferdes durch das reife Korn tragen. Und plötzlich springt das Pferd zur Seite. Er versucht sich festzuhalten, gleitet herunter und stürzt ins Feld. Schon richtet er sich wieder auf. Er hört eine Stimme, vielleicht die von Caulaincourt, von Berthier oder den Offizieren, die ihnen gefolgt sind: »Ein Römer würde umkehren, dies ist ein schlechtes Omen.«

Die Adjutanten, die Generäle und die Marschälle springen zu Boden. Ein Hase ist zwischen den Beinen des Pferdes hindurchgelaufen und hat es erschreckt. Napoleon schweigt. Er kehrt ins Hauptquartier zurück. *Ich bin ein Mann der Aufklärung. Ich glaube nicht an schlechte Omen.* Aber er betrachtet in seinem Umkreis die Mienen der Generäle, der Adjutanten, seines Sekretärs. Sie haben es gesehen, oder aber sie wissen Bescheid. Sie sind beunruhigt. Und er kann die Ungewißheit, die ihm die Kehle zuschnürt, nicht vertreiben.

Er weiß nichts über die Bewegungen der russischen Truppen auf dem anderen Ufer. Kein Kundschafter hat sich angeboten, ihn darüber aufzuklären.

Er schläft ein paar Stunden und galoppiert dann, an jenem Mittwoch, dem 24. Juni 1812, um drei Uhr morgens zur Memel. Über die drei um Mitternacht fertiggestellten Brücken rücken die Truppen langsam vor, und das Dröhnen ihrer unregelmäßigen Schritte erzeugt ein dumpfes Getöse, das zwischen den Ufern anschwillt wie eine wogende Brandung.

Er überquert die Memel um fünf Uhr, kehrt zu seinem Zelt zurück, das auf einer Anhöhe des linken Ufers steht. Er betrachtet mit seinem Feldstecher die drei gewaltigen Kolonnen, die, sobald sie das rechte Ufer erreichen, auseinanderströmen. Die Hügel, die Täler sind übersät von Soldaten, Pferden und Wagen. Die Waffen funkeln am schon gleißenden Himmel. Ein rötlicher Staub beginnt über den Kolonnen aufzusteigen. Es herrscht eine drückende Hitze. Dabei ist es noch früh am Morgen! Doch was für eine Kraft, was für eine Armee! Er schlägt mit der Reitpeitsche auf seine Stiefel, geht auf und ab, trällert *Malbrough zieht in den Krieg*. Wer sollte einer solchen vorrückenden Macht widerstehen?

Er reitet die Kolonnen ab. Kundschafter melden ihm, daß keine Russen in Sicht sind. Nur ein paar Kosaken seien zuweilen in der Ferne zu erkennen.

Ein weiterer Fluß wird überquert, die Wilija. Die Vorhut ist bereits in Kowno einmarschiert. Die Russen sind geflohen. Der Weg nach Wilna ist frei. Es gilt zu marschieren, zu marschieren, schnell zu marschieren.

Er arbeitet den ganzen Tag, empfängt die Kundschafter und die Kuriere, erteilt seine Befehle und sitzt dann am 25. Juni um vier Uhr morgens wieder im Sattel. Er sieht Pferde, die mit aufgeblähtem Leib sterbend auf der Flanke liegen, und Soldaten, mit ausgebreiteten Armen unter der Sonne hingestreckt. Die Tiere sind mit unreifem Roggen gefüttert worden. Und die jungen Rekruten sind nach stundenlangem Marsch in der glühenden Hitze vor Erschöpfung gestorben.

Er hält inne, macht ein paar Schritte in Begleitung von Murat und Davout. »Wir müssen uns beeilen«, sagt er, »und die Russen überraschen, sie daran hindern zurückzuweichen und zum Kampf zwingen.«

Als es Nacht wird und ein Gewitter niedergeht, befindet er sich im Schutze eines Hauses in Kowno. Er wird auf diesem schmalen Bett, in diesem stickigen Raum schlafen. Er denkt an seine Nächte in den Palästen, an Marie-Louise, an seinen Sohn, den er nicht sieht. Dieser Krieg muß bald ein Ende haben.

2

Napoleon fährt nach Wilna. Die Russen stellen sich nicht dem Kampf. Ihr General, Barclay de Tolly, weicht zurück. Napoleon beugt sich aus dem Wagen. Der Staub dringt in seine Haut ein, klebt auf den Augen. Die Hitze erinnert ihn an die Wüsten Ägyptens, aber sie kommt ihm noch erstickender vor, sie ist schmutzig und feucht. Und oft verwandeln kalte Gewitterregen nachts die Wege in schlammige Sturzbäche. Am Morgen reichen dann einige Stunden aus, um die Erde zu trocknen und wieder Staub auffliegen zu lassen.

Er fährt an den Kolonnen einer Truppe vorbei, leichte württembergische Kavallerie. Durch einen Staubvorhang hindurch sieht er von Fliegenschwärmen umhüllte Pferdekadaver. Er entdeckt in den Feldern vereinzelte Reiter und Kavalleristen, die zweifellos auf Nahrungssuche sind, denn der Verpflegungstroß kommt nicht nach. Aber es gilt vorzurücken, immer weiter vorwärts.

Am Sonntag, dem 28. Juni, besteigt er einige Meilen vor Wilna ein Pferd. Die Stadt ist schön, aber die Bewohner jubeln nicht vor Freude, obgleich sie Polen sind. Wo ist der Enthusiasmus, der ihn vor einigen Tagen in den polnischen Städten östlich der Memel empfing? Sind diese Polen hier zufrieden mit ihren russischen Herren? Wollen sie nun eine eigenständige Nation sein oder nicht? Dann sollen sie es auch zeigen und nicht nur in der in Warschau versammelten Duma palavern.

Er betritt das Haus, das noch vor wenigen Tagen Alexander I. belegt und in dem er inmitten seiner Truppen sein Generalquartier eingerichtet hatte. Er geht durch die Räume. Er empfindet ein Gefühl von Macht, doch keinerlei Freude.

Berthier meldet ihm, daß auf der Straße zwischen Kowno und Wilna Tausende von Pferden durch Hitze, unreifen Roggen und Erschöpfung verendet sind. Etwa 10000 Tiere. Vom langen Marsch erschöpfte Soldaten haben sich umgebracht. Sie schleppen dreißig Kilo, sie ersticken. Sie leiden wegen der Mückenplage bereits an Ruhr. Sie haben kein Brot.

Napoleon ereifert sich. Die Generäle sollen um vier Uhr morgens aufstehen und persönlich in die Mühlen gehen sowie zur Verwaltung und 30 000 Rationen pro Tag ordern! Aber wenn sie schlafen und sich nur beklagen, werden sie nichts bekommen! Er zieht die Landkarten und die Armeeregister zu Rate. »Man verliert so viele Pferde in diesem Land, daß man trotz aller Ressourcen in Frankreich und Deutschland Mühe haben wird, den momentanen Bestand der Regimenter aufgerüstet zu erhalten«, sagt er.

Und die Garde? Sie muß um jeden Preis bewahrt bleiben. Ihr muß man Proviant für zwanzig Tage zusichern. Auf diese Weise kann sie ein Vorbild an Disziplin sein. Er schickt alle aus seinem Arbeitszimmer, außer Caulaincourt und Berthier.

Er setzt sich. »Die Polen von Wilna und Litauen sind anders als die von Warschau«, sagt er müde. Er nimmt eine Prise Schnupftabak. Berthier kommt und meldet, daß ein Gesandter von Alexander I., sein Polizeiminister General Balaschow, vom Kaiser empfangen werden möchte, um ihm ein Schreiben des Zaren auszuhändigen.

Napoleon erhebt sich und beginnt, im Raum auf und ab zu gehen. »Mein Bruder Alexander, der Narbonne gegenüber so hochmütig war, möchte jetzt schon zu einer Einigung kommen?« sagt er. »Er hat Angst. Meine Taktik hat die Russen verunsichert. In weniger als einem Monat fallen sie vor mir auf die Knie. Aber ich muß sie in die Enge treiben.«

Er wird den Brief von Alexander lesen, wird Balaschow empfangen, aber erst, nachdem er seine Befehle erteilt hat.

Die Nachricht von der Ankunft von Alexanders Gesandten steigert seine Energie beträchtlich. Er denkt nicht einmal mehr an Schlaf. Er schickt seine Adjutanten auf die Straßen. Im Süden müssen Davout und Jérôme Bagration angreifen. Vortrupps müssen von Wilna aus in Richtung Glubokoje in Marsch gesetzt werden. Die Befestigungen, die die Russen an der Drissa aufgebaut und zu einem richtigen Fort verstärkt haben, werden auf diese Weise umgangen.

Er wendet sich an die Adjutanten. »Wie viele Gefangene sind gemacht worden?« Ihn beunruhigt das Ausbleiben von russischen Deserteuren und von Gefangenen. Er blickt plötzlich finster drein. Schwache Armeen lösen sich auf, und die Männer ergeben sich. Er denkt an Preußisch-Eylau zurück, an diese Verbissenheit der russischen Truppen, und selbst in Friedland haben sich ganze Einheiten aufgeopfert.

Er muß eine Möglichkeit zum Friedensschluß bewahren, darf nicht jetzt schon eine polnische Nation entstehen lassen, damit die Tür zu Verhandlungen einen Spalt breit offenbleibt. Er könnte auch in diesem versklavten Land die Leibeigenen befreien und einen Bauernaufstand entfesseln. Aber wenn er die Abschaffung der Leibeigenschaft verkündete, wer könnte dieser Feuersbrunst dann Einhalt gebieten? Wer weiß schon, wie weit eine Revolution gehen kann? Er ist ja nicht nur ein Eroberer, der Rußland bezwingen will, er ist der Kaiser der Könige. Er will den Sieg und den Frieden, aber er will auch Ordnung.

Er liest den Brief von Alexander. Wie? Er ist nur zu Verhandlungen bereit, wenn meine Truppen hinter die Memel zurückweichen? Das schlägt der Zar vor? »Alexander macht sich über mich lustig«, ruft er aus und schwenkt den Brief vor Duroc und Berthier. »Glaubt er, ich bin nach Wilna gekommen, um Handelsverträge abzuschließen? Ich bin gekommen, um ein für allemal mit diesem barbarischen Koloß im Norden Schluß zu machen. Das Schwert ist gezückt. Man muß sie in ihr Eis zurücktreiben, damit sie sich fünfundzwanzig Jahre lang nicht in die Angelegenheiten des zivilisierten Europa einmischen.«

Dann geht er hinaus. Dort ist es heiß und staubig, die gelbroten Weiten sind von einem beinah klebrigen Dunst bedeckt. Er hat beschlossen, anderthalb Meilen vor Wilna die Parade der Infanterie- und Dragonerdivisionen abzunehmen.

Der Tag geht zur Neige, aber die Luft ist noch immer brennend heiß. Die Truppen marschieren mehrere Stunden an ihm vorbei. Er bleibt bewegungslos in dieser staubigen Wolke stehen. Und gerade als die Parade vorüber ist, geht ein Wolkenbruch nieder. Ein barbarisches Klima.

Er kehrt in sein Quartier zurück. Er wird Herrn Balaschow an diesem Mittwoch, dem 1. Juli, um 19 Uhr zum Abendessen empfangen. Der Russe ist ein robuster Mann mit lebhaften Augen und starren Lidern.

Napoleon diktiert eine Antwort an Alexander, die Balaschow überbringen soll. »Eure Majestät hat sich achtzehn Monate lang geweigert, sich zu äußern. Folglich ist der Krieg zwischen uns erklärt. Selbst Gott kann das, was geschehen ist, nicht ungeschehen machen. Aber mein Ohr wird stets offen sein für Friedensverhandlungen. Der Tag wird kommen, an dem Eure Majestät sich eingestehen wird, daß es Ihnen an Beharrlichkeit, an Vertrauen und – erlauben Sie mir, dies zu sagen – an Aufrichtigkeit gefehlt hat. Das wirft einen Schatten auf Ihre ganze Regierungszeit.«

Alexander antwortet nicht. Er wird sich erst beugen, wenn er geschlagen ist. Tag für Tag studiert Napoleon die Landkarten und durchstreift die Umgebung von Wilna. Keine russischen Gefangenen, keine Trophäen.

Im Süden hat Jérôme, sein Bruder Jérôme, sich geweigert, den Befehlen und Ratschlägen von Marschall Davout zu folgen, was Bagrations Russen die Flucht ermöglichte. Und Jérôme, sein Bruder Jérôme, hat mit seinen 40000 westfälischen Soldaten die Armee verlassen. Napoleon wird wütend. Um sich wieder zu beruhigen, schreibt er nachts an Marie-Louise.

Es regnet. Danach herrscht wieder brennende Hitze. Und schon regnet es wieder. Napoleon ist jeden Tag mehrere Stunden im Sattel.

Auf der Straße nach Kowno sieht er den Vorbeimarsch zweier bayerischer Divisionen. Er muß jetzt warten, bis sich die ganze Armee wieder zusammenschließt und der Nachschub an Proviant und Munition eintrifft. Und dabei ist er schon siebzehn Tage in Wilna.

Er müßte voranstürmen, aber er möchte auch keine Unvorsichtigkeit begehen. Er spürt, daß ihn seine Umgebung sorgenvoll beobachtet. Man erwartet seine Befehle für eine Schlacht, die nicht stattfindet. Wie soll man diese russische Armee einkesseln, die sich in dem Landozean, der ihre Heimat ist, verliert?

Als er am Donnerstag, dem 16. Juli 1812, von einer Inspektion der Troßregimenter nach Wilna zurückkehrt, bringt ihm Méneval zwei Depeschen von Murat, der die Vorhut kommandiert. Der König von Neapel meldet, daß es den russischen Truppen gelungen ist, eine Kavallerieeinheit überraschend gefangenzunehmen. Überraschend! Murat ist ein Dummkopf!

Die zweite Depesche teilt mit, daß die Russen das verschanzte Lager an der Drissa, dessen Anlage drei Jahre gedauert hat, evakuiert haben! Napoleon zögert nicht. Er muß ihre Verfolgung aufnehmen. Sie stellen. Sie aufreiben.

Es ist 23 Uhr an diesem Donnerstag, dem 16. Juli. Er steigt in einen Wagen. Er wird die ganze Nacht nach Glubokoje unterwegs sein. Biwakfeuer funkeln hier und da. Er hört keinen Schrei und keinen Gesang. Die Nächte sind in diesem Land ebenso trist wie die Tage.

3

Drei bis vier Uhr nachmittags. Napoleon sitzt im düsteren Gewölbe des Karmeliterklosters von Glubokoje. Um diese Tageszeit ist die Hitze in der zweiten Junihälfte des Jahres 1812 am intensivsten. Selbst hinter dem dicken Gemäuer ist die Luft stickig. Schon das Schreiben oder Diktieren bringt ihn zum Schwitzen. Draußen wird die Landschaft vom grellen Licht einer Sonne versengt, deren Scheibe den gesamten Himmel auszufüllen scheint. Die Truppen marschieren nicht in dieser glühenden Hitze. Die Pferde drängen sich in den wenigen schattigen Zonen. Und etliche verwesen, von Soldaten halb zerlegt, am Wegesrand.

Napoleon schreibt. Er wird in einer Stunde hinausgehen, wenn die Sonne allmählich sinkt und einen Teil des Himmels freigibt. Er wird die Brotbacköfen, den Artilleriepark und die Lazarette aufsuchen. Er wird einen Aufklärungstrupp nach Osten, in Richtung Mogilew und Witebsk, losschicken. Er wird einen Teil der Nacht umherreiten und bei Tagesanbruch eine Musterung der bayerischen Divisionen oder der Garde abhalten. Dann wird er hierher zurückkehren, um die Depeschen zu lesen, die Adjutanten anzuhören und zu schreiben.

Er verharrt einen Augenblick. Wann wird er Frankreich wiedersehen, Marie-Louise, seinen Sohn? Die Russen sind auf dem

Rückzug. Die Hitze und die zurückzulegenden Distanzen lassen die Große Armee dahinschwinden. Der Nachschub läßt auf sich warten. Die Nachzügler, Ausreißer, Marodeure gehen in die Zehntausende. Wie viele Männer stehen ihm noch zur Verfügung? 200 000? Berthier kann ihm keine genaue Zahl nennen.

Er hat entlang der Landstraßen, in den verfallenen Häusern, manch einen Muschik gesehen. Eugène de Beauharnais hat ihn schon mehrfach dazu angehalten, die Leibeigenschaft abzuschaffen. Wohin würde eine derartige Sklavenbefreiung führen?

»Ich habe«, sagt er, »die Verdummung dieser breiten Schicht des russischen Volkes gesehen. Ich lehne eine solche Maßnahme ab, die über etliche Familien Tod, Verwüstung und die schrecklichsten Qualen bringen würde.« Er wolle kein Wort mehr darüber verlieren.

Er wendet sich Caulaincourt zu, der so lange Gesandter bei Alexander I. war, daß er sich vom Zaren hat täuschen lassen. Der Oberstallmeister plädiert weiterhin für das Abbrechen der Offensive. Es vergehe kein Tag, an dem er nicht mit Marschall Berthier über die Verluste aufgrund von Krankheit und Fahnenflucht spreche. Daß die Truppen ihren Vormarsch nicht »rekognoszieren« lassen und keine Gefangenen machen könnten, liege an der Erschöpfung der Pferde. Murat ermüde seine Schwadronen unnötig, indem er sie unbesonnen vorantreibe und allzu optimistische Rapporte verfasse. »Wir müssen Eurer Majestät die Wahrheit sagen. Die Kavallerie schwindet dahin. Die zu langen Märsche reiben sie auf, und man sieht bei den Angriffen, wie tapfere Männer zurückbleiben müssen, weil die Pferde ihren Lauf nicht mehr beschleunigen können.«

Aber Berthier und Caulaincourt verstehen eben nicht, daß Frieden nur möglich ist, wenn Alexander besiegt wird. Deshalb muß man ihn zum Kampf zwingen, um mit ihm zu verhandeln. Also vorrücken.

Es wird im Zelt geschlafen. Auf die Hitze folgt Regen. Die Dörfer sind leer. Kein einziger Mann, keine Frau, kein Kind. Die Häuser sind verlassen. Was ist das für ein Volk, das einem Befehl seines Kaisers derart Folge leistet?

Diese Stille in den kleinen Marktflecken, diese vor Sonne und Hitze flimmernde, hin und wieder von sintflutartigen Regengüssen überflutete unendliche Weite, diese Armeen, von denen sich nur ein paar vereinzelte Nachhuteinheiten und Kosakenreiter in Kämpfe verwickeln lassen, obwohl sie kampflustig und wohlorganisiert sind, all das beunruhigt ihn. Es müßte eine Schlacht auf begrenztem Terrain geben, Armee gegen Armee.

Davout, Murat, Ney tragen in Ostrowna Siege davon, doch die Russen unter Anführung von Bagration oder Ostermann entrinnen der Einkesselung. Die Nachhutgefechte ermöglichen ihnen den Rückzug. Es gilt sie einzuholen.

Napoleon sitzt den größten Teil der Nacht und dann wieder bei Tagesanbruch zu Pferde und feuert die Streitkräfte an. Wo er auftaucht, wird »Es lebe der Kaiser!« gerufen.

Er bleibt auf einer Anhöhe stehen. Nur wenige hundert Meter entfernt greifen russische Kavallerieschwadronen kleine Infanterieeinheiten an. Die vereinzelten Männer leisten Widerstand, stellen sich, Rücken an Rücken, mehrere Stunden lang dem Angriff und wehren ihn ab.

Napoleon begibt sich, sobald das Gefecht zu Ende ist, zu ihnen. Einige Infanteristen bringen sogar Gefangene mit. »Ihr seid tapfere Männer und verdient alle eine Auszeichnung«, ruft er ihnen zu. Die Soldaten erheben ihre Gewehre und jubeln dem Kaiser zu. Napoleon galoppiert davon.

Diese Armee ist noch immer tatkräftig. Ihr fehlt nur eine große, wirkliche Schlacht, ein großer Sieg. Aber die Ebenen sind wie ausgestorben. Das Plateau oberhalb von Witebsk und der Dwina, auf dem die Vorhut angeblich die feindliche Armee ausgemacht hatte, ist menschenleer. Napoleon durchquert es im Schrittempo, treibt sein Pferd hin und wieder mit Sporenhieben voran.

Er ruft seine Adjutanten. Wo sind die Russen? Nicht ein Bauer, nicht ein Gefangener, der einem die von der gegnerischen Armee eingeschlagene Route verraten kann.

Man kehrt nach Witebsk zurück. Napoleon nimmt Quartier im Palast des Gouverneurs von Weißrußland, des Prinzen von Württemberg, einem bescheidenen, staubigen Gebäude. Die weitläufige Stadt mit ihren Klöstern und Kirchen ist, abgesehen von ein paar Juden, die den Soldaten Mehl verkaufen, wie ausgestorben. Man führt dem Kaiser einen Bauern vor, den man schlafend unter einem Busch gefunden hat.

Der Mann kniet nieder und stammelt. Die russische Armee habe sich vor vier Tagen in Bewegung gesetzt, sagt er, in Richtung Smolensk. Napoleon läßt ihn abführen. Er wünscht heute abend einen Bericht der Kommandeure. »Vielleicht wollen die Russen eine Schlacht in Smolensk«, sagt er. Er befragt jeden einzelnen Offizier. Selbst König Murat sagt, daß »die Kavallerie am Ende ihrer Kräfte« sei.

Napoleon hört zu. Trotz der Beifallsrufe der Truppen spürt er ganz deutlich, daß die Armee erschöpft ist, daß man sie wieder in den Griff bekommen muß, damit sie bereit ist zu einem erneuten Sprung nach vorn, für die entscheidende Schlacht. An die Arbeit! Jeden Morgen um sechs Uhr Truppenparade auf dem Exerzierplatz. Neuorganisation des Nachschubs, des Transports, der Lazarette. Tägliche Musterung der Einheiten durch den Kaiser. Er schickt die Kommandeure wieder fort.

Ein paar Zeilen an Marie-Louise, wie jeden Tag. Um eine andere Luft zu atmen als die des Krieges. »Meine Liebe. Es herrscht hier unerträgliche Hitze. Wir ersticken. Wir sind nur noch hundert Meilen von Moskau entfernt. Schreibe mir aus Paris alles, was Du erfährst und was man Dir erzählt. Der kleine König wird sich wohl recht amüsieren, wenn er zu sprechen und zu verstehen beginnt. Es heißt, er sei ein kleiner Teufel, ein Schleckermaul und Wirbelwind. Adieu, liebe Freundin, gehabe Dich wohl, umarme den kleinen König und zweifle nie an Deinem treuen Nap.«

Er durchschreitet die Räume des schlichten Gebäudes. Da er ein paar Tage in Witebsk bleiben wird, wünscht er, daß sein Quartier eingerichtet wird, mit seinen Büchern, seinen Karten, seinem kleinen Bett mit dem eisernen Gestell. Er legt seinen Tagesplan fest: um fünf Uhr aufstehen, Truppenschau auf dem Platz vor dem Palast. Er kommt ihm beengt vor. Die Pioniere der Garde sollen die Häuser abreißen und eine richtige Esplanade schaffen. Alle

Kommandeure sowie alle in der Nähe von Witebsk anwesenden Generäle sollen an der Parade teilnehmen und vor ihm erscheinen. Er befragt sie, hört ihre Berichte und ihre Rechtfertigungen an, die Beteuerungen ihrer Ergebenheit, ihres Eifers, ihrer guten Absichten. Als er nach Witebsk zurückkehrt, ist es beinahe Mittag.

Er empfängt Marschall Oudinot, der in Jabukowo Wittgensteins Russen besiegt hat, sich aber dann, anstatt den Feind zu verfolgen, zurückgezogen hat, als hätte ihn die sich vor ihm öffnende unendliche Weite eingeschüchtert. Er fährt ihn barsch an. »Die Russen«, sagt er, »verkünden überall lauthals den eklatanten Sieg, den sie über Ihre Truppe davongetragen haben, denn Sie haben sie ohne jeglichen Grund auf dem Schlachtfeld in Ruhe gelassen.« Oudinot will protestieren, aber Napoleon läßt ihn nicht zu Wort kommen. »Im Krieg spielt auch die Meinung eine große Rolle, der Ruf der Waffen hat im Kräfteverhältnis eine reale Bedeutung.«

Jeden Tag werden die Gewitter häufiger. Das Wetter ist Mitte August besonders wechselhaft. Seit drei Tagen gießt es in Strömen. Die Erde ist ganz aufgeweicht. Man kann sich nicht fortbewegen.

Napoleon diktiert einen Brief an seinen Bibliothekar Barbier, der seit über zehn Jahren alle Bücher auftreibt, die er benötigt, die Bibliothek für den Feldzug zusammenstellt und Rezensionen über Neuerscheinungen verfaßt. »Der Kaiser«, erläutert Napoleon, »hätte gern einige amüsante Bücher. Wenn es einige neue Romane gäbe oder ältere, die er noch nicht kennt, oder angenehm zu lesende Memoiren, so täten Sie gut daran, sie uns zu schicken, denn wir werden hier manche Mußestunde erleben, die sich nicht leicht ausfüllen läßt.«

Er verläßt Witebsk in Richtung Smolensk. Er erreicht das Ufer des Dnjepr. Er reitet bis in die Nacht am Fluß entlang. Unermeßlich sind die Flüsse und das Land.

Er hört Kanonendonner, Adjutanten treffen im Galopp ein, berichten, Murats Kavallerie habe in Krasnoje eine russische Division angegriffen und Kanonen in Beschlag genommen, die ersten Trophäen des Feldzugs. Gefangene hätten verraten, die russischen Truppen würden sich in Smolensk, »der heiligen Stadt«, zusammenziehen. Dort wird also die Schlacht stattfinden.

Er begibt sich zurück in sein Zelt, das im Zentrum des Karrees der Garde steht. Es ist der 15. August 1812. An diesem Samstag wird er dreiundvierzig! Seine Garde zieht jubelnd an ihm vorbei. Kein Tedeum in einer Kathedrale, keine Würdenträger, die ihm ihre Glückwünsche überbringen. Hat er überhaupt schon derartiges erlebt? Ihm ist, als würde er seit jeher Krieg führen. Er wird sich aufmachen zu den Vorposten, die bereits kurz vor Smolensk stehen.

Er betrachtet Smolensk, seine Stadtmauern aus Backstein, seine Kuppeln, die Hügel, die die Stadt umgeben und das linke Ufer des Dnjepr beherrschen, auf dem sie errichtet worden ist. Diese Brücke dort befindet sich am Schnittpunkt der beiden Straßen, die nach Sankt Petersburg und nach Moskau führen. Er hört sich die Rapporte an. Die Stadt werde verteidigt. Kosaken sei es sogar gelungen, Marschall Ney zu umzingeln, dessen Kragen von einer aus nächster Nähe abgefeuerten Kugel durchbohrt worden sei.

Er beobachtet mit dem Fernrohr die Bewegung der russischen Truppen auf der Brücke. Die einen rücken in die Stadt ein, die anderen verlassen sie. Bereiten die Russen einen erneuten Rückzug vor? Er erkundigt sich nach Caulaincourts Einschätzung der Lage, kann sie sich aber bereits vorstellen. Der Oberstallmeister glaubt, daß die Russen den Rückzug antreten werden. Er beobachtet lange die Stadt, über der sich der Abendhimmel feuerrot färbt. »Wenn es so ist, daß die russischen Generäle mir eine ihrer heiligen Städte überlassen, dann entehren sie ihre Armee selbst in den Augen ihrer eigenen Untertanen«, sagt er.

Er geht vor seinem Biwak auf und ab. »Das wird mir eine gute Position verschaffen«, fährt er fort. »Wir werden sie eine Weile fernhalten, um unsere Ruhe zu haben. Wir werden uns festsetzen. Wir werden uns ausruhen, das Land wird sich neu organisieren, und dann werden wir ja sehen, wie Alexander reagieren wird. Meine Armee wird gewaltiger, meine Position bedrohlicher sein, als wenn ich zwei Schlachten gewonnen hätte. Ich werde in Witebsk Stellung beziehen. Ich werde Polen militärisch kontrollieren und später, wenn nötig, zwischen Moskau und Sankt Petersburg wählen.«

Er sieht, wie sich die Gesichter von Caulaincourt, von Berthier und den Adjutanten aufhellen. Alle wollen das, wünschen sich das. So wäre es gewiß am weisesten. Aber ist es noch möglich, weise zu sein?

Plötzlich lassen zwei gewaltige Explosionen den Himmel aufleuchten. Die Russen haben vermutlich ihre Munitionsdepots in die Luft gejagt. Die gesamte Stadt brennt, erhellt den Himmel. Der ganze Horizont scheint zu lodern. Er kann die Augen nicht von diesem Anblick wenden. »Ein Ausbruch des Vesuvs«, sagt er. »Ist das nicht ein schönes Schauspiel, Herr Oberstallmeister?« Er klopft Caulaincourt auf die Schulter, der zusammenzuckt. »Schrecklich, Sire«, murmelt der Oberstallmeister.

»Ach was«, fährt Napoleon fort, »erinnern Sie sich an den Ausspruch eines römischen Kaisers: Der Leichnam eines toten Feindes riecht immer gut.«

Am Dienstag, dem 18. August, begibt er sich nach Smolensk. Zwischen den brennenden Trümmern liegen überall Tote. Der Brandgeruch vermengt sich mit dem der Kadaver, die zu verwesen beginnen. Er reitet langsam, erteilt Befehle. Man solle die Toten beseitigen, die Verletzten einsammeln, die Brände löschen und die in der Stadt vorgefundenen Lebensmittel registrieren. Er quartiert sich im Haus des Gouverneurs ein. Man kann darin kaum atmen. Der Geruch von Verwesung hat sich in allen Räumen ausgebreitet. Er wirft sein Schwert auf einen Tisch. »Der Feldzug von 1812 ist beendet«, sagt er müde.

Bei Einbruch der Dunkelheit fühlt er sich besser, frischer. Prinz Schwarzenberg hat also die Russen geschlagen. Der gute österreichische Verbündete! »Das verleiht der Allianz neues Ansehen«, schreibt er an Marie-Louise. »Dieser Kanonendonner wird in Petersburg, im Thronsaal meines Bruders Alexander widerhallen. Die Preußen sollten sich ein Beispiel daran nehmen. Sie werden sich vielleicht in ihrer Ehre verletzt fühlen.«

Gleichzeitig macht er sich Sorgen. In Schweden hat Bernadotte die Unterzeichnung einer anglo-russischen Allianz unterstützt. Dieser Franzose ist drauf und dran, Verrat zu begehen! Die aus Spanien eintreffenden Depeschen berichten von Siegen Wellingtons. Marmont ist geschlagen worden. Joseph hat Madrid verlassen. Gewiß, durch Schaden wird man klug.

»Die Engländer sind beschäftigt«, sagt er zu Caulaincourt. »Sie können sich nicht aus Spanien fortbewegen, um mich in irgendwelche Scharmützel in Frankreich oder in Deutschland zu verwickeln. Nur das zählt für mich.«

Und doch genügt eine einzige Niederlage, und alles hinter ihm fängt Feuer, Preußen und Deutschland, und selbst in Frankreich belauert ihn manch einer, wartet nur auf eine Gelegenheit. Kann er es sich leisten, noch länger in Rußland zu bleiben, diese Kampagne nicht durch einen triumphalen Sieg und den Einmarsch in Moskau zu beenden?

Er richtet sich auf. Er wird von Smolensk in Richtung Walutina reiten, wo die Truppen gegen Barclays Nachhut kämpfen, die sie umzingeln können. Er betrachtet die Karten, hört sich die Rapporte der Adjutanten an. »Barclay ist verrückt«, sagt er, »diese Nachhut gehört uns, wenn Junot nur mit gezückter Waffe anrückt.«

Er galoppiert zum Ort des Kampfgeschehens. Er beobachtet die Truppenbewegung. Was macht Junot nur? Er greift nicht an. Er läßt Murat allein angreifen und zwingt ihn zum Rückzug. Die Russen werden wieder einmal davonkommen!

Napoleon kehrt zurück nach Smolensk. Er ist mißmutig. Er erinnert sich an Junots Schneid, an seine Treue, seine Furchtlosigkeit, vor so langer Zeit, bei der Belagerung von Toulon. »Junot will nicht mehr«, sagt er. »Er läßt mich den Feldzug verlieren.«

Er müßte wüten, degradieren, heimschicken, demütigen. Aber es ist doch Junot, sein erster Adjutant, mit dem er in geflickter Uniform über das Pariser Pflaster stapfte. Genau wie Junot sind viele Generäle des Kämpfens müde, auch wenn sie tapfer sind und noch mit Heldenmut angreifen.

Am Sonntag, dem 23. August, als die Hitze, wie er an Marie-Louise schreibt, kaum noch zu ertragen ist, spaziert er auf dem Platz vor dem Haus des Gouverneurs auf und ab. Er kann es sich nicht leisten nachzugeben. Der Krieg, hat er zu Oudinot gesagt, ist auch Meinungssache. Wenn er keinen Sieg davonträgt, wenn er nicht in Moskau einmarschiert, wird es als Niederlage gelten.

Er bestellt seine Marschälle zu sich. Er empfängt sie am Montag, dem 24. August. Werden sie zu sprechen wagen? Murat beteuert, die russische Armee könne eingeholt und geschlagen werden. Die anderen schweigen. Aber er kennt den Grund für ihr Schweigen. Sie wollen mit der Fortsetzung der Operationen bis 1813 warten. Als könnte man warten! Er selbst hat diese Hypothese erwogen. Er war unschlüssig. Jetzt hat er sich entschieden.

»Bevor ein Monat vergangen ist«, sagt er, »werden wir in Moskau sein.« Er mustert sie, einen nach dem anderen. Sie senken den Blick. Sie müssen zustimmen. »In sechs Wochen«, fährt er fort, »wird Frieden sein.« Und nachdem er sie aufgefordert hat, zu ihren Einheiten zurückzukehren, sagt er: »Die Gefahr nämlich treibt uns nach Moskau. Ich habe alle klugen Einwände ausgiebig erwogen.« Aber werden sie ihn verstehen?

Er verläßt Smolensk am Dienstag, dem 25. August, um ein Uhr nachts. Er reitet einen Teil der Nacht und beinahe den ganzen Tag. Die Dörfer sind leer. Er sieht nicht einen Wagen, nicht einen Bauern. In Dorogobush, einer kleinen Stadt am Dnjepr, brennen die Häuser. Haben die Lagerfeuer der Soldaten oder die Russen den Brand verursacht?

Er ereifert sich über die Disziplinlosigkeit und das Chaos, das ihm auf den Landstraßen begegnet. Die Wagen mit dem Gepäck der Offiziere fahren manchmal vor der Artillerie. »Ich werde meinen anzünden, wenn er sich nicht an seinem Platz befindet«, sagt er.

Er kommt durch Slawkowo, Ruibkoj, Wjasma, wo Murats Schwadronen die Russen zurückgedrängt haben, aber vielleicht handelt es sich um die Vorhut der Armee, vielleicht nähert man sich der Schlacht?

Er geht durch Wjasma. Er hat befohlen, daß die Scharfschützen der Garde als erste die Stadt betreten, um die Ursache der Brände zu erkunden, welche Städte und Dörfer in Schutt und Asche legen. Sie haben gesehen, wie Kosaken Häuser anzündeten. Die wenigen in der Stadt zurückgebliebenen Einwohner bestätigen, daß die Nachhut der russischen Armee das Feuer gelegt hat.

»Was sind das für Leute, die ihre Häuser niederbrennen, damit wir ja nicht eine Nacht darin schlafen können!« ruft er. Doch er macht sich Sorgen.

Der Vormarsch geht weiter. Die Stadt Gshatsk steht in Flammen, aber ein paar Häuser sind von der Feuersbrunst verschont geblieben. Napoleon durchstreift die Umgebung, quartiert sich dann am Abend in der Stadt ein. Man verhört einen gefangenen Kosaken. Der Kaiser läßt ihn vorführen, gibt ihm ein paar Goldstücke, fragt ihn aus. Der Kosak berichtet, anstelle von Barclay de Tolly habe General Kutusow das Kommando über die Armee übernommen. Der Adel, erläutert der Kosak, habe Kaiser Alexander zu dieser Ernennung gezwungen, über die sich die russische Armee freue.

Napoleon erhebt sich, lächelt. »Endlich!« sagt er. »Der neue General kann dieses System des Rückzugs, das von der Öffentlichkeit seiner Nation abgelehnt wird, nicht fortführen. Er ist an die Spitze der Armee berufen worden, unter der Bedingung, daß er kämpft. Die bis zum heutigen Tag betriebene Kriegführung muß sich also ändern.«

Napoleon erhebt die Stimme, schnupft mehrmals. »Kutusow wird eine Schlacht liefern«, fährt er fort, »dem Adel zuliebe, und in zwei Wochen wird Alexander weder Hauptstadt noch Armee haben. Er wird dann Frieden schließen können, ohne Vorwürfe und Kritik zu ernten von seiten der Fürsten, die für Kutusow waren.«

Er ist entschlossen, aber nervös. Ihm fehlt die Heiterkeit, die ihn sonst immer vor einer Schlacht beschwingt hat. Manchmal überkommt ihn sogar Angst. Außerdem beschwört ihn Berthier, nicht weiter in Richtung Moskau vorzurücken und sich nach Smolensk oder Witebsk zurückzuziehen! Er will Berthier nicht mehr sehen. Er will nicht mehr gemeinsam mit dem Marschall essen. Es gilt vielmehr, einen Schritt nach vorn zu machen, Kutusow zu besiegen, die russische Armee zu zerschlagen.

Am Samstag, dem 5. September, läßt er sein Zelt weit außerhalb des Dorfes Borodino aufschlagen, wo Murats Kavalleristen soeben die russische Vorhut zurückgedrängt haben. Kutusows Armee befindet sich dort, auf dem anderen Ufer der Kolotscha, die zwischen zwei Hochebenen hindurchfließt und in die Moskwa mündet, die er in der Ferne erkennen kann.

In der Nacht, während es sehr kalt und regnerisch ist, besteigt er sein Pferd und durchstreift die Vorposten. So reitet er den ganzen Sonntag umher und schmiedet seinen Plan. Eugène wird links von ihm Borodino und die Große Schanze angreifen, die sich auf dem gegenüberliegenden Ufer der Kolotscha befindet. Ney und Davout werden im Zentrum den Drei-Pfeile-Hügel erstürmen. Die Polen unter Poniatowski werden von rechts einfallen. *Und ich werde mit der Garde bereitstehen, um einzugreifen*!

Um 18 Uhr versammelt er an diesem Sonntag, dem 6. September 1812, seine Marschälle. Er hört sich ihre Rapporte an. Die Angriffe würden schwierig werden, sagen sie, die Russen hätten ihre Schanzen befestigt. Sie kämpfen tapfer. Davout besteht darauf, dem Frontalangriff eine Attacke über den rechten Flügel vorzuziehen und Poniatowskis Truppen zu verstärken.

Niemand teilt Davouts Meinung. Napoleon erhebt sich. Er schließe sich der Mehrheit an, sagt er. Sein Plan wird also beschlossen.

Er hat einen schweren Kopf und geschwollene Beine. Er läßt Doktor Mestivier kommen, der nach einem langjährigen Aufenthalt in Moskau nach Paris zurückgekehrt war und nun die Armee begleitet.

»Also, Doktor«, sagt Napoleon, »Sie sehen, ich werde alt, meine Beine sind geschwollen, ich kann kaum Wasser lassen, das liegt bestimmt an der Feuchtigkeit dieser Biwaks, denn ich lebe nur noch durch meine Haut.«

Er hustet. Sein Puls rast. Der Urin fließt nur tröpfchenweise, und er hat Schmerzen. Doch er weist Mestivier zurück. Nach der Schlacht werde man weitersehen.

Er begibt sich in den hinteren Teil seines Zeltes und erblickt plötzlich ein Porträt des Königs von Rom, gemalt von Gérard, das Monsieur de Beausset, ein Adjutant von Marmont, soeben aus Paris mitgebracht hat. Er ist so überwältigt, so erschöpft, daß er sich an seinem Bettgestell festhalten muß.

Während er das Porträt anstarrt, läßt er sich eine Feder und ein

Blatt Papier bringen und beginnt zu schreiben: »Meine liebe Freundin, ich bin sehr erschöpft. Beausset hat mir das Bildnis des kleinen Königs überbracht. Es ist ein Meisterwerk. Hab Dank für Deine Aufmerksamkeit. Es ist so schön wie Du. Ich werde Dir morgen Genaueres schreiben. Ich bin erschöpft. *Addio, mio bene*. Nap.«

Er würde sich gern schlafen legen, doch er nimmt das Bildnis seines Sohnes, trägt es hinaus ins feuchte Morgengrauen. Er stellt es auf einen Stuhl. Grenadiere treten näher, verneigen sich, als sei es ein Heiligenbild. Napoleon raunt General Rapp zu, der neben ihm steht: »Mein Sohn ist das schönste Kind auf Erden.«

4

In seinem Zelt, das inmitten seiner Garderegimenter errichtet ist, fährt er plötzlich aus dem Schlaf empor. Es ist zwei Uhr morgens an diesem 7. September 1812. Ihm tut alles weh. Er fühlt sich schwer, und seine Beine sind geschwollen. Er hustet. Sein Kopf steckt in dem eisernen Reif einer »schrecklichen Migräne«. Verfluchte Erkältung! Aber damit hält er sich nicht auf.

Er vernimmt die Hörner, die von einem Ende der französischen Linien zum anderen Reveille blasen. Er hat es schon so oft erlebt, dieses Morgengrauen vor dem Gefecht. »Seit 19 Jahren führe ich jetzt schon Krieg, habe viele Schlachten geliefert und viele Belagerungen in Europa, Asien und Afrika durchgeführt«, hat er an Marie-Louise geschrieben. Er denkt an sie und an den Sohn, dessen Porträt plötzlich wieder aufleuchtet im Licht der Fackel, die der diensthabende Adjutant hält. Er steht auf.

Draußen wird die Dunkelheit von Wachfeuern durchlöchert. Die der Russen scheinen zahllos zu sein, und wie ein Gesang steigt dunkles Gemurmel vom Tal herauf und überquert die Hochebene. Die Russen beten vor der Schlacht.

In seiner Nähe erkennt er die Gardisten, die ihre Paradeuniform anlegen. Sie sagen kein Wort und lassen Schnapsflaschen kreisen. So ist es sicher in allen Einheiten.

Er hat diese Morgendämmerungen so oft erlebt. Und so oft hing sein Schicksal vom Ausgang der bevorstehenden Schlacht ab. Aber jedesmal hat er den Sieg davongetragen, in Marengo, in Austerlitz, in Jena, in Friedland und in Wagram. Und jetzt wartet er schon drei Monate auf diesen Augenblick. Dennoch weiß er an diesem Morgen, daß er nicht alle Karten in der Hand hat. Die Spielregeln, die immer er festgelegt und dem Feind aufgezwungen hat, sind ihm entglitten. Nicht er hat den Ort und den Zeitpunkt der Konfrontation gewählt, sondern der alte Kutusow, der von ihm in Austerlitz geschlagen wurde, aber die Türken besiegt hat.

Die Schlacht beginnt zu einem Zeitpunkt, in dem die Große Armee von einem dreimonatigen Marsch in diesem von der Sonne ausgebrannten Land abgekämpft und vom Staub fast erstickt ist. Seit einem Monat haben die Männer keine Proviantzuteilung mehr bekommen und ernähren sich von dem, was sie vorfinden. Er, der immer behauptet, bis auf den einzelnen Soldaten genau zu wissen, wie stark seine Truppen sind, kennt nicht einmal die genaue Anzahl der Soldaten, über die er verfügt. Vielleicht sind es knapp 130 000, wenn er den Berechnungen Berthiers Glauben schenken soll! Aber wie kann Berthier es wissen, wo doch Tausende von Nachzüglern sich überall im Gelände und auf den Straßen verstreut aufhalten und den Kosaken zum Opfer fallen?

Er begibt sich ins Lager der Garde. Die Männer stehen in Reih und Glied. Die Artilleristen der Garde machen ihre Geschütze gefechtsbereit. Er tritt näher. Er verfügt über 587 Kanonen. Aber Kutusow hat zweifellos mehr. Er wird mehr als sechshundert Kanonen und vielleicht 120 000 Männer aufbieten und außerdem über berittene Kosaken verfügen, die die Große Armee umzingeln und sich jeden Augenblick während der Schlacht auf die Nachhut stürzen können.

Er besteigt ein Pferd. Er hört über das rhythmische Gemurmel der betenden Russen hinweg die Stimmen der Offiziere, die seinen hier im Zelt verfaßten Aufruf verlesen. Er hört es und spricht es leise mit.

»Soldaten, die Schlacht, die Ihr so sehr gewünscht habt, steht bevor. Der Sieg hängt nun von Euch ab. Er ist nötig, denn er wird uns angenehme Winterquartiere und eine baldige Rückkehr in die Heimat ermöglichen. Verhaltet Euch wie in Austerlitz, in Friedland, in Witebsk, in Smolensk, und noch in fernsten Zeiten wird man Eure Tapferkeit in dieser Schlacht rühmen. Und man wird von Euch sagen: Er war in dieser großen Schlacht vor den Mauern von Moskau dabei.«

Er betrachtet die russischen Feldlager. Er muß gewinnen, muß die Armee von Kutusow zerstören, nach Moskau einziehen und Alexander den Frieden aufzwingen. Damit wäre die Partie einmal mehr gewonnen. Und wenn er sie verliert … Er kann nicht verlieren.

Um sechs Uhr, als der Tag anbricht, befiehlt er der Artillerie, das Feuer zu eröffnen. Er sieht die Flügeladjutanten davonstürzen. Und plötzlich bricht der Kanonendonner los und erfüllt das Tal der Kolotscha, grollt zwischen den Rändern der Hochebenen, läßt die Erde um die Große Schanze und die Pfeilschanzen aufspritzen.

Die ersten Infanterielinien, die Eugène befehligt, setzen zum Sturm auf das bereits in Flammen stehende Dorf Borodino und die Große Schanze an. Dann marschieren von rechts die Soldaten von Davout, Junot und Ney auf die Große Schanze zu, und die Polen unter Poniatowski versuchen, sich der Pfeilschanzen zu bemächtigen. Die russischen Kanonenkugeln schlagen blutige Furchen in die französischen Reihen. Rauch bedeckt nach und nach das Schlachtfeld. Er wird durch eine leichte Brise von Westen nach Osten getrieben und verschleiert auf diese Weise einen Teil der Russen. Die Sonne kommt langsam zum Vorschein und bricht durch den Nebel und den Rauch. »Das ist die Sonne von Austerlitz!« ruft er aus. Wird dies ein zweites Austerlitz?

Er verharrt dort unbeweglich auf seinem Pferd. Die Adjutanten kommen einer nach dem anderen herbei. Sie melden die Einnahme von Borodino und dann einen russischen Gegenangriff. General Plausonne, der den Sturmangriff befehligte, ist mit den meisten seiner Offiziere in dem Dorf gefallen. Davout hat die Große Schanze eingenommen, wurde von den Russen aber wieder vertrieben. General Compans ist gefallen. Davout, dessen Pferd getötet wurde, ist noch immer ohne Bewußtsein. Die Pfeilschanzen, die Große Schanze, Borodino und das Dorf Semjonowskoje gehen mehrmals in andere Hände über. Der russische General Bagration ist angeblich bei der Verteidigung von Semjonowskoje gefallen.

Bei jedem Namen, den man ihm nennt, greift er lediglich die Zügel ein wenig fester. Die Generäle Montbrun, Damas, Compère sind tot. Und auch General Caulaincourt, der Bruder des Oberstallmeisters, wird bei einem Angriff an der Spitze seiner Reiter getötet. Er schaut zu Caulaincourt hinüber. Das Gesicht des Oberstallmeisters ist tränenüberströmt. Er hat gehört, daß der Adjutant den Tod seines Bruders gemeldet hat. »Sie haben die traurige Nachricht vernommen. Gehen Sie in mein Zelt.« Caulaincourt rührt sich nicht. Er begnügt sich damit zu salutieren, indem er seinen Hut ein wenig lüftet. »Er ist wie ein tapferer Soldat gestorben«, sagt Napoleon.

Wie viele sind hier wohl umgekommen? Dutzende Generäle, scheint ihm, Hunderte Oberste, Abertausende Soldaten. Er ahnt es. Und die Russen geben das Terrain nicht auf. Sie weichen nicht zurück. Sie führen ihren Gegenstoß mit dem Bajonett. Ihre Artilleristen lassen sich auf ihren Geschützen in Stücke reißen.

»Diese Russen lassen sich töten wie Maschinen«, sagt er. »Wir kriegen sie nicht zu fassen. Das bringt uns nicht weiter. Es sind Bollwerke, die man mit Kanonen zerstören muß.« Er ahnt, daß dies kein Marengo, kein Austerlitz, kein Jena, kein Friedland und auch kein Wagram wird. »Wir werden die Schlacht gewinnen«, sagt er mit zusammengebissenen Zähnen. »Die Russen werden geschlagen, aber das wird noch nicht das Ende der Angelegenheit sein.«

Den ganzen Tag über ist er düsterer Stimmung. Es wurden Hunderttausende von Kanonenschüssen abgegeben, und die Russen halten noch immer stand. Die Flügeladjutanten von Murat und Ney wiederholen beharrlich die Forderung der Marschälle: er soll die Garde einsetzen. Sie wird die Front der Russen aufbrechen und sie dann in Flucht schlagen. Dann reden die Generäle auf Napoleon ein. Die Garde! Die Garde! Er wendet nicht einmal den Kopf. »Ich werde mich hüten, ich will sie nicht zugrunde richten lassen«, sagt er. »Ich werde die Schlacht ohne sie gewinnen.«

Aber die Große Schanze hält stand. Er sieht, daß die französischen Kanonen von den endlich eroberten Pfeilschanzen her die Große Schanze beschießen. Neben ihm gibt Marschall Lefebvre auf eigene Faust der Garde den Befehl vorzurücken. Er verliert kurz die Beherrschung. »Vorwärts, ihr verdammten Arschlöcher!« schreit er. Dann faßt er sich gleich wieder. Man gewinnt eine Schlacht nur mit kühlem Kopf und nicht, wenn man einem Affekt nachgibt. Endlich fällt die Große Schanze.

Napoleon rückt vor und holt die ersten Reihen der Scharfschützen ein, die auf der Straße nach Moskau marschieren. Die Russen ziehen sich geordnet zurück. Sie halten noch eine Feldschanze und eine kleine Befestigungsanlage, die die Straße sichern.

Napoleon erteilt der Eskorte den Befehl zurückzubleiben. Er hält sich in vorderster Linie auf. Die Kugeln pfeifen ihm um die Ohren. Warum nicht sterben wie die siebenundvierzig Generäle und die Hunderte von Obersten, die gefallen sind?

Die Schluchten und die Böschungen sind übersät von Tausenden von Toten beider Seiten. Wie viele? 50000 oder 60000? Er ist an diese makabre Buchführung gewöhnt. Ihm genügt es, die Gräben voller Leichen zu sehen, denen die Straßenräuber noch nicht ihre Uniformen stehlen konnten, um zu schätzen, daß drei von vier dieser Gefallenen Russen sind. Und wie viele Verwundete? 30000 oder 40000? Noch nie hat eine Schlacht so viel gekostet. Er wird die letzten russischen Verschanzungen nicht stürmen lassen. »Die Sache ist erledigt«, sagt er mehrmals leise.

Er hat die Schlacht gewonnen. Er steht am Ufer der Moskwa, auf der Straße, die über Moshaisk nach Moskau führt. Aber er hat die russische Armee nicht zerstört, und die Schlacht an der Moskwa ähnelt eher der von Preußisch-Eylau als der von Friedland. Ein Friedhof für Zehntausende!

Langsam kehrt er zum Biwak zurück. Überall hört man Verwundete schreien und stöhnen. Wie Hyänen schleichen die Leichenfledderer umher. Bald werden alle Leichen nackt sein. Wie kann man da schlafen? Man muß Kutusow nachsetzen und in Moskau einziehen. Und wenn man dieses Pfand hält, endlich den

Frieden erwirken. Nun muß er noch Briefe schreiben, damit man überall weiß, daß er gesiegt hat.

Kriege und Siege sind auch Dinge der öffentlichen Meinung. Kutusow könnte dem Zaren schreiben, daß er die Schlacht gewonnen hat. Das hatte ja auch General Bennigsen nach Preußisch-Eylau getan. Und dieses Gift hatte sich in Europa verbreitet. Man muß Lügen, die die Wirkung der Schlacht mindern könnten, von vornherein bekämpfen.

Er diktiert einen Brief an den Kaiser von Österreich. »Mein Herr Bruder und werter Schwiegervater, ich beeile mich, Eurer Majestät den glücklichen Ausgang der Schlacht an der Moskwa zu melden, die am 7. September beim Dorf Borodino stattgefunden hat. Da ich weiß, welches Interesse Eure Majestät mir persönlich entgegenbringt, fühlte ich mich verpflichtet, selbst über dieses denkwürdige Ereignis sowie über meinen guten Gesundheitszustand zu berichten. Die Verluste des Feindes schätze ich auf 40000 bis 50000 Mann. Ich habe etwa 10000 Gefallene. Ich habe 60 Kanonen erbeutet und eine große Zahl Gefangener gemacht.«

Er hört auf zu diktieren. Es hat ja nur sehr wenig Gefangene gegeben! Die Russen ließen sich lieber töten als fangen. Und auf der Straße nach Moshaisk, berichten die Adjutanten von Murat, der die Vorhut anführt, hat man nur einige versprengte Soldaten angetroffen. Der Feind hat nicht einen Karren zurückgelassen, und in Moshaisk leisten Infanterie und Kavallerie weiterhin Widerstand. Aber das kann er natürlich nicht schreiben.

Er verläßt das Zelt. Er will über das Schlachtfeld gehen. Zu den Offizieren seiner Umgebung sagt er: »Die Schlacht an der Moskwa ist die glorreichste, schwierigste und ehrenhafteste Militäraktion in der gesamten älteren und neueren Geschichte der Gallier.« Und das stimmt sogar.

Langsam reitet er zwischen den Soldaten, die auf dem Schlachtfeld biwakieren und die Erde aufgraben, um die Toten zu bestatten. Man jubelt ihm zu. Er steigt vom Pferd. Er muß mit diesen Männern reden.

»Furchtlose Helden, Euch verdanken wir diesen großen Ruhm«,

ruft er ihnen zu. Er nähert sich einer Gruppe Soldaten und befragt sie.

»Wo ist euer Regiment?«

»Es ist da«, antwortet ein alter Offizier.

»Ich frage, wo euer Regiment ist, denn ihr müßt euch ihm anschließen«, wiederholt Napoleon.

Aber plötzlich versteht er. Diese kleine Gruppe ist alles, was von einem Regiment übrigblieb. Die Hunderte, die fehlen, liegen als Leichen in den Gräben oder auf den Wällen ihrer Schanzen. Er fühlt einen stechenden Schmerz in der Seite. Er hustet. Seine Stimme wird schwächer, und er ringt nach Atem.

Nur mit Mühe kann er noch sagen: »Der Frieden liegt in Moskau. Wenn die russischen Aristokraten sehen, daß wir ihre Hauptstadt in der Hand haben, denn werden sie es sich schon überlegen. Wenn ich den Bauern die Freiheit schenke, dann ist es vorbei mit den großen Vermögen. Diese Schlacht wird meinem Bruder Alexander die Augen öffnen und, wenn wir Moskau einnehmen, auch dem Senat.«

Seine Stimme versagt, niemand kann ihn mehr hören. Mit einer Handbewegung deutet er an, daß man die Straße über Moshaisk nach Moskau nehmen soll.

Die Kälte wird allmählich schneidend und die Nacht feucht. Er spürt leichtes Fieber, aber er will unbedingt Moshaisk erreichen. Das Haus, das er am Hauptplatz der von ihren Einwohnern verlassenen Stadt betritt, ist nicht niedergebrannt worden, aber der Wind pfeift hindurch, da man die Türen herausgerissen hat. Die Furiere haben die Öfen vollgestopft.

Es ist warm, er versucht zu diktieren. Vergeblich. Kein Ton kommt aus seiner Kehle. Er setzt sich und schlägt mit der Faust kräftig auf den Tisch. Man bringt ihm Blätter und Tinte, und er beginnt zu schreiben, nachdem er die Blätter in kleine Stücke zerrissen hat, auf die er rasch einige Zeilen wirft, die Berthier, Méneval und andere Adjutanten dann zu entziffern suchen.

Aber er schlägt noch einmal auf den Tisch. Er hat schon mehrere Zettel vollgeschrieben. Glauben sie denn, daß er nicht mehr handelt, bloß weil er nicht mehr sprechen kann? Soll er sein

Schicksal von einer Heiserkeit abhängig machen? Solange er lebt, wird er versuchen, seine Spur in der Geschichte zu hinterlassen. Er schreibt, etwas langsamer, einen Brief an Marie-Louise.

Allmählich geht es ihm besser, und er kann wieder sprechen, auch wenn jedes gesprochene Wort im Hals kratzt. Aber mag er noch sprechen? Er hört die Rapporte seiner Adjutanten. Warum schlagen Kutusow und Alexander keinen Waffenstillstand oder Frieden vor? Warum ziehen sich die Russen so geordnet immer weiter zurück, ohne daran zu denken, Moskau zu verteidigen? Wollen sie nach Smolensk eine weitere Heilige Stadt opfern, jenes Dritte Rom?

Am Sonntag, dem 14. September 1812, reitet er um zehn Uhr morgens neben der Garde her, die langsam einen Hügel erklimmt. Man nähert sich dem Gipfel. Dies ist der Vogelberg. Plötzlich hört man Schreie: »Moskau! Moskau!« Das Wetter ist schön. Die Sonne blendet ihn fast. Dann erblickt er im goldenen Licht die Kuppeln, Türme und Paläste.

Ein Adjutant galoppiert heran. Die Stadt ist menschenleer. Ein russischer Generalstabsoffizier hat um Waffenruhe ersucht. Die Stadt sei voller betrunkener russischer Soldaten, habe er gesagt. Der Offizier habe die Verwundeten der Barmherzigkeit des Kaisers anempfohlen. Die von der Stadt her aufsteigende Stille erschüttert Napoleon.

Er ernennt General Durosnel zum Gouverneur von Moskau. Durosnel soll die öffentlichen Gebäude besetzen und für Ordnung sorgen lassen. Aber diese Stille, die über der Stadt liegt, beunruhigt ihn.

Langsam reitet er bis zum ersten Stadttor. Die Adjutanten melden, daß sie keine Delegation von Notabeln angetroffen haben. Moskau sei menschenleer, man treffe nur einige Elendsgestalten an, mit zerlumpten und dreckigen Schafsfellen bekleidet, wahrscheinlich entlaufene Strafgefangene.

Napoleon geht ein paar Schritte durch das Stadttor. Er ist in Moskau und empfindet keinerlei Freude.

Zweiter Teil
»Ich tappe völlig im dunkeln.«
14. September 1812 – 5. Dezember 1812

5

Beim Betreten dieser Herberge im Vorort Dorogomilowka, wo er die Nacht des 14. September 1815 verbringen soll, dreht sich ihm der Magen um. Er betrachtet einen Augenblick lang die Furiere und Jäger seiner Eskorte, die Essig verschütten und Alkohol anzünden, um den Verwesungsgeruch aus den Zimmern zu vertreiben.

Es ist zum Verrücktwerden. Er kann die geheime Besorgnis nicht loswerden, die immerfort an ihm nagt. Wo sind die Repräsentanten dieser Stadt? Selbst in Kairo sind sie zu ihm gekommen und haben seinen Sieg und seine Autorität anerkannt. Er konnte mit ihnen sprechen. Wie soll er aber einen Frieden aushandeln, wenn niemand da ist, um ihm zuzuhören und ihm zu antworten?

Er geht hinaus. Es ist bitter kalt. Vor allem erschüttert ihn jedoch diese Stille, die hin und wieder von Detonationen zerrissen wird. Er geht auf Marschall Duroc zu, der von einer Erkundung im Zentrum Moskaus zurückkehrt. Die ihn begleitenden Soldaten stoßen mehrere Einwohner vor sich her, die Französisch sprechen. Sie wirken verstört. Sie wissen nichts. Sie hätten eigentlich wie der Großteil der Bevölkerung die Stadt verlassen sollen, erläutern sie. Manche konnten sich nicht dazu entschließen, ihr Hab und Gut aufzugeben. Eine Gruppe gestikuliert. Es sind französische und italienische Schauspieler, die seit Jahren in Moskau auftreten. Warum hätten sie Kutusows Armee folgen sollen?

Ihre Angst ist ansteckend. Man werde ihnen Schutz gewähren, sagt Napoleon. Er befragt Duroc. Sämtliche Autoritäten der Stadt seien verschwunden. Im Kreml hätten sich Banditen verschanzt und würden auf Murats Vorhut schießen. »Diese Lumpen sind allesamt betrunken«, setzt Duroc hinzu, »und wollen keine Vernunft annehmen.«

»Dann soll man die Tore mit Kanonenkugeln öffnen«, ruft Napoleon, »und jeden davonjagen, der sich dort aufhält!«

Er kehrt in die Herberge zurück und beginnt, Befehle zu diktieren und die Rapporte der Offiziere anzuhören, die Patrouillengänge durch die Stadt unternommen haben. Die Straßen seien menschenleer, nur hier und dort würden einzelne Betrunkene in Häuser schleichen und auf die Soldaten schießen. »So führen die Russen also Krieg!« sagt er. »Die Kultiviertheit von Petersburg hat uns getäuscht«, ruft er aus, »es sind noch immer Skythen!«

Am Dienstag, dem 15. September, wacht er im Morgengrauen nicht minder wütend und besorgt auf. Während er sich ankleidet, hört er sich die Rapporte über die nächtlichen Ereignisse an. Der Basar hat gegen elf Uhr Feuer gefangen. Der von lauter Galerien mit Läden umgebene große Platz ist vollständig zerstört worden, ohne daß man in der Nacht den Brand bekämpfen konnte.

Er befragt ausführlich Marschall Mortier und General Durosnel. Ihre Mienen sind von Erschöpfung gezeichnet. Ihre Gesichter und Hände sind noch immer verrußt. Sie hätten keine Pumpen gefunden, erzählen sie. Einwohner und Soldaten hätten die Läden und Häuser geplündert. Zwei weitere Feuersbrünste seien in entlegenen Vororten ausgebrochen.

Sollten die Russen es wagen, Moskau in Asche zu legen? Er malt sich einen Augenblick lang diese Möglichkeit aus, weist sie aber von sich. Gewiß haben die Biwakfeuer der Soldaten die Holzhäuser in Brand gesetzt. Neue Patrouillen müssen ausgesandt werden. Marschall Mortier, der die Junge Garde befehligt, wird Durosnel als Gouverneur der Stadt ablösen.

Napoleon kann es kaum erwarten, die Stadt zu besichtigen. Aber gleich in den ersten Straßen lassen ihn die Stille und Leere ungehalten und ängstlich werden. Er sieht nur einige Silhouetten hinter den Fensterkreuzen mancher Häuser und torkelnde Männer, die sich beim Nahen der Kavalkade auf und davon machen. Wo sind die Menschenmengen von Mailand, Wien, Berlin?

Von ferne sieht er den Kreml. Er gibt seinem Pferd die Sporen, um schneller dorthin zu gelangen. Zum ersten Mal, seit er in Rußland ist, empfindet er ein Gefühl der Befriedigung. Er reitet den

Festungsgürtel ab. Er betritt diese Stadt im Herzen der Stadt. Er betrachtet lange die Kirchtürme mit ihren Kuppeln. Er könnte mit der Armee hier im Zentrum des russischen Reiches bleiben. Die Truppen von Kutusow wären dann auch zum Überwintern gezwungen. Er hätte Moskau in der Hand, und wenn der Frühling käme, würde er wie ein Schiff, das im Eis eingeschlossen war, wieder vorrücken und die Russen mit einer Großen Armee schlagen, die in Moskau ihre Kräfte regeneriert hätte. Und angesichts dieser Bedrohung wäre Alexander gezwungen, noch vor dem Frühling zu seinen Bedingungen zu verhandeln.

Er denkt den ganzen Tag über diese Möglichkeit nach. Er begutachtet die Ressourcen der Stadt. Die Speicher quellen über, heißt es. Elegante, luxuriöse Paläste stehen neben verfallenen Häusern. Es gibt zahlreiche Läden.

Er besichtigt die Gemächer, die der Zar bewohnt hat. Er wird nicht in dessen Bett schlafen. Man möge sein Feldbett aufschlagen. Er zieht sich früh zurück, um an Marie-Louise zu schreiben. Auch durch seine Briefe prägt er die öffentliche Meinung in Paris. Er ruft nach Caulaincourt. Er wünsche umgehend über die Ankunft der Kuriere benachrichtigt zu werden, die täglich aus Paris eintreffen. Ob die Männer angegriffen würden? Wie oft man die Equipagen auswechsele? Ob es nicht schneller gehe? Ein gewonnener Tag in den zwei Wochen, die die Zustellung dauert, könne entscheidend sein. Er müsse so schnell wie nur irgend möglich über die Geschehnisse in Paris und im Kaiserreich informiert werden. Die Regierungsgeschäfte müßten so abgewickelt werden, als wäre er in den Tuilerien.

Er fordert die Aushebung von 100 000 Soldaten in Frankreich und 30 000 in Italien. »Die Umstände der Schlacht an der Moskwa dürfen den Eifer nicht schwächen«, sagt er. »Diese Forderung soll schon morgen in das neue Portefeuille für den Kurier nach Paris gesteckt werden.«

Er ist jetzt allein. Er schreibt an Marie-Louise. »Meine Liebe, ich schreibe Dir aus Moskau, wo ich am 14. September eingetroffen bin. Die Stadt ist so groß wie Paris. Es gibt 1 600 Kirchtürme und über tausend schöne Paläste, die Stadt ist mit allem ausgestattet. Der Adel hat sie verlassen, auch die Händler hat man gezwungen fortzugehen, das Volk ist geblieben. Meine Gesundheit ist gut, meine Erkältung ist vorüber. Der Feind zieht sich, wie es scheint, nach Kasan zurück. Diese schöne Eroberung ist das Ergebnis der Schlacht an der Moskwa. Ganz der Deine. Nap.«

Er geht zu Bett, schläft ein. Dann werden Stimmen laut. Er erwacht sogleich. Er sieht im Kerzenschein Caulaincourt und Duroc, die einen Schritt vom Bett entfernt stehen. Und plötzlich sieht er durch das Fenster, wie der ganze Nachthimmel in rotes Licht getaucht ist. *Sie brennen Moskau nieder!*

Es ist vier Uhr morgens an jenem Mittwoch, dem 16. September 1812. Er eilt zu den Terrassen des Kreml, von wo aus man einen Blick über die ganze Stadt hat. Ihm ist, als explodiere alle seit Tagen in ihm angestaute Besorgnis und werde zu Wut.

Er läßt sich von Caulaincourt berichten. Die ersten Feuersbrünste seien fern vom Kreml, gegen neun Uhr abends, ausgebrochen, doch der Nordwind habe die Flammen geschürt und den Brand ins Stadtinnere getrieben, dann seien andere Brandherde ausgebrochen, und bald darauf habe die ganze Stadt in Flammen gestanden. Die Garde stehe unter Waffen, Patrouillen seien in sämtliche Stadtviertel ausgesandt und Brandstifter getötet worden, die man mit der Fackel in der Hand angetroffen habe. Sie seien oft betrunken und derart entschlossen, daß man, um ihnen die Fackel wegzunehmen, sie töten oder ihnen die Hand abschneiden müsse. Man habe überall Brandsätze und Lunten gefunden. Die Einwohner hätten gestanden, Gouverneur Rastoptschin habe den Polizeibeamten die Weisung erteilt, in der Nacht die gesamte Stadt in Brand zu setzen. Alle Pumpen seien zerstört oder entfernt worden.

Napoleon sieht die Stadt brennen. Er steht eine ganze Weile reglos auf der Terrasse, in einem heftigen, von der Glut erwärmten Wind. Diese hölzerne Stadt brennt, wie weder Troja noch Rom je gebrannt haben können! Er ist fasziniert. Es ist wie ein Ozean aus Feuer.

Er erteilt Befehle. Man müsse so viele Gebäude wie nur möglich schützen, die Brücken über die Moskwa retten, die Vorräte in

Sicherheit bringen, alle Brandstifter verhaften und auf der Stelle erschießen.

Er kann sich nicht von diesem Schauspiel lösen. Ein kupferner Rauch erfüllt die gesamte Atmosphäre und steigt unter sprühenden Funken und brennenden Partikeln auf. Manchmal gibt es Explosionen, die Luftwirbel auslösen. Die Russen, erläutert Caulaincourt, hätten Sprengladungen und Haubitzen in den Öfen der verschiedenen Paläste versteckt.

Napoleon verfolgt die Spiralen aus perlmuttfarbenem Rauch, die zu einer Art Pyramide verschmelzen, deren Grundfläche die gesamte Stadt bedeckt. Darüber erscheint der Mond. »Keine Fiktion«, murmelt er, »keine Poesie reicht an diese Realität heran.«

Er wendet sich General Mouton zu, der neben ihm steht und sagt: »Das bedeutet großes Unheil.« Dann faßt er sich wieder. Ein Kaiser vertraut sich niemandem an.

Er schiebt die um ihn Stehenden beiseite, steigt hinab in den Hof des Kreml. Es ist neun Uhr morgens. Der Wind kommt jetzt von Westen. Die Häuser in der Nähe des Kreml fangen Feuer. Er riecht diesen Schwefelgeruch, atmet diese Luft, die Hals, Haut und Augen reizt. Er bleibt stehen. Soldaten der Garde umstellen zwei Männer in Uniform mit verrußten Gesichtern. Es sind Polizisten. Er befiehlt ihr Verhör.

Er geht vor ihnen auf und ab. Ihre Antworten werden übersetzt. Das Feuer sei auf Befehl von Gouverneur Rastoptschin vorbereitet worden, bestätigen sie. Polizisten hätten Order gehabt, einen Stadtteil nach dem anderen in Brand zu setzen.

Plötzlich fängt das Arsenal in der Nähe des Kreml Feuer. Er sieht Soldaten der Garde, die eine Ausbreitung auf die Brücke, die über die Moskwa führt, zu verhindern suchen. Ihre Pelzkappen brennen auf ihren Köpfen. Die Luft läßt sich nicht mehr atmen. Es ist möglich, daß die Russen dieses Feuer mit einem Angriff ihrer Truppen auf Moskau verbinden wollen. Er kann nicht in der Stadt eingesperrt bleiben. Er muß sie verlassen.

Er erteilt einen Befehl nach dem anderen. Er wird nie und nimmer in eine Falle laufen. Er verläßt den Kreml, streift durch die Trümmer der westlichen Viertel. Er schreitet mit einem Taschentuch vor dem Mund durch die erstickende Hitze, schreitet über einen Feuerboden, durch einen Feuerhimmel. Um ihn herum stürzen brennende Trümmer zu Boden. Er geht am Ufer der Moskwa entlang. Das Feuer gleicht einer rötlichen Abenddämmerung, die den ganzen Horizont in Glut taucht.

Er überquert die Moskwa auf einer steinernen Brücke und steigt auf sein Pferd. Es bäumt sich auf. Den ganzen Weg nach Moshaisk errichtet die Feuersbrunst ihre lodernden Wände. Die Vororte sind zerstört. Soldaten irren durch die qualmenden Ruinen, schleichen in die Keller, plündern die verkohlten Häuser. Was wird aus der Großen Armee, wenn sie so den niederen Instinkten ausgeliefert ist?

Er quartiert sich im Schloß Petrowskoje, zwei Meilen von Moskau entfernt, ein. Er will allein sein. Er geht durch den Park und betrachtet den Horizont. Moskau brennt weiter, trotz eines beginnenden Nieselregens.

Er ist ganz in sich verschlossen. In seinen Gedanken folgt ein Plan dem anderen. Hin und wieder geht er in diesem Schloß, dem schönsten, das er seit Beginn des Feldzugs bewohnt hat, zu dem Tisch, auf dem die Karten ausgebreitet liegen. Er ruft Berthier, Eugène de Beauharnais und Murat herbei. Zunächst sagt er kein Wort. Was denken sie wohl? Er mustert sie.

Murat wirkt als einziger zufrieden. Er behauptet, die Kosaken aus Kutusows Nachhut hätten derartige Achtung vor seinem Schneid, daß sie beschlossen hätten, ihn nicht zu töten! Berthier, Fürst von Neuchâtel, träumt davon, in sein Schloß Grosbois zurückzukehren, um dort Jagdgesellschaften zu geben und seine Mätresse, Madame de Visconti, zu empfangen! Was Eugène betrifft, diesen Allertreuesten, so ist auch er, fern von den Seinen und von Italien, dieses Krieges überdrüssig. *Und ich? Glauben sie, ich hätte keine Träume?*

Er wendet sich dem Bildnis des Königs von Rom zu, das er in diesem Raum an die Wand hängen ließ. Er geht, die Hände auf dem Rücken, mit gesenktem Kopf auf und ab, ohne sie anzusehen. »Wir können«, hebt er an, »wenn der Brand gelöscht ist, in Moskau bleiben. Die Vorräte sind in den Kellern, und nicht alle Häuser werden zerstört sein.« Er sieht sie an. Keiner wagt zu antworten. »Wir können«, fährt er fort, »Smolensk erreichen oder gar Wilna.« Berthier und Eugène stimmen ihm zu.

»Wir können aber auch«, setzt er hinzu, indem er sich über die Karte beugt, »in Richtung Sankt Petersburg marschieren und Alexander zur Flucht oder zur Unterzeichnung des Friedens zwingen. So wie wir es mit dem österreichischen Kaiser in Wien, mit dem preußischen König in Berlin getan haben.« Sie senken den Blick. Er wird allein entscheiden müssen.

Zunächst kehrt er nach Moskau zurück, auch wenn die Stadt noch immer brennt. Er reitet langsam mit seiner Eskorte durch die schwelenden Ruinen der zerstörten Viertel. Er muß alles sehen, denn es gilt immer zu ermessen, wozu der Feind imstande ist. Die Russen, davon ist er überzeugt, werden den Brand dazu benutzen, das Volk gegen ihn aufzuwiegeln. Er wird der Antichrist sein. Man muß ohne Verzug dieser Verleumdung entgegenwirken und die Brandstifter in ihre eigene Falle treiben.

Er schreibt an Marie-Louise, weil sie in ihrer Umgebung darüber sprechen und an ihren Vater schreiben wird, denn auch am Wiener Hof wartet man nur darauf, sich gegen ihn wenden zu können. »Die Österreicher und die Preußen sind Feinde im Hinterland«, sagt er zu Berthier.

»Ich hatte keinerlei Vorstellung von dieser Stadt«, schreibt er an Marie-Louise. »Sie besaß fünfhundert Paläste, so schön wie der Élysée-Napoléon, nach französischer Manier, unglaublich luxuriös möbliert, mehrere kaiserliche Paläste, Kasernen, prächtige Krankenhäuser. Der Gouverneur und die Russen haben aus Wut über die Niederlage diese schöne Stadt in Brand gesetzt. Die Schurken sind sogar so weit gegangen, alle Pumpen zu entfernen oder zu zerstören ... Es steht nur noch ein Drittel der Häuser. Die Armee hat etliche Reichtümer vorgefunden, denn in diesem Chaos ist alles der Plünderung preisgegeben. Dem Soldaten stehen Lebensmittel, französischer Branntwein in Hülle und Fülle zur Verfügung. Dem Gerede in Paris darfst Du kein Gehör schenken. Schreibe oft an Deinen Vater, schicke ihm Sonderkuriere, rate ihm, Schwarzenbergs Korps zu verstärken, um sich das zur Ehre anzurechnen.

Ich betrachte manchmal das Porträt, das Gérard gemalt hat und das ich sehr schön finde. Zweifle nicht daran, daß ich Dich sehr liebe und daß es mein ganzes Glück ist, bei meiner lieben Louise zu sein. Küsse den kleinen König dreimal, liebe mich und zweifle nie. Nap.«

Es ist bereits zwei Uhr morgens. Aber es kommt nicht in Frage, dem Schlaf oder der Müdigkeit nachzugeben. Er muß die Zügel anziehen, jetzt, wo das Feuer erlischt, weil es heftig regnet, der Wind nicht mehr weht und, wie er überdies an Marie-Louise schreibt, damit sie es weitersage, »wir so viele Brandstifter füsiliert haben, daß sie aufgegeben haben«.

Zunächst muß der Versuch unternommen werden, Frieden zu schließen, indem man die Russen und, wenn möglich, den Kaiser gegen die aufbringt, die Moskau zerstört haben. Er empfängt Generalmajor Tutolmin, den Leiter des Hospizes für Findelkinder, dessen Mündel in Moskau geblieben sind. Tutolmin bittet die Franzosen um Hilfe.

Napoleon empfängt Tutolmin. Rastoptschins Barbarei sei um so krimineller, sagt er, als die Zivilbevölkerung von den Franzosen nichts zu befürchten habe. Die Zerstörung der Städte, sei das die rechte Art, Krieg zu führen? Erinnere sich der Herr Generalmajor, fragt er, indem er sich nach vorn beugt, an Pugatschow, jenen Mann, der die Leibeigenen befreien wollte? »Ich wollte nicht den Orkan einer Bauernrevolte auslösen«, murmelt Napoleon.

Er geht im Raum auf und ab. Er ist bereit, einen Gesandten Tutolmins die Vorposten passieren zu lassen, um die Kaiserin über die Lage des Hospizes zu unterrichten, zumal sie Patronin dieser Institution ist. Er wendet sich Tutolmin zu, sagt plötzlich: »Ich bitte Sie, im gleichen Zuge an Kaiser Alexander zu schreiben, für den ich noch immer dieselbe Achtung hege, daß ich den Frieden wünsche.«

Er sieht Tutolmin fortgehen. Man darf nichts unversucht lassen. Der Frieden wäre jetzt, wo er in Moskau ist, die beste Lösung. Ganz gleich, unter welchen Bedingungen. Wenn er unterzeichnet würde, sähe Europa darin die Krönung seines militärischen Sieges.

Wenn er hingegen Moskau verlassen müßte, ohne mit dem Zar zu einer Einigung gekommen zu sein, würde ihm dies als Niederlage ausgelegt werden.

»Europa schaut auf mich«, sagt er zu Caulaincourt. Er schweigt einige Minuten, fragt dann plötzlich: »Wollen Sie nach Petersburg gehen, Herr Oberstallmeister? Sie werden bei Kaiser Alexander vorsprechen. Ich werde Ihnen einen Brief mitgeben, und Sie werden Frieden schließen.«

Caulaincourt lehnt ab und behauptet, die Mission sei aussichtslos. Woher weiß man, was möglich und was unmöglich ist, wenn man es nicht probiert hat?

»Dann gehen Sie nur ins Hauptquartier von Marschall Kutusow!«

Aber Caulaincourt ist hartnäckig. »Dann schicke ich eben Lauriston, ihm wird die Ehre zuteil werden, Frieden geschlossen und die Krone Ihres Freundes Alexander gerettet zu haben.«

Napoleon diktiert in einem Zuge einen Brief an den Zaren. »Mein Herr Bruder, die schöne, herrliche Stadt Moskau existiert nicht mehr. Rastoptschin hat sie in Brand gesteckt. Vierhundert Brandstifter sind auf frischer Tat ertappt und verhaftet worden. Alle haben gestanden, sie hätten auf Geheiß dieses Gouverneurs und Polizeichefs gehandelt. Sie sind füsiliert worden. Das Feuer scheint endlich aufgehört zu haben. Dreiviertel der Häuser sind abgebrannt, ein Viertel ist übriggeblieben.

Ein solches Verhalten ist grausam und unüberlegt. Diente es dazu, uns irgendwelcher Ressourcen zu berauben? Aber diese Ressourcen waren in den Kellern, in die das Feuer nicht vordringen konnte. Und wie ist es möglich, daß man eine der schönsten Städte der Welt, das Werk vieler Jahrhunderte, zerstört, um ein so schwaches Ziel zu erreichen? Wenn ich annehmen würde, daß dergleichen auf Geheiß Eurer Majestät geschah, würde ich Ihnen diesen Brief nicht schreiben. Doch ich halte es für unmöglich, daß Sie mit Ihren Prinzipien, Ihrem Herz, Ihrem Sinn für Gerechtigkeit derartige Exzesse autorisiert haben soll, die eines großen Herrschers und einer großen Nation unwürdig sind.«

Wenn man einen Feind nicht ganz und gar vernichten kann, gilt es, ihm die Möglichkeit zur Flucht und zur Wahrung des Scheins zu lassen, damit er sich, anstatt gezwungenermaßen bis zum Tode zu kämpfen, auf Verhandlungen einläßt.

Napoleon fährt fort: »Ich habe ohne jegliche Feindseligkeit gegen Eure Majestät Krieg geführt: ein Billett von Ihnen vor oder nach der letzten Schlacht hätte meinem Vormarsch Einhalt geboten, und ich hätte nur zu gern auf den Vorteil verzichtet, in Moskau einzumarschieren.

Falls Eure Majestät mir noch im geringsten zugetan sein sollte, so werden Sie diesen Brief günstig aufnehmen. Gleichwohl können Sie mir nur Dank dafür sagen, Ihnen über die Geschehnisse in Moskau Bericht erstattet zu haben.«

Die Stafetten treffen ein mit dem Portefeuille aus Paris, der Post aus Warschau und Wilna. In Spanien steht es schlecht. Wellington ist am 12. August in Madrid einmarschiert. Österreicher und Preußen würden beim geringsten Mißerfolg hier »zu unseren ärgsten Feinden« werden.

Bernadotte, dieser Judas, hat am 30. August mit Alexander I. ein Bündnis gegen Napoleon unterzeichnet. Was erhofft er sich davon? Daß der Zar und die Engländer ihn als Herrscher in Frankreich einsetzen? Diesem von Neid Zerfressenen sind solche Vorstellungen durchaus zuzutrauen. Ist Napoleon nicht, wie Madame de Staël in ihrem Stockholmer Exil verkündet, »der Feind des Menschengeschlechts« geworden? Und sie will von dort, wie unsere Spione berichten, den Kreuzzug der »freien Welt« gegen ihn organisieren! Mit einem Rußland, in dem die Bauern meistbietend versteigert werden wie im alten Rom! *Das sind meine Feinde!*

Seine einzigen Ressourcen sind sein Wille, sein Geist, seine Arbeit. Er diktiert Depeschen, Dekrete, manchmal die ganze Nacht lang. Am 15. Oktober 1812 arbeitet er ein neues Statut für die Comédie-Française aus. Für kurze Zeit vergißt er beim Sprechen, wo er sich eigentlich befindet. »Die Schauspieler werden zu einer Gesellschaft zusammengefaßt, und der Erlös ihrer Einnahmen wird in vierundzwanzig Anteilen ausgeschüttet.«

Er diktiert das Dekret zu Ende, tritt dann ans Fenster. Das Wetter ist schön, mild wie in Fontainebleau. Er möchte daran glauben, daß es so bleibt. Daß Caulaincourt mit seiner Schilderung des Klimas übertrieben hat. Aber vorgestern hat es geschneit. »Beeilen wir uns«, sagt er. »In drei Wochen müssen wir die Winterquartiere bezogen haben.»

Er steigt in den Hof des Kreml hinab, um wie jeden Tag die Parade abzunehmen. Dann geht es wieder an die Arbeit.

Er wünscht, daß die Verwundeten über Smolensk evakuiert werden. Von dort gelangen sie nach Wilna und dann nach Frankreich, eskortiert von Unteroffizieren, die bei der Rückkehr in ihre Kasernen die neuen Rekruten ausbilden werden. Man soll die Wagen zählen, die Einheiten neu organisieren. Allabendlich empfängt er die Marschälle und die Generäle. Man lauscht einem italienischen Sänger, Tarquinio, einem Sopran, der mit seiner Truppe in Moskau bleiben mußte. Seit dem Brand und den Plünderungen sind sie gänzlich mittellos.

Man möge ihnen helfen. Doch er unterbricht rasch das Schauspiel. Dies ist keine Zeit für Gesänge. Er befragt die Offiziere. Caulaincourt berichtet, erstmals seien aus Paris eintreffende Kuriere attackiert worden. Die tägliche Verbindung zur Hauptstadt des Kaiserreichs sei nicht länger sicher. Das ist ein ernstes Signal.

Er hört Murat an, der weiterhin mit den Kosaken verhandelt und dabei nur wie der Rabe in der Fabel mit Füchsen zu tun hat. »Diese Verhandlungen dienen nur dazu, die Armee unter Verweis auf die Entfernung von Frankreich, das Klima und den Winter einzuschüchtern«, sagt Napoleon. Murat mache sich etwas vor. »Diese Leute wollen nicht verhandeln. Kutusow ist umgänglich, er würde gern zum Ende kommen. Aber Alexander will nicht, er ist hartnäckig«, fährt der Kaiser fort.

Er studiert die Karten. Wenn sie Moskau verlassen, ziehen sie zunächst gen Süd. Die Armeekorps sollen Zwieback für zwei Wochen produzieren. Sämtliche Wagen, die sich nicht anspannen lassen, sollen im Kreml zusammengezogen werden. Er hat seine Entscheidung getroffen. Jetzt gilt es, sie in die Tat umzusetzen. Bis zum letzten Augenblick muß allen der Moment des Aufbruchs verheimlicht werden.

Am Sonntag, dem 18. Oktober 1812, nimmt er um zwölf Uhr mittags die Parade des 3. Korps von Marschall Ney ab. Es ist schönes Wetter. Die Fanfare spielt eine heitere Melodie. Plötzlich taucht ein Adjutant auf, de Béranger, Offizier unter Murat, der berichtet, die Russen hätten in Winkowo angegriffen. Napoleon hört sich den Rapport an. Die französischen Biwaks seien überrascht worden. Die Russen hätten zwölf Kanonen mitgenommen. Nur durch Murats Angriff seien sie zurückgedrängt worden.

»Ich muß alles mit eigenen Augen sehen«, ruft Napoleon. »Ohne Murats Geistesgegenwart und Mut wäre alles verloren und er selbst gefährdet gewesen. Aber ich kann nicht auf ihn zählen. Er verläßt sich auf seinen Mut, auf seine Generäle, und die sind unachtsam. Auf alle Fälle muß die Schmach dieses Überfalls getilgt werden. Es darf in Frankreich nicht heißen, wir hätten uns aufgrund einer Niederlage zurückziehen müssen.«

Er springt vom Pferd, betritt die Gebäude. »Wie dumm von Murat! Keiner nimmt sich in acht. Das bringt all meine Pläne durcheinander. Man verdirbt mir alles.«

Er bleibt allein. Man darf nicht länger warten. Morgen wird er Moskau verlassen.

Es ist sieben Uhr morgens an diesem Montag, dem 19. Oktober 1812. Er geht zu General Rapp, der besorgt wirkt, und sagt mit heiterer Stimme: »Nun, Rapp, wir werden uns nach Polen zurückziehen: ich werde gute Winterquartiere beschaffen. Ich hoffe, Alexander wird Frieden schließen.«

»Die Bevölkerung sagt einen harten Winter voraus«, entgegnet Rapp.

Napoleon entfernt sich. »Ach was, eure Bevölkerung!« ruft er. »Sehen Sie doch das schöne Wetter!«

Er tritt zu Marschall Berthier. Er fordert mit entschiedener Stimme, jeder Wagen solle zwei Verwundete mitnehmen. »Jeder Wagen, der unterwegs ohne die zwei Verwundeten angetroffen wird, wird umgehend verbrannt. Die Wagen sind zu numerieren, ansonsten droht ihnen die Konfiszierung.«

Berthier grummelt, es seien an die zwanzig-, dreißig-, vierzigtausend! Er antwortet nicht. Er diktiert eine weitere Order, gerichtet an Marschall Mortier, der nach Aufbruch der Marschunfähigen und Verwundeten mit 10000 Mann im Kreml zurückbleiben soll. »Am 23. Oktober um zwei Uhr morgens soll Marschall Mortier den Kremlpalast in Brand setzen.«

Er schaut auf Berthier und fährt dann, auf und ab gehend, mit seinem Diktat fort. »Sobald der Kreml an mehreren Orten in Flammen steht, begibt sich Marschall Mortier, Herzog von Treviso, nach Moshaisk. Um vier Uhr jagt der mit dieser Aufgabe betraute Offizier den Kreml in die Luft. Unterwegs verbrennt er sämtliche zurückgebliebenen Wagen, läßt die Leichen möglichst beerdigen und sämtliche Feuerwaffen, die er findet, zerstören.«

Das wär's. Die Garde setzt sich in Bewegung. Er begibt sich, aufrecht im Sattel sitzend, in ihre Mitte. Es ist neun Uhr morgens an jenem Montag, dem 19. Oktober 1912. Napoleon verläßt Moskau.

6

Er blickt in die Ferne. Er würde lieber wegsehen, erkennt aber an den Straßenrändern Grenadiere seiner Garde, die schon jetzt haltmachen. Und dabei marschieren sie doch erst seit ein paar Stunden. Sie durchwühlen ihre Tornister und lassen alle Gegenstände zurück, die zu schwer sind. Die schlammigen Böschungen sind schon von Büchern mit vergoldetem Einband, kleinen Statuen, Gewändern und Teppichen übersät.

Er darf sich nicht anmerken lassen, was er empfindet, weder Sorge noch Wut noch Ungewißheit. Und doch nagen sie an ihm. War es vernünftig, die Südroute in Richtung Kaluga zu nehmen, um Kutusow eine Niederlage zuzufügen? Und wo steckt der russische Feldmarschall? Man sieht nur von Zeit zu Zeit Kosaken aus dem Nebel auftauchen, die ein paar Schüsse abfeuern oder einige Lanzenstöße austeilen und sich wie Fliegenschwärme zerstreuen, sobald eine Gardeschwadron angreift. Aber sie haben einige Männer getötet, die auf der Erde liegenbleiben.

Sollte man nicht so schnell wie möglich Smolensk erreichen, wo sich volle Vorratslager befinden? Diese Armee benötigt alles, Brot, Munition, Schuhwerk, Uniformen und Verbandszeug für die Verletzten. Und nach diesen langen, eisigen Morgennebeln und dem Regen während des Tages kommt jetzt die Kälte der hereinbrechenden Nacht.

Die Räume des Schlosses von Troizkoje, dem ersten Halt für einige Stunden, und dann das Zimmer von Fominskoje sowie das Haus von Borowsk, die folgenden Etappen, sind schmutzig, bitterkalt und feucht. Napoleon befiehlt, die Wagen, die nicht mehr fahrtüchtig sind, zu verbrennen. Er sieht, wie Soldaten Pferde zerlegen. Einige Grenadiere stecken ihre Arme und sogar ihren Kopf tief in den offenen Leib der Tiere, um in den Eingeweiden zu wühlen und die Leber herauszuschneiden. Andere füllen ganze Eimer mit Pferdeblut, das sie noch warm trinken. Er kann nicht umhin, dies wahrzunehmen und auf den Gesichtern von Rapp, Berthier, Eugène und Lauriston Entsetzen zu lesen. Sie umringen ihn und schauen ihn fragend an.

Er nimmt Caulaincourt beiseite. »Ich sehe, daß ich unbedingt an meine Vorräte herankommen muß«, sagt er. »Denn ich könnte Kutusow noch so sehr jagen und ihn aus Kaluga und seinen Verschanzungen vertreiben, die Kosaken werden doch immer meine Nachschubwege behindern.«

Caulaincourt stimmt zu und weist mit besorgter Stimme auf das Klima hin, das sich ändern wird, den Schnee und die Kälte, die kommen werden, und auf die Angriffe von Bauern und Partisanen, von denen die Kuriere bei ihrem Eintreffen berichten. Das ganze Land bis zur Grenze des Großherzogtums Warschau ist im Begriff, sich zu erheben. Man kann nicht mehr gefahrlos Futter holen. Die Meldereiter werden angegriffen. Versprengte Soldaten werden getötet. Gerüchte verbreiten sich. Die Bauern spießen ihre Gefangenen auf oder werfen sie in Behälter mit kochendem Wasser oder Öl.

Er darf hierauf nichts antworten, nicht zeigen, was er empfindet. Er sagt nur: »Wir werden ohne Nachrichten aus Frankreich sein. Viel ärgerlicher aber ist, daß man in Frankreich ohne Nachrichten von uns sein wird.« Er verlangt größte Umsicht in allem, was man schreibt. »Alle Briefe können abgefangen werden.«

In Gedanken daran schreibt er an Marie-Louise. »Meine liebe Freundin, ich bin bei guter Gesundheit, meine Geschäfte gehen vorzüglich. Ich habe Moskau verlassen, nachdem ich den Kreml in die Luft gesprengt habe. Ich hätte 20000 Mann gebraucht, um diese Stadt zu bewachen. So zerstört, wie sie war, hat sie meine Operationen nur behindert. Das Wetter ist sehr gut. Genau wie Du sehne ich das Ende all dessen hier herbei. Zweifle bitte nicht daran, mit welchem Glück ich Dich wieder in meine Arme schließen werde.

Küsse den kleinen König in meinem Namen, schreibe Deinem Vater, daß ich ihn bitte, an Schwarzenberg zu denken und ihn durch das Truppenteil von Galizien unterstützen und verstärken zu lassen. Wenn Du an die Kaiserin schreibst, sag ihr meine Ergebenheit. Adieu, liebe Freundin. Du weißt, wie sehr ich an Dich denke. Ganz der Deine. Nap.«

Er hört Kanonendonner und geht sogleich hinaus. Weiter südlich wird im Umkreis von Malojaroslawez gekämpft. Er reitet in Richtung der Kampfzone und hört die Berichte der Kundschafter. Marschall Davout und Eugène de Beauharnais sind von den Russen unter General Doktorow, der Vorhut von Kutusow, angegriffen worden. Sie haben sie zurückgeworfen und einige Gefangene gemacht, aber die Kosaken sind überall und setzen den Truppen zu.

Napoleon kehrt nach Borowsk zurück. Er befragt einen gefangenen Offizier. Der Mann ist gelassen wie ein Sieger und sagt mit Nachdruck, Zar Alexander habe erklärt, daß sein Feldzug jetzt erst beginne. Der Mann beantwortet keine Frage, bei der es um Kutusows Truppenbewegungen geht. Ziehen sich die Russen zurück, nachdem sie in Malojaroslawez geschlagen worden sind? Aber wie sollte man sie verfolgen mit einer Armee, deren Männer und Pferde erschöpft sind?

Napoleon kann nicht ruhig sitzen bleiben. Er geht im Raum auf und ab. Er wirft einen Blick auf die Landkarten. Er tritt hinaus über die Schwelle. Die Nacht ist grau vor lauter Nebel. Man sieht nur ein paar Schritte weit. »Jetzt wird es ernst«, murmelt er. »Ständig schlage ich die Russen, aber nichts wird dadurch geklärt.«

Schweigend geht er in diesem übelriechenden Kabuff auf und

ab. Dann ergreift er plötzlich seinen Hut. »Ich werde mich selbst davon überzeugen, ob der Feind in Stellung ist oder sich zurückzieht, worauf alles hindeutet. Dieser Teufel von Kutusow bekommt die Schlacht nicht. Meine Pferde sollen bereitgestellt werden, wir brechen auf.« Er stößt auf Berthier, der ihm den Weg versperrt. »Der Tag ist noch nicht angebrochen«, sagt der Marschall, »man weiß nicht, wo die verschiedenen Einheiten stehen. Die Kosaken können jeden Augenblick auftauchen.«

Ein Flügeladjutant von Eugène erscheint und bestätigt den Rückzug von Kutusows Truppen. Napoleon hört es sich an und wartet dann ein paar Minuten. Aber er kann nicht länger in diesem verräucherten Raum bleiben. Er will etwas tun. Er besteigt ein Pferd, ohne sich darum zu kümmern, wer ihm folgt. Er reitet, und plötzlich tauchen Reiter aus dem Nebel auf, schreien, umzingeln die Eskorte und die Adjutanten. Er hört den Ruf von Rapp: »Halten Sie ein, Sire, es sind Kosaken!«

»Nimm die Scharfschützen der Kavalleriefeldwache, und begib dich nach vorn!« ruft ihm Napoleon zu. Er blickt sich um. Berthier und Caulaincourt sind an seiner Seite mit der Hand am Degen; er zieht blank. Vor ihm wird gekämpft. Er hört den Zusammenstoß der ausgeteilten Hiebe, die Schreie, die Hurrarufe der Kosaken. Gerade als sich der Nebel lichtet, reitet endlich die Garde heran. Und dann entdeckt er in der Ebene Tausende von Kosaken, zweifellos die von Platow, die die Feldlager der Garde und den Artilleriepark angegriffen und Gefangene und Geschütze mitgenommen haben. Sie müssen aus den kleinen Waldstücken aufgetaucht sein, die hier und da in der Ebene düstere Baumgruppen bilden.

Er muß Gelassenheit, ja sogar Heiterkeit demonstrieren. Er lacht, scherzt mit Lauriston und Rapp. Er spürt die Blicke der Grenadiere, die ihn nicht aus den Augen lassen. Er muß heroisch und unverwundbar erscheinen. »Es lebe der Kaiser!« wird gerufen, aber die Stimmen verstummen bald. Er kehrt langsam in sein Quartier zurück und durchquert dabei die Feldlager. Die Männer kauern um die Feuer. Sie kommen ihm zusammengekrümmt, teilnahmslos, ja sogar den anderen gegenüber feindlich gesinnt vor, voneinander abgesondert durch die hereinbrechende Kälte und den Hunger, der sie quält.

Er ruft Doktor Yvan zu sich, den Arzt der Garde, der seit vielen Jahren in seinen Diensten steht. Er durchbohrt ihn mit seinen Blicken. Er wünsche, sagt er, indem er Yvan den Rücken zukehrt, eine Ampulle mit einem starken Gift. Er wolle sie bei sich tragen. Er dürfe nicht riskieren, in Gefangenschaft zu geraten. Er schaut Yvan streng an, der nur noch stammelt. Er sagt noch einmal, es handele sich um einen Befehl, der umgehend auszuführen sei.

Es ist Sonntag, der 25. Oktober 1812. Er ist also um ein Haar getötet oder gefangengenommen worden. Aber das Schicksal hat ihn am Leben gelassen. Also vorwärts. Er gibt das Zeichen zum Aufbruch. Er hat seine Entscheidung getroffen. Man muß so schnell wie möglich Smolensk erreichen. Die Straße nach Süden wird verlassen und die nach Moshaisk, Borodino und Wjasma wiederaufgenommen.

Nachts herrscht jetzt Frost, aber tagsüber ist es nur kühl und grau. Er reitet inmitten der Garde, steigt zuweilen in einen Wagen oder geht wie ein Soldat unter Soldaten viele Stunden zu Fuß, wobei er sich auf den Arm von Caulaincourt oder Berthier oder auf einen Stock stützt. Er sieht alles. Die Toten auf den Abhängen und auf der Straße. Die zurückgelassenen Verwundeten. Die zertrümmerten Wagen, die er in Brand zu setzen befiehlt.

Plötzlich fällt sein Blick auf das Hochland, dessen Erde noch immer aufgewühlt ist, auf diese Schluchten, aus denen Tausende von Raben auffliegen. Die Flächen sind mit Trümmern und Toten bedeckt. Arme ragen aus dem Boden. Überall liegen stark verweste Pferdeleiber. Der Regen hat das Terrain aufgeweicht, so daß die begrabenen Leichen teilweise wieder zutage kommen. Dort liegt das Dorf Borodino. Vor nahezu zweiundfünfzig Tagen hat hier die Schlacht an der Moskwa stattgefunden.

Er würde gern im Geschwindschritt marschieren. Jeder Soldat, der zwischen diesen verwesenden Toten hindurchgeht, ist ein Mann, der seine Energie einbüßt und verzweifelt. Er sieht Caulaincourt an. Sein Bruder ruht auch in dieser Erde. Er hört das Gemurmel, das aus der marschierenden Truppe kommt. Er will wissen, worum es geht. Es heißt, man habe einen französischen Grenadier mit abgetrennten Beinen, aber noch lebend gefunden. Der Mann habe in Gerippen von Pferden überlebt und sich von ihrem Fleisch ernährt. Er muß sich abschotten. Er muß vorrücken.

Er dreht sich um. Die Kolonne zieht sich hin, so weit das Auge reicht. Die Wagen werden hin und her geschüttelt, stürzen um, brennen. Sie werden geplündert. Er kommt an einer Abtei vorbei, aus der Wehklagen dringt. Dort halten sich seit der Schlacht noch Verwundete auf. Er macht halt und läßt sie auf Wagen laden, die der Garde und die des kaiserlichen Hofstaates.

Er bricht wieder auf. Er hört Schreie. Die Fahrer der Wagen treiben ihr Gespann derart an, daß die Verwundeten, die sie mitnehmen müssen, durch das Rütteln auf die Straße fallen. Er wendet sich ab und murmelt: »Diese Armee ist heute kein schöner Anblick.«

Aber er muß Bescheid wissen. Es führt zu nichts, die Dinge zu ignorieren. Er verläßt die Straße und steigt auf eine Anhöhe. Er will die Truppen und die Kolonnen vorüberziehen sehen. Über wie viele Männer verfügt er noch? Beim Aufbruch in Moskau waren es 100000. Vielleicht ist davon in zehn Tagen nur noch die Hälfte übrig.

Ein Mann mit unverschämtem Blick wird vor ihn hingestoßen. Es ist Graf Wintzingerode, Adjutant von Alexander I., der in Zivilkleidung an den Toren Moskaus dabei überrascht wurde, französische Soldaten zur Fahnenflucht anzustiften.

Was? Ein in Württemberg geborener Mann, einer meiner Untertanen, der sich in den Dienst des Meistbietenden begeben hat, ein Geheimagent, ein Spion – kein Soldat, einer der die Moral der Truppen untergräbt! Ein Verräter. Napoleon brüllt. Er kann sich nicht mehr beherrschen. Die ganze Wut, die in ihm ist, die sich bei jedem Blick auf diese Straße, auf diese Soldaten, auf diese Verwundeten, diese Toten angesammelt hat, explodiert. Dieser Mann verdient es, füsiliert zu werden.

Er sieht Caulaincourt, Berthier und Murat an. Sie sind nicht einverstanden. Er ruft selbst die Gendarmen.

»Wie Sie wünschen, Sire, aber niemals als Verräter«, sagt Wintzingerode.

Napoleon versetzt der frostharten Erde einen Fußtritt. Er blickt auf und erkennt in einiger Entfernung von der Straße ein Schloß. Das Gebäude ist groß und schön. Er läßt zwei Schwadronen der Garde es nach Futter durchsuchen und anzünden. »Nachdem die barbarischen Herren es für gut befinden, ihre Städte in Brand zu setzen, muß ich ihnen dabei helfen!« schreit er.

Plötzlich beruhigt er sich. Das Schloß steht in Flammen. Er kehrt zur Straße zurück. Er wird Wintzingerode nicht füsilieren lassen. Er nähert sich Caulaincourt und zieht ihn am Ohr. »Sie setzen sich für ihn ein wegen Zar Alexander? Also, gehen Sie, gehen Sie schon, ihm wird nichts geschehen.« Er gibt der Wange des Oberstallmeisters einen Klaps.

Er richtet sich in seinen Steigbügeln auf. Vor ihm sind die Felder weiß. Schnee ist gefallen. Der Frost wird kommen und alles einhüllen, was von der Armee noch übrig ist. Der Schnee wird sie zudecken.

Er beugt sich zu Caulaincourt und befragt ihn. »Unser Rückzug wird alle frech werden lassen«, sagt der Oberstallmeister. »In Rußland, in Österreich, in Preußen. Und die Kälte«, fährt Caulaincourt fort, »wird großes Unheil mit sich bringen.«

Er hört auf ihn. Man muß schneller vorrücken, der Kälte zuvorkommen, Smolensk erreichen, die Beresina, diesen Zufluß des Dnjepr, überqueren, bevor sich die russischen Truppen von Norden und Süden vereinigen und eine Schlinge um ihn ziehen. Dann kann die Armee sich in Wilna oder hinter der Memel neu zusammenstellen. Dann kann er vielleicht, bevor er die Armee ihre Winterquartiere aufschlagen läßt, nach Paris gelangen. Er sollte anfangen, sich diese Möglichkeit vor Augen zu führen, denn hier, unter dem Schnee begraben, kann er nicht bleiben, während das Kaiserreich in Gefahr ist. Er denkt an seinen Aufbruch von Ägypten. Es gilt zu entscheiden.

Selbst die besten Einheiten lösen sich auf. Jeder für sich. Und doch muß gekämpft werden. Marschall Ney soll das Kommando der Nachhut übernehmen. Diese Kosaken sind wie die Araber. Es gilt, wie in Ägypten zu marschieren, der Troß im Zentrum und die Bajonette außen in Form eines Igels. Aber manche Gewehre werden zu Boden geworfen, weil die Hände am Metall festfrieren. Das erste heftige Schneegestöber hat stattgefunden, und die Temperatur ist auf Eiseskälte abgesunken.

Napoleon gelangt am 6. November 1812 nach Michailska, einem Dorf, das aus kleinen, halb zerstörten Häusern besteht, in denen schon die zahllosen Männer sind, die der Vorhut vorauseilen, um sich ein Dach über dem Kopf zu verschaffen und die Lebensmittel zu plündern, bevor die Kolonne eintrifft. Der Schnee fällt in dicken Flocken, und zugleich herrscht dichter Nebel. Der Himmel scheint verschwunden zu sein.

Als er gerade ein baufälliges Haus betritt, taucht plötzlich ein Reiter auf, bahnt sich den Weg durch die Menge und schlängelt sich zwischen den Wagen hindurch. Es ist ein Meldereiter. Er hört ihn rufen: »Der Kaiser! Der Kaiser!« Endlich nähert sich der Mann und überreicht eine Brieftasche voller Depeschen. Sendschreiben aus Paris. Er liest.

Er darf sich nichts anmerken lassen. In der Nacht vom 22. zum 23. Oktober ist der seit 1808 wegen eines republikanischen Komplotts inhaftierte und in einer Nervenheilanstalt eingesperrte General Malet geflohen. Er hat eine Kohorte der Nationalgarde requiriert unter dem Vorwand, der Kaiser sei in Rußland umgekommen. Er hat einen gefälschten Senatsbeschluß vorgelegt, der das kaiserliche Regime für aufgehoben und eine provisorische Regierung für eingesetzt erklärte, mit General Moreau als Präsidenten und ihm, Malet, als dessen Stellvertreter. Ihm und seinen Komplizen, General Lahorie, dem ehemaligen Chef des Regimentsstabes von Moreau, Guidal, einem Freund von Barras, der mit den Engländern im Midi konspiriert, einem Marquis und einem Abbé, ist es gelungen, den Polizeiminister Savary und den Polizeipräfekten Pasquier zu verhaften. Glücklicherweise hat der Militärgouverneur Hulin sich widersetzt, und die Amtsgehilfen haben die Verschworenen verhaftet, die am 29. Oktober abgeurteilt und erschossen worden sind.

Napoleon hebt den Kopf. Er hatte vermutet, daß das Reich durch seine Abwesenheit von Paris geschwächt sei. Aber daß die Minister und der Präfekt des Departements Seine, Frochot, der einen Saal im Rathaus für die Übergangsregierung von Malet vorbereiten ließ, sich derart hereinlegen ließen oder sich gefügt haben, empört und erstaunt ihn. Er liest die Schlußfolgerung von Savary, der versichert, daß Paris von diesem Ereignis so gut wie nichts mitbekommen hat und daß um zehn Uhr morgens alles wieder in ruhige Bahnen zurückgekehrt ist.

Er reicht Caulaincourt die Briefe und beginnt, vor dem Feuer auf und ab zu gehen, das auf dem bloßen Sandboden brennt und den Raum mit Rauch erfüllt. »Die Nachricht von meinem Tod«, sagt er, »hat alle um den Verstand gebracht. Der Kriegsminister, der seine Ergebenheit mir gegenüber herausstreicht, hat nicht einmal seine Stiefel angezogen, um in die Kasernen zu eilen, dem König von Rom den Eid zu leisten und Savary aus dem Gefängnis zu holen. Allein Hulin hat Mut bewiesen.«

Er gibt den Holzscheiten einen Fußtritt und läßt die Funken sprühen, woraufhin das Feuer wieder aufflammt. »Das Verhalten des Präfekten und der Obersten ist unbegreiflich«, fährt er fort. »Wie soll man sich auf Männer verlassen, deren erstklassige Erziehung nicht die Gefühle von Ehre und Treue garantiert? Die Schwäche und Undankbarkeit des Präfekten, des Obersten des Pariser Regiments, eines meiner ehemaligen tapferen Krieger, zu dem ich so großzügig war, empört mich.«

Er geht nach draußen. Der Schnee fällt jetzt in dichten, dicken Flocken. Alles ist weiß. Männer gehen schwankend vorüber, das Gesicht von Kälte gerötet. Und die, die ihn verraten, sind in Paris bei ihren einträglichen Geschäften und in der Wärme ihrer Paläste. »Ich kann diese Feigheit einfach nicht glauben!« bricht es aus ihm heraus.

Er beginnt umherzulaufen. Er will dieses Dorf verlassen und so schnell wie möglich Smolensk erreichen. Vielleicht kann er die Armee rings um die Stadt in Schlachtlinie aufmarschieren lassen. Und wenn sie dann imstande ist, Widerstand zu leisten, wird er sie verlassen und nach Paris gehen, um dort die Ordnung wiederherzustellen und von neuem das Herz des Reiches zu sein.

»Mit den Franzosen«, sagt er, »ist es wie mit den Frauen. Man darf sie nicht zu lange allein lassen. Man weiß tatsächlich nicht, wozu Intriganten sie überreden könnten und was geschehen würde, wenn man dort einige Zeit ohne Nachricht von mir wäre.«

Er marschiert inmitten einzelner Soldaten. Die Böschungen sind mit Toten und Verwundeten bedeckt. Menschen haben sich um ein Pferd versammelt, das sich noch bewegt und das sie zu zerlegen beginnen. Sein Bauch ist offen. Eine Frau hat ihren Arm tief hineingetaucht, um das Herz oder die Leber herauszureißen.

Ein Flügeladjutant erscheint. »Vizekönig Eugène hat Witebsk aufgeben müssen«, berichtet er. »Die Artillerie ist verloren. Da die Pferde nicht beschlagen und erschöpft waren, konnten sie die Kanonen nicht über das Glatteis ziehen.«

Wittgensteins Truppen haben also Witebsk besetzt. Und im Süden müssen Tschitschakows Soldaten an die dreißig Meilen von dieser Stadt entfernt sein. Wenn wir nicht durchmarschieren, ehe sie zusammentreffen, sind wir umzingelt. Das muß man verhindern.

Er sucht im Schloß von Pnewo Schutz, wo es ebenso eisigkalt ist wie auf einem windigen Platz. Er diktiert eine Depesche an Marschall Victor, damit er einen Gegenangriff auf Wittgensteins Truppen führt. »In wenigen Tagen könnte Ihre Nachhut von Kosaken überrannt werden. Die Armee und der Kaiser werden morgen in Smolensk eintreffen, jedoch sehr erschöpft durch einen pausenlosen Marsch von hundertzwanzig Meilen. Ergreifen Sie die Offensive, das Heil der Armeen hängt davon ab. Jeder Tag Verspätung ist eine Katastrophe. Die Kavallerie der Armee ist zu Fuß unterwegs, die Kälte hat alle Pferde sterben lassen. Marschieren, so lautet der Befehl des Kaisers und der Notwendigkeit.«

Am Montag, dem 9. November, ist er wieder in Smolensk. Er muß hier die Armee neu zusammenstellen. Er durchquert die Stadt, wo die klaffenden Wunden der Zerstörung von der Schlacht im August noch immer sichtbar sind. Und auf den Straßen liegen wie damals überall Tote. Aber es sind keine Russen mehr. Es sind die erschöpften Soldaten, die hier mit dem Tod gerungen haben. Die einen hatten gekämpft, um zu den Vorratslagern zu gelangen, und diese dann geplündert. Die anderen waren von den Plünderern getötet worden. Er sieht sie mitunter aus den Kellern kommen, wohin sie sich geflüchtet haben und in die sich niemand hineinwagt. Man würde sein Leben aufs Spiel setzen.

Er quartiert sich in einem der wenigen unzerstörten Häuser ein. Aber wie kann er Ruhe finden? Die Russen haben im Norden angegriffen. Und General Augereau hat in Ljaschewo kapituliert. Er muß schnell nach Westen vorrücken und versuchen, die Beresina zu überqueren, weniger verwüstete Gebiete mit einem nicht so rauhen Klima erreichen. Hier gefriert alles. Es herrschen 25 Grad unter Null.

Ihm wird eine Proklamation von Kutusow gebracht, die bei einer russischen Leiche sichergestellt wurde. Sie stammt vom 31. Oktober. Er liest sie. »Beeilen wir uns, diesen gottlosen Feind zu verfolgen. Löscht Moskaus Flammen mit dem Blut eurer Feinde«, schreibt Kutusow. »Russen, befolgt diesen feierlichen Befehl. Dann wird Euer von dieser gerechten Rache besänftigtes Vaterland sich befriedigt vom Kriegsschauplatz zurückziehen und hinter seinen ausgedehnten Grenzen in majestätischem Frieden und Ruhm erstrahlen. Russische Krieger, Gott ist euer Führer!«

Erlaubt Gott den russischen Bauern, französische Soldaten zu kochen? Aber es führt zu nichts, sich zu empören. Man muß kämpfen und durchkommen.

Täglich inspiziert er die Umgebung von Smolensk. Überall Tote, brennende Wagen, Pferde, die zerlegt werden. Männer, die untereinander handeln und gestohlenen Schmuck gegen eine Flasche Schnaps eintauschen. Er inspiziert die Lager, die noch immer einige Lebensmittel enthalten. Er muß dafür sorgen, daß Mehl vorhanden ist, wenn Neys Nachhut in Smolensk eintrifft. Aber er kann nicht auf Ney warten. Am Samstag, dem 14. November 1812, schickt Napoleon sich um 8 Uhr 30 an, Smolensk zu verlassen.

Bevor er aus dem Raum geht, schreibt er im Stehen ein paar Zeilen an Marie-Louise. »Meine liebe Freundin, ich erhielt Deinen Brief vom 30. Ich sehe, daß Du bei der jährlichen Bilderausstellung warst. Berichte mir Deine Eindrücke, Du bist doch eine Kennerin, denn Du malst ja gar nicht schlecht. Es herrscht hier ziemlich starke Kälte, acht Grad minus. Es ist noch etwas früh am Morgen. Meine Gesundheit ist ausgezeichnet. Küsse meinen Sohn, sag mir, ob er Zähne bekommen hat. *Addio, mio bene*. Nap.«

7

Er stößt wütend den Stab in den Schnee, der die aus Smolensk hinausführende Straße bedeckt. Er wird sich nicht aufhalten, sich nicht umzingeln lassen auf dieser Ebene, über die der Nordwind hinwegfegt. Er wird nicht umfallen wie diese Männer, die er vor sich wanken sieht, die beiseite treten und sich auf der Böschung hinstrecken. Er wird den Kreis durchbrechen, den die russischen Truppen um ihn herum zu schließen versuchen. Er wird sich nicht zerlegen lassen wie jene Pferde, die den Kopf aufrichten, während man ihnen den Bauch aufschlitzt. Nie und nimmer.

Er ist wie ein Eisblock. Der Wind dringt unter die mit schwarzbraunem Fuchsfell gesäumte Mütze aus amarantrotem Samt. Der Wind schlägt die Schöße des pelzgefütterten Mantels auseinander, der an der Taille mit einem breiten Gürtel zusammengeschnürt ist. Der Wind läßt alles gefrieren. Die Glieder, das Gesicht. Und die Gefühle. Er will nichts fühlen. Jeden Augenblick überbringen ihm Caulaincourt oder Murat oder Duroc oder Berthier oder Mouton, die neben ihm marschieren, schlechte Nachrichten.

Die Kosaken hätten beim Verlassen von Smolensk angegriffen und den Konvoi geplündert, in dem sich die Trophäen aus Moskau befanden, das riesige Kreuz von Iwan-Weliki aus dem Kreml, das er für das Hôtel des Invalides bestimmt hatte. Auch die Kiste mit den Karten hätten sie mitgenommen! Er hat also keine Karten mehr. Doch er marschiert weiter.

Er hebt den Kopf. Vor ihm sind ein paar Reiter der Garde und einige Generäle, manche noch zu Pferde. Die Überreste der letzten Schwadron. In nur drei Tagen ist sie zu dieser Handvoll Männer zusammengeschrumpft. Er dreht sich um. Sieben-, achthundert Offiziere und Unteroffiziere marschieren geordnet, die Adler der Regimenter, denen sie angehört haben, in der Hand, schweigend hinter ihm her. Dahinter die kaiserliche Garde.

Schließlich die Überreste der einzelnen Regimenter, jeweils eine Handvoll Männer. Manche Einheiten, wie die von Davout, sind noch erhalten. Sie marschieren inmitten der Nachzügler, Plünderer, Rotisseure, all jener, die nur daran denken, aus den Pferden ein Stück Fleisch zu reißen und im Freien zu lagern. Die nur noch wilde Tiere sind. Keine Soldaten.

Er steigt auf ein Pferd. Die Russen sind in Krasnoje, auf der Straße, die über Orscha, Tolotschin, Krupki nach Borissow führt. Er hört Schüsse. In Krasnoje wird gekämpft. Sie müssen weiterziehen. Die Russen werden im Nahkampf vertrieben. *Ich ziehe weiter*! Aus den Häusern in Krasnoje ertönt das Gebrüll der Verwundeten, die zurückgelassen werden.

Dann geht es einen Hügel hinauf. Die letzten Pferde fallen um, rutschen aus, reißen Männer mit sich. Keiner vermag die noch verbleibenden Geschütze zu bewegen. Sie werden zurückgelassen und verbrannt. Der Boden ist ein Spiegel aus Eis. Vom Gipfel des Hügels muß man sich hinabrutschen lassen, denn man kann sich auf diesem Glatteis nicht auf den Beinen halten. Doch sie müssen weiterkommen. Notfalls im Kriechen.

Es ist Donnerstag, der 19. November 1812. Wo ist Marschall Ney? Ist er mit der ihm unterstehenden Nachhut nach Smolensk gelangt? Ist er gefangengenommen oder getötet worden? Oder ist er den Russen entkommen und hat den Dnjepr überquert? »Für seine Rettung würde ich die dreihundert Millionen in Gold geben, die ich in den Kellern der Tuilerien habe!« stößt Napoleon hervor.

Er schweigt. Er geht auf und ab in den Räumen des Jesuitenklosters nahe Orscha, in dem er ein paar Stunden verbringt. Alles ist gefroren. Das Schneegestöber schneidet einem ins Gesicht. Hin und wieder betreten wankende Männer das Kloster und sinken neben dem Feuer nieder. Die Kosaken seien überall. Die Bauern würden die Nachzügler ausrauben, ihnen die Kehle durchschneiden, sie foltern. Er hört ihnen zu, ohne zu erschauern.

Die Russen seien in Borissow, berichtet einer. Die Armeen von

Wittgenstein und Tschitschakow hätten sich nahezu wieder vereinigt. Tschitschakows Soldaten würden Borissow okkupieren und die einzige Brücke über die Beresina besetzt halten. Die Truppen von Kutusow und Tormassow seien auch nur noch ein paar Meilen vom Fluß entfernt.

Er rührt sich nicht. Die Falle schnappt zu. Er sagt mit gedämpfter Stimme und gesenktem Kopf, man müsse all seine Papiere verbrennen. Dann richtet er sich wieder auf. »Es wird ernst«, sagt er zu Caulaincourt. Er sieht ihn an. Man hört Schreie. Ney sei durchgekommen. Er stoße mit mehreren tausend Mann, aufgestellt im Karree, zum Kaiser, ertönt es. »Voran«, sagt Napoleon, »wir haben schon zu lange gewartet.« Wenn Ney sich befreien konnte, warum sollte ihm das nicht auch gelingen?

Draußen ist es noch dunkel. Aber die Tage sind so kurz, nur ein paar Stunden lang, daß man nicht mehr weiß, wann die Nacht anfängt und wann sie aufhört. Er gibt Befehl, die verbleibenden Grenadiere, Jäger, Soldaten der Garde im Karree aufzustellen. Mit diesen Männern verfügt er noch über eine entschlossene Truppe. Er begibt sich in ihre Mitte. Er erkennt manch einen seiner alten Soldaten wieder. Ihre Gesichter sind schwarz, in ihren Bärten hängen Eisklumpen.

Er ballt die Fäuste auf dem Stichblatt seines Schwerts. Er beginnt zu sprechen, erhebt die Stimme, um den Wind zu übertönen. Seine Lippen sind ganz hart. Die Temperatur muß noch unter 25 Grad liegen.

»Die Elemente sind gegen uns«, sagt er, »dieser frühzeitige, harte, unvorhersehbare Winter. Die Russen erwarten uns an der Beresina. Sie haben geschworen, keiner von uns werde den Fluß überqueren.« Er zieht sein Schwert und schwingt es. Er ruft noch lauter. »Laßt auch uns schwören, eher mit der Waffe in der Hand zu sterben, als Frankreich niemals wiederzusehen!« Sie brüllen: »Es lebe der Kaiser!« Sie heben ihre Mützen und Hüte auf ihren Säbeln und Gewehren in die Luft.

Er ruft Bacler d'Albe zu sich. Es gibt nur noch eine Karte, aber Bacler d'Albe erinnert sich vielleicht. Man muß eine Furt in der Beresina suchen, da die Russen Borissow und damit die einzige

Brücke, die über den Fluß führe, besetzt hielten. Es sei denn, Oudinots Truppen würden die Stadt zurückerobern. Diese Order müsse man ihnen erteilen. Von ihnen hänge das Heil der Armee ab. Was davon noch übrig sei! Mehr als 30 000 Pferde seien verendet, 300 Geschütze zerstört worden. Die Kälte und der Hunger wüteten. Die Kosaken hätten sämtliche Nachschubwege unterbrochen. »Seit zwei Wochen habe ich keine Nachricht erhalten, keinen Boten empfangen«, sagt er, »und ich bin über nichts mehr auf dem laufenden. Ich weiß nur eins: Wir müssen durch. Und wir kommen durch.«

Am Mittwoch, dem 25. November 1812, erfährt er, daß die Truppen von Marschall Oudinot die Russen aus Borissow vertrieben haben. Er macht sich sogleich auf den Weg. Die Kälte hat plötzlich nachgelassen. Von weitem sieht er die Beresina, die etwa hundert Meter breit ist und auf der Eisblöcke treiben. Vor ein paar Stunden noch konnte man den zugefrorenen Fluß überqueren, so wie Ney über den Dnjepr marschiert war. Jetzt braucht man eine Furt oder eine Brücke. Die Russen haben die Brücke von Borissow niedergebrannt. In der Ferne erkennt er im Nebel die Silhouetten der Kosaken. Er hört ihre Hurraschreie, sieht, wie sie sich auf einzelne Gruppen stürzen, auf Wagen, die sie plündern.

Es gilt hinüberzusetzen, und zwar schnell, vor dem Eintreffen von Kutusow oder den Angriffen von Wittgenstein und Tschitschakow. Es gilt also eine oder mehrere Brücken zu bauen. Er wird ungeduldig. Die Armee drängt sich als ungeordnete Menschenmenge auf dem linken Ufer der Beresina. Hier wird das Schicksal in Stunden, in Minuten entschieden und nicht in Tagen oder Wochen.

Er geht mit großen Schritten am Ufer auf und ab. Er sieht dieses Wasser fließen, das unter Eis hätte liegen können, liegen müssen. Man kann wirklich nicht sagen, daß die Elemente ihm gewogen sind.

Er betritt die abgebrannte Brücke. Er bleibt an der Bruchkante stehen. Die verrußten Balken hängen hinab in den Fluß. Kann sein Schicksalsweg hier enden? Er erkennt General Corbineau, der lange in Spanien gedient und mit seiner Division soeben Wittgensteins

Truppen zurückgedrängt hat. Corbineau kommt näher. Er kenne eine Furt in der Beresina. Er habe sie soeben durchquert. Der Fluß sei an dieser Stelle hundert Meter breit, doch nur zwei Meter tief. Ein Bauer, den sie festgenommen haben, habe ihnen die Stelle gegenüber dem Dorf Studjanka gezeigt. Plötzlich fällt es Napoleon wieder ein. Genau dort hat der schwedische König Karl XII. nach seinem Feldzug in der Ukraine am 29. Juni 1708 die Beresina überquert. So ist das Schicksal.

Er reitet im Galopp zu der Furt. Zwei Brücken müssen gebaut werden, eine für die Infanterie, die andere für die Artillerie. Er spürt, daß er der Falle entkommen wird. Daß er sich nicht von vier russischen Armeen umzingeln lassen wird. Aber es ist der entscheidende Augenblick, in dem sich die gesamte Energie auf die Aktion konzentrieren muß, über die man seit Tagen nachdenkt.

»Wir müssen die Russen täuschen«, sagt er, »uns nach Borissow begeben, sie glauben lassen, die Armee würde dort hinübersetzen, und währenddessen die Brücken bauen.«

Er läßt General Éblé zu sich kommen. Er kennt diesen alten Offizier, ursprünglich wie er Artillerist, der den Pontontrain der Großen Armee befehligt. Er hat sich in Deutschland, in Portugal hervorgetan. Jérôme hatte ihn zum Kriegsminister seines Königreichs Westfalen ernannt. Er zog es vor, der Großen Armee beizutreten. Er hat ihn beim Angriff auf Smolensk in Aktion gesehen.

Alles hängt nunmehr von ihm und seinen Männern ab. Das Wasser ist eisig. Das weiß er. Die Pioniere haben Hunger. Aber sie müssen diese Brücken bauen. In ihren Händen liegt das Schicksal der noch verbleibenden Großen Armee. Er mustert sie. Sie sehen noch wie Soldaten aus.

Er sieht, wie sie, den Körper in den Fluß eingetaucht, arbeiten, sich auf kleinen Flößen gleiten lassen, mit den Armen im Wasser, die Brückenpfeiler und die Gerüste in den Grund treiben. Er bleibt den ganzen Tag auf der Brücke. Er spricht mit ihnen. Er teilt ihnen sogar Wein aus. Am Donnerstag, dem 26. November 1812, um zwei Uhr mittags ist die erste Brücke fertig.

Napoleon steht am Brückenanfang. Zunächst müssen Oudinots Truppen hinübermarschieren, die sich erst noch formieren. Sie rufen: »Es leben der Kaiser!« Sie werden auf dem rechten Ufer Tschitschakows Russen zurückdrängen, um den übrigen Korps die Überquerung zu ermöglichen. Dasjenige von Davout marschiert mit klingendem Spiel über die Brücke. Marschall Victor muß auf dem östlichen Ufer bleiben, um Kutusow in Schach zu halten, und die Division von General Partouneaux soll sich in Borissow aufopfern, um Wittgenstein daran zu hindern, weiter gen Studjanka vorzurücken.

Napoleon ist ruhig. Er wird sich nicht gefangennehmen lassen. Er bleibt am Ende der Brücke stehen, während die Garde an diesem Freitag, dem 27. November 1812, zum rechten Ufer hinübermarschiert. Er sieht den Wagen von Marschall Lefebvre heranfahren, doch im Innern erkennt er eine Frau, die französische Schauspielerin Louise Fusil, die nicht in Moskau bleiben wollte, wo sie lebte. »Nur keine Angst«, sagt er mit ruhiger Stimme, »nur ruhig Blut, haben Sie keine Angst.«

Dabei weiß er, daß sich alles innerhalb von wenigen Minuten verändern kann. Die Brücke, die die Artillerie überquert, ist bereits zu Bruch gegangen, wiederaufgebaut, erneut zu Bruch gegangen und ein zweites Mal repariert worden. Die russischen Truppen greifen an. Sie werden die Brücken beschießen. Wie werden diese 15 000 Nachzügler hinübergelangen, diese Versprengten, diese Rotisseure, die sich, selbst wenn die Brücken leer sind, keineswegs beeilen hinüberzukommen und lieber auf dem östlichen Ufer kampieren, um sich ein Stück Pferdefleisch zu braten?

Er sieht, wie die restliche Kavallerie den Fluß nahe der Brücke überquert. Auf jedem Pferd sitzt hinter dem Reiter ein Infanterist. Er steht eine Weile da, während plötzlich die Dunkelheit hereinbricht und Wind aufkommt. Es ist pechschwarze Nacht, so kalt wie noch nie, vielleicht weniger als 30 Grad unter Null. Die Beresina wird erneut zufrieren. Und die Russen werden sie überqueren, selbst wenn die Brücken in die Luft fliegen. Er zieht sich langsam zurück, reitet hinüber zum westlichen Ufer.

Ich habe meine Pflicht getan, sagt er sich. Ich habe all jene aus Rußland herausgeschleust, die Soldaten geblieben waren. Nun, da die noch verbleibende Armee dem Ärgsten entkommen ist und den Fluß überquert hat, habe ich andere Pflichten. Eine neue Armee aufbauen, den nächsten Feldzug vorbereiten.

Als er sich in einer Hütte in Zapiwski, eine halbe Meile von der Beresina entfernt, einquartiert, sagt er zu Caulaincourt: »In der gegenwärtigen Lage kann ich Europa nur vom Tuilerien-Palast aus bezwingen.« Er muß nach Paris zurückkehren. Er darf nicht mehr an das östliche Ufer der Beresina denken, wo sich die Masse der Versprengten, all derer, die nicht mehr in Reih und Glied marschieren können oder wollen, auf die Brücken stürzen wird. Die russischen Geschosse schlagen schon ein. Er kann sie hören.

Er will sie nicht hören. Er muß nach vorne schauen, nach Paris, und seine Abfahrt organisieren. In einigen Tagen kann er wieder mit Wilna, Mainz oder Paris kommunizieren.

Am Mittwoch, dem 2. Dezember 1812, bestellt er einen seiner Adjutanten zu sich, Anatole de Montesquiou. Er schätzt diesen ergebenen jungen Mann, der sich in Wagram glorreich geschlagen hat und dessen Mutter die Gouvernante des Königs von Rom ist. Er reicht ihm einen Brief. Er ist für die Kaiserin. »Machen Sie sich umgehend nach Paris auf. Überreichen Sie diesen Brief der Kaiserin.«

Napoleon geht mit kleinen Schritten in dem Verschlag auf und ab, der ihm als Zimmer dient. Im ganzen Marktflecken Sedlitsch hat man nichts anderes gefunden. »Verkünden Sie überall die Ankunft von zehntausend russischen Gefangenen«, fährt er fort, »und den Sieg an der Beresina, bei dem 6000 Russen gefangengenommen, acht Fahnen und zwölf Geschütze erbeutet worden sind.«

Napoleon schweigt lange. Diesen Erfolg haben die Truppen von Oudinot und von Victor errungen. Victors Soldaten haben als letzte die Brücken überquert, indem sie die Menge der Nachzügler beiseite drängten. Dann hat Éblé am Sonntag, dem 29. November, um neun Uhr morgens die Brücken in Brand gesetzt. Auf der Beresina trieben bereits Hunderte von Kadavern, und die Kosaken fielen über das östliche Ufer her, auf dem sich zwölftausend zurückgelassene Männer drängten. So sieht es aus.

Er bittet Montesquiou, noch zu warten. Er will das *29. Bulletin der Großen Armee* diktieren, das Montesquiou Erzkanzler Cambacérès übergeben soll, damit es im *Moniteur* abgedruckt und verbreitet wird. »Ich werde alles schildern«, murmelt Napoleon. »Lieber soll man die Einzelheiten von mir erfahren als aus privaten Briefen.«

Am Donnerstag, dem 3. Dezember, herrscht in Molodetschno eine derartige Kälte, daß er neben dem Haus, in dem er die Nacht verbringen wird, sieht, wie die Hufschmiede ihre Hände umwickelt haben, denn selbst neben dem Feuer der Schmiede drohen die Finger in dem Augenblick, da sie die Pferde beschlagen, zu erfrieren.

Die Depeschen von vierzehn reitenden Boten sind eingetroffen. Er überfliegt sie. In Frankreich herrsche Ruhe. Die öffentliche Meinung vertraue dem Kaiser. Doch es gelte, rasch nach Paris zurückzukommen, um der Woge schlechter Nachrichten über Verluste und Vermißte zuvorzukommen. Er wendet sich zu Caulaincourt. Er stützt sich mit der Hand auf die Briefe der Kaiserin.

»Diese schwierigen Umstände«, sagt er, »bilden ihr Urteil, verleihen ihr eine Sicherheit und Bedachtsamkeit, mit der sie die Nation für sich gewinnen wird. Sie ist genau die Richtige für mich, sanft, gütig, liebevoll, wie die deutschen Frauen eben sind. Sie gibt sich nicht mit Intrigen ab. Sie ist ordnungsliebend und kümmert sich nur um mich und um ihren Sohn.«

Aber sie soll nichts von seiner Abreise und seiner baldigen Ankunft erfahren. Er muß ungehindert Polen, Preußen und Deutschland durchqueren und in Paris einfallen wie ein Blitz.

Er ruft seinen alten Waffengefährten Berthier, seinen effizienten Generalstabschef, den er oft beschimpft hat, auf den er aber nicht verzichten kann. Er soll hierbleiben bei Murat, den er an seiner Stelle zum Oberbefehlshaber der Armee ernennt. Berthier muß weinen. Nie, nie habe er den Kaiser verlassen, sagt er. Es muß sein. Murat braucht ihn.

Napoleon versammelt die Marschälle. Murat, Ney, Mortier, Davout, Lefebvre, Bessières. Berthier ist bleich und schluckt, senkt den Blick. Caulaincourt kreuzt die Arme.

Sie werden alle meine Abreise akzeptieren, denkt Napoleon,

auch wenn sie sie nicht gutheißen. Ich fliehe ja nicht vor dem Krieg, ich desertiere nicht vor der Gefahr. Man kann mir alles Mögliche vorwerfen, aber keine Feigheit, keinen Mangel an Mut! Ich gehe, um eine neue Armee von 300000 Mann aufzustellen. Nicht die russischen Waffen haben uns besiegt. Und im Frühjahr werden wir einen neuen Feldzug beginnen. Und siegen.

Er nimmt Berthier beiseite. »Man soll das Gerücht in Umlauf bringen, ich würde mich mit dem österreichischen Korps und dem 7. Korps in Richtung Warschau bewegen. Fünf bis sechs Tage später wird Murat, je nach den Umständen, in einem Tagesbefehl die Armee wissen lassen, daß ich mich nach Paris begeben mußte und ihm das Kommando übertragen habe. Dann wird er nacheinander die Adjutanten und Marschälle kommen lassen. Jeder erhält seine Aufgabe. Lauriston in Warschau, Rapp in Danzig. Er selbst werde von Paris aus alles überwachen.

Dann überprüft er zusammen mit Caulaincourt, daß alles fertig ist zur Abfahrt an diesem Samstag, dem 5. Dezember 1812. Caulaincourt steigt mit Napoleon in den Wagen, der von den sechs besten Pferden der kaiserlichen Ställe gezogen wird. Graf Wonsowicz, der als Dolmetscher dient, Rustan und zwei Pioniere werden neben der Kutsche herreiten. In einer weiteren Kutsche sollen Marschall Duroc, Graf Lobau, ein Lakai und ein Arbeiter folgen.

In einer dritten Kutsche sollen sein Sekretär, Baron Fain, Staatsminister Daru, sein Arzt Yvan, sein Kammerdiener Constant und Bacler d'Albe folgen. 200 Männer seiner Garde werden ihn eskortieren. Man soll die Umspannstellen und die Pferde vorbereiten. Alles muß absolut geheim bleiben.

Ein paar Stunden vor der Abfahrt schreibt er noch einen Brief an Marie-Louise. In spätestens zwei Wochen wird er die Tür zu ihrer Schlafkammer öffnen.

Dritter Teil

»Ich habe einen großen Fehler begangen, aber ich kann ihn wiedergutmachen.«

5. Dezember 1812 – 15. April 1813

8

Schnell, schnell, schnell! Er treibt Caulaincourt, der neben ihm sitzt, er treibt die Postillione zur Eile an. Jetzt, wo der Wagen rollt, wäre er am liebsten schon im Vorhof der Tuilerien und hätte nur noch die Stufen der Freitreppe hinaufzugehen. Schnell! Was machen denn die Pferde? Warum zögern diese Postmeister? Er drängt Caulaincourt zur Seite und steigt aus. Aber er stolpert. Er steckt in einem Bärenfellsack. Er trägt Fellstiefel, einen doppelten Gehpelz, Handschuhe, eine Mütze, die bis zu den Augen reicht und die Ohren bedeckt. Und doch friert er. Er schlottert vor Kälte. Er betrachtet die Reiter seiner Eskorte, die sich nur mühsam bewegen. Die Pferde gleiten auf dem Glatteis aus. Die Beine zittern. Die Männer haben erfrorene Gliedmaßen. Wieviel Grad sind es? Minus 20, minus 30? Caulaincourts Gesicht ist übersät von kleinen Eiszapfen, unter der Nase, in den Augenbrauen und um die Lider herum. Schnell, schnell, schnell!

Am Samstag, dem 5. Dezember 1812, ist gegen Mitternacht Oschmjany das erste Relais. Seit Smorgon sind knapp zwei Stunden vergangen, und schon besteht die Eskorte nur noch aus wenigen Männern. Wer könnte dieser Kälte auch widerstehen? Die Wagen mit Duroc, Constant, Fain und all denen, die folgen, treffen nicht ein. Und von den Anhöhen aus, die die Stadt umgeben, wird geschossen. Die Kosaken machen dieses Land unsicher. Und so wird es bleiben, bis er Rußland verlassen hat. Danach gilt es, einen Teil Preußens zu durchqueren und auf Gedeih und Verderb einem Hinterhalt ausgesetzt zu sein, wenn bekannt wird, daß der Kaiser unter geringer Bewachung durch die Nacht fährt.

Er erinnert sich an seine Rückkehr aus Ägypten, als er den im

Mittelmeer vor den Küsten umherstreifenden englischen Kreuzern ausweichen mußte. Es war ihm gelungen, an ihnen vorbeizukommen. Jetzt wird er Europa durchqueren. Er wird nach Paris gelangen, dessen ist er gewiß. Von jetzt an wird alles für ihn viel leichter sein, davon ist er überzeugt. Schnell.

Da ist Wilna. Ein eisigkalter Morgen. Der Wagen hat am Stadtrand haltgemacht. In der Stadt könnte man den Kaiser erkennen. Es wird immer kälter. Minister Maret trifft endlich ein. Er hat gestern abend einen Ball gegeben! Und eine Nachtfahrt entfernt erfrieren und verhungern die Soldaten. Begreift Maret überhaupt, was es bedeutet, wenn diese verhungerte Meute wie eine gewaltige Welle über die Stadt hereinbrechen wird und gleich dahinter die Kosaken kommen? Schnell, schnell.

Man dringt wieder in diesen so kurzen, so düsteren Tag ein, der wie eine verschämte Nacht erscheint. Es liegt so viel Schnee auf der Straße, daß die Räder durchdrehen und einsinken. Man kommt nur langsam voran. Aber es ist schon wieder dunkel. Der Wagen ist ein Eisblock. Die Memel wird bei Kowno überschritten. Dort gibt es eine warme Mahlzeit. Und dann geht es weiter. Aber der Wagen bleibt im Schnee stecken und muß geschoben werden. Jetzt ist die Kälte noch quälender, und die Eiszapfen im Gesicht werden schwerer. Die Haut brennt und spannt. Soll sein Schicksal hier ein Ende finden?

Im Relais von Gragow beschimpft er Caulaincourt. Er soll sich etwas einfallen lassen, um schneller voranzukommen. Endlich! Caulaincourt hat einem Grafen Wybicki einen überdachten Schlitten abgekauft. Ihm sei Dank dafür!

Napoleon läßt sich darin nieder. Mit einer Kopfbewegung unterbricht er Caulaincourt, der bedauert, den Wagen aufgeben zu müssen. Er erklärt, der Schlitten sei zwar viel schneller, aber der Mangel an Komfort könne sich nach einigen Stunden als unerträglich erweisen. Man sei weniger gegen die Kälte geschützt als im Wagen.

Schnell. Der Schlitten fährt endlich los, gleitet schnell über den Schnee und saust in Richtung Warschau, das nicht mehr als zwei oder drei Tagesreisen entfernt ist.

Er hat den Eindruck, daß jetzt, wo er auf den Straßen des Großherzogtums Warschau fährt, das Schwierigste überstanden ist. Er dringt in Gebiete vor, die ihm einen triumphalen Empfang bereitet haben. Er hat die Bälle am Hof von Warschau geleitet und Paraden veranstaltet. Er hat einen Sohn von einer Polin. Maria Walewska, Maria! Er überlegt einen Augenblick, für eine Nacht zu ihr zu gehen. Doch er läßt diesen flüchtigen Wunsch fallen. Er darf Paris nicht später als einen oder zwei Tage nach der Veröffentlichung des *29. Bulletins der Großen Armee* erreichen, das über den russischen Feldzug berichtet.

»Unsere Katastrophen werden in Frankreich großes Aufsehen erregen«, sagt er, »aber mein Eintreffen wird dessen unangenehme Folgen ausgleichen. Die Russen müssen allen Völkern wie eine Heimsuchung vorkommen. Der Krieg gegen Rußland ist durchaus mit dem wohlverstandenen Interesse des alten Europa und der Zivilisation vereinbar. Europa darf nur noch einen gemeinsamen Feind haben. Dieser Feind ist der russische Koloß.«

Er läßt plötzlich den Wagen anhalten. Er hat soeben, trotz der vereisten Scheiben, die Brücke von Praga über die Weichsel wiedererkannt. Warschau ist erreicht. Caulaincourt erklärt, daß ein Halt von einigen Stunden im *Hôtel d'Angleterre* in der Weidenstraße vorgesehen ist.

Napoleon möchte zu Fuß die Krakauer Vorstadt hinaufgehen, die breiteste Straße der Stadt. Es ist zu kalt für die wenigen Passanten, um zu verweilen, selbst wenn der grüne pelzgefütterte Veloursmantel mit der goldenen Schnur und die große Zobelmütze die Aufmerksamkeit auf sich ziehen. »Auf dieser Straße«, sagt er, indem er tüchtig ausschreitet, »habe ich damals eine große Parade abgenommen.« Er empfindet keinerlei Wehmut. Er freut sich, in Warschau zu sein. Das Leben geht weiter und er mit ihm.

Er betritt einen niedrigen Raum im Erdgeschoß des *Hôtel d'Angleterre*. Caulaincourt will, daß man die Fensterläden schließt, damit ihn niemand erkennt. Eine ungeschickte Dienerin versucht, mit frischem, noch feuchtem Holz ein Feuer anzuzünden. Rauch erfüllt den Raum. Worauf wartet man noch? Er will essen, von Pradt und die Minister des Großherzogtums Warschau sprechen, und dann weiter.

Endlich erscheint Abbé von Pradt mit seinem heuchlerischen Gesicht und seiner höfischen Katzbuckelei. Er versucht zu rechtfertigen, warum es ihm nicht gelungen ist, noch mehr polnische Soldaten für den Kampf gegen Rußland zu gewinnen. Er gibt vor, daß seine Aufrufe auf großen Widerstand gestoßen seien. Aber wie so viele andere wollte sich von Pradt in Wahrheit eine »törichte Popularität« bewahren.

Der Abbé von Pradt regt Napoleon nur auf. Dieser Diplomat fürchtete die Russen während des ganzen Feldzuges. Er glaubte sie günstig zu stimmen, wenn er die Polen nicht zum Kampf aufrief. Man muß ihn entlassen. »Führen Sie diesen Befehl sofort aus«, sagt er zu Caulaincourt.

Er bleibt nur einige Minuten bei Tisch. Dann empfängt er die polnischen Minister. Aber was sind das für Männer, die sich endlos beklagen? Was sollen diese Lamentationen? Sie scheinen sich Sorgen um ihn zu machen angesichts der Gefahren, die ihm drohen.

Der Schlitten ist wieder angespannt. Auf denn, durchqueren wir das Stück Preußen, rasch zum Rhein und nach Frankreich!

Die Nacht ist hereingebrochen, dichter denn je. Die Kälte und der Wind durchdringen alles, den Bärenfellsack und die Pelze, die Caulaincourt in Warschau gekauft hat. Napoleon ereifert sich, er wettert gegen die Polen, gegen die politischen Machenschaften Preußens. Er hört sich Caulaincourts Plädoyers für die einen und für die anderen an.

»Sie betrachten die Dinge wie ein junger Mann, Sie begreifen nicht, Sie verstehen nichts von Politik.« Und mit leiser Stimme fügt er hinzu: »Vom Erhabenen zum Lächerlichen ist es nur ein Schritt, und erst die Nachwelt spricht das Urteil.«

Er schlummert ein wenig, aber die Kälte ist zu schneidend. Man muß monologisieren, diskutieren, laut denken. Plötzlich ein Stoß. Eine Deichselstange des Schlittens ist gebrochen. Er wird zu einem Halt in Kutno gezwungen.

Eine kleine Menschenmenge umringt den Schlitten, zu dem sich ein zweiter gesellt, in dem Constant und Duroc Platz genommen haben. Der Unterpräfekt tritt heran und verneigt sich. Es ist amüsant, in den Tiefen der Nacht, weit hinten in Europa auf diese Weise von zwei schönen Polinnen erkannt zu werden, der Frau und der Schwägerin des Präfekten, und in ihren Augen Bewunderung und Begeisterung, ja reine Freude zu lesen.

Dann geht es weiter. Es ist schon Freitag, der 11. Dezember 1812. Er fährt Caulaincourt an: »Wann werde ich endlich in Posen sein, wann die Depeschen aus Paris in Händen haben?« Dann beruhigt er sich wieder.

Der Schlitten rumpelt über die Pflastersteine. Das ist Posen. Endlich ein reitender Eilbote, Briefe!

Die Mantelsäcke mit den Depeschen liegen in einem Zimmer im Sächsischen Hof. Schnell. Er drängt Caulaincourt, er reißt selbst die kleinen Bänder auf, die die Pakete mit den Kuverts zusammenhalten. Er beginnt sie zu öffnen und läßt Caulaincourt damit fortfahren, während er schon liest. Er überfliegt die Seiten und ruft dabei aus, Frankreich gehe es gut. Beinahe allzu gut. »Unter den augenblicklichen Umständen ist diese Sicherheit ärgerlich«, murmelt er, »denn das *29. Bulletin der Großen Armee* wird einen Schock auslösen. Unruhe wäre besser. Sie hätte die Gemüter auf Unglück vorbereitet.«

Er ist wieder in den Schlitten gestiegen. Es liegt sehr viel Schnee. Er bedeckt die ganze Landschaft zwischen Posen und Glogau. Die Kälte hat kaum nachgelassen.

»Wenn man uns verhaften würde, Caulaincourt, was würde man dann mit uns machen? Glauben Sie, man erkennt mich, man weiß, daß ich hier bin? Sie sind ziemlich beliebt in Deutschland, Caulaincourt, Sie sprechen Deutsch.« Aber die Preußen würden gewiß schnell erkennen, daß er der Kaiser ist und nicht ein Sekretär namens Rayneval, der mit Monsieur de Caulaincourt unterwegs ist.

Und da sind auch schon die Pferde. Man bricht auf. Noch nie ist es so kalt gewesen. Er muß sprechen, diese qualvolle, schier endlose Nacht hinter sich lassen und in die Zukunft schauen, sie in seinem Kopf, in Gedanken und Worten schon vorbereiten. Und diese neue Partie, die er spielen wird, dieses Frankreich, auf dem er, wie auf einem Schachbrett, seine Figuren aufstellen wird, stimulieren ihn. Er würde gern schon den ersten Zug machen, um dieses Mal schachmatt zu setzen.

»Ich werde in den Tuilerien sein, bevor man von meinen Katastrophen erfährt und wagen wird, mich zu verraten«, sagt er. »Meine Truppen bilden eine Armee von mehr als 100000 Mann, gut geschulte Soldaten unter dem Kommando kampferprobter Offiziere. Ich verfüge über Geld und Waffen, um gute Kader auszubilden. Ich werde binnen dreier Monate Rekruten einziehen und 150000 Mann am Rheinufer unter Waffen haben. Die Kavallerie zusammenzustellen und auszubilden wird mehr Zeit in Anspruch nehmen, aber ich besitze, was alles möglich macht – Geld in den Kellern der Tuilerien.«

Er ist ungeduldig. Der Schlitten kommt nur langsam voran. Die stürmischen Winde haben den Schnee zu riesigen Bergen aufgehäuft. Er wettert. »Die Nation braucht mich. Wenn sie meinen Erwartungen Folge leistet, wird alles schleunigst wiedergutgemacht.« Er versucht, die Straße zu erkennen, hüllt sich aber bald wieder in seinen Pelz.

Es ist Montag, der 14. Dezember um Mitternacht. Nach Görlitz und Bautzen erreichen sie Dresden. Auf der Suche nach dem Haus des französischen Gesandten irren sie in den Straßen umher, aber die windgepeitschte Stadt ist menschenleer.

Zwei Stunden! Erst nach zwei Stunden ist das Gebäude in der Pirnaer Straße gefunden! Er muß sofort arbeiten, diktieren, damit die Depeschen auf den Weg kommen. Er muß der erste sein, der den Kaiser von Österreich über seine Rückkehr nach Paris informiert, um ihn davon zu überzeugen, daß alles gutgeht und er nicht besiegt worden ist.

»Trotz ziemlich großer Erschöpfung ist es mir gesundheitlich nie besser gegangen …«, teilt er dem Vater von Marie-Louise mit. »Ich bin in wenigen Tagen in Paris und werde die Wintermonate über dort bleiben, um meinen wichtigsten Geschäften nachzugehen.

Ich habe volles Vertrauen in die Gefühle Eurer Majestät. Das von uns geschlossene Bündnis ist auf Dauer angelegt. Eure Majestät werden alles mir Versprochene tun, um den Triumph unserer gemeinsamen Sache sicherzustellen und uns rasch zu einem angemessenen Frieden zu führen.« Er muß Kaiser Franz, seinen sehr lieben Schwiegervater, in diese Allianz einschließen. Und Wörter können Bindung erzeugen.

Als der König von Sachsen herbeieilt, liegt Napoleon schon seit einer Stunde im Bett. Der König nimmt in der Schlafkammer Platz. Napoleon sagt ein paar Sätze, um ihn zu beruhigen und ihm zu zeigen, daß er immer noch die Macht ist, die in Deutschland das Gesetz bestimmt. Und dann bald aufbrechen und in Leipzig ankommen, bevor es Tag wird.

Die Luft ist milder, der Schnee in der Stadt beinahe verschwunden. Ihm ist heiter zumute. Nach den verfallenen Häusern in Rußland sind diese Häuser, Hügel und Kirchtürme eine Welt und eine Landschaft, die er wiedererkennt. Er geht langsamen Schrittes in der Stadt und im Garten auf und ab, er speist mit dem französischen Konsul im *Preußischen Hof*, dann wird weitergefahren.

In Weimar zerbricht die Kutsche mit Kufen, die der König von Sachsen ihm in Dresden zum Geschenk gemacht hat. Er muß in eine Postkutsche umsteigen. Später werden Wagen und Pferde gewechselt. Der Postmeister von Eisenach zögert, sie anzuspannen, und will sich entziehen. Man muß ihm drohen. Seine Frau weint, bittet flehentlich.

Wann werden wir ankommen? Er will ausrechnen, wie weit es noch bis zum Rhein und bis Paris ist. Wie viele Stunden, wie viele Tage?

Es ist Mittwoch, der 16. Dezember. Er hat das Gefühl, seit Monaten auf der Straße zu leben, obgleich nur elf Tage vergangen sind. Und plötzlich erscheint ein Reiter. Der Wagen wird angehalten. Es ist Anatole de Montesquiou, der aus Paris kommt, die Kaiserin gesehen und den Text des Bulletins ausgehändigt hat. Alles gehe gut, sagt er immer wieder.

Endlich der Rhein, Mainz, die Hauptstadt des französischen

Departement Donnersberg. Am Donnerstag, dem 17. Dezember, wird Saint-Avold erreicht, später Verdun, wo er zu Abend ißt und dann wieder aufbricht. Und plötzlich ein heftiger Schlag. 500 Schritte von der Umspannstelle entfernt ist die Wagenachse gebrochen. Er muß laufen. Er muß diese Strecke bis zum letzten Zentimeter erobern. Aber er ist zu Hause! Er atmet die leichte, milde Luft in vollen Zügen ein. Dies soll Winter sein? Das ist eher ein russischer Frühling!

In Château-Thierry läßt er sich zum ersten Mal Zeit. In wenigen Stunden wird er Marie-Louise und seinen Sohn wiedersehen. Er wäscht sich ausgiebig, entscheidet sich für die Infanterieuniform, legt aber lachend seinen Fellmantel und seine Pelzmütze an. Denn es gibt nur noch einen offenen Wagen, einen jener rüttelnden Bauernkarren, mit dem man aber bis nach Meaux gelangen kann. Den Rest würde er, wenn es sein müßte, zu Fuß gehen. Aber der Postmeister stellt einen alten Wagen mit zwei riesigen Rädern zur Verfügung, eine Postkutsche. Sie schließt gut. Und los geht die Fahrt.

Der Postillion gibt den Pferden die Peitsche, die im Galopp davonstürmen. Napoleon lehnt sich aus dem Fenster. Paris. In der Ferne der Triumphbogen. Der Postillion fährt hindurch, ohne den Befehl hierfür erhalten zu haben, doch er hat das Recht dazu, denn allein der Kaiser besitzt dieses Privileg. »Das ist ein gutes Vorzeichen«, sagt Napoleon.

Da ist auch schon die Einfahrt zu den Tuilerien. Es ist 23 Uhr 45 an diesem Freitag, dem 18. Dezember 1812. Am 5. sind sie von Smorgon aufgebrochen. Wie weit zurück liegen Rußland, die Beresina, Moskau und die Moskwa. Eine andere, schon unwirkliche Welt.

Die Schildwachen sehen sich fragend an. Wer sind diese Offiziere? Vermutlich Überbringer von Depeschen. Sie lassen sie passieren. Langsam kommt der Wagen vor der Säulenreihe am Eingang zum Stehen. Ein Wächter kommt im Nachthemd mit einer Kerze in der Hand herbei. Er erschrickt vor der in Pelz gehüllten Silhouette von Caulaincourt, den er nicht gleich wiedererkennt. Schließlich identifiziert er den Oberstallmeister des Kaisers.

Napoleon bleibt zunächst im Halbdunkel. Er steigt aus. Man starrt ihn an. Er geht ganz langsam. Ein Schrei: »Der Kaiser ist da!« Das Gewölbe hallt wider von dem Gerenne, dem Lachen, dem Stimmengewirr. Schroff schickt Napoleon alle fort, die ihn umringen, und eilt zu Caulaincourt, der auf die Wohnung der Gesellschafterinnen der Kaiserin zugeht. Sie zögern, sind ängstlich. Wer ist das?

Napoleon stößt ihn beiseite und sagt: »Gute Nacht, Caulaincourt, auch Sie haben jetzt Ruhe nötig.« Und er geht zur Kaiserin hinein.

9

Er blickt sie lächelnd an und geht dann auf sie zu. Sie sind alle zur Stelle, hier in den Salons seiner Privatgemächer. Es ist elf Uhr an diesem 19. Dezember 1812. Sie kommen zum Lever des Kaisers.

Er sieht in ihren Augen Erstaunen und Ungläubigkeit. Er ist in Paris, er ist es wirklich! Sie wähnten ihn am anderen Ende Europas, unter den Schneemassen begraben mit allem, was von seiner Großen Armee noch übrigblieb. Sie hatten mit Erschütterung das drei Tage zuvor, am 16. Dezember, veröffentlichte 29. Bulletin gelesen. Sie stellen fest, daß er sich tatsächlich, wie es im Bulletin heißt, guter Gesundheit erfreut, nur ist seine Haut von der Kälte ein wenig rissig, und seine Augen sind geschwollen, gerötet vom eisigen Wind, der während der dreizehn Tage, die die Reise gedauert hat, fast ununterbrochen wehte.

Er amüsiert sich über ihre verstörten, devoten Mienen. Sie alle, die Minister Cambacérès, Savary, Clarke, Montalivet und die anderen, Kammerherren und Offiziere seines Hofstaates, haben die von General Malet verbreitete Legende seines Todes fraglos hingenommen. Nicht einer hat an seinen Sohn gedacht! Alle waren bereit, sich einer provisorischen Regierung anzuschließen! Er muß diese Angelegenheit vollständig aufklären, muß wissen, wie sich verhindern läßt, daß sein Sohn aus der Thronfolge ausscheidet.

Er hat ihn heute morgen gesehen, bevor er diese Salons betrat.

Dieser wie ein Mann gekleidete Knabe ist mein Sohn? Erst als er ihn auf sich zugehen sah, wurde ihm klar, daß inzwischen Zeit vergangen war, daß dieser beinahe sechsmonatige Feldzug bis nach Moskau nicht bloß ein Alptraum war, den man beim Erwachen vergißt. Dabei hatte er heute morgen beim Aufstehen genau das empfunden, als er Marie-Louise erblickte und danach sein Arbeitszimmer betrat. Alles war an seinem Ort geblieben.

In der Nacht hat er Marie-Louises Körper besessen, der zunächst noch wie erstarrt war, als fiele es ihr schwer, diesen über sie herfallenden Mann wiederzuerkennen. Doch dann war sie wieder jenes so sanfte, so zärtliche »gute deutsche Weibchen«. Ihre bloße Berührung hat ihn besänftigt, hat alle Strapazen der Reise getilgt, ja sogar die Erinnerung an das, was er mit mehreren hunderttausend Mann erlebt hat, dort, zwischen Wilna und Wilna, jener Stadt, wo zwischen Juni und Dezember 1812 der Rußlandfeldzug begonnen und geendet hat.

Kann es Murat, Berthier, Eugène in dieser Stadt gelingen, die Truppen von Kutusow in Zaum zu halten, die genauso erschöpft, geschunden und dezimiert sein müssen wie die der Großen Armee? Wenn sich Murat in Wilna halten kann, dann wird Napoleon im Frühjahr an den Russen Rache nehmen können, und das hat er vor.

Er wird die Federn der kaiserlichen Maschinerie spannen, Hunderttausende Soldaten ausheben, sie mit Gewehren und Geschützen ausrüsten. Und im April 1813 wird alles bereit sein. Bis dahin gilt es, die Allianz mit Österreich aufrechtzuerhalten und, wenn möglich, Preußen davon abzuhalten, sich im Krieg auf die Seite der Russen zu schlagen.

Er geht auf die versammelten Würdenträger zu. Vor jedem einzelnen bleibt er stehen. Er erkundigt sich nach dem Zustand des jeweiligen Ministeriums. Dann fragt er: »Warum haben Sie meinen Sohn vergessen? Warum haben Sie mich tot geglaubt? Warum haben Sie nicht an meinen Thronfolger gedacht?« Er schaut Frochot tief in die Augen, dem Staatsrat und Präfekten des Departements Seine, der den Verschwörern auf ihr Ersuchen hin einen Saal für ihre provisorische Regierung angeboten hat.

»Es gilt«, sagt er, »ein Exempel zu statuieren, nicht etwa was den Menschen – den will ich verschonen –, sondern was den Staatsrat betrifft. Es ist an der Zeit, sich daran zu erinnern, falls man es vergessen haben sollte, was es heißt, seinem Eid Folge zu leisten. Es gilt, diesbezügliche Prinzipien aufzustellen.« Dann entfernt er sich ein paar Schritte und setzt mit strengem Ton hinzu: »Ängstliche, feige Soldaten machen die Unabhängigkeit der Nationen zunichte, doch kleinmütige Magistrate zerstören die Geltung der Gesetze, der Thronrechte, ja die soziale Ordnung selbst.«

Er wird dies dem Senat gegenüber wiederholen, den er morgen, am Sonntag, dem 20. Dezember, einzuberufen gedenkt. Aber er will, daß von heute an die verschiedenen Räte aus den Ministerien, der Finanzverwaltung, der Innenverwaltung und natürlich der Staatsrat täglich bei ihm zusammenkommen. Er wird am 1. Januar 1813 das diplomatische Korps bei sich empfangen. In ein paar Wochen, am 14. Februar, wird er dann die gesetzgebende Körperschaft zu sich bestellen. Er will das gesamte Kaiserreich an der Arbeit sehen. Er muß bis zum Frühjahr 350000 Mann ausheben. Er denkt an 150000 des Jahrgangs 1814, an 100000 der Jahrgänge 1809 bis 1812 und weitere 100000 aus den Nationalgarden. Er hat bereits alles durchdacht. Es muß nur noch in den kommenden Wochen in die Tat umgesetzt werden.

Er beobachtet die Minister, die Würdenträger. Die Direktiven, die er ihnen soeben erteilt hat, scheinen sie beruhigt zu haben. Die Menschen haben das Bedürfnis zu handeln, zu wissen, daß ein Befehlshaber das Ruder fest in der Hand hält und sie führt. Jetzt kann er ihnen von Rußland berichten, von den Schlappen des Feldzuges. Warum sollte er es verschweigen? Die Briefe der Soldaten werden in absehbarer Zeit in Frankreich eintreffen. Und man wird wissen, was die Männer dort durchgemacht haben, und die Vermißten zählen.

Er bedeutet, daß die Audienz zum Lever beendet ist, hält aber Decrès und Cessac zurück, mit denen er über die ersten Maßnahmen zur Wiederherstellung von Artillerie und Kavallerie sprechen will. Er setzt sich an seinen Arbeitstisch.

»Also gut, meine Herren, das Glück hat mich verblendet! Ich

habe mich mitreißen lassen, statt dem ersten Plan zu folgen, den ich erdacht hatte. Ich bin in Moskau gewesen und hoffte, dort den Frieden unterzeichnen zu können. Ich bin zu lange dort geblieben. Ich glaubte, in einem Jahr erreichen zu können, was nur in zwei Feldzügen geleistet werden konnte. Ich habe einen großen Fehler begangen, aber ich kann ihn wiedergutmachen.«

Und damit beginnt er schon heute. Er gibt die ersten Befehle. Und als Decrès und Cessac gegangen sind, sagt er zu Caulaincourt: »Das furchtbare Bulletin hat seine Wirkung getan. Ich sehe aber, daß meine Anwesenheit größere Freude bewirkt, als unser Unheil Schaden anrichtet. Man ist eher betrübt als entmutigt. Das wird man auch in Wien vernehmen, und nach drei Monaten ist alles wieder im Lot.«

Er geht mit Marie-Louise auf der Terrasse der Tuilerien spazieren. Sie stützt sich sanft auf seinen Arm, ist fröhlich und unbesorgt. Er hört nur das Zwitschern ihrer Stimme. Er fragt sie: »Wie geht es dem Schwiegerpapa Franz?« Er ist auf die Allianz angewiesen oder zumindest auf die Neutralität Österreichs. Und mit Hilfe von Marie-Louise muß er auf Kaiser Franz Einfluß nehmen.

Denn die täglich mit den Stafetten eintreffenden Nachrichten sind schlecht! Die Horde der Soldaten, die über die Beresina gelangten, hat sich über Wilnas Läden hergemacht. Die Stadt ist geplündert worden. Die Kosaken mußten nur einmal *Hurra!* rufen, schon sind die Männer kopflos davongelaufen, um in Kowno denselben Wandalismus zu betreiben! Auch die Garde – seine Garde! – hat die Häuser und Warenlager geplündert. Auch sie ist geflohen, sobald die Kosaken auftauchten. Nur wenige tausend Mann haben mit Ney die Memel passiert. Um dann zu erfahren, daß Yorcks preußisches Armeekorps abtrünnig geworden war und die französischen Truppen unter Macdonald den Russen ausgeliefert und zum Rückzug gezwungen hatte. Außerdem haben die Österreicher unter Schwarzenberg mit den Russen über einen eventuellen Waffenstillstand zu verhandeln begonnen. Und Murat hat die Armee verlassen und ist in sein Königreich Neapel zurückgekehrt. Er verhandelt mit Metternich, in der Hoffnung, seine Krone zu bewahren – ein Verräter genau wie Bernadotte.

Vielleicht träumt er ja sogar davon, sich die eiserne Krone des Königreichs Italien aufzusetzen!

Er überfliegt die Briefe, die die Agenten des schwarzen Kabinetts, die den Auftrag haben, die Korrespondenzen zu durchsuchen, abfangen konnten. Er ist noch nicht einmal erstaunt, daß sie vom »Bleichen« stammen, von Talleyrand, einem Mann, der nach wie vor an den geheimen Räten teilnimmt. Er schreibt an seinen Onkel, den ehemaligen Erzbischof von Reims, der Ludwig XVIII. ins englische Exil nach Hartwell gefolgt ist, wo sich der »kleine Hofstaat« um den Bruder von Ludwig XVI. schart. Talleyrand bietet seine Dienste an, beteuert, der Rußlandfeldzug sei für das Kaiserreich »der Anfang vom Ende«, das Ganze werde mit einer »Rückkehr der Bourbonen« enden. *Nichtswürdiger Talleyrand!*

Napoleon tobt. Er will Talleyrand gerichtlich verfolgen, ihn auf seine Ländereien verbannen, aber Savary und Cambacérès treten für den ehemaligen Erzbischof von Autun ein. Warum einen Eklat herbeiführen? Es genüge, ihn zu überwachen. Napoleon zögert. Ein Prozeß gegen Talleyrand würde in der Tat als Zeichen einer Krise in der Spitze des Kaiserreiches gewertet werden.

Er bestellt Talleyrand zu sich. »Sie wollen mich verraten! Sie verraten mich!« brüllt er.

Doch Talleyrand weist die Vorwürfe von sich, würdigt die beschlagnahmten Briefe kaum eines Blickes, gibt vor, sie seien nicht von ihm geschrieben, sondern gefälscht, um ihn ins Verderben zu stürzen.

»Ich kenne Sie«, brüllt Napoleon. »Ich weiß, wozu Sie imstande sind, Sie sind auf der ganzen Welt der größte Dieb! Und jetzt auch noch die Bourbonen!«

Napoleon jagt ihn aus seinem Arbeitszimmer. Er hört, wie er zu den im Nebenzimmer wartenden Honoratioren sagt: »Der Kaiser ist heute morgen höchst charmant!« Dennoch ist er getroffen. Unter dem Vorwand einer Krankheit bleibt er zu Haus im Bett.

Marie-Louise kommt ihm entgegen, an der Hand hält sie den kleinen König. Sie wird immer anhänglicher. Sie will nicht, daß er sich zurückzieht, nicht einmal in sein Arbeitszimmer. Dabei muß er nachts arbeiten. In der Öffentlichkeit stellt sie sich nicht selten ungeschickt an, spröde, selbst wenn er bei den offiziellen Zeremonien bei ihr ist, im Hôtel des Invalides oder im Mädchenpensionat der Ehrenlegion. Sie versteht weder zu lächeln noch etwas zu geben. Sie findet nie die passenden Worte.

Doch wenn er mit ihr allein ist, ist sie sanft, liebevoll, schelmisch. Sie ist die Tochter von Franz I., dem österreichischen Kaiser. Würde Franz I. wagen, gegen den Ehemann seiner Tochter Krieg zu führen? Gegen dieses Kaiserreich, das sein Enkel möglicherweise erben wird?

Aber der Krieg wird gegen die Russen stattfinden, gewiß auch gegen die Preußen, also geht Napoleon auf die Jagd, denn er will seinen Körper, der merklich behäbiger wird, beweglich und widerstandsfähig halten. An diesem Dienstag, dem 19. Januar 1813, ist es in den Wäldern um Grosbois, Berthiers Schloß, bitter kalt.

Der Marschall ist niedergeschlagen aus Polen zurückgekehrt. Er bedauert, sich für Murat als Anführer der Armee eingesetzt zu haben. Man hätte von vornherein Eugène de Beauharnais ernennen sollen. Was kann der italienische Vizekönig jetzt noch ausrichten? Die Armee besteht nur noch aus 30000 Mann, das ist alles, was von den über 400000 übrigblieb, die im Juni 1812 die Memel überquert haben. Berthier klagt. Napoleon weist ihn zurecht. Warum rückwärts blicken? Die Vergangenheit lasse sich nicht wiedergutmachen. Ihre Folgen müsse man tragen.

Im Wald von Grosbois macht er plötzlich kehrt. Er will bis zum Schloß von Fontainebleau reiten. Ihm ist diese Idee schon vor Tagen gekommen. Er wollte nur niemandem davon erzählen. Die meisten Räume des Schlosses sind leer. Man hat die Möbel in Abwesenheit des Kaisers entfernt. Die Wohn- und Schlafzimmer sind eisig, ungeheizt. Es gibt nur wenige Dienstboten. Doch ein ganzer Flügel des Schlosses ist hell erleuchtet. Dort wohnt seit Monaten Papst Pius VII. Ihn will er überraschen, ihm seine Zuneigung und seinen Respekt erweisen, um eine Einigung, ein neues Konkordat zu erwirken.

Napoleon geht durch die langen, kalten Galerien zu ihm und umarmt ihn. Er will in den Augen Europas und der öffentlichen

Meinung nicht als der Antichrist dastehen, den die christlichen Herrscher verdammen, sondern als mit dem Papst verbündeter Kaiser.

Marie-Louise fühlt sich wohl in Fontainebleau, in dem kleinen Kreis, der trotz der Kälte allabendlich in den Gemächern zum »Spielen und Musizieren« zusammenkommt. Aber sie darf nicht nur die liebende Ehefrau sein. Sie muß an Franz I. schreiben. Napoleon will, daß das Konkordat am Montag, dem 25. Januar, in den Gemächern der Kaiserin unterzeichnet wird.

Napoleon ist zufrieden, aber der Papst betrachtet das Konkordat lediglich als Vorentwurf, der noch vom Kardinalskollegium abgesegnet werden muß. Doch es gilt, dieser Versammlung zuvorzukommen. Napoleon läßt das Konkordat am Samstag, dem 13. Februar 1813, in der Presse veröffentlichen. In Frankreich wie in Italien begrüßen sämtliche Kirchen das Ereignis mit der Feier eines Tedeum.

Spöttisch empfängt er Metternichs Gesandten, den Österreicher Bubna, und spricht ihn verächtlich auf den Waffenstillstand an, den Schwarzenberg mit den Russen geschlossen hat. »Ihr wollt eure Hilfstruppen aus dem Spiel herausziehen, ihr habt euer System geändert!« Dann müsse Wien allerdings die Kühnheit besitzen, einen Bruch herbeizuführen, und Franz I. den Mut, nicht nur seine Tochter, die etwaige Regentin, sondern auch einen Kaiser zu brüskieren, der mit dem Papst auf bestem Fuße steht. Man solle in Wien nur wissen, sagt er – und wird es später vor der gesetzgebenden Körperschaft wiederholen: »Ich wünsche den Frieden, werde aber nur einen ehrenhaften Frieden schließen.« Er fühlt sich wieder als Herr des Spiels.

10

Er sitzt in seinem Arbeitszimmer in den Tuilerien. Er hat sich nicht umgesehen, als Molé eingetreten ist. Er betrachtet weiter diesen zwischen Winter und Frühling wechselnden Himmel, der einmal strahlend blau und dann wieder verhangen und düster ist, mit wütenden Graupelschauern. Auch in seinem Inneren spürt er dieses Schwanken zwischen einer berauschenden Energie, diesem Willen, wie er ihn stärker nie empfunden hat, und einer plötzlichen Anwandlung von Ermattung.

Er hat im Februar 1813 im Hof der Tuilerien und auf dem Carrousel-Platz große Paraden und Heerschauen abgenommen. Hat diese vorläufigen Regimenter, die aus eben erst einberufenen Rekruten bestehen, Revue passieren lassen. Er hat die Reihen der Jungen Garde inspiziert. Er hat Vertrauen zu diesen Männern, aber sind sie, trotz ihrer neuen Uniformen und Gewehre, denn schon Soldaten? Sie sind reichlich zart, um ins Feuer zu gehen.

Aber nicht das nimmt ihm plötzlich seinen Schwung, wenn er mitten in der Nacht in seinem Arbeitszimmer einem Sekretär diktiert und dann plötzlich abbricht. Er bereitet den kommenden Feldzug vor, er befiehlt die Anpflanzung von Rüben, damit auf den Zucker aus den Kolonien verzichtet werden kann, oder aber er legt fest, daß er im Felde nicht mehr so viele Köche um sich haben will: »Weniger Geschirr, nur das Allernötigste, um ein Beispiel zu geben und weniger Umstände zu machen.« Und dann versagt ihm auf einmal die Stimme.

All das hat er schon erlebt, schon gesagt, schon gesehen. Er hat das Gefühl, sich zu wiederholen, seine eigenen Fußspuren wiederzufinden. Aber jetzt fehlt es ihm an der Leichtigkeit, an der Streitsucht und Begierde von einst. Die Energie bleibt ihm, doch wie eine Gewohnheit.

Er hat zwei Tage hintereinander im Bois de Boulogne gejagt. Er hat an einem Maskenball bei Hortense teilgenommen, und er war es auch, der ihn angeordnet hatte. Und doch hat er gar keine Freude daran gehabt. Zu leben, zu siegen wird zur Gewohnheit. Er ist eine Maschine. Er dreht sich, weil er sich gedreht hat. Er macht Schlachtpläne, um die Truppen, die ihm gegenüberstehen werden, zweifellos Russen und auch Preußen, zu überrumpeln. Die Marschrouten, die er in die Landkarten von Deutschland einzeichnet, fallen ihm mühelos ein.

Er kennt diese Hügel, diese Flüsse und Städte. Er hat diese Wege schon viele Male befahren. Er hat alle möglichen Armeen besiegt.

Kann er es noch besser machen als in Austerlitz, in Jena und in Wagram?

Er fordert Molé auf, sich zu setzen. Er schätzt diesen ehrgeizigen Mann, den Sproß einer der berühmtesten Juristenfamilien der Monarchie. Molé ist ein Schmeichler. Napoleon weiß das. Am 4. März 1813 hat er im Senat, als er das Budget vorlegte, von den Wunderwerken gesprochen, die einen Prinzen aus den Zeiten der Medici in Erstaunen versetzen würden und die »innerhalb von zwölf Jahren Krieg und von einem einzigen Mann« verwirklicht worden seien.

Napoleon läßt sich von Schmeichlern nicht täuschen. Er schiebt die Depeschen auf dem Tisch beiseite. Nicht eine mit einer guten Nachricht. Die Russen sind in Warschau eingedrungen. Preußen ist leidenschaftlich erregt und erhebt sich gegen ihn, unterzeichnet einen Vertrag mit Alexander I. und erklärt am 17. März 1813 den Krieg. Bernadotte verbündet sich mit den Engländern gegen Napoleon, gegen sein eigenes Land! Eugène, dem er die Armee anvertraut hat, evakuiert Berlin, Hamburg und Dresden.

Er steht auf und geht, gefolgt von Molé, ins Kartenkabinett. »Ich habe vor, von Mai an mit aller Kraft die Initiative zu ergreifen, Dresden wieder einzunehmen, die Festungen an der Oder zu befreien und je nach den Umständen Danzig zu entsetzen und den Feind hinter die Weichsel zu treiben.«

Er sieht die Truppenbewegungen, hat die Landschaften dieser Regionen vor Augen. All das hat er getan. Nun muß er es noch einmal tun. Er kann es. Er muß es. Er muß einen Felsbrocken einen Berg hinaufschieben. Er ist Sisyphus.

Er kehrt in sein Arbeitszimmer zurück und setzt sich wieder an seinen Tisch. Weiß Molé, daß dieser wackere Papst sich anders besonnen hat und seine Unterschrift unter das Konkordat, das er vor zwei Monaten unterzeichnet hat, zurücknehmen will? Und doch wird das Konkordat morgen, am 25. März, verkündet. Und am 30. März wird der Regentschaftsrat eingerichtet, mit der Kaiserin an seiner Spitze und Cambacérès als ihrem Berater.

Er spürt das Gewitter kommen, das alles wegschwemmen kann. Er ist ruhig, sieht aber so klar, daß es beinahe weh tut. Wolken türmen sich auf. Ihm ist klar, daß er diesen Feldzug unter den schwierigsten Bedingungen eröffnen wird, mit Rekruten, die noch nicht im Feuer gestanden haben. Und die Berichte der Präfekten weisen darauf hin, daß der neue Senatsbeschluß, der die Einberufung von zusätzlichen 180000 Mann vorsieht, auf dem Lande wie ein Verhängnis aufgenommen worden ist. Man lehnt sich nicht dagegen auf, aber man ist bedrückt.

Im übrigen genügt es, an einer Zeremonie teilzunehmen oder in Begleitung der Kaiserin in die Oper zu gehen, um zu ermessen, daß sich eine Art Furcht in die Akklamationen mischt. In den Pamphleten, die unterderhand zirkulieren und in England gedruckt werden, heißt es, er sei der Menschenfresser, der blutdürstige Antichrist!

Erwartet man denn von ihm, daß er sich beugt, daß er den Bourbonen den Platz überläßt? Hat nicht Ludwig XVIII. gerade sein Anrecht auf den französischen Thron in Erinnerung gebracht? Aber was hat er getan, um zum Regieren berechtigt zu sein? Über was für ein Land würde er herrschen? Über ein gedemütigtes, besiegtes, aus seinen eroberten Gebieten vertriebenes, dem Gesetz eines Alexander I. oder eines Königs von Preußen unterworfenes Frankreich.

Hat er dafür gekämpft? Sind zu diesem Zweck seit 1792, als er noch gar nichts war, so viele Menschen gestorben? Er hat doch das empfangene Erbe nur bewahrt und vergrößert. Glaubt man denn, er wäre jetzt bereit, es aufzugeben, da sich die Monarchen Europas erneut verbünden und die Völker gegen ihn aufbringen, wo er doch das neue Europa verkörpert, dessen Gegner sie sind?

Er steht auf. Dieses Jahr 1813 ist das seiner größten Herausforderung. Wenn er siegt, festigt er sein Kaiserreich. Und dann kommt die Zeit der Nachfolge zugunsten seines Sohnes. Wenn er besiegt wird … Daran will er lieber nicht denken.

Wenn er besiegt ist, dann muß er nur dem Feind die Stirn bieten, jedes Ereignis nutzen, um das Terrain zurückzuerobern, wie ein Regiment, das geordnet zurückweicht, um zu retten, was zu retten ist.

Am 30. März 1813 empfängt er im Ratssaal die Kaiserin inmitten einer Anzahl von Würdenträgern in großem Pomp, »das Ordensband über der Uniform«, und in Gegenwart der Prinzessinnen in langen, dekolletierten Kleidern. Er läßt Marie-Louise neben sich Platz nehmen. Sie wird einen Eid leisten, weil sie mit den Pflichten der Regentschaft betraut ist.

Sie spricht mit monotoner Stimme und dem gutturalen Akzent, den sie nie verloren hat. »Ich schwöre, dem Kaiser treu zu sein, ich schwöre, mich nach den bestehenden oder den vom Kaiser, meinem Ehemann, noch zu erlassenden Bestimmungen der Verfassung zu richten, in Ausübung der Autorität, die er mir während seiner Abwesenheit anzuvertrauen geruht.«

Er dringt darauf, daß Marie-Louise an ihren Vater schreibt, und wacht über diese Korrespondenz. »Ich soll Ihnen im Auftrag des Kaisers freundliche Dinge sagen … Er zeigt sich sehr liebevoll Ihnen gegenüber«, läßt er sie schreiben. Und mit einer Naivität, die ihn berührt, fügt sich Marie-Louise. Aber wie lange wird dieser »gute Papa Franz« dem Sturm widerstehen, der ihn vorwärts treibt?

Napoleon liest die Depeschen und die Berichte der französischen Agenten. Deutschland erhebt sich. Die russischen Truppen unter Wittgenstein sind in Berlin von einer tobenden Menge empfangen worden. Die Professoren sämtlicher Universitäten haben ihre Vorlesungen unterbrochen. »Die Kurse werden entweder in unserem freien Vaterland wiederaufgenommen«, hat der Philosoph Fichte gesagt, »oder wir werden sterben, um unsere Freiheit wiederzuerlangen.«

Er empfängt Prinz Schwarzenberg, der von neuem Botschafter in Paris geworden ist. An diesem 13. April säuselt der Park von Saint-Cloud von dem zurückgekehrten Frühling. Die Fenster des großen Empfangssalons stehen weit offen. Napoleon tritt mit Schwarzenberg an ein Fensterkreuz. Er weist auf die durch den Prinzen und sein Armeekorps während des Rußlandfeldzuges erzielten Erfolge hin und erwähnt nicht den mit den Russen abgeschlossenen Waffenstillstand. Der Prinz hört zu, wirkt peinlich berührt. Er wagt nicht, Fragen zu beantworten.

»Würde Kaiser Franz I. es akzeptieren, wenn ich ihm, um unsere Bündnis zu stärken, die illyrischen Provinzen überließe?

Österreich würde dadurch erneut an die Adria-Küste heranreichen.«

Schwarzenberg hüllt sich weiter in Schweigen, als fürchte er, ihn zu verletzen, wenn er Metternichs Absichten übermittelte, der sich als bewaffneter Vermittler aufdrängen will. Er sieht, wie sich Prinz Schwarzenberg entfernt. War er vielleicht zu konziliant ihm gegenüber?

Napoleon wird sich jetzt wieder den Truppen in Deutschland anschließen. Er hat schon so oft Frankreich auf dieser Straße verlassen, die über Sainte-Menehould nach Mainz führt. Ludwig XVI. hat auf der Flucht mit seiner österreichischen Königin diese Straße genommen, wo er erkannt und verhaftet wurde.

Am Donnerstag, dem 15. April 1813, verläßt er um vier Uhr morgens das Schloß von Saint-Cloud. Um 20 Uhr ißt er in Sainte-Menehould zu Abend. Am Freitag, dem 16., ist er um 7 Uhr auf der Durchreise in Metz und erreicht Mainz am selben Tag um Mitternacht. Er ist mehr als vierzig Stunden gefahren.

Vierter Teil

»Der Tod rückt näher.«

16. April 1813 – 9. November 1813

11

Napoleon sitzt und schreibt. Es ist Samstag, der 17. April 1813, sechs Uhr abends. »Meine gute Louise, ich bin am 16. gegen Mitternacht in Mainz angekommen. Ich habe heute keine Briefe von Dir erhalten. Ich kann es kaum erwarten zu erfahren, wie es Dir geht und was Du machst. Sag mir, daß Du brav gewesen bist und den Mut nicht verlierst. Ich habe, wie Du Dir vorstellen kannst, viel zu tun. Oberhofmarschall Duroc ist noch nicht eingetroffen.«

Er erhebt sich, geht zum Fensterkreuz. Auf dem Platz manövrieren junge Soldaten, und plötzlich muß einer ihn erkannt haben. Sie erheben ihre Gewehre und rufen: »Es lebe der Kaiser!« Er weicht zurück, wartet, daß die Jubelrufe verklingen. Das Rollen der Trommelwirbel kommt näher und entfernt sich wieder mit den Windböen, die den ganzen 17. April lang nicht nachgelassen haben.

Seit seiner Ankunft gestern um Mitternacht hat er das Haus nicht verlassen. Er hat die Adjutanten angehört, die Depeschen von Ney und von Eugène de Beauharnais gelesen. Dann hat er mit Bacler d'Albe die Karten studiert. Die Russen und die Preußen sind überall vorgerückt. Torgau ist gefallen. In Dresden sind sie als Sieger und als Befreier empfangen worden. Und sein Verbündeter, der sächsische König Friedrich August, hat sich nach Österreich aufgemacht, das nur darauf wartet, daß er geschwächt wird, um ihm den Garaus zu machen.

Er ergreift wieder die Feder. »Es ist hier sehr windig. Küsse meinen Sohn auf seine beiden Augen. Schreibe jede Woche an Papa Franz, berichte ihm militärische Details, und erzähle ihm, wie sehr ich ihm ergeben bin.«

Er schreitet, die Hände auf dem Rücken, im großen Raum auf

und ab. Bei dieser Kampagne, dieser Partie, geht es um alles oder nichts. Falls er gewinnt, steckt er alle Spieleinsätze ein, die sich auf dem Tisch befinden, seitdem er regiert. Falls er verliert, wird ihm alles genommen. England wird den Krieg gewinnen, den es seit 1792 gegen Frankreich führt. Alles oder nichts. Darum geht es in jenem Jahr 1813.

Die Trommelwirbel schweigen, und der Wind hat nachgelassen. Er geht nicht zu Bett. So viele Befehle muß er diktieren, so viele Gedanken gehen ihm durch den Kopf, so viele Entscheidungen hat er zu treffen. Seinem Sekretär Fain zeigt er den Brief, den er von Friedrich August, dem König von Sachsen, erhalten hat, dem Verbündeten, der keine Truppen stellen will und seine Hauptstadt Dresden verlassen hat.

»Mein Herr Bruder, der Brief Eurer Majestät hat mir großen Kummer bereitet«, diktiert er, »Sie hegen keine Freundschaft mehr zu mir. Daran sind die Feinde unserer gemeinsamen Sache schuld, die ich in Ihrem Kabinett vermute. Ich brauche Ihre gesamte Kavallerie und alle Ihre Offiziere. Ich sage meine Meinung mit dem Freimut, den Eure Majestät von mir kennt. Aber unabhängig vom Gang der Dinge kann Eure Majestät auf meine unverbrüchliche Wertschätzung rechnen.«

Mehr kann er nicht schreiben, denn er muß seine Worte gut abwägen. Er befiehlt Graf Narbonne, dem französischen Botschafter in Wien, alles zu unterlassen, was dem Hof von Franz I. mißfallen könnte. Er weiß aber genau, was Metternich und »Papa Franz« wollen: ihn ohne Risiko ausrauben. Sie wollen ihren Anteil haben, seine Niederlage vorbereiten und abwarten. Es geht um alles oder nichts, und wieder einmal entscheiden die Waffen darüber.

Am Mittwoch, dem 28. April 1813, hat er sein Hauptquartier in einem Hotel am Marktplatz des Städtchens Eckartsberga, nicht weit von Erfurt und Weimar, eingerichtet. Über 200 000 Mann scharen sich dort im Tal der Saale, wo sintflutartige Regengüsse niederprasseln, die die Uniformen durchweichen.

Napoleon hält sich in einem kleinen Raum auf. Er beugt sich über die Karten. Es gilt, das Tal der Saale zu verlassen, um nach

Leipzig und dann nach Dresden zu gelangen und Russen wie Preußen nach Osten, in Richtung Weichsel, zurückzudrängen. Gleichzeitig könnte man entlang der Elbe in Richtung Hamburg ziehen und Berlin bedrohen.

Dieses Sachsen ist ein Knotenpunkt, von dem aus man, sofern man es unter Kontrolle hat, ganz Deutschland, sowohl den Norden als auch den Osten, beherrschen kann. Leipzig und Dresden sind die beiden Riegel, um die Napoleon einen Kreis zieht.

Alles oder nichts. Der beginnende Kanonendonner vermengt sich mit dem Grollen des Gewitters, des nicht aufhörenden Unwetters. In Weißenfels wird gekämpft. Die Truppen, sagt er, müssen entlang der beiden Ufer der Saale vorrücken. Die Division von General Souham setzt sich aus jungen Rekruten zusammen, die noch nie gekämpft haben. Werden sie den russischen Reitern und Geschützen standhalten?

Am Freitag, dem 30. April, als er im eroberten Weißenfels ihre Linien abreitet, weiß er, daß sie die Häuser im Sturmangriff mit dem Bajonett erobert haben. »Sie haben den alten Bärten noch was gezeigt«, sagt er zu Marschall Ney, »geben Sie mir noch mehr solcher jungen Leute, und ich führe sie überallhin.« Er begibt sich unter sie. Er hört den Schrei »Es lebe der Kaiser!« durch ihre Reihen rollen. Er sieht, daß die bartlosen Gesichter, die sich ihm zuwenden, noch rot vom Laufen, Kämpfen, Schreien, Zittern sind. Diese junge Männer schwenken ihre Gewehre. Diese jungen Männer werden sich töten lassen. Denn die Partie beginnt überhaupt erst. Alles oder nichts. Und er kann sie nicht verlieren.

Das nächste Ziel ist Leipzig. Er wird über Lützen weiterziehen: »Wenn Sie in der Nähe dieser Stadt Kanonen hören«, schreibt er an Eugène de Beauharnais, der sich weiter nördlich an der Elbe befindet, »bewegen Sie sich zur Rechten des Feindes.«

Noch nie hat er so klare Gedanken gehabt. Die Truppenbewegungen zeichnen sich deutlich vor seinen Augen auf der Karte ab. Wenn er Reiter hätte, könnte er die russischen und preußischen Armeen, die von Barclay de Tolly, Wittgenstein und Blücher, vernichten. Doch es gilt mit dem zu spielen, was man hat. Und an erster Stelle die Österreicher davon abzuhalten, sich in das Spiel einzuschalten.

In der Nacht schreibt er noch einmal an Marie-Louise: »Ich bin überrascht, daß Papa Franz gesagt hat, der Frieden hinge von mir ab. Schon vor drei Monaten hatte ich ihm doch gesagt, daß ich dazu bereit war, und man hat mir nicht geantwortet. Laß ihn wissen, daß unser Land sich niemals mißhandeln und sich keine schändlichen Bedingungen von Rußland oder England aufzwingen lassen wird und daß ich derzeit eine Million Soldaten unter Waffen habe, aber jederzeit mehr aufbieten kann. Laß Deinen Brief durch Österreicher zustellen, damit man seine Echtheit nicht anzweifelt.«

Er galoppiert mit seinem Generalstab über die Hügelkuppen. Er will an vorderster Front sein. Die jungen Soldaten sollen ihn sehen, sollen wissen, wer er ist, wie er der Gefahr trotzt. Und daß die Kanonenkugeln ihn nicht treffen.

Und wenn sie ihn doch treffen? Warum nicht? Er fordert das Schicksal heraus. Er sieht ihm in die Augen wie jenen feindlichen Batterien, die in seine Richtung schießen. Er hört das Zischen einer Geschützkugel, die Erde wird inmitten des Generalstabs aufgewirbelt. Als der Rauch sich verzogen hat, sieht er, wie der Körper eines Mannes in seinen Mantel gehüllt wird. Bessières! Marschall, Herzog von Istrien, einer von denen, die er mochte, dem er den Befehl über die Kavallerie der Garde anvertraut hatte.

»Der Tod rückt näher«, sagt Napoleon, während er davonreitet.

Nach einigen Minuten im Galopp nimmt er im Haus des Schultheißen von Lützen Quartier. Es wird dunkel. Es ist Samstag, der 1. Mai 1813. Morgen wird es eine Schlacht geben.

An jenem Sonntag, dem 2. Mai 1813, während in den Dörfern südlich von Lützen gekämpft wird, hält er einen Augenblick inne. Sterben? Warum nicht, wo es doch bei dieser Partie um alles oder nichts geht. Und er mit sämtlichen Karten spielen muß, und wenn er sein Leben bei der Vorhut riskiert, inmitten der jungen Rekruten, die Reißaus zu nehmen beginnen, dann ist es ein Trumpf.

Er reitet inmitten der Soldaten, im Kanonen- und Kugelhagel. Er ruft den Rekruten zu, die auseinanderstieben und in die Gassen des mehrfach eroberten, verlorenen, zurückeroberten und erneut verlorenen Dorfes Kaja stürmen: »Sammelt euch, Soldaten, die Schlacht ist gewonnen, vorwärts!«

Gleichzeitig erteilt er seinen Adjutanten Befehle. Es gilt, mit dem gesamten rechten Flügel der Armee umzuschwenken, wobei besagtes Dorf Kaja die Achse darstellt. So läßt sich die feindliche Armee umgehen. Er trägt der Artillerie auf, der Bewegung zu folgen und die im Salvenfeuer zurückweichenden Russen zu vernichten! Er beobachtet, noch immer inmitten des Gefechts, den Rückzug der feindlichen Einheiten. Sie sind besiegt, aber noch nicht zerstört.

»Ich könnte die Angelegenheit im Handumdrehen beschließen, wenn ich nur weitere 1600 Kavalleristen hätte!« ruft er. Aber der Sieg steht fest, und der Weg nach Dresden ist offen.

Als die Dunkelheit hereinbricht und nicht mehr gekämpft wird, reitet er die Vorposten ab. Die Soldaten jubeln ihm zu. Der Ruf »Es lebe der Kaiser!« erschallt entlang der Linien. Im Schein der Biwakfeuer schaut er die Gesichter der Offiziere an, die ihn umringen. Sie sind mißmutig, obwohl doch ein Sieg errungen wurde und Lützen eine beispielhafte Schlacht bleiben wird, wie er glaubt.

Bei einem Biwakfeuer steigt er vom Pferd und diktiert eine Proklamation an die Armee. Hier und jetzt wird er die Worte finden, die diese jungen Soldaten berühren werden. Dann steigt er wieder aufs Pferd. Er hört die Seufzer der Verwundeten. Es war eine mörderische Schlacht. Wie viele? Tausend, zehn-, zwanzigtausend Tote und Verwundete in jedem Lager? Plötzlich übermannt ihn die Erschöpfung. So viele Siege, und keiner beendet die Partie!

Er trifft in Lützen ein, betritt das Haus des Schultheißen. Die Stafetten aus Paris sind eingetroffen. Er durchblättert die Zeitungen. Er ist entrüstet. Berichtet man so über den Krieg? Er diktiert einen Brief an den Polizeiminister Savary.

Er ist erschöpft. Alles in Händen halten. Alles. Nichts loslassen, denn es genügt, einen Faden zu verlieren, schon entgleitet alles. Er muß ein paar Stunden schlafen. Er seufzt. Eine letzte Pflicht. Er läßt sich ein Blatt Papier, eine Feder bringen.

»Meine Liebe, es ist elf Uhr abends, und ich bin sehr müde. Ich habe einen vollständigen Sieg über die Armeen von Rußland und Preußen errungen, die von Zar Alexander und dem preußischen König befehligt wurden. Ich habe 10000 Mann verloren, tot oder verwundet. Meine Truppen haben sich mit Ruhm bedeckt und haben mir Beweise der Zuneigung gegeben, die mir zu Herzen gingen. Umarme meinen Sohn. Es geht mir gut. Adieu, meine gute Louise. Ganz der Deine. Nap.«

Wie lange hat er geschlafen? Er weiß nicht mehr, wann er sich wieder an die Arbeit gemacht, Karten studiert, den Adjutanten Befehle diktiert hat. Das ganze linke Ufer der Elbe ist jetzt in französischer Hand. General Lauriston hat Leipzig besetzt. Dresden wird in den kommenden Tagen unweigerlich fallen. Danach wird man, nach russischer und preußischer Manier, entweder nach Norden oder weiter nach Osten ziehen. Er unterstreicht auf der Karte die Namen Bautzen, Wurschen, Görlitz, Breslau.

Ihn beunruhigt, daß seine ganze rechte Flanke, wenn er so in Richtung Weichsel vorrückt, ungeschützt ist. Er wird an den Grenzen Österreichs entlangziehen, und wie soll er Metternich und Kaiser Franz I. vertrauen? Er schreibt an Graf Narbonne. Der Gesandte ist vom Kaiser sehr kühl empfangen worden. Der Wiener Hof wartet auf eine französische Niederlage. Und Metternich bildet sich ein, er könne bei den Russen und den Preußen seine Sicht der Dinge durchsetzen. Man wird also auch gegen Österreich kämpfen müssen.

Als er bei Anbruch der Nacht in der kleinen Stadt Borna haltmacht, setzt er sich an den Arbeitstisch, den die Furiere aufgebaut haben, und beginnt einen Brief. »Meine Liebe, ich habe Deinen Brief vom 30. April erhalten. Ich lese mit Vergnügen, was Du mir von meinem Sohn und über Dein Befinden schreibst. Mir geht es auch sehr gut. Das Wetter ist schön. Ich verfolge immer noch den Feind, der sich überall auf der Flucht befindet. Papa Franz benimmt sich nicht sehr gut. Man will ihn gegen mich aufwiegeln. Laß den österreichischen Bevollmächtigten Floret kommen, und sage ihm, er möge an den Kaiser schreiben, daß ich gut gerüstet sei, eine Million Männer unter Waffen habe und voraussehe, daß er sich großem Unheil aussetzt, wenn er auf das Geschwätz seiner Frau hört, die uns nicht leiden kann. Er kenne unsere Nation nicht, ihre Anhänglichkeit an den Kaiser und ihre Energie. Von seiner geliebten Tochter, der noch viel an ihrem Heimatland liege, solle er den Kaiser wissen lassen, daß die Franzosen vor September in Wien sein könnten und daß er die Freundschaft eines ihm sehr zugetanen Mannes verlieren werde. Das sei alles mehr in seinem Interesse als in meinem, denn ich hätte das lange kommen sehen und wäre vorbereitet. *Addio, mio dolce amore*. Dein Nap.«

Am Samstag, dem 8. Mai, zieht er um acht Uhr morgens in Dresden ein, während die Stadt von der Sonne in ein zartes Licht getaucht wird. In der Ferne ist Kanonendonner zu hören, und über der Elbe steigen Rauchschwaden auf. Die Russen und die Preußen haben auf ihrem Rückzug nach Breslau entlang der österreichischen Grenze die Brücken in Brand gesetzt. Ihr Rückzug verläuft wohlgeordnet.

Plötzlich sieht er mitten auf der Straße, nur wenige Schritte vom Stadttor entfernt, eine feierliche Abordnung mit den Schlüsseln der Stadt auf ihn zukommen. Er wirft den Männern verächtliche Blicke zu. Vor einigen Tagen haben sie noch Friedrich Wilhelm von Preußen und Zar Alexander gefeiert. Und nun stehen sie verlegen und zitternd vor ihm.

»Ihr hättet verdient, daß ich euch wie erobertes Land behandle. Aber ich will alles verzeihen. Bedankt euch bei eurem König, er ist euer Retter. Schickt eine Delegation zu ihm, und bittet ihn, wieder unter euch zu weilen. Nur aus Liebe zu ihm vergebe ich euch. Ich werde dafür sorgen, daß ihr von Kriegsschäden möglichst verschont bleibt.«

Er braucht Friedrich August, den König von Sachsen. Er braucht seine Kavallerie und seine Soldaten. Er soll im Triumph nach Dresden zurückkommen. Er will mit ihm dinieren. Er will vergessen, daß er aus der Stadt geflohen ist und ihm keine Truppen gestellt, sondern seine Niederlage abgewartet hat. Er soll sich ihm anschließen wie die Einwohner von Dresden, denn er ist der Sieger.

Er quartiert sich im königlichen Palast, im Zentrum dieser begüterten, schönen Stadt, ein. Der milde Frühling läßt bereits den Sommer erahnen.

Er streift an den Ufern der Elbe entlang. Er mustert die Pioniere, die an diesen heißen Tagen eine Brücke über den Fluß schlagen. Er sieht die Männer mit nacktem Oberkörper arbeiten. Er rührt sich nicht. Er denkt an jene Brücken über die Beresina, an all die Toten. General Éblé und nahezu alle Pioniere haben ihre übermenschlichen Anstrengungen nur um wenige Tage überlebt. So holen ihn bisweilen stechend scharfe Bilder aus der Vergangenheit ein, von denen er sich nur schwer losreißen kann. In solchen Augenblicken wünscht er, eine Kanonenkugel würde unversehens seinen Kopf in die Luft jagen.

Sobald die Brücke fertig ist, überquert er den Fluß. Die Preußen und die Russen haben sich in Bautzen am Spree-Ufer verschanzt. Er beobachtet aus der Ferne ihre Position und kehrt dann nach Dresden zurück.

An diesem Sonntag, dem 16. Mai 1813, empfängt er Graf Bubna, einen General und Diplomaten, den Metternich geschickt hat. Während er ihn anhört, schreitet er langsam durch den großen, sonnendurchfluteten Salon des königlichen Palastes. Aber die Schatten werden allmählich länger. Die Dunkelheit bricht herein. Er läßt Bubna sprechen, der ausführlich Metternichs Bedingungen für einen Friedensschluß darlegt. Wien will dabei der Mittler sein.

»Bewaffnet?« fragt Napoleon. Er bleibt vor Graf Bubna stehen, dessen Gesicht inzwischen von Kerzen erleuchtet wird. Dieser Mann ist ohne Geheimnis, genau wie die Vorschläge, die er unterbreitet. Es geht ihnen nur darum, ihn zu berauben und zu unterwerfen. Nicht den Frieden will man, sondern seine Abdankung. Das ahnt er. Doch kann er sich einer Verhandlung entziehen?

»Ich schätze meinen Schwiegervater, seitdem ich ihn kenne«, sagt er. »Er hat den Heiratspakt mit mir auf nobelste Weise geschlossen. Dafür bin ich ihm zutiefst verbunden. Aber falls der österreichische Kaiser seinen Kurs zu wechseln gedenkt, hätte er diese Heirat lieber nicht eingehen sollen, die ich in diesem Augenblick bereuen muß.«

Er hat es gewagt, so etwas auszusprechen, seine Verbindung mit Marie-Louise in Frage zu stellen. Er entfernt sich ein paar Schritte von Graf Bubna. »Was mir am meisten am Herzen liegt«, fährt er fort, »ist das Schicksal des Königs von Rom. Ich möchte das österreichische Blut in Frankreich nicht noch hassenswerter erscheinen lassen. Die langwierigen Kriege zwischen Frankreich und Österreich haben Ressentiments aufkommen lassen. Sie wissen ...« – er wendet sich wieder Bubna zu –, »daß die Kaiserin als österreichische Prinzessin bei ihrer Ankunft in Frankreich höchst unbeliebt war. Eben beginnt sie, die öffentliche Meinung aufgrund ihrer Liebenswürdigkeit, ihrer Tugenden für sich zu gewinnen, da wollen Sie mich zwingen, Erklärungen abzugeben, die die Nation verärgern werden. Gewiß, ich gelte nicht gerade als übermäßig gefühlvoll, aber wenn ich überhaupt jemanden liebe, dann ist es meine Frau. Wie auch immer der Ausgang dieses Krieges sein mag, er wird das Schicksal des Königs von Rom beeinflussen. Unter diesem Gesichtspunkt ist mir ein Krieg gegen Österreich verhaßt.«

Als Graf Bubna den Salon verläßt, tritt Napoleon noch einmal zu ihm. Hat dieser Mann auch verstanden, wie entschlossen er ist? »Lieber will ich, wenn nötig, an der Spitze von Frankreichs edelsten Männern sterben, als mich zum Gespött der Engländer machen und meine Feinde triumphieren zu lassen.«

Es gilt, Dresden zu verlassen, sich zu den Vorposten zu begeben, die von den Geschützen in Brand gesetzten, in Schutt und Asche liegenden Dörfer und Städte zu durchqueren. Vom Pferd aus fordert er seinen Oberstallmeister Caulaincourt auf, ihm auf diese Anhöhe oberhalb der Spree-Ufer zu folgen. Die Preußen und die Russen haben sich östlich von Bautzen in den Schluchten und grünen Hügeln verschanzt.

Er wendet sich Caulaincourt zu. »Gehen Sie zu Alexander«, sagt er. »Wenn man seine Ansichten kennt, wird man schließlich zu einer Einigung kommen.«

Er zieht an den Zügeln, damit sein Pferd nicht von dem Caulaincourts weicht. Er beobachtet die Hügel, die die Männer im Kugelhagel werden erklimmen müssen. Und er wird bei ihnen sein. Wenn es noch ein Zurück gäbe!

»Ich habe überdies die Absicht, Alexander eine goldene Brücke zu bauen, um ihn von Metternichs Machenschaften zu erlösen«, setzt er hinzu. »Wenn ich schon Opfer zu bringen habe, dann lieber zugunsten von Zar Alexander, der einen guten Krieg mit mir führt, und des preußischen Königs, dessen sich Rußland annimmt, als zugunsten Österreichs, das die Allianz verraten hat und sich als vermeintlicher Vermittler das Recht aneignen will, über alles zu verfügen, nachdem es sich seinen Anteil genommen hat.« Caulaincourt verneigt sich und reitet davon.

Das Wetter ändert sich an diesem Mittwoch, dem 19. Mai 1813. Es regnet, als Caulaincourt mit Alexanders Antwort eintrifft. Der Zar wolle weder einen Waffenstillstand noch einen Friedensschluß. »Diese Leute werden sich umgänglicher erweisen, sobald ich einen erneuten Sieg davongetragen habe«, sagt Napoleon.

Er erteilt die ganze Nacht lang Befehle. Man wird den Feind zwingen, seine rechte Flanke ungedeckt zu lassen, indem man ihn von links angreift. Aber der Hauptangriff wird von rechts erfolgen, während Marschall Ney die Spree überqueren und den Feind plötzlich von hinten angreifen wird.

Inzwischen regnet es in Strömen. Er erwacht. Man wird an diesem Donnerstag, dem 20. Mai 1813, bei Gewitter kämpfen. Er ist bei der Vorhut, im Geschoß- und Kanonenkugelhagel. Er hält Einzug in Bautzen. Er schläft einen Augenblick auf dem Boden, während die Schlacht weiter wütet. Er verbringt die Nacht über seinen Karten. Und am Morgen des 21. Mai, eines Freitags, ist er wieder zu Pferde und reitet in Richtung Wurschen. Er entfernt sich nicht von der Vorhut. Er muß dort sein, bei den Männern, die der Gefahr am meisten ausgesetzt sind. Er erinnert sich, oft zu seinen Generälen gesagt zu haben, ein Anführer dürfe nur dann Risiken eingehen, wenn sie wichtig seien für die Führung seiner Männer, müsse aber unter anderen Umständen sein Leben schützen. Das seine zu riskieren ist ihm augenblicklich ein Bedürfnis.

Wenn er seine Eskorte, seinen Generalstab mustert, sieht er auf den Gesichtern Unverständnis. Warum hält er sich im Schußfeld auf, fragt man sich. Er will wissen, was das Schicksal für ihn bereithält.

Die Schlachten von Bautzen und Wurschen sind gewonnen. Es ist achtzehn Uhr. Er läßt sein Zelt vor einer vereinzelten Herberge aufstellen, die noch überall die Spuren des Zaren Alexander aufweist, der dort den ganzen Tag verbracht hat. Die Musik der kaiserlichen Garde erklingt, während die Dunkelheit hereinbricht.

Er galoppiert zur Vorhut, erklimmt mit den Plänklern die Hügel. Es fallen Geschosse. Die Schar herausgeputzter Reiter erweckt die Aufmerksamkeit der feindlichen Artillerie. Ein Jäger der Eskorte wird getötet. »Das Glück ist uns heute nicht wohlgesinnt«, sagt Napoleon. Doch er reitet weiter, gefolgt von Caulaincourt, Oberhofmarschall Duroc, dem General des Pionierwesens Kirgener und Marschall Mortier.

Er wendet sich um. Sie lassen ihre Pferde nicht wie Sieger tänzeln, sondern wie Männer, die das ihnen auferlegte Gesetz befolgen. Er reitet weiter.

Plötzlich zischt eine Kanonenkugel heran und trifft einen Baum. Als würde das Schicksal um ihn herum eine bedrohliche Linie zeichnen. Er wartet, daß die Erde herunterprasselt, während sein Pferd sich aufbäumt. Er erkennt die Stimme von Caulaincourt, die von sehr fern zu kommen scheinen. »Sire, der Oberhofmarschall ist soeben gefallen.«

Diese wenigen Worte öffnen eine Wunde, aus der die Erinnerungen nur so hervorsprudeln. Duroc, bei der Belagerung von Toulon, an seiner Seite. Duroc, der ihn duzte, wenn sie allein waren. Duroc, der ihm Marie Walewska vorgestellt hat. Duroc, dem er nichts verheimlichte, zu dem er absolutes Vertrauen hatte. Duroc ist tot, nach Bessières, nach Lannes. Wird ihn das Schicksal allein lassen, wie eine Insel, die inmitten des Ozeans der Toten liegt?

Er steigt vom Pferd ab. Das Geschoß hat den Baum getroffen, von ihm abprallend General Kirgener getötet und dann Durocs

Eingeweide herausgerissen, der in ein Haus des Fleckens Markersdorf gebracht worden ist.

Duroc ist aschfahl. Napoleon setzt sich neben ihn, ergreift seine Rechte. Sie ist bereits kalt. Er bleibt so über eine Viertelstunde, den Kopf auf die Linke gestützt, sitzen. Duroc stammelt: »Oh, Sire! Gehen Sie, dieser Anblick schmerzt Sie nur.«

Napoleon erhebt sich mühsam, stützt sich auf Caulaincourts Arm, murmelt ein letztes Mal, indem er sich zu Duroc hinabbeugt: »Adieu, mein Freund, wir sehen uns vielleicht schon bald wieder.«

Er bleibt reglos vor seinem auf einem Feld aufgestellten Zelt sitzen. General Drouot erkundigt sich nach Befehlen für die Artillerie. Ney berichtet, der Feind sei besiegt.

Napoleon will Duroc noch einmal sehen. Er kehrt zurück in das Haus. Er küßt das Gesicht des Toten. Mit ihm stirbt ein Teil seines Lebens.

Er schläft nicht. Dieser Verlust erschüttert ihn wie ein schicksalhaftes Omen. Und wie eine Strafe. »Man« will nicht, daß er stirbt! Er muß bis zum Ende durchhalten und mit ansehen, wie alle ihm Nahestehenden sterben. »Man« will nicht, daß er den Frieden eines jähen Todes auf dem Schlachtfeld findet. Also gut.

Beim Einzug in Görlitz ist er wieder bei den Vorposten. Er reitet sogar noch vor der Infanterie. Unterwegs tauchen plötzlich russische Kavalleristen auf. Sie sind nur wenige hundert Meter entfernt. Napoleon wendet ihnen gelassen den Rücken zu. Er überwacht die Bewegung einer nahenden Artillerieeinheit, läßt die Geschütze in Stellung bringen. Berthier ruft, die Russen würden vorrücken. »Nun, dann werden wir auch vorrücken«, antwortet Napoleon gelassen. Was riskiert er? Den Tod? Was ist das schon? Nur das Ende einer Partie.

Er hat sich in Neumark, zwischen Oder und Neiße, eingerichtet. Er betrachtet jenen gewaltigen osteuropäischen Himmel, der über unendlichen Räumen seine langen weißen Bahnen entrollt. Das Wetter ist mild. Er schreitet vor das stattliche Haus, das ihm als Hauptquartier dient.

Er hat die Russen und Preußen in weniger als einem Monat um

350 Kilometer zurückgedrängt. Er hat sie jedesmal geschlagen, doch nie vernichtet. Um sie zu verfolgen, fehlt es ihm an Kavalleristen. Sie sind besiegt, in äußerster Bedrängnis. Wie er soeben erfahren hat, ist Kutusow, der wegen seiner Krankheit nicht imstande war, seine Armee zu befehligen, gestorben.

Er läßt sich von Berthier über den Zustand der verschiedenen Einheiten informieren. Die Verluste seien schwerwiegend. Die Rekruten würden dem unentwegten Marschieren nicht standhalten. Von den ursprünglich 47000 Mann des 3. Korps seien nur noch 24000 übrig! Die Munition gehe zur Neige.

Er bestellt Caulaincourt zu sich. »Ich bin bereit«, sagt er, »einen Waffenstillstand zu unterzeichnen, der bis zum 20. Juli gilt. Während dieses Zeitraums sollen in Prag Friedensverhandlungen geführt werden.« Caulaincourt ist froh, ja begeistert. Und dieser Mann ist Durocs Nachfolger! Von solchen Männern bin ich jetzt umgeben. Die besten sind tot. Übrig bleiben die Caulaincourts.

Am 4. Juni 1813 wird in Pläswitz der Waffenstillstand unterzeichnet. Bevor er Neumark in Richtung Dresden verläßt, diktiert er einen Brief an Kriegsminister Clarke. »Dieser Waffenstillstand unterbricht meine Siegesserie. Aus zwei Gründen habe ich mich dazu entschlossen: Mir fehlt eine Kavallerie, um entscheidende Schläge zu versetzen, und die Österreicher verhalten sich feindselig. Wenn ich kann, warte ich bis September, um dann kräftig zuzuschlagen.«

Er glaubt nicht an den Frieden. Wer will ihn denn wirklich? Er wird sich entweder auf die Niederlage meiner Feinde oder auf meine Kapitulation gründen. Aber man muß so tun, als sei der Frieden möglich. So viele sehnen sich danach, und die Sehnsucht macht sie blind.

12

Er reitet im Schritt auf dieser Straße, die von Neumark nach Dresden führt. Er hält gedankenverloren die Zügel in der Hand und läßt sich vom Schaukeln des Pferdes tragen. Seine Gedanken kommen und gehen. Er hört Schreie. Soldaten rennen die Hügel hinunter, gleiten auf den Berghängen aus. »Es lebe der Kaiser!« schreien sie.

Er antwortet nicht auf ihre Hochrufe. Sie sind wie ein ferner Lärm, der seine Gedanken durcheinanderbringt. Seitdem der Waffenstillstand unterzeichnet ist, zögert er. Vielleicht war es falsch, den Feind nicht bis an die Weichsel zu verfolgen. Vielleicht hat er sich gegen seinen Willen überzeugen lassen von jenen, die nach Frieden um jeden Preis winseln wie Berthier, Caulaincourt und all den anderen, die nun hinter ihm reiten.

Im Quartier drängen sie ihn jeden Abend, so schnell wie möglich nach Dresden zurückzukehren, einen Wagen zu nehmen, in einer Kutsche im Galopp zu fahren und so mit seinen Kräften hauszuhalten. Sie wollen nicht mehr von drei Uhr morgens bis in die hereinbrechende Nacht im Sattel sein, sich in behelfsmäßigen Feldlagern wiederfinden und dann noch mehrere Stunden seine Befehle entgegennehmen. Sie wollen alle Frieden, zu ihrer Erholung. Und sie geben ihre Erschöpfung als große Politik aus.

Er weigert sich. Er reitet zurück. Die Morgenstunden sind kühl, die Tage lang. Er sieht die Soldaten, und er wird gesehen. Manchmal umringt ihn die Bevölkerung einer Stadt und jubelt ihm zu. So auch an diesem Dienstag, dem 8. Juni, in Görlitz, als er bei Tagesanbruch gerade weiterziehen wollte und in einem Vorort Feuer ausbrach, das zu bekämpfen er seinen Truppen befahl. Und er hat 6000 Francs an die Opfer auszahlen lassen.

In Bautzen macht er halt. Die Häuser sind noch voller Verwundeter. Die ganze Stadt scheint zu klagen. In dem kleinen Raum, den er für die Nacht wieder zu seinem Arbeitskabinett gemacht hat, wird ihm ein Bericht von Marschall Soult und General Pradel, dem Chef der Feldgendarmerie, übermittelt. Man zähle mehr als zweitausend an der rechten Hand verletzte Soldaten, dem Bericht nach vorsätzliche Verstümmlungen. Pradel fordert eine exemplarische Bestrafung dieser Männer.

Er hat diese jungen Soldaten gesehen, die zwar mutig, oft aber auch hilflos waren. Er stellt sich die Erschießungskommandos vor, die er zusammenstellen soll. Eine Bestrafung ist nur richtig, wenn sie nützlich ist. Er läßt Larrey, den leitenden Wundarzt, zu sich kommen. Er kennt die Ergebenheit und Offenheit dieses Mannes und zieht ihn zu Rate.

»Sire«, schreit Larrey sogleich, »diese Kinder sind unschuldig. Sie werden hinters Licht geführt!« Napoleon hört mit geneigtem Kopf zu. Laut Larrey verletzen sich die Soldaten ungewollt mit ihren Gewehren und häufig auch ihre Kameraden, die in Karree-Formationen vor ihnen stehen. Larrey spricht eindringlich, führt Zeugenaussagen und Beweise an. Napoleon bleibt vor ihm stehen und sagt: »Man wird Ihnen meine Befehle überbringen.«

Dann tut er ein paar Schritte und fügt hinzu: »Ein Herrscher kann sich glücklich preisen, mit einem Mann wie Ihnen zu tun zu haben.« Er ordnet an, Larrey 6000 Francs in Gold, eine Staatspension von 3000 Livres und eine von Diamanten gefaßte Miniatur auszuhändigen.

Alles sehen. Alles wissen. Alles entscheiden. Über wie viele Männer wie Larrey verfügt er noch? Lannes, Bessières, Duroc und so viele andere sind tot. Und diese Depesche, die er gerade bekommen hat und die berichtet, daß Junot in seinen illyrischen Provinzen dem Wahnsinn zum Opfer gefallen ist! Er erinnert sich. Es war bei der Belagerung von Toulon. Er war Hauptmann und Junot Sergeant. Junot, schlimmer als tot: wahnsinnig.

Napoleon verbringt einen Teil der Nacht sitzend, dann richtet er sich auf, blickt um sich, als komme er aus einem langen, dunklen Tunnel hervor. Er beginnt mit seiner klaren und deutlichen Stimme die Depeschen zu diktieren. »Krieg«, schreibt er an General Bertrand, »läßt sich nur mit Stärke, Entschlossenheit und konstantem Willen führen. Man darf weder schwanken noch zögern. Sorgen Sie für strenge Disziplin, und zögern Sie nicht, in Gefechten auf Ihre Truppen zu vertrauen.«

Und jetzt aufs Pferd. Fünf Tage ist er inzwischen schon unterwegs. Aufs Pferd, aufs Pferd! Am Donnerstag, dem 10. Juni 1813, ist er endlich wieder in Dresden.

Er schläft mehrere Stunden, und als er aufwacht, kommt es ihm so vor, als dämmere er schon seit Tagen vor sich hin. Er begibt sich sogleich hinaus in den Vorort Friedrichstadt. Unbeschäftigte Soldaten kommen und gehen. Glauben sie denn, daß schon Frieden ist? Er reitet weiter in die Stadt hinein. Als er erkannt wird, bilden sich Gruppen von Schaulustigen. Es erfolgt kein lauter Beifall, die Leute scheinen vielmehr überrascht und sehen ihn mit einer Mischung aus Erstaunen und Entsetzen vorbeireiten.

Er begibt sich zum König von Sachsen, der ihm entgegenstürzt. »Die verrücktesten Gerüchte waren im Umlauf«, sagt der Landesfürst. »Man glaubte, Eure Majestät sei tot. Es wurde behauptet, man habe eine Puppe mit Ihrem Aussehen in einen Wagen gesetzt, um Ihren Tod zu verschleiern.«

Napoleon lächelt. Tot? Manchmal kommt es ihm wirklich so vor, als sei ein Teil von ihm tot und als sehe er dem anderen dabei zu, wie er reitet, Befehle erteilt, kämpft und hofft. Und dann und wann entgleitet ihm alles, und er ist in eine Art Träumerei versunken, als schlummere er fernab vom Leben.

Er geht ein paar Schritte im Salon umher und schaut nicht mehr auf den König von Sachsen, der immer noch spricht und Gerüchte über Verhandlungen zwischen den Russen, Preußen, Österreichern und Engländern erwähnt. Die Informanten des Königs in Österreich und Preußen versichern, daß London sich anschickt, mehr als eine Million Pfund an Rußland und mehr als 600000 an Preußen zu zahlen, um sie an einen Vertrag zu binden, der sie daran hindert, die Kämpfe gegen den Kaiser ohne die Zustimmung Londons einzustellen. England maßt sich demnach das Recht an, seine Bedingungen zu stellen und den Augenblick des Friedens zu bestimmen. Österreich sei bereit, diesen Vertrag zu unterschreiben, doch Metternich wolle seine eigene Karte ausspielen und vermeiden, daß Europa an England oder an Rußland ausgeliefert wird. Er bietet sich demnach als Vermittler an. Doch was sollen die in Prag eröffneten Friedensverhandlungen nützen, wenn England sein Gesetz vorschreibt?

Napoleon wendet sich um. Er müßte sagen: »Da wird eine Komödie gespielt, um mich zu täuschen! Man glaubt doch nicht im Ernst, daß ich darauf reinfalle! Ich mache nur mit, um Zeit zu gewinnen!«

Und diese Zeit darf man nicht vertrödeln. Jeden Tag inspiziert er, nimmt er Paraden und Truppenschauen ab. Dresden soll die zentrale Festung seiner Armeen werden. Die Grenadiere sollen die Umgebung der Stadt entwalden. Man soll Heerlager auf den Hügeln anlegen. Die Stadttore sollen befestigt und Palisaden errichtet werden.

Beinahe jeden Abend geht er ein paar Stunden nach draußen. Er muß sich sehen lassen. Er hat bei einem großen Mittagessen den Vorsitz, führt seine Gäste ins Theater, geht an der Spitze des Gefolges mit der Königin von Sachsen am Arm. Manchmal begibt er sich in die Oper oder ins kleine Theater, das er in seinem Palais hat einrichten lassen, dieses »kleine Haus« Marcolini, wie er es gern nennt.

Übrigens schlummert er oft ein im Theater, wacht plötzlich auf und sieht sich um, ob man ihn dabei ertappt hat. Aber ist er erst einmal in seinen Räumen im rechten Flügel des Palais von Graf Marcolini, dann schläft er nicht. Die Fenster sind offen. Es ist schwül. Manchmal hört er die Soldaten singen und den Hufschlag einer berittenen Patrouille auf dem Pflaster hallen. Häufig bricht ein Gewitter los.

Er kehrt in sein Arbeitskabinett zurück und beugt sich über die Karten, die Bacler d'Albe vorbereitet hat. Wenn Österreich in den Krieg eintritt, dann kann es mehrere hunderttausend Mann auf die Schlachtfelder schicken. Man muß also Dresden und die Elblinie halten. Er richtet sich auf.

Im Süden wären die Österreicher, die Russen und Preußen in der Mitte und Bernadotte im Norden. Denn alle Depeschen bestätigen, daß Bernadotte mit 25 000 Schweden in Pommern gelandet ist. Er wird begleitet von Moreau, der aus Amerika zurückgekehrt ist und nun Napoleons Untergang herbeiführen will, was ihm zu Zeiten von Cadoudal nicht gelungen war. Im Dienst von Alexander befindet sich auch Pozzo di Borgo, sein Feind aus der Zeit von Ajaccio. Alle seine Gegner von einst sind wieder beisammen. Und England bezahlt sie in Pfund Sterling, genau wie es gestern die Mörder bezahlt hat, die ihn töten sollten, so wie es heute Murat die Macht in Italien und Geld anbietet, wenn er von ihm abfällt. Und da soll er an den Frieden glauben!

Er legt den Brief von Kaiser Franz I. auf den Tisch, den Metternich ihm soeben überreicht hat. Er durchbohrt den österreichischen Diplomaten mit seinen Blicken, diesen Mann mit dem überheblichen Auftreten, der maßgeblich die Ehe mit Marie-Louise geschmiedet hat. Er hatte Achtung vor der Intelligenz und Gewandtheit dieses Fürsten. Aber vielleicht ist Metternich ja auch nur einer dieser Männer, die Lüge mit großer Politik verwechseln.

Napoleon geht langsamen Schrittes auf ihn zu. »Sie wollen also Krieg«, sagt er mit ruhiger Stimme, »nun gut, dann sollen Sie ihn bekommen. Ich habe die preußische Armee in Lützen vernichtet, habe die Russen in Bautzen geschlagen. Jetzt wollen Sie an die Reihe kommen. Ich gebe Ihnen in Wien ein Stelldichein.«

Er bleibt vor Metternich stehen. »Die Menschen sind unbelehrbar«, fährt er fort, »sie werden aus Erfahrung nicht klug. Dreimal habe ich Kaiser Franz wieder auf seinen Thron gebracht. Ich habe ihm versprochen, ihm Beistand zu leisten, solange ich lebe. Ich habe seine Tochter geheiratet. Damals sagte ich mir: ›Du begehst eine große Dummheit.‹ Aber ich habe sie begangen.« Er hebt seine Stimme. »Heute bedaure ich sie.«

Er sieht Metternich nicht an, der vom Frieden spricht, der in seinen Händen läge. »Um diesen Frieden zu garantieren«, fährt Metternich fort, »müssen Sie entweder hinter die Grenzen zurückweichen, die eine allgemeine Beruhigung ermöglichen, oder im Kampf unterliegen.«

»Erwartet man etwa von mir, daß ich mich entehre?« beginnt Napoleon wieder mit lauter Stimme. »Niemals! Ich werde zu sterben wissen. Eure auf dem Thron geborenen Herrscher können sich zwanzigmal besiegen lassen und jedesmal in ihre Hauptstädte zurückkehren, ich dagegen kann das nicht! Ich bin mir dessen bewußt, was ich einem tapferen Volk schuldig bin, das mir nach beispiellosen Rückschlägen immer wieder Beweise seiner Ergebenheit und seiner Überzeugung geliefert hat, daß nur ich allein es regieren könne. Ich habe die Verluste des vergangenen Jahres behoben. Sehen Sie sich doch meine Armee an.«

»Und gerade die Armee wünscht sich Frieden«, sagt Metternich vorsichtig.

»Nein, nicht die Armee, meine Generäle wollen den Frieden. Ich habe keine Generäle mehr. Die Kälte von Moskau hat sie demoralisiert!« Er macht eine verächtliche Geste. Er lacht. »Ich kann Ihnen jedoch versichern, daß wir uns im nächsten Oktober in Wien wiedersehen.«

Er geht im Raum auf und ab. Diese Gewißheit darf ihn nicht verlassen, aber es fällt ihm nicht leicht, selbstbewußt zu lachen.

»Das Glück kann Sie im Stich lassen«, sagt Metternich, »wie es das 1812 getan hat. Ich habe Ihre Soldaten gesehen, es sind Kinder. Wenn diese Armee von Halbwüchsigen, die Sie zu den Waffen gerufen haben, untergegangen sein wird, was werden Sie dann tun?«

Napoleon senkt den Kopf und geht mit zusammengebissenen Zähnen auf Metternich zu. »Sie sind kein Soldat!« schreit er. »Und Sie wissen nicht, was in der Seele eines Soldaten vor sich geht. Ich bin auf den Schlachtfeldern groß geworden. Sie haben nicht gelernt, das Leben anderer geringzuschätzen und auch das eigene, wenn es sein muß.«

Er denkt an Lannes, an Bessières, an Duroc. Die Erinnerung an den Tod seiner Nächsten lastet schwer auf ihm, all jener Toten, die im Schnee an der Moskwa ihre Arme emporstreckten.

»Ein Mann wie ich schert sich wenig um das Leben ...«, beginnt er. Er unterbricht sich und wirft seinen Hut vehement in eine Ecke des Salons. Er verachtet Metternich, der so tut, als sei er besorgt um das Schicksal der Männer, und der sie, hinter seiner scheinheiligen Maske und seinen barmherzigen Äußerungen, zu Tausenden in den Tod schickt und dabei berechnet, welchen Vorteil er daraus ziehen kann.

»Ein Mann wie ich«, schreit Napoleon, »schert sich wenig um den Tod von 200000 Mann!«

Das ist die Wahrheit der Kriegsherren, die reine unmenschliche Wahrheit derer, die regieren, und die wird ein Metternich niemals zugeben. Er hebt seinen Hut wieder auf. Er hat mit diesen Leute da nichts gemein. Er hielt sie für Verbündete. Sie sind nichts als Raubtiere.

»Ja«, sagt er, indem er im Salon umherwandert, »meine Heirat mit einer österreichischen Erzherzogin war eine große Dummheit.«

»Da Eure Majestät nun einmal meine Meinung hören will, sage ich ganz offen, daß Napoleon der Eroberer einen Fehler begangen hat.«

»Also will Kaiser Franz seine Tochter entthronen?«

»Der Kaiser kennt nur seine Pflichten«, sagt Metternich.

Napoleon fällt Metternich ins Wort. »Indem ich eine Erzherzogin heiratete«, sagt er, »wollte ich die Gegenwart und die Vergangenheit, die überlieferten Vorurteile und die Institutionen meines Jahrhunderts miteinander vereinen, ich habe mich geirrt und spüre heute das ganze Ausmaß meines Irrtums.«

Er begleitet Metternich zur Tür. »Ich habe nicht die Hoffnung, das Ziel meiner Mission zu erreichen«, murmelt Metternich. Napoleon klopft ihm auf die Schulter.

»Nun ja, wissen Sie, was geschehen wird? Sie werden gegen mich keinen Krieg führen.«

Metternich nimmt seinen Faden wieder auf: »Sie sind verloren, Sire. Das ahnte ich schon, als ich herkam. Jetzt, wo ich gehe, bin ich mir dessen gewiß.«

Napoleon ist allein im Salon. Den ganzen Samstagnachmittag hat er an diesem 26. Juni 1813 in Metternichs Gesellschaft verbracht. Er ruft Caulaincourt herbei. Er soll den Waffenstillstand bis zum 10. August verlängern, um das Eingreifen Österreichs hinauszuzögern.

Dem Anschein nach bleibt alles ruhig. Er reitet durch das Land. Die Tage sind heiß und gewittrig. Er besucht die Feldlager der Truppen und die Forts und nimmt die Parade der sächsischen Einheiten ab.

Er läßt Fouché nach Dresden kommen, um ihm anstelle des armen wahnsinnigen Junot die Regierung der illyrischen Provinzen zu übertragen. Er empfängt ihn am 2. Juli 1813. Fouché weiß genau wie er seit gestern, daß Wellington vor zehn Tagen einen glänzenden Sieg in Vitoria errungen hat und daß es nicht mehr darum geht, Spanien zu behalten, sondern die Pyrenäengrenze zu verteidigen. Er hat Marschall Soult gebeten, das Kommando zu übernehmen, und seinem Bruder Joseph alle Befugnisse entzogen. Und nun rät auch Fouché, genau wie Berthier und Caulaincourt, zum Nachgeben.

Aber zweifellos denken doch Fouché und die meisten meiner Verwandten bereits, daß sie, indem sie mit Napoleon Schluß machen, ihr Hab und Gut, ihre Titel und sogar ihre Ämter retten können? Wer weiß, was sie vorhaben? Diese Männer der Revolution haben so viele Thronwechsel erlebt, warum nicht auch den seinen? Er aber hat nur sie, um zu regieren, die Armee zu leiten und zu verhandeln.

Das Warten auf den Krieg ist immer lang. Napoleon verbringt die meisten seiner Abende im Theater. Aber weder die Stücke noch die späten Gespräche mit der Schauspielerin Mademoiselle Georges können ihn noch zerstreuen. Er möchte jeden Trumpf ausspielen. Daher wünscht er, daß Marie-Louise neben ihm auftritt, um so ein weiteres Sandkorn in die in Prag stattfindenden Gespräche zu streuen, von denen er nichts erwartet, außer Zeit zu gewinnen.

»Meine Freundin«, schreibt er an sie, »ich möchte Dich sehen. Du brichst am 22. auf, übernachtest in Châlons, am 23. in Metz, am 24. in Mainz, wo ich Dich aufsuche. Du reist mit vier Kutschen und nimmst die Herzogin, zwei Hofdamen, einen Palastpräfekten, zwei Kammerherrn, zwei Pagen, einen Arzt mit. Graf Gafarelly wird die Eskorte befehligen und den richtigen Weg einschlagen. Du wirst den Erzkanzler von alldem unterrichten. Adieu, meine Freundin. Ganz der Deine. Nap.«

Am Montag, dem 26. Juli, erreicht er um 23 Uhr Mainz. Er ist am Tag zuvor um drei Uhr morgens aufgebrochen und Tag und Nacht gereist. Er überrascht Marie-Louise. Sie hat ein durch Müdigkeit und Erkältung verquollenes Gesicht und kann kaum die Augen öffnen. Innerhalb von vier Tagen, erklärt sie zu ihrer Entschuldigung, habe sie kaum zehn Stunden schlafen können. Sie habe Migräne. Er nimmt sie beim Arm und schließt sich mit ihr für den Rest der Nacht ein.

Seit der Morgendämmerung des nächsten Tages ist er an der

Arbeit. Er diktiert etwa zehn Briefe und Anordnungen. Und dann muß er die kleinen Fürsten des Staatenbundes empfangen, eine seltsame Versammlung, die er hinters Licht führen, bewirten und amüsieren muß.

Oft läßt ihn bei Tisch die Stille plötzlich hochfahren. Ihm wird bewußt, dort gegenüber von Marie-Louise zu sitzen, während respektvoll darauf gewartet wird, daß er spricht. Aber ihm gehen die Truppenbewegungen durch den Kopf und die Sätze, die er diktieren muß. Er sagt ein paar Worte, erwartet keine Erwiderung und verschließt sich von neuem.

Er entfernt sich am Arm der Kaiserin. Er will sie nicht beunruhigen. Sie ist für die Politik ihres Vater und Metternichs nicht verantwortlich. Er begleitet sie auf ihren Spaziergängen am Rhein entlang, in Wiesbaden, in Kassel und in Biberach. Es ist sehr heiß. Er hört die fröhlichen, hellen Frauenstimmen und hat dunkle Trommelwirbel und Kanonendonner im Ohr. Aber er lächelt. Er muß sorglos und selbstsicher erscheinen.

Am Mittwoch, dem 4. August 1813, erreicht er Dresden. Es ist neun Uhr. Es hat aufgehört zu regnen. Er richtet sich in dem Arbeitszimmer ein. Vom Garten des Palais Marcolini dringt der sommerliche Lärm und der Duft der Erde und der vom nächtlichen Gewitterregen noch feuchten Blätter herauf.

Er liest den ersten Brief. Er steht auf und geht zum Fenster. Unter ihm spannt sich das glitzernde Gewölbe der Bäume, deren Blätter alle von Tröpfchen bedeckt sind. Er bleibt lange so vornübergebeugt stehen, kehrt dann zum Tisch zurück und liest die Nachricht noch einmal. Junot hat sich in seinem Schloß in Burgund, wohin er sich zurückgezogen hatte, aus dem Fenster gestürzt. Er ist tot.

Lannes, Bessières, Duroc, Junot und viele vor ihnen. Er erinnert sich an Muiron, der vor so langer Zeit gefallen ist, weil er ihm auf der Brücke von Arcole das Leben rettete, als Muiron die Kugeln trafen, die eigentlich für ihn bestimmt waren. Muiron war zweiundzwanzig Jahre alt, er dagegen wird in wenigen Tagen vierundvierzig. Er bleibt den ganzen Tag im Palais Marcolini.

Er schläft nicht. Im Morgengrauen ist er auf. Er will wissen, wie weit die Verhandlungen in Prag gediehen sind. Die französischen

Gesandten, erklärt Außenminister Maret, seien nicht einmal empfangen worden. Caulaincourt folge Metternich auf dem Fuße, doch vergeblich. Man könne nicht wissen, was von uns gefordert würde. Napoleon murmelt: »Alles.«

Er muß sie also in ihrer eigenen Schlinge fangen und die offizielle Fixierung ihrer Vorschläge verlangen. Und diese akzeptieren. Warum auch nicht? Was riskiert er damit? Längere Diskussionen. Er hat keinerlei Illusionen. England wird noch mehr verlangen. Durch die Verträge, die es mit Preußen und Rußland schloß, die Summen, die es ihnen gezahlt hat, hat es das Spiel in der Hand. Und Österreich hat sich mit ihnen verbündet. Also? Warten und den Krieg vorbereiten.

Er inspiziert die Befestigungen von Dresden. Am 10. August nimmt er anläßlich seines Geburtstages eine große Parade von 40000 Mann ab. Denn am 15. August, dessen ist er sich jetzt sicher, geht es nicht mehr darum zu defilieren, sondern zu kämpfen.

Und was er vorausgesehen hat, tritt ein. Ein Abgesandter von Caulaincourt berichtet atemlos, daß Metternich am Mittwoch, dem 11. August, um null Uhr den Prager Kongreß für beendet erklärt habe. Und Metternich habe es abgelehnt, Napoleons Antworten und seine Vorschlägen zur Kenntnis zu nehmen. Benötigen die Anhänger eines Friedens um jeden Preis einen noch deutlicheren Beweis?

Die österreichische Kriegserklärung trifft am Donnerstag, dem 12. August 1813, ein. Mit harter Stimme, aber leidenschaftslos geißelt er die wahnsinnigen Forderungen Österreichs und seinen infamen Verrat. Er diktiert einige Zeilen an Cambacérès: »Ich wünsche, daß die Kaiserin ihre vorgesehene Reise nach Cherbourg unternimmt und daß sie über alles erst nach ihrer Rückkehr unterrichtet wird.«

13

Heute, am Sonntag, dem 15. August 1813, ist sein 44. Geburtstag. Er reitet im kalten, peitschenden Regen, vorbei an den Soldatenkolonnen, die durch das Stadttor und den Vorort Pirna Dresden gen Osten verlassen, in Richtung Bautzen, Görlitz und der Flüsse Spree, Neiße und Katzbach.

Er verharrt einen Augenblick vor der Brücke, die am Ausgang von Dresden über die Elbe führt. Die Dunkelheit ist hereingebrochen, doch der Regen fällt noch dichter. Er spürt, wie das Wasser über seinen Hut fließt, in den Filz dringt, den Mantel durchnäßt. Ihn fröstelt. Wie oft hat er das erlebt, an den Ufern der italienischen Flüsse, am Rhein, an der Weichsel, an der Memel. Wie viele Brücken hat er überquert, an wie vielen Flüssen ist er im Regen entlanggeritten! An seinem 44. Geburtstag ist es wieder soweit. Empfindet er deshalb nicht die geringste Begeisterung? Ist er deshalb so wild entschlossen zum Kampf, wenn nötig gegen die ganze Welt?

Er überquert den Fluß. Keine Jubelrufe. Die Soldaten marschieren mit gesenktem Kopf, naß bis auf die Haut. Sie sind hungrig. Wieder einmal. Dabei hat er doch zu Generalintendant Daru gesagt: »Die Armee ist nicht ausreichend ernährt.« Sie werden marschieren, in die eine wie in die andere Richtung, und schleppen sich schon an diesem dritten Tag, obwohl sie noch nicht gekämpft haben, müde dahin. Berthier und der Arzt Larrey sprechen von Tausenden Kranken. Das stürmische Wetter mit dem Wechsel von Hitze und Kälte setzt den leeren Mägen und den Lungen zu.

Er macht in Bautzen halt. Er hat hier vor wenigen Wochen, am 20. Mai, einen Sieg davongetragen. Was hat er ihm genützt? Er zieht sich nicht einmal um. Er will sich die Karten ansehen. Er kennt sie bis in jedes Detail. Trotzdem hat er das Bedürfnis, sie erneut zu studieren. Ihm stehen mindestens 600000 Mann gegenüber. Im Norden Bernadotte, im Zentrum der Preuße Blücher mit den Russen, im Süden Schlumberger mit seinen Österreichern. Dem Verräter Bernadotte stellt er Oudinot und Davout entgegen. Letzterer wird Hamburg verlassen, das er besetzt hält. Sie sollen Berlin einnehmen. Im Zentrum stellt er Macdonald, Ney, Lauriston, Marmont in einer Reihe auf. Er selbst wird in Böhmen eindringen, Schwarzenberg überrumpeln, bis nach Prag marschieren, Österreich das Ausmaß seiner Niederträchtigkeit spüren lassen.

Er hört Schreie und Rufe. Ein Adjutant stürzt herbei. Der König von Neapel sei eingetroffen. Napoleon sieht Murat auf sich zuschreiten. Der König von Neapel scheint hinter der Pracht seiner mit einem goldenen Gürtel zusammengeschnürten Uniform, seiner mit weißen Pfauenfedern und einem kleinen Adler geschmückten Mütze die Verlegenheit verbergen zu wollen, von der sein ganzes Auftreten kündet. Er weiß, daß Napoleon alles weiß, er kennt dessen Polizei. Er hat ihn verraten wollen.

Er fordert Murat auf, sich zu setzen. »Ich verfüge«, sagt er und setzt sich dem König von Neapel gegenüber, »über 365 000 Kanonenschüsse, das entspricht vier Schlachten ähnlich der von Wagram, und über 18 Millionen Kartuschen.« Er spricht mit Verve, spürt aber, daß es ihm nicht gelingt, Murat mitzureißen, der sich wegen der feindlichen Truppen Sorgen macht.

Er erhebt sich, tritt vor Murat, sagt mit entschiedener Stimme: »Ärgerlich an der momentanen Lage ist das geringe Vertrauen der Generäle in sich selbst: die feindlichen Truppen erscheinen ihnen überall da, wo ich nicht bin, beachtlich.« Er kann schließlich nicht überall sein. »Man darf sich nicht von Hirngespinsten einschüchtern lassen«, fügt er hinzu, »und muß größere Festigkeit und Einsicht walten lassen.«

Er entläßt Murat. Auf dem Schlachtfeld, im Kugelhagel, wird dieser Mann seine Vorbehalte und Versuchungen vergessen. Er wird kämpfen.

Napoleon reitet durch die Dunkelheit und durch den Regen. Sie überqueren eine Brücke ohne Geländer. Plötzlich neben ihm ein Schrei. Er sieht, wie Oberst Bertrand, einer seiner Adjutanten, sein Pferd zurückzuhalten versucht, aber dabei in den Abgrund stürzt. Er reitet weiter. Er erinnert sich an seinen eigenen Sturz im Weizenfeld, am Ufer der Memel. Er gibt seinem Pferd die Sporen. Man muß sich über böse Vorzeichen hinwegsetzen, sie bekämpfen, die Zukunft dennoch erobern.

Im Reiten hört er sich die Berichte der Adjutanten an. Blücher ist auf dem Rückzug. Seine Truppen haben erneut die Katzbach überquert. Wie Napoleon geahnt hatte, weigert sich der Feind, mit ihm zu kämpfen.

In Löwenberg liest er die in den zurückliegenden Stunden eingetroffenen Depeschen noch einmal. Davout sei im Norden, in Lauenburg, siegreich gewesen. Aber Oudinot trete Bernadotte gegenüber auf der Stelle. »Ich kann meine Gedanken noch nicht wirklich durchsetzen«, murmelt er, während er in dem kleinen Zimmer auf und ab schreitet, das man ihm als Arbeitsraum eingerichtet hat.

Er geht hinaus, es ist zwölf Uhr mittags. Die ganze Natur strahlt und glänzt in der Sonne. Aber der Horizont ist schwarz. Es wird erneut regnen. Er ißt im Stehen, liest dabei die Depeschen. Und plötzlich zerbricht er sein Glas auf dem Tisch. Die 10000 Bayern und Sachsen von Oudinot sind desertiert! Und im Süden zieht Schwarzenbergs Armee in Richtung Dresden und versucht, ihn von hinten anzugreifen, während er vergeblich hinter Blücher herzieht. Dresden darf nicht fallen. Es ist das Zentrum seiner Schlachtordnung.

Er befragt General Gourgaud, der aus der Stadt zurückkehrt. »Sire, ich denke, Dresden wird morgen eingenommen werden, wenn Eure Majestät nicht dort ist.«

»Kann ich mich auf Ihre Worte verlassen? Werden Sie sich bis morgen halten?«

»Sire, ich wette meinen Kopf darauf.«

Er erteilt im wieder einsetzenden Regen seine Befehle. Alles kehrt! Dieselbe Strecke zurück. Die Kolonnen strömen zurück. Er überholt sie, galoppiert in Richtung Dresden.

Er überquert inmitten des Gedränges die Brücke über die Elbe. All das sieht nach Auflösung, fast nach einer Niederlage aus. Ist das möglich! Er steigt ab, sieht General Gouvion-Saint-Cyr und beruhigt ihn. »Die Verstärkung trifft ein. Ich überwache sie.«

Die Soldaten erkennen ihn wieder, während er mitten auf der Brücke den Kommandeuren Befehle erteilt, als würden die Gewehr- und Kanonenfeuer nicht die in dichten Reihen nahenden Österreicher und Preußen ankündigen, angeführt von 50 Kartätschen. Sie sind fast 250000 Mann und wir nur 100000. *Wir werden siegen!*

Er kennt jeden einzelnen Quadratmeter des Dresdner Umlandes. Er erteilt der Kavallerie von Murat den Befehl, über den linken Flügel anzugreifen, den Infanteristen von General Victor, in die so geöffnete Bresche in der feindlichen Armee einzudringen. Und Ney soll attackieren. 1200 Geschütze vernichten die Angreifer. All das im Regen und im Schlamm.

Er reitet die Vorposten ab. Der Feind weicht zurück. Es gilt, ihm nachzustellen. Er kehrt kurz nach Dresden zurück. Der sächsische König nimmt ihn in die Arme. Napoleon schiebt ihn fort. Er zittert, seine Zähne schlagen aufeinander. Ihm ist übel. Seine Mütze ist derart durchnäßt, daß sie ihm auf die Schultern fällt. Er hat das Gefühl, durch Eiswasser zu waten, so naß sind seine Stiefel. Er kann sich kaum aufrecht halten. Constant entkleidet ihn. Sein Bett wird angewärmt. Er legt sich hin, doch der Schüttelfrost weicht nicht von ihm. Dennoch diktiert er. Fain liest ihm die Depeschen vor. Der Sieg von Dresden ist gewiß. Es gibt 10000 Gefangene, darunter auch Generäle, sowie erbeutete Fahnen. Einige österreichische Soldaten beteuern, der französische General Moreau sei an der Seite Alexanders von einer Geschützkugel getötet worden.

Er öffnet die Augen. Moreau! Er empfindet nichts. Das Schicksal hat jenen Mann aus dem Weg geräumt, den er einst verschont hatte, der nie aufgehört hatte, ihn zu hassen. Er haßt nicht. Er kämpft und verachtet. Aber kann man einen Toten verachten?

Er friert immer mehr. Er verlangt nach einem heißen Bad. Allmählich hört er auf zu zittern. Er legt sich ins Bett. Man solle ihn nicht wecken. Aber um fünf Uhr ist er schon wieder auf den Beinen.

Er kann nicht galoppieren. Sein Körper ist so geschwächt, daß er manchmal das Gefühl hat, aus dem Sattel zu fallen. Er macht in der Nähe des Vorortes Pirna halt. Das Wetter ist schön, Truppen ziehen an ihm vorüber, jubeln ihm zu. Der gestrige Sieg hat sie verwandelt. Er will dort auf dem Feld essen, um ihnen beim Defilieren zuzusehen und sich ihnen zu zeigen.

Er setzt sich, ißt ein paar Happen. Plötzlich ist seine Stirn schweißbedeckt. Er fällt vornüber, erbricht sich. Er denkt: Sie haben mich vergiftet. Die Engländer, Metternich, vielleicht auch von ihnen Gedungene unter seinen Vertrauten, sie alle wünschen seinen Tod, der es ihnen endlich ermöglichen würde, Europa nach ihren Vorstellungen zu organisieren, mit einem besiegten Frankreich.

Sie stehen um ihn herum. Er scheucht sie mit der Hand weg. Er braucht Luft. Er will nicht auf diese Weise sterben, wie ein römischer Kaiser, als Opfer eines Komplotts. Er wünscht sich einen Tod auf dem Schlachtfeld, wie Muiron, Duroc oder Lannes oder Bessières oder so viele junge Männer.

Mit 44 zu sterben, während diese Soldaten nicht einmal halb so alt geworden sind! Er richtet sich auf. Man müsse nach Dresden zurückkehren, wiederholt Caulaincourt. Der Kaiser müsse versorgt werden, er könne nicht weiter an der Verfolgung teilnehmen. Andere wiederum denken, man solle ihn lieber nach Pirna bringen, wo bereits die Junge Garde sei. Von dort könne er die Truppenbewegungen dirigieren.

Er muß unbedingt leben, denkt er. Erst einmal leben, um, wenn nötig, als Soldat zu sterben. Er sagt: »Dresden.« Er schließt die Augen. Man stützt ihn, trägt ihn zu einem Wagen. Er fährt dem Strom bewaffneter Männer entgegen, der nach Osten fließt.

Er liegt in seinem Arbeitszimmer. Man hat ihm soeben einen Stapel Depeschen gebracht. Macdonald sei von Blücher besiegt worden. Er habe 3000 Mann, 20000 Gefangene und 10 Geschütze verloren. Und wie viele Adler? Das Korps von General Vandamme, das Schwarzenberg verfolgt habe, sei in Kulm umzingelt und Vandamme mit seinen Soldaten gefangengenommen worden. Auch sei Ney in Dennewitz vom preußischen General von Bülow besiegt worden. Was ist aus dem Sieg in Dresden geworden? Er hat Mühe, sich aufzurichten, jetzt liegt er schon über einen Tag danieder!

Er empfängt Daru. Der Generalintendant der Großen Armee ist betrübt. Die Munition gehe allmählich zur Neige. Die Männer, gesteht er, seien unterernährt. Wegen Ruhr und Grippe würden sie sich bei diesem Wetter noch vor der Schlacht niederlegen.

»Grausig«, murmelt Napoleon. Er erhebt sich, wehrt Darus

Hilfe ab, geht zum Fenster. Es regnet noch immer. »Mein Feldzug nach Böhmen ist nicht mehr möglich«, sagt er. Er kann kaum ein paar Schritte gehen. Er möchte allein sein. Er zwingt sich, ans Fenster gestützt, aufrecht zu stehen. Er spürt, wie ihm die Zügel entgleiten. Dann geht er, indem er sämtliche Muskeln anspannt, um ja nicht zu wanken. »Nur ein Donnerschlag kann uns retten, uns bleibt nichts anderes übrig, als zu kämpfen.«

Seine Kräfte erwachen allmählich wieder. »So ist es im Krieg. Eine Hausse am Morgen, eine Baisse am Abend«, sagt er zu Maret beim Überfliegen der letzten Depeschen.

Sie sind erschreckend, wie er geahnt hat. Bayern hat einen Waffenstillstand mit den Alliierten unterzeichnet. Also keine Sachsen und keine Bayern mehr. Eine Kolonne russischer Kavalleristen ist bis Kassel vorgedrungen und hat Jérôme aus seiner Hauptstadt vertrieben. Keine Württemberger mehr! Wie soll man jedoch anders reagieren, als zu kämpfen? »Man kann beim Aufstieg stehenbleiben«, sagt er, »nie jedoch beim Abstieg.«

Er ist wieder an vorderster Front. Er überquert die Spree, versucht Blücher einzuholen, der den Kampf verweigert. Er macht nach tagelangem Ritt halt. Er betritt einen kleinen verlassenen Bauernhof. Er sieht, wie die Jäger seiner Eskorte ebenfalls absteigen, auch die Adjutanten, die zu ihm kommen, um seine Befehle entgegenzunehmen.

Doch er hat ihnen nichts zu sagen. Die Müdigkeit übermannt ihn. Er legt sich auf einen Strohballen und sieht minutenlang, durch das zerschossene Dach hindurch, den Wolken zu, wie sie über den blauen Himmel gleiten.

Ein Adjutant nähert sich, wartet einige Minuten. Er sieht ihn, ohne ihn zu hören. Er muß sich anstrengen, ihm zu folgen. Blüchers und Schwarzenbergs Truppen würden sich Dresden nähern, sagt der Offizier. Bernadotte habe im Norden die Elbe überquert. Blücher bereite sich vor, den Fluß im Süden zu passieren. Murat sei in die Flucht geschlagen.

Napoleon hört ihm zu. Er richtet sich auf, erteilt mit lauter, entschiedener Stimme Befehle. Man müsse, um nicht eingekreist zu werden, die Linie an der Elbe aufgeben und sich nach Leipzig zurückziehen. Man muß kämpfen, also wird man auch kämpfen. Dies könnte der Donnerschlag sein, der dem Verlauf des Feldzuges eine Wendung gibt.

Doch zunächst gilt es, Paris zu beruhigen, Briefe zu diktieren, in vielfacher Abschrift, denn die Partisanen fangen die Stafetten im Etappengebiet der Armee ab. Wie in Rußland. Er weist den Gedanken von sich. Man muß all die Minister, die sich nervös gebärden, zusammenstauchen.

»An den Herzog von Rovigo, Polizeiminister«, diktiert er. »Ich habe soeben Ihren chiffrierten Brief erhalten. Wie schön, daß Sie sich mit der Börse befassen. Was kümmert Sie eine Baisse? Je weniger Sie sich in derartige Belange einmischen, desto besser. Es ist ganz natürlich, daß unter den gegenwärtigen Umständen mehr oder weniger eine Baisse herrscht. Sollen sie doch tun und lassen, wonach ihnen der Sinn steht. Was alles nur noch schlimmer macht, ist, daß Sie sich einmischen und dem Ganzen Bedeutung beizumessen scheinen. Ich messe ihm nicht die geringste bei!«

Er diktiert eine Rede für Marie-Louise, die sie als Regentin vor dem Senat halten soll, als Erklärung dafür, daß er 160000 Mann des Jahrgangs 1815 sowie 120000 der Jahrgänge 1808 bis 1814 benötigt.

Er hat sich in dem kleinen Schloß Düben im Umland von Leipzig einquartiert. Er hat sein eisernes Bett und einen Tisch, auf dem die Karten ausgerollt sind, in einem geräumigen Zimmer mit schmalen Fenstern aufstellen lassen, durch die eine meist regenverhangene Landschaft zu sehen ist.

Es ist Mitte Oktober 1813. Alle um ihn herum schweigen. Man wartet, daß er spricht, Befehle erteilt. Er hat sich auf ein Sofa gesetzt. Hin und wieder geht er zum Tisch, studiert die Karten. Oft greift er nach einem Blatt Papier und läßt seine Hand ganz mechanisch große Buchstaben schreiben. Dann legt er die Feder nieder und setzt sich wieder.

Er wirft Bacler d'Albe einen Blick zu. Eine Depesche wird gebracht. Der Abfall von Bayern wird bestätigt. Überall desertieren deutsche Truppenkontingente und gehen zum Feind über. Er hält

Ausschau nach Berthier, doch der Marschall ist krank, unfähig, sich zu bewegen.

Er erhebt sich, geht zum Tisch, wo sich die Depeschen stapeln, ohne daß er sie liest. Er weiß, er verfügt über 160000 Mann, denen mindestens dreimal so viele gegenüberstehen. Und unter seinen Soldaten sind Zehntausende krank. Mit diesen Männern muß er kämpfen.

Er könnte nach Norden ziehen, Berlin einnehmen und dann das feindliche Nachschubgebiet angreifen. So ist er häufig vorgegangen, in Italien, in Deutschland, und so hat er Schlachten gewonnen, die Situation mit Hilfe von Eilmärschen umgekehrt. Doch das war einmal. Was kann er von jungen Soldaten verlangen, die von dem ewigen Hin- und Hermarschieren und von den nicht abbrechenden Regengüssen erschöpft sind? Und wo sind die begeisterungsfähigen Generäle von einst? Und er selbst ist 44 Jahre alt! Die Schlacht von Marengo war am 14. Juni 1800. An dem Tag ist Desaix gefallen. Seitdem sind über 13 Jahre vergangen. Er kann nicht nach Norden marschieren, er muß hier kämpfen.

14

Er bleibt wie angewurzelt in dem feinen und kalten Regen stehen, der an diesem Donnerstag, dem 14. Oktober 1813, seit Einbruch der Nacht fällt. Er schaut dem Wagen des Königs von Sachsen, Friedrich August I., nach. Der Herrscher kehrt nach Leipzig zurück. Sein letzter deutscher Beistand. Napoleon zuckt mit den Schultern. Wo bleibt die Ehre?

Er kehrt in den schmucken Pavillon zurück, in dem sich sein Generalquartier befindet. Er bleibt vor den großen Gemälden stehen, die die Halle schmücken. Der Luxus eines Bankiers! Dieser Wohnsitz gehört tatsächlich einem reichen Mann aus Leipzig, der hier, in diesem einige Meilen von der Stadt entfernten Dorf Reudnitz, seine Freunde empfing.

Auch die Bankiers sind seine Feinde. In Paris fallen weiterhin die

Kurse. Man setzt auf seine Niederlage. Die Londoner Bankiers leihen all denen, die entschlossen sind, ihn zu bekämpfen. Er ist allein.

Er geht in dem schlecht beleuchteten Raum auf und ab, in dem die Landkarten ausgebreitet sind und die Depeschen gesammelt werden. Wo bleibt die Ehre? Der Bayernkönig hat gerade Verrat begangen. Er hat seinem Schwiegersohn, Eugène de Beauharnais, geschrieben und ihm nahegelegt, sich der Koalition seiner Feinde anzuschließen! *Da haben wir ihre Moral! Unterwürfig, wenn ich stark bin, erpresserisch wenn ich schwächer werde.*

Er bleibt ans Fensterkreuz gelehnt stehen. Hinter dem Regenvorhang erkennt er die Lagerfeuer der Armeen von Schwarzenberg, Blücher, Bernadotte und Bennigsen. Sie bilden beinahe einen Kreis, der nur nach Südwesten, in Richtung jener Straße, die über Lindenau nach Erfurt und weiter nach Frankreich führt, einen Spaltbreit offensteht. Aber man muß Gräben und Sümpfe, die Elster und ihre Nebenflüsse Pleiße und Parthe überqueren. Brücken, immer wieder Brücken. Er denkt an jene über die Beresina.

Er kann die Augen nicht von dieser Krone aus glitzernden, leuchtenden Punkten lassen, die die Grenzen des Schachbretts aufzeigen, auf dem die Partie um alles oder nichts gespielt werden wird. Auf kaum zehn Quadratkilometern werden sich in wenigen Stunden 50000 Männer und 3000 Kanonen gegenüberstehen. Ganz Europa gegen ihn. Er gegen ganz Europa.

Er schläft nur stoßweise einige Minuten. Und schon bricht am Freitag, dem 15. Oktober 1813, der Tag an. Weit in Richtung Süden hört er Kanonendonner. Das sind zweifellos Schwarzenbergs Truppen, die näher kommen. Die Aufklärer melden, daß die österreichischen Kolonnen, von etwa hundert Kanonen angeführt, vorrücken. Kosaken und mit Pfeil und Bogen bewaffnete Baschkiren greifen die Franzosen an, entfernen sich und kehren wieder zurück. Das Gelände ist schwierig, besteht aus Hügeln, zahlreichen Wasserläufen und Sümpfen.

Napoleon besteigt ein Pferd. Dieser Freitag ist kein Kampftag, sondern ein Tag des Aufmarsches. Er ahnt es. Er durchstreift in Begleitung von Murat diese Hügel und diese Täler, deren Erde morgen blutgetränkt sein wird. Man jubelt ihm zu. Das Wetter ist schön. In dem Dorf Wachau steigt er vom Pferd und inspiziert die Umgebung. Hier wird das Zentrum der Armee sein. Der Knotenpunkt der Schlacht gegen Schwarzenbergs Truppen.

Er bricht wieder auf und galoppiert über das Hochland. Nicht weit von Wachau entfernt entscheidet er sich für eine Stelle hinter einem Schafstall. Dort soll morgen sein Zelt errichtet werden. Er reitet wieder nach Reudnitz.

Er hält Murat zurück, blickt ihn unverwandt an. Der König von Neapel schlägt die Augen nieder. »Ihr seid ein tapferer Mann«, murmelt er, »aber als König denkt Ihr mehr an Eure Krone als an die meine. Ihr seid drauf und dran, Euch so zu verhalten wie irgendeiner von meinen verbündeten Herrschern, der König von Bayern.« Murat protestiert nicht einmal.

Am Samstag, dem 16. Oktober 1813, beginnt das Geschützfeuer. Er hat es noch nie so stark gehört. Wie von ihm vorausgesehen, wird in Wachau gekämpft. Er galoppiert zu den Vorposten. Von allen Seiten schlagen Kanonenkugeln ein. *Hier sterben, in dieser Völkerschlacht, ich gegen alle!*

Er antwortet Caulaincourt nicht, der ihn beschwört, sich in Sicherheit zu bringen. Er bleibt regungslos und aufrecht auf seinem Pferd sitzen. Durch sein Fernrohr sieht er Männer und Pferde fallen. Scharfschützen stürzen sich auf feindliche Kanonen. Die Österreicher weichen zurück. Er schickt die Junge Garde ins Feuer. Die Polen unter Poniatowski greifen an, schlagen mit Säbelhieben Lücken in die österreichischen Schwadronen.

Napoleon erläßt eine Order, wonach Poniatowski in den Rang eines Marschalls erhoben werden soll. Dann fährt er fort zu beobachten. Trotz der alliierten Flut halten die Franzosen stand. Und als die Nacht hell, ja sogar klar hereinbricht, ist die Schlacht des ersten Tages gewonnen.

Er kann sich zu seinem Zelt begeben. Er reitet langsam. Morgen werden 10 000, vielleicht sogar 100 000 Mann die feindlichen Armeen verstärken. Und worauf kann er zählen? Auf einige tausend Soldaten, darunter viele Sachsen.

Von seiner Garde umgeben, steigt er vom Pferd. Ein österreichischer Offizier in weißer Uniform sitzt vor dem Zelt. Er geht auf ihn zu und erkennt General Meerveldt. Sie sind sich in Leoben begegnet, wo Meerveldt einer der österreichischen Unterhändler war. Das war vor 16 Jahren. Und auch noch einmal nach Austerlitz, vor acht Jahren. Aber was bedeutet schon die Vergangenheit, wenn man versucht, die Zukunft zu beeinflussen?

»Sie wollten dieses Mal tatsächlich eine Schlacht schlagen«, sagt Napoleon.

»Wir wollen den langen Kampf gegen Sie beenden. Wir wollen mit unserem Blut unsere Unabhängigkeit erringen«, sagt General Meerveldt nach einer Pause mit lauter Stimme.

Napoleon beginnt, die Hände hinter dem Rücken, im Zelt umherzugehen. Vergißt Meerveldt, daß Kaiser Franz I. sein Schwiegervater ist? Daß der französische Kaiserthron blutsmäßig mit dem der Habsburger verbunden ist? Er spricht lange mit dem österreichischen General. Wenn er dem Kaiser von Österreich verständlich machen könnte, daß die Gefahr für Wien in einem Sieg der Russen oder vielmehr in der Herrschaft der Engländer über das kontinentale Europa liegt, würde er vielleicht der Koalition ein Ende machen. Er muß auch diesen Trumpf ausspielen.

Er bleibt vor Meerveldt stehen. Er befiehlt, den Österreicher zu den Vorposten zurückzugeleiten, damit er später bei Kaiser Franz den Wunsch seines Schwiegersohns Kaiser Napoleon nach Frieden und sogar einem Bündnis bezeugt. Dann entfernt sich Napoleon, um inmitten der nahe der Feldlager versammelten Grenadiere seiner Garde zu marschieren.

Am Sonntag, dem 17. Oktober, ist der Himmel düster und verhangen. Man hört Kanonendonner. Napoleon begibt sich auf die Anhöhe von Thornberg, von wo aus er das ganze Schlachtfeld überblicken kann. Heute wird nicht gekämpft, die Feinde warten auf Verstärkung. Er sieht, wie sich Straßenräuber und Sanitäter über das mit Toten und Verwundeten bedeckte Gelände gebeugt vorwärts bewegen.

Er kehrt zu seinem Zelt zurück, setzt sich mit dem Rücken zur Wand auf einen Klappstuhl. Er rührt sich nicht. Sein ganzer Körper ist schweißbedeckt. Er sieht das Entsetzen in den Augen Caulaincourts und der Adjutanten. Und plötzlich krampft sich sein Magen zusammen, er verspürt einen schneidenden Schmerz. Er beugt sich nach vorn und übergibt sich. Müdigkeit und Qual haben ihn überwältigt.

Er legt die Hand auf seinen Magen. »Ich fühle mich schlecht«, sagt er, »mein Kopf widersteht, mein Körper unterliegt. So will ich nicht sterben.«

Er hört Caulaincourt nach dem Feldarzt Yvan rufen. Der beschwört ihn, sich auszuruhen, zu Bett zu gehen. Sich am Vorabend einer Schlacht ausruhen!

»Das Zelt eines Herrschers ist durchsichtig, Caulaincourt«, murmelt Napoleon. »Ich muß aufbleiben, damit keiner seinen Posten verläßt.« Ungeachtet Caulaincourts steht er auf. »Ich muß auf den Beinen bleiben.« Er macht ein paar Schritte und stützt sich dabei auf den Oberstallmeister. »Es wird schon nichts sein, passen Sie nur auf, daß keiner hereinkommt«, sagt er.

Er atmet ruhiger. »Ich fühle mich besser«, sagt er, »es geht schon wieder.« Der Schmerz läßt nach. Ihm ist nicht mehr so kalt. Morgen wird er die Schlacht lenken können.

Am Montag, dem 18. Oktober 1813, ist er um ein Uhr morgens schon im Sattel. Er inspiziert die Vorposten und erreicht den Hügel von Thornberg. Es ist der dritte Tag dieser Schlacht. Seine Große Armee leistet Widerstand, aber sie löst sich allmählich auf. Sie tötet mehr, als sie an Toten aufzuweisen hat, aber er kann ihr kein neues Blut geben, und der Feind hat ganz Europa hinter sich.

Es ist der dritte Tag. Plötzlich kehrt er um. Er will zu General Bertrand nach Lindenau. Er reitet über die Elsterbrücke. Sie muß ausgehöhlt werden, um sie für eine Sprengung vorzubereiten, falls der Rückzug beschlossen wird. Bertrand und seine Truppen werden die Vorhut der Großen Armee sein, die auf dieser Straße von Lindenau nach Erfurt in Richtung Frankreich marschiert. Frankreich! Wenn es sein muß, werden wir auf eigenem Boden kämpfen.

Er kehrt nach Thornberg zurück. Er ist ruhig und bereit, diese

Partie zu verlieren, um eine neue zu beginnen. Solange das Leben währt, fängt dieses *alles oder nichts* stets auf neue an. Und das *nichts* existiert nicht. Allein der Tod beendet den Kampf. Ja sogar ... Er denkt an Duroc. Andere leben und kämpfen weiter.

Ein Flügeladjutant erscheint mit zerrissener Uniform und blutverschmiertem Gesicht. Die sächsischen Einheiten, die an vorderster Front gestanden hätten, seien geschlossen zum Feind übergelaufen. Sie hätten ihre Geschütze gewendet und auf die Reihen geschossen, die sie soeben verlassen hatten. Die württembergische Kavallerie habe es ebenso gemacht. Die Sachsen würden mit den Schweden unter Bernadotte angreifen.

Er zuckt nicht einmal zusammen. Das liegt in der Natur der Dinge. Aus Ehrlosigkeit entsteht Ehrlosigkeit. Er rührt sich nicht, bis es dunkel wird, dann, erst dann gelangt er nach Leipzig.

Die in die Stadt führenden Straßen sind voller Soldaten. Er bahnt sich mühsam einen Durchgang mit einer Eskorte und seinem Stab. Er betritt die Herberge *Zum preußischen Wappen* an der äußeren Ringstraße, in der sein Stab einquartiert wurde. Am Fuß der Treppe erkennt er die Generäle Sorbier und Dulaunoy, die die Artillerie der Armee und der Garde befehligen. Er liest ihnen, noch bevor sie zu sprechen beginnen, vom Gesicht ab, was sie sagen werden. Unbewegt hört er ihnen zu.

95000 Kanonenschüsse seien an diesem Tag abgefeuert worden. Sie hätten nur noch Munition für 16000 Schuß, das heißt für zwei Stunden Feuer. Sie müßten zu den Armeelagern in Magdeburg oder Erfurt gelangen.

»Erfurt«, sagt Napoleon und erläßt sogleich seine ersten Befehle. Poniatowski soll für die Nachhut in Leipzig sorgen und die Zugänge zur Elsterbrücke halten. Die Rückzugsbewegung soll unverzüglich beginnen. Dann diktiert er langsam und ruhig das Bulletin der Großen Armee.

Man hört, daß in den Vororten von Leipzig geschossen wird, aber er spricht bedächtig, erwähnt den Verrat der Sachsen und den Mangel an Artilleriemunition. »Dieser Umstand zwingt die französische Armee, auf die Früchte zweier Siege zu verzichten, bei denen sie die Truppen, die ihr an Menschen und Waffen weit überlegenen Armeen des ganzen Kontinents, so glorreich geschlagen hat.«

Es tagt schon an diesem Dienstag, dem 19. Oktober 1813. Er verläßt die Herberge und betritt von der Ringstraße aus die Stadt. In Leipzig stehen die Einheiten dicht gedrängt in den Gassen. Sie kommen nur langsam voran. Er geht vorüber, ohne daß ihm zugejubelt wird. Er möchte den König von Sachsen aufsuchen, doch nachdem er ihn begrüßt hat, kann er nicht zu den Stadttoren vordringen, so dicht ist die Menge.

Als er schließlich über die Brücke von Lindenau zu den Boulevards gelangt, raten ihm die Adjutanten, die Stadt in Brand zu setzen, sobald die Truppen sie verlassen haben, und so das Vordringen des Feindes zu verzögern. Das sei eine gerechte Strafe für den Verrat der Sachsen.

Wütend senkt er den Kopf. Er hat soeben den König von Sachsen auf dem Balkon seines Palais gesehen. Der Souverän hat sich geweigert, die Stadt zu verlassen. Er hat in Gedanken an das Verhalten seiner Truppen geweint, hat eigenhändig die Fahne seiner Garde verbrannt. Und dann seine Stadt zerstören? Leipzig wird nicht in Brand gesetzt.

Er überquert die Elsterbrücke. Er steigt vom Pferd, plaziert persönlich Offiziere entlang der Straße nach Erfurt. Sie sollen die Versprengten aufnehmen und sammeln. Dann betrachtet er lange den Vorbeimarsch der Soldaten. Sie sind so erschöpft, daß sie nicht einmal den Kopf heben. Er entfernt sich langsam in Richtung der großen Mühle, die die Ufer der Elster überragt. Er setzt sich ins erste Stockwerk, und plötzlich neigt sich sein Kopf auf die Brust. Er schläft.

Er schreckt aus dem Schlaf auf. Murat beugt sich zu ihm. Die Brücke über die Elster sei soeben in die Luft geflogen. Habe er denn die Explosion nicht gehört? Sie sei zu früh zerstört worden. Viele tausend Männer seien noch in Leipzig, andere stürzten sich in den Fluß, um ihn zu durchschwimmen. Mehr als zehn Kanonen hätten den Fluß nicht überqueren können. Die ersten Überlebenden erzählten, daß die Soldaten in der Stadt keine Munition mehr hätten und daß die Sachsen, die Badenser und die Preußen ihnen die Kehle durchschnitten.

Er sinkt für einige Minuten in sich zusammen. Dann befiehlt er, daß sich Kavallerieschwadronen ans Ufer der Elster begeben sollen, um alle an Land zu ziehen, denen es gelingt, den Fluß zu durchschwimmen.

Marschall Macdonald, fährt Murat fort, habe bis ans andere Ufer schwimmen können. Doch General Lauriston sei ertrunken. Die Soldaten hätten Macdonald zugerufen: »Herr Marschall, retten Sie Ihre Soldaten, retten Sie Ihre Kinder!« Auch Fürst Poniatowski sei in den Fluten des Flusses verschwunden.

15

Er hört auf zu diktieren, sieht sich in dem vertrauten Raum um. Seit fünf Jahren hat sich nichts verändert. Hier, in diesem Palast in Erfurt, in diesem Salon, empfing er im Oktober 1808 Alexander I., begegnete er Goethe, war er der Kaiser der Könige. Beinahe auf den Tag vor fünf Jahren. Doch an diesem Samstag, dem 23. Oktober 1813, ist es vorbei mit dem Prunk und den Paraden. Die Soldaten, die sich in den Straßen von Erfurt drängen, die vor den Lagerhäusern geduldig warten, um eine Uniform, Lebensmittel, eine Waffe, Munition, Geschütze zu ergattern, sind nur noch die Trümmer einer Armee.

Wie viele sind noch wirklich in Einheiten organisiert? Seine Garde. Etwa 20000 Mann. Die anderen, auch sie an die 20000, sind meist vereinzelte Soldaten, die krank, marschunfähig, verwundet durch den kalten Herbstregen streifen.

Wie viele Tote hat er in den Sümpfen und im Morast von Leipzig zurückgelassen? Wie viele sind ertrunken beim Versuch, die Elster zu überqueren, und wie vielen ist in den Häusern in Leipzig die Kehle durchgeschnitten worden? 20000, 30000? Und selbst wenn der Feind doppelt so viele Männer verloren hat, kann er seine Ränge wieder auffüllen. Er aber braucht neue Soldaten.

Er fährt mit seinem Diktat an den Kriegsminister fort: »... was einer Aushebung von achtzig- bis hunderttausend Mann entspricht, die ich benötige. Wenn ganz Europa bewaffnet ist, wenn überall Verheiratete ausgehoben werden und alle gegen uns zu den Waffen greifen, dann ist Frankreich verloren, wenn es nicht dasselbe tut.«

Er will die Situation nicht verheimlichen. Es gilt, die öffentliche Meinung vorzubereiten, ein Bulletin der Großen Armee zu veröffentlichen, das über die Schlacht von Leipzig berichtet und die Gründe für den Rückzug erläutert.

Er verläßt das Haus nicht. Er schläft nicht. Manchmal tritt er ans Fensterkreuz und sieht, wie sich die vor dem Feind fliehenden Soldaten erschöpft dahinschleppen. Wenn ein Adjutant eine Depesche bringt, geht er ihm langsam entgegen. Es kann keine gute Nachricht geben. Die Lawine des unheilvollen Schicksals läßt sich nicht aufhalten.

Murat hat einen Emissär zu den Alliierten geschickt, um sein Einverständnis mit einem politischen Arrangement zu bekunden. Wenn man ihm den Besitz von Rom garantiere, würde er sich der Koalition anschließen. *Adieu Murat!* Das Königreich Westfalen existiert nicht mehr. *Adieu, Bruder Jérôme*. Die letzten Fürsten des Rheinbundes schließen sich den Alliierten an. Und nach dem König von Bayern jetzt auch der König von Württemberg. *Adieu, Deutschland!* Die Truppen von Soult fliehen aus Spanien und ziehen sich nach Bayonne zurück. *Adieu, Spanien, auf Nimmerwiedersehen!*

Er empfindet weder Verzweiflung noch Furcht. Wenn das Schicksal einem nicht hold ist, nimmt man es hin, oder aber man kämpft und stirbt. Alles übrige ist Feigheit. Und er hat nie sein Los beklagt.

Er verlangt nach einer großen Landkarte von Deutschland. Er umkreist die Orte, die fest in der Hand französischer Garnisonen sind. Wenn sich diese Truppen nach Hamburg zurückzögen, hätte Davout, der die Stadt kontrolliert, 100000 Mann zur Verfügung und könnte mit ihnen durch Norddeutschland zum Rhein ziehen. Mit einem solchen Manöver könnte man in nur wenigen Tagen der Situation eine Wendung geben.

Er stellt sich vor, wie die Verbündeten in Frankreich einmarschieren »und zwei oder drei meiner schönen Städte niederbrennen. Das würde mir eine Million Soldaten bescheren. Ich würde eine Schlacht liefern. Ich würde sie gewinnen. Und ich würde meine Armee mit Trommelwirbel bis zur Weichsel führen.« Nichts ist verloren, solange die Energie in ihm nicht erlischt.

Es gilt, den Truppen diese Willenskraft einzuflößen. Er schreibt an den Polizeiminister, dessen Briefe immer besorgter klingen: »Ihre Aufregung und Ihre Angst finde ich zum Lachen. Ich hielt Sie für würdig, die Wahrheit zu erfahren. Ich werde den Feind schneller schlagen, als Sie es für möglich halten. Meine Gegenwart ist für die Armee zu wichtig, als daß ich jetzt aufbrechen könnte. Sobald es notwendig werden sollte, werde ich in Paris sein.«

Er will die Überreste der Armee nach Mainz führen. Dort wird er den Rhein überqueren und nach Paris gelangen. Er muß Marie-Louise beruhigen. »Meine Gesundheit ist sehr gut. In wenigen Tagen werde ich in Mainz sein. Bitte gib dem kleinen König einen Kuß, und zweifle nie an den Gefühlen Deines treuen Gemahls. Nap.«

Er verläßt Erfurt, galoppiert an den Kolonnen vorüber, die im strömenden Regen marschieren. Adjutanten melden, eine von General von Wrede befehligte bayerisch-österreichische Armee rücke parallel zur Straße nach Mainz vor, in der Absicht, eine Schlacht zu liefern. Von Wrede! Dieser General hat seit 1805 in der Großen Armee gekämpft! Und dieser Mann will ihn am Weiterziehen hindern! Ihn!

Er beschleunigt das Marschtempo. Kurz vor Schlüchtern sieht er auf der Chaussee eine Gruppe polnischer Offiziere, die ihnen den Weg versperren. Sie wollen mit ihm sprechen. Er reitet auf sie zu. Einer von ihnen kommt ihm entgegen. Er hört ihn an. Die Polen möchten in ihr Land zurückkehren. Auch sie.

Er reitet zu ihnen. »Ist es wahr, daß die Polen mich verlassen wollen?« Die Männer senken den Kopf. »Ich war zu fern, das stimmt«, fährt er fort. »Ich habe Fehler gemacht. Fortuna zeigt mir seit zwei Jahren den Rücken. Doch sie ist eine Frau, sie wird sich besinnen! Wer weiß? Vielleicht hat euer Unstern meinen herbeigeführt?« Die Offiziere sehen ihn verblüfft an. »Außerdem, habt ihr euer Vertrauen in mich verloren? Bin ich eine Memme?« Die Polen protestieren lauthals. »Bin ich abgemagert?« fragt er lachend.

Er stellt sich in ihre Mitte und fährt fort: »Man hat mir von euren Absichten berichtet. Als Kaiser, als General kann ich euer Betragen nur loben. Ich habe euch nichts vorzuwerfen. Ihr habt euch mir gegenüber loyal verhalten, habt mich nicht, ohne mir ein Wort zu sagen, verlassen wollen, ja mir sogar versprochen, mich bis zum Rhein zurückzugeleiten. Heute will ich euch einen guten Rat geben. Wenn ihr mich verlaßt, bin ich nicht mehr befugt, mich für euch einzusetzen. Und ich glaube trotz der zurückliegenden Mißgeschicke noch immer der mächtigste Monarch Europas zu sein.«

Er galoppiert davon. Er hört die Rufe: »Es lebe der Kaiser!« Er ist noch nicht am Boden.

Seit langem hat er keine solche Entschlossenheit empfunden. Die Bayern General von Wredes haben in Hanau Stellung bezogen. Sie sind, wie einige gefangengenommene Soldaten berichten, mehr als 50000 Mann. Zur Armee würden auch Österreicher und Kosaken gehören. Wrede schwadroniere. Er werde den Kaiser gefangennehmen, behaupte er. Er selbst verfügt über 17000 Mann, aber es ist seine Garde.

Er hält eine Ansprache an sie, erteilt Befehle. Die Artillerie von General Drouot werde vorrücken, und zwar allein. Sie werde das Feuer eröffnen, dann werde die Kavallerie losstürmen. Man müsse die Verräter überrumpeln.

Die Kanonade ertönt an der Stelle, wo die Straße durch einen Engpaß führt. Er wartet im Wald, nur wenige Schritte vom Kampfgeschehen. Es hagelt Artilleriegeschosse. Eins schlägt einen knappen Meter neben ihm ein, ohne zu explodieren. Er dreht sich noch nicht einmal um. Er unterhält sich weiter mit Caulaincourt. Wenn der Tod ihn haben will, dann soll er ihn sich doch holen!

Die bayerischen Truppen werden überrumpelt. Er kann seinen Weg fortsetzen und trifft am Sonntag, dem 31. Oktober, in Frankfurt ein. Er quartiert sich für wenige Stunden in einem Haus in einem Vorort ein.

Es gilt, sich diesen Sieg zunutze zu machen. Während die Truppen durch den Platzregen nach Mainz marschieren, diktiert er einen – dieses Mal offiziellen – Brief an die Regentin Marie-Louise: »Madame, liebe, teure Gemahlin, ich übersende Ihnen zwanzig Fahnen, die von meinen Armeen in den Schlachten von Wachau, Leipzig und Hanau erobert wurden. Eine Huldigung, die ich Ihnen darbringen möchte ...«

Er übermittelt dem Kriegsminister seine Anweisungen. Er wünscht eine Parade in Paris mit besagten feindlichen Bannern. Eine jede soll von einem Offizier zu Pferde getragen werden. »Sie wissen seit langem, was ich über dergleichen militärischen Pomp denke, aber unter den gegebenen Umständen halte ich ihn für der Sache dienlich.« *Paris, Frankreich muß wissen, daß ich noch immer der Sieger bin.*

Ist er denn schon jemals geschlagen worden? Wirklich geschlagen? Es ist vorgekommen, daß er nicht gesiegt hat, aber welcher feindliche General kann von sich sagen, daß er ihn besiegt hat? Er kann in einer neuen Partie noch einmal von vorn beginnen.

Er trifft am Dienstag, dem 2. November, in Mainz ein. Die dreihundert Kilometer von Leipzig hat er zu Pferd zurückgelegt. Er liest sämtliche aus Paris eingetroffenen Depeschen. Sein Bruder Louis weilt in der Hauptstadt. Was hat er vor? Er muß die Kaiserin warnen. »Dieser Mann ist verrückt«, schreibt Napoleon an Marie-Louise. »Ich bin zu bedauern, eine so schlimme Familie zu haben, wo ich ihnen allen doch nur Gutes habe widerfahren lassen. Ich habe meine Armee neu organisiert. Alles nimmt Gestalt an. Gib meinem Sohn einen Kuß. Ganz der Deine. Nap.«

Er durchstreift die Straßen der Stadt. Soldaten schleppen sich in Lumpen dahin. Die Hospitäler und Keller, erzählt man ihm, seien voller Kranker. Der Typhus strecke die Männer ebenso nieder wie zuvor die Geschosse und Kanonenkugeln. Es gilt aufzubrechen, um eine neue Armee aufzubauen.

Am Sonntag, dem 7. November, verläßt er Mainz um zehn Uhr abends. Ohne kaiserliche Eskorte, nur in zwei unbequemen Kutschen, begleitet von drei Personen. Die prunkvollen Zeiten sind vorüber. Am Dienstag, dem 9. November 1813, trifft er um fünf Uhr nachmittags in Saint-Cloud ein. Mit über 44 Jahren fühlt er sich wie ein junger General, der noch alles zu erobern hat.

Fünfter Teil

»Ich gehe fort. Möge dieser letzte Kuß eure Herzen erreichen.«

10. November 1813 – 3. Mai 1814

16

Er geht ein paar Schritte in der Vorhalle des Schlosses von Saint-Cloud, das an diesem 9. November schon gegen Abend in Dämmerlicht gehüllt ist. Er sieht die junge Frau und das Kind auf sich zukommen. Er bleibt stehen. Er könnte ihnen mit offenen Armen entgegenstürzen. Aber er bewegt sich nicht. Er darf keine Rührung zeigen. Er ist keine Privatperson. Er verkörpert das Schicksal von Millionen von Menschen. Er muß unnachgiebig sein. Sollte sich ein Spalt in ihm öffnen, wer könnte der Gemütsbewegung, die ihn dann überschwemmen und seinen Willen überwältigen würde, Einhalt gebieten?

Marie-Louise lehnt sich in Tränen an ihn. Er beruhigt sie. Wie lange hat er keine Frau mehr an sich gedrückt. Das bedeutet Sanftheit und Wärme nach so vielen Tagen, so vielen Monaten der Bitterkeit und der Kälte, bedeutet Leben nach dem Tod. Er beugt sich hinunter. Das Kind sieht ihn an, dann lächelt es und klammert sich an seinen Hals. Er hebt es empor und nimmt es mit in sein Arbeitszimmer, ohne die Würdenträger, die sich nähern, auch nur anzusehen. Kaum schaut er die Gouvernante an, Madame de Montesquiou, Fürstin von Montebello, die eifrigste Gesellschafterin der Kaiserin. Er möchte so schnell wie möglich mit seiner Frau und seinem Sohn allein sein, um diesen Augen, die ihn beobachten und belauern, zu entkommen.

Dieses Schloß ist eiskalt, denkt er, diese Leute warten ungeduldig, sie hoffen. Worauf? Daß ich zusammenbreche oder einmal mehr triumphiere? Er hört, wie die Türen hinter ihm laut geschlossen werden. Er sieht die Depeschen, die Landkarten, die Register auf dem Tisch. Morgen wird er wieder arbeiten. Er wird einem geheimen Rat und einem Ministerrat vorsitzen. Aber diese Nacht gehört ihm, ihm allein, bis zum Morgen.

Am Mittwoch, dem 10. November, ist er schon beim Lever von ihnen umgeben. Sogar Talleyrand ist anwesend, denkt er, dieses Bleichgesicht, dieser Bestechliche, dieser Verräter, der mit den Bourbonen in Verbindung steht und nur auf meinen Sturz wartet.

Er bleibt vor ihm stehen. »Was wollen Sie hier? Ich weiß, Sie bilden sich ein, Sie würden, wenn ich ausfallen sollte, Chef des Regentschaftsrates werden.« Napoleon senkt den Kopf und fährt fort: »Geben Sie acht, Monsieur. Man gewinnt nichts, wenn man gegen meine Macht ankämpft. Ich versichere Ihnen, daß Sie, sollte ich gefährlich erkranken, vor mir sterben werden.«

Talleyrand bleibt so ruhig wie gewohnt. »Sire, ich hatte eine solche Warnung nicht nötig, um vom Himmel die Erhaltung des Lebens Eurer Majestät inständig zu erflehen.«

Napoleon kehrt ihm den Rücken zu. Jeder Satz von Talleyrand ist eine scheinheilige Grimasse. Aber wem kann er denn noch Vertrauen schenken? Er sagt in scharfem Ton: »Die Verbündeten haben sich zu einem Treffen an meinem Grab verabredet, und jeder will der erste sein. Sie glauben, der Augenblick für ihr Treffen sei gekommen. Für sie ist der Löwe so gut wie tot; es geht nur darum, wer ihm den Eselstritt versetzt.« Er senkt den Kopf, beißt die Zähne zusammen. »Wenn Frankreich mich im Stich läßt«, sagt er, »kann ich nichts machen, aber man wird es schon sehr bald bereuen.«

Er geht auf die Würdenträger zu, die beiseite treten. Unter ihnen erkennt er diesen alten, schwarzgekleideten Mann, Laplace, der sein Prüfer an der Militärschule gewesen ist. Der Gelehrte hatte ihm erst vor einigen Monaten sein letztes Buch geschickt, eine Abhandlung über Wahrscheinlichkeitsrechnung. Napoleon erinnert sich: Er hatte es in Witebsk erhalten und dort unter all dem Schnee, in dem die Große Armee untergegangen ist, flüchtig darin gelesen.

»Sie haben sich verändert und sind sehr schmal geworden«, sagt Napoleon.

»Sire, ich habe meine Tochter verloren«, murmelt Laplace.

So viele Menschen sind in jener Ferne untergegangen. Napoleon wendet sich um. »Sie sind Mathematiker, Laplace«, sagt er mit harter Stimme, »berechnen Sie dieses Geschehnis, und Sie werden sehen, daß es gleich Null ist.«

Niemand wagt zu sprechen. Aber er liest die Fragen und die Ängste in ihren Gesichtern.

»Warten Sie nur«, sagt er plötzlich, »Sie werden in Kürze erfahren, daß meine Soldaten und ich unser Metier nicht verlernt haben! Zwischen Elbe und Rhein wurden wir verraten, aber zwischen dem Rhein und Paris gibt es keine Verräter ...«

Aber hier, zwischen diesen goldverbrämten Würdenträgern, diesen Ministern, wird er keine enthusiastische Unterstützung finden. Sie werden ihm nur gehorchen und folgen, wenn sie glauben, daß er siegen kann und sie dabei ihren Vorteil finden.

Er muß also einmal mehr die Armee neu zusammenstellen. Er braucht Soldaten. Er wird vom Senat die Einberufung von 300000 Rekruten verlangen. Er muß auch Nationalgardisten aufstellen. Kann er mit dem, was ihm zur Verfügung steht, den 70000 Preußen und Russen unter Blücher, die in Richtung Rhein vorrücken, die Stirn bieten sowie den 12000 Österreichern unter Schwarzenberg, die weiter südlich offenbar über die Schweiz kommen, um die französischen Forts zu umgehen, die den Rhein verteidigen?

Und wenn er die Männer hätte, würde er auch über die nötigen Waffen verfügen? »Nichts ist weniger zufriedenstellend als unser Bestand an Gewehren«, sagt er gleich in den ersten Stunden in Saint-Cloud zum Kriegsminister. General Clarke antwortet stammelnd: »Es gibt noch Reserven in den Arsenalen von Brest und La Rochelle.«

»Ziemlich weit entfernt«, murmelt Napoleon. »Sie werden Wochen unterwegs sein. Und wenn Ihnen keine anderen Maßnahmen einfallen, wären womöglich alle Truppen, die sich erneut sammeln, überhaupt nicht zu gebrauchen, weil sie keine Gewehre haben!«

Doch er muß mit dem zurechtkommen, was er hat. Er will nicht den Mut verlieren angesichts der schlechten Nachrichten, die stündlich, eine nach der anderen, eintreffen: Die deutschen Festungen, Dresden, Torgau und Danzig, haben sich ergeben. Ihre Garnisonen werden nicht, wie von ihm vorgesehen, eine Armee bilden können, die aus dem Norden Deutschlands kommt. Er kann auch nicht mehr auf die Truppen von Eugène zählen. Sie werden in Italien bleiben. Und die Verstärkung, die Murat zu seiner Unterstützung zusammenstellen sollte, wird zweifellos die Koalition vergrößern. Und jeder in seiner Umgebung kennt die Situation.

Am Sonntag, dem 14. November 1813, empfängt er in den Tuilerien die Mitglieder des Senats. Er hört sie ihre Treue bekräftigen. Es trifft zwar zu, daß sie für die Aushebung von Wehrtüchtigen stimmen, aber in ihrem Inneren haben sie Zweifel. Sie stellen Vermutungen an.

Einige kluge Köpfe um Talleyrand feiern ironisch seinen »letzten Sieg«. Sie dirigieren eine »Armee von Frauen«, die Herzogin von Dalberg, die Herzogin von Kurland und Madame de Vaudémont, geschwätzige Verschwörerinnen, die die Salons von Paris beunruhigen. Sie alle warten auf die Rückkehr der Bourbonen. Das weiß er. Aber so liegen die Dinge nun einmal. Soll er sich ans Volk wenden? Damit es diese Revolution, der er ein Ende gemacht hat, von neuem beginnt?

»Meine Herren Senatoren«, sagt er, »ich schätze die Gefühle, die Sie mir gegenüber zum Ausdruck bringen. Vor einem Jahr ist ganz Europa mit uns marschiert. Ganz Europa marschiert heute gegen uns, weil die öffentliche Meinung durch Frankreich oder England geprägt wird. Ohne die Energie und die Kraft der Nation hätten wir allen Grund, uns zu fürchten.« Er wolle an diese Energie, an diese Kraft glauben. »Die Nachwelt wird sagen«, beginnt er von neuem, »daß die Umstände, so schwerwiegend und kritisch sie sich auch darstellten, Frankreich und mich nicht brechen konnten.«

Er muß deutlich machen, daß er kämpfen und keinen Kapitulationsfrieden akzeptieren wird. Er zieht sich in sein Arbeitszimmer zurück. Eine neue Depesche trifft ein. Die Engländer marschieren auf Bayonne zu.

Er zerknüllt das Blatt und diktiert folgenden Befehl: »Sollten jemals die Engländer das Schloß von Maracq erreichen, so ist dieses und alle Häuser, die mir gehören, unverzüglich in Brand zu setzen, damit sie nicht in meinem Bett schlafen. Alle Möbel sollen entfernt und in einem Haus in Bayonne untergestellt werden.« Sie werden schon sehen, daß der Löwe nicht tot ist.

Zunächst einmal muß er sich zeigen, damit alle sehen und glauben, daß sich nichts geändert hat. Er leitet tägliche Ratssitzungen. Er fährt durch die Straßen von Paris, inspiziert die Arbeiten im Louvre und das neue Weinlager. Er geht am Seineufer und auf dem Blumenmarkt spazieren. Er wird bejubelt. Er beschließt, sich in das Viertel Saint-Antoine zu begeben. Er sieht die Arbeiter, die Handwerker, als sie ihn erblicken, aus ihrer Werkstatt, ihrem Lagerhaus treten. Sie rufen: »Es lebe Napoleon!« Und er hört sie skandieren: »An die Laterne mit den Aristokraten!«

Er erinnert sich an jene Tage von 1792, an den Sturm auf die Tuilerien, an diese Barbarei der Menge und die Ohnmacht des Bourbonenkönigs. Er möchte das nicht noch einmal erleben. Sein ganzes Leben hat er sich bemüht, dem etwas anderes entgegenzusetzen, nicht dem Wüten der Vorstädte und der Feigheit der Könige zu erliegen. Er spürt die Angst in der Menge, die ihn umdrängt. Er muß sie beruhigen.

Er begibt sich mehrere Abende hintereinander ins Theater, in die Oper. Er organisiert Paraden auf dem Carrousel-Platz. Er möchte, daß Tausende von Männern an ihm vorbeimarschieren, damit Paris weiß, daß die Große Armee wiederhergestellt ist. Nach den Paraden kehrt er nach Saint-Cloud zurück. Er verschanzt sich in seinem Arbeitszimmer.

Dort gibt es keine Etikette und keine Vortäuschungen. Der Feind rückt näher. Schwarzenberg ist in die Schweiz eingefallen, hat den Rhein bei Schaffhausen überquert und marschiert, da er Basel erreicht hat, nach Belfort. Dann wird er sich nach Nordosten wenden in Richtung Dijon und Chalon-sur-Saône, während Blücher mit seinen Preußen und Russen direkt den Rhein angreift. Die Armeen der Koalition sind noch stärker geworden und bieten nun fast 400000 Mann auf.

Was kann er ihnen entgegenstellen? Er flieht vor dieser drängenden Frage. Er geht auf die Jagd, galoppiert durch den Wald von Satory, treibt sein Pferd an, um allein zu sein, und geht dann ein paar Schritte durch den regenfeuchten Wald. Danach kehrt er langsam zum Schloß von Saint-Cloud zurück. Er durchquert die Galerien und geht für einen Augenblick zu Marie-Louise. Nachts wird er zu ihr zurückkehren. Sie wartet auf ihn. Aber sobald sie eingeschlafen ist, verläßt er sie oft und kehrt in seine Wohnräume zurück, nicht um zu schlafen, sondern um zu arbeiten.

So empfängt er in einer Nacht Graf Saint-Aignan, den Schwager von Caulaincourt. Er ist natürlich ein Anhänger des Friedens um jeden Preis. Napoleon mustert ihn. Er ist ein tapferer Offizier, den er zum Stallmeister ernannt und häufig als Bevollmächtigten eingesetzt hat. Er war in Gefangenschaft geraten. Nun überbringe er Vorschläge von Metternich und der Koalition, sagt er.

Napoleon fordert ihn auf zu sprechen und geht dabei um ihn herum, die Hände auf dem Rücken. Saint-Aignan spricht mit exaltierter Stimme. Die Mächte würden Frankreichs natürliche Grenzen anerkennen, ein Territorium, wie es Frankreich selbst unter den Königen nicht gehabt hätte.

Napoleon unterbricht ihn. Was soll das bedeuten? Welches Territorium? Wer versteht denn nicht, daß dies nur eine Art ist, das Volk glauben zu machen, die Allianz biete einen ehrenhaften Frieden an und führe nur gegen Kaiser Napoleon Krieg, aber nicht gegen Frankreich. Er schickt Saint-Aignan fort.

Metternich ist sehr geschickt. Man schlägt sogar einen Friedenskongreß vor. Man läßt auf ein Ende der Kämpfe hoffen, aber nur um ihn davon abzuhalten, das Volk zu mobilisieren. Man will ihn isolieren, darum geht es.

Am 20. November bestellt er Caulaincourt, Maret und General Bertrand in die Tuilerien. Er sagt, er habe beschlossen, Caulaincourt, einen Mann des Friedens, an Stelle von Maret zum Außenminister zu ernennen, der erneut das Staatssekretariat übernehmen soll. General Bertrand werde zum Oberhofmarschall ernannt. Er geht auf Caulaincourt zu. »Nun sind Sie für die Verhandlungen verantwortlich.«

Auf seinem Arbeitstisch liegt ein Exemplar einer Erklärung der Koalition, die in ganz Frankreich von den feindlichen Armeen verteilt wird, aber auch von royalistischen Banden, die sich nun im Süden organisieren. In Tausenden von Exemplaren zirkuliert diese sogenannte *Frankfurter Erklärung* schon.

»Das beweist, daß es sich nur um ein politisches Manöver handelt«, ruft er aus, als er den Text liest. »Der Krieg der Allianz richtet sich keineswegs gegen Frankreich, sondern gegen die Dominanz, die Kaiser Napoleon zum Unglück für Europa und für Frankreich schon zu lange außerhalb der Grenzen seines Kaiserreichs ausgeübt hat. Die Souveräne wollen, daß Frankreich groß, stark und glücklich ist.«

Er wirft das Papier zu Boden. »Welcher Herrscher wäre denn besser für Frankreich als ich?«

Er erfährt, welche Bedingungen die Allianz an diese Erklärung knüpft. Man spricht schon nicht mehr von den natürlichen Grenzen. Sie wollen Belgien, das linke Rheinufer und Savoyen abtrennen. Das entspricht dem Frankreich von 1790, ohne eine einzige der Eroberungen der Revolution.

Er diktiert eine Depesche an Caulaincourt. Dieser wurde beim Versuch, mit Vertretern der Allianz zu verhandeln, gedemütigt. Man hat ihn ignoriert, auf seine Fragen nicht geantwortet, nur um ein paar Tage zu gewinnen, in denen die Armeen der Koalition weiter nach Frankreich eingedrungen sind.

»Ich bin so empört über das infame Vorhaben, das Sie mir übermittelt haben«, schreibt ihm Napoleon, »daß ich mich schon dadurch entehrt fühle, daß man es Ihnen überhaupt unterbreitet hat. Man redet immerzu von den Bourbonen. Ich sähe lieber die Bourbonen unter vernünftigen Bedingungen in Frankreich, als die infamen Vorschlägen zu erdulden, die Sie mir mitteilen.«

Wie er schon gedacht hatte, bleibt nur der Krieg. Er braucht Stiefel mit Sporen.

Mit raschem Schritt geht er in seinem Arbeitskabinett auf und ab, die Hände auf dem Rücken. Er empfängt eine Depesche vom Telegraphendienst. Er liest mit Wut und Verachtung: »Der Pöbel von Amsterdam hat sich erhoben.« Wilhelm von Oranien ist in der Stadt eingetroffen und wurde von der Menge gefeiert. Es sind dieselben Holländer, die ihm zugejubelt haben! Wie kann man da noch Vertrauen zu den Menschen haben?

Die Engländer sind in der Toskana gelandet. Murat hat einen Vertrag mit Österreich unterschrieben und eine Proklamation an seine Soldaten gerichtet, in der er ihn beschimpft und verleumdet, er, der Gatte seiner Schwester, den er zum König gemacht hat. »Der Kaiser will nur den Krieg«, schreibt Murat.

Und in Paris stimmen die Angeordneten der Kammer mit 223 Stimmen gegen 51 dem Abdruck eines Berichtes zu, der dieselbe Meinung ausdrückt. Dabei haben sie genau wie Murat vom Kaiserreich profitiert. Murat hat wenigstens die Entschuldigung, sein Leben riskiert zu haben, während sie wie die Maden im Speck gelebt haben und es nun wagen, einen Text zu billigen, in dem der »barbarische Krieg« verdammt wird.

Aber am 1. Januar 1814 stehen dieselben Abgeordneten, die ihn ablehnen, vor ihm und entbieten untertänigst ihre besten Wünsche für das neue Jahr. Schon bei seiner Rückkehr hatte er zu ihnen gesagt: »Alles hat sich gegen uns gewandt, und Frankreich wäre in Gefahr ohne die Energie und die Einheit der Franzosen!« Aber das zählt nicht, sie haben Angst und beschuldigen ihn. In ihrem Bericht spricht der Abgeordnete Lainé von seinem »fatalen Ehrgeiz, der seit 20 Jahren Europa schadet«. Und er lobt die »königliche Lilienkrone«.

Napoleon geht ein paar Schritte auf sie zu und spricht zu ihnen. »Frankreich braucht mich mehr, als ich Frankreich brauche. Kehren Sie in Ihre Departements zurück. Sagen Sie Frankreich, daß man im Gegensatz zu allen Erklärungen sehr wohl Krieg gegen Frankreich führt und daß es nicht meine Person, sondern seine nationale Existenz verteidigen muß. Ich werde mich bald an die Spitze der Armee begeben, werde den Feind zurückdrängen und auch Frieden schließen, was immer es meinen Ehrgeiz, wie Sie es nennen, kosten mag.«

Sie stehen schweigend da. Ihre Gesichter sind finster und resigniert. Seine Energie und Entschlossenheit teilen sie nicht. Was könnte er schon mit ihnen anfangen? Aber wie sollte er nicht handeln? Die Österreicher nähern sich Dijon, die Russen Toul. Sie werden bald die Marne überschreiten.

»Mir fehlen zwei Monate«, sagt er zum Pariser Polizeipräfekten Pasquier, »wenn ich sie gehabt hätte, hätten sie den Rhein nicht überschritten. Nun wird es gefährlich, aber allein kann ich nichts ausrichten. Wenn man mich nicht unterstützt, unterliege ich, und dann wird man ja sehen, ob es wirklich nur gegen mich ging.«

»Stiefel mit Sporen«, sagt er noch einmal mit leiser Stimme, als er am Sonntag, dem 2. Januar, vor dem Senat spricht. Er will, sagt er, daß die Senatoren als außerordentliche Kommissare in die Departements geschickt werden. Er erinnert sich an die Gesandten des Nationalkonvents, die er in Toulon, in Nizza und bei der Italien-Armee kennengelernt hatte und die den Soldaten Mut machten. Denn man muß eine »allgemeine Volksaushebung« verkünden, und da die Russen und die Preußen schon im Elsaß stehen, muß man einen »General des elsässischen Aufstandes« ernennen.

Gerührt hören ihm die Senatoren zu. Er steigt von der Tribüne herab und sagt in vertraulichem Ton: »Ich zögere nicht zuzugeben, daß ich zu oft Krieg geführt habe, daß ich weitgespannte Pläne hatte. Ich wollte Frankreich die Vorherrschaft in der Welt sichern. Ich habe mich getäuscht. Dazu hätte man die ganze Nation zu den Waffen rufen müssen, aber die Verfeinerung der Sitten, das muß ich zugeben, erlaubt es nicht, eine ganze Nation in ein Volk von Soldaten zu verwandeln.«

Er setzt sich zwischen sie, als wäre er einer von ihnen. »Ich muß für das Unrecht büßen, auf meine Fortüne gerechnet zu haben. Und ich werde büßen. Ich habe mich geirrt, ich muß dafür leiden und nicht Frankreich. Frankreich hat keine Fehler begangen, es hat sein Blut für mich geopfert, es hat mir kein Opfer verweigert.« Man umringt ihn und jubelt ihm zu.

Aber hat er sie überzeugt? Die Polizeiberichte melden, daß in Paris Bestürzung herrsche. Dieselbe Atmosphäre spürt er in den Tuilerien.

Er betritt die Gemächer von Marie-Louise. Sie kommt auf ihn zu, die Augen voller Tränen. Auch Königin Hortense sieht verweint und müde aus. Er muß sie schon wieder beruhigen.

»Nun, Hortense, in Paris hat man Angst?« fragt er. »Man sieht schon die Kosaken kommen? Ach was, noch sind sie nicht da, und wir haben unser Metier nicht verlernt.«

Er wendet sich zu Marie-Louise. »Sei beruhigt«, sagt er lachend, »wir gehen nach Wien und schlagen Papa Franz.« Er setzt sich an den Tisch und nimmt den König von Rom auf seine Knie. »Wir schlagen Papa Franz«, trällert er. Das Kind wiederholt den Satz immer wieder. Napoleon muß laut lachen.

Dann läßt er Berthier kommen und bittet den Marschall und Prinzen von Neuchâtel, Notizen zu machen. Er diktiert einen Plan für die Konzentration von Truppen in der Champagne, um den Armeen der Allianz entgegenzutreten. »Wir müssen den Italien-Feldzug wiederholen«, sagt er.

Dann wendet er sich an die Kaiserin und an Hortense, die still und aufmerksam dabeigesessen haben. »Nun, meine Damen, sind Sie zufrieden? Glauben Sie denn, daß man uns so leicht kriegen kann?«

Aber die Allianz steht schon in Montbéliard, in Dijon, in Langres. Überall ziehen sich die Marschälle zurück, von Panik erfaßt, wie es scheint. Was ist mit ihnen los, wo ist ihr Mut, ihr Heldentum? Victor hat die Vogesen preisgegeben, Marmont hat schon die Saar geräumt, Ney hat Nancy kampflos Blücher überlassen, Augereau behauptet, daß Lyon nicht verteidigt werden könne. Und doch hat überall schon der Aufstand der Bauern gegen die feindlichen Truppen begonnen. Die Guerilla beginnt, denn die Kosaken vergewaltigen, plündern und brennen nieder. Er diktiert seine Befehle, denn jetzt heißt es kämpfen.

Letzte Tage hier in den Tuilerien. Wird er noch einmal wiederkehren? Er ist in seinem Arbeitskabinett mit dem König von Rom. Das Kind spielt. Welches wird sein Schicksal sein? Er hatte geglaubt, daß mit ihm die Zukunft seiner Dynastie gesichert sei. Und nun steht er da und wirft seine Briefe und geheimen Papiere in den Kamin. Er schaut zu, wie die Flammen die Dokumente aus den Etappen seines Lebens zu Asche verbrennen.

Es ist Sonntag, der 23. Januar 1814. Er hält die eine Hand des Königs von Rom und Marie-Louise die andere. Alle drei betreten sie den Saal der Marschälle, in dem sich die Offiziere der zwölf Legionen der Pariser Nationalgarden versammelt haben. Napoleon tritt in die Mitte des Kreises, den die Männer bilden.

»Meine Herren Offiziere der Nationalgarden«, beginnt er, »heute Nacht werde ich mich an die Spitze der Armee begeben.« Er spürt die Anspannung in allen Blicken, die auf ihn gerichtet sind. »Ich verlasse die Hauptstadt und lasse meine Frau und meinen Sohn, auf denen so viele Hoffnungen ruhen, voller Vertrauen in Ihrer Mitte. Ich reise ganz ohne Sorgen ab, da ich sie ja unter Ihrer Obhut weiß.« Er schaut sie alle nacheinander an. »Ich vertraue Ihnen das Liebste an, was es für mich außer Frankreich gibt, und empfehle es Ihrer Fürsorge.«

Er spürt, wie ihn die Emotion übermannt. »Es kann gleichwohl geschehen, daß sich der Feind, wegen der Manöver, zu denen ich gezwungen bin, der Stadtmauer nähert. Vergessen Sie dann nicht, daß es sich nur um Tage handelt und ich Ihnen sehr schnell zu Hilfe komme. Ich empfehle Ihnen, untereinander einig zu bleiben. Man wird gewiß versuchen, Ihre Treue und Ihr Pflichtbewußtsein zu erschüttern, aber ich zähle auf Sie, um alle perfiden Zumutungen zurückzuweisen.«

Er hebt seinen Sohn hoch, nimmt ihn auf den Arm und führt ihn an den Offizieren vorbei. Die Rufe, die in dem Saal ertönen, lassen die Scheiben erbeben. »Es lebe der Kaiser! Es lebe die Kaiserin! Es lebe der König von Rom!«

Eine Weile später sitzt er bei der Kaiserin. Er schaut auf das Kind, das daneben sitzt und spielt. Wann wird er sie wiedersehen? Er wendet sich Marie-Louise zu. Sie wirkt verwirrt. Als die Offiziere ihre Rufe ausbrachten, wäre sie beinahe in Ohnmacht gefallen. Jetzt sagt sie stotternd: »Und die Rückkehr?«

»Das, meine Liebe, weiß nur Gott.«

Er müßte jetzt aufstehen und in sein Arbeitszimmer gehen, wo er noch Papiere zu ordnen und zu verbrennen hat, was von seiner geheimen Korrespondenz übrig ist, wie auch die Berichte einiger seine Spione. Aber er kann sich nicht rühren. Er möchte, daß die Zeit stehenbleibt. Er möchte jeden Ausdruck seines Sohnes in seinen Augen fixieren.

Einige Würdenträger wollen ihre Ehrerbietung bekunden. Er faßt sich wieder und richtet sich auf. »Auf Wiedersehen, meine Herren«, sagt er, »wir werden uns vielleicht wiedersehen.«

Vielleicht. Wenn er die Partie verliert, dann wird er alle, die er hier zurückläßt, niemals wiedersehen. Dann bleibt ihm nur noch der Tod. Und wenn er gewinnt? Er kann sich das Kommende nicht vorstellen. Aber niemals kann er wieder Europa erobern, das Große Kaiserreich errichten, der Kaiser der Könige werden. Er weiß es. Er wird niemals mehr in Wien, Moskau, Madrid, Berlin oder Warschau einziehen. Das war einmal. Und kommt nicht wieder. Er kämpft mit dem Rücken zum Abgrund.

Er ruft seinen Sekretär und diktiert eine erste Maßnahme: vor fünf Uhr morgens den Papst abfahren lassen und ihn von Fontainebleau nach Rom bringen. Und dann zeigt er mit einer Handbewegung an, daß er allein bleiben will. Er hat noch einige Papiere zu vernichten. Und schon ist es zwei Uhr morgens. Er verläßt das Kabinett und geht durch die leeren Gänge der Tuilerien.

Er betritt leise das Zimmer seines Sohnes. Im Halbschatten erkennt er Madame de Montesquiou. Sie schreckt hoch. Er bedeutet der Gouvernante, sich nicht zu rühren und zu schweigen. Er tritt an das Bett des Kindes. Im schwachen Licht der Nachtlampe schaut er es lange an. Er beugt sich herab und drückt seine Lippen sanft auf die Stirn seines Sohnes. Und dann entfernt er sich.

Im Hof stehen seine Berline und fünf Postkutschen bereit. Generäle und Ordonnanzoffiziere bilden eine düstere Gruppe. Es ist drei Uhr morgens an diesem Dienstag, dem 25. Januar 1814.

17

Kämpfen. Siegen. Er wiederholt die beiden Worte vor den Marschällen, die sich im großen Salon der Präfektur von Châlons versammelt haben, wo er soeben eingetroffen ist. Er sieht sie mit Nachdruck an: Berthier, Kellermann, Ney, Marmont, Oudinot, Mortier. Dank seiner sind sie Fürst Neuchâtel, Herzog von Valmy,

Fürst von der Moskwa, Herzog von Ragusa, Herzog von Reggio, Herzog von Treviso – glänzende Titel, die sie behalten und auskosten wollen. Aber sind sie noch immer bereit, Truppen in den Kampf zu führen, an der Spitze ihrer Schwadronen anzugreifen, ihr Leben zu riskieren? Ney und Berthier machen eine traurige Figur. Victor, Herzog von Belluno, spricht von den fliehenden Soldaten, die die Straßen überfüllen, von den Rekruten, die nur notdürftig mit irgendwelchen Uniformen ausgestattet seien, nicht wüßten, wie man ein Gewehr handhabt, noch nie ein Artilleriefeuer oder einen Kavallerieangriff erlebt hätten. Außerdem seien sie nur einige tausend gegen eine Übermacht von Hunderttausenden.

Kämpfen, siegen, wiederholt Napoleon. Er führt die Marschälle zu den auf einem Tisch vor dem Kamin ausgebreiteten Landkarten. Auf der gesamten Strecke zwischen Paris und Châlons, bei jedem Halt, ob in Château-Thierry, in Dormans oder in Épernay, wo er gegessen habe, überall sei die Menge zusammengeströmt und habe gerufen: »Es lebe der Kaiser!« Er habe gesehen, wie die Nationalgarde überall zu den Waffen greife. Hier und dort würden sich auch die Bauern in den vom Feind besetzten Departements erheben. Die von Kosaken und Preußen verursachten Plünderungen und Vergewaltigungen würden eine Guerilla der »Blaukittel« nach sich ziehen.

Er hält, den Rücken zum Tisch gewandt, inne und richtet seinen Blick auf die Marschälle. All jene, die mit ihm in Italien oder Ägypten gewesen seien, sollten nicht vergessen, daß sie nur wenige Männer zur Verfügung hatten. Trotzdem hätten sie jedesmal den Feind besiegt. Sie mögen sich an den folgenden Grundsatz erinnern: »Die Strategie«, sagt er mit eindringlicher Stimme, »ist die Lehre von der Verwendung von Zeit und Raum. Ich für mein Teil geize weniger mit dem Raum als mit der Zeit. Der Raum läßt sich immer wieder aufholen. Die verlorene Zeit nie!«

Er dreht sich um, beugt sich über die Karten. Hier liege der feindliche Fehler. Die verbündeten Armee wären nicht zusammengezogen worden. Die Schlesische Armee unter Blücher bewege sich, von Saint-Dizier kommend, die Marne entlang. Die andere, Böhmische, marschiere unter Schwarzenbergs Kommando entlang der Seine in Richtung Troyes. Napoleon legt den Zeigefinger zwischen die beiden Armeen. Man müsse erst Blüchers und dann Schwarzenbergs Armee schlagen. Eine nach der anderen. »Alte Haudegen« würden aus Spanien eintreffen, noch weitere aus den befestigten Orten im Norden und Osten. Marschall Augereau, Herzog von Castiglione, werde von Lyon aus vorrücken. Wir werden siegen.

Er fühlt sich so gewandt wie zu Zeiten des Italienfeldzuges, als es darum ging, von einer Schlacht zur nächsten zu eilen und die feindlichen Armeen mit zehnmal so vielen Soldaten eine nach der anderen zu besiegen.

Es ist früh am Morgen. Er steigt auf sein Pferd. Es weht ein eisiger Wind. Der Boden ist gefroren. »Die Armee soll erfahren, daß für morgen der Angriff geplant ist«, sagt er. »50000 Mann und ich, das macht zusammen 150000.«

Er galoppiert an den Soldaten mit den Kindergesichtern vorüber. Er weiß, daß die alten Haudegen mit den zerfurchten Gesichtern sie die *Marie-Louisen* nennen, da die Regentin den Senatsbeschluß über ihre Einberufung unterzeichnet hat. Was wird er mit den jungen Rekruten anfangen können? Er ist jedoch zuversichtlich. Sobald die Soldaten ihn sehen, jubeln sie ihm zu.

In Vitry-le-François zeigt die Bevölkerung denselben Enthusiasmus. Er studiert die Karten im Beisein der Notabeln und sogar einer Schar von Bauern, die von den umgebenden Feldern herbeigeeilt sind. Sie geben Auskunft und berichten, wie sie Kosaken und Preußen getötet haben. Frauen erzählen schluchzend von den Gewalttaten, die sie erdulden mußten. Es gilt zu siegen.

Er erteilt Befehle, hört sich die Berichte der Adjutanten an, denen zufolge die russischen Truppen aus Saint-Dizier vertrieben worden sind. »Diese Marie-Louisen«, sagt er, »schlagen sich nicht schlecht.« Er muß sich nach Saint-Dizier begeben.

In den Straßen der Stadt schart sich die Menge um sein Pferd, begleitet ihn zum Haus des Bürgermeisters. Er sitzt auf dem Tischrand, hört den Dorfbewohnern zu, befragt sie eingehend. »Es ist möglich, daß es morgen in Brienne losgeht«, sagt er.

Er beugt sich über eine Karte, ohne die Nadeln zu sehen, die die Adjutanten überall dort hingesteckt haben, wo sich die Truppen von Blücher und den Kosaken befinden. Er sieht das Schloß von Brienne vor sich. Das Schicksal führt ihn also noch einmal dorthin, in diese Stadt, in diese Region, wo er so viele Jahre seiner Kindheit verbracht hat. Gewiß wird er dort die erste Schlacht des Frankreich-Feldzugs liefern, in dem sein ganzes Lebenswerk auf dem Spiel steht! Dort, in Brienne, wo sein Schicksalsweg begann, wo er das Kriegshandwerk erlernte, wo sich die Bindung zu jener Nation entwickelte, die die seine geworden ist. Brienne, wo das Schicksal ihn einer erneuten Prüfung unterziehen wird.

»Wir werden dreihundert Geschütze auffahren«, sagt er. Er geht vor seinen Offizieren auf und ab. Sie müssen begreifen, was bei diesem beginnenden Feldzug vor sich geht: »Die feindlichen Truppen führen sich überall schrecklich auf. Alle Bewohner flüchten in die Wälder. In den Dörfern sind keine Bauern mehr anzutreffen. Der Feind ißt den Bauern alles weg, nimmt ihnen ihre Pferde, ihre Tiere, ihre Kleidung, ihre Lumpen. Sie schlagen Männer und Frauen, verüben zahlreiche Vergewaltigungen.« Er senkt den Kopf, beißt die Zähne zusammen. Seine Miene ist entschieden. »Ich will mein Volk auf der Stelle aus diesem entsetzlichen Zustand des Elends und des Leids befreien. Den Feinden sollte auch zu denken geben, daß der Franzose nicht geduldig ist. Er hat ein tapferes Wesen, und ich warte nur darauf, daß sie sich selbst in Banden organisieren.« Er erinnert sich an die revolutionären Unruhen, die er als Leutnant niedergeschlagen, und an jene, die er als Augenzeuge miterlebt hat.

Er diktiert eine Notiz an den Kriegsminister General Clarke. »Durch Sie habe ich erfahren, daß die Artillerie über zahlreiche Piken verfügt: Sie müssen an die Nationalgarden verteilt werden, die sich außerhalb von Paris zusammenscharen. Sie sind für die dritte Reihe bestimmt. Lassen Sie eine Schrift drucken, wie man sich ihrer bedient. Auch müssen Piken in die Departements geschickt werden, sie sind den Heugabeln vorzuziehen, und in den Städten fehlt es sogar an Heugabeln!«

Allgemeiner Aufbruch. Regen und Tauwetter verwandeln die Waldwege in tiefen Morast. In Mézières sieht er durch den Nebel, der nach dem Regen aufgekommen ist, einen Geistlichen auf sich zueilen, der mit keuchender Stimme seinen Namen wiederholt: »Abbé Henriot, erkennen Sie mich, Sire?« Ein Gesicht aus der Vergangenheit, das eines früheren Aufsehers des Gymnasiums von Brienne. Die Zeit wird ausgelöscht. Alles fügt sich zusammen. Der Abbé bietet sich an, die Kolonnen durch den Wald zu führen.

Plötzlich in der Nacht Schreie, ein Überfall, Schüsse. Kosaken. *Hier sterben? Vielleicht ein Vorzeichen. Da, wo alles für mich begonnen hat!* Er sieht die Lanze eines Kosaken, sie streift seine Brust. General Gourgaud schlägt sie zur Seite und feuert einen Schuß ab. Der Kosak stürzt zu Boden, doch der General ist verwundet. Die Lanze hat zum Glück nur sein Kreuz der Ehrenlegion gestreift. *Für mich wird nicht alles hier in Brienne enden!*

Er hört die Schreie von Ney. »Vorwärts, ihr Marie-Louisen!« ruft Ney, der die Grenadiere der Alten Garde anführt, denen die jungen Rekruten unterstehen. »Vorwärts, ihr Marie-Louisen!«

Napoleon folgt ihnen, sieht, wie sie die Pfade zum Schloß hinauf erklimmen. Er betritt hinter ihnen das verwüstete Gebäude. Er durchläuft es. Er erinnert sich daran, wie er dort im Jahr 1805 auf dem Weg nach Italien, wo er zum König gekrönt werden sollte, haltgemacht und übernachtet hatte. Er hatte schon geglaubt, sein Schicksal würde ihn an die Orte seiner Kindheit führen. Und nun ist er zum dritten Mal an diesem Ort und siegreich über Blücher.

Aber für wie lange? Er ist besorgt. Er braucht nur ein paar Zeilen der eintreffenden Berichte zu lesen, um zu wissen, daß Blücher und Schwarzenberg ihre Truppen zusammengezogen haben. Und gegen eine so mächtige Armee vermag er nichts auszurichten. Es gilt, sich nach einer Schlacht in Rothières im Schneesturm zurückzuziehen, das Dorf niederzubrennen, um der Infanterie den Rückzug nach Brienne zu ermöglichen, und von dort in der Nacht den Marschbefehl nach Troyes zu erteilen.

Napoleon ist düsterer Stimmung. 6000 Mann sind gefallen. Was soll er tun, wenn die feindlichen Armeen zusammengezogen bleiben? Und wie soll er, wenn die Verbündeten angreifen, eine Panik unter den jungen Rekruten vermeiden?

Napoleon ist im Schloß von Brienne geblieben. Er diktiert seine Befehle. Er geht zum Fenster, blickt in Richtung des Schlachtfeldes, dessen Verlauf von den Lagerfeuern der feindlichen Soldaten markiert wird. Die Stunden vergehen. Blücher rührt sich nicht. Um vier Uhr morgens verläßt Napoleon an jenem Mittwoch, dem 2. Februar, schließlich das Schloß von Brienne. Er überquert die Aube und trifft am Donnerstag, dem 3. Februar 1814, um 15 Uhr in Troyes ein.

In der kleinen Wohnung in der Rue du Temple, wo er sich einquartiert, beginnen die Meldungen einzutreffen. Er überfliegt sie. Warum sollte er die Beschwerden lesen, die Cambacérès und Joseph an ihn richten? Man will, daß er mit den Verbündeten verhandelt, die in Châtillon einen Kongreß anberaumt haben. Er schickt Caulaincourt dorthin. Doch er weiß, was die Alliierten wünschen: eine Amputation Frankreichs und den Sturz seiner Dynastie. Warum sollten sie Konzessionen machen, wo sie sich vorstellen können, Herrscher über Grund und Boden zu sein?

Doch trotz dieser Forderungen wird er von all seinen Getreuen bedrängt. Maret beschwört ihn, beeinflußt von Caulaincourt, den Forderungen der Alliierten nachzugeben.

Napoleon geht auf ihn zu, sieht ihn an. »Na gut, meine Herren, dann schließen Sie Ihren Frieden! Soll Caulaincourt ihn doch schließen! Soll er doch alles Nötige unterzeichnen, um ihn zu erlangen, ich werde die Schmach ertragen. Aber erwarten Sie nicht, daß ich meine eigene Demütigung diktiere.«

Er bleibt allein zurück. Sollen sie doch versuchen, Frieden zu schließen! Sie werden die Absichten des Feindes noch entdecken! Aber warum besitzen sie weder Energie noch Entschlossenheit, ja nicht einmal Intelligenz? Lieber wollen sie alles akzeptieren, als zu kämpfen!

Man bringt ihm die Depeschen aus Paris. In der Hauptstadt wimmele es nur so von Intrigen. Der bleiche Talleyrand bereite die Ankunft der Bourbonen vor, wundere und ärgere sich über die Langsamkeit, mit der die Verbündeten vorrücken! Was die anderen betreffe, Cambacérès und Joseph, so ließen sie vierzigstündige Messen und Gebete lesen!

Ein Adjutant berichtet, den Bauern zufolge würden die beiden feindlichen Armee wieder auseinandergehen, wobei Blücher über Châlons nach Paris und Schwarzenberg nach Troyes ziehe. Vielleicht bietet sich dort eine Chance. Er verläßt Troyes, quartiert sich in Nogent-sur-Seine ein, um Paris zu schützen.

Er verspürt einen Elan, einen Willen zum Sieg, eine Gewandtheit, wie er sie seit dem Italienkrieg nicht mehr erlebt hat. Falls er alle Energien in sich zu sammeln vermag, falls er nicht verraten wird, falls man sich nicht der Angst überläßt, sondern ihm hilft, dann kann er gewinnen, der Situation eine Wendung geben. Er schreibt an Marie-Louise, um sie zu beruhigen.

Es ist die Nacht von Montag, dem 7., auf Dienstag, den 8. Februar 1814. Berthier betritt Napoleons Quartier gegenüber der Kirche Nogent-sur-Seine. Napoleon wendet den Blick ab. Er kann den Anblick dieses niedergeschlagenen Gesichts nicht ertragen. Marschall Macdonald, der in Châlons Widerstand leisten sollte, habe sich nach Épernay zurückgezogen, beginnt Berthier. Der gesamte linke Flügel der Armee sei demnach ungedeckt. Die Kosaken seien bis nach Sens vorgedrungen und zögen nun auf Fontainebleau zu.

Napoleon erhebt sich, aber noch ehe er antworten kann, trifft ein Gesandter Caulaincourts mit den Vorschlägen der Verbündeten beim Kongreß in Châtillon ein. Er liest, setzt sich. Als würde der Brief den Arm herunterziehen, den er entlang des Körpers fallen läßt, während er mit der anderen Hand seine Stirn stützt. Ist es möglich? Das sollen Friedenskonditionen sein! Und man wünscht, daß er sie akzeptiert!

Er reicht den Brief Berthier und Maret, damit sie ihn lesen! Doch alle beide beteuern, man müsse Caulaincourt freie Hand lassen. »Wie? Sie wollen, daß ich einen solchen Vertrag unterzeichne! Und daß ich meinen Eid mit Füßen trete!« Er steht auf, fuchtelt mit den Armen. »Beispiellose Rückschläge mögen mir das Versprechen entlockt haben, auf meine Eroberungen zu verzichten«, brüllt er, »aber daß ich auch jene aufgebe, die vor meiner Zeit gemacht wurden, daß ich den Schatz, der mir mit so viel Vertrauen ausgehändigt worden ist, veruntreue, daß ich zum Dank für so viel

Mühe, so viel Blut, so viele Siege Frankreich kleiner zurücklasse, als ich es vorgefunden habe: nie und nimmer! Wäre ich ohne Verrat und Feigheit dazu imstande? Sie fürchten sich vor der Fortführung des Kriegs und ich mich vor gewissen Gefahren, die Sie nicht erkennen! Antworten Sie Caulaincourt, da Sie es so wollen, aber sagen Sie ihm, daß ich dieses Abkommen bedauere, daß ich lieber die größeren Gefahren des Krieges eingehe.«

Er kann nicht weitersprechen. Er wirft sich auf ein Feldbett. Aber er kann dort nicht bleiben. Er steht auf, legt sich wieder hin, wünscht, daß man alle Kerzen hinaustrage, verlangt erneut nach Licht.

Er beginnt einen Brief an Joseph zu diktieren. »Ich habe das Recht, daß mir die Menschen helfen, die mich umgeben, all jene, denen ich selbst geholfen habe. Lassen Sie die Kaiserin und den König von Rom nie in die Hände des Feindes geraten. Lieber möchte ich, daß mein Sohn ermordet wird, als ihn in Wien zum österreichischen Prinzen erziehen zu lassen, und ich schätze die Kaiserin genug, um überzeugt zu sein, daß sie derselben Meinung ist, in dem Maße, wie eine Frau und Mutter dazu imstande ist.«

Es ist sieben Uhr morgens an diesem Dienstag, dem 8. Februar. Er hat nicht geschlafen. Ein Offizier des Generalstabs von Marmont betritt das Zimmer und überreicht einen Brief. Marmont teilt mit, daß die preußische Kavallerie Montmirail und ihre Infanterie Champaubert erreicht hat. Diese Truppen stehen unter dem Befehl von General Sacken.

Napoleon schiebt den Offizier beiseite und schaut angestrengt in die Karten, mißt die Entfernungen mit einem Zirkel ab. Maret tritt herbei und bringt die Depeschen an Caulaincourt, in denen diesem das Recht eingeräumt wird, den Vorschlägen der Koalition zuzustimmen.

»Ach, da sind Sie« ruft Napoleon, ohne den Kopf zu heben. »Jetzt geht es um etwas ganz anderes. Im Augenblick bin ich dabei, Blücher zuvorzukommen. Er rückt auf der Straße nach Montmirail vor. Ich breche auf und schlage ihn morgen, ich schlage ihn auch übermorgen. Wenn diese Bewegung den gewünschten Erfolg hat, dann sieht die Lage gleich ganz anders aus, und dann werden wir schon sehen. Einen Frieden, wie man ihn uns vorschlägt, können wir immer noch schließen.«

Und vorwärts, ohne zu zögern, trotz Regen und Schnee, trotz schlammiger Wege und der Sümpfe! Vorwärts! Man muß schnell marschieren und mit einigen zehntausend Mann über die Russen und die Preußen von Blücher herfallen, mit den Befehlshabern Sacken, Olsufieff und York, und wenn das getan ist, sich umwenden und mit Eilmärschen gegen die 150000 Mann von Schwarzenberg wenden.

Verrückt? Er liest dieses Urteil in den Augen seiner Marschälle. Aber so hat er den Italien-Feldzug gewonnen, und den Frankreich-Feldzug will er genauso führen. Er hat kaum 50000 Soldaten, während die Koalition 300000 aufbieten. Man muß sie nur überraschen und dort, wo man zuschlägt, stärker sein. Und vorwärts nach Champaubert, Montmirail, Château-Thierry und Vauchamps!

Ein Hundewetter und Wege, auf denen man einsinkt. Er reitet. Der Schlamm sei sechs Fuß tief, schreibt er an Joseph. Aber er treibt die Kolonnen mit lauter Stimme an, damit man die Munitionskisten voranschiebt. Er begibt sich in die Dörfer und bittet die Bauern, ihre Pferde zu leihen und beim Ziehen und Schieben zu helfen. Und als er auf dem Schlachtfeld von Champaubert ankommt, erdulden die Marie-Louisen tapfer das Feuer und die Attacken, stürmen zum Gegenangriff und überrennen den Feind.

Er steht im Zentrum der Kampfzone, und erst bei Einbruch der Nacht richtet er sich an diesem Donnerstag, dem 10. Februar 1814, in einem Bauernhof an der Kreuzung der großen Straße nach Champaubert und jener nach Sézanne ein. Noch nie hat er seit seinen ersten Siegen in Italien eine solche Freude empfunden.

Er sieht General Olsufieff eintreten, der mit mehreren seiner Offiziere gefangengenommen wurde. Er lädt ihn zum Essen ein und sagt zu den schwunglos und müde wirkenden Marschällen: »Wovon das Schicksal der Reiche abhängt! Wenn wir morgen einen ähnlichen Erfolg über General Sacken erzielen, wie wir ihn heute über Olsufieff errungen haben, dann wird der Feind schneller über den Rhein zurückfluten, als er hergekommen ist, und ich stehe abermals an der Weichsel!« Er blickt die Marschälle an, die mißmutig dreinschauen. Er sagt noch: »Und dann werde ich Frieden an der natürlichen Rheingrenze schließen.«

Er beendet die Mahlzeit nach wenigen Minuten, steht auf und geht zu den Karten. »Wir marschieren auf Montmirail, wo wir heute abend um zehn Uhr ankommen«, sagt er und zeigt den Marschällen die einzuschlagenden Wege. Ich werde morgen früh persönlich dabeisein und mit 20000 Mann gegen Sacken vorrücken. Wenn das Glück uns hilft wie heute, wird sich das Blatt im Nu wenden.«

Am Freitag, dem 11. Februar, ist er in Montmirail. Er hat nur 24000 Mann. Er muß Wunder vollbringen. Erneuter Sieg. Die russischen Truppen unter General Sacken werden weggefegt.

Als er den Bauernhof bei Grénaux betritt, wo er biwakieren wird, sind die beiden Zimmern, in denen er logieren soll, mit Leichen vollgestopft. Man hat hier den ganzen Tag gekämpft. In Paris und in den Tuilerien muß man wissen, welchen Sieg er errungen hat. Er schreibt an Marie-Louise. »Von dieser geschlagenen Armee wird sich nicht ein Mann retten. Ich sterbe vor Müdigkeit. Ich bin ganz der Deine. Gib meinem Sohn einen Kuß. Laß 60 Kanonenschüsse abfeuern und diese Nachricht in allen Theatern verlesen. General Sacken ist getötet worden.«

Trotz seiner Müdigkeit kann er nicht schlafen. »Diese zwei Tage haben die Lage vollkommen verändert«, sagt er. So oft in seinem Leben hat er am Rande des Abgrunds gestanden, in den er hineinstürzen und alles verlieren konnte. Indem er sich wehrte und festklammerte, den Feind zurückstieß und vernichtete, hat er sich noch jedesmal vom Abgrund entfernt und seine Macht befestigt. Und so kann und muß es auch diesmal sein.

An diesem Samstag, dem 12. Februar, rückt er vor auf Château-Thierry. Neben ihm marschieren Bauern. Sie sind mit Mistgabeln und alten Gewehren bewaffnet. Sie fliehen aus den Dörfern, in denen, wie sie sagen, die Kosaken vergewaltigen, schlagen, töten und plündern. Sie erzählen, wie sie den feindlichen Soldaten Fallen stellen oder versprengte Nachzügler umbringen.

Wenn diese Blaukittel sich in Massen erheben, ist die Koalition verloren. Den ganzen Tag über kämpft er mit den Truppen. Die Russen werden erneut geschlagen. So erreicht Napoleon die Ufer der Marne. Die Koalition hat die Brücke von Château-Thierry sprengen lassen. Trotz feindlichen Gewehrfeuers rückt er vor. Man müsse sie reparieren, sagt er. Aber die Verfolgung wird dadurch verlangsamt.

Er überwacht die Arbeit der Pontoniere, und die Schlacht wird in Vauchamps wieder aufgenommen. Erneuter Sieg.

Er läßt am Straßenrand ein Feuer entzünden und sieht den vorbeiziehenden Gefangenen zu, befragt dann die Grenadiere, die Marie-Louisen, die vorbeikommen und die vom Feind erbeuteten Trophäen zeigen. Er verleiht Kreuze der Ehrenlegion und Belohnungen. Das sind Männer, die den Lauf des Schicksals verändern.

Er schreibt an Marie-Louise. Man sollte ihr Lob in der Hauptstadt verbreiten und die Gefangenen durch die Straßen der Hauptstadt führen. Aber während seine Soldaten sich selbst überbieten, erklärt ihm Murat den Krieg. Undankbarer Dummkopf! »Das Verhalten des Königs von Neapel ist infam, und für das der Königin, meiner Schwester Caroline, gibt es keine Worte. Ich hoffe, daß ich lange genug lebe, um mich und Frankreich für eine solche Beleidigung und so schreckliche Undankbarkeit rächen zu können.«

Er gibt den Befehl, nach Montereau zu marschieren, um den Vormarsch der Truppen von Schwarzenberg zu stoppen, die diese Kämpfe gegen Blüchers Armeen ausgenutzt haben, um vorzurücken. Unterwegs erfährt er, daß General Guyot, der die zweite Division der Gardereiter befehligt, dem Feind zwei Kanonen überlassen hat.

Sobald Napoleon Guyot erblickt, schreit er, springt er vom Pferd und wirft seinen Hut zu Boden. Er läßt sich von seiner Wut mitreißen, steigt dann wieder aufs Pferd, aber der Zorn hat sich in ihm festgefressen.

Trotz der Geschosse, die um ihn herum einschlagen, reitet er voran in dieser Schlacht, die sich rings um Montereau abspielt. Er begibt sich zu den aufgestellten Kanonen, steigt vom Pferd und richtet selber ein Geschütz aus. Der Feind schießt zurück, aber Napoleon scheint diese Explosionen nicht zu hören und diese Kugeln, die ihm um die Ohren pfeifen. Zu seinen Artilleristen sagt er: »Habt keine Angst, meine Freunde, die Kugel, die mich töten wird, ist noch nicht gegossen.«

So setzt er sich den ganzen Tag über aus. Er fühlt sich unverwundbar, wie in all den Schlachten, die er geführt hat. Aber am Abend, im Schloß von Montereau, beherrscht ihn immer noch die Wut. Was sind seine Marschälle wert? Victor? Oudinot? Sie haben sich zurückgezogen. General Montbrun hat die Kosaken in den Wald von Fontainebleau eindringen lassen. General Digeon hat es an Munition für seine Kanonen fehlen lassen. Marschall Augereau in Lyon kommt nicht voran, obwohl er kampferfahrene Soldaten hat und die feindliche Nachhut bedrohen könnte.

Napoleon erregt sich. »Überall höre ich die Beschwerden des Volkes über die Bürgermeister und die Bourgeois, die sie daran hindern, sich zu verteidigen. In Paris sehe ich dasselbe. Das Volk hat Energie und Ehrgefühl. Ich fürchte, daß es nur einige Chefs sind, die nicht kämpfen wollen und die recht dumm dastehen werden angesichts dessen, was ihnen nach einer Niederlage blüht.«

Hier kommt Marschall Victor, Herzog von Belluno, der sich, den Tränen nahe, rechtfertigt und erklärt, er als einer der ältesten Waffengefährten des Kaisers könne es nicht akzeptieren, der Schlacht ferngehalten zu werden. Aber die Vergangenheit entschuldigt keinen der gegenwärtigen Akte. Victor insistiert. Sein Schwiegersohn, General Chataux, sei im Kampf gefallen, inmitten seiner Soldaten. »Ich werde ein Gewehr nehmen«, sagt er. »Ich habe meinen alten Beruf nicht verlernt. Victor wird sich bei der Garde einreihen.«

Plötzlich gibt ihm Napoleon die Hand. »Nun gut, bleiben Sie. Ich kann Ihnen Ihr altes Armeekorps nicht wiedergeben, da ich es Gérard anvertraut habe, aber ich gebe Ihnen zwei Divisionen der Garde. Übernehmen Sie deren Kommando, und reden wir über alles andere nicht mehr.«

Er dreht Victor den Rücken zu. Diese Chefs sind müde. Und ist er es etwa nicht? Die Wut steigt wieder in ihm auf. Er diktiert einen Brief an Augereau. »Ich befehle Ihnen, 12 Stunden nach Erhalt dieses Schreibens aufzubrechen und den Kampf aufzunehmen. Wenn Sie immer noch der Augereau von Castiglione sind, behalten Sie das Kommando, wenn Ihnen Ihre 60 Jahre zu schwer werden, übergeben Sie es dem ältesten Ihrer Generäle. Das Vaterland ist in Gefahr. Es kann nur noch durch Mut und guten Willen gerettet werden und nicht durch nutzloses Zögern. Sie müssen noch einen Kern von 6000 Mann der Elitetruppen haben. So viele habe ich nicht, und doch habe ich drei Armeen zerstört und dreimal die Hauptstadt gerettet. Seien Sie stets ganz vorne. Man kann nicht mehr so handeln wie in den letzten Monaten, sondern man muß nun wieder die Stiefel und die Entschlossenheit von 93 hervorholen. Wenn die Franzosen Ihren Schneid bei den Vorposten sehen und daß Sie sich den Gewehrschüssen aussetzen, dann können Sie noch alles mit ihnen erreichen.«

Plötzlich befällt ihn eine ungeheure Müdigkeit. Er reitet schon seit Tagen und Nächten und ist bei jeder Schlacht in vorderster Linie, er denkt seine Strategie aus und diktiert Hunderte Befehle, mittags und abends ißt er auf die Schnelle, er setzt sich der Kälte, dem Regen, dem Schlamm aus und versucht, die Menschen seiner Umgebung von der Entmutigung abzuhalten, weil sie sich sonst gehenlassen würden, wie er genau weiß, und in ihrer Schwäche das ganze Land mitreißen würden.

Aber an diesem Samstag, dem 19. Februar, kann er nicht mehr. Es scheint ihm, er hat die Aufgabe erfüllt, die er sich gestellt hat. Er hat nacheinander die Preußen und die Russen von Blücher geschlagen, sodann die Österreicher von Schwarzenberg. Nun kann er schlafen. Er legt sich hin, während ein Diener ihm die Stiefel auszieht. Im Kamin dieser kleinen Schlafkammer des Schlosses von Surville brennt das Feuer. Er schließt die Augen.

Am nächsten Morgen geht er bei Sonnenaufgang hinaus. Es ist schrecklich kalt. Der Boden ist gefroren, was die Bewegungen des Feindes erleichtert. Vorwärts, aufgesattelt, auf nach Nogent-sur-Seine, nach Troyes! Bei einem Halt bringen Stafetten die Depeschen und Zeitungen aus Paris. In dem Raum, in dem er sich in Nogent-sur-Seine eingerichtet hat, empört er sich. Muß er nun auch noch die Zeitungen selbst schreiben! Warum verstehen sie denn nicht, daß »einer der ersten Grundsätze des Krieges darin besteht, die eigenen Kräfte übertrieben darzustellen und nicht herabzuwürdigen«. Warum berichten sie nicht über die Verbrechen der Feinde, die ihm »die Haare zu Berge stehen lassen«. Mit einer Armbewegung fegt er die Depeschen und Zeitungen vom Tisch.

»In Wahrheit hat man mir noch nie so schlecht gedient!« schreit er. Er macht ein paar Schritte und ruft dann aus: »Schlechter als ich kann man gar nicht unterstützt werden!« Dann beruhigt er sich wieder. Er betrachtet eine Bonbonschachtel, die ihm Marie-Louise geschickt hat und auf der man ein Porträt des Königs von Rom sieht. Er schaut es kurz an. Das Kind hat die Hände gefaltet.

Napoleon greift zu einer Feder. »Ich möchte, daß Du das Porträt gravieren läßt«, schreibt er an die Kaiserin, »und zwar mit der Devise: Ich bete zu Gott, daß er meinen Vater und Frankreich rettet. Diese kleine Gravur ist reizend und wird allen gefallen.« Vielleicht kann ja der Anblick dieses Kindes manchen dazu bringen, besser zu kämpfen und zu widerstehen.

Dann ereifert er sich wieder. Er müßte im Innern der Seele von jedem Offizier, jedem Soldaten, jedem Minister stecken. Er insistiert: »Mit Mut, Geduld und Kaltblütigkeit läßt sich alles beheben. Allerdings nicht, wenn man in seiner Einbildung alles besonders schwarz malt. Dann entstehen nur Entmutigung und Verzweiflung.«

Als er in Troyes einzieht, jubelt man ihm zu. Ein Gesandter von Schwarzenberg ersucht um einen Waffenstillstand. *Glauben sie denn etwa, ich merke nicht, daß sie damit nur meine Offensive verzögern wollen?* Ein verlorener Tag kann den Sieg kosten. Mit ihrer zahlenmäßigen Überlegenheit und ihren Reserven wirken Zeit und Raum zu ihren Gunsten. Aber man will immer noch seine Kapitulation. Man begreift immer noch nicht, daß die Koalition die Aufteilung des Kaiserreichs und seinen Untergang will. *Und manche sind bereit, mich zu verraten wie Murat.*

Während der Besetzung haben sich Royalisten aus Troyes zu Alexander begeben und ihn um die Wiedereinsetzung der Bourbonen gebeten. Einen von ihnen hat man verhaftet und hingerichtet. Die Meldung, daß Napoleon ihn begnadigt hatte, traf zu spät ein. »Das Gesetz verurteilte ihn«, sagt Napoleon.

Er reitet um die Befestigungsanlagen von Troyes. Die Stadt hat in den Kämpfen gelitten. Man begräbt die Gefallenen. Er wendet den Kopf ab. Er hat das Gefühl, daß der Sieg und der Umschwung der Situation greifbar nahe sind. Daran muß er nun denken. Er darf sich nicht von dieser Angst und der Verzweiflung packen lassen, die an der Seele nagen. Aber das ist eine permanente Anstrengung.

Blücher und die Preußen ziehen sich nach Soissons zurück. Er muß ihnen nachsetzen, im einzigen Raum eines Dorfpfarrhauses schlafen, die Kälte und den Regen aushalten. In Ferté-sous-Jouanne hört er sich die Klagen der Bauern an, die ihm die erlittenen Gewalttaten schildern. Er fragt, beruhigt, studiert die Karten. Sein Plan ist einfach. »Ich will den Krieg nach Lothringen hineintragen, wo ich mich mit den Truppen verbünde, die in meinen Festungen an der Maas und am Rhein stehen.«

So schneidet er die feindlichen Truppen von ihrem Hinterland ab und verhindert ihren weiteren Vormarsch auf Paris. Er wird die Hauptstadt durch diese Bewegung nach Osten verteidigen und nicht direkt. Dazu genügt es, daß Paris ein paar Tage, ja sogar nur Stunden standhält. Angst ergreift ihn. Und wenn Paris nicht hält?

Er verdrängt diese Möglichkeit. Es gibt keine andere Wahl, als den Feind von seinen Basen abzuschneiden und ihn so zum Rückzug zu zwingen. Marmont wird sich vor Paris postieren und dort widerstehen, während er nach Osten vorprescht. Das muß man erklären und dadurch beruhigen. Er schreibt an Cambacérès und an Clarke. »Es genügt zu denken, daß die Hauptstadt heute nicht mehr wirklich bedroht ist«, schreibt er dem einen. »Der Feind ist überall, aber nirgendwo übermächtig«, schreibt er dem andern.

Dann bricht er wieder auf. In Méry werden die Preußen geschlagen. Es fehlt aber an Brückenbauern, um ihre Verfolgung jenseits des Flusses fortzusetzen. So verliert man einige Stunden. Er wartet ungeduldig, schaut nach Depeschen. Und plötzlich, nachdem er eine gelesen hat, fuchtelt er mit den Händen. Die Festung Soissons, die Blüchers Rückzug an der Aisne hätte bremsen können, hat grundlos kapituliert! »Unverschämtheit!« schreit er. »Man soll den General in Paris erschießen lassen, aber so, daß alle seine Hinrichtung mitbekommen.«

Alles muß neu begonnen werden. Die Zeit rinnt ihm durch die

Finger. Doch er muß reagieren. Er marschiert durch einen Schneesturm. Man kämpft in Craonne bei Laon. In dem kleinen Dorf Corbeny erkennt er unter den Bürgermeistern der umliegenden Gemeinden, die sich dort um ihn versammelt haben, eine vertraute Gestalt. Er ruft den Mann herbei. Genau wie in Brienne ist es ein Zeuge der Vergangenheit, de Bussy, ein ehemaliger Offizier des La-Fère-Regiments. Bei jedem Schritt findet er nun seine Spuren wieder, als ob sich das Schicksal zu einer Schleife forme.

Er ernennt de Bussy zum Adjutanten. Er zeichnet einen Boten aus, der von Osten kommt und ihm berichtet, daß sich die Bauern in den Vogesen erhoben haben. Und dieser Mann, ein gewisser Wolff, ist auch ein Ehemaliger des La-Fère-Regiments.

Er will gerade das Aufbruchssignal geben, als man ihm Depeschen von Caulaincourt bringt, der immer noch verhandelt. Er schiebt sie beiseite. »Ich lese seine Briefe nicht mehr«, sagt er. »Sagen Sie ihm, daß sie mich langweilen. Er will Frieden! Ich will ihn auch, aber schön, gut, ehrenhaft!«

Taumelnd vor Müdigkeit, betritt er am Montag, dem 7. März, das kleine Dorf Bray-en-Laonnois. Als er über die Schwelle des Hauses tritt, in dem er die Nacht verbringen soll, zögert er einen Moment. Auf dem Boden liegen Sterbende und Verwundete. Die Schlacht von Craonne war hart, ihr Ausgang ungewiß. Er setzt sich in eine Ecke und stützt den Kopf auf seine Hände.

Mitten in der Nacht meldet ihm ein neuer Kurier von Caulaincourt, daß alle französischen Vorschläge von den Alliierten zurückgewiesen wurden. Die Koalition akzeptiere nur ein Frankreich in den ehemaligen Grenzen. Napoleon steht auf, schreitet über die liegenden Körper und ruft: »Für Verstümmelungen gebe ich mich nicht her. Da muß man schon Gewalt anwenden.« Das heißt also weiterkämpfen in Laon und dann auf Reims vorrücken.

Aber dann muß er am Donnerstag, dem 10. März, erfahren, daß Marmont, den er vor Paris plaziert hatte, nachgegeben hat und zurückgewichen ist. Er muß sich der Lage stellen, alles herabspielen und sagen: »Das ist nur ein Zwischenfall im Krieg, allerdings sehr ärgerlich zu diesem Zeitpunkt, da ich Glück gebraucht hätte.«

Wenn nach Murat und Augereau nun auch Marmont nachgibt, auf wen kann er dann noch zählen? Kann er denn seinem Bruder Joseph noch vertrauen? Vielleicht will auch Joseph seine Zukunft retten und sich endlich an mir rächen? Es heißt, daß er eine Friedensresolution plane, die er von Würdenträgern billigen lassen wolle. Napoleon sagt: »Der erste Friedensappell, von dem ich erfahre, wird von mir wie eine Rebellion behandelt.«

Aber was macht eigentlich der Polizeiminister Savary, Herzog von Rovigo? »Sie teilen mir gar nichts über die Vorgänge in Paris mit. Es ist die Rede von Appellen, Regentschaft und tausend absurden Intrigen, die sich nur Verrückte ausgedacht haben können. All diese Leute wissen wohl nicht, daß ich den gordischen Knoten auf Alexanders Weise löse. Sie sollen nur wissen, daß ich heute derselbe bin, der ich in Wagram und in Austerlitz war, daß ich im Staat keine Intrige dulde, daß es keine andere Autorität als die meine gibt und daß im Falle dringender Vorkommnisse allein die Regentin mein Vertrauen hat. König Joseph ist schwach, er läßt sich auf Intrigen ein, die für den Staat verhängnisvoll sein könnten. Ich will keinen Volkstribun; man soll nicht vergessen, daß ich der große Tribun bin.«

Vor Reims wird gekämpft. Er steht in vorderster Linie. Am Montag, dem 14. März, zieht er um Mitternacht in die Stadt ein. Alle Fenster sind erleuchtet, eine Menge drängt sich in den Straßen und jubelt ihm zu. Im Rathaus ist Napoleon von Hunderten Einwohnern umgeben, die »Es lebe der Kaiser!« schreien. Er zeichnet den Artilleristen aus, der durch seinen Schuß General Saint-Priest getötet hat, der die russische Armee befehligte. »Derselbe Schütze hat General Moreau getötet, da kann man doch wirklich von Vorsehung reden!« ruft Napoleon aus.

Er empfängt Marmont, überschüttet ihn mit Vorwürfen, beruhigt sich aber bald wieder. Der Sieg scheint ihm wieder zum Greifen nah. Er hat einen Keil zwischen die Armeen von Blücher und Schwarzenberg getrieben. Nun kann er nach Osten vorstoßen und die Alliierten umgehen.

An Joseph schreibt er: »Unsere beiden Charaktere sind grundverschieden. Sie lieben es, den Leuten zu schmeicheln und sich nach ihren Vorstellungen zu richten; ich habe es lieber, wenn man mir gefällt und den meinigen folgt. Heute wie in Austerlitz bin ich der Gebieter.«

Man trägt ihm zu, daß Marmont beim Verlassen des Rathauses gesagt hat: »Das Glück lächelt uns zum letzten Mal.« Er lacht nur höhnisch. Was wissen sie schon vom Glück? Man muß es bei der Mähne packen, es zu sich heranziehen, sich aufschwingen und dann losreiten.

Am Donnerstag, dem 17. März, ist er in Épernay. Die Menge jubelt ihm zu. Man schenkt den Soldaten Champagner ein. Er verleiht dem Bürgermeister Moët einen Orden. Dann setzt er seinen Vormarsch fort zum Fluß Aube, um das Heer von Schwarzenberg von der Seite her zu überraschen.

Man kämpft um Arcis-sur-Aube und in Torcy. Napoleon sieht, wie die Geschosse vor einem Bataillon junger Rekruten einschlagen, die zurückweichen. Er stürzt herbei, stellt sich an ihre Spitze, und wenn ein Geschoß neben seinem Pferd einschlägt, rührt er sich nicht. Hier sterben? Warum nicht?

Das Geschoß explodiert. Sein Pferd wird zerfetzt. Napoleon steht im Pulverdampf wieder auf. Die Soldaten jubeln und stürmen zum Angriff, nehmen Torcy ein. Aber der Boden ist voller Leichen. Über wie viele Männer verfügt er überhaupt noch? 20000? 30000?

Einen Augenblick bleibt er nachdenklich stehen. General Sebastiani ist bei ihm. Er hat Vertrauen zu diesem Korsen, der aus bescheidenen Verhältnissen stammt und nach einigen diplomatischen Missionen in der Türkei in Rußland und in Deutschland gekämpft hat. Er hat soeben einen Angriff der Gardekavallerie angeführt.

»Nun, General, was halten Sie von dem, was Sie da sehen?«

»Ich sage, daß Eure Majestät andere Ressourcen hat, die wir nicht kennen.«

»Nur die, die Sie da vor sich sehen«, antwortet Napoleon.

»Aber warum denkt Eure Majestät nicht daran, das Volk zum Aufstand aufzurufen?«

Napoleon schaut Sebastiani an und reitet mit seinem Pferd etwas beiseite. Seit dem Beginn des Feldzugs hat er viele Aufrufe an die Blaukittel erlassen. Wenn die Guerilla auch sehr verbreitet ist, so hat sie doch nicht den Charakter einer allgemeinen Erhebung wie in Spanien oder Rußland.

»Hirngespinste!« ruft Napoleon aus, als er sich Sebastiani wieder nähert. »Eine Nation zum Aufstand aufrufen in einem Land, in dem die Revolution Adel und Klerus zerstört hat und in dem ich die Revolution zerstört habe!« Er lacht bitter. Er allein kann, mit den verbliebenen Soldaten, den Gang der Dinge noch verändern.

Aber kann er des Sieges sicher sein? Er schaut die wenigen tausend Männer an, die erschöpft vorbeiziehen und mit denen er mehrere hunderttausend Feinde angreifen muß. Er wird die Entscheidung suchen.

18

An diesem Mittwoch, dem 23. März 1814, kommt er um 14 Uhr in Saint-Dizier an. Die Infanteristen liegen auf dem Boden oder lehnen sich gegen Hauswände. Die Uniformen sind schmutzig, und er sieht, daß die Müdigkeit nach Tagen voller Märsche und Kämpfe diese Körper erdrückt. Wie viele Männer hat er noch?

Er betritt das Haus des Bürgermeisters. Die Marschälle sind schon da. Berthier und Ney sagen ihm mit gedämpften Stimmen, daß die Schlacht bei Arcis-sur-Aube sehr verlustreich war, daß der Feind über mindestens 100000 Mann und Hunderte von Kanonen verfügt.

Wie ist der Stand unserer Kräfte, fragt er und würde am liebsten Berthiers Antwort nicht hören. 18000 Infanteristen und 9000 Kavalleristen, sagt der Prinz von Neuchâtel und Generalmajor der Armee. Aber man kann Wunder vollbringen mit einer Handvoll Männer. Wissen sie es denn nicht, die ihm seit den ersten Tagen folgen? Die Garnisonen aus den Festungen im Osten werden eintreffen. Der Feind kann nicht auf Paris vorrücken, ohne sein Hinterland zu vernachlässigen, das also ungeschützt ist und das wir angreifen.

Er schreibt an Marie-Louise: »Meine Liebe, ich war den ganzen

Tag auf dem Pferd unterwegs. Am 20. habe ich Arcis-sur-Aube eingenommen. Der Feind hat mich um sechs Uhr abends angegriffen, ich habe ihn am selben Tag geschlagen, und er hat 4000 Tote gehabt. Ich habe zwei Kanonen erbeutet, und er hat mir zwei weggenommen, das gleicht sich aus. Am 21. hat sich die feindliche Armee uns entgegengestellt, um den Vormarsch ihrer Konvois nach Brienne und Bar-sur-Aube zu schützen. Ich habe mich entschlossen, mich zur Marne zu begeben und ihre Nachschubwege anzugreifen, um sie von Paris fernzuhalten und mich meinen Befestigungen zu nähern. Heute Abend bin ich in Saint-Dizier. Adieu, meine Liebe, einen Kuß für meinen Sohn. Nap.«

Wird Marie-Louise diesen Brief jemals erhalten? Schon seit fünf Tagen ist er ohne Nachricht von ihr. Er fragt Berthier und Ney. Die Kosaken, sagt er. Sie setzen den Stafetten zu, weit vor ihren eigenen Truppen. Sie fangen Postsendungen ab. So kann der Feind über meine Bewegungen und die Stimmung in Paris unterrichtet werden. Aber dieses Risiko muß er eingehen. Die Angsthasen in Paris müssen wissen, daß er kämpft, daß er zuversichtlich und entschlossen ist.

Als er nachts von seinem Feldbett zum Kartentisch gehen will, trifft Caulaincourt ein. Er ist außer Atem und sehr müde. Er wäre beinahe zwischen Sompuis und Saint-Dizier gefangengenommen worden. Die Allianz verhandele nicht mehr, sagt er. Napoleon schimpft. Sie haben doch nie wirklich verhandeln wollen. »Der Feind will nur Frankreich umstürzen und ausplündern. Alexander will sich in Paris für die Dummheit rächen, die er mit dem Brand Moskaus angerichtet hat. Unsere Feinde wollen uns demütigen, aber lieber sterben wir.«

Er geht im dunklen Zimmer umher. »Ich bin zu sehr ein alter Soldat, um noch am Leben zu hängen. Aber ich werde niemals Frankreichs Schande unterschreiben. Wir werden kämpfen, Caulaincourt. Wenn ich besiegt werde, ist es besser, ruhmreich zu fallen, als Bedingungen zu unterschreiben, die das Direktorium auch nach seinen Niederlagen in Italien niemals akzeptiert hätte. Wenn man mich unterstützt, kann ich alles noch retten. Wenn mich das

Glück verläßt, kann mir die Nation nicht vorwerfen, daß ich meinen Krönungseid verraten hätte.« Er richtet sich auf: »Schwarzenberg verfolgt mich. Sie kommen gerade richtig. Bald werden Sie schöne Dinge erleben.«

Er läßt Berthier kommen. Er geht auf und ab, die Hände auf dem Rücken. »Schicken Sie je einen verkleideten Gendarm nach Metz, Nancy und Bar, und geben Sie ihnen Briefe an die Bürgermeister mit. Lassen Sie sie wissen, daß wir den Feind von hinten angreifen und daß der Augenblick gekommen ist, eine Massenaushebung zu veranlassen, die Sturmglocken zu läuten und überall die fremden Befehlshaber und Kriegskommissare zu verhaften, Konvois anzugreifen, die Reserven und Depots des Feindes zu beschlagnahmen. Dieser Befehl soll in allen Gemeinden bekanntgemacht werden. Teilen Sie dem Kommandanten von Metz mit, daß er alle Garnisonen zusammenziehen und uns an die Maas entgegenziehen soll.«

Er bleibt stehen und schaut Berthier an. Der Marschall und Prinz von Neuchâtel sieht verstört aus. Er stottert, aber traut sich nicht, auch nur einen klaren Satz zu sagen. Er weiß, was er denkt, was sie alle denken. Wo soll das hinführen, fragen sie sich. Und wenn der Kaiser fällt, fallen sie dann mit ihm?

Er bräuchte Zeit, um alle Truppen zusammenzuführen. Aber mit jeder Stunde wird der Feind stärker. Und alles gibt nach. Augereau, Herzog von Castiglione – aber was ist nur aus dem Mann des Italien-Feldzugs geworden? –, hat Lyon evakuiert, statt seine Unterstützung zu schicken. Er zieht sich nach Valence zurück! Auch zwei andere Marschälle, Marmont und Mortier, ziehen sich zurück und werden bei La-Fère-Champenoise geschlagen. Die Karrees der Nationalgardisten schlagen sich noch am besten und lassen sich in Stücke hauen wie alte Grenadiere. Die Kosaken kommen bis hierher nach Saint-Dizier, und man muß gegen die russischen Truppen von Wintzingerode kämpfen, deren Vorhut sie nur sind.

Napoleon steht in erster Reihe mit den Marie-Louisen und der Garde, die unter lauten Trommelwirbeln zum Angriff stürmen. Vollständiger Sieg. Aber in der Ferne, jenseits des Schlachtfeldes, zeigen die in der eiskalten Märznacht des Jahres 1814 brennenden Biwakfeuer andere feindliche Truppen an, wie ein riesiger Strom, den man nur eine Weile aufhalten konnte, der sich aber bald weiterwälzen wird.

Napoleon irrt über die Felder rings um Saint-Dizier. Die Toten der Schlacht, die hier stattgefunden hat, liegen herum und sind schon von Rauhreif bedeckt. Er befragt die Verwundeten der Feindarmee. Sie gehören zu einem einzigen Korps, das von Schwarzenbergs Armee detachiert wurde, die nun seit zwei Tagen schon in Richtung Paris marschiert, um die Hauptstadt einzunehmen. Er bräuchte Zeit, nur wenige Tage.

Er zögert und versammelt die Marschälle um sich. Aber Ney, Berthier, Mortier und Marmont senken die Köpfe. Sie wollen nicht über die zu wählende Strategie reden, sondern über die Einstellung des Kampfes. Das sollen sie nur wagen! Sie wagen es nicht.

»Soll man auf die Garnisonen aus dem Osten warten«, fragt er, »und ihnen sogar entgegenziehen, sich auf den Bauernaufstand stützen und ihn fördern?« Die Gesichter der Marschälle sind von Widerwillen verzerrt. Also auf Paris marschieren? Sie stimmen zu. Aber keine Eilmärsche, sagen sie, die Armee würde das nicht überleben. Man muß den Weg über Vassy, Bar-sur-Aube, Troyes und Fontainebleau wählen. So können die Soldaten wieder zu Kräften kommen. *Aber dies ist der längste Weg, und mir fehlt die Zeit!*

Am Montag, dem 28. März 1814 ,verläßt er Saint-Dizier. Als er gegen Abend das Dorf Doulevant erreicht, treffen gerade die Stafetten aus Paris ein. Er springt sogleich vom Pferd. Die erste Depesche stammt von Generalpostmeister Lavalette, einem absolut vertrauenswürdigen Mann, der ihn seit Italien nie enttäuscht hat. Es ist ein ganz kurzer Text, den er mehrmals liest. »Die Anwesenheit des Kaisers ist notwendig. Wenn er verhindern will, daß die Hauptstadt dem Feind ausgeliefert wird, darf er keinen Augenblick verlieren.« Das ist der Schlüssel zu allem, was er nicht verstand: Paris *ausgeliefert*!

Aber wenn Paris kapituliert, dann fällt der Kopf, und der Körper kann nur noch zucken. Er liest eine andere Meldung. »Alle

Zufahrtsstraßen sind auf 15 Meilen um Paris in der Hand des Feindes. In der Hauptstadt verteilen die Royalisten Aufrufe. Man spricht davon, daß die Kammern gezwungen werden sollen, sich zu versammeln und um Frieden zu ersuchen. Die Leute sagen, daß die Russen gewiß Paris niederbrennen werden, um den Brand von Moskau zu rächen.«

Er malt es sich aus. Die Manöver von Talleyrand und den Adligen aus dem Viertel von Saint-Germain, von allen Notabeln. Talleyrand verhandelt gewiß mit der Koalition. Man wird nicht kämpfen, obwohl es in der Hauptstadt Zehntausende Männer gibt sowie Kanonen und Paris an den Stadttoren verteidigt werden kann. Zwei Tage Widerstand würden ausreichen. *Mir fehlt die Zeit!*

Er will sogleich nach Paris aufbrechen, aber die Kosaken kontrollieren die Straße nach Troyes. So muß er die Nacht in Doulevant verbringen, obwohl jede Minute zählt. Erst am Morgen des 29. April kann er endlich den Befehl zum Aufbruch geben.

Er marschiert mit der Garde. An der Brücke von Dollencourt trifft er die ersten Kuriere aus Paris. Die Marschälle haben sich zurückgezogen. Meaux ist in der Hand des Feindes. Man hat sich geweigert, die Arbeiter der Vorstädte zu bewaffnen, die genau wie die Studenten der École Polytechnique zum Kämpfen bereit sind. Allein der Fabrikant Richard Lenoir hat seine Arbeiter bewaffnet, als einziger von allen Notabeln ist er dem Kaiserreich treu geblieben. Der Militärkommandant Hulin, einer der »Sieger der Bastille«, hat erklärt, daß er keine Waffen zum Verteilen habe. Die Straßen sind voller Bauern, die sich auf der Flucht vor dem feindlichen Vormarsch in die Hauptstadt geflüchtet haben. *Mir fehlt die Zeit!*

Er reitet im Galopp. Nach Stunden in höllischem Tempo bricht das Pferd zusammen. Napoleon steigt in eine kleine offene Kutsche aus geflochtenem Korb, die ihm der Metzger von Villeneuve-sur-Vanne leiht, einer kleinen Ortschaft zwischen Troyes und Sens.

Napoleon spricht mit Caulaincourt, der neben ihm sitzt, genau wie einst in dem Schlitten, als sie gemeinsam Rußland verließen. Wenn sich Paris nur 48 Stunden halten könnte ... Er beugt sich hinaus, um zu sehen, ob die beiden anderen Kutschen folgen, in denen General Gourgaud und Marschall Lefebvre und dann die Generäle Drouot und Flahaut Platz genommen haben. Er hat Lefebvre damit beauftragt, den Widerstand in den Vorstädten zu organisieren, indem er die Arbeiter bewaffnet. Aber dazu bräuchte man Zeit.

Die Pferde werden gewechselt. Ein Kurier informiert, daß Joseph die Marschälle ermächtigt hat, die Bedingungen ihrer Kapitulation auszuhandeln, und daß er Paris mit der Kaiserin, dem König von Rom und den Ministern verlassen hat. Aber an den Stadttoren wird noch gekämpft. Und der Feind kommt nicht voran, wird sogar zurückgedrängt. Arbeiter und Studenten der École Polytechnique haben sich schon unter die Nationalgardisten und die Infanteristen gemischt. Einzig am Vendôme-Platz und in den vornehmen Vierteln sitzt die Menge auf den Caféterrassen und schreit: »Es lebe der König!«

Schneller, noch schneller! Er müßte schneller sein als die Zeit. Am Mittwoch, dem 30. März, rollt er um elf Uhr abends in den Hof des Postgebäudes von Fontaines-de-Juvisy ein. An der Fassade liest er das Schild *Zum Französischen Hof*. Das gibt ihm einen Stich ins Herz.

Eine Kavallerie-Einheit kommt auf der Straße vorbei. Napoleon geht hinaus und schreit General Belliard an, der an der Spitze reitet: »Wieso sind Sie hier? Wo ist der Feind? Wo ist die Armee? Wer bewacht Paris? Wo sind die Kaiserin und der König von Rom? Joseph? Clarke? Und Montmartre, und meine Soldaten, und meine Kanonen?«

Er läßt Belliard reden. Ist es wahr, daß Joseph trotz des Mutes der Verteidiger die Kapitulation erlaubt hat, wo doch wenige Stunden Widerstand genügt hätten? Er geht auf die Straße, nimmt Belliard, Caulaincourt und Berthier mit.

»Was für eine Feigheit, zu kapitulieren! Joseph hat alles verdorben! Vier Stunden zu spät! Wäre ich vier Stunden früher eingetroffen, wäre alles gerettet gewesen.« Er ballt die Fäuste. Seine Stimme ist heiser. »Alle haben den Kopf verloren!« schreit er. »Das kommt dabei heraus, wenn man Männer einsetzt, die keinen Verstand und keine Energie haben!«

Er geht tief in die Nacht hinein und sagt immer wieder: »Vier Stunden haben alles verdorben.« Er dreht sich zu Caulaincourt um, der hinter ihm geht. »In wenigen Stunden können der Mut und die Opferbereitschaft meiner guten Pariser alles retten. Meinen Wagen, Caulaincourt, wir müssen nach Paris. Ich stelle mich an die Spitze der Nationalgarden und der Truppen, wir stellen alles wieder her. General Belliard, geben Sie den Truppen den Befehl zur Umkehr. Los, meinen Wagen, Caulaincourt, nur keine Zeit verlieren.«

Belliard wendet ein, daß die Kapitulation unterschrieben sei und respektiert werden müsse. Er brüllt: »Was denn für ein Abkommen? Mit welchem Recht wurde es geschlossen? Paris hatte mehr als 200 Kanonen und Vorräte für einen Monat. Vier Stunden zu spät, wie fatal. Aber man wußte doch, daß ich dem Feind im Nacken sitze und daß dieser viel riskierte, da ich so nahe war. Es wäre so leicht gewesen, die Auseinandersetzung zu gewinnen. Dahinter steckt eine Intrige. Wie eilig man es hat. Durch Joseph habe ich Spanien verloren, und nun auch Paris. Das bedeutet den Untergang von Frankreich, Caulaincourt.«

Er geht mit raschen Schritten. »Joseph hat alles verdorben. Nicht einmal 24 Stunden zu halten mit 25000 Nationalgardisten und 50000 Männern in den Vorstädten!« Und dann sagt er noch wie zu sich selbst: »Sie kennen die Menschen nicht, Caulaincourt. Sie wissen nicht, was die Intrigen weniger Verräter in solch einer Stadt vermögen, und das in so schwierigen Umständen, bedroht von fremden Waffen und Bajonetten.«

Eine Weile bleibt er still. Er glaubt die Stimme von Talleyrand zu hören: »Ludwig XVIII. ist ein Prinzip, er ist der legitime König.« Und er sieht schon, wie sich alle Würdenträger, genau wie der bleiche Prinz von Benevent, dem Bourbonenkönig anschließen.

Er kehrt ins Posthaus zurück. »Paris«, ruft er aus, »die Hauptstadt der Zivilisation, von Barbaren besetzt! Diese große Stadt wird ihr Grab werden!« Er seufzt. »Aber es gibt viele Intriganten in Paris. Wer weiß schon, was dort morgen geschieht. Die Soldaten und die tapferen Offiziere werden mich nicht verraten.«

Er setzt sich an einen Tisch, stützt die Ellbogen auf und legt den Kopf in seine Hände. Dann beginnt er einen Brief: »Meine Liebe, ich habe mich hierherbegeben, um Paris zu verteidigen, aber es war schon zu spät. Die Stadt ist am Abend übergeben worden. Ich versammle meine Armee bei Fontainebleau. Mir geht es gut. Ich leide, weil du leidest. Napoleon.«

Er steht auf. Man müßte ... Er wendet sich an Caulaincourt. »Man muß fort, gehen Sie nach Paris. Retten Sie Frankreich und Ihren Kaiser, tun Sie Ihr Mögliches. Man wird Ihnen gewiß harte Bedingungen auferlegen, aber ich verlasse mich auf Ihre Ehre als Franzose.«

Er diktiert einen Geleitbrief für Caulaincourt. Als er ihn dem Außenminister überreicht, sagt er leise: »Sie werden zu spät kommen. Die Pariser Autoritäten werden die Einwohner nicht durch Kampfhandlungen gefährden wollen. Sie werden nicht auf mich hören, denn die Feinde haben andere Absichten, als sie sie bis jetzt verkündet haben. Sie wollen meinen Kopf.«

General Flauhaut, der von Paris zurückkommt, überreicht ihm einen Brief von Marmont. »Ich schulde Eurer Majestät die volle Wahrheit. Es gibt nicht nur keine Vorkehrung zur Verteidigung, es gibt auch einen förmlichen Beschluß, diese nicht zu versuchen. Es scheint, als sei die Stimmung seit der Abfahrt der Kaiserin völlig umgeschlagen, und die Abfahrt von König Joseph sowie aller Mitglieder der Regierung in Richtung Süden hat die Unzufriedenheit auf die Spitze getrieben.«

Napoleon senkt den Kopf. Wortlos verläßt er den *Französischen Hof* und steigt in seine Kutsche. Am 31. März 1814 kommt er um sechs Uhr morgens in Fontainebleau an. Er schließt sich in seinen Wohnräumen im ersten Stock ein. Er liest die Briefe, ruft seinen Sekretär und beginnt zu diktieren. Noch ist nichts verloren, da ein neuer Tag anbricht.

19

Niemals verzichten. Durch das Fenster schaut er in den Park von Fontainebleau. Alles ist still und verlassen an diesem Donnerstag, dem 31. März 1814. Er bleibt lange nachdenklich stehen, dann schüttelt er seinen ganzen Körper. »Orleans muß zum Rückhalt der Armee werden«, sagt er und kehrt zum Kartentisch zurück. Dort soll man alle Depots konzentrieren, die der Artillerie, der Kavallerie, der Infanterie und der Nationalgarden. Beim Reden beugt er sich nach vorn. Er hat noch mehr als 70 000 Mann. Die Alliierten haben etwa 400 000. Aber in Paris haben sie 10 000 Mann verloren. Man kann sie zurückdrängen, die Vororte mobilisieren und ihre Nachschubwege abschneiden und alle Arbeiter aus der Champagne, aus Lothringen und aus dem ganzen Osten zu Hilfe rufen.

Er zieht mit dem Finger eine Linie über die Karte und diktiert. »Der Herzog von Ragusa, Marschall Marmont, bildet die Vorhut und sammelt all seine Truppen bei Essonne. Das Korps von Marschall Mortier, Herzog von Treviso, sammelt sich zwischen Essonne und Fontainebleau. Der Innenminister wird überall die Maßnahmen für eine Massenaushebung in Kraft setzen, um die Bataillone aufzufüllen.«

Er hält ein und geht wieder zum Fenster. Plötzlich empfindet er diese Stille ringsum als bedrückend. Hat er alles verloren? Wo sind seine Frau und sein Sohn? Er schreibt: »Meine gute Louise. Ich habe keinen Brief von Dir erhalten. Ich fürchte, der Fall von Paris ist Dir zu nahe gegangen. Ich bitte Dich, zuversichtlich zu sein und Deine Gesundheit zu schonen, an der mir so viel liegt. Mir geht es gut. Gib dem kleinen König einen Kuß, und liebe mich stets. Dein Nap.«

Ein Kurier aus Paris trifft ein. Napoleon nimmt eine Depesche von Caulaincourt entgegen, der als Außenminister weiter zu verhandeln sucht. Bevor er sie liest, spannt Napoleon alle Muskeln an, als höre er eine Kanonenkugel heranpfeifen. »Eine am Nachmittag veröffentlichte Erklärung der Monarchen beweist, daß der Verrat schon weiter geht, als ich befürchtet habe«, schreibt Caulaincourt. »Ich habe kein einziges freundschaftliches Gesicht gesehen. Das zeigt den Stand der öffentlichen Meinung und den Charakter der Männer an, die hiergeblieben sind. Ich finde hier sehr wenig Franzosen, das muß ich Eurer Majestät leider sagen. Viele Intriganten wünschen meine Abreise. Ich werde aber durchhalten, bis man mich vor die Tür setzt. Ich hoffe, daß Eure Majestät weder die Ergebenheit des Ministers noch die Empörung des Bürgers in Zweifel zieht, den soviel Undank entrüstet.«

Er hat Caulaincourt zu streng beurteilt. In der Bewährung ist der Mann treu. Er hat sich vom Einfluß des bleichen Talleyrand gelöst. Ihm muß er vertrauen. Wie viele sind denn noch bei ihm und bereit zu kämpfen?

Er entdeckt ein zweites Blatt. Darauf steht der Text der *Erklärung der Monarchen*, unterzeichnet von Alexander. »Die verbündeten Monarchen erklären, daß sie nicht mehr mit Napoleon Bonaparte oder einem Mitglied seiner Familie verhandeln werden. Deshalb fordern sie den Senat auf, umgehend eine provisorische Regierung zu ernennen.« Er zerknüllt das Blatt. Die Senatoren werden seine Absetzung verkünden. Sie werden sich ausnahmslos den Siegern anschließen.

Er bemerkt einen Zettel, den Caulaincourt an seine Depesche angehängt hat. Der Minister teilt darauf mit, daß Fontanes schon einen Text redigiert, der im Namen des Senats die Soldaten von »ihrer Treue zu einem Mann entbindet, der nicht einmal Franzose ist«. *Ich!* Ihm wird übel. Fontanes, den er zum Großrektor der Universität ernannt hat! Der unterwürfige Fontanes, der ihn 1804 so gefeiert hat! Da sieht man, wie die Menschen sind.

Er befragt die Stafette. Der Offizier berichtet, daß die Truppen der Koalition und der Zar in den feinen Vierteln von Paris mit Freudenschreien empfangen wurden. »Man hätte meinen können, es wäre ein anderes Volk«, sagt der Kurier leise. Die Damen des Adels hätten sich bei den Kosaken hinten aufs Pferd gesetzt. Man hat Alexander die Stiefel geküßt.

Und diese Leute hat er von der Emigrantenliste streichen lassen und mit Wohltaten überhäuft. Was bleibt ihm nun anderes übrig, als den Krieg um jeden Preis fortzusetzen? Denn man will seine Absetzung und seinen Tod.

Er muß sich also zeigen, Paraden organisieren, Truppen versammeln und ihnen Zuversicht einflößen. Er begibt sich zu den Vorposten in Essonne. Er schreitet die Front der im Innenhof vor dem Schloß Fontainebleau versammelten Truppen ab. Wenn er diese Männer vorbeimarschieren sieht, die sich aufrichten, wenn sie in seine Nähe kommen, empfindet er ein Gefühl von Vertrauen. Diese werden ihn nicht verraten.

Er muß zu all diesen auf ihn gerichteten Gesichtern sprechen. »Offiziere, Unteroffiziere und Soldaten der Alten Garde«, hebt er an. Er reckt sich auf seinem Pferd empor. Er schaut auf die dunklen Karrees, die alles sind, was von der Großen Armee übriggeblieben ist. Mit dieser Handvoll Männer könnte er noch immer, wenn sie wollen, wenn er sie mitzureißen versteht, die Situation aufbrechen, in der man ihn einschließen will. »Der Feind hat uns drei Grenzregionen entrissen«, fährt er fort. Er ist in Paris eingezogen. Ich habe Zar Alexander einen Frieden anbieten lassen, der mit großen Opfern erkauft ist. Er hat dies nicht nur abgelehnt, er hat sogar, den perfiden Einflüsterungen der Emigranten folgend, denen ich das Leben geschenkt und die ich mit Gütern überhäuft habe, das Tragen der weißen Kokarde erlaubt und möchte sie bald an die Stelle unserer nationalen Kokarde setzen. In ein paar Tagen, werde ich ihn in Paris angreifen. Ich zähle auf Euch.«

Werden die Soldaten ihm antworten? Jetzt entscheidet sich alles. »Habe ich recht?« Endlich erheben sich die Schreie: »Es lebe der Kaiser! Nach Paris! Nach Paris!« Seine Brust schwillt an.

Er spricht noch lauter: »Wir werden ihnen beweisen, daß die französische Nation Herrin im eigenen Hause bleibt. Wenn wir es lange bei den andern waren, so werden wir es auch bei uns sein. Und schließlich, daß wir in der Lage sind, unsere Kokarde, unsere Unabhängigkeit und die Unversehrtheit unseres Territoriums zu wahren!« Während er sich entfernt, ertönen wieder die Schreie: »Es lebe der Kaiser!«

In seinem Kabinett bleibt er für einige Augenblicke allein. Und wenn der Angriff auf Paris erfolglos bliebe? Man muß an alle Möglichkeiten denken. »Liebe Freundin«, schreibt er an Marie-Louise. »Du kannst einen sehr nachdrücklichen Brief an Deinen Vater schicken, um ihm Dich und Deinen Sohn anzuempfehlen. Laß Deinen Vater wissen, daß der Augenblick gekommen ist, in dem er uns helfen muß. Adieu, liebe Freundin, gehabe Dich wohl. Ganz der Deine. Nap.«

Und nun die Depeschen aus Paris. Er liest sie. Der Senat und die Gesetzkörperschaft haben seine Absetzung beschlossen. Es wurde eine provisorische Regierung unter Vorsitz von Talleyrand gebildet, genau wie er es vorhergesehen hat. In den kommenden Tagen oder vielleicht auch Stunden werden sie »in aller Freiheit« Ludwig XVIII. dazu aufrufen, König der Franzosen zu sein. Und sie berufen sich dabei auf den Wunsch der Nation! Er kennt sie, er hat die Schwätzer am 18. Brumaire erlebt. Sie folgen einzig ihren Interessen, und sie beugen sich nur den stärkeren Waffen. Er kann noch siegen.

Er läßt die Marschälle Ney, Berthier, Lefebvre, Oudinot und Macdonald in sein Kabinett kommen sowie die Generäle, dazu Caulaincourt und Maret. Er geht rasch vor ihnen auf und ab und schaut sie an. Sie wirken starr, betrübt, sogar finster. Haben sie denn nicht die Schreie der Soldaten gehört? Er befragt sie. Sie wüßten nicht, wie das ausgehen soll, sagen sie leise.

»Aber der Ausgang hängt von uns ab!« antwortet er. »Schauen Sie sich diese braven Soldaten an, die keinen Rang und keine Güter zu retten haben. Sie denken nur daran, zu marschieren und zu sterben, um Frankreich aus den Händen der fremden Mächte zu entreißen. Ihnen muß man folgen. Die Heere der Koalition werden durch den Verlauf der Seine voneinander getrennt, deren wichtigste Brücken wir kontrollieren, und außerdem sind sie in der ganzen riesigen Stadt verstreut. Wenn man sie in dieser Lage machtvoll angreift, sind sie verloren. Das Volk von Paris brennt darauf, es wird sie nicht abziehen lassen, ohne ihnen nachzusetzen, und die Bauern machen ihnen dann den Garaus. Ich habe 70 000 Männer, und mit dieser Masse dränge ich alles in den Rhein, was aus Paris noch herauskommt und sich wieder dort hinein ergießen will. Was ist dazu nötig? Eine letzte Anstrengung, die Ihnen erlauben wird, sich von 25 Jahren Arbeit zu erholen.«

Er wartet ab. Die Marschälle schweigen, aber dann beginnt Ney zu sprechen, und danach Lefebvre und Macdonald. »Sie haben uns dazu aufgerufen, auf die Hauptstadt zu marschieren«, sagt letzterer. »Im Namen der Truppen erkläre ich Ihnen, daß sie nicht bereit sind, Paris dasselbe Schicksal wie Moskau zuteil werden zu lassen.«

Und nun reden alle. Er schaut sie verächtlich an. Immer wieder sagen sie »Moskau«. Sie führen die Situation in Paris an und die Entmutigung der Truppen. »Wir müssen endlich zur Ruhe kommen«, sagt Lefebvre. »Wir haben Titel, Häuser, Landgüter, wir wollen uns nicht für Sie umbringen lassen.«

So sind die Menschen! Genau wie Bernadotte und Murat sind auch diese hier bereit, ihn zu verraten, und verweigern den Gehorsam. Man kann keinen Krieg gegen seine Offiziere führen.

»Nun gut, meine Herren, wenn das so ist, werde ich abdanken. Ich habe Frankreichs Glück gewollt und bin damit gescheitert. Die Ereignisse haben sich gegen mich gewendet. Ich will unser Unglück nicht vergrößern. Aber was machen Sie, wenn ich abdanke? Wollen Sie den König von Rom als meinen Nachfolger und die Kaiserin als Regentin?« Sie akzeptieren. Ney, Marmont und Caulaincourt werden mit der Koalition verhandeln. »Sie können sich nun zurückziehen, meine Herren«, sagt Napoleon, »ich werde die Instruktionen für die Unterhändler aufsetzen.«

Aber dann läßt er sich plötzlich aufs Kanapee fallen, schlägt sich mit einer Hand auf den Schenkel und sagt: »Ach was, meine Herren, lassen wir das. Wir werden morgen marschieren und sie schlagen.« Aber die Marschälle schütteln die Köpfe. Er verabschiedet sie mit einer Handbewegung. So sind die Menschen.

Er ruft Caulaincourt wieder zu sich. »Die Marschälle haben den Kopf verloren«, sagt er. »Sie begeben sich in die Höhle des Löwen. Sie sehen nicht, daß es ohne mich keine Armee mehr gibt und somit auch keine Garantie für sie. Da ich als Soldat geboren wurde, kann ich auch gut ohne Kaiserreich leben, aber Frankreich kann nicht ohne mich auskommen, denn dann ist es dem Joch von Alexander und den Intrigen von Talleyrand unterworfen.«

Er faßt Caulaincourt beim Arm. »Ich bin völlig entschlossen. Während Sie verhandeln, werden wir kämpfen. Die Pariser werden mir helfen. Was in Paris geschieht, beruht allein auf den Intrigen von 50 Verrätern. Mit nur ein wenig Energie ist alles gerettet, und die Schlacht wird die ganze Frage entscheiden.« Das ist sein Plan. Zwei Karten ausspielen.

»Ich hänge nicht am Thron«, sagt er noch. »Aber man muß

Alexander demaskieren.« Er zögert eine Weile und sagt dann etwas leiser: »Ich empfehle Ihnen nicht eigens die Interessen meines Sohnes, ich weiß, daß ich auf Sie zählen kann. Und von mir wissen Sie ja, daß ich nichts benötige.« Plötzlich fühlt er sich müde, ja erschöpft. Er geht in seine Schlafkammer und legt sich hin. Hat er überhaupt noch Trümpfe?

Er kann nicht schlafen. Er geht zum Fenster und öffnet es. Dieser Morgen des 5. April 1814 ist besonders mild. Die Luft, die aus dem Wald herüberweht, ist voller Frühlingsdüfte. Er hört Pferdehufe, Stimmen, Schritte. Er wird neue Nackenschläge erhalten, er spürt es genau. Er wartet.

General Gourgaud tritt ein und spricht mit aufgeregter Stimme, und bald füllt sich der Raum mit Offizieren. Marschall Marmont, Herzog von Ragusa, hat seine Truppen verlassen, die die Vorhut der Armee in Essonne bilden, und hat sich nach Paris begeben. Er hat seine 10000 Mann so manövrieren lassen, daß sie sich mitten zwischen den österreichischen Linien wiederfanden. Ausgeliefert! Marmont hat verraten.

»Der Undankbare! Er wird unglücklicher sein als ich«, sagt Napoleon. Er schweigt einen Augenblick. Marmont, den er bei der Belagerung von Toulon kennenlernte, den er zu seinem Adjutanten gemacht hat, der in Italien und Ägypten war und bei allen Feldzügen, Marmont, der mit 28 Jahren zum General ernannt wurde.

Er gibt einige Befehle, damit man die Front bei Essonne mit neuen Truppen abdeckt. Es sei möglich, daß der Feind angreife, sagt er.

Mit ruhiger Stimme, aber mit vielen Unterbrechungen diktiert er einen Tagesbefehl an die Armee. Er spürt, daß die Partie sich ihrem Ende nähert. Ein polnischer Offizier, völlig von Staub bedeckt, überreicht ihm einen Brief. Er stammt von General Krasinski, der die Ulanen befehligt. »Sire, die Marschälle verraten Sie. Die Polen werden Sie niemals verraten. Alles kann sich ändern, aber nicht ihre Ergebenheit. Unser Leben ist für Ihre Sicherheit notwendig. Ich verlasse meine Kaserne ohne Befehl, um mich in Ihre Nähe zu begeben und für Sie unbezwingbare Bataillone zu bilden.«

Er liest den Brief noch einmal. Er ist ruhig und gelöst. Er fühlt sich schon weit jenseits dieser Partie. Er sieht sich und die anderen Mitspieler, als müsse er ihre Geschichte aufschreiben, als würde er der Szenerie, den Manövern beider Seiten, wie ein Beobachter von einem Hügel her durch ein Fernglas zuschauen. Und einer der Spieler ist er.

Er empfängt Caulaincourt, der ihm mitteilt, daß seine bedingte Abdankung zugunsten des Königs von Rom von Alexander abgelehnt wurde, sobald der Zar vom Verrat Marmonts erfahren hat. Die Verhandlungen beruhten einzig darauf, daß die gesamte Armee geschlossen hinter Napoleon steht. Da nun Marmont seine Männer ausgeliefert hat, können die Alliierten seine vollständige Abdankung verlangen. Und die Senatoren haben Ludwig XVIII. wieder auf den Thron gesetzt.

Er hört zu. Er ist so fern von allem. »Mit ganz wenigen Ausnahmen, Caulaincourt, sind die Umstände stärker als die Menschen«, sagt er leise. »Alles liegt außerhalb der menschlichen Berechnungen.« Er geht wieder langsam umher. »Marmont hat vergessen, unter welcher Fahne er all seine Beförderungen erhalten hat, unter welchem Dach er seine Jugend verbracht hat. Er hat vergessen, daß er all seine Ehrungen allein der nationalen Kokarde verdankt, die er nun mit Füßen tritt, um sich mit dem Zeichen der Verräter zu schmücken. Ich war froh, ihn zwischen meine Feinde und mich zu plazieren, denn ich glaubte an seine Anhänglichkeit und Treue. Wie ich mich getäuscht habe! Das ist das Los der Herrscher. Sie ernten nur Undankbarkeit. Das Korps von Marmont wußte gewiß nicht, wohin man es führte.«

Caulaincourt stimmt zu und erzählt, daß die Soldaten von Marmont »Es lebe der Kaiser!« gerufen und ihre Generäle beschimpft haben und daß es der ganzen Autorität und der Lügen von Marmont bedurfte, um sie zur Aufgabe zu überreden, als sie schon vollständig von Österreichern umzingelt waren.

»Ach, Caulaincourt«, sagt Napoleon, »das Interesse, das Interesse, die Bewahrung der Posten, Geld, Ehrgeiz, das leitet die meisten Menschen.« Er geht ein paar Schritte. »Die Verräter finden sich in den oberen Schichten der Gesellschaft. Diejenigen, die ich am meisten erhöht habe, verlassen mich als erste. Die Offiziere und die Soldaten würden noch alle für mich mit dem Gewehr in der Hand sterben.«

Er setzt sich hin und preßt die Hände an den Kopf. »Heute sind alle müde und wollen nur noch den Frieden um jeden Preis.« Er hebt den Kopf und schaut geradeaus. »In weniger als einem Jahr werden sie sich schämen, daß sie nachgegeben haben, statt zu kämpfen, daß sie sich den Bourbonen und den Russen ausgeliefert haben. Dann werden alle wieder zu mir überlaufen.« Mit ruhiger Stimme fügt er hinzu: »Die Marschälle glauben, daß ich noch längst nicht abdanke.« Er zuckt mit den Schultern. »Aber man muß schon verrückt sein, um an einer Krone festzuhalten, die so viele mich sehr schnell niederlegen sehen wollen.«

Er schaut Caulaincourt an und bemerkt das Erstaunen des Ministers. Ja, er hat diesen Satz gesagt. Er ist bereit abzudanken. Er legt die Details für Caulaincourts letzte Verhandlung fest. Man überläßt ihm die Herrschaft über die Insel Elba? Einverstanden, denn man darf Korsika nicht von Frankreich abtrennen, da es ein französisches Departement ist. Elba? Also gut, Elba.

»Es ist eine Insel für eine Seele aus Fels«, sagt er und fügt leise hinzu: »Ich bin gewiß ein einzigartiger Charakter, aber man würde nichts Außergewöhnliches erreichen, wenn man nicht von besonderem Kaliber wäre.« Und etwas lauter sagt er, zu Caulaincourt gewandt: »Ich bin ein Felsbrocken, der ins All geschleudert wurde.«

Am Mittwoch, dem 6. April, empfängt er die Marschälle. Er sitzt vor einem Fenster. Er hat kurze Anfälle von Müdigkeit und die Versuchung, die Augen zu schließen, sich hinzulegen, nichts mehr zu hören. Aber dann geht das wieder vorbei.

»Sie wollen Erholung? Dann genießen Sie sie!« ruft er aus, als er Ney und die anderen Marschälle erblickt. »Aber leider wissen Sie nicht, wieviel Sorgen und Gefahren Sie auf Ihren Daunenbetten erwarten!« Er richtet sich auf. »Einige Jahre von diesem Frieden, den Sie so teuer bezahlen, werden mehr von Ihnen fällen, als es ein Krieg getan hätte, selbst der verzweifeltste Krieg.«

Dann dreht er ihnen den Rücken zu und nimmt an seinem Tisch

Platz. Er beginnt zu schreiben. »Da die verbündeten Mächte erklärt haben, daß Kaiser Napoleon das einzige Hindernis zur Wiederherstellung des Friedens in Europa sei, erklärt Kaiser Napoleon, in Treue zu seinem Eid, daß er für sich und seine Erben auf die Throne von Frankreich und Italien verzichtet und daß er im Interesse Frankreichs jedes Opfer zu bringen bereit ist, auch das seines Lebens.«

Es bleibt ihm nur noch, für sich und die Seinen zu verhandeln. »Ich kann mit hundert Louis im Jahr leben«, sagt er. »Obwohl ich über alle Schätze der Welt verfügte, habe ich nicht einen Écu für mich selbst angelegt. Alles war offengelegt und im Tresor deponiert.«

Aber da sind seine Frau, sein Sohn, seine Geschwister, seine Mutter, seine treu gebliebenen Soldaten. Die gilt es zu schützen, sie müssen ihre Besitztümer behalten dürfen. Der Kaiser von Österreich hat keine Geste für Marie-Louise machen wollen, wie es scheint, und das erzürnt ihn. Die Österreicher haben kein Gefühl!

Er will allein bleiben. Wird er seine Frau und seinen Sohn jemals wiedersehen? Er schreibt: »Meine gute Louise, mein Herz zieht sich zusammen, wenn ich an Deine Leiden denke. Ich denke sehr an Dich und Deinen Sohn, um mich mache ich mir keine Sorgen. Mir geht es gut. Gib meinem Sohn einen Kuß, und schreibe Deinem Vater jeden Tag, damit er weiß, wo Du bist. Es scheint, daß Dein Vater unser hartnäckigster Feind ist. Ich bin traurig, daß ich Dir nur noch die Teilung meines Unglücks anbieten kann. Ich hätte das Leben verlassen, wenn ich nicht gedacht hätte, daß dadurch Deine Leiden noch vergrößert würden. Adieu, meine gute Louise, ich beklage Dich. Schreibe an Deinen Vater, um von ihm die Toskana für Dich zu erbitten, denn für mich will ich nur noch die Insel Elba. Adieu, liebe Freundin, gib Deinem Sohn einen Kuß.«

Die Kraft zu unterschreiben hat er nicht mehr. Er hätte seine Frau und seinen Sohn gerne bei sich. Was bleibt ihm denn anderes? Und diese Insel Elba, die man ihm zugesteht, lohnt es sich, dafür noch zu leben?

Er berührt den kleinen Lederbeutel, der um seinen Hals hängt und der das Gift enthält, das sein Arzt Yvan während des Rußlandfeldzuges für ihn vorbereitet hat, damit er einer möglichen Gefangennahme durch die Kosaken entgehen könne. Es enthalte Opium, Belladonna und weißen Nieswurz, hatte ihm Doktor Yvan gesagt. Das genügt, um wie ein römischer Kaiser zu sterben. Ein selbstgewählter Tod, wie eine letzte Krönung, ein Willensakt, so wie er sich die Krone selbst aufs Haupt gesetzt hatte, als er Kaiser wurde.

Er denkt an Joséphine, an Hortense, an Eugène. In den Verfügungen seiner Abdankungsurkunde muß festgehalten werden, daß sie alles behalten, was er ihnen zugestanden hat. Man muß sich also um Geld kümmern. Er bestellt Caulaincourt zu sich. Man muß Offiziere nach Orleans schicken, wo sich die Kaiserin aufhält, um sich eines Teils des Schatzes aus den Tuilerien zu bemächtigen, den man dorthin ausgelagert hat.

Caulaincourt teilt ihm mit, daß in Paris das Abkommen über die Bedingungen seiner Abdankung geschlossen wurde. Der Kaiser wird Herrscher über die Insel Elba sein und eine Rente von zwei Millionen erhalten, die ihm die französische Regierung anweist. Die Kaiserin wird über das Herzogtum Parma herrschen, mit dem Erbrecht für ihren Sohn. Er hört sich das an. Er ist weit weg. Er ist der Zeuge der Ereignisse, zu deren Akteuren er gleichwohl gehört.

Aber wird sie zu ihm kommen? Wird er sie wiedersehen? Oder wird das Schicksal ihn auch dessen berauben? Er geht in den Wohnräumen hin und her. Der Park ist leer nach einer letzten Parade. Aber dieses Truppendefilee vom 7. April ist schon so lange her, wie in einer anderen Zeit, und heute ist schon Dienstag, der 12. April.

Caulaincourt hat die Abdankungsurkunde gebracht. Er muß sie nur noch unterschreiben. Und schon gehen alle fort. Berthier, der jeden Tag bei ihm war, hat ihm erklärt, er wolle so schnell wie möglich nach Paris zurück. Er wird ihn nicht nach Elba begleiten. *Wer hätte gedacht, daß er mich als einer der ersten verläßt? Er will sein Vermögen behalten, aber daß er Fontainebleau vorzeitig verläßt, schockiert mich.*

Er seufzt. General Bertrand, Oberhofmarschall, hat beschlossen, mit ihm nach Elba zu gehen. Aber wie viele Undankbare und Verräter kommen auf einen Getreuen?

Er legt sich hin. Das Atmen fällt ihm schwer. »Glauben Sie denn, daß ich, nutzlos für Frankreich, seinen Ruhm überleben werde?« sagt er leise. Er spricht nur mit Mühe. Plötzlich stellt er sich diese Reise bis an die Mittelmeerküste vor, die Beschimpfungen, die er vielleicht erleiden muß, die von Bourbonen gedungenen Mörder. Und daß Marie-Louise und der König von Rom nicht kommen.

»Ach, Caulaincourt, ich habe schon zuviel erlebt. Armes Frankreich, ich will deine Schande nicht mit ansehen müssen.« Die Worte entgleiten ihm ungewollt. »Ach, mein armer Caulaincourt, was für ein Schicksal! Armes Frankreich! Wenn ich an seine jetzige Lage denke, an die Demütigungen, die ihm die fremden Mächte auferlegen werden, dann ist mir das Leben unerträglich.« Er schließt die Augen. »Die Kaiserin wird nicht das ganze Jahr auf Elba verbringen wollen«, sagt er leise. »Sie wird kommen und gehen.« Aber nein. Man wird sie zurückhalten. Und sie wird resignieren. Sie ist nur eine junge Frau ohne eigenen Willen. Er weiß es. »Das Leben ist mir unerträglich«, wiederholt er. »Ich habe alles getan, um in Arcis zu sterben. Die Kugeln haben mich nicht gewollt. Ich habe meine Aufgabe erfüllt.«

Er sieht, daß sich ein Kammerdiener nähert. Er springt auf. Maria Walewska erwarte ihn in einer der Galerien des Palastes, meldet der Diener. Sie sei allein und wolle den Kaiser sehen. Er schüttelt den Kopf. Er kann nicht. Er darf nicht, denn wenn man erfährt, daß er Maria Walewska empfangen hat, wird man das als Argument benutzen, um Marie-Louise und seinen Sohn daran zu hindern, zu ihm zu kommen. Aber diese Weigerung ist wie eine Kapitulation, eine Abdankung mehr.

Er steht auf, geht an seinen Tisch und schreibt: »Fontainebleau, den 13., um drei Uhr morgens. Meine gute Louise, ich billige, daß Du Dich nach Rambouillet begibst, wo Dich Dein Vater aufsuchen wird. Das ist der einzige Trost, den Du im gegenwärtigen Unglück erhalten kannst. Seit acht Tagen warte ich inständig auf diesen Moment. Dein Vater war nicht sehr wohlwollend zu uns, aber für Dich und Deinen Sohn wird er ein guter Vater sein. Caulaincourt ist gekommen. Ich habe Dir gestern eine Abschrift der Vereinbarungen geschickt, die er unterzeichnet hat und die die Zukunft Deines Sohnes sichern. Adieu, meine sanfte Louise. Du bist das, was ich auf der Welt am meisten liebe. Mein Unglück berührt mich nur, insofern es auch Dir weh tut. Dein Leben lang sollst Du den zartesten aller Gatten lieben. Gib meinem Sohn einen Kuß. Adieu, liebe Louise. Ganz der Deine. Napoleon.«

Meine Frau und mein Sohn werden also beim Kaiser von Österreich sein. In Sicherheit. Ich habe getan, was ich tun mußte. Das Leben ist mir unerträglich.

Er sieht sich selbst, den verratenen Kaiser, den Beutel mit dem Gift nehmen, der an seinem Hals hängt. Er schüttet es in ein Wasserglas. Er trinkt es langsam. Dann geht er sich hinlegen.

In seinem Bauch wütet Feuer. Er ruft. Er will mit Caulaincourt sprechen. Er muß die Hand dieses Mannes halten. Er braucht die Zuneigung eines Menschen. »Geben Sie mir Ihre Hand, umarmen Sie mich!«

Caulaincourt weint. »Ich will, daß Sie glücklich sind, mein lieber Caulaincourt. Sie verdienen es.« Er kann kaum noch sprechen. Sein Bauch ist zerschnitten, verdreht, zerrissen.

»Bald werde ich nicht mehr sein. Bringen Sie dann diesen Brief zur Kaiserin. Bewahren Sie die ihren in dem Portefeuille auf, in dem sie jetzt stecken, und geben Sie sie meinem Sohn, wenn er groß ist. Sagen Sie der Kaiserin, daß ich wirklich an ihr hing ...«

Er spürt Eiseskälte und Feuer zugleich. »Für sie und meinen Sohn tut es mir um den Thron leid. Ich hätte aus ihm einen Mann gemacht, der würdig gewesen wäre, Frankreich zu regieren«, flüstert er.

Diese Übelkeit. »Hören Sie, die Zeit drängt.« Er drückt die Hand von Caulaincourt. Er will nicht, daß man einen Arzt ruft. »Ich will nur Sie bei mir, Caulaincourt.« Jetzt brennt der ganze Körper. »Sagen Sie Joséphine, daß ich sehr an sie gedacht habe. Man muß Eugène ein schönes Geschenk machen. Sie, Caulaincourt, erhalten meinen schönsten Säbel und meine Pistolen, ein Säbel geht an Macdonald.«

Er bäumt sich auf, sein Körper ist schweißbedeckt. »Wie mühselig das Sterben ist, wie unglücklich es ist, wenn man eine Konstitution hat, die das Ende eines Lebens hinausschiebt, das ich schnell beenden will«, sagt er mit erstickender Stimme. »Wie schwer es ist, in seinem Bett zu sterben, wo doch im Krieg so wenig genügt, um ein Leben zu zerstören.«

Plötzlich übergibt er sich. *Ich muß das Gift in mir behalten!* Aber der Mund öffnet sich, und der bittere, saure Strom ergießt sich. Er sieht Doktor Yvan, den Caulaincourt herbeizuholen geschafft hat. »Doktor, geben Sie mir eine stärkere Dosis und etwas, das die Wirkung garantiert. Das ist eine Pflicht für Sie, das ist ein Dienst, den mir alle erweisen müssen, die mir zugetan sind.«

Er schaut Yvan an. Er hört, wie der Arzt sagt, daß er kein Mörder sei. *Feige! Alle sind feige! Sie wünschen für mich und für sich, daß ich sterbe, ich lese es an ihren Gesichtern ab, aber sie wagen nicht zu handeln und zu entscheiden, sie lassen mich den Tod erbrechen und weiterleben.*

Er übergibt sich wieder. Der Tod enteilt. Er klammert sich an Caulaincourt, bittet erneut um Gift. Aber man hebt ihn hoch und stützt ihn, damit er bis zum Fenster geht. Mit den Augen sucht er nach seinen Pistolen. Aber man hat die Pulverbirne schon entfernt. *Sie wollen mich am Leben lassen!*

Man setzt ihn ans Fenster. Der Tag bricht an. Er hat noch Schmerzen, aber der Sturm ist vorüber, das Feuer geht langsam aus. Oberhofmarschall Bertrand sagt noch einmal, daß er ihm nach Elba folgen wolle. Marschall Macdonald, Herzog von Tarent, trifft ein. Er soll die Abdankungsurkunde nach Paris bringen. Napoleon unterschreibt sie. Es ist Mittwoch, der 13. April 1814.

Danach sagt er mit erstickter Stimme zu Macdonald: »Ich lerne Ihre Treue zu spät schätzen. Nehmen Sie den Säbel von Mourad Bey, den ich in der Schlacht am Berg Thabor getragen habe.« Er drückt Macdonald an sich. Er braucht diese Wärme des Lebens und der Treue.

Er stützt seine Ellbogen auf die Knie und den Kopf zwischen seine Hände. »Ich werde leben«, sagt er. »Ich werde leben, weil der Tod mich weder im Bett noch auf dem Schlachtfeld will.« Er steht auf und trinkt mit Mühe ein Glas Wasser. »Es gehört Mut dazu, nach solchen Ereignissen das Leben weiterhin zu ertragen. Ich werde die Geschichte meiner Tapferen schreiben.«

Er erholt sich. Das Leben muß organisiert werden. Er wird inkognito bis zum Abfahrtshafen reisen. »Noch einmal das geliebte Frankreich sehen und in seinen Augen als Objekt des Mitleids erscheinen, das geht über meine Kräfte«, sagt er. Er wiederholt, man hätte ihn besser sterben lassen.

Man bringt ihm einen Brief von Marie-Louise. Als er ihn liest, während er langsam umhergeht, scheint das Leben langsam in ihn zurückzukehren. »Du bist so gut und so unglücklich und verdienst es nicht zu sein. Wenn Dir meine zärtliche Liebe helfen könnte, noch auf ein wenig Glück zu hoffen, dann bliebe Dir genug in der Welt. Deine traurige Lage zerreißt mir das Herz.« Er liest den Brief noch einmal und gibt ihn dann Caulaincourt.

Dann schreibt er: »Meine gute Louise, am liebsten würde ich bald mit Dir abfahren. Man sagt, das Klima auf der Insel Elba sei sehr gesund. Ich bin der Menschen so überdrüssig, daß ich mein Glück nicht länger von ihnen abhängig machen will. Du allein kannst dafür sorgen. Adieu, liebe Freundin. Ein Kuß für den kleinen König, alles Gute für Deinen Vater, bitte ihn, er möge uns gut sein. Ganz der Deine. Nap.«

Er geht in den Garten hinunter. Die Luft ist sehr mild. Er möchte die Reise in allen Einzelheiten festlegen. Keine Soldaten der Garde also, sondern inkognito. Er stützt sich auf den Arm von Caulaincourt. »Wenn Sie die Kaiserin sehen, bestehen Sie nicht darauf, daß sie mir folgt. Ich sähe sie lieber in Florenz als auf Elba, wenn sie dort schlechter Laune wäre.«

Er löst seinen Arm und verschränkt beim Gehen die Hände auf dem Rücken. »Ich habe keinen Thron mehr«, fährt er fort, »und auch keine Illusionen. Cäsar kann sehr wohl ein einfacher Bürger sein. Doch seiner jungen Frau könnte es schwerfallen, nur noch die Frau von Cäsar zu sein. Im Alter der Kaiserin braucht man noch Glanz. Wenn sie ihren Ruhm nicht in ihrer Ergebenheit mir gegenüber sucht, dann sollte man sie besser nicht drängen.«

Er malt es sich aus. »Wenn man sehen wird, daß ich mich in nichts mehr einmische und mich damit begnüge, meine Insel zu regieren und – wie Sancho – meine Erinnerungen aufzuschreiben, könnte man es so arrangieren, daß ich jedes Jahr einige Monate bei ihr in Italien verbringe.«

Caulaincourt scheint verwundert. »Wie Sancho«, wiederholt Napoleon. Und zum ersten Mal seit langem lächelt er. Alles ist möglich im Leben, auch das.

20

Er sitzt an seinem Arbeitstisch in der kleinen Wohnung, die er kaum noch verläßt. Oft geht er zum Fenster, öffnet es, schaut in den Schloßpark und in die Ferne zum Wald von Fontainebleau. Manchmal hört er, daß eine Kutsche über das Pflaster im Hof rollt. Er denkt an Berthier, seine Minister, an die Menschen, die in all diesen Jahren zu seiner Umgebung gehörten, Tag für Tag, und die nun verschwunden sind, noch bevor er abgereist ist, so eilig haben sie es, den Bourbonen zu dienen, jenem Grafen von Artois, den der Senat zum Generalverwalter des Königreichs erklärt hat. Wie können sie nur innerhalb weniger Tage, manchmal innerhalb von Stunden, die Kokarde wechseln?

Ein Offizier, Oberst Montholon, wünscht, empfangen zu werden. Er berichtet sehr bewegt von der Stimmungslage der Truppen und der Bevölkerung an der oberen Loire und von der Verachtung, die den Marschall Augereau trifft. Der Herzog von Castiglione habe doch wirklich auf seine Truppen eingeredet und sie aufgefordert, die weiße Kokarde anzulegen: »Stecken wir diese echt französische Farbe an, die das Emblem einer festgefahrenen Revolution verschwinden läßt.« In Paris empfinde man die gleiche Verachtung für Marschall Marmont, den man Marschall Judas nenne. Montholon sagt noch, daß man sich zu den Truppen begeben und weiterkämpfen könne.

Napoleon schüttelt den Kopf. »Dazu ist es zu spät, das würde nur noch Bürgerkrieg bedeuten, und dazu wäre ich niemals bereit.« Er verweist auf seinen Tisch, auf dem sich Bücher, Karten und statistische Register stapeln, die er über die Insel Elba hat zusammenstellen lassen. Über diese »Insel der Ruhe« wolle er alles wissen.

Er geleitet Montholon hinaus und sagt dann zu Caulaincourt: »Die Vorsehung hat es gewollt. Ich werde leben! Wer weiß schon, was die Zukunft bringt? Im übrigen genügen mir meine Frau und mein Sohn.«

Aber wann kommen sie endlich? »Meine gute Louise«, schreibt er, »zu dieser Stunde hast Du gewiß schon Deinen Vater gesehen. Es heißt, daß Du Dich dazu ins Trianon begibst. Ich wünsche, daß Du morgen nach Fontainebleau kommst, damit wir zusammen abreisen und diese friedliche Zuflucht aufsuchen können, wo ich glücklich sein werde, wenn Du Dich dazu entschließt, es zu sein, und den Glanz der großen Welt vergessen kannst. Gib meinem Sohn einen Kuß, und glaube an meine ganze Liebe. Nap.«

Da nun die Entscheidung gefallen ist, würde er am liebsten sofort abreisen. Aber was machen die Alliierten? Warum zögern sie, die unterschriebenen Abkommen zurückzusenden und die Kommissare zu ernennen, die ihn bis nach Elba begleiten sollen. »Ich störe nur«, sagt er, »und meine Anwesenheit inmitten so vieler höherer Offiziere und Soldaten mag gewisse Befürchtungen nähren. Also warum nicht die Sache schnell beenden?«

Er schaut Caulaincourt an. Weiß er etwas? Caulaincourt gibt endlich zu, daß auch er sich wundert. Die für die verschiedenen Umspannstellen vorgesehenen Pferde wurden wieder abgezogen. In Paris ist die Rede von Mordabsichten. Ein gewisser Maubreuil behauptet, der engste Mitarbeiter von Talleyrand habe mit ihm gesprochen, damit er »uns vom Kaiser befreie«. Er solle entschlossene Männer rekrutieren. Vielleicht werden sie irgendwo unterwegs zuschlagen. Hier in Fontainebleau hat er immer noch seine Alte Garde.

Man hat ihn schon so oft ermorden wollen. Diese Leute sind zu allem entschlossen. »Talleyrand verrät mich schon seit langem«, sagt er. »Er hat Frankreich den Bourbonen geopfert. Er hat es den Intrigen einer Clique ausgeliefert.« Er macht eine verächtliche

Geste. »Ich habe die Arena der Revolution geschlossen und sogar ihren Mördern vergeben. Was habe ich denn für mich getan? Wo sind meine Schätze, meine Edelsteine? Die anderen waren mit Gold überhäuft, mir genügte die Uniform meiner Jäger oder meiner Grenadiere.«

Er macht ein paar Schritte und stützt sich gegen den Fensterrahmen. »Man wird sich über meine Resignation noch wundern und über die Ruhe, in der ich nun zu leben gedenke. Der Ehrgeiz, den selbst Sie bei mir vermuten, wird kein anderes Ziel mehr haben als den Ruhm dieses lieben Frankreich.«

Er bleibt allein. Er weiß, daß er manchmal sehr ungerecht gegen seine Nächsten war, daß er gegen sie entschieden hat, um seine politischen Ziele zu erreichen. Und selbst wenn er versucht hat, sie zu schonen und zu schützen, hat er sie doch leiden lassen. Hier selbst, vor ein paar Tagen erst, ist Maria Walewska gekommen und hat mehrere Stunden auf ihn gewartet. Er hat sie nicht empfangen. Dabei wollte sie ihn bloß sehen und ihm Trost spenden.

Er schreibt ihr: »Marie, Ihre Gefühle berühren mich sehr. Sie sind Ihrer schönen Seele und der Güte Ihres Herzens würdig. Wenn Sie Ihre Dinge geregelt haben und sich dann zur Kur nach Lucca oder Pisa begeben, werde ich Sie und Ihren Sohn, dem ich immer noch sehr zugetan bin, mit großem Vergnügen sehen. Gehaben Sie sich wohl, und seien Sie nicht mehr bekümmert, denken Sie an mich mit Freude, und zweifeln Sie nie an mir.«

Einen langen Augenblick bleibt er schweigsam und antwortet Caulaincourt kaum, als der ihm mitteilen kommt, daß die Kommissare der Alliierten am 19. April ankommen und die Abfahrt von Fontainebleau auf den 20. festgesetzt werden kann. Werden seine Frau und sein Sohn da sein? Caulaincourt hofft es.

Napoleon bedeutet ihm, daß er allein bleiben möchte. Er muß eine andere Schuld begleichen. Er will an Joséphine schreiben. »Ich beglückwünsche mich selbst zu meiner Lage. Mein Kopf und mein Geist sind von einer großen Last befreit. Mein Sturz ist tief, aber wenigstens nützlich, wie es heißt. In meinem Zufluchtsort werde ich das Schwert durch die Feder ersetzen. Die Geschichte meiner

Herrschaft wird sonderbar sein, man hat mich nur im Profil gesehen, ich werde mich aber ganz und gar zeigen. Wie viele Dinge habe ich nicht bekanntzumachen! Wie viele Menschen zu erwähnen, von denen man eine falsche Meinung hegt. Tausende Elendsgestalten habe ich mit Wohltaten überhäuft. Und was haben sie zuletzt für mich getan? Sie haben mich verraten, ja, alle. Davon nehme ich Eugène aus, der Ihrer und meiner so würdig war. Möge er glücklich werden unter einem König, der in der Lage ist, Gefühle von Natur und Ehre zu respektieren. Adieu, meine liebe Joséphine, fügen Sie sich genau wie ich, und behalten Sie jenen in Erinnerung, der Sie nie vergessen hat und Sie nie vergessen wird. Napoleon.

P.S. Schreiben Sie mir nach Elba. Mir geht es nicht sehr gut.«

Joséphine gegenüber kann er das zugeben. Er hat Atembeschwerden, als ob seine Brust zusammengepreßt würde. Seit der Nacht, in der er beinahe gestorben wäre, hat er Magenschmerzen. Er ist unruhig. Trotz der Briefe, die er von Marie-Louise erhalten hat, ahnt er, daß sie nicht kommen wird, daß er seine Frau und seinen Sohn vielleicht niemals wiedersehen wird. In ihren Briefen hatte Marie-Louise angekündigt, daß sie zur Kur nicht in die Toskana, sondern nach Aachen fahren werde. Ihr Vater hat sie gezwungen, Zar Alexander und den König von Preußen zu empfangen.

Auf dem Flur hört er Geräusche und stürzt aus dem Zimmer. Ein Kurier des Kaisers von Österreich ist gekommen. Er überfliegt den Brief. Er hatte recht. Der Kaiser nimmt seine Tochter und den König von Rom mit nach Wien. »Wenn meine Tochter ihre Gesundheit wiederhergestellt hat, wird sie von ihrem Land Besitz ergreifen, was sie in die Nähe des Aufenthaltsortes Eurer Majestät bringt.«

Er wirft den Brief fort. Das Leben ist ihm unerträglich. Er wußte es seit langem. *Sie werden mir meinen Sohn wegnehmen! Schande über die Leute, die das gewagt haben. Man sah mich als unwürdig an, auf einer Ebene zu stehen mit jenen, die mir Frau und Sohn stehlen!*

Da er nicht sterben kann und der Tod sich ihm verweigert und da die Kommissare angekommen sind, bleibt ihm jetzt nur noch abzufahren, schnell und weit weg.

An diesem Mittwoch, dem 20. April 1814, ist er bei Tagesanbruch aufgestanden. Er hört die Schritte der Soldaten seiner Alten Garde, die im Innenhof unterhalb der hufeisenförmigen Treppe das Spalier bilden. Er schreibt noch einen Brief an Marie-Louise. »Ich reise ab und werde heute abend in Briare übernachten. Morgen früh fahre ich weiter und werde vor St. Tropez nicht mehr haltmachen. Ich hoffe, Dein Befinden ist erträglich, und Du kannst bald zu mir kommen. Adieu, meine gute Louise. Du kannst immer auf den Mut, die Beständigkeit und die Zuneigung Deines Gatten zählen. Nap. Einen Kuß für den kleinen König.«

Er verläßt die Wohnräume und geht zu den ausländischen Kommissaren: ein Russe, Graf Schuwalow, General Koller für Österreich, Oberst Campbell für England und der preußische Graf Walburg-Truchseß. Er spürt, daß sie bewegt sind, sogar beunruhigt. Diesen Männern ist er überlegen.

»Der Kaiser von Österreich achtet seine Verpflichtungen nicht«, sagt er. »Er ist ein Mann ohne Religion, der seine Tochter zur Scheidung drängt. Diese Monarchen, die sich zur Kaiserin begeben haben, lassen es an Einfühlung fehlen.« Dann setzt er hinzu: »Ich war kein Usurpator, denn ich habe die Krone erst nach dem einstimmigen Votum der Nation angenommen. Ludwig XVIII. hingegen hat sie usurpiert, da er nur durch einen abscheulichen Senat berufen wurde, von dem mehr als zehn Mitglieder für den Tod von Ludwig XVI. gestimmt haben!«

Er entfernt sich. Er hört die Kutschen über das Pflaster im Hof rollen. Der Augenblick ist gekommen.

Da stehen seine Grenadiere, regungslos mit ihren Waffen. Die Bajonette blitzen zwischen den hohen Fellmützen. Er dreht sich zu den Offizieren seines Gefolges um, schüttelt ihnen die Hand und geht dann mit festem Schritt die Treppe hinunter. Er steht mitten unter seinen Soldaten. So oft hat er zu ihnen gesprochen, als er sie in den Kampf, in den Tod schickte. Er verdankt ihnen alles.

»Soldaten meiner Alten Garde! Ich sage euch Lebewohl«, hebt er an. »Seit 20 Jahren habe ich euch stets auf dem Weg der Ehre und des Ruhms gefunden. In diesen letzten Zeiten wie in den Zeiten meines Glücks wart ihr stets ein Vorbild an Tapferkeit und Treue.

Mit Menschen wie euch wäre unsere Sache nicht verloren gewesen, aber der Krieg war endlos, und das hätte Bürgerkrieg bedeutet, und Frankreich wäre dadurch noch tiefer ins Unglück gestürzt worden.«

Er schaut sie an. Manche Männer halten die Augen geschlossen, andere schluchzen. Er spürt, wie auch ihn die Gefühle überwältigen. »Ich habe also unsere Interessen dem Interesse des Vaterlandes geopfert«, fährt er fort. »Ich gehe fort. Aber ihr, meine Freunde, müßt Frankreich weiterhin dienen. Seinem Glück galt all mein Trachten und wird ihm auch immer gelten. Beklagt mein Schicksal nicht. Wenn ich es hinnehme, mich selbst zu überleben, dann nur, um weiterhin eurem Ruhm zu dienen. Ich möchte die großen Dinge aufschreiben, die wir zusammen geleistet haben!«

Er muß für einige Augenblicke innehalten. Er hört das Schluchzen. »Adieu, meine Kinder! Ich möchte euch alle an mein Herz drücken. So will ich wenigstens eure Fahne küssen.«

General Petit tritt vor und trägt eine Fahnenstange, die von einem Adler gekrönt ist. Napoleon küßt die Fahne und umarmt den General. Er sieht, wie die Grenadiere ihre Mützen abnehmen. Er bemerkt auch, daß der österreichische General Koller seinen Hut auf seine Schwertspitze gesteckt hat und in die Höhe hält.

Napoleon kann kaum noch sprechen. Dann faßt er sich und sagt laut: »Noch einmal Adieu, meine alten Gefährten. Möge dieser letzte Kuß eure Herzen erreichen!«

Er umarmt die Offiziere, die ihn umstehen. Dann steigt er in das Gefährt, einen Liegewagen, der sich sofort in Bewegung setzt.

21

Er spricht nicht. Zu viele Erinnerungen und zu viele Fragen ersticken ihn. Diese Straße nach Süden hat er in den wichtigsten Momenten seines Lebens so oft genommen. Als junger Offizier kam er von oder reiste er nach Korsika, er fuhr nach Nizza oder zur Italienarmee oder auch nach Toulon vor der Überfahrt nach

Ägypten. Und er war diese Strecke auch in Richtung Norden gefahren, mit Marmont an seiner Seite, in derselben Kutsche, als er nach dem Ägypten-Feldzug den englischen Kreuzern entgangen war, auf dem Weg zur Macht. Sein ganzes Leben zieht an ihm vorbei. Und Marmont ist jetzt zum Marschall Judas geworden.

Er beugt sich hinaus. Diese frische Luft hilft ihm, die Erinnerungen zu vertreiben. Er sieht den langen Zug aus 14 Wagen, und dann die Menge draußen, die zu zögern scheint, ihm plötzlich aber doch zujubelt. Sie drängt sich in den Straßen von Fontainebleau, Nemours und Montargis.

Als er in Briare vor dem Postgebäude aussteigt, ertönen die Rufe: »Es lebe der Kaiser!« Man beschimpft die ausländischen Kommissare, deren Uniformen man erkennt. »Hinaus mit den Russen!« – »Nieder mit den Österreichern!« Er senkt den Kopf. Diese Woge trägt sein Schicksal nicht mehr. Er wird allein speisen.

In Nevers umringen ihn Offiziere, die Augen voller Tränen. In Roanne und in Tarare ist die Menge dicht und freundlich. Die Wagen kommen nur im Schrittempo durch die engen Straßen. Er beugt sich hinaus. Alle Gesichter sind auf ihn gerichtet wie zu den Zeiten seines Ruhms. Wo ist seine Niederlage? Ohne etwas zu sagen, hört er diese Leute, die ihm zurufen. Aus der Menge kommen Stimmen: »Erhalten Sie sich für uns! In weniger als einem Jahr sind Sie wieder in Frankreich! Wir wollen es! Es lebe der Kaiser!«

Er lehnt sich wieder in den Wagen zurück. Bertrand murmelt einige Worte, auf die er aber nicht antwortet. Er hat abgedankt. Er ist nur noch der Herrscher über die Insel Elba.

In Salvigny, zwei Stunden vor Lyon, läßt er die Wagen anhalten. Er will die Stadt erst bei Nacht durchqueren. Er will diese Demonstrationen nicht mehr. Er geht allein ein paar Schritte auf der Straße, mitten auf dem Land. Die stehenden Wagen nehmen die ganze Hauptstraße des Städtchens ein. Am liebsten wäre er schon auf Elba. Vergessen! Weil er es beschlossen hat und weil es nötig ist. Aber als die Wagen nach Lyon hineinrollen, ist die Menge auch dort und schreit immer noch: »Es lebe der Kaiser!« Er beugt sich hinaus. Man soll, ohne anzuhalten, durchfahren.

Am Morgen des 14. April, eines Sonntags, rollt er durch Vienne. Er erkennt den Duft des Südens, diese Süße in der Frühlingsluft, und diese zartgrünen Farben. Es ist, als kehre er in seine Kindheit und Jugend zurück.

In Péage-de-Roussillon macht er halt. Während man in der Herberge eine Mahlzeit vorbereitet, geht er in der vertrauten Landschaft spazieren. Die Zeit, die er hier am Ufer der Rhone erlebt hat, scheint so nah, als habe er nichts erlebt und nichts erlitten weit hinten in Deutschland oder in den Ebenen von Polen und Rußland. Als habe er nicht in Schlössern und Palästen übernachtet.

Er fährt durch Saint-Vallier und Tain, und plötzlich erscheint auf der Straße eine Kutsche, die von sechs Pferden gezogen und von zwei Kurieren geleitet wird. Der Zug bleibt stehen und die Kutsche auch. Ein Mann steigt aus und kommt mit gesenktem Haupt und schwerem Schritt herbei. Es ist Augereau, Marschall und Herzog von Castiglione!

Ein Mann, der ihn verraten hat, der die weißen Kokarde hat anlegen lassen und der eine Proklamation an seine Soldaten erlassen hat, in der er »das tyrannische Joch von Napoleon Bonaparte« kritisiert, seinen Despotismus. Der ihn auch beschuldigt hat, daß er »seinem grausamen Ehrgeiz Millionen Menschen geopfert«, aber nicht vermocht habe, »wie ein Soldat zu sterben«. Und nun stellt ihn das Schicksal auf seine Route.

Augereau wagt kaum, den Kopf zu heben und ihm in die Augen zu schauen. Er weint.

»Wo willst du denn hin? Etwa zum Hof? Deine Proklamation ist ziemlich dumm, warum beschimpfst du mich so?«

Seit ihrer Jugend ist reichlich Zeit verflossen. Augereau ist nur noch ein Soldat, der unter seinem Kommando alt geworden ist. Und der ihn verriet. Es genügt, ihm den Rücken zuzukehren.

Am Rande der Straße salutiert eine Infanteriekompanie. Ein Hauptmann tritt vor und sagt: »Haben Sie diesen Elenden getroffen? Er tat gut daran, nicht Ihre Ankunft in Valence abzuwarten, denn die Truppen waren bereit, ihn vor Ihren Augen zu erschießen.«

»Ihr General«, versucht Napoleon zu sagen.

»Sie und Frankreich haben keinen großen Feind. Wir sind gegen bares Geld verkauft worden!« ruft der Hauptmann aus.

Er will sich lieber nicht vorstellen, was noch möglich wäre mit diesen Männern, die ihm treu ergeben sind. Er bleibt am Kutschenfenster. Hier spricht alles zu seiner Erinnerung. Er ist hier alle Straßen abgefahren, kennt alle Städte. In Valence salutieren Regimenter vor ihm. Als ob er nicht abgedankt hätte. Manche Männer schluchzen, andere schreien: »Es lebe der Kaiser!«

Beim Halt in Loriol ruft er mit lauter Stimme: »Meine Freunde, ich bin nicht mehr euer Kaiser. Jetzt müßt ihr rufen: ›Es lebe Ludwig XVIII.!‹« Man umringt ihn, man ergreift seine Hände, drückt sie, küßt sie. »Sie werden immer unser Kaiser sein.« Er macht sich los. »Wenn man 20000 Männer wie mich hätte«, ruft ein Kürassier, »dann würden wir Sie entführen und wieder an unsere Spitze stellen.«

Napoleon wendet sich ab und steigt wieder in die Kutsche. »Nicht Ihre Soldaten haben Sie verraten«, ruft ein Infanterist, »es waren die Generäle!«

Unwillkürlich zittert er vor Erregung. »Diese Männer tun mir weh«, sagt er zu Bertrand.

Als er in Montélimar aus der Kutsche steigt, spürt er sofort, daß eine andere Atmosphäre herrscht. Die Menge ist eher neugierig als wohlwollend. Der Unterpräfekt kommt herbei, ein kleines, verschüchtertes Männchen. Das ganze Rhonetal sei feindlich gestimmt, berichtet er. In Marseille wurden die Engländer als Sieger gefeiert. In Avignon, Orange, Orgon, Lambesc und anderswo haben aus Paris gekommene Royalisten ihre Anhänger versammelt. Sie wollen den Kaiser umbringen. Die Monumente zu seinen Ehren wurden zerstört. Man hat Napoleonpuppen gehenkt. Man schreit: »Es lebe der König! Nieder mit dem Tyrannen!«

Napoleon hört zu. Seit der Abfahrt von Fontainebleau hat er das erwartet. Sie werden ihn töten, wenn sie können. Zu viele Menschen, zu viele Soldaten lieben ihn noch, wie er gesehen hat. Aber er schüttelt den Kopf, als ihm der Unterpräfekt vorschlägt, eine andere Route zu wählen und über Grenoble und Sisteron zu fahren.

Man wird Avignon erst in der Morgenfrühe durchfahren. Anspannen und losfahren!

Aber in Orange wird gebrüllt: »Es lebe der König!« Bei einem Halt in der Nähe von Avignon hat sich eine Menge versammelt und schreit: »Nieder mit dem Tyrannen, mit dem Schurken!« In der Stadt wartet ein Trupp von mehreren hundert Männern auf die Durchfahrt des Zuges, um ihn anzugreifen. Man wird also außen an der Stadtmauer von Avignon entlangfahren.

In Orgon hat man einen Galgen errichtet. Daran hängt eine blutbeschmierte Puppe in französischer Uniform. »So ergeht es Tyrannen!« schreit die Menge.

Napoleon rührt sich nicht. Das wollte er nicht erleben, diese Schande, diesen Haß, diese Ohnmacht, diese Reden des russischen Kommissars Schuwalow, der die Menge rings um die Kutsche zu beruhigen sucht. Steine werden geworfen, und die Kutsche wird geschüttelt. »Tod dem Tyrannen!« wird geschrien. *Ich werde von französischen Bürgern bedroht und von einem ausländischen Offizier geschützt!*

Die Kutsche fährt weiter, hält aber bald wieder. Ein Reiter kommt herbei. Die ganze Gegend sei voller Agenten aus Paris, die dem Kaiser auflauern, sagt er. Man behauptet, der Fürst von Benevent habe sie geschickt. Man warte auf einen gewissen Maubreuil, der Mörder rekrutieren und zwischen Aix und Fréjus einen Hinterhalt organisieren solle. *Der bleiche Talleyrand will meinen Tod!*

Napoleon steigt aus der Kutsche, streift einen blauen Gehrock über, setzt einen runden Hut auf und steckt eine weiße Kokarde an. Dann springt er auf ein Pferd. Er will allein weiterreiten. Als er durch Lambesc kommt, ruft ihm eine Gruppe zu: »Wo ist der Kaiser?« Er zeigt irgendwohin und gibt dann seinem Pferd die Sporen. Er will nicht sterben wie ein gehetztes Tier.

Er galoppiert bis Saint-Cannat. Einst reiste er auf diesen Straßen nach Norden, getragen vom Ruhm. Man schrie: »Es lebe General Bonaparte!« Und nun weigert er sich, das vorbereitete Essen einzunehmen, weil er fürchtet, vergiftet zu werden, und man ihm sagt, daß Talleyrands Agent Maubreuil in einem Hinterhalt auf der Straße nach Fréjus lauere.

Er muß leben. Er will nicht von tollwütigen Mordbuben gemeuchelt werden. Er schaut General Koller an. Er wird die österreichische Uniform anziehen und in den Wagen des Kommissars steigen. So kann man die Mörder täuschen.

In Saint-Maximin bestellt er den Unterpräfekten ein. »Sie müßten schamrot werden, mich in österreichischer Uniform zu sehen«, sagt er. »Ich bin voller Vertrauen hierhergekommen, obwohl ich 6000 Männer meiner Garde hätte mitnehmen sollen. Und ich finde hier nur Tollwütige, die mir nach dem Leben trachten.«

Er will sogleich weiterfahren und das Departement Var erreichen, von dem man ihm sagt, daß die Royalisten dort nur geringes Echo fänden. Er steigt in die Kutsche und schaut auf den klaren Himmel, unter dem er so oft von Toulon nach Nizza geritten ist und in Fréjus landete auf dem Rückweg von Ägypten. All diese Erinnerungen verursachen nur Übelkeit.

Er trifft Pauline, die im Schloß von Bouillédou nahe bei Lucca wohnt. Sie weint. Sie will ihn nicht als Österreicher verkleidet sehen. Er wirft diese Kleider fort und zieht wieder seine Uniform der Gardejäger an, umarmt dann endlich die schönste seiner Schwestern. Sie reden endlos. Sie kehren zu ihren Ursprüngen zurück, auf eine Insel, Elba, so nahe bei Korsika. Als sie ihn nach Marie-Louise und dem König von Rom befragt, will er aber nicht antworten. Er kann nicht sagen, daß er Angst hat, sie nie wiederzusehen.

Sie sprechen von ihren Brüdern Jérôme und Joseph, die sich in die Schweiz begeben wollen, wie Pauline sagt, wo Louis schon angekommen sei. Ihre Mutter sei mit Kardinal Fesch nach Rom aufgebrochen, wo sich gewiß auch Lucien aufhalte. Élisa ist vielleicht in Bologna. Und Caroline …

Er macht eine Geste. Er will nicht, daß man die Gattin von Murat erwähnt, die gewiß den König von Neapel zum Verrat angestiftet hat.

Pauline sagt unter Tränen, daß sie sich nach Elba begeben und dort bei ihm leben wolle. Pauline, die Treue, wo ihn doch fast alle verraten haben. Er umarmt sie. Am Ende seines Schicksalsweges trifft er die Schwester wieder, die er am meisten geliebt hat. Als ob nichts dem etwas anhaben könnte, als ob nichts in ihrer beider Leben vorgefallen wäre.

Am Mittwoch, dem 27. April 1814, betritt er um elf Uhr die Herberge *Zum Roten Hut* in Fréjus. Nichts hat sich verändert seit jenem Oktober 1799, als er, von Ägypten anlandend, diesen Raum betrat, ein magerer und entschlossener General, sonnenverbrannt und durch ein Wunder den englischen Fregatten entgangen. Und heute soll er auf einer von ihnen, die er aus seinem Zimmerfenster in die Bucht einlaufen sieht, sich zur Insel Elba begeben.

Er gibt den Befehl, sein Gepäck an Bord der *Undaunted* zu bringen. Eigentlich hätte er auf einer französischen Fregatte reisen sollen, aber sie ist noch nicht eingetroffen, und schließlich fühlt er sich auf einem englischen Schiff sicherer als auf einem französischen, wo sich vielleicht von Talleyrand oder vom Grafen von Artois gedungene Mörder unter die Matrosen gemischt haben.

Er geht ein paar Schritte auf dem Hafenkai. Die Menge sammelt sich um ihn voller Respekt. In seinem Zimmer bleibt er lange am Fenster. Das Meer. So oft ist er an der Küste entlanggereist. Wird er noch den Duft der Insel Korsika erkennen, wenn die Fregatte an ihr vorbeifährt? Wie gern würde er das alles zusammen mit seiner Frau und seinem Sohn erleben. In ihrer Gesellschaft könnte er Ruhe finden, in diesen Landschaften, die zu ihm gehören. Er schreibt einen Brief an Marie-Louise.

Die Abreise verzögert sich. Napoleon bittet Oberst Campbell, den englischen Kommissar, eine Fregatte vorzusehen, mit der Pauline »in spätestens sechs Tagen« nach Elba gebracht werden könne. Dann schreibt er an General Dalesme, den Befehlshaber auf Elba. Die Insel wird nicht mehr zur Toskana gehören, sondern sein Territorium werden. Er selbst hat die neue Fahne ausgewählt: weiß mit einem diagonalen roten Streifen, in dem man drei Bienen sieht.

»Die Umstände haben mich dazu gebracht, auf den französischen Thron zu verzichten«, schreibt er. »Ich habe meine Rechte dem Wohl und dem Interesse des Vaterlandes geopfert und mir die

Herrschaft und den Besitz der Insel Elba sowie der Forts von Portoferraio und Portolongone vorbehalten, was von allen Mächten zugebilligt wurde. Teilen Sie den Einwohnern diese neuen Verhältnisse mit und auch, daß ich ihre Insel aus Achtung vor der Feinheit ihrer Sitten und der Güte ihres Klimas zum Aufenthaltsort gewählt habe. Ihnen wird meine lebhafteste Zuwendung gelten.«

Er hat innerhalb weniger Tage in Fontainebleau so viele Bücher über Elba gelesen, daß er den Eindruck hat, die ganze Geschichte der Insel zu kennen. Er geht im Zimmer auf und ab, bleibt oft am Fenster stehen und schaut aufs Meer. Er wird dort auf jener Insel leben, die griechisch und römisch war, die bei den Griechen *Aithalia* und bei den Römern *Ilva* hieß und von der aus er die Küste Korsikas sehen kann.

Was für ein sonderbares Schicksal er doch hat. Von einer Insel zur anderen. Aber diese hier wird seine *Insel der Ruhe* sein.

Er sieht die französische Fregatte in die Bucht einlaufen. Der Kapitän stellt sich kurz darauf in der Herberge vor und bittet um die Ehre, den Kaiser fahren zu dürfen. Napoleon schüttelt den Kopf. Er wolle nicht unter der weißen Flagge segeln. »Ich werde keinerlei Achtung für den König von Frankreich haben, solange sein Thron nur auf ausländische Bajonette gegründet ist und er nicht durch sein Verhalten und durch die öffentliche Meinung nationaler geworden ist.«

Man muß warten, bis Wind aufkommt, und dieses Warten fällt ihm schwer. Er stellt sich immer wieder die Frage, ob Marie-Louise und sein Sohn kommen werden. Und wann wird er wieder französischen Boden betreten?

Er geht an diesem Donnerstag, dem 28. April, in seinem Zimmer umher, und plötzlich wird er von Übelkeit geschüttelt, er muß sich übergeben, verliert den Boden unter den Füßen. Er könnte hier ganz allein sterben. Seine Haut ist von kaltem Schweiß bedeckt. Allmählich erholt er sich und geht zum Fenster. Er schreibt ein paar Worte an Marie-Louise.

Aber wie schwer es ist, sich von Frankreich loszureißen. Der

Wind ist so schwach, daß er, als er an Bord der *Undaunted* ist, in Saint-Raphaël wieder an Land geht. Man jubelt ihm zu. Am Freitag, dem 29. April 1814, setzt man endlich die Segel. Er bleibt meistens am Bug oder geht an Deck umher. Er stützt sich auf die Reling und sieht, wie die französische Küste verschwindet.

Zu Bertrand sagt er: »Die Bourbonen, diese armen Teufel, sind so froh, ihre Ländereien und Schlösser wiederzuhaben. Aber wenn das französische Volk unzufrieden mit alldem wird und findet, daß man nicht genug für seine Manufakturen tut, dann wird man sie in sechs Monaten wieder vertreiben.«

»In sechs Monaten?« murmelt Bertrand.

Napoleon antwortet nicht. Er bleibt die Nacht über an Deck, in der süßen Luft voller Düfte, die von der Inselvegetation herüberwehen.

Am Sonntag, dem 1. Mai, liegt Ajaccio in Schußweite. Wie eine versunkene Insel taucht die Vergangenheit wieder auf. Lange schaut er die Hafenkais und die Festung an. Hier hat sein Schicksal ihm die ersten Herausforderungen gestellt und die ersten Würfel geworfen.

Vor Calvi gibt es eine Verzögerung. Er fühlt sich wohler in seiner Haut, seit er diese Luft atmet und die Farben der korsischen Berge sieht. Am 3. Mai 1814 endlich wirft die Fregatte den Anker in der Bucht von Portoferraio. Er nimmt den Seemannshut ab, den er aufhatte, und setzt seinen Zweispitz auf. Er trägt die Uniform der berittenen Jäger der kaiserlichen Garde, geschmückt mit dem Stern der Ehrenlegion und dem Orden der Eisernen Krone des Königs von Italien. Er ist immer noch ein Soldat und ein Herrscher.

Sechster Teil

»Überall in Frankreich vermißt man mich und verlangt nach mir.«

4. Mai 1814 – 28. Februar 1815

22

Es ist 14 Uhr an diesem Mittwoch, dem 4. Mai 1814. Er nähert sich dem Fallreep, umgeben von Matrosen der *Undaunted*, die ihm mit erhobenen Säbeln salutieren. Noch einmal schaut er auf die von einem steilen Felsen beherrschte Bucht. Auf den Kais von Portoferraio sieht er die Menschenmenge und die Uniformen der kleinen Garnison des Hauptortes der Insel Elba. Der vom Land kommende Wind trägt Stimmfetzen und zuweilen auch helle Fanfarenklänge herüber.

Plötzlich steigen weiße Rauchwolken über den Forts von Stella und von Falcone auf, deren Lage er schon auf der Karte studiert hat. Man hört mehrere Explosionen. Zwischen den Forts erkennt er einige verfallene Mühlen, die sowohl die Stadt wie das Meer beherrschen. Er hat schon daran gedacht, sich auf dieser »Mühlenanhöhe« niederzulassen, von der aus er jede Bewegung zu Lande wie zu Wasser beobachten kann.

Er gibt den Befehl, die Flagge des neuen Staates am Bug des Bootes zu befestigen, welches ihn an Land bringen soll. Langsam klettert er das Fallreep hinunter und sagt leise: »Hier bin ich gut untergebracht, auf dieser Insel der Ruhe.«

Er steht aufrecht mitten im Boot. Er hat das Gefühl, sich in eine der korsischen Städte seiner Kindheit zu begeben, lauter Häuser mit Arkaden und strengen Fassaden, die sich wie ein Amphitheater oberhalb des Hafens erheben. Hier ist er gleichsam zu Hause. Aber könnte Marie-Louise, falls sie überhaupt den Kontinent mit dem Sohn verlassen darf, jemals hier leben?

Er springt an Land. Was soll dieser Mummenschanz? Auf einem Silbertablett überreicht man ihm den Stadtschlüssel. Man bittet ihn, unter einen Baldachin aus Goldpapier zu treten, der oben mit Bienen aus Pappmaché verziert ist.

Er ist in alle ruhmvollen Städte Europas eingezogen. Er hat Moskau brennen sehen. Er wurde in Notre-Dame gekrönt. Und nun schreitet er zum Altar einer kleinen Kirche, während in den Gassen die Menge schreit und ihm zujubelt, Trommelwirbel zu hören sind und der unerträgliche Gestank von Abfällen und Exkrementen bis in die Pfarrkirche hinein zu riechen ist, die man nun zur Kathedrale erklärt hat. Er antwortet kaum Hochwürden Arrighi, einem Korsen, der behauptet, mit den Bonapartes verwandt zu sein. Er ist ungeduldig und möchte sich in das Rathaus zurückziehen, in dem er wohnen soll. Die Menge drängt sich lärmend vor dem Gebäude. Und auch hier stinkt es.

Er wird von den Einwohnern verlangen, daß sie ihren Unrat nicht mehr auf die Straße kippen. Er wird Gesetze erlassen, damit überall auf der Insel Hygiene herrscht. *Und wo sollte* sie *wohnen, falls sie mit seinem Sohn käme?*

Seinem Kammerdiener Marchand und seinem Sekretär Rathery erteilt er einige Anordnungen. Er wolle, erklärt er den Generälen Drouot und Cambronne sowie dem Hofmarschall Bertrand – er unterbricht sich und wiederholt das Wort »Hofmarschall« –, daß die Etikette hier genauso beachtet werde wie in den Tuilerien oder in Saint-Cloud. Er wolle Kammerherren ernennen. Bertrand solle ein Auge haben auf alle Würdenträger, die unter den Notabeln der Insel rekrutiert würden, man solle für sie und ihre Frauen Bälle und Diners organisieren. Sobald seine Leibwache eingetroffen sei, wolle er ihre Parade abnehmen. Und morgen früh beginne er mit einer Besichtigung der Insel. Aber zunächst solle man ihn allein lassen.

Er schreibt: »Meine gute Louise, ich bin vier Tage lang bei ruhiger See unterwegs gewesen. Ich bin auf der hübschen Insel Elba angekommen. Die Unterkünfte sind äußerst schlicht. Ich will sie bald besser einrichten lassen. Ich habe keine Neuigkeiten von Dir. Das schmerzt mich jeden Tag. Ich bin bei guter Gesundheit. Adieu, meine Liebe, Du bist so weit weg, aber meine Gedanken sind bei meiner Louise. Einen zarten Kuß für unseren Sohn. Ganz der Deine. Nap.«

Er legt sich hin. Er hört das Geräusch des Meeres. Er findet seine Kindheit und Jugend wieder. Er fühlt sich voller Energie.

Am Morgen reitet er durch die leichte Maienluft. Je weiter er sich über steinige und enge Wege am Hang der Berge von Portoferraio entfernt, desto deutlicher erkennt er den Duft der Vegetation wieder, die ihn an Korsika erinnert.

Er kommt nach Rio Marina. Die Erde ist rot. Die Gänge der Erzgruben schneiden sich tief in den Felsen hinein. Er will wissen, wie viele Körbe gefördert, welche Erträge erzielt und wieviel Steuern gezahlt werden. Das Gesicht des Grubenverwalters kommt ihm bekannt vor. Schon oft hat der Zufall ihn Menschen wiedertreffen lassen, die er früher einmal gekannt hat, und so ist er nicht verwundert, daß der Verwalter Pons heißt, aus dem Departement Hérault stammt und bei der Belagerung von Toulon dabei war. »Aber«, sagt Pons nicht ohne Stolz, »ich bin Republikaner und Jakobiner geblieben.«

»Ich verlange nur Treue zu Frankreich«, sagt Napoleon und entfernt sich. Dieser Mann verdient sein Vertrauen, da er in ruhmreichen Tagen kein Schmeichler war.

Er reitet weiter über die Wege. Er wird hier Straßen anlegen lassen. Im Tal von San Martino, in dem Weinreben gepflanzt sind, wird man seine Sommerresidenz errichten, die zugleich sein Jagdhaus ist. Hier ist es ruhig und schattig, man kann aufs Meer hinausblicken. Und dort bei den Mühlen wird der Palast stehen.

Jeden Tag verfolgt Napoleon den Fortgang der Arbeiten. Er läßt einen Tunnel in den Felsen schlagen, der den Zugang zu einer kleinen Anhöhe erlaubt, von der aus man einen schönen Blick auf Portoferraio hat. So kann er die Mühlen verlassen, ohne durch die Stadt zu müssen. Und es genügen wenige Wachleute, um sich gegen feindliche Attacken zu verteidigen.

Manchmal, wenn er eine Karte der Insel anschaut oder wenn er das Panorama von der Mühlenanhöhe betrachtet, oder auch, wenn er über einen Mauleselpfad auf den Monte Giove geklettert ist, ruft er aus: »Meine Insel ist doch recht klein!«

Er sagt es zu Bertrand oder Drouot oder auch zu Peyrusse, dem ehemaligen Schatzmeister der Krone, den er hier zu seinem Finanzminister gemacht hat. 233 Quadratkilometer und ein paar tausend Einwohner! Und er war einmal der Kaiser des größten Teils von Europa, vergleichbar mit Karl dem Großen! Er hat einst eine Armee von mehreren hunderttausend Mann aus allen Nationen befehligt, und nun gebietet er nur noch über 1600 Mann, darunter nur 675 Grenadiere der Leibwache, 54 polnische Ulanen, ein auf der Insel rekrutiertes Bataillon, dazu ein korsisches Bataillon, dem er aber kaum vertrauen kann, da sich dort gewiß Spione, Feinde und vielleicht auch Mörder eingeschlichen haben.

Aber die Landschaft begeistert ihn. Und bei Sonnenuntergang kann er sogar Korsika sehen, *meine Insel!*, dazu die kleinen Inseln Capraia und Montecristo und die gesamte Küste der Insel Elba, die sich von dem strahlenden Blau des Tyrrhenischen Meeres abhebt. Hier könnte er leben.

Ein paar Tage genügen ihm, um von seinem neuen Territorium, seinem Lebensraum, Besitz zu ergreifen. Am Samstag, dem 21. Mai, richtet er sich oben bei den Mühlen ein. Die Zimmer riechen noch nach frischem Kalk, aber das geordnete Leben muß wieder beginnen. Er steht vor Sonnenaufgang auf, liest und diktiert, trifft Anweisungen zur Beflaggung und zur Hygiene der Insel.

Als die Sonne aufgeht, betritt er die Anhöhe und mustert den Horizont und den Golf von Portoferraio. Er sieht die Brigg *Inconstant*, den Schoner *Caroline* und andere kleinere Schiffe, die zu seiner Flotte gehören, die *Mouche*, die *Abeille* und die *Étoile*. Korsika ist kaum 50 Kilometer entfernt, der Hafen Piombino keine 12 Kilometer, Livorno ist nah, und bis zur französischen Küste sind es per Schiff nur drei oder vier Tage.

Er kann seine Augen kaum von den Schiffen abwenden. Durch sie kann er erfahren, was sich in Frankreich und in Europa abspielt. Wenn er will, kann er die Insel verlassen. Aber er will lieber nicht daran denken.

Allerdings muß er wissen, was aus Frankreich und Europa wird. Er will englische Zeitungen haben. Er will ein Netz von Korrespondenten und Informanten aufbauen. Und das alles muß sehr schnell geschehen, da er aus den ersten Briefen erfährt, daß

Ludwig XVIII. General Dupont zum Kriegsminister ernannt hat, jenen Offizier, der in Baylen kapituliert hatte. Das ist eine Beleidigung für ihn und die Armee. Und Dupont rächt sich. Er entläßt 100000 Soldaten, setzt 12000 Offiziere auf halben Sold, während Ludwig XVIII. eine Parade abhält, umgeben von den Monarchen, deren Armeen Paris besetzt halten!

Das Schweigen von Marie-Louise und die Ungewißheit über das Schicksal seines Sohnes, in der sie ihn läßt, diese erzwungene Trennung von den Seinen empfindet er als grausam und barbarisch. Er ist empört und niedergeschlagen. Was wollen denn die Bourbonen und die Österreicher?

Informanten lassen ihn wissen, daß im Umfeld von Ludwig XVIII. und dessen Bruder, dem Grafen von Artois, Pläne zu seiner Entführung oder seiner Ermordung geschmiedet würden. Haben sie nicht in Paris feierliche Messen zum Gedenken an Cadoudal, Pichegru und sogar an den Feldmarschall Moreau lesen lassen! General Dupont hat den Ritter von Bruslart zum Gouverneur von Korsika ernannt, einen Chouan und Komplizen von Cadoudal, der jahrelang einen Bandenkrieg in der Normandie geführt hat und nur davon träumt, ihn zu ermorden.

Denn selbst hier auf der Insel stört er sie. Er verkörpert ein anderes Frankreich, wohingegen Ludwig XVIII. eine Militärführung aus Emigranten berufen hat, die sämtlich in ausländischen Armeen gedient haben. Was sollen seine Soldaten davon halten, daß ein Mann Präsident des Ordens der Ehrenlegion wird, der in den Reihen des Feindes gegen sie gekämpft hat!

Um diese Gedanken zu verscheuchen, reitet er jeden Abend in Begleitung eines Ordonnanzoffiziers auf der Insel umher und inspiziert die Forts, begibt sich nach Marciana Marina oder nach Marina del Campo, von Portoferraio weit entfernt liegende Häfen. Er muß in Bewegung sein. Er muß den ganzen Nachmittag lang Audienzen geben. Er muß Leute sehen, das Leben auf der Insel und in der Welt mitbekommen, Besucher empfangen, sehr oft Engländer, die ihm höfliche Visiten abstatten und ihn befragen.

Er sieht das Erstaunen auf den Gesichtern zweier Mitglieder des

Londoner Parlaments, Fazarkeley und Vernon, die den Garten bei den Mühlen betreten. Das lärmende Treiben in diesem »Palast«, die Hofetikette, die bunten Uniformen, die Zahl der Domestiken, beinahe hundert, die Wache stehenden Grenadiere und der ganze wiederhergestellte Hofstaat überraschen sie.

Napoleon spricht lange mit ihnen, im distanzierten Ton eines Chronisten. Aber gehören seine Feldzüge und sein Werk nicht längst der Geschichte an?

Auf der Insel wolle er einiges verändern. Er hat den Anbau von Kartoffeln eingeführt, hat an den Nordseiten der Hügel Kastanien pflanzen lassen und auf den Südseiten Ölbäume und Weinreben. Er läßt Straßen anlegen und verpflichtet jeden Einwohner zum Bau von Latrinen.

»Ich bin als Soldat geboren«, sagt er, »ich habe 15 Jahre lang regiert und bin dann vom Thron gestiegen. Wenn man menschliches Elend überlebt hat, müßte man schon ein Feigling sein, um das nicht zu ertragen. Meine Devise hier lautet: Napoleon kann überall glücklich sein.«

Nach solchen Audienzen reitet er wieder die Wege entlang. Er geht auf die Jagd, und bei Sonnenuntergang reitet er bis zur Madonnen-Einsiedelei auf dem Monte Giove, denn in der Stille dieses Waldes aus Kastanienbäumen und der scharfen Luft auf dem Gipfel findet er Ruhe. Lange betrachtet er den Sonnenuntergang und schaut nach Korsika hinüber, das sich am roten Horizont abzeichnet. Danach verbringt er die Nacht in der Einsiedelei.

Eines Morgens sucht ihn dort General Bertrand auf. Napoleons Mutter sei eingetroffen und wütend darüber, nicht vom Kaiser selbst in Portoferraio empfangen worden zu sein. Das rührt ihn. Seine Mutter so nah bei ihm auf einer Insel, ganz wie in seinen ersten Lebensjahren, auf dieser anderen Insel, die von der Morgensonne in mildes Licht getaucht wird.

Er beeilt sich, und endlich steht sie vor ihm in ihrem langen dunklen Kleid, steif und streng wie ein Stück schwarzer Felsen, nur abgemagert und mit sehr unruhigem Blick und weißem Haar. Er spiegelt sich in ihren Augen. Sie muß sich an das Kind erinnern, an den jungen Mann, an den Kaiser, und sie sieht einen Mann, der in wenigen Tagen 45 Jahre alt sein wird und so dick geworden ist, daß er gedrungen und drall erscheint, fast wie eine Kugel mit lichtem Haar.

Er umarmt sie, bringt sie dann im schönsten Haus von Portoferraio unter, kommt jeden Abend von der Mühlenanhöhe herunter, um sie zu besuchen. Sie fahren, nebeneinander sitzend, in einer Kutsche spazieren, dann nehmen sie auf seiner Terrasse an den Mühlen Platz. Sie spielen Karten miteinander, wobei sie sich als besonders geschickt erweist, aber gewinnen lassen kann er sie nicht. Er zählt die Punkte nach und sagt, daß er gewonnen habe. Ob sie sich täuschen ließ?

Er steht auf und begleitet sie heim. Er mag ihre etwas rauhe Stimme, die ihm zuflüstert: »*Addio, mio caro figlio.*«

An manchen Abenden lädt er die Honoratioren der Insel zu sich ein, geht dann von einem zum andern, verbeugt sich vor den Damen, die in schüchterner und nachgemachter Eleganz vor ihm einen Hofknicks probieren. Das ist auch ein Leben. Sein Leben nun.

Aber wenn er wieder allein ist, erfaßt ihn Bitterkeit. Er trauert nicht dem »Parterre voller Könige« nach und auch nicht dem Gold der Tuilerien, nicht einmal den hübschen Frauen, die sich ihm anboten. Aber er hat einen Sohn und eine Frau. Was ist das Leben wert, wenn man ihm auch das verweigert?

Von Marie-Louise hat er nur einen Brief erhalten. Darin kündigte sie ihre Abreise nach Aix-les-Bains an. Er wird wütend. Aber er muß sich zusammenreißen, muß versuchen, sie zu überzeugen, da sie ja von lauter Leuten umgeben ist, die sie von ihm fernhalten und ihm seinen Sohn stehlen wollen.

Die Sommerhitze macht sich breit und verlangsamt alle Aktivitäten. Oft steigt er zur Einsiedelei auf dem Monte Giove hinauf, und erst gegen Abend kehrt er wieder zurück und sucht seine Mutter auf, die nun im Dorf Marciana Alta wohnt. Er liest die Zeitungen, die in Piombino eintreffen und von Schiffen stapelweise in Portoferraio deponiert werden. Am interessantesten sind *The Morning Chronicle* und *Le Journal des Débats*. Direkte Informationen über die Vorgänge in Frankreich erhält er auch aus Paris durch Briefe, die ihm Maret schickt, oder durch Briefe an Soldaten seiner Leibwache, die er sich aushändigen läßt. Er empört sich. Schon nach wenigen Wochen haben die Bourbonen ihr wahres Gesicht gezeigt.

Er empfindet tiefen Ekel. Die Zeitungen ergehen sich in Beschimpfungen seiner Person. Man beschuldigt ihn des Inzests mit Pauline, weil man erfahren hat, daß sie zwei Tage auf der Insel verbracht habe. Es heißt dort sogar, sie leide genau wie er, und zwar durch ihn, an einer »schändlichen Krankheit«, wegen der sie in Behandlung sei. Und er selbst werde verrückt infolge dieser Geschlechtskrankheit.

Ekel befällt ihn auch, wenn er die Karikaturen betrachtet, auf denen man zeigt, wie er alles Eroberte wieder erbricht: Länder, Throne, Güter, Reichtümer, und behauptet, daß er krank sei, obwohl er regelmäßige Blutbäder nehme! Wer ihn so auch in seinem Privatleben angreift, kann nur die Absicht haben, ihn mit Spionen zu umgeben und töten zu lassen.

Er zuckt zusammen, als er liest, daß der bleiche Talleyrand, Prinz von Benevent, den Ritter Mariotti zum französischen Konsul in Livorno ernennen ließ, das nur fünf Seestunden von Portoferraio entfernt liegt. Er weiß noch, daß dieser Korse Polizeipräfekt in Lucca war unter Prinzessin Élisa, die er dann verraten hat, indem er die Garnison des Fürstentums zu einem Aufstand zugunsten der Bourbonen aufwiegelte.

Talleyrand wollte ihn schon einmal durch Maubreuil ermorden lassen. Denkt er nun etwa daran, ihn von hier entführen zu lassen, weil er ahnt, was die Franzosen in einigen Monaten wünschen werden? Mit Bruslart als Gouverneur von Korsika und Mariotti in Livorno nehmen ihn die Bourbonen in die Zange. Sie wollen ihn ersticken. Und sie überweisen nicht die vertraglich vereinbarten zwei Millionen. Sie wollen meinen Tod!

Also muß er kämpfen, sein eigenes Netz organisieren, seine Kundschafter nach Italien schicken, Informationen sammeln, damit er handeln und sich verteidigen kann. Und dafür muß er die öffentliche Meinung verfolgen, lesen.

Aber plötzlich bestürzen ihn ein paar Zeilen, die er im *Journal des Débats* findet. Die Zeitung ist schon einige Wochen alt, aber dieser Todesfall, den man dort meldet, findet für ihn erst heute statt, mitten im Sommer 1814.

Am 29. Mai ist Joséphine gestorben. Er rührt sich nicht. Zwei Tage lang geht er nicht mehr hinaus. Sein ganzes Leben steht ihm vor Augen, sein mit ihr verbundenes Leben.

Er vergißt dabei, was er auch gelesen hat und was gleich neben ihrer Todesmeldung stand. Auch sie hat ihn verraten, weil sie bei sich in Malmaison Zar Alexander, den Kaiser von Österreich und den König von Preußen empfangen hat und diese Monarchen mit ihr getanzt haben, weil sie an Diners zu ihren Ehren teilgenommen hat, weil sie ihre Kinder Hortense und Eugène dem Zaren vorgestellt hat, damit er sie Ludwig XVIII. empfehle.

Es stimmt, daß sie das getan hat, aber sie ist tot. Sie hat durch ihn gelitten, auch wenn er immer versuchte, sie zu schützen, auch noch, als sie ihn schon mit so vielen anderen betrogen hatte.

Er läßt Bertrand kommen. »Die arme Joséphine ist jetzt sehr glücklich«, sagt Napoleon. Wie für sich selbst fügt er hinzu: »Letztlich hat mir Joséphine immer Glück beschert, und sie hat sich stets als liebevolle Freundin erwiesen. Deshalb bewahre ich ihr ein zärtliches Andenken und lebhafte Dankbarkeit.« Er seufzt, geht zum ersten Mal seit zwei Tagen auf die Anhöhe hinaus und schaut zum Horizont. »Sie war gefügig, ergeben, gefällig auch, und hat ihre Eigenheiten in den Dienst politischer Geschicklichkeit gestellt, und das ganz als Frau.«

Er spaziert allein auf dem Pfad oberhalb des Meeres. An diesem 15. August 1814 wird er 45 Jahre alt. Joséphine und so viele andere sind schon gestorben. Und warum lebt er noch?

Im Haus bei den Mühlen empfängt er seine Mutter und einige Gäste, die Honoratioren der Insel. Man beglückwünscht ihn zum Geburtstag. Aber er ist verdrossen und schweigsam. Und doch muß er den Damen der Insel seine Aufwartung machen und der Gattin des Hofmarschalls, der Gräfin Bertrand. Aber nach diesen wenigen Augenblicken setzt er sich ans Klavier und spielt ein paar Takte. Auf diese Weise gibt er zu verstehen, daß er sich in seine Räume zurückziehen möchte, einige bescheidene Zimmer und ein Bad. Oberhalb der Badewanne hat er ein römisches Mosaik anbringen lassen, auf dem man eine sehnsüchtig hingestreckte Frau sieht.

Warum ist er allein?

23

In der Nacht zum 1. September wird er geweckt. Im Golf von Portoferraio ist ein Schiff vor Anker gegangen, allerdings in einer geschützten Bucht, fernab des Hafens. Er kleidet sich rasch an, läßt seine weiße Stute satteln und reitet den Weg zum Paß von Procchio hinunter. Von weitem schon sieht er die Reiter, die Kutsche und zwei Maulesel sich langsam vorwärts bewegen.

Er wußte, daß Maria Walewska ihn besuchen wollte, und er hatte ihrem Bruder, dem polnischen Major Teodor Walewski, sein Einverständnis bekundet. Aber als er nun auf sie wartet und der Kutsche entgegenreitet, ist er besorgt. Hat er nur einer unbedachten Regung nachgegeben? Wenn die österreichischen Spione erfahren, daß Maria Walewska kommt, werden sie es gegen ihn ausspielen und der Kaiserin einen neuen Vorwand liefern, nicht zu kommen.

Und doch ist er ungeduldig und bewegt. Warum hätte er den Besuch dieser Frau ablehnen sollen, die er am Vorabend seiner Abdankung in Fontainebleau nicht empfangen hat und die ebenfalls Mutter eines Kindes von ihm ist? Hat er der politischen Vernunft nicht genug Opfer gebracht?

Die Kutsche hält an. Man hält eine Laterne hoch. Und dann sieht er sie, Maria, in der Schönheit einer Frau von fast 30 Jahren, und ihn, Alexander, den Jungen mit den blonden Locken, genau wie der König von Rom, und sein Profil ist ganz das seine!

Er setzt sich neben sie. Schon seit Jahren hat er sie nicht mehr gesehen. Er nimmt ihre Hand und tätschelt den Kopf des Jungen. Er empfindet große Rührung, und doch fragt er sich, ob es nun immer so sein wird, daß er nicht ganz bei seinen Wünschen ist, bei seinen Gefühlen und bei den Fragen, die er dem schläfrigen Kind stellt.

Er hört sich. Er sieht sich. Er ist wie ein Beobachter dessen, was er sagt und tut. Und sie befragt ihn, mit ihrem singenden polnischen Akzent, und er fühlt sich von Erinnerungen überschwemmt. Er nimmt seinen Sohn auf den Arm und trägt ihn bis zur Einsiedelei, wo er Zimmer vorbereiten ließ, während er in einem Zelt schlafen wird. Aber warum sollte er allein bleiben? Welchen Sinn hätte eine solche Entbehrung? Das Leben muß mit beiden Händen ergriffen werden, wenn es sich so darbietet. Er verläßt das Zelt und geht zur Einsiedelei hinüber.

Als der Morgen den Himmel hell färbt, verläßt er das Zimmer von Maria Walewska und schaut dann lange auf den Horizont. Während sie noch schläft, sieht er einen Offizier der Leibwache aus Portoferraio den Weg hinaufkommen. Er überbringt einen Brief von General Drouot.

Er liest ihn, während er mit großen Schritten auf der Terrasse umhergeht. Die ganze Bevölkerung des Hafens ist davon überzeugt, daß die Kaiserin und der König von Rom in der Nacht angekommen sind und daß sie beim Kaiser auf der Insel bleiben werden. Wenn dieses Gerücht sich verbreitet, wird es bestimmt auch den österreichischen Spionen bekannt, von denen es auf der Insel nur so wimmelt.

Er zerknüllt die Botschaft von Drouot und geht in das kleine Kastanienwäldchen hinein. Er fühlt sich behindert und gefangen, gezwungen, auf die öffentliche Meinung der Inselbevölkerung Rücksicht zu nehmen, die ihm auflauert und über ihn klatscht wie die Leute in einem korsischen Dorf. Er ist nicht mehr der Kaiser, der allen seine Art zu leben aufzwingen kann. Nun hat er die Entscheidung von Wien zu fürchten, die Reaktion von Marie-Louise, das Geschwätz der Insulaner, denen er Tugend gepredigt hat. Wer die Macht verliert, unterwirft sich anderen. Das demütigt ihn, aber solange er hofft, Marie-Louise und seinen Sohn wiederzusehen, muß er vorsichtig bleiben.

Er hat seine Entscheidung getroffen. Er nimmt am Abendessen mit Maria Walewska teil, er bedenkt die tänzerischen und sängerischen Darbietungen der polnischen Offiziere mit Beifall. Er streichelt das Gesicht von Alexander. Und in dieser letzten Nacht begibt er sich wieder zu Maria. Aber er kann nicht dulden, daß sie auf der Insel bleibt, wie sie gerne möchte. Und er weist die Juwelen zurück, die sie ihm anbietet, weil ihr der »Finanzminister« Peyrusse anvertraut hat, daß die Geldreserven des Kaisers schmelzen.

Würdevoll, aber mit Tränen in den Augen, hört sie ihm zu. Ihm ist bewußt, daß sie die edelste und großherzigste Frau ist, die er je gekannt hat. Sie verlangt nichts als das Recht, ihn zu lieben. Und er weist sie zurück.

Als er ihrer Abreise zuschaut, bricht plötzlich ein Gewitter los, und ein Sturm braust über die Insel. Sie soll in Marciana Marina an Bord gehen, aber er ahnt in der von den Blitzen erzeugten Helligkeit, daß das Schiff die Segel setzt und sich anschickt, die Insel zu umrunden, um so Schutz vor dem Sturm zu finden. Plötzlich schreit er auf, ruft einen Ordonnanzoffizier herbei und verlangt, daß man der Gräfin und ihrem Sohn nachsetze und verhindere, daß sie vor Ende des Unwetters an Bord gehen. Er blickt dem Reiter nach, der sich im Sturmwind entfernt.

Als der Offizier zurückkehrt, erklärt er, Maria Walewska habe die Insel durchquert und sich nach Portolongone begeben. Napoleon reitet los durch den Regen. Er galoppiert bis zum Hafen, von Böen und Schauern getrieben. Endlich erreicht er die breite Bucht, an deren Ende die wenigen Lichter von Portolongone schimmern. Man sieht kein Schiff.

Er reitet zum Hafen hinunter. Sie seien schon an Bord gegangen, erklärt man ihm. Sie habe erklärt, sie hätte die Erlaubnis des Kaisers. Und das Schiff habe sofort den Anker gelichtet. »Das ist gut so«, flüstert er.

Langsam reitet er zur Einsiedelei zurück. Es regnet immer noch in Strömen. Nur der Wind hat nachgelassen. Als er die felsige Plattform bei der Einsiedelei erreicht, hat sich der Himmel aufgeklart, und der Horizont ist frei. Er gibt Befehle. Er weiß, daß er nie wieder hierherkommen wird, wo sie gewesen ist, wo sie nicht ist.

24

Mit Vergnügen richtet er sich wieder auf der Mühlenanhöhe ein. Es ist nicht mehr so heiß. Er geht auf die Jagd. Er macht Pläne für die Entwicklung der Insel Elba, denkt dabei an Erzminen, Marmorsteinbrüche, Landwirtschaft, Straßenbau. Er will jeden Abend todmüde sein von den zahllosen Aktivitäten eines von Reiten, Entscheiden, Handeln erfüllten Tages.

Aber er vergißt nicht. »Meine Frau schreibt mir nicht mehr«, sagt er zu Bertrand. »Man hat mir meinen Sohn entführt wie einst die Kinder der Besiegten, um mit ihnen den Triumphzug der Sieger zu schmücken. Man kann in unserer Zeit kein ähnliches Beispiel solcher Barbarei finden.«

Er hat erfahren, daß Kaiser Franz die Briefe öffnen läßt, die Marie-Louise von Napoleon erhält, und daß er seiner Tochter verboten hat, ihm zu antworten. Was sind das nur für Leute?

Man hat ihn ins Abseits gestellt. Und wer? Talleyrand! Der Fürst von Benevent intrigiert auf dem Wiener Kongreß. Die Zeitungen berichten von seinen Erfolgen. Er führt nur noch den Begriff »legitimer Herrscher« im Mund. Er möchte ein »guter Europäer« sein. Wieviel Schmiergeld erhält dieses käufliche Bleichgesicht, um sich mit England und Österreich so gegen Preußen und Rußland zu verständigen?

Aber vor allem verfolgt er Napoleon mit seinem Haß. Der ganze Kongreß schwätzt darüber, erfährt er aus den Briefen seiner Informanten, daß man erwäge, ihn noch weiter weg abzuschieben. Es ist die Rede von den Azoren, denn sie seien 500 Meilen vom nächsten Festland entfernt, wie Talleyrand gesagt habe. Sie haben Angst vor Napoleon. Man erfindet Vorwände.

Im *Journal des Débats* liest er folgende Notiz: »Es heißt, daß man in Italien einige Agenten und Emissäre von Napoleon festgenommen habe und daß er infolgedessen nach Sankt Helena verbracht werde.« Er zeigt Bertrand diese Meldung. »Glauben Sie, daß man mich deportieren kann? Ich werde mich niemals entführen lassen. Aber sie haben Angst vor meinem Namen, vor der Erinnerung an mich. Mein Schatten jagt ihnen Furcht ein.«

Er geht die Kais von Portolongone entlang. Für ein paar Tage hat er sich dort in der alten spanischen Zitadelle eingerichtet, die den Golf verteidigt. Zu Bertrand und Drouot sagt er, daß man die Artillerie in allen Forts der Insel verstärken, die Zahl der Manöver erhöhen und vom König von Neapel Munition und Weizen kaufen solle.

»Ich habe vom König von Neapel einen sehr wohlwollenden Brief erhalten«, sagt er. »Er behauptet, daß er mir mehrmals geschrieben habe, aber das bezweifle ich. Es sieht aus, als ob ihm die Lage in Frankreich und in Italien den Kopf verdreht.« Er zuckt mit den Schultern.

Murat weiß nämlich zu gut, daß sich Talleyrand beim Wiener Kongreß darum bemüht, ihn von seinem Thron zu stürzen. Und deshalb sucht er die Nähe von Napoleon. Er zittert um seine Krone. Und auch er ahnt, daß die nach Frankreich zurückgekehrten Emigranten das Land gegen sich aufbringen werden. Der neue Kriegsminister Soult, den er zum Herzog von Dalmatien gemacht hat, hat in seiner kriecherischen Beflissenheit ausschließlich Chouans und Emigranten, die gegen ihr Land gekämpft haben, zu Generälen ernannt. Er hat General Exelmans, einen Helden des Rußlandfeldzuges und des Krieges von 1814, unter dem alleinigen Vorwand festnehmen lassen, daß er an den König von Neapel geschrieben habe. Soult will alle Halbsold-Offiziere dazu zwingen, in ihrem Geburtsort zu bleiben, um sie so besser überwachen zu können. Aber das ist noch gar nichts. Man will auch den Emigranten ihre Güter wiedergeben, die zu Nationalgütern geworden sind, soweit man sie nicht verkauft hat. Das wird Bauern und Bürger erbosen.

Napoleon bleibt stehen und schaut Drouot und Bertrand an. »Das Regime der Bourbonen ist nichts mehr für Frankreich«, sagt er. »Diese Familie hat doch nur Leute von vorgestern um sich.

Aber da die Politik nun einmal Ludwig XVIII. wieder ausgegraben hat, hätte er sich in das von mir bereitete Bett legen müssen. Doch er hat es anders gemacht und wird deshalb keine Ruhe mehr finden.«

Trotz allem muß Napoleon weiterhin so tun, als akzeptiere er sein Schicksal und ahne nicht, was seine Feinde mit ihm vorhaben. So muß er etwa Prinzessin Pauline wie in der Hauptstadt eines Königreichs empfangen, als sie zu Besuch kommt. Die Bevölkerung von Portoferraio soll Spalier stehen, und die Artillerien der Forts Stella und Falcone sollen zur Ankunft seiner Schwester Salut schießen.

Sie logiert in der ersten Etage des Palastes bei den Mühlen und verbreitet eine Atmosphäre von Festen und Vergnügungen um sich. Wie gewöhnlich veranstaltet sie musikalische Abende und Maskenbälle. Und Napoleon ist nur noch dieser Herrscher der Insel Elba, der sich vergnügt und dabei vergißt, daß er der Kaiser der Könige war.

Er läßt sich die Briefe vorlegen, die das Schiff *Caroline* einmal pro Woche von Piombino und Livorno bringt. Sie kommen aus allen Gegenden Frankreichs. Er liest sie mehrmals. Auf Halbsold gesetzte Offiziere teilen ihm ihre Erbitterung mit. Sie schreiben: »Die Bourbonen schaffen es nicht, und wir mögen diese Herren überhaupt nicht.« Sie schildern, was sie einst in der Großen Armee geleistet haben, und beschreiben die Stimmung in den Kasernen.

Napoleon wiederholt gegenüber Bertrand, Drouot und Peyrusse, was er schon seit Wochen gesagt hat: » Überall in Frankreich vermißt man mich und verlangt nach mir.«

Er liest die Zeitungen. Die Mächte der Koalition in Wien haben sich zerstritten. England widersetzt sich dem Drängen des Zaren, der unter seiner Kontrolle ein Königreich Polen wiederherstellen möchte. Und Österreich verweigert Preußen das Recht zur Annexion von Sachsen. Wenn die Koalition zerbricht, dann eröffnet das eine Chance für Frankreich und für ihn. Und es ist allemal besser zu kämpfen, als sich hier ersticken oder ermorden zu lassen, denn das wollen sie ja.

Er vertraut den Berichten von Cipriani, einem Korsen, der in seinen Diensten steht. Seit frühesten Jahren kennt er dieses Waisenkind, das im Haus Bonaparte die niederen Arbeiten erledigte. Lucien hat ihm das Lesen beigebracht. Er wurde dann Verwalter bei Saliceti und führte für ihn mehrere vertrauliche Aufträge erfolgreich aus. Napoleon schickt Cipriani über Genua nach Wien, und dem Korsen gelingt es tatsächlich, gewandt wie er ist, von dort jede Woche einen Bericht zu schicken, in dem er alle Gerüchte rapportiert, die in der österreichischen Hauptstadt, im Umfeld der Könige und auf den Fluren des Kongresses umlaufen. Und jedesmal, wenn ein solches Schreiben eintrifft, zieht sich Napoleon zurück, um es in Ruhe zu lesen.

»Es ist so gut wie sicher, daß gestern vormittag in einer geheimen Beratung beschlossen wurde, Bonaparte von der Insel Elba zu entführen und Murat abzusetzen.«

Napoleon findet keinen Schlaf mehr. Er fühlt sich wie in einer Falle. Die Schlinge um seinen Hals zieht sich zu. Méneval, der im Dienst der Kaiserin Marie-Louise steht, schreibt ihm, daß Diplomaten in London und Wien seine Entführung und baldige Abschiebung auf die Insel Sankt Helena prüfen und vorbereiten, und zwar auf Anregung von Talleyrand.

Er gibt seine Befehle. Wenn es sein muß, wird man einer Belagerung standhalten. Die *Inconstant* soll nach Livorno aufbrechen und dort Weizen im Wert von 100000 Francs aufkaufen. Er läßt General Drouot kommen. Die Häuser vor den Forts, die die Schüsse der Artillerie behindern könnten, sollen abgerissen werden. An allen Küsten der Insel soll man Patrouillen organisieren, es sollen noch mehr Manöver abgehalten werden, und die Artilleristen sollen darin geschult werden, mit Glühkugeln zu schießen.

Zu Oberst Campbell, dem Vertreter der Koalition auf der Insel, sagt er: »Dieser Plan, mich auf eine Atlantikinsel zu deportieren, ist unwürdig. Es ist ein Verstoß gegen die Verträge. Ich werde mich dem widersetzen bis zum Tod.«

Campbell versichert ihm, daß kein solcher Plan bestehe. Aber was kann dieser Offizier schon vom Wiener Kongreß wissen? Und was wissen selbst die Monarchen von den Manövern Talleyrands?

Er sorgt dafür, daß ich die zugesagten Zahlungen nicht erhalte. Und Ludwig XVIII. läßt alle einstigen Besitztümer der Bonapartes beschlagnahmen. Wie soll er Elba verwalten und verteidigen, wie soll er es regieren, wenn das jährliche Aufkommen der Insel bei nur 470 000 Francs liegt, was kaum den Verwaltungskosten entspricht, und außerdem noch der Sold für die kleine Armee und die Ausgaben des Hauses Seiner Majestät gedeckt werden müssen?

Man will ihn in den Abgrund stoßen. Und wenn man ihn entführen will, wie lange könnte er mit einer Handvoll schlecht bewaffneter Männer standhalten? Er ist in ihren Händen. Sein Schicksal hängt von seinen schlimmsten Feinden ab, von den Bourbonen und von Talleyrand.

In der Nacht zum 14. Dezember 1814 wünscht Cipriani, empfangen zu werden. Er kommt aus Genua. Napoleon bittet ihn, Platz zu nehmen, aber Cipriani bleibt stehen. Er habe sichere Erkenntnisse, sagt er. Man habe die Entführung Seiner Majestät beschlossen. Sie soll in den nächsten Wochen, ja vielleicht schon Tagen vorbereitet werden. Mit seiner von Müdigkeit entstellten Stimme weist Cipriani nachdrücklich auf die Gefahr hin und entschuldigt sich, daß seine Reise wegen des Sturms so lange gedauert hat.

Napoleon zeigt keine Regung. Jetzt, wo er seine Entscheidung getroffen hat, ist er ganz ruhig, ja fast gleichgültig. Jetzt heißt es nur noch handeln.

Und doch zögert er noch einmal, als ihm der Kapitän der *Caroline* einen Brief aus Wien mit dem Siegel der Habsburger überbringt. Sollte Marie-Louise ihre Ankunft mitteilen? Mit zitternder Hand öffnet er den Brief. Er überfliegt ihn. Als Datum ist der 1. Januar 1815 angegeben.

»Ich hoffe, daß das neue Jahr glücklicher für Dich verläuft«, schreibt Marie-Louise. »Du kannst wenigstens ruhig und glücklich auf Deiner Insel leben, zum Besten all jener, die Dich lieben und Dir ergeben sind wie ich. Dein Sohn umarmt Dich und bittet mich, Dir auch in seinem Namen ein gutes neues Jahr zu wünschen und Dir zu sagen, daß er Dich aus ganzem Herzen liebt.«

Kein Wort über ihre Ankunft auf der Insel. Nur die förmliche

Kälte höflicher Gleichgültigkeit. Wer hat ihr dieses Schreiben diktiert, in dem sie ihn bittet, sein Schicksal hinzunehmen? Soll er hier leben und auf seine Mörder warten? Nein, er wird fliehen, er wird leben und sie wiederfinden, sie und seinen Sohn. Das ist seine einzige Chance.

25

Wann soll er aufbrechen? Er durchmißt die Insel von einem Ende zum andern. Er befragt die Grenadiere, die am Hafen Wache stehen.

»Nun, alter Haudegen, langweilst du dich?«

»Nein, Sire, aber ich amüsiere mich auch nicht besonders.«

»Du hast unrecht, man muß es nehmen, wie es kommt. Es wird nicht ewig dauern.«

Er entfernt sich. Das Geheimnis muß bis zum letzten Augenblick gewahrt bleiben. Oberst Campbell überwacht alle seine Bewegungen. Seine Spione liegen auf der Lauer. Und auf dem Meer kreuzen französische Schiffe mit der weißen Fahne des Königs, die jeden Fluchtversuch verhindern sollen und unter deren Besatzungen sich vielleicht Mörder befinden, die man bald an einem einsamen Inselstrand absetzen wird.

Er muß also schnell handeln. Doch im Golf von Portoferraio liegt die englische Fregatte *Partridge* vor Anker. Und er muß die Insel ohne jegliche Kriegshandlung verlassen, um den Frieden nicht zu gefährden. Also muß er alle täuschen, die ein Auge auf ihn haben.

Campbell gegenüber wiederholt er immer wieder seinen Spruch, daß Napoleon überall glücklich sein könne. Er lädt den Oberst zu den Bällen von Prinzessin Pauline ein. Er gibt sich uninteressiert an Nachrichten aus Frankreich. Man hat dort am 21. Januar 1815 Gedenkveranstaltungen für Ludwig XVI. gefeiert, auf denen einstige Königsmörder beschimpft wurden. Was sollen Fouché und einige andere Jakobiner denken, die jetzt die Reumütigen spielen? Aber das ganze Land muß sich gedemütigt und abgestoßen fühlen durch eine Politik, die mehr als 20 Jahre Geschichte auslöschen will. Übrigens wurde General Exelmans von einem Kriegsrat freigesprochen. Und als der Pfarrer von Saint-Roch der Schauspielerin de Raucourt, einer »Bonapartistin«, wie man jetzt sagt, ein religiöses Begräbnis verweigern wollte, ist es in Paris zu Demonstrationen gekommen.

Das Land ist reif und wartet auf mich, sagt er sich. Aber man muß das Meer überqueren, und zwar jetzt, in den langen Winternächten. Auf einer Tabelle sieht er, daß der nächste Neumond zwischen dem 27. Februar und dem 2. März sein wird. In jenen Tagen muß er die Insel verlassen. Und dann muß das Schicksal die Schiffe leiten. Die eigenen und die des Feindes.

Er ist fröhlich. Er hat das Gefühl, daß sein Körper wieder leicht geworden ist, als ob seine Körperfülle kein Gewicht mehr habe. Er gibt immer mehr Befehle aus, aber diskret genug, um Campbell nicht mißtrauisch zu machen. Die Straßen sollen verbreitert werden, um das im Osten der Insel gelagerte Material nach Portoferraio und Portolongone bringen zu können.

Zu Drouot sagt er: »Geben Sie den Befehl, die *Inconstant* auf ein Trockendock zu legen und ihren Laderaum zu erweitern, und man soll alles tun, damit sie sich auf dem Meer halten kann. Sie soll wie eine englische Brigg angemalt werden. Ich möchte, daß sie am 24. oder 25 Februar fertig auf der Reede bereitliegt. Sie soll Proviant für 120 Männer und drei Monate enthalten, dazu so viele Schaluppen wie möglich. Man muß Kartuschen, Pferde und etwa 1200 Soldaten einschiffen und so schnell wie möglich die französische Küste erreichen. Alles hängt vom Wind ab.«

Er erinnert sich an seine Rückkehr aus Ägypten. Er hat völliges Vertrauen in seinen Stern. Er kann nicht als Gefangener hierbleiben und auf seine Deportation oder seinen Tod warten. Er fürchtet nicht, auf dem Meer umzukommen oder von einem englischen oder französischen Schiff abgefangen zu werden. Er wird bis Paris kommen. Er hört schon die Akklamationen, die ihn auf seinem ganzen Weg begleiten werden. Danach wird das Schicksal wieder zu seinen Gunsten spielen.

Am Montag, dem 13. Februar 1815, meldet ihm der wachhabende Offizier, daß ein wie ein Matrose gekleideter Mann bei Seiner Majestät vorzusprechen wünsche. Es ist gerade Nacht geworden. Der Mann gibt sich als Gesandter von Maret, dem Herzog von Bassono, aus. Er sei Unterpräfekt von Reims gewesen und im Feldzug von 1814 mit der Ehrenlegion ausgezeichnet worden. Marschall Ney habe ihn den »furchtlosen Unterpräfekten« genannt. Sein Name sei Fleury de Chaboulon. Seit mehreren Wochen sei er unterwegs. Er bringe dem Kaiser Informationen aus Frankreich.

Napoleon hört ihm zu. Fleury spricht mit exaltierter Stimme. Frankreich warte auf den Kaiser. Die Soldaten und die Bauern würden sich in Massen erheben. Und alle, die die Rückkehr der Aristokraten und der Jesuiten nicht ertrügen, würden sich ihm anschließen. Man warte auf ihn. Ganz Frankreich hoffe.

Napoleon fragt ihn aus und empfängt Fleury am Dienstag, dem 14. Februar, noch einmal. Aber warum soll er seine Pläne enthüllen? Er beauftragt ihn mit einer Mission bei Murat. Der König von Neapel fürchtet um seinen Thron. Er nähert sich also an, und seine Hilfe könnte in Italien sehr wertvoll sein.

Napoleon geht mit Fleury ein paar Schritte in den Garten bei den Mühlen hinaus. Er führt ihn bis zum äußersten Punkt der Terrasse, wo der Blick am freiesten ist. Dann sagt er mit leiser Stimme: »Die Menschen sind doch nicht so undankbar, wie man immer behauptet. Und mancher begeht eine böse Tat und ist doch im Grunde anständig. Mancher begeht eine Bosheit, ohne bösartig zu sein.«

Er muß also Murat vergeben, ohne zu vergessen, was er getan hat. Und außerdem brauchen sie einander. Hat Talleyrand nicht in Wien gesagt, daß man Murat verjagen müsse, weil es in keiner Ecke Europas Illegitimität geben dürfe?

Am Donnerstag, dem 16. Februar, stellt sich Oberst Campbell wohlgelaunt ein. Er habe die Bälle von Prinzessin Pauline, zu denen man ihn eingeladen hatte, sehr genossen. Nun müsse er für ein paar Tage nach Florenz. Napoleon muß die Freude unterdrücken, die er empfindet, weil er gerade erlebt, daß ihm das Schicksal noch einmal die Hand reicht.

Am späten Abend sieht Napoleon die Fregatte *Partridge* in Richtung italienische Küste davonsegeln. Aber vielleicht ist das nur eine Falle, und Campbell kehrt zurück, um ihn zu überraschen? Doch man kann diese Gelegenheit nicht verstreichen lassen, da die mondlosen Nächte bevorstehen. Er gibt den Zeugmeistern den Befehl, jedem Soldaten eine vollständige Uniform und zwei Paar Schuhe auszuhändigen. Er nimmt eine Parade des korsischen Bataillons ab. Er läßt eine Liste der zuverlässigen Leute anlegen.

Am Mittwoch, dem 22. Februar, beginnt er damit, bei Dunkelheit Kisten mit Kartuschen und die Ballen der Ausrüstung auf die Brigg *Inconstant* und den Schoner *Étoile* bringen zu lassen. Aber als er am Freitag, dem 24., auf den Wegen oberhalb des Golfs von Portoferraio entlangreitet, sieht er plötzlich, daß die englische Fregatte wieder in den Golf einläuft, die Segel rafft und Anker wirft. Hat ihm das Schicksal seine Gunst entzogen?

Ein Landungsboot nähert sich dem Ufer mit einigen Männern an Bord, dann setzt die Fregatte ihre Fahrt fort, nachdem sie sechs englische Touristen abgesetzt hat. Campbell ist in Florenz geblieben.

Napoleon empfängt die Engländer, befragt sie, hört ihnen zu, kommentiert seine einstigen Feldzüge und lädt sie ein, die Insel zu besichtigen. Dann gibt er den Befehl zur Blockade der Insel. Niemand darf mehr Elba betreten oder verlassen. Jetzt ist die Sache ins Rollen gekommen, und niemand vermag sie noch aufzuhalten.

Am Samstag, dem 25. Februar 1815, schreibt er seine Proklamation. Er braucht kräftige und begeisternde Worte, voller Energie und Vertrauen in das französische Volk, die Grenadiere seiner Garde und die Armee. Und die Sätze kommen von alleine.

»Franzosen, ein von einem vorübergehend siegreichen Feinde aufgezwungener Machthaber stützt sich auf eine kleine Zahl von Feinden des Volkes, welche seit 25 Jahren in allen Volksvertretungen verurteilt wurden. In meiner Verbannung habe ich Eure Klagen und Eure Wünsche vernommen. Ihr habt nach einer Regierung Eurer Wahl verlangt, die allein legitim ist. Ich habe Meere überquert! Ich komme mitten unter Euch, um meine Rechte und also auch Eure wiederzuerlangen. Soldaten der Großen Nation! Soldaten des Großen Napoleon, alles, was ohne Zustimmung des Volkes und ohne die meine getan wurde, ist illegitim.«

Diese Worte berauschen ihn. Mehrmals geht er auf die Terrasse hinaus, als müsse er sie versammelten Truppen zurufen. Und bald werden sie vor ihm stehen, dessen ist er gewiß.

»Soldaten, entfernt die Farbe, die die Nation verbannt hat und die 25 Jahre lang das Sammelzeichen aller Feinde Frankreichs war! Steckt die blauweißrote Kokarde an, so wie Ihr sie bei unseren großen Siegen getragen habt. Nehmt Eure Adler wieder, wie einst in Ulm, Austerlitz, Jena, Eylau, Friedland, Tudela, Eckmühl, Eßling, Wagram, Smolensk, Moskau, Lützen, Wurschen, Montmirail. Glaubt Ihr, diese Handvoll Franzosen, die heute so arrogant sind, könnten deren Anblick ertragen? Sie werden dahin zurückkehren, woher sie gekommen sind. Und dort können sie dann so regieren, wie sie behaupten, 19 Jahre lang regiert zu haben.«

Man kann es nicht länger geheimhalten. Er geht zu seiner Mutter. Er streichelt ihr übers Haar. Er spürt ihre Unruhe. Beim Abendessen hat sie ihn die ganze Zeit angesehen und sich manchmal über sein Schweigen gewundert. Ganz plötzlich sagt er zu ihr: »Ich teile Ihnen mit, daß ich in der kommenden Nacht aufbreche.«

»Aber wohin?«

»Nach Paris, aber zuvor bitte ich Sie um einen Rat.« Er schaut sie an. Er vertraut dieser Frau, die niemals versucht hat, ihn zurückzuhalten, sondern ihm im Gegenteil beigebracht hat voranzustürmen. Er hört, wie sie seufzt.

»Was sein muß, wird sein«, sagt sie leise. »Gott stehe Ihnen bei. Ich würde mir Vorwürfe machen, wollte ich mehr sagen. Aber wenn geschrieben steht, daß Sie sterben sollen, dann wird der Himmel, der nicht gewollt hat, daß dies in einer Ihrer unwürdigen Untätigkeit geschieht, hoffentlich auch nicht wollen, daß es durch Gift geschieht, sondern mit dem Schwert in der Hand.«

Er zieht sich zurück. Er liest die *Geschichte Karls V.*, dann schläft er ein paar Stunden bis zum Morgengrauen am Sonntag, dem 26. Februar 1815. Der Tag wird wohl sehr schön werden, vielleicht mit etwas Wind gegen Abend, der die kleine Flotte nach Norden schiebt.

Er schaut nach Portoferraio hinüber. Das Beladen der Schiffe geht weiter. Am Kai steht eine dichte Menschenmenge. Er hört Schreie und Schritte. Die Einwohner von Elba haben sich auf der Esplanade hinter der Mühlenanhöhe versammelt. Er tritt vor. Man drängt herbei, kniet vor ihm nieder, umarmt ihn. Aber es ist noch nicht der Zeitpunkt für eine Erklärung. Er kehrt um. Man muß die Unterlagen verbrennen. Dann reitet er zum Hafen hinunter, um die Schiffe zu inspizieren, darunter eines aus Marseille, das man seit fünf Tagen gewaltsam zurückgehalten hat und auf das nun das polnische Jagdregiment steigt, während man die Ladung über Bord wirft, um Platz zu schaffen.

Am Abend empfängt er eine Delegation von Insulanern. Er ist ungeduldig. Die Zeit für so etwas ist vorbei. Er ist schon längst woanders, jenseits des Meeres, auf den Straßen nach Paris. »Meine Herren, ich verlasse Sie. Frankreich ruft mich. Die Bourbonen haben es ruiniert. Mehrere europäische Nationen werden meine Rückkehr mit Freude sehen.«

Er diniert mit seiner Mutter und der Prinzessin Pauline, deren Gesicht von Tränen entstellt ist. Er wendet sich ab, aber als Pauline ihm ein Halsband geben will, führt er sie bewegt in den Garten hinaus. Immer muß er trösten.

Auf dem Kai fährt er bei Dunkelheit in einer Kutsche durch die Menge. Alle Häuser sind erleuchtet. Man schreit: »Viva l'Imperatore! Evviva Napoleone!« Er steht auf. Er schaut auf dieses Meer aus Gesichtern, das alle Hafenkais bedeckt. »Einwohner von Elba, ich zolle eurem Verhalten meinen Respekt. Während überall Boshaftigkeiten gegen mich auf der Tagesordnung standen, habt ihr mich mit Liebe und Ergebenheit bedacht. Das Andenken an euch wird mir immer teuer sein. Adieu, Leute von Elba, ich liebe euch. Ihr seid die Tapferen der Toskana.«

Er springt ins Boot. Er schaut auf die dunkle Masse der *Incon-*

stant, die an der Hafeneinfahrt liegt. Ein Lärm erhebt sich und rollt über den Meeresspiegel, und der Gesang der eingeschifften Soldaten antwortet ihm:

Allons enfants de la Patrie
Le jour de gloire est arrivé.

»Ach, Frankreich, Frankreich,« murmelt er.

Gegen Mitternacht kommt an diesem Sonntag, dem 26. Februar 1815, endlich Südwind auf. Am Montag taucht gegen zehn Uhr ein Segel am Horizont auf: Es ist die *Partridge*, die sich zu nähern scheint. Man muß die Kabel der mitgeschleppten Boote kappen, um schneller voranzukommen. Napoleon befiehlt, daß sich alle auf die Kampfpositionen begeben. Aber dann sieht er durch sein Fernglas, daß sich die *Partridge* wieder entfernt. Das Schicksal.

»Campbell wird etwas durcheinander sein, wenn ihm der Kapitän dieser Korvette meldet, daß ich die Insel Elba verlassen habe«, sagt Napoleon, als er ein paar Schritte an Deck macht. Dann nimmt er auf der Brücke Platz. Am Nachmittag ruft plötzlich der Matrose im Mastkorb, daß er die Segel zweier Schiffe sehe.

Es sind französische Fregatten der Küstenwacht, aber auch sie verschwinden bald wieder am Horizont. Gegen Abend dann nähert sich die französische Brigg *Zéphyr* der *Inconstant*. Die Grenadiere haben sich auf Deck flach hingelegt. Der Kapitän des Schiffes fragt mit der Flüstertüte nach Neuigkeiten über Napoleon, und dann verschwindet auch die *Zéphyr* wieder.

Die Nacht wird von keinem Strahl des Mondes erhellt, ganz wie er es vorhergesehen hat. Es weht eine gleichmäßige Brise. Am Dienstag, dem 28. Februar, taucht gegen Mittag die französische Küste auf. Napoleon steht am Bug. Er dreht sich zu den Offizieren um, die sich hinter ihm versammelt haben und auch ganz gespannt auf die dunkelblaue Linie schauen, die sich abzeichnet.

Er sagt: »Ich werde nach Paris kommen, ohne daß ein einziger Schuß fällt.«

Siebter Teil

»Franzosen, mein Wille ist der Wille des Volkes.«

1. März 1815 – 12. Juni 1815

26

An diesem Mittwoch, dem 1. März 1815, springt er auf den Strand. Es ist zwei Uhr nachmittags. Die Sonne beleuchtet das im Golf von Juan eingeschlossene Meer. Die ganze kleine Flotte liegt in einiger Entfernung vor Anker, und die ersten Grenadiere sind auch schon ausgebootet worden. Er sieht sie in Kolonnen zu den Olivenhainen marschieren, die oberhalb des von Schilf umsäumten Strandes liegen. Die Schaluppen fahren zwischen den Schiffen und dem Ufer hin und her. Er schätzt, daß es mehrere Stunden dauert, um die 1200 Männer, die Pferde, die vier Kanonen und die Munitionskisten an Land zu bringen. Er will nicht hier warten. Man muß so schnell wie möglich weiter ins Landesinnere und sich der ersten Städte vergewissern, Cannes, Antibes und Grasse.

Er geht zu einer Reihe Olivenbäume einige hundert Meter oberhalb des Strandes. Er plaziert selbst die Wachen und befiehlt dann, das Zelt in einer benachbarten Wiese aufzuschlagen. Es ist kalt. Die Sonne beginnt schon zu sinken. Die Tage sind noch kurz. Er ruft General Cambronne herbei, der die Vorhut befehligen soll. Von ihm hängt alles ab.

»Ich vertraue Ihnen die Vorhut meines schönsten Feldzuges an«, sagt er zu ihm. »Es darf nicht ein Schuß fallen. Denken Sie daran, daß ich meine Krone zurückerobern will, ohne einen Tropfen Blut zu vergießen. Die Truppen müssen sich also uns anschließen. Wir nehmen die Route durch das Dauphiné, um den Royalisten von Avignon und der Provence auszuweichen. Die Vorhut soll den Weg freimachen, aber ohne Gewalt. Jeder Soldat, der sich uns in den Weg stellt und den Befehl hat, uns zu bekämpfen, muß diese Worte hören.«

Er nimmt die Proklamation an die Armee zur Hand und liest sie mit lauter Stimme vor. »Soldaten, kommt und stellt Euch unter die Fahnen Eures Anführers. Der Sieg eilt im Laufschritt voran. Der Adler mit den Nationalfarben wird von einem Kirchturm zum andern fliegen bis zu den Türmen von Notre-Dame. Und dann könnt Ihr voll Stolz Eure Narben zeigen. Und dann könnt Ihr Euch Eurer Taten rühmen und die Befreier des Vaterlands werden.«

Er geht zu Cambronne, umarmt ihn und sagt noch einmal: »Von Kirchturm zu Kirchturm bis Notre-Dame, ohne einen einzigen Gewehrschuß.« Dann schaut er Cambronne und den wenigen Grenadieren nach, mit denen er loszieht. Er setzt sich ans Feuer.

Alles entscheidet sich in den nächsten Tagen. Er sieht hinter den Olivenbäumen eine Gruppe Bauern und Fischer, die ihn mit gleichgültiger Neugier beobachten. In seinem Gedächtnis hat er noch die Akklamationen der Menge am Hafen von Portoferraio. Wenn hier nun die Soldaten und das Volk sich ihm nicht anschließen, wird er ohne Kraft sein. Ein entschlossener Mann genügt, um ihn niederzuschießen. Und der Adler fällt zu Boden.

Er stützt seine Ellbogen auf die Knie und das Kinn in die Hand. Sein Körper ist schwer. Die Beine tun weh, und im Bauch fühlt er manchmal einen stechenden Schmerz wie einen Dolchstoß vom Bauchnabel bis zum Geschlecht. Er weiß, daß er nicht mehr so behende ist wie einst, daß ihm schwerfällt, ein Pferd zu besteigen und sich lange im Sattel zu halten. Schon auf seinen Ausritten und Jagden auf Elba hat er es gespürt. Und manchmal versinkt er, ohne es zu merken, in einen nachttiefen Schlaf. Er ist älter als 45.

Er steht auf. Also, vorwärts! Er wird in der ersten Reihe marschieren. Was riskiert er? Zu sterben? Ist das ein Risiko?

Ein kalter Wind weht in den frühen Morgenstunden, und man bewegt sich in Richtung Grasse, das er umgehen will. Das Ziel heißt Grenoble, jene Stadt, in der die Revolution geboren wurde.

Im Marschieren ruft er Doktor Émery zu sich, einen zuverlässigen Arzt aus Grenoble, der sich ihm in Elba angeschlossen hat. Émery soll die Patrioten in Grenoble informieren, daß der Kaiser bald eintrifft. Wenn Grenoble seine Tore öffnet und die Garnison sich anschließt, dann ist die Partie gewonnen. Und bis dahin muß man marschieren, marschieren.

Er dreht sich um. Die kleine Armee bildet eine lange schwarze Kolonne auf den gewundenen Bergpfaden hinter Grasse in Richtung Saint-Vallier, über Felsen und durch Gestrüpp. Man hat die Kanonen zurücklassen müssen. Die Wege sind nicht befahrbar. Er bleibt stehen. Er atmet nur mühsam. Der Hang ist sehr steil. Ein Maulesel, der mit einer Kiste voller Goldmünzen beladen ist, allem, was vom Schatz übrigblieb, ist ausgerutscht, und man muß die Napoleons wieder aufsammeln, die aus der zerbrochenen Kiste gefallen sind. General Drouot gibt ihm einen Stock. Los, vorwärts! Er steckt den Stock in eine Schneewehe. Er ist durch den Wüstensand Palästinas marschiert. Er ist durch den russischen Schnee und den deutschen Regen marschiert. Er muß durch das Felsgeröll der Alpen marschieren.

Nach einigen Stunden setzt er sich für einige Augenblicke mitten in eine große Einzäunung. Es schneit nicht mehr. Die Sonne zeigt sich wieder. Zwei alte Bauern kommen vorbei und überreichen ihm einen Veilchenstrauß. Er ist gerührt. Er steckt die Blumen an seinen Gehrock. Dies ist das erste Freundschaftszeichen, das er erhält. Und er ist schon seit zwei Tagen wieder in Frankreich. Aber alle, die ihn sahen und erkannten, hielten sich fern. Ist es denn möglich, daß man sich vor seiner Wiederkehr fürchtet, ja schlimmer noch, daß man ihn vergessen hat?

Er wirft das Gerippe des Hühnchens fort, das er verspeist hat. Jetzt ist keine Zeit zum Fragenstellen. Jetzt zählt jede Stunde. Entweder er siegt, oder er stirbt.

Er erreicht Saint-Vallier. Er macht auf dem großen Platz des Ortes halt, neben einer Wiese. Ein Mann nähert sich und bietet in einem Glas etwas zu trinken an. Er bittet ihn, zuerst zu trinken, denn Napoleon will nicht an Gift sterben, sondern durch ein Geschoß oder eine Kugel, wie ein Soldat. Nachdem der Mann getrunken hat, erfrischt er sich auch.

Vorwärts. Der Pfad wird noch enger, führt an steilen Schluchten vorbei. Als er noch in den Tuilerien residierte, hatte er beschlossen, eine befahrbare Straße zwischen Grenoble, Digne und Nizza anlegen zu lassen. Er hatte geglaubt, daß man diesen Befehl ausgeführt hätte. Und nun sieht er, daß es nur ein Maultierpfad ist.

Auf dem Marktplatz der kleinen Stadt Castellane finden sich nur ein paar Neugierige ein, doch keine Akklamationen sind zu hören. Der Unterpräfekt ist verblüfft, obwohl ihn der immer noch vorweg ziehende Cambronne doch unterrichtet hatte.

Sollte sich dieses Land ihm entziehen? Er spürt, wie Müdigkeit seinen Körper überfällt. In Barrême muß er ein paar Stunden schlafen und bei Tagesanbruch weiterziehen. Der Weg ist breiter geworden, und Napoleon reitet nun. Er bleibt stehen und betrachtet die in zwei Tälern gelegene Stadt Digne, die bedeutendste der Städte, die er seit seiner Landung berührt hat.

Gegen 13 Uhr zieht er in die Stadt ein. Warum diese Stille, warum betrachten die Einwohner seinen Durchzug so zurückhaltend? Sie begleiten ihn bis zur Herberge *Klein-Paris*, ohne einen Schrei auszustoßen. Vor der Herberge stehen einige Dutzend Leute. Er geht auf sie zu. »Man muß Paris von den Spuren säubern, die der Verrat und die Anwesenheit des Feindes dort hinterlassen haben«, sagt er.

Die Menge ist dichter geworden. Er spricht von den Emigranten, die sich wieder die Ländereien aneignen wollen, die man denen gegeben hat, die sie auch bearbeiten. Ein paar zustimmende Rufe ertönen, aber dann tritt bald wieder Stille ein. Warum sind sie nur so zurückhaltend? Aber er hat keine Zeit, sich Fragen zu stellen, er muß weiter voran, das Tal der Durance entlang, durch das ein eisiger Wind fegt, der manchmal Regen- oder Hagelschauer mit sich bringt.

Es wird schon dunkel. Er ist todmüde. Es ist bereits Samstag, der 4. März. Die Nachricht von seiner Landung hat gewiß schon Paris erreicht, vielleicht auch Wien. Wenn sich das Volk nicht erhebt, um ihn bis nach Paris zu geleiten, fällt die Tür des Schicksals für immer zu. Und er wird sterben müssen, wenn das möglich ist.

Die Nacht verbringt er im Schloß von Malijani. Er kann nicht schlafen. Cambronne hat keine Stafette geschickt, um ihn über seinen Vormarsch zu informieren. Vielleicht ist er gefaßt worden wie jenes Dutzend Grenadiere, die in den Stunden nach der Landung im Fort von Antibes festgehalten wurden. Vielleicht wird in einigen Stunden alles vorbei sein.

Und doch kann er das nicht glauben. Er will es sich nicht eine Sekunde länger vorstellen, höchstens in nutzloser, erschöpfender Schlaflosigkeit. Vorwärts! Es geht an den reißenden Flüssen Bléone und Durance entlang, die Schlamm und Steine ins Tal spülen. In der Ferne taucht die Festung Sisteron auf, die die Häuser dieser Stadt beherrscht, die sich wie ein langes Band an weiße Felsen schmiegen. An der Spitze der Grenadiere reitet er auf einer breiten Straße entlang, an der zu beiden Seiten Platanen wachsen. Und dann sieht er eine Menschenmenge, die ihm entgegenkommt. Er gibt seinem Pferd die Sporen. Er darf nicht einfach abwarten. Er muß sich dem Ungewissen stellen. Die Zukunft herausfordern. Plötzlich reißen die Menschen die Arme hoch, schwenken eine blauweißrote Fahne und rufen: »Es lebe der Kaiser!«

Endlich ertönt dieser Schrei, zum ersten Mal nach all den Tagen und Stunden der Stille. Wird sich nun die Pforte des Schicksals weit für ihn öffnen?

Man umringt ihn. Er spricht ein paar Worte. Er will sich nicht versäumen. Er will im Gegenteil noch schneller voran, der Bevölkerung entgegen, die nun vielleicht Feuer fangen wird, während die Menschen im Süden sich nicht gerührt haben.

Die Nacht bricht herein, und die Grenadiere zünden Fackeln an, um die Straße zu erleuchten, die nach Gap hinunterführt. Und plötzlich liegt die Stadt erleuchtet vor ihnen. Lichter glänzen am Berghang oberhalb der Stadt, andere bewegen sich durch die Felder ringsum.

Es ist 21 Uhr, und es ist ein einziger begeisterter Aufschrei. Auf den Straßen von Gap drängt sich eine freudige Menge. Man schart sich um ihn. Es wird gerufen: »Es lebe der Kaiser! Die Aristokraten an die Laterne! Tod den Bourbonen!« Bauern schwenken ihre Mistgabeln. Endlich, endlich begrüßt ihn das Volk!

Er spürt die Müdigkeit nicht mehr. Er springt vom Pferd und betritt das *Hôtel Marchand*. Alle wollen ihn berühren. »Sie sind unser Vater«, hört er. Man ergreift seine Hände, man umarmt ihn. Von allen Seiten kommen Zurufe. Man kritisiert die von den Bourbonen erlassenen Gesetze über die Nationalgüter. Er hört zu. Dieses Volk kocht. Noch vor ein paar Stunden hätte Napoleon sich das nicht vorstellen können. Noch ist nichts gewonnen, aber die Partie entwickelt sich gut.

»Bürger, ich bin tief gerührt von der Zuneigung, die ihr mir bekundet«, ruft er von der Treppe her. »Eure Wünsche werden erhört werden. Die Sache der Nation wird noch einmal triumphieren!« Laute Akklamationen und Schreie: »Es lebe der Kaiser! Es lebe die Nation!«

»Mit Recht nennt ihr mich euren Vater«, fährt er fort, »denn ich lebe nur für die Ehre und das Glück Frankreichs. Meine Rückkehr zerstreut all eure Ängste. Sie garantiert eure Besitzstände. Die Gleichheit zwischen allen Klassen und die Rechte, die ihr seit 25 Jahren genießt und die unsere Väter so sehr gewünscht haben, bilden heute eine wesentliche Grundlage eurer Existenz. Meine Anwesenheit gewährleistet sie.«

Wenn sich die Begeisterung ausbreitet und die Armee erfaßt, dann kann ihn nichts aufhalten. Er empfindet dieses Gefühl von innerem Frieden und Stolz, das er in seinem Leben so oft empfunden hat, wenn das von ihm Erdachte, ein Plan, der völlig illusorisch schien, Wirklichkeit wurde.

Darüber denkt er nach, als er die Straße zum Paß von Bayard hinaufreitet, in Corps eine Rast einlegt und weiter nach Laffrey vordringt. Die kleine Armee ist jetzt von Bauern umgeben, die nach Paris marschieren und sich den Soldaten anschließen wollen. Aber man muß sie davon abbringen. Er ist der Kaiser und der Mann der Nation, aber einer geordneten Nation und nicht eines Landes im Aufruhr. Und noch ist gar nichts entschieden.

Beim Marsch durch Laffrey wird sein Weg zum ersten Mal durch Soldaten versperrt, und diesen Ort kann man nicht umgehen, denn er beherrscht den Abstieg nach Grenoble. Hier entscheidet sich das Schicksal seiner Unternehmung.

Er ruft einen Wachoffizier herbei und beauftragt ihn mit einer Botschaft an den Kommandanten dieses Bataillons, gewiß das 5. der Linieninfanterie. »Der Kaiser marschiert euch entgegen. Wenn ihr schießt, wird die erste Kugel ihn treffen.« Er wartet gar nicht erst die Antwort ab. Er schreitet allein voran, die Hände am Revers seines Gehrocks. Wenn er hier nicht stirbt, kommt er bis Paris.

Er hört die Stimme eines Offiziers, der den Befehl zum Schießen erteilt. Die Gewehre werden angelegt, aber kein Schuß geht los. Er geht sehr langsam. Wenn er sterben muß, dann soll es hier sein. Er ist nur noch wenige Meter entfernt. Er sieht die Gesichter dieser Soldaten und ihre Abzeichen. Es ist wirklich das 5. Infanterieregiment.

»Soldaten des 5. Linienbataillons!« schreit er mit lauter, fester Stimme. »Ich bin euer Kaiser. Erkennt ihr mich?«

Er tritt noch einen Schritt näher. »Erkennt ihr mich? Wenn es unter euch einen Soldaten gibt, der seinen Kaiser töten will – hier stehe ich!«

Eine Stimme, tausend Stimmen. »Es lebe der Kaiser!« Die Soldaten stürzen herbei, die Gewehre über den Kopf erhoben, manche haben eine blauweißrote Kokarde angesteckt. Man umringt ihn von allen Seiten. Ihm kommen fast die Tränen. Seine Lippen zittern. Die Pforte des Schicksals hat sich breit geöffnet.

Er befiehlt den Soldaten, ihre Reihen wieder zu schließen. Er schreitet ihre Front ab. Zu General Drouot sagt er: »Nun ist alles vorbei. In zehn Tagen werde ich in den Tuilerien sein.«

Er reckt sich in seinem Steigbügel empor. Er, der immer mehr unter seinem schweren Körper, seinen Beinen und seinem Bauch zu leiden hat, spürt nun keine Schmerzen mehr. »Der Thron der Bourbonen besteht nur im Interesse einiger weniger Familien«, ruft er ihnen zu. »Die ganze Nation muß sich gegen die Wiederkehr des Ancien Régime erheben.« Die Soldaten, nun umgeben von einer riesigen Menge Bauern, schreien: »Es lebe der Kaiser!«

Auf der Straße nach Grenoble sieht er Soldaten ihm entgegenkommen, aber sie schwenken die Trikolore. An ihrer Spitze erkennt er Oberst La Bédoyère, einen der besten jungen Offiziere der Großen Armee, der sich an der Moskwa und im Feldzug von 1814 heldenhaft gezeigt hat. Warum hat er diesen Mann nicht zum General ernannt!

Er habe die ihm unterstehenden Soldaten für den Kaiser gewonnen, erklärt er. Er sagt auch, daß die Garnison von Grenoble ihm ergeben sei und daß die Stadt, gegen den Willen ihrer Verwalter, auf den Kaiser warte. Aber dann fügt er noch hinzu: »Sire, bitte keine Ambitionen mehr und keinen Despotismus. Eure Majestät muß das System der Eroberungskriege und der äußersten Machtentfaltung aufgeben, das für Frankreich und für Sie nur Unglück gebracht hat.«

Aber wer hat denn den Frieden verweigert? Wer hat ihn denn gezwungen, sich durch Krieg zu verteidigen? Wen hat man ermorden wollen? Was haben die Bourbonen soeben durch königlichen Erlaß verkündet? Daß Napoleon Buonaparte ein Verräter und ein Rebell sei, daß man ihn bekämpfen und vor ein Kriegsgericht stellen und dann nach bloßer Feststellung seiner Identität erschießen müsse.

Er ist für die auf dem Wiener Kongreß versammelten Herrscher nach den Worten, die Talleyrand ihnen eingeflüstert hat, »der Feind und der Störenfried der Welt, der sich außerhalb der zivilen und sozialen Ordnung gestellt hat und den man der öffentlichen Schande preisgeben muß«.

So wollen meine Feinde mit mir verfahren. Und Ney, der Prinz der Moskwa, verspricht, mich in einem Eisenkäfig nach Paris zurückbringen zu lassen. Und die Bourbonen bitten Europa um Hilfe, um das Monster zu erledigen! *Mich!* Was kümmert sie Frankreich?

Er wendet sich zu La Bédoyère und zeigt auf die Bauern, die nach Grenoble marschieren: »Ich bin nicht nur der Kaiser dieser Soldaten, wie man gesagt hat, ich bin auch der Kaiser der Bauern, der Plebejer, ganz Frankreichs. Sie sehen, daß sich das Volk mir wieder anschließt. Zwischen ihm und mir besteht eine tiefe Sympathie. Meine Stimme bewirkt bei ihm etwas.«

An diesem Dienstag, dem 7. März 1815, um 21 Uhr, drücken die Grenadiere die Stadttore von Grenoble auf. Napoleon reitet durch die Straßen. Er ist trunken vor Freude. Dergleichen hat er niemals erlebt, nicht einmal an den größten Tagen des Kaiserreichs, dieser

Taumel der Menge, diese Gesänge, Tänze und Schreie. Wie wird es erst in Paris sein?

Die Menge belagert das Hotel *Zu den drei Kronprinzen*, in dem er abgestiegen ist. Er öffnet die Fenster und schaut auf all die Gesichter, hört das Brausen der Stimmen. »Bürger!« beginnt er seine Rede. »Als ich in meinem Exil erfuhr, welches Unglück auf der Nation lastet und daß alle Rechte des Volkes mißachtet werden, zögerte ich nicht einen Augenblick, sondern landete auf dem Heimatboden und hatte nur das eine Ziel, so schnell wie ein Adler in dieser wunderbaren Stadt Grenoble anzukommen, deren Patriotismus und deren Anhänglichkeit an meine Person mir immer schon bekannt waren. Ihr, Bürger des Dauphiné, habt mich nicht enttäuscht!«

Dann durchmißt er die Salons des Hotels. Dort drängen sich viele Menschen. Die Honoratioren sind gekommen und verneigen sich allzu beflissen vor ihm. Er beugt sich zu Bertrand und sagt: »Bis Grenoble war ich ein Abenteurer, nun bin ich wieder ein Herrscher.«

Von Grenoble bis Lyon reitet er durch ein begeistertes Spalier. In den Vororten von Lyon ist die Menge so dicht, daß er nicht mehr vorankommt. General Macdonald und der Königsbruder Graf von Artois sind geflohen. Um ihn herum wird gerufen: »Nieder mit den Priestern! Tod den Royalisten! Die Bourbonen aufs Schafott! Es lebe Napoleon! Es lebe der Kaiser!«

Er hatte die Revolution beendet und die chaotische Energie kanalisiert, die aus ihr entsprang, und nun ergießt sie sich wieder, und es ist der Fehler der Bourbonen, die nichts gelernt und nichts vergessen haben.

Als er am Samstag, dem 11. März, die Tür seines Zimmers öffnet, weiß er, daß er die Macht zurückerobert hat. Alle Notabeln der Stadt sind da, um seinem Lever beizuwohnen, genau wie einst.

Er gibt seine Befehle. Er will eine Truppenparade auf dem Bellecour-Platz. Er will, daß man die folgenden Dekrete beachte: die Wiederherstellung der Nationalfarben, Auflösung der königlichen Orden, Entlassung des königlichen Hofstaats, Annullierung aller Ernennungen in Armee und Ehrenlegion seit April 1814.

Er geht im Zimmer umher, die Hände auf dem Rücken. Er wirft einen Blick auf die Sekretäre, die mitschreiben. Die Notabeln hören respektvoll zu. Dann fährt er fort. Er verbannt alle Emigranten, die seit 1814 zurückgekehrt sind. Alle den Emigranten zurückgegebenen Güter werden erneut konfisziert, ebenso alle den Bourbonen seit einem Jahr überschriebenen Besitztümer. Er löst beide Kammern auf und beruft auf das Feld der Föderation in Paris eine Versammlung der Wahlmänner Frankreichs ein, auf der sich die Nation selbst ihre Gesetze geben werde. Es wird künftig *Das Maifeld* heißen, sagt er mit Nachdruck.

Er wendet sich Bertrand zu und befiehlt der Alten Garde, die in Metz stationiert ist, sich zum Kaiser zu begeben. Was immer auch ihr Kommandant Oudinot meint, die Alte Garde wird gehorchen. Dann zieht er sich einen Augenblick zurück. Werden seine Frau und sein Sohn auch kommen? Er beginnt einen offiziellen Brief »An Marie-Louise, Kaiserin der Franzosen in Schönbrunn. Madame und liebste Freundin, ich habe den Thron wieder bestiegen.« Er nimmt er ein zweites Blatt. »Meine Liebe, wenn Du diesen Brief erhältst, werde ich schon in Paris sein. Komm mit meinem Sohn zu mir. Ich hoffe, daß ich Dich vor Ende Mai umarmen kann. Ganz der Deine. Nap.«

Er bleibt reglos. Plötzlich erdrückt ihn große Müdigkeit. Und eine dumpfe Unruhe erfaßt ihn. Er wird sie niemals wiedersehen.

Er hört die Schreie: »Es lebe der Kaiser!« Er verläßt sein Zimmer. Eine Frau kommt ihm entgegen, Marie-Françoise Pellapra. Sie ist immer noch jung und schön. Einst ... ja, einst hatten sie hier in Lyon, als er auf dem Weg nach Italien war, eine erste gemeinsame Nacht verbracht. In Paris waren später andere Nächte gefolgt. Ist er der Vater ihrer Tochter, der kleinen Emilie, die sie nach ihrer Bekanntschaft zur Welt gebracht hat? Er hat es bezweifelt.

Marie-Françoise Pellapra ergreift seine Hände. Er läßt sie reden. Die Vergangenheit kann man nicht wiederherstellen. Die Menschen ändern sich. So hat er etwa erfahren, daß Bourrienne, sein einstiger Mitschüler in Brienne, der so lange Zeit sein Sekretär war, Bourrienne, pflichtvergessen in Paris und in Hamburg, von Ludwig XVIII. zum Polizeipräfekten von Paris ernannt worden ist und daß er vergeblich versucht hat, Fouché zu verhaften – er, Bourrienne! Solange man noch handeln und voranschreiten kann, soll man sich nicht der Vergangenheit zuwenden.

Er verläßt Lyon am Montag, dem 13. März 1815. Auf der gesamten Strecke nach Villefranche sieht er Bauern, die ihn ungläubig anschauen, manchmal einen salutierenden Invaliden umringen oder Fünf-Francs-Stücke mit dem Abbild des Kaisers aus ihren Taschen ziehen, das sie zunächst betrachten, um sodann zu schreien: »Es lebe der Kaiser!«

Und wer soll ihn nun noch aufhalten? Die Straßen der Städte Villefranche, Mâcon, Tournus, Chalon und Dijon sind von einer Menschenmenge gefüllt, die ihm zujubelt und sich an ihn hängt, wenn er sie durchquert. Ney etwa? Aber die Truppen verweigern diesem Marschall im Dienste des Königs den Gehorsam. Er muß Ney die Hand reichen, weil er ihn und seine Soldaten braucht.

Napoleon diktiert Marschall Bertrand einen Brief an Marschall Ney. »Lieber Vetter, mein Generalmajor wird Ihnen den Marschbefehl übermitteln. Ich bin sicher, daß Sie, sobald sie von meiner Ankunft in Lyon erfahren haben, Ihre Truppen wieder die Farben Blauweißrot haben annehmen lassen. Führen sie Bertrands Befehle aus, und schließen Sie sich mir an. Ich werde Sie genauso empfangen wie am Tag nach der Schlacht an der Moskwa.«

Er ist überzeugt, daß Ney diese Entscheidung treffen wird. Und es kommen bereits Regimenter mit Kokarden am Hut und der Trikolore vorneweg. Es heißt, daß selbst das als besonders königstreu geltende Bataillon von Villejuif die blauweißrote Kokarde angesteckt habe. Kuriere aus Paris melden, daß Exelmans sich mit Halbsold-Offizieren der königlichen Artillerie der Hauptstadt bemächtigt hat. Nichts widersteht ihm mehr. Auch die Bürgermeister eilen herbei und bekunden ihre Treue.

In Auxerre bittet Ney darum, empfangen zu werden. Er fühlt sich sehr unwohl in seiner Haut. Er versucht sich zu rechtfertigen. Er legt eine Denkschrift vor, in der er die Gründe für seinen Anschluß an Ludwig XVIII. erklärt.

»Sie müssen sich nicht rechtfertigen«, sagt Napoleon zu Ney,

»Sie haben dieselbe Entschuldigung wie ich, den Gang der Ereignisse. Er war stärker als die Menschen. Reden wir nicht mehr von der Vergangenheit, und erinnern wir uns ihrer nur, um uns in Zukunft besser zu verhalten.« Er breitet seine Arme aus, und Ney fällt ihm um den Hals. So sind die Menschen.

Am Sonntag, dem 19. März, steigt er in eine Kutsche. Er ist der Kaiser, der in seine Hauptstadt zurückkehrt. Ein neben der Kutsche galoppierender Kurier meldet ihm, daß der Bourbonenkönig die Tuilerien in Richtung Nordgrenze verlassen hat. Er überbringt auch einen Brief von Fouché. »Sire, Mörder lauern Ihnen im Pariser Umland auf. Lassen Sie sich gut schützen«, schreibt der Herzog von Otranto.

Er gibt Befehle. Man soll alle Wege aus dem Wald von Fontainebleau bewachen lassen. Es soll aber kein Halt gemacht werden, bevor man nicht das Schloß erreicht hat. Im Innenhof steigt er aus und geht langsam die hufeisenförmige Treppe hoch. Er bleibt einige Sekunden stehen.

Vor weniger als einem Jahr, am 20. April 1814, nahm er hier Abschied von seiner Leibwache und brach nach Elba auf, während auf der Straße Mörder seinen Tod wünschten. Sie sind immer noch dort draußen, aber an diesem Montag, dem 20. März 1815, um zehn Uhr abends, nimmt er sein Schloß und seine Macht wieder in Besitz.

Hat er zwischen diesen beiden Zeitpunkten wirklich gelebt? Ihm kommt es so vor, als habe sich nichts ereignet. Der Aufenthalt auf Elba war schon sonderbar. So ist sein Leben – eine Abfolge großer Szenen.

Er geht durch die Galerien. Er betritt sein Arbeitskabinett und gibt Befehle. Auf dem Weg nach Paris will er die Truppen in Juvisy inspizieren. Er geht ein paar Schritte durch den Park, dann besteigt er wieder die Kutsche.

So oft ist er auf dieser Straße zwischen Fontainebleau und Paris gefahren, so oft hat er Truppen inspiziert. Aber nun hat er seinen schönsten Feldzug vollbracht. Kein Schatten fällt auf ihn, weil kein Schuß fiel, genau wie er es gewollt und sich ausgemalt hatte. Das Volk ist gekommen, und damit ist die Lage umgekippt.

Und es zeigt sich, das Volk, sobald er nach Paris kommt. Männer, Frauen, Kinder laufen um die Kalesche herum oder vorneweg oder hinterdrein. Die Pferde können nur im Schrittempo voran. Niemals, niemals, auch nicht nach Austerlitz, hat er dergleichen erlebt. Er sieht, daß die Reiter der Eskorte es nicht schaffen, die Männer und Frauen beiseite zu drängen, deren Gesichter er nur flüchtig erkennen kann. Wenn sein Sohn das mit ihm erleben könnte! An diesem 20. März wird er vier Jahre alt. Das ist ein Zeichen des Schicksals. Sein Schmerz wird größer.

Er sieht Menschen weinen, Invaliden schwenken ihre Krücken, zeigen ihre Ehrenlegion. Vor den Tuilerien ergießt sich eine wahre Menschenflut. Man stürzt herbei, man trägt ihn. Er wird hochgehoben, von Arm zu Arm weitergereicht bis zum Palast, und dann auf dieselbe Weise die Ehrentreppe hinauf. Endlich erreicht er seine Gemächer. Gestern war noch Ludwig XVIII. hier.

Er hört die Schreie und Jubelrufe, die nicht enden wollen. Dies ist sein schönster und größter Sieg, ohne einen Flecken Blut auf der Fahne. Er hat Tränen in den Augen. Er läßt sich erschöpft auf einen Stuhl fallen. Morgen wird alles schwierig sein. Hier müßte alles enden.

27

Er geht einmal durch seine Arbeits- und Wohnräume. Alles ist noch an Ort und Stelle, als ob niemand inzwischen hier gewohnt hätte. Lediglich der viel zu breite Sessel, der eines kranken Mannes, erinnert daran, daß Ludwig XVIII. hier gelebt hat. An *seiner* Stelle!

Er gibt einen Befehl. Die Lakaien eilen herbei und entfernen den Sessel. Noch einmal geht er durch die sechs Räume. Man könnte fast glauben, daß sich in diesen elf Monaten nichts ereignet hat, daß er nur von einem besonders langen Feldzug zurückkehrt und nun seine Paläste, Hofleute und Würdenträger unverändert vorfindet.

Aber er ist allein, ohne Frau und Kind. Nur draußen in den Salons drängen sich ein paar Männer, deren Stimmen er hört. Obwohl es schon nach Mitternacht ist, verlassen sie die Tuilerien nicht. Sie wollen sich zeigen, Verabredungen treffen und vergessen machen, was sie getan haben.

Er öffnet die Tür. Er will Cambacérès, Maret, Mollien, Davout und Caulaincourt sehen. Noch in dieser Nacht muß die Regierung gebildet werden, damit morgen früh seine Befehle ausgeführt und die Spuren der Bourbonen beseitigt werden können.

Cambacérès kommt herbei. Der Erzkanzler hüstelt wie ein Greis. Sein Körper ist beim Gehen wie eingeknickt. Er stottert. Er sagt, daß er keinen Ministerposten akzeptieren könne. Er sei sehr krank. Mit 52 Jahren fühlt er sich alt! Auch Caulaincourt und Molé verweigern sich. Sie sind vorsichtig. Aber sie haben auch Angst.

Napoleon sagt: »Uneigennützige Menschen haben mich nach Paris gebracht. Unteroffiziere und Soldaten haben alles gegeben, ich verdanke alles dem Volk und der Armee.«

Obwohl es Nacht ist, warten draußen große Menschengruppen vor den Tuilerien. Im Schein der Fackeln sieht er Menschen, die fröhlich tanzen. Er wendet sich Molé zu, der es immer noch ablehnt, in die Regierung einzutreten. »Ich finde Sie sehr verändert. Eigentlich bin ich hier der einzige von uns allen, dem es gutgeht.« Er zeigt auf die Menge. »Nichts hat mich bei meiner Rückkehr mehr erstaunt als dieser Haß auf die Priester und den Adel, er ist genauso heftig und genauso verbreitet wie zu Beginn der Revolution.« Mit gesenktem Kopf geht er ein paar Schritte. »Wir werden die Revolution neu beginnen. Die Bourbonen haben Frankreich ungewollt mehr geschadet, als man sich überhaupt vorstellen kann.«

Er seufzt. Das genügt für diesen Tag. Ob sie nun ja oder nein sagen, er wird sie auf jeden Fall in seine Regierung nehmen. Cambacérès für die Justiz, Maret für das Finanzressort, Fouché für die Polizei, Caulaincourt für das Außenministerium, Savary für die Gendarmerie, Davout im Kriegsministerium, Carnot im Innenministerium.

Er setzt sich auf den Bettrand. Sein Kammerdiener Marchand läßt das Bad ein. Der einstige Kammerdiener Constant, der so ergeben schien, ist nicht wiedergekommen. Er ist im Augenblick seiner Abdankung verschwunden und nahm dabei mit, was er nur konnte. Bourrienne und Berthier befinden sich im Gefolge des Königs auf den Straßen in Richtung Norden! So sind die Menschen!

Was kann er denn tun, außer sich auf die Menschen in seiner Umgebung zu stützen? Er will nicht der Anführer eines Bauernaufstandes sein. Er will keine Revolution auslösen. Er verdankt alles dem Volk und der Armee, aber er kann ihrer Raserei nicht nachgeben. Welches System sollte er mit ihnen bauen? Den Wohlfahrtsausschuß wieder einrichten und sich die gepuderte Perücke von Robespierre aufsetzen? Die Guillotine wieder errichten? Das lehnt er ab. Und doch kann er nicht genau wie vorher regieren. Er muß der Freiheit mehr Raum lassen. Er wird die Zensur abschaffen und neue Leitsätze für die Regierung erlassen.

Aber mit welchen Männern? Mit denen, die noch da sind! Fouché? Ja, dieser Herr der Polizei, ein Mann, dem er nicht vertrauen kann, der aber sein Handwerk wie kein zweiter beherrscht. Und mit all den andern, die ihm gedient und ihn verlassen und oft verraten haben, die aber unentbehrlich sind.

Mit diesen Gedanken läßt er diese erste Nacht in den Tuilerien verstreichen. Und am Dienstag, dem 21. März, ist er um sechs Uhr morgens schon bei der Arbeit. Er liest, ordnet ein, schreibt, diktiert. Er redet leise. Er empfängt Davout. Er vertraut diesem Marschall, Herzog von Auerstedt und Prinz von Eckmühl. In Hamburg hat Davout die Stadt noch lange verteidigt, als längst keine Chance mehr bestand, sich abzusetzen. Er hat auf weiße Fahnen schießen lassen.

»Armes Frankreich, armes Frankreich«, murmelt Napoleon beim Durchsehen der Depeschen. »Europa wird sich gegen uns erheben. Ich will den Frieden. Aber wer wird die Hand ergreifen, die ich ausstrecke? Also müssen wir bis zum Äußersten kämpfen und dafür in drei Monaten eine Armee von 300 000 Mann vorbereiten.« Er faßt Davout beim Arm. »Es geht nicht darum, auf unsere Wünsche zu hören, sondern zu kämpfen oder zu sterben.« Noch einmal entscheidet sich alles auf einem Schlachtfeld. Man läßt ihm keine andere Wahl.

Er zieht Davout mit ans Fenster. Die Soldaten der Pariser Garnison und der Nationalgarde stellen sich gerade auf dem Carrousel-Platz auf. Andere treten auf dem Châtelet-Platz an. Die Truppenabnahme ist für 13 Uhr vorgesehen. Seine erste große Parade seit Monaten. Sie ist für alle der Beweis, daß er seinen Platz wieder eingenommen hat und nur wenige Stunden nach seiner Rückkehr die Macht in Händen hält.

Er geht mit Davout hinaus. Die Menge jubelt ihm zu. Die Fahnen knattern im frischen Märzwind. Er geht an der ersten Reihe entlang, vor zwei Bataillonen der Nationalgarde. »Der Ruhm für das, was wir geleistet haben, gehört ganz dem Volk und Euch«, ruft er ihnen zu, »mein Verdienst besteht nur darin, daß ich Euch verstanden habe.«

Er hört die Akklamationen. Er schaut auf die Regimenter und auf die Menschenmenge, die sich hinter den Soldaten drängt. Dort sind seine Treuesten, die bereit sind, für ihn zu sterben, weil sie glauben, daß er ihre Rechte verteidigt. Und sie täuschen sich nicht. Er will nicht das Frankreich von gestern. Er wird alle Gesetze wieder in Kraft setzen, die von den Parlamenten der Revolution gegen die Bourbonen beschlossen wurden. Und er stellt eine Liste von 13 Verrätern auf. Leute wie Talleyrand, Bourrienne, Marmont und Montesquiou werden ins Exil gezwungen, ihre Besitztümer beschlagnahmt. Im übrigen haben sie ja schon mit Ludwig XVIII. die Nordgrenze überschritten.

Aber wie viele sind ihm wirklich treu geblieben, wie viele haben der Anziehung der Macht widerstanden? Er empfängt Hortense, die ihm in den Monaten des Exils nicht einmal geschrieben hat und von der man sagt, sie habe den feindlichen Monarchen ihre Aufwartung gemacht. Nun kommt sie, in Tränen aufgelöst, mit ihren beiden Kindern.

»Ich hätte nie geglaubt, daß Sie sich von meiner Sache abwenden«, sagt er.

Natürlich kann sie gute Gründe anführen, aber wer hätte die nicht, selbst für den schlimmsten Verrat? Sie wollte bei ihrer Mutter bleiben. Joséphine de Beauharnais war sehr krank, konnte die Tochter sie da im Stich lassen?

Aber bevor sie starb, hat Joséphine noch mit dem Zaren und dem König von Preußen in Malmaison getanzt, das weiß er.

Hortense spricht weiter. Sie mußte ja auch an die Zukunft ihrer Kinder denken.

»Sie hätten nicht in Frankreich bleiben sollen«, schneidet ihr Napoleon das Wort ab. »Sie haben sich wie ein Kind benommen. Wenn man die Erhöhung einer Familie miterlebt hat, dann muß man auch ihr Unglück teilen.«

Sie weint und schluchzt sogar. Er hat Mitleid mit ihr, ja mit allen. Wenn er sie verurteilen wollte, wer bliebe dann noch bei ihm? Maria Walewska!

Sie kommt. Er spricht kurz mit Maria. Aber er hat seinen Elan verloren. Er schätzt sie. Er möchte sie und ihren Sohn beschützen. Wer weiß, was die Zukunft bringt? Sie soll nicht in Armut leben müssen. Aber die Beziehung wiederaufnehmen kann er nicht. Etwas ist in ihm gestorben. Nicht nur die Liebe zu Maria Walewska, sondern die Hoffnung, ohne die es keine tiefen Gefühle und keine Zuneigung zu einem anderen Menschen geben kann.

Im übrigen fühlt er sich jetzt sehr oft müde. Er will seine Müdigkeit überwinden. Also gibt es Inspektionen, Paraden, Beratungen, offizielle Empfänge und sogar festliche Abende in den Tuilerien oder im Élysée-Palast, in dem er am Montag, dem 17. April, seine Residenz nimmt. Es gelingt ihm, so wie einst, bis zu 12 oder 15 Stunden am Tag zu arbeiten. Und er nutzt die Nächte aus. Er will alles sehen, alles durchdenken, alles organisieren, alles anregen. Es ist nötig. Und er allein treibt alles an.

Er besichtigt die großen Arbeiten, die in einzelnen Stadtvierteln in Paris begonnen wurden, weil er sich zeigen muß, damit alle spüren, daß sein Vertrauen in die Zukunft genauso groß ist wie einst. Er geht zur École Polytechnique, zu den Waisenkindern der Ehrenlegion, nach Saint-Denis, zu den Invaliden, ins Naturkundemuseum, ins Atelier des Malers David im Louvre, in die Oper, in die Comédie-Française. Er hält eine Parade mit 30000 Soldaten ab, und zwar der Nationalgarde, der Kavallerie und der Infanterie. Er wohnt der Messe bei. Er diniert mit Hortense, seinen Brüdern

Lucien, Joseph und Jérôme sowie seiner Mutter, die allesamt nach Paris zurückgekehrt sind. Er hat alle Vorwürfe gegen seine Brüder vergessen. Sie sind seine Brüder.

Er ist unermüdlich. Aber plötzlich wird ihm der Kopf sehr schwer. Dann wird sein ganzer Körper weich, als ob er in sich zusammenfällt. Er schlummert ein, schreckt aber wieder hoch. Um ihn herum herrscht Schweigen. Man beobachtet ihn. Er schüttelt sich und geht weg. Die Beine werden schwer, sein Bauch zieht ihn nach unten. Sein ganzer Unterleib schmerzt. Er reißt sich aber wieder zusammen, er findet seine Energie wieder und steigt trotz seiner Beschwerden auf ein Pferd. Aber Energie ist etwas anderes als Elan. Es ist als ob ihm das Vertrauen fehle, obwohl er sich selbst davon zu überzeugen sucht, daß das Schicksal ihm nachweislich wieder günstig gesonnen ist. Aber irgend etwas ist verschwunden.

Nacheinander empfängt er Geliebte von einst, Madame Duchâtel und Mademoiselle Georges. Das zerstreut ihn kurze Zeit, er versucht zu lächeln, aber rasch stellt sich Langeweile ein. Er steht auf und kehrt in sein Arbeitszimmer zurück. Er befragt seine Sekretäre. Kein Brief von der Kaiserin.

Er hat Méneval empfangen, der in Wien bei Marie-Louise bleiben sollte, aber von dort vertrieben wurde. Mit gesenktem Kopf hat Méneval erzählt, aber Napoleon hat auch so verstanden. Marie-Louise weigert sich, ihm zu schreiben, Marie-Louise ist dem Charme von Graf Neipperg verfallen. Marie-Louise hat seinen Sohn dem österreichischen Kaiser anvertraut, damit der aus ihm einen österreichischen Prinzen mache. Marie-Louise wünscht die Scheidung. Sein Sohn ist verloren.

Er schaut das Bildnis seines Sohnes an, und plötzlich laufen Tränen über seine Wangen. In dem Moment tritt Carnot ein, und er muß sich abwenden, um dem Innenminister seine Rührung und seinen Schmerz zu verbergen. Mit langsamem, schwerem Schritt wandert er im Zimmer umher. »Das Werk von 15 Jahren ist zerstört«, sagt er. »Man kann es nicht neu beginnen. Dazu bräuchte man 20 Jahre und müßte zwei Millionen Menschen opfern. Ich wünsche Frieden, aber den erhalte ich nur, wenn ich siege.« Er tritt näher an Carnot heran. »Ich will Ihnen keine falschen Hoffnungen machen. Ich lasse behaupten, es fänden Verhandlungen statt, aber es finden gar keine statt. Ich sehe einen harten Kampf und einen langen Krieg voraus. Dafür brauche ich die Unterstützung der Nation. Aber sie wird als Gegenleistung Freiheit fordern. Sie soll sie haben.« Carnot ist ein alter Revolutionär, solche Worte hört er gern. »Es besteht eine völlig neue Lage«, sagt Napoleon, »und ich will sie möglichst gut verstehen.« Dann senkt er den Kopf. »Ich werde alt. Mit 45 ist man anders als mit 30. Die Geruhsamkeit eines konstitutionellen Königs kann mir genügen.« Er seufzt. »Und meinem Sohn gewiß noch mehr.« Er wendet den Kopf ab, weil er Angst hat, wieder zu weinen. Aber er darf sich nicht gehenlassen.

Er empfängt Benjamin Constant, diesen liberalen Schriftsteller, der ihn noch am 19. März, dem Vorabend seiner Rückkehr in die Tuilerien, in seinen Artikeln mit Dschingis Khan, Attila, Nero und einem Menschenfresser verglichen hat! Und gerade ihn beauftragt er mit der Redaktion einer *Zusatzakte zur Verfassung des Kaiserreichs*, in der eine gewählte Abgeordneten-Kammer und eine Kammer mit vom Kaiser ernannten, erblichen Pairs vorgesehen sind. Leute wie Benjamin Constant oder Fouché haben Einfluß auf die öffentliche Meinung. Was wäre er ohne sie?

Als Napoleon sagt: »Alle Souveränität geht vom Volke aus«, protestieren einige und sprechen vom Geist von 1793 oder gar von Robespierre und vom Schatten der Guillotine. Aber Napoleon beruhigt die Kritiker: »In einem Augenblick der Gefahr wie diesem muß man sich der Jakobiner bedienen, aber seien Sie beruhigt, ich bin da, um sie im Zaum zu halten. Sie werden mich nicht dazu bringen, weiter zu gehen, als ich will.«

Er sagt auch: »Ich habe auf die Vorstellung eines großen Kaiserreichs verzichtet, dessen Basis ich gleichwohl seit 15 Jahren gelegt hatte. Mein Ziel war es damals, ein großes föderatives System in Europa zu schaffen, das mir dem Geist des Jahrhunderts und dem Fortschritt unserer Zivilisation zu entsprechen schien. Aber nun ist mein einziges Ziel, Frankreichs Wohlstand zu mehren durch eine Vergrößerung der öffentlichen Freiheiten.«

Überall spürt er nun die Gegenwart des Todes, auch im Haus

und im Garten von Malmaison, wo er in Begleitung von Hortense spazierengeht. Er kann diese Bäume nicht anschauen, ohne sich an die einstigen Feste und die Unbeschwertheit früherer Abende hier zu erinnern. Von alldem blieben nur Schatten. Joséphine ist tot. Pauline, die über diese Vergnügungen und Bälle herrschte, die so unbekümmerte, sorglos schöne Pauline, wird von den Österreichern in Viareggio gefangengehalten. Élisa haben sie im böhmischen Brünn interniert, Caroline mit ihren Kindern in Triest. Alle seine Schwestern, die hier in Malmaison zur Zeit des Ruhms und der Erfolge glänzten. Und Murat, der Dummkopf Murat, der am Arm von Caroline stolzierte, der die Österreicher angriff, um sich Italiens zu bemächtigen und sein Königreich Neapel zu behalten, wurde besiegt, ist nach Cannes geflohen und bietet nun seine Dienste an. So sind die Menschen.

Napoleon verläßt Malmaison. In der Berline, die ihn in den Élysée-Palast zurückbringt, schläft er ein wenig. Er ist erschöpft. Es ist nur einer dieser Augenblicke, in denen ihn die Müdigkeit übermannt. Er nimmt ein Bad. Als er im Spiegel sieht, was aus seinem Körper geworden ist, befällt ihn Angst. Der Bauch steht so weit vor, daß das Hemd aus der Hose rutscht. Seine Weste kann er kaum noch zuknöpfen. Er streift sich mit der Hand übers Haar, zieht einige Locken in die Stirn. Er ist nun wirklich der »kleine Kahlkopf«, wie ihn seine Soldaten nennen.

Er ruft Marchand. Sein Kammerdiener hilft ihm beim Ankleiden. Als er wieder im Kabinett ist, geht er die Berichte der Spitzel durch, von denen er Fouché überwachen läßt, der doch Polizeiminister ist. Aber wie kann man Vertrauen zu Fouché haben? Dieser Mann kann die royalistische Rebellion ersticken, die im Westen entstanden ist und von Wellington gefördert wird. Aber er ist auch in der Lage, an seine Niederlage zu denken und für die Zeit nach seinem Sturz das Regime vorzubereiten, das ihm zusagt. Deshalb hat er so starken Einfluß auf die Wahlen zur Deputiertenkammer genommen, die für Ende Mai 1815 vorgesehen sind. Und deshalb nehmen seine Sendboten Kontakt mit Metternich auf.

Er läßt Fouché zu sich kommen. Er hat den Herzog von

Otranto schon so oft bedroht! Und so oft schon war er von dessen Ungerührtheit zugleich verärgert und fasziniert, von seinen schweren Lidern, die seinen Blick verbergen, seinem Teint, der genauso bleich ist wie der von Talleyrand.

»Fouché, Sie sind ein Verräter«, sagt er herablassend, »ich sollte Sie erschießen lassen.«

Fouché rührt sich nicht und sagt leise, scheinbar ohne die Lippen zu öffnen: »Sire, ich bin nicht dieser Ansicht.«

Zum Teufel mit Fouché! Napoleons ganzer Körper reagiert mit Widerwillen. Er ruft aus: »Man will mich auf eine Bahn zwingen, die nicht die meine ist. Man schwächt mich. Man legt mir Fesseln an. Frankreich sucht mich und findet mich nicht mehr. Es fragt sich, was aus dem alten Arm des Kaisers geworden ist.« Er schreit geradezu: »Das öffentliche Wohl ist die höchste Gerechtigkeit!«

Dann bedeutet er Fouché mit müder Geste, er möge hinausgehen. Er will weder Galgen noch Guillotine. Die Waffen werden entscheiden.

An diesem Sonntag, dem 28. Mai 1815, geht er mit raschem Schritt hinaus und besteigt ein Pferd. Er sieht die Bajonette der auf den Carrousel-Platz angetretenen Soldaten. Er wird ihre Parade abnehmen. Von ihnen und von ihm hängt doch alles ab.

28

Er wirft einen Blick auf die Wahlergebnisse. Die *Zusatzakte zur Verfassung des Kaiserreichs* ist mit 1 532 000 Stimmen angenommen worden, bei 4 802 Nein-Stimmen. Er schiebt das Blatt beiseite. Über drei Millionen Wahlberechtigte haben an der Abstimmung nicht teilgenommen. Er zuckt mit den Schultern. Die Feiglinge und die Unentschiedenen machen erst dann Geschichte, wenn sie nicht mehr von Helden bestimmt wird. *Wenn ich besiegt werde oder sterbe, werden die Mittelmäßigen Frankreich regieren.*

Er nimmt ein zweites Blatt, auf dem die Namen der in die Deputiertenkammer Gewählten stehen. Er geht sie rasch durch. Es gibt dort nur eine Handvoll Jakobiner, vielleicht 40 bis 80 Abgeordnete, die ihm ergeben sind, die übrigen bilden die große Masse derer, die ihn fürchten, nur an ihre Besitztümer denken und Liberale genannt werden. Er braucht sie noch. Aber er zerknüllt das Blatt. Diese Kammer wird nicht leichter zu gewinnen sein als jene, der er am 18. Brumaire in Saint-Cloud gegenüberstand.

Nun muß er noch die 177 erblichen Pairs ernennen. Er notiert die Namen der ihm ergebenen Generäle, Drouot, Bertrand, Cambronne, Exelmans, La Bédoyère, aber dann auch den Namen von Sieyès, dem Maulwurf der Revolution, denn der Rivale und Verbündete aus der Brumaire-Zeit ist noch immer präsent. Außerdem schreibt er die Namen seiner nach Paris zurückgekehrten Brüder hin. Joseph, Lucien, Jérôme.

Er schaut auf. Und wo ist das Volk in alldem? Wo sind die Bauern, die Unteroffiziere, die Soldaten, die ihn wieder in die Tuilerien getragen haben? Wo sind die Männer, von denen ihm die Präfekten berichten, daß sie sich in Scharen zur Armee melden, um an die Grenze zu stürmen oder unentgeltlich an den Festungen zu arbeiten, daß sie sich mit unglaublicher Begeisterung zu den Aushebungen drängen?

Bei diesen Gedanken überkommt ihn große Rührung, und er sagt zu Marschall Davout: »Die französische Nation ist schön, edel, gefühlvoll und großherzig, immer bereit, alles Schöne und Große zu unternehmen.«

Da sitzen sie nun um ihn herum, auf der großen Tribüne, die an diesem 1. Juni 1815 auf dem Marsfeld errichtet wurde, auf dem die Große Versammlung stattfindet, die die Wahlergebnisse ratifizieren soll. Man hört Salutschüsse und Fanfarenklänge. Soldaten defilieren. In einem Amphitheater, das gegenüber der Militärschule angelegt wurde, sieht er Tausende Teilnehmer, vielleicht 50 000, und ringsum, auf dem ganzen Marsfeld haben sich Hunderttausende Zuschauer eingefunden. Er fühlt sich wie eingezwängt in seinem hellroten Waffenrock, seinem goldbestickten und pelzgefütterten Mantel, seiner Kniehose aus weißer Seide. Aber er hatte gewollt, daß diese Zeremonie des sogenannten Maifeldes wie eine neue Krönung und der Beginn eines neuen Kaiserreichs wirken möge.

Die Sonne scheint. Eine Messe wird gelesen. Er denkt zurück an Notre-Dame und Joséphine. Ganz zerstreut hört er den Herold rufen: »Im Namen des Kaisers verkünde ich, daß die Zusatzakte zur Verfassung des Kaiserreichs vom französischen Volk angenommen wurde.« Der Erste Kammerherr tritt vor und überreicht ihm das Dekret. Napoleon erhebt sich und unterschreibt. Er blickt auf die unüberschaubare Menschenmenge. Er hätte sie zum Aufstand treiben und mit ihr all diese Würdenträger davonjagen und die Revolution neu beginnen können. Er hat es nicht gewollt. Er ist ein Mann der Ordnung. Aber er weiß, daß seine Macht auf dieser Masse gründet.

Er wirft seine Rockschöße nach hinten und tritt ein paar Schritte vor. »Meine Herren Wahlmänner aus den Departements und den Stadtbezirken, meine Herren Delegierten aus Heer und Marine ...« Dann schaut er auf die Menge und spricht plötzlich sehr laut. »Als Kaiser, Konsul und Soldat verdanke ich alles dem Volk. Im Wohlstand wie im Unglück, auf dem Schlachtfeld wie im Kabinett, auf dem Thron wie im Exil galt all mein Denken und Handeln nur Frankreich. Sagen Sie allen Mitbürgern, daß wir uns in großen Zeiten befinden und daß wir mit Einigkeit, Energie und Ausdauer siegreich aus diesem Kampf eines großen Volkes gegen seine Unterdrücker hervorgehen werden.«

Er spricht noch lauter: »Franzosen, mein Wille ist der Wille des Volkes, meine Rechte sind die seinen, meine Ehre, mein Ruhm, mein Glück sind ausschließlich die Ehre, der Ruhm und das Glück Frankreichs!« Die Akklamationen rollen von den ersten Reihen bis zu den letzten. Nach einer Weile ruft er noch: »Ich schwöre, daß ich die Verfassung des Kaiserreichs wahren und ihre Einhaltung überwachen werde.«

Die Offiziere ziehen ihre Schwerter und rufen: »Es lebe der Kaiser! Es lebe die Kaiserin! Es lebe der König von Rom!« Er hört ganz deutlich einige Stimmen, die rufen: »Wir werden ihn holen!« Und einige Honoratioren hinter ihm empören sich und protestieren. Nur das Volk versteht, was er empfindet!

Er tritt vor, während alle Adlerträger von Infanterie, Garde und Nationalgarde ihre Fahnen zu Füßen der Tribüne in Form einer Pyramide aufbauen. Vor sich hat er nun ein Meer aus Fahnen, Säbeln und Bajonetten. Die Kanonen der Tuilerien, der Militärschule, von Montmartre und vom Schloß von Vincennes übertönen mit ihren Schüssen die Schreie »Es lebe der Kaiser!«. Säbel und Kanonenkugeln werden wieder einmal über sein Schicksal bestimmen!

Auf wen könnte er sonst noch bauen? Am 3. Juni bringt man ihm das Ergebnis der Präsidentenwahl in der Deputiertenkammer. Er ist empört. »Man will mich beleidigen! Man will mich in diesem kritischen Augenblick schwächen!« ruft er aus. Man hat Lanjuinais gewählt. Er kennt diesen Anwalt aus dem Gerichtshof von Rennes genau. Er wurde in die Parlamente der Revolution gewählt, später von ihm zum Senator gemacht, doch stimmte er gegen das Konsulat auf Lebenszeit und gegen die Kaiserkrone. Ein Opponent, der sich sogar dem Todesurteil für die Komplizen von Cadoudal widersetzt hat. Er hat 1814 die Abdankungsurkunde redigiert und wurde dann von Ludwig XVIII. zum Pair de France ernannt. Und den wählt man nun! Gegen ihn! Er könnte die Kammer sofort auflösen.

Er zieht ein verächtliches Gesicht. In seiner rechten Körperhälfte spürt er stechende Schmerzen. Er zuckt mit den Schultern. Er läßt sich auf einen Stuhl fallen und stützt den Kopf auf seine Hände. Müdigkeit erdrückt ihn. Was kann er denn tun, außer zu kämpfen und zu siegen?

Er diktiert Davout seine Instruktionen. »Befehlen Sie Marschall Grouchy, der die Kavallerie kommandiert, am 5. Juni in Laon zu sein, damit wir am 10. den Feldzug beginnen können. Die Garde soll bis zum 10. Juni vollständig ausgestattet und kampfbereit sein. Sie werden alle Verbindungswege im Norden, am Rhein und an der Mosel sperren lassen. Kein Wagen und keine Kutsche darf mehr durch. Sie verlassen Paris am 8. Juni. In Lille werden Sie ein Spionagebüro einrichten und die letzten Informationen über die feindlichen Positionen einsammeln. Lassen Sie Marschall Ney rufen. Wenn er bei den ersten Schlachten dabeisein möchte, soll er sich nach Avesnes begeben, wo mein Hauptquartier sein wird. Alle Reisekutschen sollen vorbereitet sein, ohne daß man davon weiß, damit ich zwei Stunden nach dem entsprechenden Befehl aufbrechen kann.«

Das Rad dreht sich also wieder. Es wird die Soldaten und vielleicht auch ihn überrollen.

Der Sekretär überbringt ihm einen Brief von Murat, der erneut darum bittet, in der französischen Armee dienen zu dürfen. Napoleon wirft den Brief zu Boden und diktiert: »Der Kaiser hat keine Verwendung für einen Mann, der vor einem Jahr die Franzosen verraten hat. Und in diesem Jahr haben Sie Frankreich geschadet, indem Sie die Österreicher vorzeitig angegriffen haben.«

Mehr gibt es nicht zu sagen. Aber einige Stunden später, als er auf dem Vendôme-Platz die Parade des 13. Dragonerregiments abnimmt, erinnert er sich wieder an die heldenhaften Attacken von Murat. Die Epoche ist grausam zu den Menschen.

Als er an diesem Montag, dem 5. Juni, langsam in den Élysée-Palast zurückkehrt, kommt ihm ein Offizier entgegen und überreicht ihm eine Depesche. Napoleon liest sie. Ihm wird schwarz vor Augen. Seine Beine tragen ihn nicht mehr.

Als er wieder zu sich kommt, beugen sich Offiziere über ihn. Und er liest die Angst in ihren Augen. Sein Gesicht ist naß. Man hat ihn mit Wasser besprengt. Er sei ohnmächtig geworden, flüstert man ihm zu.

Er richtet sich wieder auf und geht langsam umher. Da wird ihm bewußt, daß er den Brief noch immer in der Hand hält. Er bleibt stehen und liest ihn noch einmal. Marschall Berthier ist tot. Der von den Österreichern in Bamberg festgehaltene Prinz von Neuchâtel hat sich aus einem Fenster gestürzt. Berthier, der bei allen Feldzügen dabei war, der Generaladjutant, der ihn verstand, noch bevor er seine Pläne zu Ende dargelegt hatte. Berthier, der ihn nur in Fontainebleau verraten hatte, war mit Ludwig XVIII. geflohen und wollte sich nun gewiß wieder dem Kaiser anschließen, Berthier, von Skrupeln geplagt, hat den Tod gewählt.

Dann entfernt sich Napoleon und sagt wie zu sich selbst: »Das

Schicksal hat sich für mich sehr verändert. Ich habe einen Gehilfen verloren, den niemand ersetzen kann.«

Nun hat er es eilig, zur Armee und auf das Schlachtfeld zurückzukehren. Die letzte Bewährungsprobe möge endlich beginnen. Aber zuvor noch muß er am 7. Juni vor beiden Kammern die Thronrede halten, bei der ihn die Abgeordneten belauern und wanken sehen wollen.

Es ist wie ein Vorspiel zum Krieg. Er beißt die Zähne zusammen. Er spricht mit mächtiger Stimme. »Die Armee und ich werden unsere Pflicht tun. Sie, die Pairs und die Abgeordneten, müssen der Nation ein Beispiel für Vertrauen, Energie und Patriotismus geben, und wie der Senat des großen Volkes der Antike müssen Sie bereit sein, eher zu sterben, als die Schande und die Erniedrigung Frankreichs zu überleben. Die heilige Sache des Vaterlandes wird triumphieren.«

Sie klatschen Beifall, aber wie viele von ihnen sind zum Opfer bereit? Ihre Zahl ist jedoch gleichgültig, denn allein der Ausgang des Krieges ist entscheidend. Deshalb muß er nun auf jedes Detail achten.

Rasch überfliegt er die eingegangenen Depeschen. Die Armeen der Koalition – Rußland, Österreich, Holland, England, Preußen – ziehen sich in Belgien zusammen. Es ist Zeit. Er betritt den Speisesaal, in dem sich seine Brüder Joseph, Lucien und Jerôme um ihre Mutter versammelt haben und ihn erwarten. Man muß heiter sein, obwohl alle sehr ernst wirken und Hortense das Gesicht verzieht, um nicht zu weinen. Als die Kinder von Hortense und dann die von Joseph hereinkommen, umarmt er sie. Aber wo ist sein Sohn?

Er geht in den Salon. Die Minister erwarten ihn. Sie werden mit Joseph und Lucien einen Großen Rat bilden, der sich jeden Mittwoch versammelt. Aber alle Entscheidungen trifft nach wie vor der Kaiser, der jeden Tag durch Kuriere auf dem laufenden gehalten wird. Mit einem Scherz verabschiedet er sich von der Frau des Generals Bertrand. »Hoffentlich sehnen wir uns nicht bald nach unserer Zeit auf Elba zurück«, sagt er leise zu ihr.

Dann geht er in sein Arbeitskabinett. Er schaut seine Papiere an. Er könnte die besonders geheimen verbrennen, wie er es schon zweimal getan hat. Aber er schiebt sie nur weg. Nichts ist für immer verloren. Und wozu sollte es nütze sein, wenn er dieses Mal verlieren sollte, diese Geheimnisse zu vernichten, da er nun den letzten Akt der letzten Partie spielt und es keine weitere Möglichkeit gibt, wie er weiß.

Am Montag, dem 12. Juni 1815, steigt er um vier Uhr morgens in seine Berline.

Achter Teil
»Ich biete mich dem Haß der Feinde Frankreichs als Opfer dar.«
12. Juni 1815 – 15. Juli 1815

29

Er öffnet die Augen und hebt den Kopf. An den Umspannstelle von Villers-Cotterêts werden Pferde und Kutscher gewechselt. Er hört einige Rufe »Es lebe der Kaiser!«, aber er sagt nur: »Schnell, schnell!«

Man muß den Feldzug eröffnen, bevor die Armeen von Wellington, die sich in Brüssel befinden, und jene von Blücher, die von Süden heranziehen und auf Namur marschieren, sich vereinen. Zwischen beide muß er die 100000 Mann der Nordarmee schieben, die er selbst kommandieren will, um Blücher und Wellington nacheinander zu schlagen. Dann könnte man am 17. Juni Brüssel besetzen, denkt er. Danach würde man weiter sehen. Was dann kommt, kann er sich noch nicht ausmalen.

Die Koalition hat mehr als eine Million Soldaten zusammengezogen, und er verfügt nur über 300000 Mann, um alle Grenzen zu verteidigen. Aber man muß mit den Kräften kämpfen, die einem zur Verfügung stehen, da Europa Frankreich in die Knie zwingen will.

Zu Bertrand, der ihm gegenübersitzt, sagt er, er wolle die Sambre bei Charleroi überqueren, dann auf die Kreuzung von Quatre-Bras zumarschieren, wo sich die Straßen von Namur nach Nivelles und von Charleroi nach Brüssel kreuzen. Wer diese Kreuzung beherrscht, beherrscht Belgien. Also schnell!

Plötzlich wird die Kutsche von einem Stoß erschüttert. Er senkt den Kopf und schließt die Augen. Im Bauch spürt er reißende Schmerzen. Es kommt ihm so vor, als breite sich in seinem Unterleib dickes, schwarzes Blut aus und bringe fast die Venen zum Platzen. Er ist von dem demütigenden Gefühl besessen, daß nicht

Urin und Kot aus seinem Körper fließen werden, sondern Blut. Er unterdrückt einen Schmerzensschrei.

Die Kutsche wird auf dem Pflaster kräftig geschüttelt, muß durch tiefe Furchen im regennassen Sand. Und der Schmerz erfaßt den ganzen Körper. Er seufzt. Er muß ihn niederhalten, darf ihn nicht übermächtig werden lassen.

Am 12. Juni kommt er mittags in Laon an. Karten! Meldungen über Truppenstärken! Er will alles genau untersuchen. Was macht Generaladjutant Soult? Was macht Kriegsminister Davout? »Weder in Laon noch in Soissons finde ich die Vorräte, die man mir für die Armee versprochen hatte«, diktiert er.

Die Adjutanten bringen Depeschen. Er überfliegt sie. Die Truppen kommen nicht schnell genug voran. Er tritt hinaus. Die Masse von Infanteristen, diese Munitionskisten, diese Karren und Lasten, das ist seine Armee! Die Männer sind schon ermüdet. Die Rucksäcke sind schwer, gefüllt mit Brot für vier Tage und mit allen nötigen Kartuschen, denn es gibt nicht genügend Wagen zum Transport der Munition.

Einen Augenblick bleibt er am Straßenrand stehen. Die Soldaten erkennen ihn. Sie schreien und winken mit ihren Hüten. Es ist eine rein französische Armee, denn alle Belgier und Holländer, die ihn einst in Amsterdam oder Antwerpen bejubelt haben und ihm gefolgt sind, sind nun auf seiten Wellingtons und Blüchers. Ganz Europa ist gegen ihn wie einst gegen den Nationalkonvent.

Er diktiert eine Proklamation an die Soldaten aller Jahrgänge. Sie trägt das Datum des 14. Juni. »Soldaten, heute ist der Jahrestag der Schlachten von Marengo und von Friedland, die einst über das Schicksal Europas entschieden haben. Damals waren wir viel zu großzügig, genau wie nach Austerlitz und nach Wagram. Wir haben den Protesten und Eiden der Fürsten geglaubt, die wir auf ihren Thronen beließen. Aber heute haben sie sich gegen uns verbündet und haben es auf die Unabhängigkeit und die heiligsten Rechte Frankreichs abgesehen. Ein Moment des Wohlergehens hat sie verblendet. Wenn sie nach Frankreich eindringen, werden sie dort ihr Grab finden.«

Er läßt sein Kinn auf die Brust fallen. Möge diese Schlacht ihn unter sich begraben, wenn er sie verliert!

»Soldaten!« fährt er fort, »Wir müssen Gewaltmärsche durchstehen, Schlachten liefern, Gefahren trotzen, aber mit Beständigkeit wird der Sieg unser sein, werden wir die Rechte und die Ehre des Vaterlands wiedererringen. Für jeden Franzosen, der Mut hat, ist der Augenblick gekommen, zu siegen oder zu sterben.«

Er fährt weiter nach Avesnes, Beaumont, Charleroi. Der Regen fällt in dichten Schauern, und die Kutsche bleibt stecken. Es ist drückend schwül, und manchmal peitscht ein kalter Wind den Regen auf. Er steigt auf ein Pferd. Jeder Huftritt auf den Boden ist schmerzhaft und löst ein Stechen im Unterleib aus. Nur nichts davon spüren.

Unterhalb einer Mühle zwischen Charleroi und Fleurus hält er an. Es hat aufgeklart. Mit langsamen Schritten besteigt er das Bauwerk. In der Ferne erkennt er den schwarzen Strom der preußischen Armee von Zietens. Sie wird man morgen, am 16. Juni, angreifen.

Er geht sehr vorsichtig. Seine Füße bleiben im Schlamm stecken. Jeder Schritt tut weh. Verfluchter Körper! Er seufzt ungewollt. Er entdeckt ein Haus, eine Schenke am Straßenrand, von dem aus man das Tal der Sambre überblickt. Es ist das Gasthaus von Bellevue. Einen Augenblick bleibt er stehen. Die Soldaten defilieren an ihm vorbei, heben ihre Gewehre und schreien: »Es lebe der Kaiser!« Er sieht den Stuhl, den La Bédoyère ihm bringt. Er läßt sich fallen. Er schaut die vorbeimarschierenden Männer an, dann verwischen sich ihre Gesichter, und ihre Schreie entfernen sich.

Er wacht wieder auf. Noch immer defilieren Soldaten. Er sieht Ney, Soult und die Offiziere des Generalstabs. Er steht auf. »Ney, treiben Sie den Feind zur Straße nach Brüssel, und beziehen Sie Position bei Quatre-Bras«, sagt er. Dann wendet er sich an Soult: »Morgen kann es zu bedeutenden Ereignissen kommen.«

Er beginnt mit dem Diktieren seiner Befehle. Aber er zweifelt einen Augenblick. Versteht ihn Soult auch? Er denkt an Berthier. Er mußte ihm nur ein Wort sagen, und Berthier verstand, erriet, übermittelte, vervollständigte. Aber was vermag Soult? Nur, wer sonst könnte ihm helfen? Ney blickt und redet wie ein Verrückter. Grouchy ist nur ein mittelmäßiger Befehlsempfänger. Wo sind nur Berthier, Lannes, Bessières, Duroc? Alle tot!

Er setzt sich wieder hin. Er sieht General Gérard mit betrübter Miene herbeikommen. Napoleon erhebt sich und geht ihm entgegen. Schlechte Nachrichten muß man stehend empfangen. Gérard berichtet, daß Generalleutnant Bourmont und sein Generalstab, Oberst Clouet, Kommandant Villoutreys und andere Offiziere zum Feind übergelaufen sind. Gérard überreicht den Brief, den Bourmont hinterlassen hat: »Ich will nicht mithelfen, in Frankreich eine blutige Despotie zu errichten. Man wird mich nicht in der feindlichen Armee sehen. Niemand wird von mir Informationen erhalten.«

Bourmont wird alles verraten, was er weiß, die ergangenen Befehle, die Truppenstärke, den Schlachtplan. Alles. Napoleon verachtet diesen Mann, der 1791 in der Armee der Fürsten gedient und in der Vendée gekämpft hat. Bourmont war mit Pichegru befreundet. Er ist mit der Portugal-Armee zu den Engländern übergegangen. Er hätte ihn verhaften lassen sollen. Aber er hat ihn befördert, und nun hat er erneut verraten.

Man meldet, daß die Preußen von Zietens zurückweichen, daß das erste Gefecht also siegreich ausging: 1 500 Gefangene, sechs erbeutete Kanonen, vier preußische Regimenter geschlagen. Aber es ist eben nicht Blücher, sondern nur eine seiner Abteilungen. Und wo steckt Ney? Hat er sich der Kreuzung von Quatre-Bras bemächtigen können?

Napoleon besteigt ein Pferd. Er ist erschöpft und schlummert im Reiten. In Charleroi begrüßt er nur flüchtig Madame Puissant d'Hensy, die Besitzerin des Anwesens, in dem er sich einrichtet. Man soll ihm Karten in sein Zimmer bringen. Man soll ihm stündlich die Bewegungen der preußischen Truppen melden, wenn nötig auch öfter. Hat Ney Quatre-Bras eingenommen? Wo ist das Armeekorps von Drouet d'Erlon, mit dem er morgen von Blücher angreifen will?

Er hat das Gefühl, daß er vergeblich spricht und diktiert. Soult hört ihm zu. Grouchy und Ney erhalten die Botschaften, verstehen sie aber nicht, führen sie nicht aus. Er muß noch genauer sein, damit sie seinen Anweisungen folgen. »Morgen werde ich zwischen zehn und elf Uhr in Fleurus sein. Wenn der Feind in Sombreffe ist, will ich ihn angreifen, ich will ihn sogar in Gembloux angreifen und auch diese Position einnehmen. Meine Absicht ist es, in dieser Nacht aufzubrechen und mit meinem linken Flügel, den Marschall Ney befehligt, gegen die Engländer vorzugehen.« Aber er ist unzufrieden mit dem, was er da diktiert. Zu viele unwichtige Details.

Er schläft nicht, und schon um sechs Uhr morgens an diesem Freitag, dem 16. Juni, wandert er durch die Räume des Anwesens, weckt die Adjutanten und diktiert neue Befehle: Grouchy auf den rechten Flügel, Ney auf den linken. Er selbst wird in der Mitte bleiben.

Er reitet zu den Vorposten, gibt den Befehl zum Angriff und bewegt sich in die vorderen Linien. Dann begibt er sich zur Garde im Dorf Ligny. Man muß jene Hügel dort bei Bussy einnehmen. *Vorwärts, meine Alte Garde!*

Er verfolgt den Bajonettangriff durch das Fernrohr. Die Preußen von Blüchers weichen zurück. Er sagt: »Vielleicht ist in drei Stunden das Schicksal des Krieges entschieden. Wenn Ney seine Befehle ausführt, kommt nicht eine Kanone jener Armee davon.«

Aber was macht Ney? Wo ist Drouet, der ihn unterstützen sollte, damit er die Reste der Armee von Blüchers einkesseln kann? Sie ist nicht vernichtet. Die Attacken der Kavallerie haben sie auseinandergerissen. Von Blücher wurde zu Boden geworfen und verwundet, man hat es gesehen, aber er wurde von einigen Ulanen gerettet. Die Preußen haben 25 000 Mann verloren und wir 8 500.

Er durchquert das Schlachtfeld. Im brennenden Ligny liegen Tote und Verwundete durcheinander. Die Körper liegen übereinander, Franzosen und Preußen. Man hat mit Bajonetten und auch mit Kolbenhieben gekämpft. Die Kirche von Ligny war hart umstritten. Sieg. Aber Blücher kann sich geordnet zurückziehen.

Was macht Ney? Und warum irren Drouet und sein Korps ständig hin und her, ohne zu kämpfen? Warum werden die Befehle schlecht übermittelt und nicht ausgeführt? Er ruft Ney zur Ordnung: »Was soll dieses Zaudern und Schwanken? Sie haben drei Stunden verloren!« Die Engländer haben sich nun zurückgezogen und halten Quatre-Bras, aber Ney hätte sie einige Stunden zuvor überrennen können. Man muß angreifen und diesen Widerstand brechen. Zu Grouchy sagt er: »Während ich die Engländer angreife, werden Sie die Preußen verfolgen.«

Er reitet durch den Regen. Kanonenkugeln schlagen ein. Eine feindliche Batterie hat ihn wohl entdeckt und auf ihn gezielt. Aber er galoppiert nicht. Er rückt in seinem Tempo vor. Diese nahen Explosionen, dieses Aufspritzen von Steinen und Erde verdrängen den Schmerz, der an ihm nagt und den er gleich wieder nachhaltig und wie mit kleinen Stichen durchsetzt spürt, sobald das Bombardement nachläßt und er den Fuß auf den Boden setzt.

Plötzlich bricht ein Gewitter los. Sintflutartiger Regen verhüllt den Horizont. Er spürt das Wasser durch seinen Gehrock, über seine ganze Haut und bis in seine Stiefel laufen.

Ein Adjutant meldet, daß die Engländer Quatre-Bras aufgeben und nun Mann gegen Mann kämpfen. Vorwärts! Er galoppiert an der Spitze der Gardeschwadron. Er vergißt seinen Körper. Der Regen peitscht, die Kartuschen und die Kanonenkugeln der sich zurückziehenden Engländer pfeifen vorbei. Er treibt sein Pferd mit Sporenhieben voran. Er hat nur noch dieses eine Ziel: auf den Höhen das Gebäude zu erreichen, das er auf der Karte entdeckt hat, die Schenke von Belle-Alliance. Dort macht er halt und geht ein paar Schritte auf der Straße nach Brüssel.

Auf der anderen Seite, jenseits eines gewellten Tales mit vielen Baumgruppen und Hecken, erhebt sich die Hochebene von Saint-Jean. Trotz des immer noch fallenden Regens erkennt er, daß sich die Engländer dort verschanzen. Er hat sie also nicht vernichtet. Er hat es nicht geschafft, einen Keil zwischen Wellington und von Blücher zu treiben. Grouchy muß die Preußen zurückschlagen. Und er selbst muß morgen die Engländer bezwingen.

Es wird noch immer geschossen. Langsam entfernt er sich. Hier sterben? Warum nicht? Er geht fort, gegen den Strom der Truppen, die zur Hochebene von Saint-Jean ziehen. Er schaut auf diese ermüdeten und schlammbedeckten Soldaten, die noch die Kraft haben, ihre Gewehre zu schwenken und »Es lebe der Kaiser!« zu rufen.

Er wendet sich ab. Er zittert. Er läßt ein großes Feuer auf dem Bauernhof Le Caillou anzünden, um sich dort zu trocknen. Aber danach schmerzt sein ganzer Körper. Er geht zu Fuß hinaus. Reiten ist zu mühselig. Langsam geht er durch den Schlamm bis zu den Vorposten. Müdigkeit. Schmerz. Entschlossenheit.

Er kehrt nach Le Caillou zurück. Aber wie soll er Schlaf finden in dieser Nacht des Wartens? Er geht hinaus. Der Regen hat aufgehört. Die Feuer der englischen Biwaks markieren ein leuchtendes Band am Rande der Hochebene. Morgen …

Um ein Uhr morgens ist er wieder in Le Caillou. Es ist Sonntag, der 18. Juni 1815. Mit fester Stimme diktiert er: »Die Herren Kommandanten der Armeekorps werden sich zu ihren Truppen begeben, die Waffen instand setzen lassen und dafür sorgen, daß die Soldaten Nahrung aufnehmen können, damit um genau neun Uhr jedes Armeekorps fertig und zur Schlacht angetreten ist, mitsamt der Artillerie und den Ambulanzen. Der Kaiser befiehlt, daß die Armee um neun Uhr vormittags bereit zur Schlacht ist.«

30

Er sitzt auf dem Feldbett, das man in einem kleinen Zimmer im Erdgeschoß des Bauernhofs Le Caillou aufgestellt hat. Er denkt nicht einmal daran, sich hinzulegen. Er weiß, daß er nicht schlafen kann. Er steht auf, geht bis zum schmalen Fenster, durchquert dann die Räume im Erdgeschoß, in denen überall Offiziere auf Strohbündeln schlafen.

Durch die offene Tür hört er den pausenlos fallenden Regen. Er riecht den Schlamm und die völlig aufgeweichte Erde. Er geht bis zur Schwelle. In der Ferne hört man einen Tambour den Weckruf schlagen. Biwakfeuer brennen flackernd unter den Schauern. Es ist nicht kalt, aber er zittert. Er sieht Soldaten vorbeiziehen. Ihre Kleider sind durchnäßt, ihre Waffen feucht, ihre Körper schlaff und erschöpft von den Strapazen und der gewitterschwülen Nacht.

Er bleibt dort stehen. Er kann seine Augen nicht abwenden von der trüben Morgenröte, die sich abzeichnet. Er schaut auf die Höhe von Saint-Jean hinüber. Dort oben sind die Engländer, unter ihrem Feuerhagel wird man hinauf müssen. Und bevor man die Hochebene erreicht, muß man ihre befestigten Plätze einnehmen, rechts das Schloß Hougoumont, in der Mitte den Weiler Haie-Sainte und ganz links den Weiler Papelotte.

Er atmet nur mühsam, weil auf seiner Brust ein schwerer Druck lastet. Seit mehreren Tagen quälen ihn nun schon die Schmerzen. Und doch muß er aus sich selbst genug Energie für diesen entscheidenden Tag schöpfen. In die Karten schauen muß er nicht mehr.

In seinem Kopf ist alles ganz klar und einfach. Der erste Angriff zielt auf Wellingtons rechte Flanke, das Schloß Hougoumont. Um dem Angriff zu begegnen, wird Wellington die Mitte teilweise entblößen. Dann greift er die Mitte an im Gebiet der Weiler Haie-Sainte und Papelotte. Dann wird Grouchy mit seinem Armeekorps, das er zurückbeordert hat, Wellingtons linke Flanke angreifen. In Gedanken sieht er schon jeden Moment der Schlacht, bis zu ihrem Ende. Er wird zum Dorf Waterloo marschieren, das sich auf der Hochebene befindet, jenseits des Gehöftes vom Mont Saint-Jean. Dann wird er seine Truppen auf Brüssel ansetzen. Danach …

Das weiß er immer noch nicht. Und diese Leere, diese Schwärze liegen vor ihm wie eine steigende Flut, die alle Phasen der Schlacht überdeckt und die Gewißheit des Sieges auslöscht, die er gleichwohl in sich festzuhalten sucht und die doch untergeht.

Aber er will keine Zweifel aufkommen lassen. Die Trommelwirbel rollen. Es heißt siegen oder sterben. Er schaut den Himmel im Osten an. Das Wetter klart auf. Es regnet nicht mehr. Er geht in den Weiler zurück. Die Generäle versammeln sich um ihn. Drouot sagt leise: »Heute morgen kann man keine Schlacht gewinnen. Die Artillerie wird steckenbleiben.«

General Reille schüttelt den Kopf: »Die englische Infanterie ist unbesiegbar mit ihrer stillen Beharrlichkeit und der Überlegenheit ihrer Schützen. Bevor man sie mit Bajonetten angreifen kann, muß man damit rechnen, daß die Hälfte der Angreifer gefallen ist. Aber wenn man sie nicht mit einem direkten Angriff besiegen kann, kann man es doch mit Finten.«

Napoleon hört zu. Die Trommelwirbel rollen. Die Armeen haben ihre Stellungen bezogen. »Ich weiß, daß die Engländer schwer zu schlagen sind in ihren festen Positionen«, sagt er, »deshalb werde ich auch manövrieren lassen.« Er schaut die Offiziere an. Auf ihren Gesichtern liest er dieselbe Unruhe, ja Angst und Ungewißheit, die er in sich trägt. Sie sind wie sein Spiegel. »Wir haben 90 Prozent Siegeschancen«, sagt er noch, bevor er hinausgeht. »Ich sage Ihnen, daß Wellington ein schlechter General ist, daß die Engländer schlechte Soldaten sind und daß alles bis zum Mittagessen erledigt ist.« Er schließt die Augen, denn nun blendet ihn die Sonne. Sie ist sehr heiß und läßt das Blut noch heftiger pochen, als ob so die Müdigkeit plötzlich heraussprränge.

Napoleon besteigt ein Pferd. Er galoppiert bis zu den Vorposten. Es wird noch nicht geschossen. Er hält auf einer Anhöhe, auf der das Gehöft Rossomme liegt. Von hier überblickt er fast das ganze Tal, das sich zwischen den beiden Hochebenen hinzieht, der von Saint-Jean im Norden, auf der er zuweilen die roten Waffenröcke der englischen Infanteristen erkennen kann, und jener von Belle-Alliance, wo sich gerade die Franzosen in Bataillonen aufstellen.

Er wendet sich an Soult und diktiert eine neue Botschaft an Grouchy: »Seine Majestät wünscht, daß Sie Ihre Operationen einleiten und sich uns annähern.« Dann befiehlt er, daß man sein Feldbett in diesem Gehöft aufstellt. Er will versuchen, eine Stunde zu schlafen.

Nach einigen Minuten wacht er wieder auf. Die Trommelwirbel rollen. Die Armee defiliert in Richtung Belle-Alliance, das etwa anderthalb Kilometer nördlich des Hofes Le Caillou liegt. Schöne Armee! Große Armee! Er verschränkt die Arme. Rührung überkommt ihn. »So viele Tapfere!« Er diktiert einen Befehl. »Die

Garde wird hier Stellung beziehen, zwischen Rossomme und Belle-Alliance.« Und er selbst wird hier bleiben, in dem einen oder dem anderen Gehöft.

Es ist 11 Uhr 30. Es ist so weit. Dort stehen 84000 Soldaten. Das sind 10000 zu wenig. Aber so oft hat er einen überlegenen Feind vernichtet. Und wenn Grouchy hinzukommt, dann sind wir morgen Abend in Brüssel. Er hebt den Arm.

Die Batterie der Garde eröffnet das Feuer auf Schloß Hougoumont. Das ist die erste Phase, der Angriff auf den rechten Flügel von Wellington. Um 12 Uhr stürmen die Infanteristen unter dem Kommando von Jérôme zum Angriff. Er sieht, wie sie vorrücken, aber dann, noch bevor er die Detonationen der Schüsse hört, sieht er sie niedersinken. Jérôme, dem er vertrauen mußte! Durch wen kann er ihn ersetzen? Hat er eine Wahl? Jérôme reibt die Männer in Frontalangriffen auf. Sie kommen nicht voran, sie verbluten!

Er schaut nach Nordosten zum Gehöft Papelotte hinüber, auf seiner rechten Seite. Diese Staubwolke, die eine marschierende Truppe dort aufwirbelt, stammt sie von Grouchy? Man soll Kundschafter schicken.

Es ist 13 Uhr, und schon bringt man einen Gefangenen, einen schwarzen Husaren, der zu den preußischen Truppen von Bülows und von Blüchers gehört. Er hat einen Brief von Bülows an Wellington bei sich, der die Ankunft der Preußen meldet.

Napoleon schaut auf die Staubwolke. Wie viele Soldaten? Vielleicht 30000, wenn alle Preußen von Blücher da sind. Was soll er tun? Grouchy setzt ihnen bestimmt nach. Und hier läuft schon der Angriff. Man muß sie aufhalten. Man soll nach rechts marschieren, zum Dorf Plancenoit. Damit wird Marschall Mouton beauftragt. Und Ney soll die Mitte von Wellington angreifen.

Die Sonne brennt. Es herrscht schwüle, gewittrige Hitze, die den Körper wie mit tausend Feuernadeln sticht. Es ist 13 Uhr 30 an diesem Sonntag, dem 18. Juni 1815.

Aber was macht Ney? Er greift das Gehöft Haie-Sainte ohne Kanonen an! Die Infanteristen werden aus nächster Nähe von den Engländern erschossen, die sich dort verschanzt haben. Andere tauchen aus dem Weizenfeld auf, rote Punkte, die auf Neys Kavallerie schießen.

Napoleon bleibt reglos auf seinem Pferd. Er fühlt sich von einem diffusen Schmerz gefangen, der seinen ganzen Körper schüttelt, auf den Schultern lastet und die Venen stärker denn je anschwellen läßt. Seine Beine und seine Schenkel sind so schwer.

Aber was macht Ney? Der Marschall greift nun an der Spitze einer Kürassierschwadron an. Die Pferde fallen zu Boden. Ein Adjutant schreit, daß der Marschall schon sein fünftes Pferd verloren habe. Sucht er etwa den Tod? Die Angriffswellen folgen dicht aufeinander. Die vom Galopp erschöpften Pferde kommen sehr langsam im Schußfeld der englischen Gewehre und Kanonen an, die sie zu Stücken schießen. »Dieser Unglücksrabe!« schreit Napoleon. »Zum zweiten Mal seit gestern setzt er Frankreichs Schicksal aufs Spiel!«

Aber man muß ihn unterstützen, muß versuchen, dieses Gehöft Sainte-Haie einzunehmen und dahinter die Ebene von Saint-Jean und des Gehöft vom Mont Saint-Jean. Um jeden Preis.

Er spürt, daß er den Ablauf der Ereignisse nicht mehr in der Hand hat. Wo ist Grouchy? Er wendet sich an Soult. Hat man Grouchy die Botschaft überbracht? Durch wie viele Offiziere? Soult hat nur einen Adjutanten geschickt, wo Berthier 20 geschickt hätte! Grouchy hat den Befehl, zu ihm zu stoßen, vielleicht nie erhalten. So ist es wohl.

Napoleon läßt sein Pferd langsam zur Garde hinübertraben. Die Bärenfellmützen stehen stramm in Reih und Glied und präsentieren die Gewehre. Er wird zuerst die Junge Garde einsetzen, um die Preußen zurückzudrängen, die nur noch drei Kilometer von Belle-Alliance entfernt sind und die ganze rechte Flanke aufzureißen drohen. Bis zu seiner Position! Das Dorf Plancenoit muß unbedingt gehalten werden.

Er sieht die Grenadiere Stellung beziehen, der Tambour voran. Dann legt die preußische Artillerie los. Er sieht Flammen, die sich über dem Dorf Plancenoit erheben. Die Junge Garde hat es eingenommen. Aber die Preußen stürmen noch einmal zu Tausenden heran. Also muß die Alte Garde heran.

Er geht auf die Grenadiere zu. »Meine Freunde, nun ist der höchste Augenblick gekommen. Hier kann man nicht mehr schießen. Hier könnt ihr den Feind nur noch Mann gegen Mann angehen und ihn mit der Spitze Eurer Bajonette in den Abgrund zurückbefördern, aus dem er gekrochen kam und nun Armee, Kaiserreich und Frankreich bedroht.«

Sie setzen sich in Marsch. Er ist sicher, daß sie Plancenoit wiedereinnehmen werden. Aber wie viele Männer werden übrigbleiben für die Hauptattacke gegen Wellingtons Nordflügel und die Ebene vom Mont Saint-Jean?

Es wird schon dunkel. Das brennende Plancenoit erleuchtet die Dämmerung. Ein verwundeter Adjutant sagt leise, daß man dort dicht bei dicht gekämpft und aus kürzester Entfernung geschossen habe. Wie in Ligny. Er hört zu. Man muß nun alles riskieren. Die englische Front mit den Resten der Alten Garde durchbrechen.

Er geht zu diesen 6000 Soldaten. Er stellt sich mitten unter sie. Er gibt das Zeichen. Die Garde marschiert, mit Tambours und Fanfaren im Herzen der Karrees und mit entrollten Adlern. Die Infanteristen, die sie unterstützen sollen, rufen: »Es lebe der Kaiser!«

Es geht hügelaufwärts zur Hochebene von Saint-Jean. Napoleon schaut auf die Ruinen des Gehöftes Haie-Sainte, das kurz zuvor erobert wurde. Man erreicht die obere Höhe. Und plötzlich erheben sich Rotjacken aus dem Getreidefeld und feuern ununterbrochen Salven ab, denn immer neue Engländer tauchen nun auf, hinter Halmen oder Hecken verborgen.

Die Garde zögert, die Garde weicht zurück. Nun wird sie von englischen Kanonen beschossen. Die Kavallerie greift an. Ein Schrei: »Rette sich, wer kann!« Die Regimenter neben der Garde lösen sich auf. Die Flüchtenden zerstreuen sich in der hereinbrechenden Nacht. Die Engländer setzen nach. Die Preußen unter von Zieten, die zu ihnen gestoßen sind, greifen auch an. Alles wird von der Übermacht erdrückt.

Napoleon sitzt auf einem Pferd, inmitten eines Karrees der Garde, das noch nicht von Angriffen, Bomben und Kugeln dezimiert wurde. Er richtet sich auf. Nun müßte er getroffen werden, nun müßte er sterben. Er treibt sein Pferd bis zum Rand des Karrees.

Die hier sind die Besten, das 1. Bataillon des 1. Regiments der Gardegrenadiere. Hier müßte er sterben, unter ihnen. Aber die Kugeln pfeifen vorbei, treffen Männer, die sogleich wieder im Rang ersetzt werden, und er wird nicht getroffen. Er ist besiegt und lebt!

Das Karree zieht sich wohlgeordnet zurück. Die Fanfare ertönt. Er reitet im Schritt. Um sich herum sieht er dieses aufgewühlte Meer von flüchtenden Soldaten, die darum kämpfen, in Gemappe die Brücke über die Dyle zu nehmen. Er steigt vom Pferd, und das Karree öffnet sich. Er will die Flüchtenden zurückhalten, aber man reißt ihn mit. Stimmen schreien in der Nacht: »Die Preußen! Die Preußen!« Schon sausen Ulanen die Straßen hinunter, säbeln alles nieder, sind aber zu schnell, um ihn zu erkennen und zu töten. Napoleon reitet davon.

Plötzlich kann er nicht mehr. Er kümmert sich nicht um die wenigen Reiter, die ihn umgeben. Er steigt vom Pferd. Adjutanten bemühen sich, machen ein Feuer in der Lichtung. Er läßt sich auf einen Baumstumpf fallen. Er verdeckt sein Gesicht. Das ist das Ende ohne das Ende.

Er steht wieder auf. Er sagt sich immer wieder, daß er die Partie bis zum Äußersten spielen muß. Daß das Leben so ist, daß er es den 30000 Toten schuldig ist, die gewiß in dieser Schlacht gefallen sind. Und wie viele Feinde? Gewiß weniger. Bis zum Äußersten. Er reitet mit seiner kleinen Eskorte über die von Flüchtenden verstopften Straßen. Leise sagt er: »Ich hatte eine Vorahnung von einem unglücklichen Ausgang.« Sein Schicksal hat sich erfüllt.

Am Montag, dem 19. Juni, kommt er um neun Uhr in Philippeville an. Ein neuer Tag. Ein neuer Kampf. Leben, bis zum Äußersten. An Joseph schreibt er: »Noch ist nicht alles verloren. Ich denke, daß mir 150000 Mann bleiben, wenn ich alle Kräfte zusammenziehe. Die Föderierten und die Nationalgarden, wenn sie Mut haben, liefern mir weitere 100000 Mann. Die Bataillone in den Depots noch einmal 50000. Ich könnte dem Feind also sofort 300000 Mann entgegen werfen. Ich werde die Artillerie von Luxuspferden ziehen lassen. Ich lasse 100000 Rekruten ausheben. Ich bewaffne sie mit den Gewehren der Royalisten und der unzuverlässigen Teile der Nationalgarden. Ich werde dem Feind hart zusetzen. Aber man muß mir dabei helfen und darf mich nicht behindern. Ich begebe mich nach Laon. Dort finde ich gewiß genug Leute. Ich habe nichts von Grouchy gehört. Wenn er nicht gefangen ist, wie ich befürchte, dann kann ich in drei Tagen 50000 Männer haben. Berichten Sie mir von dem Eindruck dieses entsetzlichen Gefechtes auf die Kammer. Ich glaube, daß die Deputierten begreifen, daß es in dieser schweren Lage ihre Pflicht ist, zu mir zu stehen, um Frankreich zu retten. Bereiten Sie sie darauf vor, mir würdig beizustehen. Vor allem Mut und Entschlossenheit!«

Er steigt in den Wagen von General Dupuy, dem Kommandanten der Festung Philippeville. Mut und Entschlossenheit! Man muß Joseph wirklich diese beiden Wörter schreiben! Aber er stellt sie sich schon vor, diese Fouché, La Fayette, Lanjuinais, all die Schwätzer aus der Deputiertenkammer, die seit langem gegen ihn intrigieren, um ihn zu vertreiben, so wie sie es getan hätten, wenn er in Marengo, Austerlitz und selbst in Wagram nicht gesiegt hätte.

Er gibt sich ganz dem Rumpeln der Kutsche hin. Sein Körper ist wie gerädert. Schon seit so vielen Tagen schläft er nicht mehr, nimmt kein Bad mehr, und seit drei Tagen hat er nichts mehr gegessen. Aber es war besser so, nichts zu sich zu nehmen, denn er hätte alles wieder erbrochen. Er hätte Blut gepißt und geschissen, das spürt er genau. Er schließt die Augen, sein Körper ist voller Schmerz und Schmutz. Er braucht dringend ein Bad. Davon träumt er nun, während er sich ganz der Bewegung der Kutsche überläßt. Als er die Augen ein wenig öffnet, erkennt er französische Landschaften, und ihre Sanftheit berührt ihn, beruhigt ihn.

Was nun auch immer geschehen wird, wie auch immer die Komplotte ausgehen mögen, die man gewiß schon gegen ihn geschmiedet hat, er spürt kein Bedauern. Er hat sein Schicksal bis zum Äußersten durchlebt. Er wird kein zweites Mal von einer Insel Elba zurückkehren.

Er hat noch die Karrees der Garde vor Augen, wie schwarze Blöcke, die allmählich zerstört werden. Er hört die Detonationen und die Schreie. Wieder einmal hat sich der Tod ihm verweigert, hat ringsum zugeschlagen, als ob er wolle, daß er allein überlebe. Er empfindet weder Bitterkeit noch Bedauern. *Ich habe die Gunst des Schicksals auf einem Schlachtfeld errungen, und auf einem Schlachtfeld habe ich sie verloren. Was immer geschieht, ich habe mein Schicksal erfüllt.*

Er öffnet die Augen. An diesem Mittwoch, dem 21. Juni 1815. geht die Sonne auf. Die Kutsche rollt über das Pflaster von Paris. Er schaut auf die noch menschenleeren Straßen und die geschlossenen Läden der Geschäfte. Es ist noch keine sechs Uhr.

Man durchquert die Vororte. Was soll er mit dem Volk tun? Einzig die Bauern, die Plebejer und die Soldaten waren ihm treu. Mit ihnen könnte er, wenn er wollte ... Seine Gedanken schweifen ins Unbestimmte. Die Kutsche fährt langsamer, bleibt dann stehen. Er sieht Caulaincourt, der auf der Vortreppe des Élysée-Palastes wartet.

31

Er geht die Treppen zum Élysée hoch. Er atmet mühsam. Diese schmutzige Müdigkeit erdrückt und erstickt ihn wie ein Korsett, dessen er sich entledigen muß. Zu Caulaincourt, der hinter ihm geht, sagt er leise: »Der Schlag, den ich erhalten habe, ist tödlich.« Dann betritt er sein Arbeitskabinett. Er hebt die Arme. Sein Kammerdiener Marchand entkleidet ihn. Endlich hört er das Badewasser fließen.

»Nun, Caulaincourt, das ist wirklich ein großes Ereignis«, sagt er. »Eine verlorene Schlacht. Wie wird die Nation dieses Debakel verkraften? Werden die Kammern mir helfen?«

Während die Badewanne noch volläuft, wirft er sich aufs Kanapee. Er schaut Caulaincourt an, dann Davout, La Valette, Maret, Regnaud de Saint-Jean-d'Angély, die nacheinander das Arbeitskabinett und sodann das Badezimmer betreten. Er reitet seit zehn

Tagen im Schlamm, in Regenschauern, schläft, wann und wo es gerade geht, er hat seit zehn Tagen fast nichts mehr gegessen, seit zehn Tagen kämpft er. Und was haben sie erlebt in diesen zehn Tagen? Sie haben abgewartet.

Er hört Caulaincourt zu. »Sire, die Nachricht über Ihr Unglück ist schon durchgesickert. In allen Gemütern herrscht große Unruhe, und die Einstellung der Deputierten ist feindlicher denn je. Man muß befürchten, daß die Kammer Ihren Erwartungen nicht entspricht. Sire, ich bedaure, Sie in Paris zu sehen. Es wäre besser gewesen, Sie wären bei Ihrer Armee geblieben, denn Ihre Stärke und Ihre Sicherheit hängt von ihr ab.«

Er schüttelt den Kopf. Er will den letzten Akt hier spielen. Jeder soll seine Verantwortung wahrnehmen. Er wird sich nicht abschieben lassen wie im April 1814, als man ihn verriet, während er noch hier um die Hauptstadt kämpfte, die man den Armeen der Koalition öffnete. Das soll nicht noch einmal geschehen. Man soll klar wählen. Wenn er von der Bühne abtreten muß, dann nach den Regeln, im hellen Licht und ganz ehrlich. Und wenn er an der Spitze einer Armee kämpfen soll, dann mit der Zustimmung aller.

Er schaut die bestürzten Würdenträger an, die bei ihm stehen, während das Badewasser allmählich den Schmutz, die Müdigkeit und die Anspannung auflöst. Verstehen sie, daß die kommenden Ereignisse ihn auf ganz andere Weise angehen? Daß eine neue Partie beginnt? Sie liegt außerhalb seines Schicksal. Es ist ein ganz neues Stück. Und in dem Akt, der nun anhebt, ist er Akteur und Zuschauer zugleich. Aber die Person, die sie gekannt haben, ist bei der Alten Garde auf den Hängen des Mont Saint-Jean geblieben oder im Umkreis des Dorfes Plancenoit.

Er hört ihnen zu. Sein Bruder Lucien will den 18. Brumaire wiederholen. Carnot verlangt, daß er das »Vaterland in Gefahr« erklärt. Fouché und all die andern intrigieren, um ihn zur Abdankung zu bewegen.

Er steigt aus dem Bad. Er spritzt sie naß. Die Würdenträger ziehen sich zurück, während man ihn ankleidet. »Ich weiß, daß Leute wie La Fayette und Lanjuinais mich nicht mehr wollen«, sagt er. »Ich weiß, daß ich sie störe.« Dann hält er inne. Auch sie haben es gehört, denn alle haben ihre beunruhigten Gesichter zu den Fenstern gewendet. Dieser Lärm, diese Schreie, wie eine Welle: »Es lebe der Kaiser! Es lebe der Kaiser!« Das ist das Volk.

Napoleon tritt ans Fenster. Die Straßen neben dem Élysée sind von einer riesigen Menge erfüllt. Man winkt, man droht mit der Faust. Er erkennt die Kittel der Arbeiter, die grauen oder schwarzen Kleider der Frauen aus den Vorstädten.

Er kehrt zu den Würdenträgern zurück. Er streckt den Arm aus. Sie sehen es auch, nicht wahr? Hören sie es? Aber sie reden von den Kammern, von einer Regierungskommission unter Fouché. Regnaud de Saint-Jean-d'Angély sagt: »Ich fürchte, daß ein großes Opfer nötig ist.« Das sagt d'Angély, für den er so viel getan hat! »Wenn sich der Kaiser nicht entschließen kann, aus eigenem Antrieb seine Abdankung anzubieten«, fährt d'Angély fort, »dann könnte es sehr wohl sein, daß die Kammer sie zu fordern wagt.«

Leise fügt er noch hinzu, daß die Kammer beschlossen hat, ununterbrochen zu tagen, und daß sie vielleicht die Absetzung verkündet. Lucien erregt sich. Carnot protestiert. Der Kaiser muß die Diktatur ausrufen. Es gibt das Volk und die Armee. Napoleon schaut sie an. Er hört die Schreie draußen, die noch lauter geworden sind. Das Volk ist dort, in der Tat. Aber was soll er mit ihm tun? »Mein politisches Leben ist zu Ende«, sagt er leise.

Dann wandert er mit langsamen Schritten umher. »Wenn man mich zwingen will, werde ich nicht abdanken. Man soll mich in Ruhe darüber nachdenken lassen.« Er bleibt vor Regnaud de Saint-Jean-d'Angély stehen. »Was die Deputierten auch immer beschließen mögen, ich werde das Idol des Volkes und der Armee bleiben.« Er spricht mit bedächtiger Stimme. Geht es wirklich um ihn? Er steht noch auf dieser Bühne und hat sie doch schon verlassen. Er sieht, überlegt, redet. Aber in ihm selbst redet eine andere Stimme.

Die Partie ist entschieden. Sein Schicksal ist besiegelt. Das Glück hat ihn verlassen. Es hatte ihm alles gegeben. Es hat ihm nichts mehr zu geben. Wer handeln will, muß von seiner Fortüne überzeugt sein. Und er hat in sich selbst nicht mehr das Gefühl, im Rhythmus des Schicksal voranzuschreiten. Er ist allein. Er hat keinen Leitstern mehr. Mit Kraft könnte er noch einiges erzwingen, aber das wären Illusionen. *Meine Zeit ist vorüber.*

»Ein Wort von mir genügte, und alle Deputierten würden erschlagen«, sagt er laut. Er wendet sich wieder dem Fenster zu. Die Menge schreit noch lauter: »Es lebe der Kaiser!«

»Für mich selbst fürchte ich nichts«, sagt er noch, »aber ich befürchte Schlimmes für Frankreich. Wenn wir uns untereinander streiten, wird es uns ergehen wie dem Römischen Reich, und alles ist verloren.«

Er verläßt seine Räume. Die Flure des Élysée-Palastes sind leer. Er sieht General Thiébault auf sich zukommen, der mit ihm in Portugal und Spanien war, dort, wo das Schicksal ihn zu verlassen begann. »Sire«, sagt Thiébault, »erlauben Sie mir, Ihnen den Ausdruck tiefster Ergebenheit und größten Respekts zu Füßen zu legen.« Das ist ein Mann, der nicht mit gekrümmtem Rücken den Siegern entgegengeht!

Er geht in den Garten hinab und spaziert langsam die Alleen entlang. Die Rufe »Es lebe der Kaiser!« branden immer noch gegen die Gitter. Sie halten in der hereinbrechen Nacht noch an, und die Stimmen drücken einen wilden Enthusiasmus aus, eine Art Wut, wie auf einem Schlachtfeld vor dem Angriff. »Es lebe der Kaiser!«

Er geht Benjamin Constant entgegen, der sich auf einer Allee nähert. Der Schriftsteller ist respektvoll und sehr aufmerksam. Dieser Liberale hat ihn nicht gemocht, aber er hat ein unabhängiges Urteil. Und auch er ist jetzt noch auf der Bühne und schon aus dem Spiel.

»Es geht jetzt nicht mehr um mich«, sagt Napoleon. »Es geht um Frankreich. Man will, daß ich abdanke. Aber hat man die Folgen dieser Abdankung bedacht? Man kann doch keine Regierung stürzen, wenn der Feind nur noch einige Meilen entfernt ist. Ich gehöre zu dem, was die Fremden angreifen, ich muß also zu dem gehören, was Frankreich verteidigen muß. Wenn es mich ausliefert, liefert es sich selbst aus. Es gibt sich geschlagen.« Er bleibt stehen und schaut lange Benjamin Constant an. »Nicht der Stolz setzt mich ab, sondern nur Waterloo, nur die Angst, eine Angst, die unsere Feinde ausnützen werden.«

Er hört es und sieht, daß auch Constant zu den Champs-Élysées hinübersieht. Es ist ein gewaltiger Lärm. Man kann die Schreie verstehen: »Nieder mit den Bourbonen! Nieder mit den Priestern! Es lebe Napoleon!«

Der Kaiser geht weiter. Er könnte ... »Sehen Sie, das sind keine Leute, die ich mit Ehren und Reichtümern überhäuft habe. Was schulden sie mir? Ich habe sie arm vorgefunden und lasse sie arm zurück. Aber der nationale Instinkt erleuchtet sie, durch ihre Münder spricht die Nation, und wenn ich will, wenn ich es zulasse, dann gibt es in einer Stunde die rebellische Kammer nicht mehr.« Er schaut auf Constant, der nichts gesagt hat. »Wenn ich will«, sagt er noch einmal. »Aber nein, das Leben eines Menschen ist diesen Preis nicht wert. Ich bin nicht von Elba gekommen, um Paris im Blut zu ertränken.«

Er verläßt Benjamin Constant. Er bleibt auf der Vortreppe stehen. Er hört diese Rufe, diese Appelle, die in der Nacht aufsteigen: »Es lebe Napoleon!« Und wenn seine Pflicht darin läge, sich dem Volk anzuschließen, sich an seine Spitze zu setzen, die Deputierten zu verjagen und eine Massenaushebung zu veranlassen? Und was käme danach? Er sieht die Zukunft nur mit einem schwarzen Schleier bedeckt. Er kann Marengo, Austerlitz und Wagram nicht wiederholen. Er hat den Endpunkt seines Schicksal erreicht.

Die Frau von General Bertrand stürzt herbei und ruft: »Ach, warum haben wir nur Elba verlassen?« Sie geht neben ihm her, händeringend. Sie sei die Tochter von General Dillon, einem Iren, sagt sie. Sie sei auch ein bißchen englisch. »Die freien und mündigen Engländer sind das einzige Volk, das in der Lage ist, den Kaiser zu empfangen und zu verstehen«, sagt sie mit Nachdruck.

Er betritt sein Kabinett. Der Arbeitstisch ist mit Briefen übersät. Er öffnet sie, wirft sie dann aber ungelesen wieder fort. Was soll es nützen?

Hortense erscheint mit bestürztem Gesicht. »Sie haben gewiß schon gespeist«, sagt er und steht auf. »Wollen Sie mir Gesellschaft leisten?« Aber einige Minuten reichen, um das Essen zu beenden. Nichts schmeckt ihm. Er geht in den Salon. Er sieht seine Mutter, die ihn fixiert. Seine Brüder Jérôme, Lucien und Joseph sind bei ihr. Die Familie. Er nimmt sie mit in den Garten.

Er kann nicht einmal die Hand eines Sohnes halten oder den Arm einer Gattin. Er ist allein mit den Menschen seiner Anfänge. Als ob gar nichts geschehen wäre, als ob das Schicksal ihm wieder alles genommen hätte.

In der Nacht kann er nicht schlafen. Von Zeit zu Zeit hört man noch Schreie auf den Champs-Élysées. Er steht auf und beginnt mit dem Verbrennen von Papierstapeln, ohne sie zu sichten. Alles ist in seinem Kopf. Sein Gedächtnis und sein Geist sind sein einziges Gut.

Ein Gesandter der Kammer ist eingetroffen, General Solignac, den er immer mißachtet hat, obwohl er am 18. Brumaire auf seiner Seite war, und den er wegen Unterschlagungen abgesetzt hat. Und nun überbringt er ein Ultimatum der Kammer. Man gibt ihm eine Stunde, um abzudanken, andernfalls würde man ihn absetzen.

Er antwortet Solignac nicht. Einen Menschen wie ihn beachtet man nicht. Er geht in seinem Arbeitskabinett auf und ab. Lucien kommt herbei und fuchtelt mit den Armen. Er erinnert an den 18. Brumaire, an dem die Lage viel kritischer war als heute. »Sie haben noch alle Macht!« schreit Lucien. »Der Feind marschiert auf Paris. Nie war eine Militärdiktatur legitimer.«

Napoleon tritt auf Lucien zu und nimmt ihn beim Arm. Man müßte es wollen. Aber er will es nicht mehr. »Mein lieber Lucien«, sagt er mit ruhiger Stimme, fast mit der Gleichgültigkeit eines distanzierten Beobachters, »es stimmt, daß wir am 18. Brumaire nur die Gunst des Volkes für uns hatten. Und heute haben wir alle Rechte, aber ich darf sie nicht anwenden.«

Fouché tritt ein. Er verachtet diesen ewigen Intriganten. Er war Terrorist, Königsmörder, Anführer der Verschwörung gegen Robespierre, Polizeichef, und als Minister hat er mich so oft verraten. *Und nun kommt er, meine Abdankung zu fordern.*

»Nun gut«, sagt Napoleon, »dann soll es eben so sein, wie Sie es wollen. Die Zukunft wird zeigen, ob Sie damit Frankreich besser gedient haben. Sie werden zufrieden sein.«

Dann dreht er sich um und sagt: »Prinz Lucien, schreiben Sie.«

Während er ruhig diktiert, wandert er umher. Er hat es nicht mehr eilig. Er hat das Ufer erreicht. Er schaut auf den stürmischen Ozean zurück, den er überquert hat, um an diesen Punkt seines Leben zu gelangen.

»Franzosen, als ich den Krieg begann, um die nationale Unabhängigkeit zu bewahren, zählte ich auf das Zusammenwirken aller Kräfte, aller Herzen, und vor allem auf die Unterstützung der nationalen Institutionen. Ich hatte Grund, auf den Erfolg zu hoffen. Nun ergeben sich veränderte Umstände. Ich biete mich dem Haß der Feinde Frankreichs als Opfer dar. Mögen sie ihre Erklärungen ehrlich meinen, daß sie es nur auf meine Person abgesehen haben. Meine politische Tätigkeit ist beendet, und ich erkläre meinen Sohn unter dem Namen Napoleon II. zum Kaiser der Franzosen. Aus Fürsorge für meinen Sohn ersuche ich die Kammer, unverzüglich die Regentschaft für ihn durch ein Gesetz zu regeln. Seid einig im Interesse des öffentlichen Wohls und um eine unabhängige Nation zu bleiben.«

Es ist getan. Er sieht die Würdenträger und die Minister, die dem Diktat beigewohnt haben, davongehen. Sie beeilen sich, die gute Nachricht zu verbreiten. Gewiß werden sie keine Regentschaft organisieren. Wer außer ihm sorgt sich um seinen Sohn? Was bedeutet er schon für sie? Sie werden den König von Rom vergessen und sich den Siegern unterwerfen. Sie werden sich den Bourbonen anschließen.

Man berichtet ihm von den Intrigen Fouchés und La Fayettes. In der Pairs-Kammer hat es einzig La Bédoyère gewagt, für ihn Partei zu ergreifen. »Weh den Generälen, die ihn schon aufgegeben haben und sich danach drängen, sich dem Ausland zu unterwerfen«, hat er gesagt. »Was sind ihre Eide noch wert? Wird man in dieser Kammer denn stets nur niederträchtige Worte hören?«

In den Straßen hört er immer noch dieselben Schreie: »Es lebe Napoleon! Nieder mit den Bourbonen!« Er geht durch den leeren Palast. Er erkennt von weitem Davout, Marschall, Prinz von Eckmühl, Herzog von Auerstedt, der nun im Namen der Kammer zu ihm kommt und ihn auffordert, den Ort zu verlassen.

»Und wohin soll ich gehen?« Dann zeigt er auf den Garten. »Sie hören diese Schreie. Wenn ich mich an die Spitze des Volkes setzen würde, das einen Instinkt für die wahren Notwendigkeiten des Vaterlands hat, dann wäre es bald vorbei mit all diesen Leuten, die erst dann gegen mich vorzugehen wagten, als sie mich schutzlos sahen. Man will, daß ich fortgehe?« Mit seinem ganzen Körper drückt er seine Verachtung aus. »Das kostet mich auch nicht mehr als alles andere. Fouché betrügt alle und wird am Ende selbst betrogen sein, in seinem eigenen Netz gefangen. Durch sein Wirken werdet ihr Ludwig XVIII. bekommen, und zwar vom Feind zurückgebracht.«

Aber wenn sie es unbedingt wollen! Er hat ja schon die Bühne verlassen. Er ordnet seine letzten Papiere. Er will den Élysée-Palast verlassen und sich nach Malmaison begeben. Denn man kann ihnen zutrauen, daß sie ihn den Alliierten ausliefern.

Carnot will ihn sprechen. Dieser Mann hat gegen das Kaiserreich gestimmt, ist aber zu ihm gekommen, als nach dem Rußlandfeldzug die Schwierigkeiten begannen. Carnot ist bestürzt und spricht mit großer Rührung. »Gehen Sie nicht nach England«, sagt er. »Sie haben dort zu viel Haß erregt, diese vulgären Boxer werden Sie beleidigen. Gehen Sie lieber nach Amerika. Von dort aus können Sie Ihre Feinde noch zum Zittern bringen. Wenn Frankreich wirklich wieder unter das Joch der Bourbonen fallen sollte, wäre Ihre Anwesenheit in einem freien Land eine Stütze für die nationale Öffentlichkeit.«

Dieser Mann ist ein Patriot. Wie La Bédoyère, wie das Volk, das draußen schreit. »Adieu, Carnot«, sagt Napoleon und umarmt ihn, »ich habe Sie zu spät kennengelernt.«

Er kehrt an seinen Arbeitstisch zurück und setzt ein offizielles Ersuchen auf, daß man ihm in Rochefort zwei Fregatten bereitstellen möge, damit er sich in die Vereinigten Staaten begeben könne. Dann schreitet er langsam und ständig um sich schauend zur Vortreppe.

Der Lärm draußen ist gewaltig. Die Menge hat die Kutsche mit den sechs Pferden gesehen. Man schreit: »Verlaß uns nicht!« Er senkt den Kopf. Ist er noch jener, dem man zujubelt, nach dem man ruft? Es kommt ihm so vor, als sei jemand anderer gemeint. Was getan ist, ist getan.

Er wird durch die Gartentür fortgehen. Die Adjutanten werden die Prachtkutsche nehmen, um die Aufmerksamkeit der Menge abzulenken. Er dreht sich um und schaut noch einmal auf den Palast. Aus der Kutsche, in der er nach Chaillot fährt, beugt er sich heraus, um den Triumphbogen zu sehen.

Er weiß, daß er all das nicht wiedersehen wird. Aber diese Avenuen, diese Straße nach Rueil, diese Alleen des Parks von Malmaison, auf denen er nun geht, diese Salons, diese Zimmer seiner Residenz, das ist sein ganzes Leben, das vorüberzieht, das sich in diesen letzten Augenblicken verdichtet und an die Tage seines jungen Ruhms erinnert.

Er geht an einem Spiegel vorbei. Er ist nun dieser dicke, kahlköpfige Mann mit dem gelben Teint, dessen Züge von tiefer Müdigkeit entstellt sind. Wo ist der magere Erste Konsul? Er ist tot, genau wie Joséphine, wie Duroc, wie Bessières, wie Lannes. Verschwunden, wie sein Sohn, wie Marie-Louise.

Er geht durch alle Räume. Er betritt Joséphines Zimmer, verläßt es wieder, setzt sich neben Hortense in den Garten. Leise sagt er: »Ich kann mich nicht daran gewöhnen, ohne sie an diesem Ort zu wohnen. Mir kommt es so vor, als ob sie jeden Augenblick in einer Allee auftauchen müßte oder hinter einem Rosenbusch.

Er steht auf und geht allein durch den Garten, in dem er so oft umherspaziert ist, begleitet von all jenen, die mit ihm das Kaiserreich aufgebaut und siegreiche Feldzüge vorbereitet haben, die gestern noch ergebene Höflinge und Minister waren und heute tot sind oder sich seinen Feinden angeschlossen haben. Er bedauert nichts. Er spürt nur die Spanne der Zeit und die Gewißheit, daß sein Schicksal vollendet ist, daß er nicht von vorn anfangen kann.

Nun muß er sich auf das Kommende vorbereiten. Der Bibliothekar Barbier soll Bücher über Amerika zusammenstellen und eine Liste aller Druckwerke über seine Feldzüge in den letzten 20 Jahren. Das ist ein Ziel für sein neues Leben, wo immer es sich abspielen mag. Mit dem Geist kämpfen, alles im Strom der Erinnerung und der Gedanken noch einmal durchleben, um so der Untätigkeit zu entgehen. Er spürt noch Energie in sich. Er diktiert seine letzte Proklamation an die Große Armee.

»Soldaten! Auch aus der Ferne werde ich Eure Schritte verfolgen. Ihr wurdet verleumdet, genau wie ich. Männer ohne jede Berechtigung, Eure Leistungen zu beurteilen, haben die Zeichen Eurer Ergebenheit so gedeutet, als hätten sie einzig mir gegolten. Mögen Eure künftigen Erfolge ihnen beweisen, daß Ihr vor allem der Heimat gedient habt, indem Ihr mir gehorcht habt, und daß ich, wenn ich Anteil an Eurer Anhänglichkeit habe, dies einzig meiner heißen Liebe zu Frankreich verdanke, unserer gemeinsamen Mutter. Soldaten, rettet die Ehre und die Unabhängigkeit der Franzosen. Wenn Ihr so bleibt, wie ich Euch 20 Jahre lang gekannt habe, werdet Ihr unbesiegbar sein.«

Er ist wieder im Garten von Malmaison. Er empfängt den Bankier Lafitte. »Die Mächte führen ihren Krieg nicht eigentlich gegen mich«, sagt er, »sondern gegen die Revolution. In mir haben sie immer nur den Repräsentanten der Revolution gesehen.« Er seufzt. »Ich habe es eilig, Frankreich zu verlassen. Man soll mir die geforderten zwei Fregatten geben, und ich breche sofort nach Rochefort auf.«

Er vertraut diesem Verwalter der Bank von Frankreich, der auch, wie er weiß, den Schatz von Ludwig XVIII. verwaltet hat. Was kann man tun ohne Geld? Nichts. Also muß er über Geld reden.

»Ich weiß noch nicht, was mir bevorsteht«, sagt er. »Ich bin bei guter Gesundheit, und ich habe wohl noch 15 Jahre zu leben. Ich schlafe und wache auf, wann ich will, ich kann vier Stunden reiten und zehn Stunden am Tag arbeiten. Meine Ernährung kostet nicht viel. Mit einem Louis pro Tag kann ich überall auskommen. Man wird ja sehen.«

Er setzt sich. Er hat bei Lafitte drei Millionen in Gold hinterlegen lassen, die er dem Schatz der Tuilerien entnommen hat, außerdem 800000 Francs in bar sowie den Rest des Schatzes von Elba. Alles in allem fast fünf Millionen, nicht wahr? Mit einer Geste lehnt er eine Quittung des Bankiers ab. Er sagt noch einmal, daß er ihm vertraut. Mit dieser Summe müsse man seine Brüder, seine Mutter, die Leute des kaiserlichen Hofstaates, das Ehepaar Bertrand und die Diener versehen. 100000 Francs für Jérôme und seine Mutter, 700000 für Joseph, 250000 für Lucien. Hortense, Maria Walewska, Madame Pellapra und Madame Duchâtel nicht zu vergessen.

Nacheinander kommen die Frauen seines Lebens nach Malmaison. Marie weint und schiebt ihren Sohn, seinen Sohn, nach vorn. Er küßt das Kind und muß dabei die große Rührung niederhalten, die ihn ergreift. Und nun kommt Léon, sein anderer Sohn, mit seinem Erzieher. Es ist schon neun Jahre her, daß seine Mutter, Éléonore Denuelle, in einer Nacht zu ihm gekommen ist. Sein ganzes Leben verdichtet sich hier. Es fehlen nur seine Gattin und sein ehelicher Sohn.

Er entfernt sich in die Alleen des Parks, kehrt dann zu Hortense zurück und sagt leise: »Malmaison ist schön. Nicht wahr, Hortense, es wäre wunderbar, wenn man hier bleiben könnte?« Er setzt sich hin und schweigt. Ein Wachoffizier eilt atemlos herbei. Blüchers Preußen nähern sich. Sie könnten einen Handstreich gegen Malmaison wagen. Er lacht: »Ich habe mich einkesseln lassen!«

Langsam geht er hinein. Gefangener der Preußen – niemals! Er gibt Marchand ein Fläschchen, das mit einer roten Flüssigkeit gefüllt ist. Er hat es von Doktor Corvisart. »Sorge dafür, daß ich es immer bei mir habe. Binde es an meine Weste oder an ein anderes Kleidungsstück, so daß ich es stets griffbereit habe.«

Er sieht den entsetzten Gesichtsausdruck seines Kammerdieners. Er zieht ihn am Ohrläppchen. Er wolle nicht sterben, wenn er ein anderes Leben leben könne, sagt er leise. Nur könne er nicht Gefangener auf französischem Boden sein. Dieser Demütigung ziehe er den Tod vor. Er will sein Schicksal wählen können. Danach sollen die Dinge gehen, wie sie wollen.

Er hört Rufe: »Es lebe der Kaiser!« Ein Regiment Linieninfanteristen geht am Park von Malmaison vorbei. Trommeln rollen. Die Stimmen werden lauter. Ein Offizier tritt ein und teilt mit, daß sich Blüchers Armee allein auf Paris zubewege, ohne auf die englischen Truppen zu warten. Allein.

Man könnte Blücher schlagen. Napoleon stürzt in sein Arbeitskabinett und schaut auf die Karten. »Frankreich darf niemals von einer Handvoll Preußen unterworfen werden!« ruft er General Becker zu, dem Fouché das Kommando über die Garde für den Kaiser erteilt hat. »Ich kann den Feind noch aufhalten und der Regierung Zeit verschaffen, mit den Mächten zu verhandeln.«

Er geht mit großen Schritten umher und redet mit feuriger Stimme. »Danach werde ich nach Amerika reisen, um mein Schicksal zu vollenden.« Er wendet sich an Becker. »Man soll mir das Kommando der Armee zurückgeben, nicht als Kaiser, sondern als General. Ich werden den Feind vor Paris vernichten. Lassen Sie der Regierungskommission mein Ersuchen überbringen, sagen Sie ihr, daß ich nicht daran denke, wieder die Macht zu übernehmen.«

Er streckt den Arm aus. »Ich schwöre als Soldat, Bürger und Franzose, noch am Tag der Niederlage des Feindes nach Amerika zu gehen.« Becker stimmt ihm zu und eilt davon. *Ich kann Menschen guten Willens immer noch überzeugen!*

Napoleon geht in die Bibliothek und wartet ab. Aber wer in Paris kann seinen Vorschlag annehmen? Er geht langsam umher. Können Fouché, Lanjuinais und selbst Davout heute akzeptieren, was sie gestern abgelehnt haben?

Er empfängt Joseph, der nach Amerika gehen will. »Wenn man meinen Vorschlag ablehnt, bleibt mir nichts, als sofort abzureisen«, sagt Napoleon.

Er ruft den Hofmarschall und teilt ihm seine Absicht mit. »Übermitteln Sie meine Befehle, und lassen Sie mich wissen, wenn sie ausgeführt sind.«

Becker kommt zurück. Er sagt, daß in Paris die Menge immer noch Napoleons Namen ruft, daß aber die Regierungskommission den Vorschlag des Kaisers abgelehnt hat. »Diese Leute verstehen weder die aktuelle Lage noch den Zustand der Gemüter«, sagt Napoleon leise.

Langsam streift er seine Uniform ab und zieht einen dunkelbraunen Frack sowie eine dunkelblaue Kniehose an. Er setzt einen runden Hut auf. Er schaut sich im Spiegel an. So sieht dieser Mann in seinem neuen Leben aus.

Und nun fort, so schnell wie möglich. Hortense weint. Die Generäle fluchen und fordern Geld. Man soll sie schnell auszahlen, ruft er. Dann geht er zu den Seinen. Adieu, liebe Mutter. Adieu, mein Sohn. Er betritt das Zimmer von Joséphine. Jene Zeit ist so fern und doch so nah.

Er geht rasch zur Kutsche. Es ist 17 Uhr 30 an diesem Donnerstag, dem 29. Juni 1815. Becker und Savary sitzen ihm gegenüber und Bertrand zu seiner Linken. Wenn sie seinen Blick kreuzen, senken sie die Köpfe. Niemand sagt ein Wort.

In Rambouillet beschließt Napoleon plötzlich, die Nacht im Schloß zu verbringen. Er kann kaum atmen in der schwülen Luft. Wer weiß, ob nicht an den Waldstraßen Mörder lauern. So viele Leute wünschen seinen Tod. Aber er will sein neues Leben durchstehen.

Als er sich am Morgen zeigt, ist die Menge da und drängt sich am Schloßgitter. Rufe kommen auf: »Es lebe der Kaiser!« Am Sonntagmorgen, dem 2. Juli, erfüllt die Menge die Straßen von Niort, wo er die Nacht verbracht hat. Man hat ihn erkannt. Auch die hier stationierten Husaren demonstrieren für ihn.

Er erkennt General Lallemand, einen Veteranen der Feldzüge in Italien und Ägypten. Er erklärt mit atemloser Stimme, daß man die Truppen der Generäle Lamarque und Clausel aus der Bretagne und der Vendée zusammenziehen und so eine Front eröffnen könne.

Er wendet den Kopf ab. All diese Pläne, die man ihm vorschlägt, diese Schreie, die er hört, diese Husaren, die ihn mit blankem Säbel grüßen, dieser ergebene Präfekt, all das ist nur ein ferner Abglanz seiner Macht, ein letztes Bild. Aber wenn er sich von diesem Trugbild verleiten ließe, würde er, der Kaiser, als Gesetzloser enden. »Ich bin nichts mehr, und ich vermag nichts mehr«, sagt er nur. Er werde Niort am morgigen Montag, dem 3. Juli, um vier Uhr verlassen.

Am Abend erreicht er gegen 20 Uhr Rochefort. Auf der Reede erkennt er die beiden französischen Fregatten *Saale* und *Medusa*, die seine Überfahrt nach Amerika gewährleisten sollen. Aber in der Ferne entdeckt er englische Schiffe, die so positioniert sind, daß sie jede Ausfahrt aus der Reede verhindern können. Ihre massiven Rümpfe sieht man deutlich in der Abenddämmerung. Ohne Hilfe des Schicksals verläuft nichts so, wie man es erhofft.

32

Er sitzt in den Räumen der Seepräfektur von Rochefort. Schon 1808 hat er sich hier aufgehalten. Damals war er auf der Höhe seiner Macht und seines Ruhms. Und nun? Er hört dem Seepräfekten Casimir de Bonnefous zu. Dieser Mann, den er ernannt hat, hat ihn wie fast alle verraten. Er hat sich Ludwig XVIII. angeschlossen und in denselben Räumen den Herzog von Angoulême empfangen, als er im März 1815 versuchte, die Bevölkerung des Westens gegen ihn aufzuwiegeln. Kann er Vertrauen zu ihm haben? Er wird das gehorsame Instrument der Pariser Beschlüsse sein. Und was haben sie mit ihm vor? Ihn nach Amerika zu lassen?

Die Mächte der Koalition haben ihm kein freies Geleit zugesichert. Man müßte sich also die Durchfahrt gegen die kleine englische Flotte erkämpfen, die alle Seewege versperrt. Aber vielleicht wünschen ja die Verräter in Paris seinen Schiffbruch und Tod oder seine Verhaftung. Talleyrand ist Premierminister von Ludwig XVIII. geworden! Und Fouché sein Polizeiminister! Was hat er von jenen Männern zu erwarten, die er seit Jahren durchschaut hat und die seinen Untergang wünschen? Sie werden versuchen, ihn auszuliefern, um ihre Dienstfertigkeit zu beweisen. Fouché könnte so vergessen machen, daß er ein Terrorist und Königsmörder war und daß er für ihn die Royalisten verfolgt hat, solange er an den Bestand des Kaiserreichs glaubte. *Ich will ihnen weder das Geschenk meines Todes noch meiner Würde bringen!*

Aber was kann er noch tun? Er hat keinerlei Gewißheit mehr,

sieht keinen geraden Ausweg, sondern lauter Verstrickungen. Er kann sich nur noch blamieren oder beschmutzen. Oder mit einer verzweifelten Ausflucht scheitern.

Er geht ein paar Schritte ins Freie und hört sogleich das Schreien der Menge. Man jubelt ihm immer noch zu. Man schreit: »Verlaß uns nicht!« Er empfängt eine Delegation von Einwohnern und Soldaten. Diese Männer beschwören ihn, Frankreich nicht zu verlassen, sondern den Widerstand anzuführen. Er zeigt nur auf seine Zivilkleider. »Meine Freunde, meine Ratschläge und Ansichten hat man verachtet und verworfen. Der Feind sitzt in Paris.« Er schüttelt den Kopf. »Ich kann nicht die Besetzung durch den Feind zum Bürgerkrieg werden lassen.« Also muß er so schnell wie möglich fort. Aber wie? Und wohin?

Plötzlich taucht Joseph auf, ängstlich, aber entschlossen. Was Napoleon auch immer von ihm gedacht haben mag, heute ist er da, wie ein älterer Bruder, und entschlossen, ihm zu helfen. Aber er ist Napoleon Bonaparte, in Begleitung eines Stabes von 60 Menschen! Er ist kein Flüchtling, sondern ein verfolgter Herrscher. Er hat selbst beschlossen abzudanken. Das Gesetz muß ihn also schützen.

Er empfängt Las Cases. Er schätzt diesen ehemaligen Emigranten schon seit der Zeit, als er noch als Marineoffizier in der feindlichen Armee Condés gekämpft hat. 1806 hat er sich aber dem Kaiserreich angeschlossen und wurde von Napoleon zum Staatsrat ernannt.

Er soll nun der neue Kammerherr sein und alle Äußerungen Napoleons aufzeichnen, wenn er mag, hat er doch einen großen Erfolg im Buchhandel erzielt mit seinem *Historischen, chronologischen und geographischen Atlas*. Napoleon unterhält sich gern mit ihm und seinem Sohn Emmanuel. Die Familie Las Cases ist bereit, ihm überallhin zu folgen.

Aber wohin geht er nun? Dem Bibliothekar Barbier hat man verboten, Napoleon die verlangten Bücher über Amerika und die Feldzüge der Großen Armee zu schicken. Er bemerkt viele beunruhigende Anzeichen. Auf einzelnen öffentlichen Gebäuden sind schon die ersten weißen Fahnen zu sehen. Das mächtigste englische

Kriegsschiff, die *Bellerophon*, ist in die Reede eingelaufen und zeigt die königliche Flagge.

Seine Feinde kommen näher. Sie wollen ihn festsetzen. Er wendet sich an General Gourgaud. Er weiß, daß er Vertrauen zu ihm haben kann. Dieser Artillerieoffizier ist grobschlächtig, cholerisch und nicht sehr diplomatisch, aber er ist treu. Bei den Kämpfen in Brienne hat er die Lanze eines Kosaken von ihm abgewehrt. Und auch er ist bereit, ihm ins Exil zu folgen. »Machen Sie Boote für die Überfahrt zur Insel Aix klar«, sagt Napoleon, »dort werde ich nahe genug bei den Fregatten sein und kann mich einschiffen, falls die Winde meinen Ausbruch auch nur ein wenig begünstigen.«

Am Samstag, dem 8. Juli 1815, geht er nahe dem Dorf Fouras von dem Gipfel einer Düne zum Strand hinunter. Die ganze Bevölkerung ist versammelt. Das Meer ist aufgewühlt. Kann man zur Insel Aix hinüberfahren? Er dreht sich um und winkt. »Adieu, meine Freunde.« Der Wind trägt die Schreie hinüber: »Es lebe der Kaiser!« Er geht sehr langsam. Er verläßt den Boden des französischen Festlandes. Ein Matrose nimmt ihn auf die Schultern, geht ins Wasser und trägt ihn zum Boot.

Der Wellengang ist zu hoch, man kann nicht zur Insel hinüber. Er weiß, daß ab jetzt nichts mehr leicht sein und er nur auf widrige Umstände stoßen wird. Er befiehlt, mit dem Boot zu einer der beiden Fregatten zu rudern, der *Saale*. Er klettert am Fallreep hoch. Das Schiff hat noch die Trikolore aufgezogen. Die Offiziere salutieren mit gezogenem Säbel. Die Matrosen sind an Deck angetreten. Aber ein Blick auf Kapitän Philibert genügt, um zu verstehen, daß dieser Mann verlegen ist und den Befehl seines Ministers ausführen würde, den Kaiser zu verhaften. Diese Fregatte ist vielleicht ein Gefängnis.

Er geht über Deck zur Kajüte, die für ihn bestimmt ist. Sobald es das Wetter erlaube, wolle er die Insel Aix besuchen, sagt er. Dort landet er am Sonntag, dem 9. Juli. Er betritt den weichen Sand. Es ist französischer Boden, und vielleicht betritt er ihn zum letzten Mal. Man jubelt ihm noch zu. Er nimmt eine Parade ab und besichtigt dann die Befestigungen. In einem anderen Leben, das auch das seine war, hat er den Bau dieser gewaltigen Festungsanlagen angeordnet. *Hier könnte meine allerletzte Festung liegen!*

Die Soldaten rufen: »Verlaß uns nicht!« Offiziere kommen herbei und rufen mit erhobenen Schwertern: »Es lebe die Loire-Armee!« Aber er kehrt an Bord der *Saale* zurück, er muß die inzwischen auf der Fregatte eingegangenen Depeschen lesen. Er überfliegt sie. Die Regierung verfügt seine Verbannung. Und hinter diesen Worten, die ihn auffordern, das französische Territorium zu verlassen, ahnt er ganz andere Absichten. Wer immer will, soll ihn ergreifen können.

Der neue Marineminister Joubert hat sich gewiß mit den Engländern verständigt, damit ihm auch Ludwig XVIII. verzeiht, daß er Napoleon gedient hat. Mit seinem Leben und seiner Freiheit erkaufen sie sich die Freibriefe, die es ihnen erlauben, in den Kreis der neuen Machthaber einzutreten. Und so tun es alle, die eine Stellung oder ein Besitztum zu verteidigen haben. Und die immer käuflichen Journalisten nennen ihn in ihren Gazetten schon den »Usurpator«.

Aber so einfach will er sich nicht fangen lassen. Er verläßt die *Saale* und richtet sich auf Aix in der ersten Etage des kleinen Hauses des Inselkommandeurs ein. Er schläft nicht. Er hört sich verschiedene Vorschläge an. Ponée, der Kapitän der *Medusa*, empfiehlt, das englische Kriegsschiff anzugreifen. Er will die *Bellerophon* rammen und sich samt Schiff und Besatzung opfern, um so den Weg für Napoleons Flucht mit der *Saale* frei zu machen. Aber kann er sich auf den Kapitän der *Saale* verlassen?

Eine Gruppe junger Offiziere schlägt vor, sich eines Walfangschiffes mit festen Aufbauten zu bemächtigen, aufs offene Meer hinauszufahren, dort ein Handelsschiff zu kapern und mit diesem nach Amerika überzusetzen. Man könne aber auch an Bord eines dänischen Schiffes fliehen, das gerade in Aix festgemacht hat.

Am 13. Juli trifft Joseph ein. Er umarmt seinen Bruder. Joseph schlägt vor, als Köder für die englische Flotte zu dienen, während sich Napoleon nach Bordeaux begeben und Frankreich an Bord eines Schiffes verlassen solle, das Joseph gechartert hat. Napoleon schüttelt den Kopf. Er fürchtet nicht die mit all diesen Plänen verbundenen Risiken. Der Tod ist gar nichts. Er hat ihn ja gesucht. Aber er muß seinem bisherigen Leben einen Abschluß geben, der seines vergangenen Ruhmes würdig ist. Also kommt keine klägliche Flucht infrage, kein Abenteuer, das wie ein Bubenstreich enden würde.

Er weist Joseph auf die Angehörigen des kaiserlichen Hofstaates hin, die vor dem Haus spazieren. Darunter sind vier Kinder, eins von Las Cases, eins von der Gräfin Montholon, zwei von der Gräfin Bertrand. Außer den beiden Frauen sind dort noch Generäle, Offiziere und Diener, insgesamt 60 Personen. Er will mit den Angehörigen seines Hauses würdig abreisen. Noch einmal umarmt er seinen Bruder. Das ist der allerletzte Abschied. Nun wird er ganz allein über sein weiteres Vorgehen entscheiden.

Las Cases und Gourgaud haben sich zu Kapitän Maitland begeben, dem Kommandanten der *Bellerophon*, um darüber zu verhandeln, ob Napoleon an Bord des englischen Schiffes kommen könnte. Warum sollte er denn nicht sein Schicksal in die Hände des großen englischen Volkes legen? Warum sollte er nicht, mit einer heroischen Geste im antiken Stil, die seines ganzen Lebens würdig wäre, all den Intrigen der Verräter und den Komplotten der Meuchelmörder zuvorkommen? Und wenn die Engländer, denen er sich ausliefert, sein Vertrauen verraten, dann wäre er eben ein Ehrenmann, der in die Hände von Treulosen gefallen ist.

Es ist um Mitternacht am 13. Juli 1815. Er denkt an Plutarchs *Leben der berühmten Männer*, an dieses Buch, das er in den vergangenen Jahren immer wieder gelesen hat. Dieses Ende wäre auf der Höhe der von ihm erlebten Geschichte. Und bei dem Gedanken, sein Leben zum allerersten Mal in die Hände anderer zu legen, in die Hände jener Engländer, denen er seine neue Existenz anvertraut, empfindet er ein Gefühl der Erleichterung.

Sein ganzes Leben lang hat er immer nur gekämpft und Herausforderungen getrotzt, ohne Unterlaß gehandelt. Und nun, in seinem zweiten Leben, wird er sich nur noch seines Geistes und seines Gedächtnisses bedienen. Zu Gourgaud sagt er: »Es ist immer gefährlich, sich seinen Feinden anzuvertrauen, aber es ist besser, sich ihrer Ehre anzuvertrauen, als in ihren Händen ein gewöhnlicher Gefangener zu sein.« Er hat seine Entscheidung getroffen. Er ist besänftigt. Sein Schicksal wird sich erfüllen.

Er greift zur Feder. Er schaut aus dem Fenster des kleinen Zimmers, sieht den Himmel und dann die *Bellerophon* wie einen schwarzen Felsen am Horizont. Er schreibt an den englischen Prinzregenten. »Königliche Hoheit, als Opfer der Gruppierungen, die mein Land spalten, sowie der großen Mächte Europas beende ich mein politisches Leben und lasse mich, wie einst Themistokles, am Herd des britischen Volkes nieder. Ich unterstelle mich dem Schutz seiner Gesetze, den ich von Eurer Königlichen Hoheit erbitte, als dem mächtigsten, beharrlichsten und großherzigsten meiner Feinde. Napoleon.«

Er liest es noch einmal und ist zufrieden. Er ist gewiß, den Befehlen von Ludwig XVIII. und Fouché zuvorzukommen, die ihn verhaften lassen wollen. Indem er sich auf die *Bellerophon* begibt, entgeht er ihnen.

Er diktiert Gourgaud seine Instruktionen. Der General soll als erster mit diesem Sendschreiben an den Prinzregenten losfahren. Er soll erklären, daß Napoleon, da er nun nicht nach Amerika könne, England jedem anderen Land vorziehe. Er wolle den Namen »Oberst Muiron« führen. Der Name kam ihm von ganz allein in die Feder. Er hat noch seinen jungen Adjutanten vor Augen, der sich auf die Brücke von Arcole stürzte und dann vor ihn stellte, um die Kugeln abzufangen. Ohne ihn, ohne Muiron, hätte sich nichts in seinem Leben ereignet. Er wäre in Arcole gestorben. Muiron hat ihn gerettet. Er sieht ihn vor sich, als wäre es gestern.

Napoleon bittet darum, daß man ihn kurz nach Mitternacht an diesem Samstag, dem 15. Juli 1815, weckt. Er zieht seine Uniform der Gardejäger an, grün mit roten Litzen. Er knöpft seinen grauen Gehrock zu und setzt seinen Hut mit der blauweißroten Kokarde auf. Er wird sein erstes Leben mit erhobenem Haupt verlassen, wie es sich gehört.

General Becker bietet an, ihn bis zur *Bellerophon* zu begleiten, aber Napoleon lehnt es ab. »Denken wir an Frankreich«, sagt er.

»Ich begebe mich freiwillig an Bord des Kreuzers. Wenn Sie mich begleiten, wird es später heißen, Sie hätten mich den Engländern ausgeliefert. Ich will nicht, daß auf Frankreich eine solche Anschuldigung lastet.«

Becker weint. »Umarmen Sie mich, General. Ich bedaure, daß ich Sie nicht früher so gut kennengelernt habe. Ich hätte Sie in meine Dienste genommen.«

»Adieu, Sire, seien Sie glücklicher als wir.«

Glück? Unglück? Er denkt über diese Wörter nach, als er sich auf das französische Schiff *Épervier* begibt, das ihn zur *Bellerophon* bringen soll. Glück? Unglück? Er hat alles gekannt, aber er hat nie nach dem Glück gestrebt oder das Unglück gefürchtet. Er wollte seine Kräfte bis zum Äußersten entfalten und nicht die Lebensenergie niederhalten, die wie ein Sturm ihn ihm getobt hat.

Es ist noch dunkel, als er sich auf einem Boot der *Épervier* nähert. Der Kommandant dieses Schiffes, Jourdan, sagt, daß der Kaiser unrecht habe, den Engländern und dem Kapitän Maitland zu vertrauen. Er versichert, daß man ihre Blockade hätte durchbrechen können.

»Es ist zu spät. Ich werde erwartet, und ich werde mich dorthinbegeben.«

Die *Épervier* nähert sich der *Bellerophon*, von der sich eine Schaluppe löst. Napoleon grüßt die Besatzung der *Épervier*. Adieu, Frankreich. Nur wenige Ruderschläge, und dann klettert er langsam am Fallreep der *Bellerophon* empor. Das Pfeifen der Mastwächter zerreißt das Morgengrauen.

Napoleon schreitet Kapitän Maitland entgegen. Er zieht seinen Hut und sagt mit fester Stimme: »Ich stelle mich unter den Schutz Ihres Prinzen und Ihrer Gesetze.« Dann geht er ein paar Schritte und sagt noch: »Das Schicksal der Waffen hat dazu geführt, daß ich mich zu meinem grausamsten Feind begebe, aber ich rechne auf seine Ehrenhaftigkeit.«

Neunter Teil

»Nur das Unglück fehlte meinem Ruhm noch.«

16. Juli 1815 – 5. Mai 1821

33

Er betritt die große Deckkajüte, die Kapitän Maitland für ihn bestimmt hat. Er empfindet ein Gefühl von Frieden, ja fast Heiterkeit. Er ist jetzt nur noch der Herr seines Geistes. Er fühlt sich frei, als ob seine Entscheidung, sich den Engländern zu stellen, ihn endlich von der Last der Verantwortung befreit hätte. Maitland wird die Route der *Bellerophon* bestimmen, und die Winde entscheiden darüber, wann er England erreicht. Später dann …

General Gourgaud hat inzwischen bestimmt schon dem Prinzregenten seine Wünsche übermittelt. Vielleicht läßt man ihn nach Amerika reisen, oder er darf sich in England niederlassen. Und wenn nicht?

Er geht an Deck. Die Matrosen salutieren ihm. Maitland verkündet, daß die *Superb*, das Schiff von Admiral Hotham, ganz in der Nähe Anker geworfen habe und der Admiral beabsichtige, den Gästen der *Bellerophon* einen Besuch abzustatten. Die Engländer sind keine Barbaren, sie begrüßen ihn wie einen besiegten Herrscher, dem man Achtung und Gastfreundschaft schuldet.

Er wird den Besuch des Admirals an Bord der *Superb* erwidern. Er sieht die Matrosen in den Rahen des Schiffes wie bei einer Parade. Admiral Hotham empfängt ihn mit Prunk und Respekt. Alles ist gut. Man speist. »Ohne euch, die Engländer, wäre ich Kaiser des Orients geworden«, sagt Napoleon. »Aber überall, wo es genug Wasser für ein Schiff gibt, kann man sicher sein, auf euch zu stoßen.«

Am Abend des 16. Juli 1815, einem Sonntag, geht er an Deck der *Bellerophon* spazieren, die endlich aufbricht. Er ist glücklich über seine Entscheidung. Er lehnt sich an die Reling und sieht allmählich die französische Küste verschwinden. *Dort spielte mein Leben!*

Als er am Sonntag, dem 23. Juli, um fünf Uhr morgens an Deck kommt, ist das große Reinemachen im Gange. Aber in dieser Nacht hat er nicht schlafen können. Das Knacken des Schiffsrumpfes hallte immerfort in seinem Kopf wieder. Man ist wohl auf der Höhe von Ouessant. Von der Insel ahnt man nur eine schwarze Felsnadel im blauen Morgenlicht.

Napoleon klettert auf eine Kanonenlafette. Er betrachtet dieses Stückchen Land durch das Fernglas. Er kann seine Augen nicht mehr abwenden. Und als es im hellen Mittagslicht verschwindet, versinkt auch ein Stück von ihm in einem Abgrund. Und noch gegen Ende desselben Tages zeigt sich die englische Küste in der Abenddämmerung.

Regen fällt auf die Bucht vor Torquay. Er schaut durch das Bullauge, geht dann auf das Achterdeck. Er sieht Tausende von Landungsbooten rings um die *Bellerophon*. Aber keine Akklamationen empfangen ihn, sondern drohend gereckte Fäuste. Und plötzlich erkennt er eine Gestalt – General Gourgaud kommt an Bord. Der Prinzregent hat es abgelehnt, ihn zu empfangen. Gourgaud, der als Unterhändler vorausgefahren war, wurde gar nicht erst an Land gelassen. Er hat sich aber englische Zeitungen besorgen können. Las Cases übersetzt die Artikel. Darin steht, daß General Buonaparte im Londoner Tower oder in einer schottischen Festung eingesperrt oder aber zur Insel Sankt Helena deportiert werden soll.

Was soll denn das? Napoleon geht an Deck. Die *Bellerophon* fährt an der Küste entlang in Richtung Plymouth. Die Offiziere machen nun verschlossene Gesichter, und auch Kapitän Maitland wendet sich ab.

Napoleon geht mit raschem Schritt vom Heck zum Bug. Wäre es möglich? Sollte er sich in eine Falle begeben haben? Er spürt, daß sich alles um ihn herum verändert. In der Reede vor Plymouth drängen zwei Fregatten alle Boote von Neugierigen ab. Den Engländern ist jeder Hinterhalt zuzutrauen. Er hat es gewußt. Er hat es vergessen wollen. Die Wahrheit schlägt immer auf diejenigen zurück, die die Augen vor ihr verschließen wollen.

Er erinnert sich noch an den Admiral, der das Geschwader im Ärmelkanal befehligt hat, Lord Keith. Dieser Offizier hat an der

Belagerung von Toulon teilgenommen, wo Napoleon seine Schiffe in die Luft gesprengt hat, und derselbe Lord Keith ist 1801 in Abukir gelandet und hat die letzten französischen Truppen gezwungen, Ägypten zu verlassen.

»Ich möchte unbedingt den Admiral sprechen«, sagt Napoleon, »ganz ohne jedes Zeremoniell. Ich möchte wie ein gewöhnlicher Bürger behandelt werden, bis die britische Regierung über meine weitere Behandlung entschieden hat.« Aber Kapitän Maitland antwortet nicht. Und der junge irische Schiffsarzt, Barry O'Meara, der Italienisch spricht und so zuvorkommend ist, traut sich nicht mehr, ihn anzusehen.

Am Freitag, dem 28. Juli, kommt endlich Lord Keith. In Waterloo hat Napoleon seinen Neffen vor dem Tod gerettet, als er den Verwundeten herausholen und von seinen Ärzten behandeln ließ. Er erstickt vor Wut, ihn so schweigsam und steif zu sehen, nur ein paar Worte über die Belagerung von Toulon oder den Ägypten-Feldzug fallen lassend, ohne weitere Angaben zu machen. Jetzt geht es nicht um die Vergangenheit, sondern um seine Zukunft. »Ich bin nichts mehr«, wiederholt Napoleon. »Ich kann doch niemanden mehr stören. Kann ich denn nicht in England leben?«

Lord Keith antwortet nicht. Und er muß warten. Er muß die Wut und die Verzweiflung der Frau von General Bertrand ertragen, die sich über Bord stürzen und unbedingt nach England will, weil sie davon überzeugt ist, daß man den Kaiser nach Sankt Helena deportieren wird. Und er denkt ans Sterben.

Er geht im Regen umher. An Deck ist es sehr glatt. Der Horizont ist ein einziger grauer Vorhang. Er stellt sich Sankt Helena vor. So oft in seinem früheren Leben hat er diesen Namen ausgesprochen. Er hatte sich dieser kleinen Insel bemächtigen wollen, die den Schiffen der Ostindienkompanie als Zwischenstation dient. Was sollte er auf diesem Block aus dunkelgrünem Basalt anfangen? In diesem Äquatorklima? Das wäre sein sicherer Tod. Dann lieber hier sterben.

Am Montag, dem 31. Juli 1815, kommen Lord Keith und der Unterstaatssekretär Bunbury um 10 Uhr 30 an Bord. Endlich! Keith hat einen Brief in der Hand. Er soll ihn beim Vorlesen gleich übersetzen. Diese ruhige Stimme dringt in ihn ein wie eine Messerklinge. Kriegsgefangener auf Sankt Helena? Der Rest des Briefes ist gleichgültig.

Er nimmt den Brief Lord Keith aus den Händen und wirft ihn auf den Tisch, beruhigt sich aber gleich wieder und schaut den englischen Admiral verächtlich an. Die britische Regierung habe nicht das Recht, über seine Person zu verfügen. Er appelliert an das britische Volk und an die Gesetze des Landes. Maitland habe ihn getäuscht. Admiral Hotham habe ihn belogen.

»Wenn man mir gesagt hätte, daß ich Kriegsgefangener sei, wäre ich nicht gekommen. Und die Insel Sankt Helena bedeutet meinen Tod. Was soll ich denn tun auf diesem kleinen Felsen am Ende der Welt? Der Tod ist mir lieber als Sankt Helena, und wozu wäre Ihnen mein Tod nütze?« Man solle ihn doch lieber in den Bagno von Botany Bay in Australien bringen, das wäre noch angemessener! Er schaut Keith an und sagt, daß er ein Protestschreiben an die britische Regierung diktieren wolle.

Am Donnerstag, dem 4. August 1815, verläßt die *Bellerophon* allmählich die Reede von Plymouth. Napoleon liegt in seiner Kajüte. Er weiß, daß man ihn auf die *Northumberland* bringen will, die draußen auf See wartet, fernab aller neugierigen Blicke, fernab vom britischen Volk und den Liberalen, von denen einige versucht haben, ihn als Zeugen vor Gericht aufrufen zu lassen, um seine Deportation zu verzögern.

Sollte er lieber sterben? Er ruft Marchand und gibt seinem Ersten Kammerdiener Plutarchs *Leben berühmter Männer*. Es ist geöffnet im Kapitel »Das Leben Catos«. »Lies!« Er zieht den Vorhang zu. Mit seinen Fingerspitzen berührt er leicht das rote Fläschchen, das an seiner Weste festgebunden ist. Vielleicht hat dieses Gift eine stärkere Wirkung als jenes, das er in Fontainebleau genommen hatte? Das wäre ein des Plutarch würdiges Ende.

Er zögert und setzt sich auf sein Bett. Er läßt sein Leben in Gedanken vorüberziehen. »Nur das Unglück fehlt meinem Ruhm noch. Ich habe Frankreichs Kaiserkrone getragen und die Eiserne Krone Italiens. Und nun verleiht mir England noch eine weitere

Krone, noch erhabener und ruhmreicher, nämlich jene, die der Heiland der Welt getragen hat, eine Dornenkrone. Wenn ich sie annehme, werde ich im Geist der Menschen ins Unermeßliche steigen. Wer könnte mich dann je vergessen?«

Er geht wieder an Deck. Aus der Ferne sieht er die *Northumberland*. Eine einzige Geste würde genügen, um diesem zweiten Leben hier ein Ende zu setzen, und auch dies wäre ein so markantes Ende, daß es alle frappieren würde. Er fürchtet den Tod nicht. Aber eine gewisse Neugier hält ihn zurück. Was steht am Ende dieser langen Seereise? Welches Leben wird er auf jenem erloschenen Vulkan führen? In dieser Zukunft liegt etwas Geheimnisvolles. Und auch eine Herausforderung. Er kann in völliger Mittellosigkeit die Erinnerung an sich prägen, das Bild seines Lebens. Was für ein Schicksal, das als Cäsar beginnt und als Märtyrer und Prophet endet!

Zu Las Cases sagt er: »Aber ist es denn ganz sicher, daß wir nach Sankt Helena fahren? Und was machen wir dann an diesem verlorenen Ort?«

»Sire, wir werden von der Vergangenheit leben. Sie hat Ihnen so viel Erfreuliches zu bieten. Genießen wir nicht auch das Leben von Cäsar oder von Alexander? Wir besitzen etwas noch Besseres, Sire. Sie werden sich selber wiederlesen.«

Er schaut auf den Horizont. Alles spielt sich in seinem Geist ab. Die Ideen entscheiden über alles. »Nun gut«, sagt er, »schreiben wir also unsere Memoiren.«

Er geht bis zur Reling und kommt wieder zurück. »Ja, man muß etwas unternehmen. Auch in der Arbeit wirkt die Sichel der Zeit. Schließlich muß man doch sein Schicksal erfüllen. Das war immer meine Auffassung. Nun, dann soll sich das meine erfüllen.«

Er stellt die Liste derer auf, die ihn begleiten sollen: die Montholons, die Bertrands, Las Cases und sein Sohn. Aus ihnen wird sein »Hofstaat« bestehen. Er wird zwölf Diener haben, darunter Marchand, der Mameluck Saint-Denis, genannt Ali, und Cipriani. Dazu der irische Arzt Barry O'Meara.

Aber zuvor muß er noch bei Lord Keith protestieren und auch bei Konteradmiral Sir George Cockburn, der ebenfalls bei der

Belagerung von Toulon dabei war, nun die *Northumberland* befehligt und Gouverneur von Sankt Helena werden soll. »Ich verlasse dieses Schiff *Bellerophon* und England nicht freiwillig, Admiral, Sie zwingen mich dazu. Aber ich werde mich an Bord der *Northumberland* begeben, ich habe mich entschieden. Man muß mich nicht gewaltsam hinüberschleppen. Sie brauchen mir nur den entsprechenden Befehl zu geben«, sagt er zu Cockburn.

Die Wache der *Northumberland* salutiert ihm, als er über das Fallreep an Bord kommt. Er dreht sich um. Es ist der Augenblick des Abschieds. General Lallemand und Savary, Herzog von Rovigo, werden nicht mitkommen. Sie und einige Offiziere drängen sich um Napoleon. Einige weinen. Er umarmt Lallemand und Savary. »Seid glücklich, liebe Freunde. Wir werden uns nicht wiedersehen.« Dann schweigt er für einige Sekunden. »In Gedanken werde ich immer bei euch sein, bei euch und allen, die mir gedient haben. Sagt Frankreich, daß ihm meine guten Wünsche gelten.«

Er betritt seine Kajüte und legt sich auf sein kleines Eisenbett mit grünem Seidenvorhang, das Marchand gegen die Schiffswand gestellt hat. Die Decke ist sehr niedrig. Er hört die Holzschuhe der Matrosen an Deck klappern. Er dreht sich um. Neben dem Bett hat Marchand die silberne Waschschüssel aufgestellt und das Schreibzeug mit dem kaiserlichen Wappen. Die Bände der Reisebibliothek sind in Griffnähe. Es ist wie im Biwak auf einem Feldzug. Für seinen letzten Feldzug ohne Waffen, ohne Alte Garde. Seine Kraft liegt allein in seinem Geist. Seine Macht liegt in seinem Willen.

Er steht auf. Das Schiff hat schon Fahrt gewonnen. An diesem Mittwoch, dem 9. August 1815, nimmt die *Northumberland*, umgeben von einem kleinen Geschwader, bei hohem Seegang Kurs nach Süden.

34

Nicht nachgeben. Er selbst bleiben. An Deck der *Northumberland* geht er umher, die Hände auf dem Rücken verschränkt. Er nimmt eine Prise. Er stützt sich gegen eine der Kanonen auf der Backbordseite. Er spürt, daß Hunderte von Augenpaaren auf ihn gerichtet sind, aus den Rahen, vom Mastkorb her, vom Versorgungsposten, von Deck beobachten ihn alle gierig, die ihn zu Gesicht bekommen.

An Bord dieses Schiffes mit 74 Kanonen sind mehr als tausend Menschen. Und alle wollen ihn sehen. Aber er zwingt ihre Blicke zu Boden. Er ist kein besiegter Kaiser, sondern er ist ein unbeugsamer Mann geblieben.

Er schaut nach Osten. Hinter dieser schwarzen Horizontlinie liegt die Bretagne. Adieu, Frankreich. Aber er gibt sich keinerlei Heimweh oder sonstigen Gefühlen hin. Er ist gefaßt. Und das verwundert alle Engländer, die ihn belauern.

Ist es denn wichtig, wo er sich befindet? An Bord dieses englischen Schiffes? In diesem Speisesaal, in dem Admiral Cockburn schockiert ist, weil Napoleon sein Kotelett mit den Fingern ißt oder weil er sich schon nach wenigen Minuten erhebt, da er seine Mahlzeit beendet hat, während die anderen noch sitzen bleiben?

Manchmal kommt es ihm so vor, als sei er wieder in der Zeit seiner Kindheit, allein und verloren inmitten vieler Unbekannter. Er versteht deren Sprache nicht und ist jederzeit gezwungen, sich gegen ihren Spott zu wehren. Er ist in Autun, er ist in Brienne, er ist auf der *Northumberland*, die nach Sankt Helena segelt. Aber er gibt nicht nach, er bleibt er selbst.

Was er erlebt hat, kann man ihm nicht wegnehmen. Er ist in Mailand, Berlin, Wien, Madrid und Moskau eingezogen. Er hat Könige eingesetzt. Er hat dem Papst seinen Willen aufgezwungen. Was zählt da, wo er sich befindet? Ihm gehört der ganze vergangene Ruhm. Und sein Wille ist noch genauso stark wie einst der des Jungen in Brienne, der nichts anderes besaß als seinen Verstand.

Jeden Morgen um elf Uhr beginnt er damit, Las Cases etwas zu diktieren. Die Zeit vergeht schnell. Am nächsten Tag liest es Las Cases ihm vor. Italienfeldzüge, Ägyptenfeldzug, die Orte, die Gesichter, die Gefühle von damals, die Entscheidungen, die er treffen mußte. Und die Tapferkeit und das Opfer der Soldaten. Alles ist wieder da.

»Diese Memoiren, mein lieber Las Cases«, sagt er, »werden genauso berühmt sein wie alle früheren. Und Sie werden dadurch genauso weiterleben wie alle anderen Autoren. Niemand kann auf die großen Ereignisse unserer Zeit zu sprechen kommen oder über meine Person schreiben, ohne sich auf Sie zu beziehen.«

Im Golf von Biscaya schlagen die Wellen sehr hoch. Dann sieht man die spanische Küste. Ein Schiff taucht auf. Es ist die *Peruvian*, die Admiral Cockburn damit beauftragt hatte, in Guernsey haltzumachen und dort 1 200 Flaschen französischen Wein zu kaufen, um die Kost an Bord etwas zu verbessern. Der Kapitän kommt an Bord der *Northumberland*. Er hat sich auf Guernsey alle Juli-Ausgaben des *Moniteur* besorgen können sowie einige andere Tageszeitungen.

Napoleon liest die Zeitungen in seiner Kajüte. Er darf nicht verbittert werden. So redet man also jetzt von ihm: Der Usurpator, der Menschenfresser, die wilde Bestie ist endlich gefangen. Man mokiert sich. Man verrät. Alle schließen sich der neuen Macht an. »Bonapartisten« werden verhaftet und getötet. La Bédoyère wird vor Gericht gestellt. Es heißt schon, daß man ihn zum Tode verurteilen wird. Nach Ney wird gefahndet. In der gesamten Provence werden seine Anhänger umgebracht.

Napoleon schließt sich ein. Er hört das Klappern der Holzschuhe der Matrosen, die über Deck laufen. Die Segel werden wieder gesetzt. Man wird nach Süden vorstoßen und den Äquator überqueren, die feuchte und stagnierende Hitze des Golfes von Guinea kennenlernen. Und dann werden die Felsen von Sankt Helena auftauchen. Er selbst bleiben.

Er beginnt wieder mit dem Diktieren. »Ich habe Vertrauen in die Geschichte. Ich habe viele Schmeichler um mich gehabt, und die jetzige Zeit gehört den eifernden Verleumdern. Aber das Urteil über berühmte Menschen ist wie ihr Leben vielen Wechselfällen ausgesetzt. Der Tag wird kommen, an dem allein die Wahrheitsliebe unparteiische Schriftsteller anleiten wird.«

Niemand kann auslöschen, was war und was er getan hat. All das wird sich in das Gedächtnis der Menschheit einschreiben. Man muß leben, darf nicht nachgeben, muß sich selbst treu bleiben, muß diese Spur ziehen, die Verleumder bekämpfen und künftigen Generationen seine Sicht der Dinge nahebringen. Man muß es dem Cäsar des *Gallischen Krieges* und auch Plutarchs *Leben berühmter Männer* gleichtun, ja, sie noch überbieten.

»In meiner Laufbahn wird man gewiß Fehler vermerken«, diktiert er, »aber Arcole, Rivoli, die Pyramiden, Marengo, Austerlitz, Jena, Friedland, das ist fest wie Granit. Der Zahn des Neides kann nicht dagegen an.«

Alle kommen in seine Kajüte, und er ist von so viel Dreistigkeit überrascht. Da drängen sich dicht gegeneinander Montholon und Bertrand samt Frauen und Kindern, Gourgaud, Las Cases und sein Sohn, und hinter ihnen füllen die Diener alle Gänge. Er hat doch tatsächlich vergessen, daß dieser Dienstag, der 15. August 1815, sein 46. Geburtstag ist!

Er geht an Deck. Beim Abendessen bringen Admiral Cockburn und die englischen Offiziere einen Toast aus. Später spielt er im Salon mit Cockburn Karten, gewinnt dabei fast 100 Goldstücke, unterbricht aber das Spiel, denn er will den Admiral nicht ausplündern, was er sehr leicht könnte.

Er geht mit Las Cases spazieren und spricht mit ihm. »Ich hatte größere Neigung zur Gründung als zum Besitz. Mein ganzer Besitz lag in meinem Glanz und Ruhm. Erst nach dem Sieg in Lodi kam mir in den Sinn, daß ich auch ein maßgeblicher Akteur auf unserer politischen Bühne werden könnte. Damals entstand der erste Funke meines hohen Ehrgeizes.«

46 Jahre! Nun ist das Spiel gelaufen. Er schaut die Kinder von Montholon und Bertrand an, die übers Deck rennen. Er hat auch einen Sohn, aber er ist allein. Doch solange es Menschen gibt, wird man sich seiner erinnern. Davon ist er überzeugt. Und das will er. Er faßt Las Cases beim Arm und sagt, während sie zum Bug gehen: »Ich habe keine Krone usurpiert. Ich habe sie aus der Gosse aufgehoben. Das Volk hat sie mir aufgesetzt, und man soll seine Taten respektieren!«

Manchmal befällt ihn die Seekrankheit. Bei einem Zwischenstopp auf Madeira herrscht schwerer Sturm. Aber dann in der Schwüle des Golfs von Guinea bleiben die Segel schlaff, und das Schiff steht still. Matrosen werden ausgepeitscht, die durch die Länge der Reise zu Disziplinlosigkeit und Aufruhr verleitet werden. Das empört ihn. Was ist das für eine barbarische und törichte Art, Menschen zu kommandieren?

Monotonie der Tage. Nicht nachgeben. Er selbst bleiben. Ruhig bleiben, wenn ein riesiger Hai, den man gefangen und aufs Deck geworfen hat, sich wehrt und ihn mit Blut bespritzt.

Er schaut auf eine Karte, wie er es oft am Vorabend von Schlachten getan hat. Da ist Sankt Helena, eine kleine Insel von 122 Quadratkilometern, mit kaum 3 400 Einwohnern und Soldaten, davon die Hälfte Sklaven, etwa 200 Kilometer von der afrikanischen Küste und mehr als zwei Monate Seereise von England entfernt!

Es ist schon Samstag, der 14. Oktober 1815. Endlich hat der Wind zu wehen begonnen. Die Segel blähen sich. Der Mann im Mastkorb schreit. Land in Sicht. Aber dann läßt der Wind nach, und das Meer wird wieder ein glatter schwarzer Spiegel unter dem Mond.

Er steht im Morgengrauen auf und geht zum Bug. Er sieht dunkle Felsen und dann, in einem schmalen Einschnitt, eine kleine Stadt, wenige Häuser mit roten Dächern, einen Kirchturm, Palmen und auf den Anhöhen zu beiden Seiten des engen Tales Kanonen. Das ist Jamestown, der einzige Ort auf der Insel.

Der Rumpf der *Northumberland* knarrt, und die Segeln knattern. Das Schiff nähert sich der Insel. Und dann hört man an diesem Sonntag, dem 15. Oktober 1815, das Rasseln der Ankerketten. Es ist 10 Uhr 30.

Er geht an Deck. Die Insel ist schwarz und abstoßend. Man wird erst morgen an Land gehen, erklärt der Admiral.

»Das ist kein freundlicher Aufenthaltsort«, sagt Napoleon zu General Gourgaud und zeigt auf die Steilwände und das Felsengewirr. »Ich hätte lieber in Ägypten bleiben sollen!« fügt er ironisch hinzu und geht dann mit verschränkten Armen in seine Kajüte.

35

Er sitzt auf dem Rand des Bettes in diesem erstickend engen Raum in der ersten Etage des Gasthauses *Porteous House*, das einige hundert Meter von den Kais von Jamestown entfernt liegt. Plötzlich hört man es im Zimmer trippeln und rascheln und quieken. Der Diener Marchand stößt einen Schrei aus, hebt die Fackel über seinen Kopf und beleuchtet das, was Admiral Cockburn ein Zimmer zu nennen gewagt hat. Im Lichtschein erkennt man auf dem Fußboden ein Dutzend riesiger schwarzer Ratten, die nicht flüchten, sondern mit ihren roten Augen alles anschauen. Dann laufen sie weg und verschwinden in Wandlöchern oder gleiten zwischen die Dielen des Parketts.

Verfluchte Insel! Napoleon steht auf und geht bis zu dem schmalen Fenster. Wie viele Nächte werden auf diese erste Nacht vom Montag, dem 16., zum Dienstag, dem 17. Oktober 1815, noch folgen? Er geht auf und ab. In der Dunkelheit kann er erkennen, daß sich draußen eine Menschenmenge drängt. Man hört keine Schreie, eher ein Rumoren und ein Wimmeln. So oft hat er einer Menge gegenüberstanden, manchmal feindselig wie in Kairo oder in den ägyptischen Dörfern, aber auch in manchen deutschen Städten. Er ist dem Haß begegnet, aber meistens doch der Begeisterung. Nie jedoch hat er eine Menge durchquert wie jene, die ihm auf dem Weg vom Hafen zur Herberge auflauerte und von den Soldaten der Garnison zurückgedrängt werden mußte.

Das also ist die Bevölkerung von Sankt Helena? In den von den Fackeln der Matrosen der *Northumberland* beleuchteten Gesichtern sah er zudringliche Neugier, eine Art ängstlicher Zufriedenheit und etwas Niederträchtiges. Am würdevollsten waren noch jene Schwarzen, Sklaven, die sich im Hintergrund aufhielten, genau wie die Mischlinge, die Chinesen und die Mulatten. Aber die brutalen Visagen der Matrosen, Händler und Makler der Ostindienkompanie in den ersten Reihen der weißen Bevölkerung flößten ihm nur Verachtung ein. Ratten! Genau wie die in seinem Zimmer.

Wie viele Nächte hat er hier noch zu leben, zu sterben? Er denkt an den Jubel der Bevölkerung in Portoferraio, als er auf Elba landete, an ihre Gesänge und Hochrufe, als er zur Eroberung von Frankreich aufbrach – kaum sieben Monate ist das her. Und nun ist er hier auf dieser »furchtbaren Insel«, die auch ein Gefängnis ist.

»Ich hätte viel früher sterben müssen«, sagt er leise. »Ich denke, ich hätte in Waterloo sterben müssen. Oder noch früher. Wäre ich in Moskau umgekommen, hätte ich den Ruf des größten Eroberers aller Zeiten gehabt.«

Er schaut Marchand an. Der Kammerdiener stützt sich gegen eine Wand. Er hat versucht, die kleine Kammer in ein Biwak zu verwandeln. Aber eine Scheune auf einem Schlachtfeld oder ein von Kanonenkugeln zerstörter Bauernhof voller Toter und Verwundeter wären besser gewesen als dieses schmutzige Zimmer voller Ratten. Krieg oder Tod wären besser gewesen als diese Insel!

Er hat sie den ganzen Tag lang von der *Northumberland* her angeschaut. Er hat die Felsen und die unbewachsenen Anhöhen gesehen, die winzigen, vom Wind niedergedrückten Bäumchen. Er hat geahnt, daß es hier lange regnet, daß es kalte Winde und dann wieder drückende Hitze gibt. Und er hat diese bunte Menge aus Sklaven und kleinen Herren gesehen. Das ist nun sein Gefängnis mitten im Ozean, unter den Ratten!

Er dreht sich auf dem Bett um, setzt sich wieder auf und bittet Marchand mit einer Geste, bei ihm Platz zu nehmen. Der Diener setzt sich auf den Boden.

Ich habe mit Königen, Marschällen, Ministern und Wissenschaftlern geredet, sagt er sich. Ich habe ganze Gesetzbücher und Erlasse diktiert, die die Sitten verändert haben, ich habe Pläne für Feldzüge entworfen, die Hunderttausende von Menschen in Bewegung gesetzt haben. Und mein einziger Gesprächspartner wird nunmehr dieser ergebene junge Mann sein, mein Diener Marchand, dazu die wenigen Getreuen, die, wie schon an Bord der *Northumberland*, sich streiten und eifersüchtig aufeinander sind, weil das Exil ein Unglück ist.

Aber wenn ich den Engländern nur ein wenig nachgebe, wenn ich vergesse, wer ich bin, woher ich komme, was ich getan habe, wenn meine Wachsamkeit nachläßt, dann wird alles mitgerissen, ich selbst und meine Würde, und mein Ruhm wird befleckt und beschmutzt werden durch diese Unterwerfung. Und das wollen sie erreichen: mich erniedrigen, der Welt zeigen, daß ich nichts bin, da man mich ja unter die Ratten versetzt hat.

Aber gerade jetzt muß ich Kaiser sein! Jetzt muß ich einen Kampf führen, an dessen Ende allein der Tod steht! Ich muß das Karree bilden, ich bin ganz allein meine Große Armee, ich bin die Alte Garde, die stirbt, aber sich nicht ergibt!

Er richtet sich in Briars ein, in einem Anbau des von Rosenbüschen und Palmen umgebenen Hauses von William Balcombe, einem Makler der Ostindienkompanie. Er wartet auf die Fertigstellung des Anwesens Longwood, das auf einer unbewachsenen Hochebene liegt. Hier oder dort, was macht das schon für einen Unterschied?

Marchand und die anderen Diener bemühen sich darum, sein Zimmer inmitten von Holzwänden wiederherzustellen, die von Ratten angenagt werden. Die Montholons mit ihren Kindern, Gourgaud, Las Cases und sein Sohn Emmanuel verteilen sich auf einige Kammern oder Zelte. Die Bertrands haben sich für ein Haus in Hut's Gate in einigem Abstand zu Briars entschieden.

An die Arbeit! Er beginnt wieder mit den Diktaten für Las Cases. Er läßt auch die anderen Mitglieder seiner Entourage arbeiten. Er erkundet das Gut von Briars, und wenn es möglich ist, reitet er weiter fort auf einem der Pferde, die ihm Admiral Cockburn zur Verfügung gestellt hat. Manchmal besuchen ihn die beiden Töchter von Balcombe.

Die jüngere von beiden, Betsy, ist munter, gesprächig und verspielt. Er läßt sich kurz auf ihre Streiche ein und lacht. Aber dann gibt er sich plötzlich wieder verschlossen. Ein mit seiner Überwachung betrauter englischer Offizier wünscht vorgestellt zu werden. Aber er empfängt seine Gefängniswärter nicht. Oberhofmarschall Bertrand soll ihn wieder fortschicken. Niemand soll vergessen, wer er ist: Herr seines Gefängnisses. Der Offizier beharrt nicht. Und so spielt es sich bei allen andern ab, die er nicht empfangen will, die er nur zur Audienz empfängt, wenn sie sich der

Etikette fügen und zunächst bei den Offizieren des Kaiserlichen Hofes vorsprechen, Bertrand, Montholon oder Gourgaud.

Auch will er keine Einladungen annehmen, weder zu Bällen noch zu Banketten. Bildet sich Admiral Cockburn etwa ein, daß er sich bei diesen »Ratten« blicken läßt? Hinter all dieser englischen Höflichkeit sieht er nur »Übelwollen und Beleidigungen«.

Er geht wieder hinein und diktiert weiter. Er muß husten. Die Feuchtigkeit setzt sich in den Wänden fest, es ist kühl, aber plötzlich kommt ein heißer, trockener Wind auf, wie ein Hauch aus der Wüste. Gleich danach steigt Nebel auf. Die Trockenheit der Luft läßt aus dem Erdreich feuchten Dunst aufsteigen, das Wasser von den früheren Regenfällen, das der durchnäßte Boden auf diese Weise freigibt.

»Auf dieser verfluchten Insel sieht man den größten Teil des Jahres weder die Sonne noch den Mond«, ereifert er sich, »es herrscht immer Regen oder Nebel.« Er zittert. Wenn er geht, bekommt er keine Luft. Dann fällt die Nacht, und er flüstert: »Wieder ein Tag weniger.«

Aber dann beginnt die endlos scheinende Nachtzeit. Er liest oder steht auf. Marchand oder Ali machen Licht und bringen ihm zu trinken. Er ist schweißgebadet. Der Husten läßt nicht nach. Er erstickt. Seine linke Seite schmerzt. Er geht durch alle kleinen Räume. Wohin führen all diese Tage und Nächte? Welches Ziel haben sie, wenn nicht den Tod? »Ich muß vorangetrieben werden«, sagt er. »allein die Lust des Vorankommens kann mich aufrechterhalten.«

Arbeiten also, immer wieder arbeiten. Er diktiert. Er läßt sich den Bericht über seine Feldzüge vorlesen. Er liest, denn immerhin ist ein Teil seines Bibliothek endlich nachgeliefert worden. Aber die Engländer öffnen seine Korrespondenz und suchen ihn zu demütigen. Er ist empört. Diese Gefängniswächter sind wirklich kleinlich und schäbig!

Er sitzt an seinem Tisch, umgeben von seinem kleinen Hofstaat. Er verlangt, daß beim Abendessen die Uniformen und die Orden getragen werden und daß sich die Damen Montholon und Bertrand in Hoftracht zeigen. Die Etikette, die Wahrung der Formen und die Disziplin sind eine Art zu zeigen, was wir sind. Um uns herum ist alles geschrumpft. Kein Palast mehr, keine Höflinge und Kammerherren mehr. Bewahren wir also alles, was wir können.

Plötzlich steht er auf und läßt seinem Ärger freien Lauf. »Wie schändlich man uns hier behandelt! Wenn sie mich für gefährlich halten, sollen sie mich doch erledigen. Ein paar Kugeln in Kopf und Herz hätten dazu doch genügt! Solch ein Verbrechen hätte dann wenigstens wie eine Tat ausgesehen.« Er verweist auf das kaiserliche Geschirr, das die Matrosen der *Northumberland* endlich gebracht haben. »Wenn es hier nicht euch und vor allem eure Frauen gäbe, würde ich mich mit der Ration eines gewöhnlichen Soldaten begnügen.«

Man steht vom Tisch auf. Madame de Montholon geht in den sogenannten Salon hinüber. Sie wird auf dem Klavier spielen und einige Lieder singen. Es muß möglichst viel Zeit vergehen, ein großer Teil der Nacht muß herumgebracht werden. Mit einer Geste bringt er das Geschwätz und entstehende Streitigkeiten zum Schweigen. Sie hassen sich schon untereinander. Sie sind eifersüchtig auf Las Cases, weil er mit ihm die meisten seiner vertraulichen Gespräche führt und ihm den größten Teil seiner Reflexionen diktiert. Und Gourgaud ist neidisch auf alle.

»Ihr seid mir gefolgt, um mir eine Freude zu machen, sagt ihr? Dann benehmt euch wie Brüder! Sonst seid ihr nur lästig. Ihr wollt mich glücklich machen? Seid wie Brüder! Sonst seid ihr nur eine Qual. Ich will, daß jeder hier von meinem Geist erfüllt ist. Ich will, daß alle um mich herum glücklich sind.«

Als er seine Schlafkammer betritt, bleibt er auf der Schwelle stehen. Um seine gewohnte Atmosphäre wiederherzustellen, hat Marchand auf einem Tischchen die Porträts von Marie-Louise und von seinem Sohn aufgestellt. Aber man beraubt ihn seines Sohnes! Und an Marie-Louise mag er lieber nicht denken.

Eine Nacht weniger. Ein Schiff der Ostindienkompanie bringt die Zeitungen vom Kap. Darin wird über die Hinrichtung von La Bédoyère berichtet sowie über die Ermordung von Brune durch

Royalisten in Avignon. Schrecken, Unrecht. »La Bédoyère war zutiefst französisch«, sagt Napoleon leise. »Edel und ritterlich.« So viele Menschen sind für ihn und für das von ihm verkörperte Frankreich gestorben.

Er sagt: »Ich bin eher verlassen als verraten worden. Um mich herum gab es mehr Schwäche als Treulosigkeit. Wie bei der Verleugnung des Heiligen Petrus sind Reue und Tränen nicht fern. Und doch hat wohl niemand in der Geschichte mehr Anhänger und Freunde gehabt. Und wer war populärer und beliebter? Und wer hat je stärkeres Bedauern erzeugt?«

Er geht mit Las Cases ins Freie. »Ich bin wirklich verwöhnt worden, das muß ich zugeben. Ich habe immer befohlen. Vom Beginn meines Lebens an wurde ich mit Macht überhäuft. Ich hatte weder Herrn noch Gesetz. Und auch hier geht es uns besser als den Sklaven. Man hat uns nicht körperlich gequält. Und sollte man es versuchen, so wären unsere Seelen stark genug, unsere Tyrannen zu täuschen.«

Er faßt Las Cases beim Arm. »Unsere jetzige Situation hat auch ihre Vorteile. Die ganze Welt schaut auf uns. Wir bleiben die Märtyrer einer unsterblichen Sache. Millionen Menschen beweinen uns, das Vaterland seufzt, und das Ruhmgefühl ist in Trauer. Wir kämpfen hier gegen den Fluch der Götter, und die guten Wünsche der Nation sind bei uns. Auch das Unglück hat sein Heldentum und seinen Glanz. In meiner Laufbahn fehlte noch das Verhängnis.«

Dann führt er Las Cases zum Haus zurück. Man muß wieder an die Arbeit gehen. Die Meinung bestimmt alles. Und was er hier diktiert, was Las Cases aufschreibt, wird sein Bild in alle Zukunft prägen.

Am 10. Dezember bezieht er das endlich fertiggestellte Anwesen Longwood. Englische Soldaten salutieren. Der Trommelwirbel rollt. Das Pferd bäumt sich auf, und Napoleon gibt ihm die Sporen.

Er springt zu Boden. Über die Hochebene pfeift der Wind. Dort also soll er leben! Die Gebäude sind aus Holz. Dieses ehemalige

Gehöft der Ostindienkompanie ist erweitert worden. Endlich ein Badezimmer! Las Cases und sein Sohn finden leider nur auf dem Hängeboden Platz. Und die Wände sind schon durchfeuchtet.

Er geht hinaus. Er bemerkt, daß alle 50 Meter ein Wächter steht, und zwar in einem ersten Kreis von vier Meilen rings um das Haus, dazu ein zweiter konzentrischer Kreis in mehreren Meilen Abstand. Er wird aber ausreiten können und vielleicht auch etwas jagen oder mit der Kutsche umherfahren, die Cockburn ihm endlich zugestanden hat.

Er läßt Gourgaud, Montholon und Las Cases kommen. Der Zeitplan wird exakt und genau einzuhalten sein. Jeden Morgen wird er diktieren. Sie werden einander beim Diktat über seine Feldzüge und seine Herrschaft abwechseln. Audienzen werden genauso strikt geregelt wie in den kaiserlichen Palästen. Das Abendessen findet immer um acht Uhr statt, die Offiziere sollen Paradeuniformen tragen und die Damen dekolletierte Kleider. Jedem Mitglied seines Hauses teilt er eine Aufgabe zu.

Und weshalb? Um zu widerstehen. Um sich nicht von der Verzweiflung und der Monotonie aushöhlen zu lassen. Man muß alle Anordnungen der Engländer ablehnen, die der Kaiser nicht billigt oder als Provokation empfindet. Was wollen diese Offiziere, die ihn auf seinen Spaziergängen überwachen? Sitzt er im Käfig?

Am 7. Januar 1816 kommt der Quartiermeister Cipriani aus Jamestown zurück mit den Zeitungen, die eine Fregatte, die im Hafen festgemacht hat, an Bord hatte. Murat ist von den Kalabriern erschossen worden. Und Ney von den Franzosen! Napoleon will allein sein. Als er dann wieder in den Salon zurückkehrt, durch jenen Raum, den man Sprechzimmer nennt, sagt er leise: »Das ist furchtbar, aber die Kalabrier waren noch menschlicher und großzügiger als die, die mich hierhergeschickt haben.«

Als er sieht, daß sich eine Gruppe englischer Offiziere nähert, schließt er sich schnell in seinem Zimmer ein. Es ist gewiß der neue Gouverneur Hudson Lowe, der sich vorstellen will. Warum läßt er sich nicht anmelden? Was glaubt er? Daß ich geneigt bin, ihn zu empfangen, wie ein Häftling, der alles hinnehmen muß?

Alles, was er von diesem Mann weiß, läßt ihn verachtenswert erscheinen. Man hat ihn wohl zu seiner Demütigung ausgewählt. Wie so viele englische Offiziere hat Hudson Lowe in Toulon gekämpft. Aber er hat auch an der Belagerung von Bastia teilgenommen. Er hatte sogar im Haus der Bonapartes in Ajaccio Quartier genommen. Dann hat er an der Spitze eines Regiments mit Korsen gestanden, die sich wie Pascal Paoli für England entschieden hatten. Und mit diesen *Corsican Rangers* hat er in Ägypten gekämpft.

Napoleon tritt an eines der beiden Fenster und sieht die große, hagere Silhouette mit roten Haaren und krebsrotem Teint. »Er sieht entsetzlich aus, eine Verbrechervisage. Ein Ausdruck wie eine gefangene Hyäne«, sagt er zu Las Cases. Und er braucht nur wenige Tage, um sicher zu sein, daß Charakter und Gesicht einander entsprechen.

Napoleon ist aber bereit, Admiral Malcolm zu empfangen, den neuen Befehlshaber der Flotte und der Garnison von Sankt Helena. Das ist ein wirklicher Offizier, kein Wachmann und verächtlicher Henker.

Napoleon diktiert eine Liste all seiner Beschwerden über die Behandlung, die ihm zuteil wird. England habe das Recht verletzt, indem es ihn als Kriegsgefangenen ansah und auf diesen kahlen Felsen verschleppte. Und hier werde er schlecht behandelt. Man verbiete ihm unzensierte Korrespondenz.

»Ein großer Mensch, der mit Widernissen kämpft, ist ein erhabenes Schauspiel«, sagt er. »Und wer in dieser Situation Napoleon schadet, befleckt nur das eigene Bild und das seiner Nation.«

Er spricht ganz ruhig. Er erregt sich nicht. Er läßt sich nicht anfechten, auch nicht, wenn ihn Wut oder Verachtung für Hudson Lowe oder für jene Herrscher packen, die ihm seinen Sohn vorenthalten, die die Liebe seiner Frau von ihm abgewendet haben, ihn einst ihren Bruder genannt und sich nun verständigt haben, ihn langsam zu töten.

Dann stellt er mit Hilfe von Las Cases fest, wieviel Bargeld er noch hat, das man bei Balcombe eintauschen kann, dem Besitzer des Gutes Briars, der sehr zufrieden sein wird, daß er einen beträchtlichen Gewinn machen kann. Man kann auch Wechsel von englischen Banken erhalten oder in Paris bei Lafitte. Joseph, der sich in Amerika niedergelassen hat, besitzt ein beträchtliches Vermögen. Eugène verfügt über 40 Millionen. Können sie nicht dem Kaiserlichen Haus helfen, daß es auf Sankt Helena seinen Status wahren kann?

Bevor er sich in sein Zimmer zurückzieht, sagt er zu Marchand: »Die Nacht ist die schwierigste Zeit. Am liebsten möchte ich bis zwei Uhr morgens arbeiten und dann schlafen gehen. Um neun Uhr bin ich müde, ich schlafe zwei Stunden, manchmal nur eine halbe Stunde, und wache dann auf. Die nächtlichen Gedanken sind nicht sehr fröhlich.«

Er hustet. Bauch und Beine tun ihm weh. Die Augen brennen und tränen. Das Gehen bereit ihm Qualen. Nur noch selten reitet er, fährt meist mit der Kutsche. Aber zum Teufel mit diesen Engländern, die ihn überwachen. Fürchten sie etwa eine Flucht? Oft bleibt er reglos und schlummert. Dann diktiert er plötzlich ein neues Kapitel über den Ägyptenfeldzug oder den Feldzug von 1814.

Wenn er alles noch einmal tun müßte ... Welch ein Roman war sein Leben. Wenn er anstelle des Feldzuges nach Ägypten gegen Irland aufgebrochen wäre? Wovon hängt das Schicksal der Kaiserreiche ab? Was sind unsere Revolutionen doch klein und unvollkommen in der Ordnung des Universums!

Er hustet wieder. Der Schmerz breitet sich vom Bauch bis zur Brust aus. Er steht auf und macht ein paar Schritte. Die Ratten laufen weg. Er will seinen Hut aufsetzen. Eine riesige schwarze Ratte springt daraus hervor und rennt quer durchs Zimmer. Das Wasser läuft durch die Löcher in der Decke. Die Wäsche und die Kleider beginnen zu schimmeln.

Er geht hinaus. Das Wetter hat sich verändert, denn es ist schon heiß und windig. Er betrachtet das Hochplateau, auf dem Longwood errichtet wurde. Kein Baum, keine Quelle, kein Rasen. Von ferne sieht er die massiven Gebäude von Plantation House, mitten im Grünen. Dort hat sich Hudson Lowe niedergelassen. Verfluchte Hyäne, die ihn die Insel nicht nach Belieben durchstreifen läßt.

Dieser Mann will meinen Tod. Er hat den Befehl, mich umzubringen. Man muß protestieren, kämpfen, darf nicht nachgeben!

Er herrscht nicht mehr. Er wird nie wieder herrschen. Man wird ihn hier sterben lassen. Diese Feuchtigkeit frißt ihn auf. Und die verbündeten Mächte haben sich verständigt, ihn auf diesem Felsen verfaulen zu lassen. Inspektoren aus Österreich, Rußland und Frankreich sind gekommen. All diesen Leuten gegenüber liegt seine ganze Macht allein im Gedanken, in den Sätzen, die er Las Cases diktiert und die sich in die Gemüter einschreiben und nach seinem Tod überdauern werden. Was bleibt ihm auch anderes? Er hat alles erlebt. Selbst die Anmut von Madame Montholon und die Stärke von Madame Bertrand ziehen ihn nicht mehr an. Und doch gibt es Klatsch. Aber was soll's. Auch das ist Vergangenheit.

Zu Gourgaud sagt er: »Sie sind jung. Reden wir von der Liebe und den Frauen. Sie hätten der Zauber meines Lebens sein können, wenn ich mehr Zeit gehabt hätte, aber die Stunden waren so kurz, und ich hatte so viel zu tun!«

Lange schaut er das Porträt von Marie-Louise und dann das des Königs von Rom an. Und er spricht über Joséphine. »Sie hat ihren Mann glücklich gemacht und sich immer als seine zärtlichste Freundin erwiesen. Jederzeit und überall hat sie völlige Ergebung und Zuneigung bekannt, weshalb ich ihr auch ein zärtliches Andenken und eine große Dankbarkeit bewahrt habe.«

Und warum sollte er noch an ihre Verrätereien denken? Aber er weiß noch alles. »Ein Kopf ohne Gedächtnis ist wie eine Festung ohne Garnison.« Und der seine ist voller Truppen.

Er diktiert und vergißt dabei nichts. Alles, was er erlebt hat, ist ihm noch gegenwärtig. Er macht eine Pause. Es ist vier Uhr an diesem 26. November 1816. Er sieht eine Gruppe Reiter sich nach Longwood begeben, an ihrer Spitze Hudson Lowe. Zu Bertrand sagt er: »Schauen Sie nach, was diese Bestie will.«

Die Engländer haben beschlossen, Las Cases und seinen Sohn zu verhaften. Las Cases wird beschuldigt, mit Hilfe eines Domestiken versucht zu haben, einen Brief nach Europa zu schmuggeln. Vater und Sohn werden abgeführt, umgeben von Soldaten, die zwei Koffer voller Papiere mitnehmen.

Der unvorsichtige Las Cases gefährdet sein Projekt. Wenn Hudson Lowe sich dieser Papiere bemächtigt und sie zerstört, was bleibt dann von ihm?

Hudson Lowe will Las Cases ausweisen, und der ist vielleicht nicht einmal unglücklich darüber! So sind eben die Menschen, und wie könnte man es ihnen verübeln? Er soll das Diktierte veröffentlichen, da er ja weiß, wie man Bücher macht.

An diesem 11. Dezember 1816 stellt ihm Napoleon ein Schreiben aus. »Mein lieber Las Cases, mein Herz fühlt dasselbe wie das Ihre, auch wenn man Sie gefangenhält. Ihr Benehmen in Sankt Helena war genau wie Ihr Leben: ehrenhaft und ohne Tadel. Ich lege Wert darauf, es Ihnen zu sagen. Ihr Umgang war für mich notwendig. Und nun ist es ein großer Trost für mich, Sie auf dem Weg in glücklichere Länder zu wissen. Wenn Sie eines Tages meine Frau und meinen Sohn sehen, grüßen Sie sie von mir. Seit zwei Jahren habe ich keinerlei Nachricht von ihnen. Trösten Sie sich und meine Freunde. Mein Körper ist zwar dem Haß meiner Feinde ausgeliefert, und sie lassen nichts aus, was ihrer Rachsucht Genugtuung verschafft, sie töten mich mit Nadelstichen. Aber die Vorsehung ist zu gerecht, um zu erlauben, daß dies noch lange anhält. Da es so aussieht, als würde man Ihnen nicht erlauben, mich vor Ihrer Abreise noch einmal aufzusuchen, so empfangen Sie meine Umarmung und die Versicherung meiner Achtung und meiner Freundschaft. Seien Sie glücklich! Ihr ergebener Napoleon.«

36

Ist es möglich? Er lebt seit etwas mehr als 14 Monaten im ungesunden Klima dieser Insel, auf der man ihn begraben hat, und an diesem Montag, dem 1. Januar 1817, fühlt er sich niedergeschlagen und hat den Eindruck, daß er schon seit jeher hier lebt. Nebel liegt auf dem Hochplateau. Feuchtigkeit durchdringt alles. Die Ratten sind geschäftig. Hören sie denn niemals auf? Sie rennen und quieken und nagen, sie laufen durch seine Kammer und das

Speisezimmer. Wenn man sie verjagt, kommen sie frech, gleichgültig und angriffslustig wieder. Wie soll man den Beginn dieses neuen Jahres feiern?

»Ich bin hier wie im Grab«, sagt er zu Montholon und Bertrand. »Ich fühle mich nicht in der Stimmung für eine Feier.« Später vielleicht, wenn er gelesen und diktiert hat. Aber Las Cases ist nicht mehr da, und er ist davon überzeugt, daß ihn seine Getreuen einer nach dem andern verlassen werden.

Madame de Montholon ist schwanger und denkt nur an Abreise. Gourgaud sucht mit allen Streit, weil er diese Untätigkeit nicht mehr erträgt. Er ist jung und kräftig. Und Madame Bertrand verkündet überall, daß sie keinen weiteren Frühling hier verbringen wolle. Es wird ihm nur Marchand bleiben, wenn überhaupt! Denn auch einige Diener intrigieren schon, um nach Europa zurückzukommen.

Zu Montholon sagt er: »Ich werde Sie nach vier Uhr empfangen, wenn die Arbeit die trüben Nachtgedanken vertrieben haben wird.« Und er beginnt, seine Reflexionen über den Feldzug von 1814, die Hundert Tage und Waterloo zu diktieren. Aber schon bald unterbricht er das Diktat. Hat denn diese Anstrengung noch einen Sinn?

Zu Montholon sagt er: »Die Nachwelt wird mir Gerechtigkeit widerfahren lassen. Man wird die Wahrheit wissen und das Gute, das ich getan habe, neben meinen Fehlern beurteilen. Wenn ich Erfolg gehabt hätte, wäre ich mit dem Ruf des größten Menschen aller Zeiten gestorben. Und selbst nach meinem Scheitern wird man mich für einen außergewöhnlichen Menschen halten. Ich habe 50 Schlachten geschlagen und fast alle gewonnen. Ich habe ein Gesetzbuch geschaffen, das noch in fernen Jahrhunderten meinen Namen tragen wird. Aus dem Nichts habe ich es zum größten Monarchen der Welt gebracht. Europa lag mir zu Füßen.

Was ich getan habe, kann mir niemand wegnehmen. Ich war die Stimme der neuen Zeit.

Ich habe immer geglaubt, daß die Souveränität beim Volk liegt. Und in Wahrheit war das Kaiserliche Regime eine Art Republik. Und da ich durch die Stimme der Nation zu ihrem Führer berufen wurde, war es mein Vorsatz, allen Talenten den Weg frei zu machen, ohne Rücksicht auf ihr Besitztum, und ebendieses System der sozialen Gleichheit hat den Haß der englischen Oligarchie erregt.«

Dann geht er in seine Kammer zurück. Was nützt es, seine Taten und das Kaiserliche Regime zu erklären, wo er doch eingesperrt und bewacht ist auf dieser Insel, die von Hudson Lowe beherrscht wird, diesem Henker, der ihn vernichten will und ihm alles Tröstliche vorenthält?

Er schaut auf die kleine Büste des Königs von Rom, die ein Seemann aus London mitgebracht hat. *Mein Sohn!* Und Hudson Lowe wollte die Nippfigur zerbrechen lassen, um sich zu vergewissern, daß sie keine geheime Botschaft enthält. Der Gouverneur hat sogar verhindert, daß ein Passagier eines der Schiffe, die in Jamestown eine Zwischenstation einlegen, ihm berichten kommt, was er von Marie-Louise und vom König von Rom wußte.

Und kein Versuch, etwas über die Vorgänge in Europa zu erfahren oder die Gemeinheiten von Hudson Lowe anzuprangern, hat Erfolg. Im Gegenteil! Bei ihrem Kongreß in Aachen beglückwünschen die Monarchen England für die Art und Weise, wie es Napoleon behandelt!

Und es ist Pozzo di Borgo, sein alter Feind seit den Zeiten von Pascal Paoli, der in den Dienst des Zaren übergelaufene Verräter, der den Bericht über ihn geschrieben hat! Seine Feinde lassen ihn nicht los. Immer dieselben. Sie werden ihn nicht freilassen. Aber vielleicht ist das der Preis des Ruhms.

»Ohne seine Dornenkrone würde Jesus Christus nicht bis heute als Gott verehrt. Sein Martyrium hat zur Einbildungskraft der Völker gesprochen. Wenn ich nicht hier wäre, sondern wie Joseph in Amerika, würde niemand an mich denken, und meine Sache wäre verloren.« So sind die Menschen. Aber das heißt auch, daß er sterben muß.

Er geht immer seltener ins Freie. »Lieber Gourgaud«, sagt er und stützt sich auf den Arm des Generals, »ich kann nicht mehr gehen.« Er friert. Man wickelt Wolltücher um seine Beine, aber seine

Gliedmaßen bleiben eisig. Er übergibt sich. Das Zahnfleisch blutet. Manchmal hat er so heftige Schmerzen in Bauch und Magen, daß er nicht aufstehen kann. Er rasiert sich nicht mehr. Ein weißer Bart wuchert in seinem ganzen Gesicht, seine Haut wirkt durchscheinend, seine Gesichtszüge spitz, doch der Bauch ist aufgebläht und verformt.

Und dennoch will er weiterdiktieren, aber manchmal hält er inne und schlummert ein. Er verlangt ein heißes Bad, doch er wird ohnmächtig. Wenn er wieder aufwacht, sind seine Augen einige Sekunden lang wie leer, aber dann fährt er fort im Diktat mit klarer, fester Stimme. Und er weiß noch alles. Er erinnert sich an die Position jedes einzelnen Regiments. Er analysiert die militärische Lage zur Zeit des Spanienkrieges. Er hat noch seine faszinierende Geisteskraft. Aber dann erleidet er einen Anfall von Müdigkeit und Erbrechen.

Am 12. April 1818 erfährt er, daß Hudson Lowe beschlossen hat, Doktor O'Meara, mit dem Napoleon Italienisch sprechen konnte, nach England zurückzuschicken. »Kann die Welt sich diese Gemeinheit vorstellen, daß man sich an meinem Arzt vergreift?« sagt er dem Doktor zum Abschied. »Ich danke Ihnen für Ihre Pflege. Verlassen Sie so schnell wie möglich diesen Ort von Düsternis und Verbrechen. Ich werde auf einem Strohbündel sterben, von Krankheiten zerfressen und ohne Beistand, aber Ihre Nation wird dadurch für immer entehrt.«

O'Meara reist ab. Aber auch Madame de Montholon und Gourgaud fahren wieder nach Europa. Balcombe, der Gastgeber auf Briars, kommt mit seinen beiden Töchtern, sich zu verabschieden. Sie kehren nach London zurück. Und Cipriani, der Quartiermeister, der in der Zeit auf Elba so nützlich war und es geschickt verstanden hat, alle in Jamestown umlaufenden Gerüchte einzufangen, stirbt. *Und wann bin ich an der Reihe?*

Und doch ist er gelassen. Er will die englischen Ärzte von Sankt Helena nicht empfangen. Hudson Lowe hat O'Meara vertrieben, nun soll er die Folgen seines Handelns tragen. O'Meara muß, sobald er in Europa ist, die vertraulichen Briefe veröffentlichen, die die Monarchen an Napoleon geschickt haben und die Joseph aufbewahrt hat. »Als ich noch Macht und Einfluß hatte, haben die Monarchen um meinen Schutz und die Ehre eines Bündnisses mit mir ersucht. Sie haben den Staub von meinen Schuhen geleckt. Und nun in meinem Alter quälen sie mich. Sie halten meine Frau und meinen Sohn zurück.«

Alter? 1819 ist sein 50. Lebensjahr. Die Beine sind geschwollen. Die Magenschmerzen sind manchmal so unerträglich, daß er das Bewußtsein verliert. Das ist Gelbsucht, hatte ihm O'Meara mitgeteilt, bevor er aufgebrochen war. Er müßte behandelt werden. Aber Napoleon verweigert jede Behandlung durch englische Ärzte zu Bedingungen, die Hudson Lowe festgesetzt hat.

Er erbricht sich. Er geht nicht mehr hinaus. Er bleibt jeden Tag mehrere Stunden lang im Bett. Aber er gibt nicht nach.

Am 20. September 1819 sieht er, wie sich eine kleine Karawane Longwood nähert. Er erkennt zwei Priester in Begleitung einer Eskorte englischer Soldaten. Es sind die Abbés Buonavita und Vignali, und letzterer hat wohl einige medizinische Kenntnisse. Sie kommen in Begleitung eines anderen Korsen, Francesco Antommarchi, der sich als Arzt vorstellt. Das ist die Hilfe, die seine Familie geschickt hat, nämlich seine Mutter und Kardinal Fesch.

Napoleon empfängt sie. Das sind also die Männer, die man beauftragt hat, ihm zu helfen und bei ihm zu sein! Und warum hat man sie ausgewählt? Weil sie so billig waren? Und seine Familie geizig ist?

Er versucht wieder aufzustehen und zu diktieren. Er beaufsichtigt Gartenarbeiten, die für eine Bepflanzung rings um Longwood sorgen sollen. Am 4. Oktober 1820 macht er noch eine lange Ausfahrt in der Kutsche, steigt sogar aus dem Wagen und begibt sich zum Haus des englischen Kolonisten Sir William Doveton. Der Mann ist sehr liebenswürdig. Man speist. Und dann geht es wieder zurück. Ein Pferd zu besteigen bereitet Napoleon große Mühe, und in der Kutsche, in der er Platz genommen hat, muß er sich schon nach wenigen hundert Metern Trott übergeben. Zu Antommarchi sagt er: »Das kann man nicht Leben nennen. Ich bin am Ende und mache mir keine Illusionen.«

Er spürt bei allen, die noch um ihn sind, die Angst vor seinem

Tod und zugleich den Wunsch, von der Insel zu fliehen. Zu Marchand, der ihn einreibt und mit Leinen umwickelt, um ihn aufzuwärmen, sagt er: »Sie werden alle fortgehen, und nur du, mein Sohn, wirst hierbleiben und mir die Augen schließen.«

Er bemüht sich noch, einige Ausfahrten mit der Kutsche zu machen. Aber er ist erschöpft. Er nimmt ausgiebige heiße Bäder, die ihn jedoch sehr ermüden. Er kann auch nicht mehr lange lesen. Seine Augen schmerzen. Das Licht macht ihn schwindlig. Nur an wenigen Vormittagen noch richtet er sich auf und versucht zu diktieren.

Aber bald hat er gar keine Lust mehr aufzustehen. Zu Antommarchi sagt er: »Wie wunderbar doch Ruhe ist. Das Bett ist für mich ein Ort der Glückseligkeit geworden, den ich gegen keinen Thron der Welt eintauschen möchte. Welcher Wandel! Wie tief bin ich gesunken! Ich, dessen Tatendrang keine Grenzen kannte und dessen Kopf niemals ruhte.« Aber Antommarchi überredet ihn, noch ein paar Schritte im Garten zu tun.

Am 26. Dezember 1820 bringt man aus Jamestown ein Paket mit Zeitungen, das aus Europa eingetroffen ist. Er überfliegt die Blätter mit halboffenen Augen. In einem wird berichtet, daß Élisa am 7. August 1820 auf ihrem Landgut Villa Vicentina in Apulien gestorben ist. Napoleons Schwester war 43 Jahre alt.

Napoleon gibt Antommarchi die Zeitung zurück und sagt: »Die Prinzessin Élisa ist tot. Sehen Sie, Élisa zeigt uns den Weg. Der Tod, der meine Familie vergessen zu haben schien, beginnt sie heimzusuchen. Bald wird es auch mich treffen. Die erste Person aus unserer Familie, die Élisa ins Grab folgen muß, wird jener große Napoleon sein, der sich unter der Last beugt und doch noch ganz Europa in Alarmbereitschaft hält.«

37

Das ist wirklich kein Leben mehr. Er übergibt sich. Man macht sein Bett neu. Er rasiert sich nicht. Man hilft ihm bis zur Kutsche. Wenn er glaubt, daß es ihm etwas besser geht, streckt ihn gleich wieder Erschöpfung nieder, und der scheinbar wiedergefundene Appetit vergeht. Er trinkt eine Kraftbrühe und spürt dabei heftige Schmerzen und diesen schwarzen Vorhang, der seinen Kopf zu umgeben scheint.

Er legt seine Hand auf den Magen und sagt: »Hier habe ich so heftige Schmerzen, wie wenn man sich mit einem Rasiermesser schneidet. Ist vielleicht der Magenschließmusel angegriffen? Mein Vater ist daran gestorben, als er 35 war. Vielleicht ist es erblich?«

Aber wie soll er Vertrauen zu diesem Quacksalber Antommarchi haben, der nichts weiß und selten da ist? Er ist dumm, ahnungslos, borniert, ehrlos, fort mit ihm! »In meinem Testament vermache ich Antommarchi 20 Francs, damit er einen Strick kaufen und sich aufhängen kann. Man soll Arnott holen, damit er mich künftig behandelt.« Und er läßt sich vom englischen Arzt der Garnison in Sankt Helena betreuen.

Er versucht zu arbeiten und einige der Bücher zu lesen, die ihm Lady Holland geschickt hat. Er geht die Bände durch, die seine Siege und Eroberungen behandeln. Zu Marchand sagt Napoleon: »Noch in 500 Jahren werden die Franzosen von mir träumen. Sie werden nur vom Ruhm meiner brillanten Feldzüge sprechen. Und dann weh dem, der schlecht von mir spricht. Ich selbst bin ja gerührt, wenn ich etwas über meine Schlachten lese. Alle Franzosen müssen sich tapfer vorkommen, wenn sie das lesen.«

Ermattet läßt er sich aufs Bett fallen, richtet sich aber noch einmal auf und sagt: »Allein die Republik kann heute noch Frankreich Energie und Freiheit verschaffen.«

Er versucht aufzustehen. Er zieht seinen Gehrock über seine Schlafkleider, setzt den Zweispitz auf und macht ein paar Schritte, auf Bertrands Arm gestützt. In Hausschuhen geht er bis zum Garten. »Warum haben mich nur die Kanonenkugeln verschont, wenn ich das Leben auf so elende Weise verlieren sollte?«

Ihm ist schwindlig. »Ich fürchte nur, daß die Engländer meinen Leichnam behalten und ihn nach Westminster bringen wollen.« Er bleibt stehen. »Man muß sie aber zwingen, ihn an Frankreich zu übergeben. Nachdem sie mich umgebracht haben, kann man wenigstens verlangen, daß sie meine Asche an Frankreich übergeben, an das einzige Vaterland, das ich geliebt habe und in dem ich begraben sein möchte.« Er knickt ein und übergibt sich.

»Die Unsterblichkeit ...« versucht er zu sagen, als man ihn in der abgedunkelten Kammer vorsichtig auf das Bett gelegt hat. Er stöhnt. Man hört das Trippeln der Ratten auf dem Holzboden. »Die Unsterblichkeit«, hebt er noch einmal an, »ist die Erinnerungsspur im Gedächtnis der Menschen. Dieser Gedanke treibt zu großen Taten an. Es ist besser, nicht gelebt zu haben, als gar keine Spuren seiner Existenz zu hinterlassen.«

Er schlummert. Plötzlich richtet er sich auf und übergibt sich. Zuerst verweigert er das Medikament, das man ihm bringt. Was ist das? Eine Mischung aus Opium, Chinin, Zimttee und Kalomel, einem Medikament auf der Basis von Quecksilber.

Er macht ein entsetztes Gesicht. »Meine Aversion gegen Medikamente ist doch sonderbar«, sagt er leise, »ich habe die größten Gefahren gleichgültig hingenommen. Und doch kann ich, sosehr ich mich auch bemühe, meine Lippen nicht an ein Gefäß mit der einfachsten Mixtur setzen.«

Sein Kopf sinkt nieder. Er ist erschöpft. Er trinkt. Er kann nur noch flüstern: »*Quod scriptum, scriptum*. Bezweifeln Sie, Doktor, daß alles, was geschieht, vorherbestimmt und daß die Stunde unseres Todes festgesetzt ist?«

Er öffnet die Augen. »Ein Komet«, sagt er und bemüht sich, den Arm zu heben und auf den Himmel zu zeigen, »das war auch das Omen für den Tod von Cäsar.«

38

Er ist schweißgebadet. Man zieht ihn erneut um. »Nicht so grob«, sagt er und versucht, sich den Händen von Marchand und Montholon zu entziehen. Er übergibt sich. Im Mund spürt er den bitteren Geschmack von schwarzer Erde, und schwarz sind auch die Flecken auf seiner Weste und den Laken.

Doktor Arnott sagt ihm erneut, daß sein Zustand noch nicht hoffnungslos sei. »Doktor, Sie sagen mir nicht die Wahrheit. Sie haben unrecht, mir meinen Zustand zu verheimlichen, ich weiß Bescheid.« Arnott reicht ihm einige Tabletten zur Darmreinigung. Aber wofür hält man ihn?

Plötzlich setzt er sich auf. Es ist Freitag, der 13. April 1821. Es ist höchste Zeit, flüstert er. Er muß sein Testament diktieren. Er ruft Montholon. »Heute geht es mir besser, aber ich fühle, daß mein Ende nahe ist«, sagt er. Er bedeutet Montholon, daß er sich ans Bettende setzen und mitschreiben soll.

»Ich sterbe in der apostolischen und römischen Religion, in der ich vor über 50 Jahren geboren wurde.« Er macht eine Pause, hustet und murmelt: »In Wahrheit sterbe ich als Theist. Ich glaube an einen gnädigen Gott, der der Ursprung aller Dinge ist. Aber ich erkläre, daß ich als Katholik sterbe, weil ich glaube, daß das für die öffentliche Moral angemessener ist.«

Sein Kopf sinkt nieder. Er erbricht schwarzen Schleim. Leise sagt er: »Ich bin in der katholischen Religion geboren worden, und ich will die Pflichten erfüllen, die sie auferlegt, und die Hilfe empfangen, die sie gewährt.«

Er ruft Abbé Vignali. »Wissen Sie, was eine Totenwache ist?« fragt er mit ruhiger Stimme.

»Ja, Sire.«

»Nun gut, Sie werden sich also um die meinige kümmern, sobald ich im Sterben liege. Sie lassen einen Altar im Nebenzimmer errichten, auf dem Sie die heiligen Sakramente aufstellen, und Sie werden die Gebete für Sterbende sprechen.«

Er wendet sich Doktor Antommarchi zu, der dabei gelächelt hatte. »Ihre Dummheiten ermüden mich, Monsieur, ich kann Ihre Leichtfertigkeit verzeihen und Ihren Mangel an Anstand, aber niemals einen Mangel an Mitgefühl. Ziehen Sie sich zurück.«

Er kann nur noch mühsam atmen. Er will mit Montholon allein sein. Er setzt das Diktat fort.

»Ich wünsche, daß meine Asche am Ufer der Seine ruht, inmitten des französischen Volkes, das ich so geliebt habe. Ich hatte stets Freude an meiner sehr lieben Gemahlin Marie-Louise, für die ich bis zum letzten Augenblick die zärtlichsten Gefühle bewahre. Ich bitte sie, darüber zu wachen, daß meinem Sohn die Gefährdungen erspart bleiben, die seine Kindheit noch umgeben.«

Er dreht sich mühsam zum Kamin, streckt die Hand zur Büste des Königs von Rom aus und fährt dann fort: »Ich empfehle meinem Sohn, niemals zu vergessen, daß er Franzose ist, und sich niemals zum Instrument in den Händen des Triumvirats zu machen, das die Völker Europas unterdrückt. Er darf Frankreich weder bekämpfen noch ihm jemals schaden. Er soll meine Devise annehmen: Alles für das französische Volk. Ich sterbe vor der Zeit, ermordet von der englischen Oligarchie und ihrem Schergen. Das französische Volk wird mich schon bald rächen.«

Er bleibt eine Weile still. Montholon will sich schon entfernen. Napoleon erbricht sich. Montholon wickelt seine Füße ein, aber er friert immer noch.

»Mein Sohn, es ist Zeit, daß ich Schluß mache«, sagt er, »ich spüre es.« Er beißt die Zähne zusammen und diktiert weiter. »Der unglückliche Ausgang beider Invasionen Frankreichs, als es noch über Ressourcen verfügte, lag am Verrat von Marmont, Augereau, Talleyrand und La Fayette. Ich verzeihe ihnen. Möge die französische Nachwelt ihnen auch verzeihen. Ich danke meiner guten und wunderbaren Mutter; dem Kardinal, meinen Brüdern ...« Er hat keine Kraft mehr.

»Gehen Sie«, sagt er, »gehen Sie alles abschreiben, was ich Ihnen diktiert habe, und übermorgen, wenn ich einen guten Tag habe, lesen wir alles noch einmal durch. Dann diktieren Sie, und ich schreibe es mit eigener Hand.« Sein Leben soll in Ordnung sein. Er will niemanden vergessen von allen, die ihm geholfen und gedient haben.

Am Sonntag, dem 22. April, schreibt er die Zusatzbestimmungen ab, Vermächtnisse für diesen und jenen. Zwei Millionen für Montholon, »als Beweis meiner Zufriedenheit mit seinen treuen Sohnesdiensten, die er mir seit sechs Jahren geleistet hat, und als Entschädigung für seine Verluste wegen seines Aufenthalts auf Sankt Helena«. Bertrand, Marchand, die Diener, Las Cases und auch einige Generäle, die Söhne und Enkel von La Bédoyère und von

Muiron, sie alle sollen einen Beweis seiner Dankbarkeit erhalten. Dazu 100 000 Francs an den Feldarzt Larrey, »den tugendhaftesten Mann, den ich gekannt habe«.

Man muß also an den Bankier Lafitte schreiben, damit er die entsprechenden Summen anweist. Die Zinsen der fünf Millionen, die er ihm anvertraut hat, gehen an die Verwundeten von Waterloo sowie an Offiziere und Soldaten des Bataillons der Insel Elba.

Mit immer größerer Mühe folgt er dem Diktat von Montholon, aber er muß Testament und Zusatzbestimmungen eigenhändig schreiben, versiegeln und einen Testamentsvollstrecker benennen. Marchand soll es sein.

Als er fast zu Ende ist, bringt Marchand eine englische Zeitung, in der ein Artikel ihm noch einmal die Erschießung des Herzogs von Enghien vorwirft und Caulaincourt und Savary als schuldig an diesem »Verbrechen« bezeichnet. Napoleon richtet sich auf und will, daß man einige Zeilen hinzufügt. Seine Stimme ist gebrochen. »Ich habe den Herzog von Enghien verhaften lassen, weil es für die Sicherheit, das Interesse und die Ehre des französischen Volkes notwendig war, als der Graf von Artois nach eigenem Geständnis in Paris 60 Mörder unterhielt. Unter vergleichbaren Umständen würde ich wieder so handeln.«

Er läßt sich aufs Bett fallen, schreibt dann langsam auch diese Zeilen ab. Er übergibt sich. »Ich habe zuviel geschrieben. Ich kann nicht mehr. Auf der linken Magenseite habe ich unerträgliche Schmerzen.«

Erbrechen. Schluckauf. Dann wieder einige bessere Stunden. *Mein Sohn*. Er will noch diktieren, was die Testamentsvollstrecker seinem Sohn sagen sollen, wenn sie ihn sehen. Er ruft Montholon. Er spricht, von Hustenanfällen unterbrochen.

»Mein Sohn soll für meinen Tod keine Rache üben. Er soll seinen Nutzen davon haben. Er soll nie vergessen, was ich geleistet habe und daß er, genau wie ich, stets bis in die Fingerspitzen Franzose bleibt. Man kann in einem Jahrhundert nicht zweimal dasselbe tun. Ich war gezwungen, Europa mit den Waffen zu zähmen. Heute muß man es überzeugen. Ich habe die untergehende Revolution gerettet, habe sie von ihren Verbrechen gereinigt und sie der Welt glanzvoll vorgeführt. Ich habe in Frankreich und Europa neue Ideen eingepflanzt, die niemand mehr zurückdrängen kann. Mein Sohn soll meine Saat zum Aufblühen bringen.«

Er unterbricht sich, ist von Schweiß bedeckt, verbietet Montholon aber, näher zu kommen. Er will fortfahren. »Das französische Volk hat zwei gleich starke Leidenschaften, die unvereinbar scheinen und doch derselben Quelle entspringen, nämlich die Liebe zur Gleichheit und zur Auszeichnung. Eine Regierung kann diese beiden Bedürfnisse nur durch äußerste Gerechtigkeit befriedigen.

Mein Sohn soll Geschichtsbücher lesen und viel darüber nachdenken, dort liegt die einzig wahre Philosophie. Aber alles Gelernte wird ihm wenig nützen, wenn er nicht im Herzen dieses heilige Feuer hat, die Liebe zum Guten, die allein Großes vollbringen läßt. Ich will aber hoffen, daß er sich seines Schicksals würdig erweisen wird.«

Er bricht zusammen. Er übergibt sich. Aber er hat noch nicht alles gesagt. Er will, daß all seine Besitztümer gerecht aufgeteilt werden. Jedes Gut ist wie eine Einheit auf einem Schlachtfeld, jede testamentarische Verfügung ist ein Zeichen, ein Gebot, wie für einen taktischen Zug. *Es ist meine letzte Schlacht.*

Er diktiert, er schreibt. Sein Sohn, Graf Léon, soll eine Mitgift erhalten. Es wäre gut, wenn er in den Justizdienst ginge. Er wünscht, daß sein zweiter unehelicher Sohn, Alexander Walewski, in den französischen Armeedienst eintritt. Man soll auch nicht den Sohn und den Enkel von Baron Du Theil vergessen, dem Generalleutnant der Artillerie in Auxonne, der so großzügig zu ihm war. Man soll aber auch nicht England vergessen!

Zu Doktor Arnott sagt er: »Es gibt keine Schandtat, keinen Schrecken, den ihr Engländer nicht lustvoll an mir ausprobiert habt. Sogar die elementarsten Familienverbindungen, die man nie jemandem verwehrt, habt ihr mir verweigert. Meine Frau und mein Sohn haben für mich nicht mehr existiert. Sechs Jahre lang habt ihr mich zwischen vier Wänden in schlechter Luft gefoltert und eingesperrt, wo ich doch zu Pferd ganz Europa durchquert habe!«

Dieser bittere Geschmack in seinem Mund und das schwarze Blut seiner Krankheit, das ist die Verachtung für die englische Oligarchie. »Ihr habt mich ermordet, ganz allmählich und mit Vorsatz, und der infame Hudson Lowe hat diesen schrecklichen Auftrag eurer Minister ausgeführt.«

Er dreht sich um und übergibt sich. »Ihr werdet enden wie die stolze Republik Venedig, und ich, der ich hier, von den Meinen verlassen und mittellos, auf diesem schrecklichen Felsen sterbe, vermache die Scham und die Schande meines Todes der in England herrschenden Dynastie.«

Es sind die letzten Tage. Der Schluckauf zerreißt seinen Bauch. Er ruft Montholon. Er will den Brief diktieren, der im gegebenen Augenblick der Hyäne Hudson Lowe überreicht werden soll. Seine Stimme ist wieder völlig klar geworden.

»Herr Gouverneur. Der Kaiser ist nach langer schwerer Krankheit am … gestorben. Ich habe die Ehre, es Ihnen mitzuteilen.«

Das soll alles sein. Er übergibt sich. Marchand gibt ihm zu trinken. Das Wasser ist kalt. »Wenn man meinen Leichnam genauso verbannt, wie man meine Person verbannt hat, dann soll man mich dort beerdigen, wo dieses sanfte, klare Wasser fließt.«

Er erinnert sich an den schattigen Ort mit den drei Trauerweiden, der gleich unterhalb der Hütte von Hut's Gate liegt, wo die Bertrands wohnen. Von dort schaut man auf das Meer. Er hatte von dem Wasser getrunken, das hier in einem abgelegenen Becken entspringt. »Wenn mein toter Körper in den Händen meiner Feinde bleibt«, hatte er damals gesagt, »dann begrabt ihn hier.«

Mit einer Geste bedeutet er, daß Antommarchi hereinkommen soll. Es ist Samstag, der 28. April. Er wartet, bis der Schluckauf etwas nachgelassen hat. Er schaut Antommarchi an. Er kann nicht ohne diesen Kurpfuscher auskommen. »Nach meinem Tod, der nicht mehr fern sein kann«, sagt er, »will ich, daß Sie eine Autopsie vornehmen. Ich will auch, ja, ich fordere, daß Sie mir versprechen, daß kein englischer Arzt Hand an mich legt.«

Er macht eine Pause. Doktor Arnott könne Antommarchi gleichwohl helfen. Er schließt die Augen. »Ich möchte auch, daß

Sie mein Herz herausnehmen, es in Weingeist einlegen und es nach Parma zu meiner lieben Marie-Louise bringen. Sie werden ihr sagen, daß ich sie zärtlich geliebt habe, und Sie werden ihr alles erzählen, was Sie hier gesehen haben, alles, was mit meiner hiesigen Lage und meinem Tod zu tun hat. Sie muß es wissen. Mein Sohn muß wissen, wie ich hier gelebt habe. Wie ich gestorben bin.«

Lernen. Wissen. Nichts im unklaren lassen. Licht in alles bringen. Auch seinen Tod aufklären, der an ihm nagt und den er herbeiwünscht. Alles kennen, alles verstehen, das hat er immer gewollt!

Er spricht mit schwacher Stimme. »Wenn ich tot sein werde«, sagt er zu den Seinen, »dann habt ihr alle den süßen Trost, daß ihr nach Frankreich zurückkehrt. Ihr werdet eure Familien und Freunde wiedersehen, und ich werde meine Tapferen in den Elysäischen Feldern wiedersehen.«

Er lächelt. »Und wenn sie mich erblicken, werden sie verrückt vor Freude und Stolz sein. Und dann führen wir Gespräche über Krieg mit Scipio, Hannibal, Cäsar, Friedrich. Das wird eine Freude sein.« Er lacht kurz auf. »Es sei denn, man fürchtet sich dort davor, so viele Krieger auf einem Haufen zu sehen.«

Es ist Donnerstag, der 3. Mai 1821. Stundenlang wird er von Schluckauf geschüttelt. Zu Beginn dieses Nachmittags dreht er den Kopf zu den Seinen, die sich im Salon versammelt haben, wohin man sein Bett gebracht hat: »Ihr habt mein Exil geteilt. Ihr werdet mein Gedächtnis treu bewahren und nichts tun, was es entehren würde.« Dann wendet er sich an Montholon: »Nun, mein Sohn, es wäre doch schade, nicht zu sterben, nachdem man seine Dinge so schön geordnet hat.«

39

Unaufhörlich bohrt der Schmerz in seinem Leib. »Mein Gott, mein Gott, mein Gott«, murmelt er. Dann fällt er in tiefen Schlaf, wacht aber wieder auf. Diese süße Flüssigkeit, die man ihm einflößt, beruhigt ihn. »Das ist gut, sehr gut.«

Aber was ist das denn? Er erkennt die Farbe und will das

Glas wegschieben. Sein Arm fällt nieder. Er muß das Kalomel schlucken.

»Du kleiner Schurke«, sagt er zu Marchand.

Man reibt ihn ein. »Großartiges Resultat der Wissenschaft! Schöne Behandlung! Den Rücken mit Kölnischwasser spülen.«

Er schließt die Augen. Wo ist er? Es ist die Nacht von Freitag, dem 4., zu Samstag, dem 5. Mai 1821. Er stöhnt mit verzerrtem Gesicht.

»Wie heißt mein Sohn?«

Er drückt die Hand von Marchand, und der antwortet: »Napoleon.«

Es ist zwei Uhr morgens. Er öffnet die Augen ein wenig und bewegt schwach die Lippen. »Geht zurück«, sagt er. Er will sich übergeben, sein ganzer Körper bäumt sich auf. Er will sprechen. Ein Röcheln verstopft seine Kehle, und zwei Wörter quellen hervor, wie von rauhem Atem überspülte Riffe: »Spitze. Armee.«

Der Tod kommt erst später, um 17 Uhr und 49 Minuten, an diesem Samstag, dem 5. Mai 1821.

»Der Tod ist nichts«, hatte er am 12. Dezember 1804 gesagt, als er im Glanze seiner Macht stand. Doch er hatte hinzugefügt: »Aber besiegt und ruhmlos zu leben heißt alle Tage sterben.«

So lebt er noch.

Athen, 3. Januar 1997

INHALT

Lion Feuchtwanger

Die Jüdin von Toledo

Roman

511 Seiten
Band 5615
ISBN 3-7466-5615-X

La Fermosa, die Schöne, wurde im mittelalterlichen Spanien Raquel, die Tochter des angesehenen Juden Jehuda Ibn Esra genannt. König Alfonso VIII. von Kastilien hatte den Vater aus Sevilla als Minister an seinen Hof geholt, damit er die wirtschaftliche Zerrüttung des Landes aufhalte. Bei Alfonso erwacht bald eine tiefe Leidenschaft für die gebildete, tolerante junge Frau, und was für Raquel als politisches Opfer im Interesse der Vernunft und des Friedens begann, wächst auch bei ihr zu einer stürmischen Liebe für den kühnen, lebensfrohen König. Im Volk gilt Raquel als die eigentliche Königin, doch die wirkliche peitscht das Land in einen Krieg, für dessen verheerende Folgen schließlich die Juden verantwortlich gemacht werden.

AtV
Aufbau Taschenbuch Verlag